Israel

A Concise History of a Nation Reborn

Daniel Gordis

イスラエル

民族復活の歴史

ダニエル・ゴーディス 著

神藤誉武 訳

ミルトス

現代イスラエルに住む多彩な顔ぶれ

建設と農業

荒れ地やマラリヤの蔓延する湿地を開拓して集落を築き、
イスラエルの地は大規模な開拓事業によって著しい発展を遂げた。

購入した砂丘に60家族が定住することにより、テルアビブ市が誕生した（1909年）

「防衛柵と見張り塔」の集落を築く人々

テルアビブ中等学校（ギムナジウム）の建設

キブツでオレンジの収穫

エルサレムのヘブライ大学開校式（1925年）

ヘブライ作家

ヘブライ語の復活はシオニズムの重要なプロジェクトで、
彼らは民の声として広く尊敬を集めた。

エリエゼル・ベン・イェフダ

ラヘル

ナオミ・シェメル

ハイム・ナフマン・ビアリク

● イスラエル紙幣に描かれた作家たち ●

シャイ・アグノン

シャウル・チェルニホフスキー

ヨセフ・ハイム・
ブレーネル

イギリス軍の空挺部隊
に加わったハンナ・セ
ネシュは詩人だった

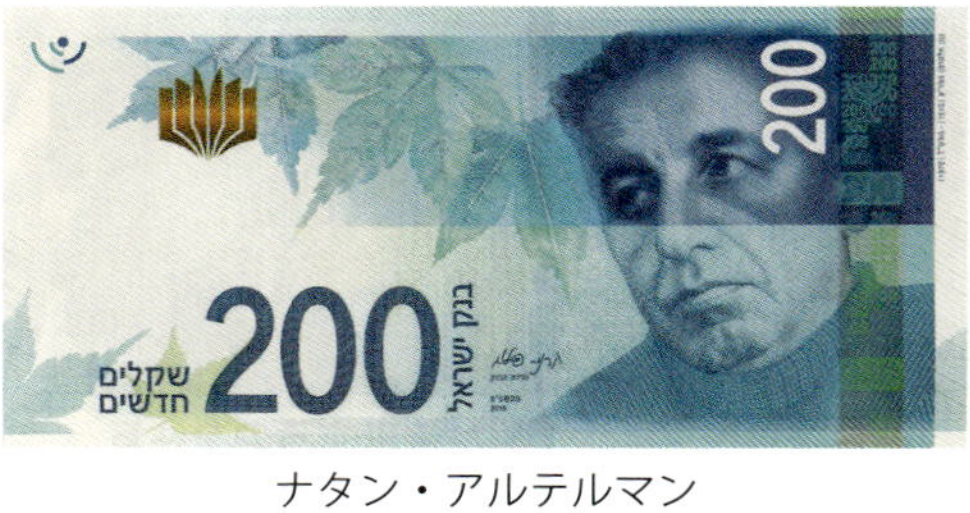

ナタン・アルテルマン

新しいユダヤ人像

強健な肉体を持ち、土地を耕し、土地を守る。
シオニズムは“新しいユダヤ人”を創造した。

キブツの子供たち

「肩と肩　労働招集！」
労働建設省のポスター

土地を耕す開拓者たち

ハガナーの訓練を受ける若者たち

ユダヤ人の競技大会「マカビア」

独立宣言

イスラエルの独立は、
ユダヤ民族史の最も革新的な瞬間だった。

1948 年 5 月 14 日、新国家の独立を宣言する直前のダヴィッド・ベングリオン

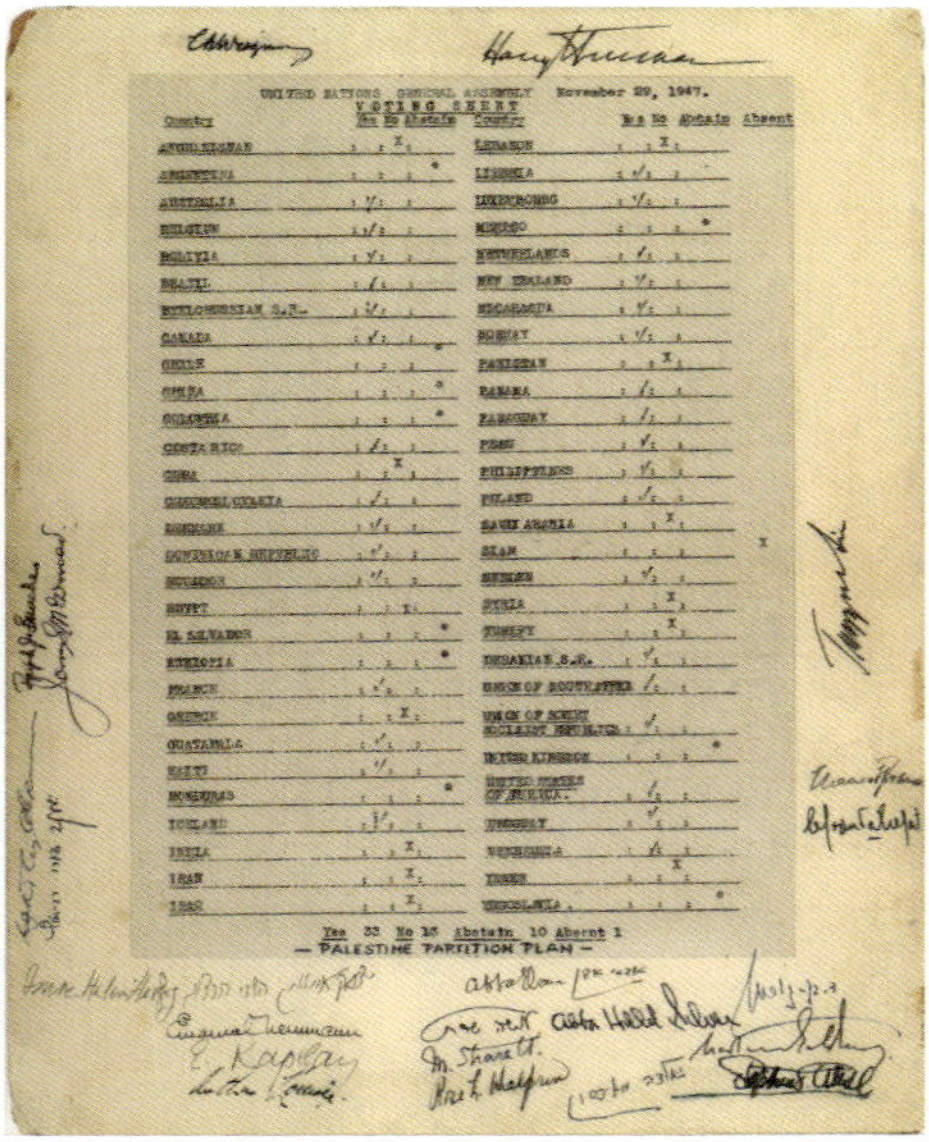

国連分割案の票決中にシオニスト代表が使った集計用紙（後に多くの高官が調印した）

独立宣言文を読み上げるベングリオン

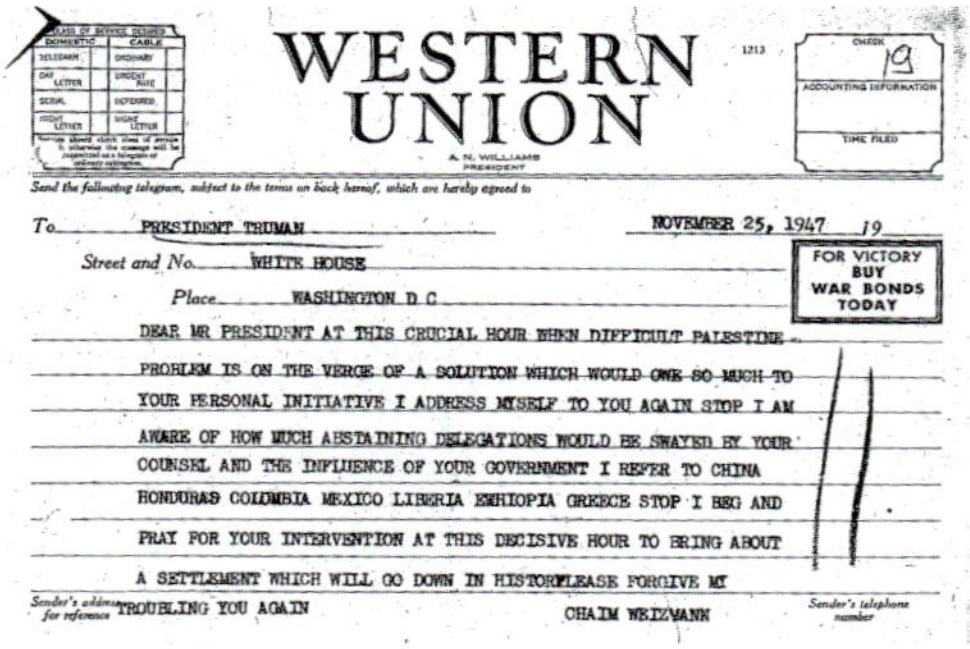

WESTERN UNION

A. N. WILLIAMS PRESIDENT

Send the following telegram, subject to the terms on back hereof, which are hereby agreed to

To PRESIDENT TRUMAN — NOVEMBER 25, 1947

Street and No. WHITE HOUSE

Place WASHINGTON D C

FOR VICTORY BUY WAR BONDS TODAY

DEAR MR PRESIDENT AT THIS CRUCIAL HOUR WHEN DIFFICULT PALESTINE PROBLEM IS ON THE VERGE OF A SOLUTION WHICH WOULD OWE SO MUCH TO YOUR PERSONAL INITIATIVE I ADDRESS MYSELF TO YOU AGAIN STOP I AM AWARE OF HOW MUCH ABSTAINING DELEGATIONS WOULD BE SWAYED BY YOUR COUNSEL AND THE INFLUENCE OF YOUR GOVERNMENT I REFER TO CHINA HONDURAS COLOMBIA MEXICO LIBERIA ETHIOPIA GREECE STOP I BEG AND PRAY FOR YOUR INTERVENTION AT THIS DECISIVE HOUR TO BRING ABOUT A SETTLEMENT WHICH WILL GO DOWN IN HISTORY PLEASE FORGIVE MY TROUBLING YOU AGAIN

CHAIM WEIZMANN

ハイム・ヴァイツマンからハリー・トルーマン・アメリカ大統領宛ての電報（1947 年 11 月 25 日）、分割案の動議が通過するよう助けてほしいと依頼している

票決後に祝い踊る群衆

至らせた人々

彼らはシオニズムの理念を描き、国際社会で主張し、民主主義とインフラを築き、軍隊を率い、敵対者を平和の推進者へと変えた。

世俗的なユダヤ人と語るラビ・アブラハム・イツハク・クック

テオドール・ヘルツェル

A・D・ゴルドン

ヨセフ・トゥルンペルドール

ゼエブ・ジャボティンスキー

シモン・ペレス（左）とレヴィ・エシュコル

バルフォア卿（左）とヴァイツマン

イスラエルを具現化した人たちの中には、魅力ある情熱的な男性や女性、ユダヤ教徒や世俗的ユダヤ人、科学者や将軍、作家や政治家がいる。

夢を実現に

政敵ダヴィッド・ベングリオンの写真の側に立って演説するメナヘム・ベギン

ゴルダ・メイール

アバ・エバン

アハッド・ハアム

（左から）ウジ・ナルキス、モシェ・ダヤン、イツハク・ラビン

自身の農場でのアリエル・シャロン

荒れ野を沃野に変え、産業を興し、医療を発展させ、
平和を希求し、イスラエルは世界にも貢献してきた。

国家の発展

荒れ野に種を蒔く

ガリラヤ湖の水を全国に運ぶ送水管プロジェクト

今も続く砂漠の開拓

ハイテク企業が建ち並ぶテルアビブ

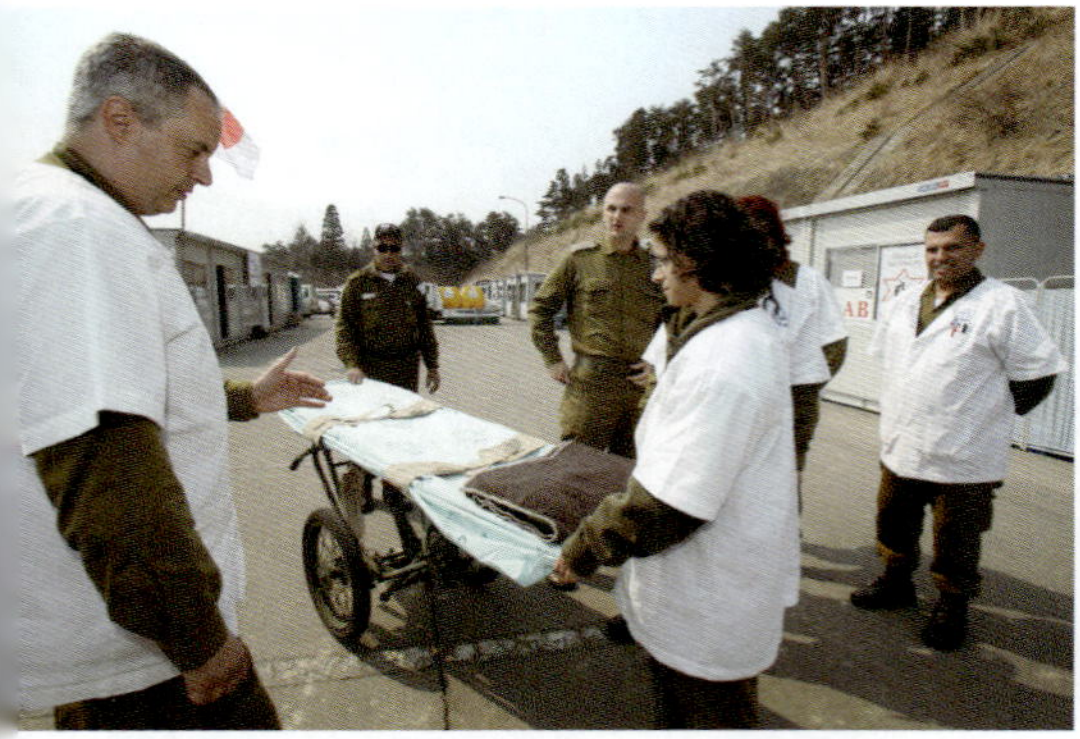

東日本大震災の際、いち早く南三陸町へ救
援に駆けつけたイスラエル医療支援チーム

オスロ合意で握手するイツハク・ラビン（左）と
ヤセル・アラファト。中央がビル・クリントン

共存する様々な宗教

エルサレムの西の壁で祈るユダヤ教徒

エルサレムの神域で祈るイスラム教徒

キリスト教徒の「しゅろの日曜行進」

サマリア人の過越祭

砂漠で生活するベドウィンの女性たち

イスラエル北部に住むドゥルーズ

地図①　古代イスラエル国家の 2 代目の王ダビデは、部族の小連合を本格的な王国に拡大した。シオニストにとって、中東にユダヤ国家を建設することは、父祖たちの故郷であるイスラエルに帰還してユダヤ民族の長年の夢を実現することだった。19 世紀末、シオニズムがこの夢を実現する運動となるが、このビジョンは近代シオニズムよりも数千年古い。【第 2 章「生まれ故郷のどこかに」参照】

地図②　19 世紀末の政治シオニズムの発足を通して、パレスチナへのユダヤ人帰還が本格的に始まった。当時パレスチナを統治していたトルコ帝国はユダヤ人移民を制限しようとしたが、多くのユダヤ人集落がパレスチナに築かれていった。その中にはキブツ（社会主義的な共同体）もあれば、テルアビブのようなヨーロッパ風の大都市になったものもある。【第 4 章「夢の実現にかすかな光」参照】

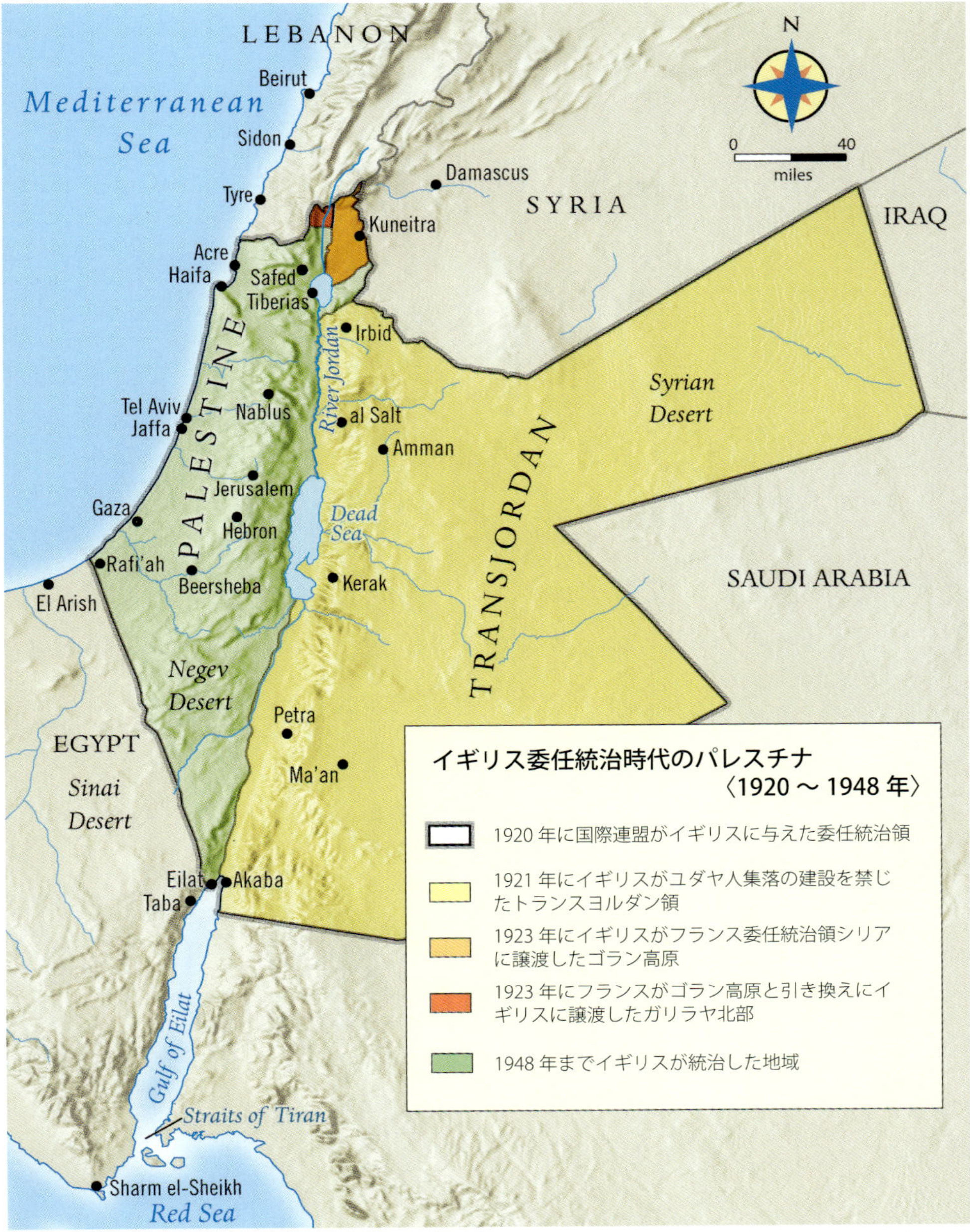

地図③　オスマントルコ帝国が第一次世界大戦で敗れると、パレスチナはイギリス帝国の委任統治下に置かれた。1917 年に発布されたバルフォア宣言では、イギリスが「パレスチナにユダヤ民族のための民族郷土を建設すること」に賛成すると述べているが、この民族郷土の領域を明確にしていない。しかし 1937 年のイギリス王立調査団が、バルフォア宣言の意図する地はヨルダン川の両岸を含む歴史的パレスチナ全土を指す、と公表している。イスラエル国家は 1948 年、委任統治パレスチナの一部分に建設された。【第 5 章「バルフォア宣言」参照】

地図④　イギリス政府のピール委員会は 1936 年にパレスチナに調査団を派遣し、激化するユダヤ人とアラブ人の紛争を解決する道を探った。同委員会は 1937 年に報告書を発表し、パレスチナの土地をユダヤ人とアラブ人で分割する案を提案した（「二国家解決」の初版）。パレスチナのユダヤ人社会はこの勧告をしぶしぶ受け入れたが、アラブ側は拒否した。【第 6 章「どこにも行き場がない」参照】

地図⑤　国連パレスチナ特別委員会（UNSCOP）は 1947 年にパレスチナをユダヤ国家とアラブ国家に分割することを提案した。国連総会は 1947 年 11 月 29 日に、決議案 181 号を承認した。ユダヤ国家に割り当てられた土地は委任統治領の 12%のみだったが、ユダヤ人社会はこの分割案を受け入れた。アラブ指導者たちは同案を拒否し、翌日に戦闘を開始、イスラエルの独立戦争となる。【第 7 章「イシューヴはイギリスに抵抗し、アラブ人は分割案と戦う」参照】

地図⑥　イスラエルは独立戦争で、国連が 1947 年にユダヤ人に割り当てた地域以上に国境を拡大した。イスラエルと交戦状態にあったアラブ諸国は、ユダヤ国家との平和協定に調印するのを拒否した。この戦争の休戦ラインが実質上イスラエルの国境となり、1967 年の六日戦争まで続いた。【第 8 章「独立」参照】

地図⑦　第二次世界大戦後、中東は今日の地図に見られる近代的な国民国家に分けられた。エジプトが 1979 年にイスラエルと平和条約を結ぶ最初のアラブ国家となるまで（後にヨルダンが続く）、中東のすべてのアラブ諸国がイスラエル滅亡を国是としていた。イスラエルは軍事力が強力になっても、敵対的な隣国の海に囲まれた小さな孤島という感覚を払拭できない。

地図⑧　1967 年 6 月、エジプトのガマル・アブデル・ナセル大統領はユダヤ国家を撲滅させると脅し、攻撃の準備をした。イスラエルは先制攻撃を開始し、戦争が始まる前にエジプト空軍を事実上壊滅した。イスラエルは電撃的な 6 日間で、ガザ地区とシナイ半島をエジプトから、ヨルダン川西岸地区をヨルダンから、ゴラン高原をシリアから攻略した。獲得した領土の面積は 11 万㎢で、戦争前の国土の 3 倍に相当する。後年、六日戦争前のイスラエルの国境が和平交渉の枠組みとなり、未来のパレスチナ国家の国境として提案された。【第 12 章「六日間の戦争が国家に決定的な影響を及ぼす」参照】

地図⑨　イガル・アロンは、イスラエルが六日戦争で獲得した領土をどうするか提案した。ヨルダン渓谷沿いに集落を建設し（緑の部分）、東部からの攻撃に備える早期警戒システムとして寄与することを勧めた。指定外の西岸地区とガザ地区（黄の部分）はパレスチナないしヨルダンの支配下に置く。この案は結局イスラエルの公認の政策とはならず、ヨルダンなどからも拒否された。しかし多くのイスラエル人集落がアロンの提案した地域に建てられ、その後に提案される西岸地区分割案の先駆的な計画となった。【第 13 章「占領という重荷」参照】

地図⑩　オスロ合意は、パレスチナ国家の設立に向けての第一歩となるべく発案された。この合意によって、パレスチナ自治政府がパレスチナの領地を段階的に統治することを定めている。A 地区は、合意の施行の第一段階でパレスチナ自治政府に譲渡される地区。B 地区はイスラエル人とパレスチナ人が共同で管轄する地区。C 地区はイスラエル人が管轄する地区である。合意の 2 年後に、イツハク・ラビン首相が暗殺され、パレスチナ人による暴力が急増して、オスロ合意は頓挫した。【第 16 章「シオニストを手本に」参照】

地図⑪　アメリカのクリントン大統領が、2000年12月末に示した和平調停案では、西岸地区の95%とガザ地区の100%をパレスチナ国家の領土とする方針だった。地図は、大統領の中東特使を務めたデニス・ロスによるもの。この他にイスラエルの領土の1〜3%、そして、東エルサレムのアラブ人が圧倒的多数を占める地区も、パレスチナ国家の領土になる案だった。アラファトはこの提案を拒否し、代案を提示することもなく、和平交渉は決裂。当時、駐米サウジアラビア大使だったバンダル・ビン・スルタン王子は、「もしアラファトがこのオファーを拒絶したら、悲劇どころじゃない、［同胞に対する］犯罪ものだ」と述べていた。【第17章「滞る和平プロセス」参照】

エラ・サラ・ベンサソン＝ゴーディスに捧げる

רָנִּי וְשִׂמְחִי, בַּת־צִיּוֹן

シオンの娘よ、喜び楽しめ

（ゼカリヤ書 2 章 14 節）

そして

ベイラ・ハイコフに捧げる

生涯貫くイスラエルへの情熱とユダヤの教育への取り組みは

彼女の子らの、そして孫たちの霊感となっている

泣きやむがよい、
目から涙をぬぐいなさい。
あなたの苦しみは報われる……
あなたの未来には希望がある、
あなたの子供たちは自分の国に帰って来る。

エレミヤ書 31 章 16~17 節

人間の生活は、生まれ故郷のどこかに、しっかりと根を下ろしているべきだ。そこでは、故郷の景色、人々がいそしむ労働、その物音や言葉の調子に、やさしい肉親の愛を抱くだろう。将来広い知識を身につけても、幼い日のわが家には、他には感じないはっきりとした郷愁を抱くものだ。そこで過ごした幼少の明確な記憶に愛情が織り込まれるだろう。

ジョージ・エリオット『ダニエル・デロンダ』

イスラエル——民族復活の歴史　目次

序　人類のある壮大な物語……13

ユダヤ人の国造りを予見した文豪トウェイン 13　イスラエルという奇跡 14　シオニズムという革命 16　歴史を通してイスラエルの国柄と国民の気質を知る 19　歴史記述の問題——本書の執筆にあたって 20

第1章　文学と政治——郷土を求めるユダヤ民族……23

いつか再び故郷の地で 23　東ヨーロッパのユダヤ人排斥が激化 23　希代のヘブライ詩人ビアリク 25　郷土再建の目覚め 26　西ヨーロッパの反ユダヤ感情も一触即発に 27　ヘルツェルとユダヤ人問題 28　ユダヤ人には推定有罪が適用 30　『ユダヤ人国家』という解決策 31　シオニズムの先駆者たち——マプ、ヘス、ピンスケル 33　第一回シオニスト会議——バーゼルから歴史が動く 35　「君が願うなら……」 38

第2章　生まれ故郷のどこかに……41

民族の誕生と同じくらい古い夢 41　イスラエルの地を抜きにして、ユダヤ民族史は語れない 42　エルサレムに神殿が建ち、王国は南北に分裂 44　北王国の崩壊——アイデンティティと郷土 46　ユダ王国の崩壊とバビロニアに抑留された国民 46　エレミヤとハナニヤ——二人の預言者の論争 47　バビロンの流れのほとりで、帰郷を夢見る 48　シオン帰還の約束が実現する 49　第二神殿時代——ペルシア、ギリシア、ローマの統治下で 49　バル・コフバの反乱でユダヤの主権が完全に終わる 51　ユダヤ伝統の叡智——なぜ希望を抱き続けられたのか 52　ヘルツェルが示したビジョンは民族の有史以来の夢 53

第3章　シオニズムは、イデオロギーではなく対話である
——二十世紀初頭におけるシオニストの分派……55

ユダヤ人の期待感を打ち砕いたキシネフの虐殺 55　なぜビアリクは憤ったのか 57　ウガンダ案でシオニスト会議が紛糾 59　アハッド・ハアム——文化的シオニズムと民族の精神性 62　イスラエルを精神的なセンターに 64　「強靭なユダヤ人」の育成を提唱したノルダウ 66　ジャボティンスキーの修正派シオニズム 67　A・D・ゴルドン——労働シオニストの聖者 68　ユダヤ教とシオニズム——超正統派と宗教的シオニズム 70　シオニズムは様々な夢の集合 72

第4章　夢の実現にかすかな光……75

オスマントルコ時代のパレスチナ 75　第一次ユダヤ人帰還と新旧のユダヤ人社会 78　ラヴ・クック——聖と俗の架け橋 78　ヘブライ語を蘇らせたベン・イエフダ 80　イシューヴのヘブライ文学——ヤヴェツとアグノン 82　「篤志家」ロスチャイルドの支援 84　開拓者たちの理想と現実 86　第一次アリヤーの苦難 86　苦悩する世俗の聖人——文学者ブレーネル 87　シオニズムの象徴としてのキブツ運動 89　女流詩人ラヘル 90　テルアビブ——シオニストの精神にふさわしい町造り 92　夢の実現への第一歩 94

第5章　バルフォア宣言——イギリスがユダヤ国家を承認する……95

「ヨーロッパ中の灯りが消えてゆく」 95　オスマン帝国か、それともイギリスか 95　古代ユダヤの矜持の復活——シオンのラバ部隊 96　化学者ヴァイツマンのロビー活動 97　中東を分割するイギリスとフランス 98　イギリスに協力したスパイ組織「ニリ」 100　吉報——バルフォア宣言 101　イギリス軍がエルサレムに入城 103　続くパレスチナの開拓 104　ユダヤ的民主制度の起源 107　パレスチナのイギリス委任統治始まる 108　アラブ人暴動とジャボティンスキーの『鉄の壁』 110　一九二九年のアラブ暴動——アラブ・ユダヤ紛争の始まり 112　自衛組織ハガナーと戦闘集団イルグン 113

第6章　どこにも行き場がない……115

ドイツ国民は知っていた115　頭角を現し始めた若きベングリオン116　「移送協定」——ドイツの反ユダヤ政策とどう向き合うか117　ユダヤ人の帰還移民が急増——第四次、第五次アリヤー119　ビアリク世を去る120　イシューヴにユダヤ文化の出現121　アラブ反乱——イシューヴの発展に反発122　パレスチナ分割案を初めて提案したピール委員会124　ピール分割案を受諾するシオニスト会議126　「水晶の夜」——ナチスのユダヤ人攻撃が本格化127　ユダヤ人帰還移民を制限する一九三九年の「白書」128　行き場のないユダヤ人——三隻の難民船130　白書の移民政策に屈しないマアピリーム131　ナチスを支持したイスラム教法典権威アル・フセイニ132　ヴァンゼー会議でのユダヤ人絶滅計画134　ユダヤ国家建設がシオニズム運動の公式方針となる135

第7章　イシューヴはイギリスに抵抗し、アラブ人は分割案と戦う……137

ヨーロッパの同胞を救うにはどうしたらいいのか137　ハンナ・セネシュとイシューヴの試み138　地下民兵組織レヒの誕生139　彷徨うヨーロッパのユダヤ人戦争難民140　キシネフはまだ過去のことではない142　キング・デーヴィッド・ホテル爆破事件143　ヴァイツマンの敗北145　新生国家の国境をできるだけ拡大145　国連の特別委員会とエクソダス号146　国連のパレスチナ分割決議案が採択される148　「ユダヤ人という理由だけで二度といじめられない」150　国家は銀のお盆に載せられて与えられるものではない151　独立戦争の一局目152　エツィヨン地区と護衛部隊ラメッド・ヘイの死闘153　秘密の武器庫「スリック」155　トルーマン大統領を口説くジェイコブソン156　苦戦が続くユダヤ勢157　パレスチナ難民問題の発端158　戦況を逆転させたベングリオンの戦略159　利用されたデイル・ヤシン事件159　襲撃されたハダッサ病院の輸送車両161　ゴルダ・メイールがヨルダン国王を訪問161

第8章　独　立――国家が生まれる……163
一九四八年五月十四日、イギリス委任統治が終わる163　たった三十二分間で終わった独立宣言の式典164　国家の青写真を示す宣言書166　独立宣言に署名した建国の功労者たち167　「私は独り喪に服す」168　独立戦争の二局目――アラブ五カ国が攻撃開始169　エルサレム旧市街がアラブ軍団の手に落ちる170　必要は発明の母――創意工夫を凝らした戦い172　休戦協定が結ばれる173　海外から相次いで到着したボランティアたち174　ユダヤ人同士の戦闘――アルタレナ号事件175　アルタレナ号事件がもたらした教訓178　今も議論の絶えないリダの戦闘179　自己批判の声――ナタン・アルテルマン183　第二次停戦とアラブ難民問題184　ベルナドッテ伯の暗殺と地下組織の終焉185　あえて西岸地区を攻略しなかったベングリオン186　難民問題への真逆の対応187　ベングリオンの透徹した現実主義188

第9章　夢から現実へ……189
第一回国政選挙189　ヘルツェルの遺骸をエルサレムに190　ヴァイツマンの大統領就任演説192　ユダヤ人のさすらいに終止符を打つ帰還法193　アラブ諸国からのユダヤ移民194　魔法の絨毯作戦196　新参移民の劣悪な生活環境197　無償の義務教育198　どうやってバラバラの国民を一つにするか198　映画『サラフ・シャバティ』に見る帰還者の現実200　国家意識の醸成――マムラフティユート201　マムラフティユートの功罪202　超正統派の未来を予測できなかったベングリオン204　アラブ住民に敷かれた軍政の影響206　期待はずれの反応を示したアメリカのユダヤ人208　アメリカは異郷の地ではないのか209　イスラエル国の驚異的な成功211

第10章　イスラエルが国際舞台に登場……213
毎年数千の越境と襲撃を繰り返すアラブ人213　生き残るために戦う――第一〇一部隊の編成214　ベストセラー歴史小説『ヒルベット・ヒゼ』216　アリック・シャロンの決して変わらない原則217　モシェ・ダヤンの軍改革218　生存する

ためには力強く不屈であれ 219　中東の勢力バランスを変えたエジプトのナセル 220　エジプトの武力拡張を懸念する三国協約 222　カフル・カセム事件――いつ、軍令に従うべきでないか 224　イスラエル第二の独立戦争――シナイ作戦 225　キエフの一少女が女傑政治家に 226　イスラエルがアフリカの希望となるために 228　成長を続けるイスラエル国家 229

第11章　ホロコーストと向き合う……231

アイヒマンの逮捕 231　イスラエルの大胆な行動に世界中から非難の声 232　ドイツとの交渉で国内に議論が巻き起こる 233　補償金がイスラエル社会に与えた影響 236　カストネルは自分の魂を悪魔に売ったのか 237　自らの体験を語りたがらないホロコーストの生存者たち 238　核兵器というイスラエルの安全保障 239　決裂寸前となったアメリカのユダヤ人との関係 241　アイヒマン裁判での生存者の証言 242　自国を持つことのありがたさ 247

第12章　六日間の戦争が国家に決定的な影響を及ぼす……249

分断されたままの首都を嘆く 249　ラビ・ツヴィ・イェフダ・クックの叫び 250　ソ連にけしかけられたエジプトとシリア 251　開戦の意志をちらつかせるエジプト 252　エバン外相の外交努力も空しく 254　エシュコル首相のラジオ放送での大失態 255　見放すアメリカ、アラブに肩入れするフランス 258　世界のユダヤ人による支援 258　ホロコーストが中東に来るという恐怖 259　イスラエル初の「統一政府」 260　先制攻撃すればイスラエルは勝てる 260　開戦前に決まった勝敗 261　イスラエルの嘆願を退けて参戦したヨルダン軍 262　「エルサレムの障壁を突破し、展望山に到達せよ」 263　「神殿の丘は私たちの手に」――聖都に角笛が響きわたる 264　ソ連の参戦を恐れ、シリア軍の対処に悩むダヤン 265　激戦の末、シリアが休戦に合意 266　イスラエルの決定的な勝利 267　六日戦争の歴史的な検証 268　安全と、自信と、誇りと、国際的な賞賛を掴む 269

第13章　占領という重荷……271
「やむを得ない占領も、腐敗に繋がる占領だ」271　にわか仕立ての方針が未来に禍根を残す272　勢いづく宗教シオニズム274　正統派ユダヤ教徒レイボヴィッチの警世275　若く新しい宗教的理想家たち276　クファル・エツィヨンに帰った次世代277　宗教シオニスト運動グッシュ・エムニームの設立278　早過ぎた「アロン計画」279　安全保障の問題から宗教問題に280　幻滅を表現する声メイール・アリエル281　『兵士たちの談話』の反響282　占領という変革に混乱するパレスチナ人283　ヤセル・アラファトがPLOの議長に285　独立と自由を求めるダルウィーシュの声286　イスラエルとは平和を結ばず、承認せず、交渉せず286

第14章　ヨム・キプール戦争――「通念」の崩壊……289
自信に満ちて様変わりしたイスラエル289　イスラエル不敗神話の象徴バルレヴ・ライン290　「消耗戦争」――ナセル最後の戦い291　「高校三年生の手紙」291　パレスチナ人のテロ活動が本格化292　PLOによってレバノンが崩壊293　ソ連を巧みに操るエジプトのサダト大統領294　戦争を回避できる機会は何度もあった295　次々と情勢判断を誤る軍首脳部296　贖罪日の静寂を破るサイレンと月光ソナタ298　戦闘の真最中でさえ無敵神話が蔓延298　イスラエルが崩壊寸前だった第一局面300　イスラエルの反撃が始まる301　父親が息子たちと共に戦った初めての戦争302　「七三年の冬」――イスラエル社会を覆う喪失感304　政府の失態に甘かったアグラナット調査委員会305　建国の父ベングリオンの死306　勝者のいない戦争――平和条約のきっかけに307　銃を持って国連総会に乗り込んだアラファト308

第15章　革命の中の革命――イスラエル政治右派の興隆と復讐……311
中東・アフリカ系ユダヤ人の音楽311　社会の隅に追いやられたミズラヒーの不満312　アラブ人やミズラヒー系ユダヤ人に寄り添うベギン313　逆転勝利――ベギン政権の発足315　エジプトのサダト大統領と和平を結ぶ316　アラブの過激

派に暗殺されたサダト大統領 318　ガザ近辺の町ヤミートからの撤退 319　グッシュ・エムニームの入植運動 320　「ベギン・ドクトリン」――大量破壊兵器を容認せず 321　イスラエル人を標的にしたPLOの国際テロ活動 323　「一九七六年の土地の日」 324　一般市民を狙ってロケット弾を打ち込むPLO 325　ガリラヤ平和作戦（レバノン戦争） 326　サブラとシャティラの悲劇 327　レバノン戦争がもたらした後遺症 329　メナヘム・ベギンが遺したもの 331

第16章　シオニストを手本に――パレスチナ民族主義の勃興 …… 333

ミズラヒー系の絶大な支持を得た宗教党シャス 333　中東各地で目覚めるイスラム教への信仰心 335　急速に勢力を拡大したイスラム原理主義組織 336　第一次インティファーダ――パレスチナ人による一斉蜂起 338　PLOがパレスチナ人の唯一正当な代表となる 339　占領がイスラエル人にもたらした変化 340　ソ連崩壊と百万人の帰還移民 341　科学や芸術に貢献するロシア系ユダヤ人 342　エチオピアのユダヤ人を救出した「ソロモン作戦」 343　エチオピア系とロシア系の皮肉な共通点 344　湾岸戦争にじっと堪えるイスラエル国民 345　マドリード会議からオスロ合意へ 346　早くも危機に陥ったオスロ合意 349　イスラエルとヨルダンが結んだ平和協定 351　和平の推進者ラビン首相が凶弾に倒れる 351

第17章　滞る和平プロセス …… 355

「シャローム、ハベル」 355　ペレスからネタニヤフ、そしてバラクへ 356　イスラエル軍のレバノン撤収 357　初めから和平の意志がなかったアラファト 358　シャロンの「神殿の丘」訪問 359　はるかに凶暴な第二次インティファーダ 360　クリントン在任中の最大の誤り 361　シャロン首相のリアリズムとイスラエル左派の苦悩 362　「防衛の盾作戦」と分離壁の建設によりテロ被害が激減 363　アラファトの後を継いだアッバス 366　シャロン首相によるガザ撤退の決断 366　パレスチナ自治政府の選挙でハマスが圧勝 368　常備軍のようなテロ組織との苦戦 370　イスラエルが勝つことのできない戦争 371　世界屈指の「新興企業大国」 372　国連という「不条理の演劇」 373　国連や人権保護団体のダブルスタンダード 374　ユダヤ国家の消滅を狙うBDSボイコット運動 377　イランの核兵器開発にどう対応するのか 378

第18章　ユダヤ国家におけるユダヤ文芸復興 ……………… 381

「新しいユダヤ人」にポッカリ空いた穴 381　初期シオニズムからの大きな転換 384　イスラエル音楽界の宗教的な傾向 385
出版界や映画界でも見られる変化 386　イスラエルに起きつつある精神的な地殻変動 387　素朴な人間らしい生活を模索するイスラエル人 389　超正統派の優遇政策を見誤ったベングリオン 391　過激派ユダヤ教集団「丘の上の若者」393　ヘルツェルの夢とアハッド・ハアムの夢 394

結び　バルフォア宣言から一世紀――「ユダヤ民族のための民族郷土」……………… 397

多くの難局を乗り越えてきたイスラエル 397　ユダヤ人の気概と決意を駆り立てたエネルギー 398　『ユダヤ人国家』刊行から百二十年の間に実現した夢 399　イスラエルに移住したレバノン出身のイスラム教徒 403　イスラエルは未完のドラマ 404

謝辞 406

《巻末付録》

人物解説 412　用語解説 421　イスラエル国独立宣言 427　イスラエルの歴代大統領と首相 430
イスラエルの政党と権力バランスの変動 431　ユダヤ民族・イスラエル年表 432

巻末注 461　索引 473　訳者解説「諸国民の希望の光」474

イスラエル

民族復活の歴史

凡例

一、原書にあった脚注や、訳者の注釈については、本文中に※で数字を付して、見開き頁毎に左脇に示した。

一、原文にあった巻末注については（ ）で数字を付して、原書のとおり巻末にまとめて掲載した。

一、地名、人名などの固有名詞、またヘブライ語のグループ名などの名称は、原則として原語に近い形で仮名表記した。

一、主要人物や用語に関しては、巻末付録の人物解説や用語解説を参照のこと。

序　人類のある壮大な物語

イスラエルで現実主義者になるためには、奇跡が起こり得ることを信じなければならない。[※1]
——イスラエル初代首相　ダヴィッド・ベングリオン(1)

ユダヤ人の国造りを予見した文豪トウェイン

「ユダヤ人は法律でロシアから締め出しを食らっている」と、アメリカの文豪マーク・トウェイン[※2]が一八九八年のハーパーズ・マガジンに書いている。(2)「スペインは四百年前にユダヤ人を追放し、オーストリアはその数世紀後に追放。キリスト教のヨーロッパは、いつの時代も……ユダヤ人の生活を制限してきた。ユダヤ人は法令によって次々と職を奪われ、実際に何も残らなかった。農業を禁じられ、弁護士や医者はユダヤ人社会以外での開業は許されず、手工業も禁止された。教育機関も理科系の学校でさえ、この恐るべき敵対者には門戸を閉ざさねばならなかった」

だが、一人のユダヤ人が、現状を改善するためにある構想を抱いた、とトウェインは綴っている。「[テオドール・ヘルツェル]の計画をお聞きになっただろうか。彼は世界中のユダヤ人をパレスチナに集め、彼ら自身の政府を建てるらしい

※1訳注・ベングリオンの弟子で、後にイスラエルの要職を歴任したシモン・ペレスは、「ベングリオンの言うとおりだ。イスラエルの現実主義とは、不可能を実現することだ」と述べている。
※2訳注・マーク・トウェイン（一八三五〜一九一〇）。アメリカの作家、小説家。日本では『トム・ソーヤーの冒険』などの作品が有名。一八六七年に地中海沿岸から中近東地方を旅して、パレスチナの情景を詳細に伝えている（『イノセント・アブロード』）。

――といっても、恐らくトルコ皇帝の管轄下になるのだろう。昨年の［第一回シオニスト会議］には……各地の代表が出席し、提案は圧倒的な支持を得て採択された」

トウェインは、ユダヤ人がこれまでに遂げた数々の功業を称え、ヨーロッパにおける彼らの窮状には同情を示し、また、パレスチナに国家を築きたいという新たな願望にも少なからず理解を表している。だが、一抹の懸念も抱いていた。「私は、トルコ皇帝でもないし、異議を唱えるつもりもない。しかし、もし、仮に自由な国で、世界中で最も悪賢いといわれる連中が集結するような事態が起きれば……それを阻止するのが政治というものだろう。ユダヤ民族が、自分たちの潜在力に気づいたら大変だ。馬がその力を知ったら、もう乗れなくなる」

イスラエルという奇跡

恐らく、トウェインは、自身の先見性に気づいてはいなかったのだろう。イスラエルの建国は、彼の記事がハーパーズに掲載されたちょうど五十年後に実現する。それは、色々な意味で人類史上稀《まれ》に見る驚異的な物語だ。あの苛酷な時代を耐え抜き、ほんの数十年の間に凄まじい発展を成し遂げ、繁栄の高嶺に上り詰めた民族が他にいるだろうか。この一世紀の間にイスラエルで起きたことは、間違いなく現実だが、時として夢物語のように思えることがある。

イスラエル――それは郷土を失った民族が、二千年の間、一つの夢を抱き続け、存亡の危機から救われ、絶対に不可能だと思われた中、自らの未来を築き上げていく物語である。

ユダヤ人は、紀元七〇年にローマ軍によってユダ地方から追放された。以来二千年間、父祖の地に帰ることを夢見続けてきた。彼らの日毎の礼拝には、神が自分たちを郷土シオン※1へ帰してくれるように求める祈祷をはじめ、エルサレムに関する祈りが数多く存在する。ユダヤ人はどこにいても、エルサレムの方角を向いて祈った。過越祭《ペサハ》の晩餐では、必ず最後に「来年はエルサレムで！」と唱えた。ユダヤ人が自ら望んでシオンを離れたことは、一度としてない。彼らはいつの日か父祖の地に帰還できることを信じて疑わなかった。

十九世紀末から二十世紀初頭にかけて、ユダヤ人は少しずつパレスチナに帰還し始めた。ヨーロッパにおけるユダヤ人迫害の激化は不可避と判断して移り住む者もいれば、純粋な思想に駆り立てられて帰還する者もいた。当時のヨーロッパはナショナリズム全盛期で、ユダヤ人も独自の国家を持つべきだと考えた。しかし、この夢が実現するのは、ユダヤ人自らの祈りによってではなく、不幸にも、二十世紀最大の惨事が直接の要因となったのである。

一九一七年、イギリスはバルフォア宣言を発して、ユダヤ国家建設を支持したが、その後の具体的な進展は遅かった。イギリスの態度は、曖昧さからやがて敵意へと変わった。一九三〇年代には、パレスチナへのユダヤ移民を阻止し始め、ようやく現実味を帯びてきたユダヤ国家建設というシオニズムの希望を挫《くじ》こうとした。同じ頃、ポーランドには世界最大のユダヤ人コミュニティーが存在したが、一九三九年から一九四五年にかけて、ナチス・ドイツはポーランドに住む三百三十万のユダヤ人のうち九割を虐殺。最終的に世界のユダヤ人口の三分の一を殺害した。

この史上類例のない虐殺の影響もあり、国際世論は徐々に変化していった。ユダヤ人に定住地が必要なのは、もはや自明のこととなった。シオニストたちは、建国に備えて様々な機関を設立し、やがてイギリスをパレスチナから撤退させた。一九四八年五月、イスラエル国は誕生した。

建国当初は困難の連続だった。資金の蓄えもなく、インフラ設備も全く不充分な中、当時のイスラエル人口をはるかに上回る大量の移民を一挙に受け入れなければならなかった。イスラエル国の独立と共に、数十万単位のユダヤ人が、北アフリカ、イラン、イラク、その他の国から追放され、大挙してイスラエルに押し寄せた。他方、ヨーロッパからは、ナチスによるユダヤ人大虐殺《ホロコースト》を生き延びた十五万人のユダヤ難民が、壮絶なトラウマを抱えてイスラエルに生還。イスラエルの地は、そもそも人の住めない沼地や未開の地、不毛の荒れ地ばかりで、天然資源に乏しく、資金も皆無に等しい。イスラエルの国は選択の余地もなく、大量の難民すべてを養い、住居を与え、食料配給を開始した。そして建国した数年後には、財政破綻寸前の危機に直面した。

だが、イスラエル人は屈しなかった。一つには、他に行き場がなかったからだ。このような中、長い間イスラエル建国に曖昧な姿勢を示していたアメリカのユダヤ人が、存続に不可欠な資金を提供した。また、ドイツはホロコーストの補償金を支払った。イスラエルは、貧困と虚弱状態からゆっくりと這い上がっていった。インフラを整備し、交通機関、製造業、送水システム、数多くの住宅建設に取り組んだ。やがて国の体力がついてくると頭角を現し始め、アメリカ、イギリス、フランスと組んで世界レベルにまで成長した。建国後の二十年間、イスラエルは繁栄と新たなユダヤ人像を示し、そ

※1訳注・シオンとは、聖書の中でエルサレムと同義語で用いられ、やがてユダヤ民族の郷土イスラエルそのものを意味するようになる。

れに鼓舞されたソ連のユダヤ人は、イスラエルへの移住許可を要求した。数十年後、イスラエルは経済技術大国となり、西洋諸国の羨望《せんぼう》の的となった。ナスダックに上場する企業数は、ヨーロッパ大陸の総数を上回った。

イスラエルはあらゆる分野で驚異的な繁栄を成し遂げた。一九五〇年代には、食料配給制を設けていた国が、二〇〇〇年には、国際的に栄誉ある賞を獲得するワインを数十種も生産するようになる。何十年もの間、テレビ局が一つ（国営テレビ局）しかなかった国が、今や数多く存在し、さらにアカデミー賞を競うような映画を制作するようになった。ホロコースト生存者を数多く受け入れたイスラエルは、その絶望と無力さのイメージとは対照的に、やがて軍事大国となった。長い間、学問を神聖視してきた人々は、その文化を新しい国に活かし、ノーベル賞受賞者を次々と輩出させ、数多くの研究分野で世界水準を確立し、驚くべき成果をもたらした。

シオニズムという革命

イスラエル建国の物語は、革命の物語でもある。[※1] シオニズムとは、ユダヤ人の民族解放運動であり、ユダヤ人の実存を一新する運動だった。[※2] シオニストたちは、今こそユダヤ民族が新生する時だと訴えた。

シオニズムは様々な形で旧来のユダヤ教との摩擦を生んだ。ヨーロッパで繰り返される迫害によって、ユダヤ人は絶えず社会の片隅に追いやられていた。シオニストの指導者たちは次のように論じ合った。確かにヨーロッパは悪い。だが自分たちユダヤ人にも原因があるのではないか。虐待の危険に怯《おび》えつつ、自分たちを追放あるいは殺害しない限りその国に居座り続ける、そんな生き方をやめる時が来ているのではないか。イギリスは一二九〇年に、スペインは一四九二年にユダヤ人を国外追放し、残酷なヨーロッパの反ユダヤ主義が始まった。これについても、シオニスト指導者たちは不満だった。なぜユダヤ人は、自主防衛して歴史に立ち向かおうともせず、いつもなされるがまま、卑屈で怯えながら、古びた宗教書物に身を埋《うず》めているのか、と。

変わらねばならないのはユダヤ人自身ではないのか。草創期のシオニスト思想家の多くはそう考えた。彼らの革命への熱情は徹底していた。シオニズムとは、色々な意味で、これまでのあり方と決別することだった。彼らは新しいユダヤ人像の必要性を痛感し、自らの名前をも改めた。イスラエルの最初の四人の首相を例に挙げてみよう。初代首相ダヴィッド・ベングリオンの出生名はダヴィッド・グリュン、二代目のモシェ・シャレットはモシェ・シェルトック、三代目のレヴィ・

エシュコルも元々はレヴィ・シュコルニック、四代目のゴルダ・メイール（イスラエル初の女性首相）はゴルダ・マイヤーソンだった。改名は過去との決別――「ノーモア！　もうたくさんだ！」という意志表明だった。それはユダヤ人の世界観、容姿、郷土、名前、すべてが一新された「新ユダヤ人」であり、ユダヤ民族再生の時である。

　この新しいユダヤ人像は、イスラエルの国に出現した。その形態も多種多様だった。イスラエルの魅力の一つは、ユダヤ教やユダヤ人についての議論が今なお続いていることである。ユダヤ教、ユダヤ人のあるべき姿は何か、またその未来像は何か。この議論は、時には節度をわきまえ、時には口角泡を飛ばして、イスラエルの様々な政治問題も関連付けて論じられる。今日のユダヤ人は、かつてのヨーロッパで萎縮した臆病なユダヤ人とは一線を画した。シオニズムが新しいユダヤ人を生み出したのはまぎれもない事実であり、この点において見事に成功したと言える。

　またシオニズムは、一つの可能性に対する革命でもあった。ユダヤ人が世界のどこにも安住の地を見出だせないかも知れない、という可能性に対してである。二十世紀の半ば、ヨーロッパ全土が殺戮《さつりく》的な憎悪に駆り立てられていたとき、多くのユダヤ人に逃げ場はなかった。アメリカは門戸を閉ざし、カナダもそれに続いた。イギリスはパレスチナに避難しようとするユダヤ人を阻止した。多勢のユダヤ人を乗せた船は、入港を許可してくれる港を必死で探したが、しばしば拒絶された。ホロコーストを命からがら逃れたユダヤ人を乗せた船は、ヨーロッパに送り返えされるか撃沈された。要するに、どの国も「余計なユダヤ人」など受け入れたくなかったのだ。シオニズムはこの現状も変えようとした。ユダヤ人が世界のホームレスになるようなことは二度とあってはならない。その願いをも、イスラエルの建国が実現へと導いた。

※1訳注・本書でいう「革命」とは、フランス革命や共産革命のような、歴史や文化を全否定して理想社会を築こうとした変革とは色合いが異なる。むしろ、日本の明治維新のように、「旧来の陋習《ろうしゅう》を破り」、民族特有の歴史や文化に基づいた改革に近い。それは、ユダヤ人の多くがシオニズムに目覚めて、出生名をヘブライ風（ユダヤ的）な名前に改めていることにも窺《うかが》える。

※2原書注・「シオニズム」という用語は、ユダヤ民族の郷土（ホーム）をイスラエルの地に再建する運動を意味し、当時の著名な識者ナタン・ビルンバウムが考案した。ビルンバウムはこの用語を一八九〇年四月一日、雑誌『自己解放』に掲載した一文で初めて用いた。（Lawrence Epstein, *The Dream of Zion: The Story of the First Zionist Congress* [Lanham, MD: Rowman and Littlefield, 2016], p. 13.）

流浪の地で幾世紀もの衰退期を経て、シオニズムはユダヤ文化遺産の復興に取り組んだ。父祖の地で生活し、自らの言葉で話し、自らの未来像を描く上でそれは必要だった。ユダヤの祈祷書にあるように、ユダヤ人は「世界に四散」したが、シオニストは彼らを再び集めようとした。かつて日常語として使われていたヘブライ語は、二千年の流浪の結果、神聖な書物や祈祷書を朗読するときにだけ用いる宗教言語になってしまった。シオニズムはこの古代語を日常語に復活させた。ユダヤ人は、他民族同様、音楽、美術、文学、詩を生み出した。教養文化《ハイカルチャー》も大衆文化《ポピュラーカルチャー》も生まれた。祖先たちが住んだ町に住み、聖書時代の先人たちが親しんだ街路を再び歩くようになった。指導者たちは、戦争、平和、経済、医療、移民などに関する方針を打ち出すようになった。これらすべてにシオニズムは多大な成果をもたらした。本書は、現在のイスラエルが、ユダヤ民族の復活をどのように体現しているのかを描こうとする試みでもある。

もちろん、シオニズムの理想すべてが実現したわけではない。例えば、テオドール・ヘルツエルやイズレイル・ザングウィルは、ユダヤ人が中東に多大な発展をもたらせば、地域の人々は歓迎してくれると信じていた。何の紛争もなくユダヤ国家が建設できるという彼らの期待と考えは、無垢《ナイーブ》な夢だった。実際、建国の数十年前からユダヤ人は熾烈《しれつ》な紛争の中に閉じ込められ、今なお解決の兆しは皆無という悲しい現実に直面している。

ユダヤ人が独自の国家を持てば、ヨーロッパや世界の反ユダヤ主義は消滅する。現代イスラエル国の立役者テオドール・ヘルツェルはそう信じていた。これもまた、無垢な希望だった。むしろイスラエルの存在によって、ユダヤ人に対する国際的な評価やヨーロッパのユダヤ人の生活は、より複雑になった。国際評価の変動もまたイスラエル史の重要な要素なので、本書ではそれも論じる。

イスラエルは複雑でダイナミックな地である。宗教的な由緒ある場所が無数にある一方、世俗的で（あるいは不敬とさえ言われる）活気溢れる繁華街や音楽シーンで満ちている。伝統に深く根ざした社会でありながら、超近代的《ハイパーモダン》な面を兼ね備えている。現代文明を遠ざけようとする超正統派《ウルトラ・オーソドックス》のユダヤ教徒が住み、世界有数のハイテク資本家も生活している。肌の色、風習、話す言葉の異なる様々なユダヤ人がいる。世俗的なユダヤ人もいれば宗教的なユダヤ人もおり、非ユダヤ人も多数暮らしている。また帰還者の多くは（人口比で、イスラエルほど多く移民を受け入れた国はない）民主主義の伝統を持たない国の出身者だったが、建国以来一貫して民主政治を保ち、今も活発に機能している。国土や人口は極めて小さいが、絶えず世界から注目を浴びている。今日、世界の趨《すう》勢《せい》はこのユダヤ国家――その活力と複雑さを抜きにしては理解できないだろう。

歴史を通してイスラエルの国柄と国民の気質を知る

世界に注目されてきたイスラエルについて、本書のように、歴史的な緻密さとバランスの取れた視点で、一般読者を対象にした本は他に見当たらない。確かに優れた著作物はあるが、そのほとんどは大部《たいぶ》で本書の二、三倍の長さになり、一般向けではない。またそれらの書物は、本書で最小限にしか触れていないようなこと、または割愛した事柄や事件をかなり大きく取り上げている。詳細を知るには良いが、本書が描写しようとする全体像としての「物語」が不明瞭になりかねない。

イスラエルに関する本の多くは、何が起きたのかを綴っても、なぜそれが起きたのかを説明してくれないことが多い。また、物語の様々な要素がどのように結びつき統合されていったのかを教えてくれない。イスラエルは国際情勢において中心的な役割を担う国であり、避けて通れないテーマである。

そこで、本書ではユダヤ国家という理念《アイデア》の物語――その由来と軌跡、そしてその夢がどう実現したのかを書き表そう。

本書は、何が起きたかを伝えながらも、特になぜそれが起きたのかに焦点を置く。パレスチナに移り住み、国家を建設するというアイデアの起源はどこにあるのか。シオニストたちは、なぜ自分たちの国は他のどの場所でもないパレスチナに建設されるべきだと主張したのか。世界はいつ、またなぜこのアイデアを支持したのか。建国に携わった人の多くは、民主政治の営《いとな》まれていない国から帰還した人たちだったのに、どうして建国当初から順調に民主政治を進めることができたのか。なぜイスラエル人は、あらゆる事柄に関して途方に暮れるほど激しく意見が分かれるのか。なぜイスラエル人とアメリカのユダヤ人コミュニティーは、重要な事柄についてことごとく見解が分かれるのか。どんな未来がイスラエルに待っているのか。

本書では、イスラエル人が自らを、また自国を理解するために大事にしている様々な出来事についても語ろうと思う。例えばアメリカ人にとって、ポール・リビアの真夜中の騎行[※1]、ジョージ・ワシントンが万難を排して達成した凍てつくデラ

※1訳注・一七七五年四月十八日、アメリカ独立戦争に先駆け、ボストンに住むポール・リビアらは、イギリス軍の動きを察知し、独立軍の指

ウェア川の渡河[※1]、壮絶なアラモ砦死守の攻防戦[※2]など、自らの来歴を語る上で欠かせない物語があるように、イスラエル人にとっても欠かせない物語がある。そのような記憶に残る出来事を知ることによって、イスラエル人の考え方、歴史観、国家観、さらに国際世論にどう評価され、それをどう認識しているかを知る手がかりとなる。本書では、そのような重要な史実を中心に伝えよう。

また、歴史の舞台裏で活躍した、強靭《きょうじん》で、理想高く、特異な人々のことも紹介する。ただ、簡潔さを心がけ、出来事を俯瞰《ふかん》的に描写するよう努めた。例えば、戦争の記述にしても、イスラエルがなぜその戦争に引き込まれたのか、その経緯や主要因、またその戦争がどのようにイスラエル社会や国際関係に影響したのか、といったポイントに焦点を合わせる。イスラエルが関わった戦争での軍事戦略を記録した著作はすでに出版されていて、それが本書の主題ではない。

他にも本書で触れていない事柄がある。例えば、イスラエルの経済史は非常に興味深いが、イスラエル経済を救ったドイツの補償金、想像を絶するイスラエルのハイテクブームなど、一部の例外を除いて省略した。史実を簡潔に述べるという本書の意図に照らして、数多くの出来事や人物に関する記述も割愛せねばならなかった。

歴史記述の問題——本書の執筆にあたって

複雑で様々な課題を抱えたイスラエルという国に関して、なるべく簡潔に書こうとすると、必然的に「解釈」という要素が入ってしまう。一見「客観的」な事実と見えることでさえ、今なお論争のテーマであったりするし、主要人物の動機や意図などはそう簡単に分かるものではない。

また事実解釈とは別に、より難しい問題がある。イスラエルの歴史を、「どの視点から語る」のが最も妥当なのかという問題だ。書く人の視点によって同じ事例でも内容の異なるものとなる。イスラエルの功績をどのくらい評価するのか、失敗や挫折にどうスポットを当てるのか、記述内容の取捨選択、登場人物がなぜそう決断したのかなど。これらの要素すべてを、どのように統一するのか。このような歴史学の問題に話が及ぶと、読者の見解も必然的に各人各様となろう。

筆者は、このような歴史記述に関する諸問題を踏まえ、あくまでも事実に裏付けられた物語だけを記述するよう心がけた。イスラエルの業績と失敗、驚異的な歴史と不安に満ちた未来、善意に基づいた行為と破壊的な決断といった両側面を意識し、関連性のない出来事の羅列ではなく、一つの物語として伝えるよう試みた。優れた物語では、様々な人物が登場し、栄枯盛衰《えいこせいすい》、百折不撓《ひゃくせつふとう》の歩みを繰り広げる。本書では、様々な人物、運動組織、政党、国家などが物語の主人公として登場する。この物語を綴るにあたっては正確性を期し、できる限り公正に記述するよう努めた。

本書『イスラエル――民族復活の歴史』が描くのは、極めて小さなイスラエルという国と、この国を生み出した古くからの理念《アイデア》の歴史である。それは、一つの国が長期にわたって逆境を克服し続け、今なお――克服不可能とも言われる――敵の脅威とあらゆる困難に直面する物語だ。それは、多大な代償を伴った民族復活の物語、ドラマチックな要素と哀しみの交錯する複雑な物語、読者を圧倒し奮い立たせる物語、世界の至る所に影響が及んでいる物語である。

さあ、物語を始める時が来た。何が起きたのか、そしてもっと重要なことは、なぜ起きたのかを知るために。

導者たちに知らせるために真夜中に早馬を走らせた。この伝達のお陰でイギリス軍の奇襲に備えることができた。

※1訳注・アメリカ独立戦争中の一七七六年十二月二十六日、苦戦を強いられたジョージ・ワシントン率いる大陸軍は、悪天候の中、危険の伴うデラウェア川渡河を決行し、イギリス軍を急襲する。この戦いで独立軍の勢いは大いに増し、独立戦争の趨勢が大きく変化した。

※2訳注・一八三六年、テキサス独立戦争でテキサス人の小部隊はサン・アントニオの僧院（アラモ砦）に立てこもり、包囲する約三千のメキシコ軍を相手に十三日間戦い、非戦闘員以外は全員玉砕した。この激戦は、テキサス人の敢闘精神とテキサス独立戦争の象徴となる。

第１章　文学と政治——郷土を求めるユダヤ民族

あの暖かく、美しい地でも、災厄《わざわい》や患難《なやみ》が頻繁に起こるのだろうか。

——ハイム・ナフマン・ビアリク「鳥よ」

いつか再び故郷の地で

やがて世代の声となる詩人。その痛んだ魂に、ユダヤ民族のあらゆる苦痛が垣間見える。わずか十九歳で詩「鳥よ《エル・ハツィポール》」を発表したハイム・ナフマン・ビアリクは、やがて当代随一のヘブライ詩人となり、ヘブライ文学史上最高峰の一人と評されるようになる。彼の詩は、十九世紀末のユダヤ人が抱く絶望と悲哀、また、まだ見ぬ故郷《ふるさと》を慕い焦がれる父祖の地への憧憬《あこがれ》を巧みに描いている。

「ああ、私の魂はあなたの声を慕う」

当時はパレスチナと呼ばれるシオンから戻ってきたばかりの鳥に、詩人はそう語りかける。牧歌的な情景を想像しながら、彼の地での生活を尋ねる。

「神は、シオンを哀れみ慰めてくださるのか」
「ヘルモン山の露は、真珠のように滴《したた》るのか」
「あの暖かく、美しい地でも、災厄《わざわい》や患難《なやみ》が頻繁に起こるのだろうか」

尋ねるというよりは、大海の彼方にある彼の地を想う言葉で、恋い焦がれる夢を綴っている。かつてユダヤ人の故郷であった地に、いつか再び——ビアリクも、同世代のユダヤ人も——そこで暮らせると思っていた。

東ヨーロッパのユダヤ人排斥が激化

一八九二年、ビアリクが「鳥よ」を発表した当時、東ヨーロッパのユダヤ人の生活はみじめなものだった。ロシアで暮らす大半のユダヤ人は「居住枠」と呼ばれる特定区域にしか住めなかった。ユダヤ人に対する暴行が頻発し、政府や地方当局はそれを煽《あお》るか、もしくは黙視していた。ユダヤ人に対する破壊行為「ポグロム」は以前にもあったが、十九世紀末には広範囲にわたって激しさを増していた。ルーマニアでは一八六〇年代に起こり、オデッサでは一八七一年に発生していた。ユダヤ人たちは、理性ではとうてい理解し難い憎悪の狂気に立ち向かわねばならないことを感じていた。[※1]

ヨーロッパでの反ユダヤの潮流は、より複雑になっていた。東ヨーロッパでは特に神学的な主張が強く、「ユダヤ人はキリスト殺し」という非難が反ユダヤ憎悪を煽りたてていた。[※2]他方、科学が盛んだったヨーロッパ中西部では、人種理論が発展していた。ヨーロッパの人種差別論者は、ユダヤ人問題の本質は宗教ではなく人種にあり、たとえキリスト教に改宗させてもユダヤ人を「更正」することはできないと主張。一八七九年、ドイツ人ヴィルヘルム・マールも、ユダヤ人が一般社会に同化できるという考えを否定し、当時のユダヤ憎悪を体現する表現を考案した。それが「反ユダヤ主義《アンチ・セミティズム》」である。(1)

ヨーロッパでユダヤ人を侮蔑する方法は、暴力だけではなかった。一八八〇年代、ロシア政府はユダヤ人が大学等に入学できる数を厳しく制限した。当局は、ユダヤ人を虐《しいた》げるためにあらゆる手段を探し出した。一八九一年から九二年の間、ロシア警察は二万人以上のユダヤ人をモスクワから追放した。(2)ユダヤ人はヨーロッパ大陸のどこにいても、蔑《さげす》まれ、いじめられた。

やがて状況は改善し、理性と寛容を称える新しい時代が到来する。ユダヤ人の多くはそう信じていた。だが、その希望もすぐに失われた。ロシアのユダヤ人小説家ペレツ・スモレンスキン（一八四二〜一八八五）は、同胞に現実を直視するよう戒《いまし》めた。『今は叡智《えいち》の時代、人類愛の時代だ』などと言っている連中の言葉を信じるな。この時代を称えて『人類の正義と良心の時が到来した』などとほざいているやつらに耳を貸すな。そんなのは嘘だ！(3)」

東ヨーロッパのユダヤ人の暮らしはすでに苛酷だが、これから際限なく悪化していくことが、多くのユダヤ人にも明白となった。大量の出国が始まった。一八八二年から一九一四年の間に、二百五十万のユダヤ人が、オーストリア、ポーランド、ルーマニアなどの東ヨーロッパを脱出した。第一次世界大戦に至る十五年間に、百三十万のユダヤ人がロシアを離れた。(4)その大半はアメリカに渡り、二十世紀に興隆するユダヤコミュニティを築くようになる。ごく少数がパレスチナに向かった。

希代のヘブライ詩人ビアリク

一八七三年、ハイム・ナフマン・ビアリクが生まれたのは、このような悲壮感の漂う時代だった。六歳のときに父親を亡くし、以後、厳格なユダヤ教徒の祖父に育てられた。伝統的なユダヤ教育を受け、十三歳までユダヤ教初等学校《ヘデル》で学習し、十七歳までジトームィル・ユダヤ教学院《イェシバー》で学んだ。だが同時代のユダヤの青年たち同様、ビアリクは、西洋文化とユダヤ啓蒙思想《ハスカラー》に魅せられた（やがて彼の同胞のシオニスト作家や多くの指導者も同様の感化を受ける）。ユダヤ啓蒙思想とは、一七七〇年代から一八八〇年代まで続いた運動で、伝統主義と共同意識に基調を置く従来のユダヤ人のあり方を変革し、より理性的、分析的、知的で個人主義的な生き方を、ユダヤ社会に取り込もうとした。

ユダヤ啓蒙思想は、単なる知的な教養運動ではない。その狙いは、ユダヤ人社会と民族性に感化を及ぼすことでもあった。ユダヤ啓蒙思想の支持者にとって、ユダヤ人の課題は、偏狭で閉鎖的な社会を改めることだった。それは「ユダヤ人に自尊心を促し、尊厳を回復させ、情緒豊かな生き方を啓発し、美的感覚を目覚めさせ、長い間の孤立と隔絶がもたらした欠陥を全面的に解消すること」だった。[5]

ビアリクがユダヤ啓蒙思想に出合ったのは、新しいユダヤ教学院に移った時である。伝統的なユダヤ教を斬新なアプローチで学ぶことを求め、リトアニアのヴォロジンにある世界的に有名なユダヤ教学院に転入。ここでユダヤ啓蒙思想を知り、シオニストの学生を対象とする地下組織「イスラエルの永遠《ネツァフ・イスラエル》」にも関わるようになる。この組織の主眼は、ユダヤ民族主義、啓蒙思想、正統派ユダヤ教の三つを融合することだった。

一八九一年、ビアリクは、ヴォロジンからオデッサに移った。当時、オデッサは、ロシア南部における近代ユダヤ文化の中心地だった。一八九二年、ビアリクが詩「鳥よ」を執筆

※1訳注・ミュージカル『屋根の上のヴァイオリン弾き』は、この時代が背景。舞台は帝政ロシア領のユダヤ人集落で、ポグロムが激化し全住民が追放される。ミュージカルは主人公のテヴィエたちがアメリカに向かうところで終わるが、原作ではイスラエルの地に帰還する。

※2原書注・この非難の最も古い論拠は新約聖書マタイによる福音書二七・二四〜二五。「ピラトは、それ以上言っても無駄なばかりか、かえって騒動が起こりそうなのを見て、水を持って来させ、群衆の前で手を洗って言った。『この人の血について、わたしには責任がない。お前たちの問題だ。』民はこぞって答えた。『その血の責任は、我々と子孫にある。』」

したのは、この知的サークルの感化を受けたところによるものが大きい。

間もなく、ビアリクはジトームィルに帰省した。進歩的な都市オデッサに「逃げた」ことが、祖父に伝わっていないか確かめたかったからだ。帰宅すると、祖父も兄も臨終の床についていた。家の中に漂っていた悲壮感は、当時のユダヤ社会そのものを反映しているかのようだった。二人に死に別れると、彼はポーランド南部の小さな村ソスノヴィエツに移り、ヘブライ語教師になる。収入が足りず、窮乏した。だが窮するだけの甲斐はあった。詩作に没頭し、やがて世界で最も才能あるユダヤ詩人として名声を博することになる。

ビアリクの詩は、ユダヤ人の苦悩をテーマにしたものばかりではない。一八九八年、ビアリクはユダヤ人の絶望ではなく、希望をテーマにした詩を書いた。題名は、「シオンの集会《ミクラエー・ツィオン》」。一八九七年、バーゼルで開かれた第一回シオニスト会議を記念した詩である。「まだ救いは到来せずとも、われらの救世主は生きている。千載一遇の時が来たりつつある」。ビアリクは希望と期待に満ち溢れる詩を綴った。

この希望は突然どこで現れたのか。ビアリクが見た、来たりつつある「千載一遇の時」とは何を意味するのか。バーゼル会議の何がそれほど重要だったのか。救世主とは誰のことなのか。

郷土再建の目覚め

第一回シオニスト会議の代表者たちは、世界各地からバーゼルに集まった。イギリスやアメリカから、パレスチナやアラビアの各地から、ロシア、ドイツ、フランスなどから、百九十七人の代表者がスイスに集まった。誰もが歴史を作りつつあると感じた。

時は一八九七年八月。ローマ軍が第二神殿を崩壊し、ユダヤ人の大部分をユダ地方から追放して二千年近く経つ。以来、世界各地のユダヤ人が歴史の主体者となって一箇所に集結したのは、初めてのことだった。もはや連帯性もなく世界各地に散在するユダヤ人の集りではない。ヘルツェルの呼びかけのもと、ユダヤ人は世界史の舞台の傍観者ではなく、担い手となる一民族である、という古《いにしえ》の自覚を二千年ぶりに再表明した。

優雅な衣装を身にまとった参加者がホールに入っていく。会場の正面には、ダビデの星と、「ZIONISTEN-KONGRESS《ツィヨニステン・コングレス》(シオニスト会議)」と二言だけ記された大きな看板が掲げてあった。参加者は、それぞれ自国語で談笑に花を咲かせていた。その大半は男性で、少数ながら女性もおり、貧しい者も富裕層もいた。場内は活気に満ちていた。やがて一同が席に着くと、小槌が三度叩かれ、シオニスト会議は開幕した。トルコ皇帝への形式的な賛辞が述べられた。当時、パレスチナは、トルコ帝国が統治していたからだ。ルーマニアのヤシ出身で、「シオンを愛する者《ホヴェヴェ・ツィヨン》」※1の長年のメンバーであり、会議の最年長の代表者、カルペル・リッペ博士が起立した。ユダヤ教の習慣に従って覆いを頭に被り、多くの参加者から嗚咽《おえつ》の声が洩《も》れる中、伝統的なユダヤの祈祷「シェヘヘヤーヌ」を捧げた。「われらの神なる主よ、われらを生かし、われらを守り、われらをこの時に至らしめたもうた御方は、ほむべきかな」

次に会議招集者のヘルツエルが立ち上がり、ドイツ語で語り始めた。「私たちは、ここに礎石を据えるために集まった。ユダヤ民族を受け入れる郷土《ホーム》の礎石である」(6)

西ヨーロッパの反ユダヤ感情も一触即発に

ヘルツエルが活動していた西ヨーロッパの状況は、東ヨーロッパとは異なっていた。ユダヤ民族が自らを保護するための郷土を必要とするという考えでさえ、物議を呼んでいた。ビアリクの住む東ヨーロッパとは違い、西ヨーロッパのユダヤ人は、反ユダヤ運動は過去の遺物だと思いたがった。ゲットーと呼ばれるユダヤ人強制居住区域の壁は取り壊され、ユダヤ人はヨーロッパ大陸の都心部に移り住んでいた。彼らは早くもヨーロッパの上流組織の一部となり、教育、文化、経済の各分野で、ヨーロッパ社会の階段を上り詰めていた。表面的には、彼らの生活は一世紀前よりはるかに向上しているように見えた。

ヨーロッパ中西部の文化史を綴る上で、一八〇〇年の時点でユダヤ人に言及する必要は全くなかった……またヨーロッパの政治、知的生活、研究、科学の分野で活躍するユダヤ人は一人もいなかった……一九〇〇年間近になると状況は一変した。ユダヤ人、あるいはユダヤ系の人々が、経済、政治、科学、芸術の各分野で責任ある立場に就いた。(7)

ユダヤ人は、何世紀もの間、様々な規制と排斥を強いられたにもかかわらず、ごく短期間のうちに目覚ましい発展を遂

※1 原書注・正確には、組織名は「ヒバット・ツィヨン（シオンの愛）」であり、会員は「ホヴェヴェ・ツィヨン（シオンを愛する者）」と呼ばれた。だが、やがて両方の呼称が組織名として用いられるようになった。

げた。彼らは、専門家、知識人、一流の科学者となり、主要な知的社会運動の指導者として活躍した。

　だが、そのような発展をもってしても、西ヨーロッパにおける反ユダヤ感情から逃れることはできなかった。東ヨーロッパのユダヤ人は、秩序を乱す革命家と呼ばれ、政治的な冤《えん》罪《ざい》を被ることがしばしばあった。他方、西ヨーロッパでは、社会の財政的な問題の責めを受けた。ユダヤ人は、ドイツ総人口の一％にも満たなかったが、社会のあらゆる職種でエリートの地位をいち早く獲得し、特に財政や政治において脚光を浴びていた。

　多くのドイツ人が憎しみを募らせた。社会のあらゆる面に反ユダヤ感情が広がっていた。新聞、書物、雑誌は、貪欲で腐敗した資本家という典型的なユダヤ人像を描き、[※1]これがやがて二十世紀中期の大量虐殺政権に影響することになる。一八九三年に金融危機が起きると、ドイツの有産階級は、財政難をユダヤ人のせいにした。「上流階級も等しく貪欲だったが……しかし、当時の社会通念では、上流階級の人々は、偉大な政治家、勇敢な軍人、献身的な公僕と見なされた。経済恐慌が起きると、一般市民の怒りは、権勢を振るう上流階級や政府にではなく、ユダヤ人に向けられた[8]」

　西ヨーロッパでは、ユダヤ人が近代化を受け入れ、専門家として知的な業績を上げたことこそが、ヨーロッパの嫌悪感を再燃させる要因となった。ユダヤ人は、ヨーロッパ人の恨みは過去のものだと思いたかった。だが、実際には、ヨーロッパでは、反ユダヤ憎悪が人々の心に溜《た》まっており、今にも氾濫しそうだった。ユダヤ人にこの潮流をせき止める術《すべ》はなかった。

ヘルツェルとユダヤ人問題

　ヘルツェルが成人したのは、このような時代だった。前途有望で魅力的だが、次第に増し加わる悲壮感の交錯する世界だった。一八六〇年、ペスト（やがてブダと合併してブダペストになるハンガリーの都市）に生まれ、十八歳のとき家族と共にウィーンに移り住んだ。そこでヨーロッパ社会の爛《らん》熟《じゅく》した知識や豊かな文化に触れ――ビアリクと同じように――たちまち魅了される。むさぼるように本を読み、自分もやがて愛読する著述家たちのように名声を博したいと願った。ビアリク同様、ヘルツェルも執筆活動に励んだ。芸術――中でも演劇――を愛したが、両親や周囲の教師たちに、それでは生計は立てられない、むしろ法学を学んだらいいと勧められて、彼はウィーンの大学に入学した。

　大学の学びが始まって間もなく、ヘルツェルは当時の知識人を代表するオイゲン・カール・デューリングの著作を手にする。『人種、道徳、文化の問題としてのユダヤ人問題』（一八八二）という書名で、ヨーロッパのユダヤ人が解放され社会に受け入れられたことが、ヨーロッパにとって有害であったと論じる本だった。デューリングは、ユダヤ人の解放を撤回すべきだと主張し、彼の追随者はユダヤ人をゲットー（ユダヤ人強制居住地区）に返すべきだと言い出した。

ヘルツェルにとって衝撃的だったのは、デューリングの主張のみならず、彼が無教養な悪漢とはほど遠い人物であるという事実だった。「デューリングのように、優れた知性と普遍的な知識を統合する卓越した識者ですらこんな記述をするなら、教養のない一般大衆はどうなのだろうか」とヘルツェルは案じた。[9]

皮肉にも、ヨーロッパの著名な識者であり、猛烈な反ユダヤ主義者のデューリングが、テオドール・ヘルツェルを「ユダヤ人問題」に献身させる一大要因となる。後年ヘルツェルは、自分がヨーロッパのユダヤ人とその将来に関心を持つようになったのは、「確かに、デューリングの本を読んだ時からだ」と日記に記している。[10]

だが実際は、ヘルツェルのユダヤ人問題への関心はもっと昔に遡《さかのぼ》る。子供の頃、教師の一人が「異教徒」という用語を説明するにあたり、「偶像崇拝者、イスラム教徒、ユダヤ人のことだ」と言ったことを、後年述懐している。[11] ウィーン大学で、ヘルツェルは知的対話や討論を目的としたレーゼハーレ（閲覧室）という学生組織のメンバーとなる。しかし、一八八一年三月に同組織は解散。議論が悪意的に反ユダヤ論争になったからだという。ヘルツェルは懲りることなく、次にウィーンのアルビアというドイツ民族主義学生クラブに参加した。だが、ヨーロッパの知的エリートの座であるはずの大学も、根本的に反ユダヤ的だった。アルビアに入会して二年後、クラブのメンバー数人がリヒャルト・ワーグナーの記念会に参加した。この会もまた、反ユダヤ集会となった。[12] ヘルツェルは、これに異議を唱えクラブに退会届を提出するが、会員たちはこの届け出を却下。そして、自分たちの規定に基づいてヘルツェルを除名処分にした。

もしかしたら、ヘルツェルが、自らの生涯を捧げた思想――

※１訳注・「ユダヤ人＝強欲な金貸し」というイメージを世界中に広めた作品の一つが、シェイクスピアの『ベニスの商人』。だが、シェイクスピアはユダヤ人を見たことはなかったらしい。十三世紀にイギリスから全員追放され、当時、国内には一人もいなかったからだ。

—ユダヤ国家建設の必要性——に初めて触れたのは、ハンガリーの議会だったかも知れない。ギョーズ・イシュトーチというハンガリー民族主義者で反ユダヤ国民政党の創立者がいた。イシュトーチは、ハンガリーの「ユダヤ人問題」の解決策として、ユダヤ人は自分たちの国を造り、そこに住むべきだと提案したという。[13]「ユダヤ人はパレスチナに行け！」という表現が、ハンガリーの反ユダヤ運動のスローガンとなった。期せずして、イシュトーチのモットーが、やがてヘルツエルのモットーともなる。

「ユダヤ人はパレスチナに行け」というイシュトーチの憎悪溢れる合言葉が、ヘルツェルに感化を及ぼしたのかどうか、実際のところは分からない。確かなのは、ヘルツェルが社会で活躍するにつれ、至る所で反ユダヤ主義に遭遇したことだ。彼はウィーンからパリに移り、ヨーロッパの一流紙でウィーンに本社を持つ『ノイエ・フライエ・プレッセ』の特派員となった。ヘルツェルは次第に有名な記者となる。パリ在住中に、パナマ運河の財源に関わる疑獄《ぎごく》を取材。複数のユダヤ人投資家が賄賂《わいろ》と汚職疑惑を告発された問題だった。そのスキャンダルの内容以上にヘルツェルが衝撃を受けたのは、容疑をかけられたユダヤ人家族が皆フランス政界や軍部の著名人であり、典型的なコスモポリタン的ユダヤ人と評され、苦労して財を成した質素で忠良なフランス市民として知られる人たちだったことだ。[14]

オーストリアでは、学術的に裏付けられた反ユダヤ主義が台頭し、ヨーロッパの優れた大学の一流学者でさえそれに異を唱えないことを、ヘルツェルは目撃した。そして今やフランスでは、民主主義も共和政治もユダヤ人問題の解決策とはならないと、ヘルツェルは悟った。

ユダヤ人には推定有罪が適用

ビアリク同様、ヘルツェルも執筆に心を注いだ。一八九四年の秋、わずか二週間という短期間で集中的に、戯曲『新しいゲットー』を書き上げた。典型的なユダヤ人が登場する、「ユダヤ人問題」に正面から取り組んだ彼の最初の脚本だった。戯曲の骨子は至って明瞭で、芸術的な技巧を凝らしたものではない。ヨーロッパはすでにユダヤ人に解放を付与したはずだった。ところが、実際は今なおユダヤ人は、絶えず身の潔白を示すよう強いられながら、社会的、経済的なゲットーの中で生きている。[15]表向きにはユダヤ人解放を約束したはずの西ヨーロッパでさえ、ユダヤ人の無罪が証明されるまでは有罪だと推定された。

だが事態は急速に悪化していった。ヘルツェルが戯曲『新しいゲットー』の執筆に取り組んでいる最中、フランスで別のスキャンダルが勃発。フランス砲兵隊将校でユダヤ系の陸軍大尉アルフレッド・ドレフュスが、フランスの国家機密をドイツ人に漏洩《ろうえい》したとの嫌疑をかけられた。当時、フランスは政治も社会も混乱の最中で、ドレフュス裁判は相対立する政党間争いの一環だった。明らかな冤罪である。ドレフュスが有罪判決を受けて官位を剥奪されると、エミール・ゾラ（フランスの著名な文豪、ジャーナリスト、有識者）は、かの有名な公開書簡「我弾劾《だんがい》す」を発表し、政府の悪質な反ユダヤ主義とドレフュスの不当な投獄を糾《ただ》した。

このドレフュス裁判を契機に、ヘルツェルはヨーロッパの「ユダヤ人問題」に関心を寄せるようになった、というのが通説になっている。だが、今日の歴史家たちはそう見ない。確かに、ドレフュスが看守に「お分かりですか、私が投獄されたのは個人的な恨みのせいです。迫害されたのは、私がユダヤ人だからです」とコメントしたことを、ヘルツェルがコラムに書いてはいる。[16]だが、ドレフュスがユダヤ人だったことは、ヘルツェルの記事の中心点ではなかった。

『ユダヤ人国家』という解決策

皮肉にも、ヘルツェルがある会合で全く成果を挙げられなかったことが、彼の最大の成功に繫《つな》がっている。ヘルツェルは、投資家で慈善家のモーリス・ヒルシュ男爵を訪ね、ユダヤ国家建設という大胆なアイデアを支持してくれるよう援助を請うた。だがヒルシュは、東ヨーロッパにいるユダヤ人の将来を憂慮し、「ユダヤ人問題」に関する独自の解決策を考えていた。男爵は、パレスチナ案は実現不可と判断し、ロシアにいるユダヤ人がアルゼンチンに移住できるよう、すでに財政的に支援していた。ヘルツェルは説得を試みるが、準備不足で未熟な説明しかできず、何の成果も得られないままその場を後にした。この次はもっとうまくやろう。そう決意して、男爵に伝えたかった構想を明確にするため、文書化に取りかかった。

ヘルツェルは引き下がらなかった。書き改めた企画案を手に、別のユダヤ人慈善家の門を叩いた。かの有名なロスチャイルド家である。書きかけていた提案をベースに、より精密で体系化された構想をロスチャイルド用に仕上げた。やがてこの文書が、ヘルツェルの著作で最も有名な『ユダヤ人国家』の土台となる。

ヘルツェルの主張は明確だった。「ユダヤ人問題」を解決するのはユダヤ国家だ。それをどこに建設するか、アルゼンチンかパレスチナかはまだ定かでない。ヘルツェルは、ヒルシュの見解とは対照的に、自身の構想は実現可能なことだと確信していた。そればかりではない。ユダヤ人が国家を建設することは、誰にとっても得策であると説いた。

　ユダヤ国家に住むユダヤ人だけが反ユダヤ主義に悩まされなくなるのではない、ユダヤ国家の存在が世界中の反ユダヤ主義を消滅させる。ヘルツェルはそう信じていた。「ユダヤ人が転出した後には、もはや、経済的混乱、危機、また迫害が起きることはないであろう」とヘルツェルは論じた。「ユダヤ人の去った国々では、繁栄期が始まるだろう」とも述べた。ユダヤ国家の建設については、「その始まり自体が、反ユダヤ主義の終焉《しゅうえん》を意味する[17]」。この構想は決して空想の飛躍ではない。ユダヤ人は、これまで主権を確立したどの民族よりもはるかに教養が高い。もし他の民族が革命を達成できたのなら、ユダヤ人も同様のことができるはずだ。ヘルツェルは憚《はばか》ることなく、そう言い表した。

　同様の理由から、ユダヤ人の運動に反対する国はほとんどいないだろう、と主張した。世界の国々も「ユダヤ人問題」に「苦しんできた」から、国際社会もこの理念を支持してくれるだろうとヘルツェルは考え、次のように書いた。

> 新国家建設は、馬鹿げたことでも不可能なことでもない。諸民族の大半が中流階級ではなく、私たちよりも貧しく、教育にも劣り、より脆弱な状況にありながら、国家を建設した過程を現代でも見てきたではないか。反ユダヤ主義に悩まされてきた政府は、私たちが願う主権を獲得できるように支援しようと強い関心を抱いている[18]。

世界が抱えているユダヤ人問題は、社会的、宗教的な問題ではなく、政治的な問題である。だから国際社会が容認できる政治的解決が必要だ、とヘルツェルは論じる。

> 私は、反ユダヤ主義という、この非常に複雑な動向を理解しているつもりだ。そしてこの動向を、恐れや敵意を抜きにして、ユダヤ人の視点から考察する……私は、ユダヤ人問題は、社会的な問題とも、宗教的な問題とも考えない。確かに、そういう諸相を示すこともある。だがユダヤ人問題は、むしろ国家的な問題であって、政治的な問題として議論され、世界の文明国の協議によってのみ、解決されるだろう[19]。

> では、ヨーロッパや世界各地に、連帯なく散在しているユダヤ人の現状をどう見るのか。分散している状態に惑わされ

てはいけない、とヘルツェルは言う。「私たちは民だ、一つの民だ」[20]。他の民族が国家を持っているのなら、ユダヤ人も持つべきだと彼は主張した。

ヘルツェルは、熱狂的な興奮状態で執筆に没入した。「このところ、途方もなく壮大な仕事に取り組んでいる。成し遂げることができるかどうか、今もって分からない。まるで巨大な夢のようだ。もう何日も何週間も、この夢に取り憑《つ》かれている」[21]と自分の執筆活動について述べている。

ヘルツェルの本を読んだ読者もこの夢に取り憑かれた。百ページほどのこの小冊子『ユダヤ人国家』が、ヘルツェルの名を世界中のユダヤ社会に広く知らしめた。一八九六年二月に出版されると、世界中に興奮の渦を巻き起こした。近代ユダヤ人の著作の中で、この本ほど早く印刷され翻訳され、広く読まれた本はない。「一八九六年だけで、英語、ヘブライ語、イディッシュ語、ルーマニア語、ブルガリア語、ロシア語、フランス語版が出版された。特に学生がこの提案に夢中になった。『ユダヤ人国家』の出版は、ほぼ一夜にして、それまで孤独の声だったヘルツェルを、国際的運動の指導者へと変えた」[22]

運動の中心理念は――今日でこそ月並みに聞こえるが――当時としてはびっくりするような構想だった。そして今、ユダヤ人には国家が必要であり、それを造ることができると、多くのユダヤ人が確信するに至ったのである。

シオニズムの先駆者たち――マプ、ヘス、ピンスケル

シオニズムを政治的な運動として発足させたのはテオドール・ヘルツェルだが、彼以前から同じような構想を提唱した人たちがいた。一八五三年、ヘルツェルの『ユダヤ人国家』が上梓されるおよそ四十年前に、リトアニアの文学者アブラハム・マプは、最初の現代ヘブライ語小説を出版した。マプも、ビアリクと同じように伝統的な家庭に生まれたが、ヨーロッパ文化に魅了されて育った。マプの小説『シオンへの愛』は、古《いにしえ》の聖書時代のイスラエルを舞台とし、預言者イザヤの時代を背景とした。この小説は単なる物語ではなく、父祖たちの国に住んでいたユダヤ人の記憶に新たな生命を吹き込んだ。「それまで押しとどめていた豊かで充実した生活への憧れに、自由な表現を与えた」[23]。彼の本はユダヤ人の心の琴線に触れ、大いに売れた。近代シオニズムへの覚醒は、マプを通して最初に起こった。

社会主義者モーゼス・ヘス（一八一二〜一八七五）の作品は、よりドラマチックだった。ヘスはドイツに生まれ、（またビアリクと同じように）伝統的なユダヤ教師だった祖父に

育てられるが、背教者で汎神論者《はんしんろん》だったオランダのユダヤ系哲学者バルーフ・スピノザに傾倒する。後に社会主義へ急進的に傾き、伝統的なユダヤ教からさらに離れ、労働者階級でカトリック信者の女性と結婚した。㉔

しかしヘスは、たとえユダヤ教を捨てて社会主義を信奉し、カトリックの女性と結婚しても、ヨーロッパの反ユダヤ主義から自身を守ることはできないと次第に悟る。「キリスト教に改宗しても、ユダヤ人はドイツの反ユダヤ主義の強烈な重圧から逃れることはできない。ドイツ人は、ユダヤ人の宗教を嫌うよりも、人種として嫌悪している。その独特な信仰よりも、ユダヤ人のいびつな鼻を忌み嫌う」と書いている。㉕

こうして一八六二年、ヘスは『ローマとエルサレム』を執筆。㉖この著書で、ヨーロッパのユダヤ人が歓迎されることは今後もあり得ないと主張した。「私たちは、諸国民の中でいつまでもよそ者扱いされるだろう。あるいは寛容になり、私たちに手を差し伸べてくれることがあるかも知れない。だが私たちが『どこであれ、住みやすければ、そこを母国とする』という原則を第一にし、自らの民族の偉大な記憶をなおざりにしている限り、決して敬意を表されることはない㉗」。そして、ユダヤ人はパレスチナに帰るべきだ――数千年間語り伝え、夢見てきた父祖の地に帰還して大地を耕し、社会主義の社会を建設すべきだ、と論じた。

今でこそ『ローマとエルサレム』は、政治的シオニズム史の重要文献と見なされているが、ヘスの存命中は誰にも顧みられなかった。当時のユダヤ人は、ヨーロッパでの自らの先行きに大した関心を抱いていなかったので、ヘスの警世を真摯に受け止めなかった。㉘後年、ヘルツェルが『ローマとエルサレム』を読んだのは、『ユダヤ人国家』執筆の後である。「私たちが試みたすべてが、この本にすでに網羅されている」と述べている。㉙シオニズム史の大家がいみじくも言ったように、シオニズムは「二度誕生した運動」だった。㉚

ヘルツェルに先駆けて執筆され、後にシオニズムの古典的文献と称されるようになったのは、ヘスの『ローマとエルサレム』だけではない。レオン・ピンスケルの著書もその一つだ。ピンスケルは一八二一年にロシアで生まれ、ユダヤ啓蒙運動に深く傾倒した家庭に育つ。オデッサの大学に入学を許可されたユダヤ人の先駆けとして、彼は法学を専攻するが、ユダヤ人の官吏割当制度のために仕事の見通しがないことをすぐに悟ると、医者を志した。

ピンスケルも、ユダヤ人に対する暴動が契機となって、同胞のために活動するようになる。一八七一年に勃発したオデッサでの集団殺戮《ポグロム》、そしてさらに拡大した一八八一年の襲撃が、ピンスケルを震撼させた。彼は、寄留する国でユダヤ人が受け入れられることは決してない、という結論に達する。「今生きている人々にとって、ユダヤ人は死人同様。地元の人にとってはよそ者の流浪者。資産家にとっては物乞い。貧困層から見れば搾取する億万長者。愛国者にとっては祖国を持たない人間。あらゆる階層にとって、憎むべき仇敵だ」と記している。[31] ポグロムの起きた一八八一年の翌年、ピンスケルは『自力解放』を書き上げた。副題を「ロシア系一ユダヤ人より同胞への警告」として、ユダヤ人の民族としての再生と独立を促した。

ヘスの本は日の目を見なかったが、ピンスケルの著書は多少の注目を集めた。出版から二年後、ピンスケルはパレスチナへのユダヤ移民を推進するグループ「シオンを愛する者《ホヴェヴェ・ツィヨン》」の創立に関わる。東ヨーロッパでは先駆的な組織だった。しかし、組織だけでは充分ではない、ユダヤ人には指導者が必要だとピンスケルは思った。「私たちはモーセのような天才的な指導者を欠いている――歴史は、そのような導き手を何度も与えてはくれまい」と書いている。「だが、私たちが何を最も必要としているかを明確に自覚し、自らの郷土が必要不可欠だと自覚するとき、私たちの中から、エネルギッシュで高潔な、傑出した民族の友人が何人も現れるだろう。彼らが指導的な役割を担い、もしかしたら、あのモーセにも劣らない働きをし、私たちを汚辱と迫害から救出してくれるかも知れない」[32]

ピンスケルは、まるでヘルツェルを心に描いているようだった。

第一回シオニスト会議――バーゼルから歴史が動く

シオニズムの覚醒が徐々に広がり始め、ヘルツェルの本は、それ以前に書かれたシオニズムの著作とは異なり、世界に旋風を巻き起こした。『ユダヤ人国家』の反響は熱烈だった。一八九六年三月の初め、本書発刊の数週間後、シオニスト会議を開いたらどうかと勧められたヘルツェルは、この提案に飛びついた。のめり込んだ、と言ったほうが正確だろう。企画の段階からヘルツェルを補佐していた一人が語っている。「彼の意識の中に、会議以外の世界は存在していませんでした。仕事の細部すべてに注意を払っていました。どんなことも見逃しませんでしたよ。様々な指示を出し、あらゆる手順を監督していました。あの温かい声と親しみを込めた笑顔ですべてを行ない、しかも絶対的な雰囲気がありましたから、誰も指示に背いたり否定しようなんて思いもしませんでした」[33]

準備におよそ十八カ月を費やした。ヘルツェルは、シオニスト会議が荘厳な一大イベントとなるよう、ことのほか心を砕いた。一八九七年八月二十九日の開催初日には、壮麗な会議を開催することにより、雄大で新しい政治運動が発足したことを告げたかった。参会する男性全員に（女性の代表者もいた）、スーツと白いネクタイを着用するよう指示した。ヘルツェルの一番の盟友であるマックス・ノルダウは、草創期のシオニストのメンバーには珍しく、運動に関わる以前から国際的に著名な識者だった。そのノルダウが普段着で会場に現れると、ヘルツェルは、ホテルに戻って指示どおり正装してくるよう要求した。

ヘルツェルの演出へのこだわりを極端と思ったり、面白がったりする者もいた。だが、ヘルツェルのこだわりは、演劇の嗜《たしな》み以上の動機があった。「代表者に、そして世界に、日常からの断絶を象徴する何かが必要なんだ。彼らを呼び集めた、この壮大で麗しい夢を宣言する何かが」[34]

第一回シオニスト会議は、威風堂々とした中に思想的な不調和や未熟なアイデアなども見られたが、目覚ましい成功を収めた。聴衆は夢中になり、知的で重厚な構想に熱中するあまり、何時間にも及ぶスピーチに聞き入っていた。[35]

会議の最大の成果の一つは、新しく発足した運動の目的が明確に定義されたことだ。シオニズムの綱領は、何日にも及ぶ白熱した議論を経て、以下のように起草された。

シオニズムの目的は、ユダヤ民族のために、公に認められ、法的に確保された郷土を、パレスチナに建設することである……この目的を達成するため、この会議は、次の方法を考案する。

一、農民、労働者、職人によるパレスチナ入植を推進すること。

二、各国の法に従いつつ、適切な地域組織や国際組織を通して、ユダヤ社会全体を組織化すること。

三、ユダヤ人の民族感情と民族意識を強化すること。

四、シオニズムの目的達成に必要な諸政府の同意を取りつけるために、働きかけ準備すること。[36]

ヨーロッパの啓蒙されたユダヤ人は、西欧における教育機会を最大限に活用していた。それで、代表者の一人ツヴィ・ヘルマン・シャピラ教授が、政治的シオニズム発足の一環として、パレスチナに「ヘブライ大学」の創設を力説したのは当然とも言える。シオニズムは、その当初から、教養に根ざした運動だった。その源《みなもと》は、伝統的なユダヤ教とヨーロッパの啓蒙思想の出合いにあり、ユダヤ人の失望感がユダヤの永遠性の感性と交錯して生まれた。シオニズムにとって、教育と著述は、その政治的主旨に劣らず重要だった。

会議では、主題歌も採択された。一八七八年に作詞された「希望《ハティクバ》」は、簡潔でたった一センテンスの歌だ（オリジナルはずっと長い）。

われらの胸の内に
ユダヤの魂が脈打つ限り
われらの眼が東の彼方
シオンを望み見る限り
二千年われらが育みつづけてきた
希望は失われることはない
その希望とは、われらの地
シオンとエルサレムの地で
自由の民となることである※1

会議の議題は多岐にわたった。ユダヤ国民基金の設立も第一回シオニスト会議で初めて提案された（当初の設立目的は、オスマントルコ領のパレスチナの土地購入と開拓）。会議では、様々な委員会や運営機関も設置され、やがてこれらの組織がシオニスト運動の効率性を向上させることになる。

細部に至るまで入念に計画し、実現のためにエネルギーを注ぎ込んできたヘルツェルは、閉会後、幸福感に満たされた。数週間後、日記にこう記している。「バーゼルの会議を一言で要約するならば――もちろん、それを公にしないように細心の注意を払わねばならないが――『バーゼルで、ユダヤ人国家を設立した』ということだろう。今日、声を大にしてこれを叫ぶなら、世界中から笑い者にされるだろう。だが五年後、いや五十年後には確実に、それが事実であったことを誰もが認めるだろう(37)※2」

※1原書注・「ハティクバ」は、他のどの国歌とも異なる。ほとんどの国歌（アメリカの「星条旗よ永遠なれ」、フランスの「ラ・マルセイエーズ」、ソ連の旧国歌「インターナショナル」等）は、戦争や抗争をテーマにするが、「ハティクバ」は違う。「ハティクバ」はまた、珍しく短調の国歌であり、その叙情的で哀愁漂うメロディのため、イスラエル国歌にあわせて行進するのは無理である。
※2訳注・二十世紀初頭、日本の長崎にもシオニズム組織の支部があった。指導者はオーストリアのユダヤ人実業家ジークムント・ダヴィッド・レスナー。一八九四年にユダヤ教会堂（梅香崎）が設立された。市内の坂本国際墓地にユダヤ人区域がある。

「君が願うなら……」

新たに力を得たヘルツエルは、以前にも増して専心した。彼は初めてパレスチナを訪れた。パレスチナは、ユダヤ国家が建設される候補地の一つとして考えていた。だが、ヘルツエルの目的は、ユダヤ人の父祖の地を視察するためではなく[※1]、構想実現のチャンスを掴むためだった。そこがいかにもヘルツエルらしい。ちょうどその頃、ドイツ皇帝ヴィルヘルム二世とトルコ皇帝の代理人らが、聖地を巡行していた。ヘルツエルは、そこで彼らと会うことが好意を得る一番の近道だと判断したのだ[38]。

ドイツ皇帝は、賛同者というにはほど遠かった。第一回シオニスト会議にドイツから参加した一人が、皇帝に会議の主旨を書面で伝えていた。皇帝は、書面を一瞥《いちべつ》すると、余白にこう記した。「パレスチナに奴等《やつら》ユダヤ人を行かせたらいい。早いほうがいい。邪魔するつもりはない[39]」。しかし、皇帝がユダヤ人に抱く嫌悪感もヘルツエルを思いとどまらせることはなかった。たとえ反ユダヤ主義者であっても、自らの目的に賛同してユダヤ国家建設を推進してくれるなら、ヘルツエルは喜んで彼らと手を組むつもりだった。

ヘルツエルは、パレスチナの荒れ地に計り知れない可能性を見出だすが、そこで受けた多くの印象を、彼の創作で最も有名なユートピア小説『古くて新しい地《アルトノイラント》』に記している。ヘルツエルは、この作品を一九〇二年に出版。当時流行《はや》ったユートピア小説のスタイルを駆使して、イスラエル国家の未来像を描いている。物語の中心は、同化したユダヤ人と異邦人の旅仲間が、遠方の孤島で二十年を過ごした後、パレスチナに新しく再建されたばかりのユダヤ国家を発見するというものだ。牧歌的な社会を描き、砂漠は開墾されて花咲き溢れ、ヘルツエルがパレスチナを訪れたときに見た老朽化した住居群は、近代都市に変わっている。あらゆる信仰を持った人々が調和して生活し、各自が各々の形式で礼拝し、全く緊張感のない空気が漂っていた。パレスチナは識者や発明家、作家や高貴な政治家で溢れていた。

それは、現実とはかけ離れた理想的なパレスチナの未来像だった。だが、むしろヨーロッパの生活があまりにも絶望的になりつつあったからこそ、その理想像が読者を魅了したのだろう。

安息日《シャバット》の静寂が聖都エルサレムを覆っていた。その昔、敬虔な巡礼者たちが長く険しい旅路を経てこの都にたどり着いたとき、しばしば不快に感じた不浄さや騒音、悪臭は、今はもうなかった。以前は、聖所にたどり着くまでに、多くの不愉快な場景を目にして我慢せねばならなかったが、今やすべてが一新していた……路地も道路もきれいに舗装されている……イスラム系、ユダヤ系、クリスチャン系の福祉施設や病院、診療所が建ち並んでいた。広大な広場の中心には、壮麗な「平和の宮殿」が建ち、平和を愛する世界中の人々や科学者たちの国際会議が開かれる場所となっていた。エルサレムは、今やすべての人間精神が目指す最善の郷土《ホーム》となった。それは、信仰と愛と叡智の郷土だった。[40]

修復されたのはエルサレムだけではない。ユダヤ国家建設はヨーロッパのユダヤ人問題も解決した。

ワルター博士は……ユダヤ人の大量移民が、ヨーロッパに留まるユダヤ人にどのような影響を与えたのかを説明した。博士はまた、自身のためにも言わねばならなかった。シオニズムは、パレスチナに移住するユダヤ人にもヨーロッパに留まるユダヤ人にも得策であり、このことは以前から自分には自明であった、と。[41]

それは大胆な夢であり、空想的な夢でもあった。だが急速に、極めて現実的なものとなっていった。ヨーロッパのユダヤ人が絶望すればするほど、現状とは全く違う世界をより素直に思い描けるようになったからだ。ヘスがそうだった。ピンスケルしかり。そしてビアリクしかり。テオドール・ヘルツエルは、その熱情のすべてを政治運動へと具現化させた。ヘルツエルは、それが容易であるという幻想は、微塵も抱いていなかった。だが、必ず実現できると信じて疑わなかった。

ヘルツエルの読者へのメッセージは、『古くて新しい地』の題辞に簡潔に述べられているように、単純だった。

「君が願うなら、それはもう夢ではない」[42]

※1原書注・一八九六年、ヘルツェルが『ユダヤ人国家』を執筆した時点では、自身が構想する国家がどこに設立されるべきかは定かでなかった。「二つの候補地が考えられる……パレスチナとアルゼンチンだ」と書いている。だが六年後の一九〇二年に上梓した『古くて新しい地』では、ヘルツェルは、ユダヤ国家がパレスチナに建設されることをはっきりと描いている。

第2章　生まれ故郷のどこかに

主がシオンの繁栄を回復されたとき　われらは夢見る者のようであった。

——詩編一二六編

民族の誕生と同じくらい古い夢

シオニズム運動は一般に、一八九七年バーゼルの第一回シオニスト会議で、世界各地から参加した代表者たちによって設立された運動だといわれる。だが、これは正確ではない。第一回シオニスト会議の参加者は、シオニズムを政治的運動として発足させた。けれども、この運動の核心にある夢——自分たちの父祖の郷土《ホーム》であるイスラエルの地に帰還するという悲願は、ずっと以前に遡《さかのぼ》る。それは、ユダヤ民族の誕生と同じくらい古い夢であった。

人は、自らの祖先の地でこそ、他所《よそ》ではできない繁栄を成し遂げることができる。そのことを理解していたのは、ユダヤ人だけではない。第一回シオニスト会議開催の二十年以上も前、作家ジョージ・エリオット（本名はメアリー・アン・エヴァンズ）は、ユダヤ人のことを明言せず、郷土愛の力強さを描いている。

> 人間の生活は、生まれ故郷のどこかに、しっかりと根を下ろしているべきだ。そこでは、故郷の景色、人々がいそしむ労働、その物音や言葉の調子に、やさしい肉親の愛を抱くだろう。将来広い知識を身につけても、幼い日のわが家には、他には感じないはっきりとした郷愁を抱くものだ。そこで過ごした幼少の明確な記憶に愛情が織り込まれるだろう。[1]

今日のイスラエルを理解するために、すなわちこの国の夢と成功と挫折、そしてイスラエル人が国難にどう対処するのかを理解するために、知っておかねばならないことがある。それは、ユダヤ人が自らの民族について長く語り伝えてきた古い物語であり、そしてその物語の中心にイスラエルの地があることである。

　ユダヤ人にとって、郷土シオンの記憶に「愛情が織り込まれ」たのは、「民族の日誌」とも言うべき聖書に由来する。もちろんユダヤ教徒にとっては、聖書は神が啓示した言葉であり、自分たちがいかに生きるかを記した戒《いまし》めの書である。他方、世俗的なユダヤ人にとっては、聖書は古今に通じる優れた文学作品の一つだった。しかしすべてのユダヤ人にとって、聖書は自らの民族の物語である。自分たちの民族が、何を愛し、どこで生活し、どのように栄え、そしていつ間違いを犯したのかを教えてくれる書物である。それは、自分たちの家族の物語であり、その中心にあるのがイスラエルの地、今テオドール・ヘルツエルが彼らに帰還を促している地である。そして、この物語の中心にある土地なくして、ユダヤ国家も、ユダヤの家族もない。そのことを彼らの「日誌」は示唆していた。

イスラエルの地を抜きにして、ユダヤ民族史は語れない

イスラエルの地は、誕生の初めから、ユダヤ民族の物語の一部である。聖書は、ユダヤの民が誕生する瞬間を次のように記している。「主は、アブラム[※1]に言われた。『あなたは生まれた土地を離れ……わたしが示す地に行きなさい[2]』。アブラムは神に従い、間もなくこう言われる。「わたしはあなたの子孫にこの地を与える[3]」。ユダヤ人の物語が始まる瞬間に、「約束の地」という概念も生まれる。

　この土地は、一貫してユダヤ民族の物語の中心であり続ける。アブラハムは、カナンの地（当時はそう呼ばれていた）を郷土とする。ただ、時には（特に飢餓が起きると）、アブラハムと彼の子孫は、生き延びるために、近隣の地に逃れねばならなかった。創世記（「トーラー」[※2]とも呼ばれるモーセ五書の第一巻）のテーマは、様々な意味で、カナンの土地についてである。町を建て、井戸を掘り、埋葬するために洞窟を購入し、家族で土地を分割し、土地を離れ、またそこに戻ってくる話である。創世記は主に、アブラハムの複雑な家族の物語であるが、その物語の中心は、そこで生きることを命じられたこの土地である。

　創世記が終わり、出エジプト記の幕が開けると、アブラハ

ムの子孫はもはや単なる家族ではなく、一つの民族として登場する。「イスラエル人」と呼ばれる彼らは、エジプトで国王ファラオの奴隷になる。しかし、イスラエル人をいつまでも奴隷として留めておくのは無理だとファラオは察するようになる。チャンスがくれば、彼らは自らの地に帰ろうとするだろう。

ファラオは、エジプトの民にこう言う。「見よ、イスラエル人というこの民は、われわれにとって、あまりに数多く、強力になり過ぎた。さあ、抜かりなく彼らを取り扱い、これ以上の増加を食い止めよう。さもなければ、戦争が起きたら、敵側についてわれわれと戦い、この地から出て行くだろう」(4)。ファラオは心得ていた。イスラエル人は、チャンスがくれば自分に反乱する。しかもそれは、自分の王位を剥奪するためではなく、故郷に帰るためだ。民族とその地の間には、磁石のように引き寄せる力が働いている。そして、民族は常に自分のかつての郷土に帰ろうとし続けるものだ。ファラオはそう感じていた。

ファラオの予想は的中する。新しい指導者が現れ、奴隷状態に終止符を打つと意気込む。モーセは、イスラエルの民を苦役から解放し、エジプトから脱出させる。以後モーセ五書は、イスラエル人がたどった約束の地への長い道のりを描く。聖書が語っているように、四十年の荒野の道のりで、飢餓、戦闘、不信、反逆に繰り返し中断されながらの旅路だった。数千年後、シオニストたちは、モーセ五書の伝えるこの教訓を心得ていた。真の自由への道のりは長くて険しいということを。モーセ五書に続くヨシュア記で、イスラエル人はようやく、アブラハム自身が旅した地にたどり着く。ヨシュア記には、郷土に帰ることは決して容易ではないということが明瞭に示されている。

聖書の物語は、民族の郷土を築くにあたって、もう一つ大

※１原書注・彼の名前は、創世記一七章五節でアブラハムに変名する。「あなたは、もはやアブラムではなく、アブラハムと名乗りなさい。あなたを多くの国民の父とするからである」

※２訳注・「トーラー」は日本語で「律法」と訳されることが多いが、ヘブライ語で「教え」を意味し、ユダヤ教では一般的に、聖書の創世記、出エジプト記、レビ記、民数記、申命記の総称として用いられる。ユダヤ教の「教え」全体を意味する場合もある。モーセが天から授かった啓示の内容が示されていることから、この五冊は「モーセのトーラー（教え）」あるいは「モーセ五書」とも呼ばれる。

事な教訓を示している。約束の地に入るだけでなく、そこに留まり続けることがいかに難しいかということだ。聖書の記述によれば、当時、カナンの地は、七つの異なる民に占領されており、外地から脅《おびや》かす者もいた。(5) 頻繁に争いが起こり、イスラエル人はいくつかの統治形態を試みるが、どれも失敗に終わる。やがて、この地に安住するための終わりなき戦いに疲弊し、十二部族で構成されていたイスラエル人は、王政を願った。

初代イスラエルの王サウルは、致命的な欠陥を抱えていたので、若いダビデが王位を継いだ。ダビデは体格も小さく、初めは控えめに見えたが、巧みな武将として安定した君主制を確立し、巨大な王国を築いた（地図①参照）。ダビデにも、時には無慈悲な一面を見せるなど短所はあった。だが聖書はダビデを、ビジョンと力と霊的センスを体現し、生身の人間が成り得る最も理想的な指導者像として描いている。第一回シオニスト会議で、代表者の一人が、ヘルツエルの存在に感じた崇高さを、次のように表現したのも不思議ではない。

私たちの前に、驚くべき崇高な人物が立ち上がった。その物腰と風貌は王威の風格、その瞳は深く、粛然《しゅくぜん》とした威厳と無言の哀愁を醸《かも》していた……彼はダビデ王家の末裔、死者の蘇りであり、伝説と幻想と壮麗さを身にまとっていた。(6)

第一回シオニスト会議の魅力と成功した秘訣は、参加者が、古《いにしえ》の栄光が今まさに蘇ろうとしていると感じたことだった。それは、ユダヤ人が、数千年前のはるか昔に体験した栄光、イスラエルの地で味わった繁栄だった。

エルサレムに神殿が建ち、王国は南北に分裂

ダビデから王座を譲り受けた息子ソロモンは、紀元前十世紀、エルサレムに神殿を建てた（第一神殿）。この神殿がイスラエル人の宗教生活の中心となる。捧げ物が奉納され、イスラエル人は年に三度巡礼した。また、イスラエルの首都として、エルサレムと神殿はあらゆる機能と目的を果たした。神殿の丘には第一神殿と第二神殿が建てられ、[※1] ユダヤ人の聖所となり、やがてキリスト教徒やイスラム教徒の聖所ともなる。キリスト教徒にとって、そこはイエスが神殿の腐敗を戒め、両替人を追い出した場所である。イスラム教徒にとって、神殿の丘の神聖さは、そこに建てられたエル・アクサ寺院と岩のドームに由来する。これらは、モハメッドが神殿の丘から昇天したというイスラムの伝承に因《ちな》んで、紀元六九一〜六

九二年に建立された。

ソロモンの建設事業は莫大な出費を伴ったため、財源獲得のために税が引き上げられた。その結果、各部族の生活が逼《ひっ》迫《ぱく》し、特に北部の部族は、ソロモン王が南部の部族に好意的で、自分たちはなおざりにされていると感じた。このような政治的な不安定さはあったが、ソロモンは部族連合を維持した。だが息子レハベアムには父親ほど巧みな政治手腕はなく、紀元前九二八年に王国は分裂。北のイスラエル王国（イスラエル十二部族のうちの十部族から成る）と南のユダ王国（残りの二部族）に分かれ、以後しばしば両国間の紛争が勃発した。

その結果、ユダヤ民族の物語は、内部分裂の危機という新たな教訓を示した。イスラエルの王国分裂は破滅を招いた。北王国では権力闘争が続き、二世紀の間に少なくとも十九回、統治する王朝が入れ代わった。さらに分裂した二つの王国間でも、しばしば激しい抗争が展開された。

さらにもう一つ、現代イスラエルの生活に関わる重要な側面が、数千年前にすでに存在していたことが聖書に描かれている。この地域では、現在同様、イスラエルの王国は絶えず強敵に囲まれていた。北のアッシリア帝国は、今日のイラク北部に位置していた（地図①参照）。その残忍な軍事力は、イスラエル王国やユダ王国を含むユーフラテス川の西部にある多くの国々を脅かした。北部には、アッシリアとは別にもう一つの脅威的な勢力が存在した。アラム王国である。東のバビロニア帝国もしばしば参戦した。南の巨大なエジプト帝国の存在は、物事をさらに複雑にした。この地域を制覇するには、イスラエルとユダ王国が位置する土地を制せねばならない。いずれにせよ、南北王国は不利な位置にあった。どの勢力が栄えても、結局はその国に従属せねばならないのである。

ここにもまた、現在のイスラエルが自らの課題を考察すべき視点がある。この時からすでに中東は非常に複雑な地域であり、すでにその時から、生き残るとは戦い続けることであった。

※1訳注・紀元前十世紀にソロモン王がエルサレムに建てた神殿を「第一神殿」、そしてバビロニア捕囚後の紀元前六世紀にエルサレムに再建された神殿を「第二神殿」と言う。なお、第一神殿が存在した紀元前十〜六世紀を「第一神殿時代」、第二神殿が存在した前六世紀〜紀元一世紀を「第二神殿時代」と呼ぶ。

北王国の崩壊――アイデンティティと郷土

存亡の危機に瀕した南北の王国は、持ちこたえるためにあらゆる手段を講じた。隣国と同盟を結び、大国に貢ぎ物を納めた。しかしどの方策も水泡に帰した。南北王国は紆余曲折をたどり、協定と抗争を繰り返し、双方はただ疲弊していくだけだった。内紛と巨大な外敵の脅威にエネルギーを消耗し、滅亡は時間の問題となった。

紀元前七三三～七三二年、アッシリアの王ティグラト・ピレセル三世は、ガリラヤとヨルダン川対岸を獲得し、多くの住民を追放した。こうして中東に新しい政策が導入される。現代も繰り返される強制的な集団追放だ。この集団追放は、イスラエルの宗教生活に多大な影響を及ぼした。それまでイスラエル人のアイデンティティは、おおむね自分の属する特定の部族に基づいていた。そして部族のアイデンティティは、彼らが暮らす地理的環境に根ざして形成された。ひとたびその土地から追放されたイスラエル人が、部族特有のアイデンティティを維持するのは不可能に近かった。

自ら選択したわけではない環境で生活することを強いられたイスラエル人は、民族に属するとはどういうことなのか、再考せざるを得なかった。この問いこそ、以後数千年の間、絶え間なく変化し続ける世界の中で、ユダヤ人が（そしてシオニストが）直面する難問だった。

聖書は、北王国滅亡によって散らされた十部族のその後の行く末を記録していない。追放の物語は――どの民族にとっても――強制移住の弊害を浮き彫りにする。二十世紀には、ユダヤ人もアラブ人も、再びそれを経験することになる。失われた十部族に何が起きたのかは知る由もないが、聖書が綴るように、ユダ王国の二部族だけが、イスラエル人として残り、ユダヤ民族として存続した。

ユダ王国の崩壊とバビロニアに抑留された国民

圧倒的な軍事力を誇る列強に南北を挟まれたユダ王国は、なお破局の危機に瀕していた。アッシリアの軍事力が衰退すると、バビロニアが怒濤《どとう》の勢いでその空白を埋めた。南部では、強力なエジプト帝国が虎視眈々《こしたんたん》と構えている。ユダ王国の指導者たちは、戦略的に致命的な失策を繰り返し、国運を大きく危うくさせた。ユダの王は、バビロニア軍が衰えたと誤算し、バビロニアへの朝貢をやめた。これに激怒したバビロニアが紀元前五九八年にユダ王国に侵攻。神殿を略奪し、ユダの王をバビロニアに連行し、一万人近くを捕虜として抑留《よくりゅう》した（大半が兵士および職人）。バビロニアの王は、アッシリア王の政策を踏襲し、ユダ王国の国家意識を挫《くじ》くため住民を分散させた。

バビロニアの新しい王ネブカドネザルは、再びユダに侵攻した。バビロニアの支配に反逆し、従属しなかったからだ。ユダ王国が、バビロニア人は、反乱を根絶し、ユダヤ人が二度と立ち上がれないよう画策する。ユダの住民を追放して分散させるだけでなく、イスラエルの地で生活していたユダヤ人のシンボルを滅ぼそうと決心した。紀元前五八六年、ソロモンの神殿は破壊された。

こうしてユダ王国も滅亡した。ユダヤの独立は終わり、バビロニアの捕囚期が始まった。以後、再び全ユダヤ民族が共にイスラエルの地で暮らすことはなかった。

エレミヤとハナニヤ――二人の預言者の論争

イスラエルの宗教的な中心は、捧げ物を用いた祭儀と祭司のリーダーシップだった。よって、神殿の崩壊とそれに伴う祭儀の中止、そして祭司勢力の衰退は、イスラエル人の生活の終幕となりかねなかった。しかしイスラエルの指導者たちは、この損失を終わりと見ず、社会学的および宗教的な才能をもって、大惨事にあっても希望を持ち続けるよう同胞に働きかけた。

エルサレムの滅亡を目の当たりにし、捕囚期も預言し続けた預言者エレミヤは、この残忍な歴史の展開もユダヤ民族の終焉《しゅうえん》を告げるものではない、と力説した。「家を建てて住み、園に果樹を植えてその実を食べなさい。妻をめとり、息子や娘をもうけ、息子には嫁をとり、娘は嫁がせて、彼らに息子や娘を産ませるようにしなさい。そちらで人口を増やし、減らしてはならない」[7]。エレミヤは、希望と忍耐の両面を説いた。ユダヤ人と神との契約が終了したわけではない。自分たちよりも大いなる力がシオンに帰還させてくれるまで待たねばならない、と説いた。

これとは全く異なる見方がある。聖書では、預言者ハナニヤがそれを主張している。バビロニア人の支配が続くのは、たった二年間であり、エレミヤが預言するように七十年も続かない。だからイスラエル人は、捕囚先の生活に順応する必要はない。エレミヤが考えているよりも、ずっと早くに本国に戻ることができる。それがハナニヤの意見だった。

このエレミヤとハナニヤの論争――ユダヤ人は、捕囚先の生活に順応すべきか、それともなるべく早く母国に帰還できるよう努力すべきか――は以後何世紀にもわたってユダヤ人の間で続く。同じような論争が、ユダヤ国家の設立に尽力したヘルツェルと、神の手に自分たちの運命を委ねようとし、ヘルツェルに反対したユダヤ教徒の間でも、激しく展開された。同様の対立は、イスラエル建国草創期の指導者たちと、同時代のアメリカのユダヤ社会の指導者たちとの間でもあった。イスラエルの指導者たちは、世界中のユダヤ人がイスラエルに帰還することを願ったが、アメリカの指導者たちは、アメリカに住むユダヤ人は父祖の地の外、つまりアメリカ合衆国に理想の定住地《ホーム》を見出だした、と強く主張した。

バビロンの流れのほとりで、帰郷を夢見る

結局バビロニアの捕囚期は数十年続いた。だが祖国シオンに帰還する夢が失せることはなかった。捕囚の地に抑留されたユダヤ人たちは、遠く離れても故郷として慕い続けているイスラエルの地に、記憶の焦点を合わせた。聖書の詩編では、多くのユダヤ人の心情を垣間見ることができる。一三七編には、「バビロンの流れのほとりに座り、シオンを思い、われわれは泣いた」とある。[8] 彼らは泣いたけれども、失った土地に再び戻ることを夢見ていた。詩編には、シオンの記憶を涙で語るだけでなく、やがて来る喜ばしい日を夢見て詠っているものもある。

主がシオンの繁栄を回復されたとき
われらは夢みる者のようであった。
その時、われらの口は笑声《わらい》で満たされ、
われらの舌は歓声《よろこび》に溢れた。
その時、諸国民の中に言う者たちがいた、
「主は彼らに大いなる事をなされた」と。
主はわれらに大いなる事をなされたので
われらは歓喜した。
主よ、どうか、われらの繁栄を
ネゲブの川のように回復してください。
涙をもって種まく者は
歓声をもって刈り穫る。
種を携え、涙を流して出て行く者は
束を携え、歓呼して帰ってくるであろう。[9]

何世紀もの間、ユダヤ人はこの詩編を歌ってきた。一度もその地を見たことはなく、自分たちが生きている間そこに帰ることもないと分かっていた。帰りたいと願っていたその場所のことは、ほとんど知らなかった。しかし、魂の深いところで、いつの日か故郷に帰るという約束が実現すると確信していた。それまでの間、シオンへの夢は、絶えず彼らの精神生活と民族生命の支柱であり続けた。

シオン帰還の約束が実現する

ヘブライ語聖書（旧約聖書）[※1]の最後は、紀元前五三九年にバビロニアを倒したペルシアの王キュロスが、捕囚された人々に対して、本国に帰還し神殿の再建を許可する言葉で終わっている。「ペルシアの王キュロスはこう言う。天の神、主は地上のすべての国をわたしに賜わり、ユダにあるエルサレムに御自分の神殿を建てることをわたしに命じられた。あなたたちの中で主の民に属する者は誰でも、神なる主がその者と共にいて、上って行くように」[⑩]。捕囚先のコミュニティーのどれくらいの人々が、シオンに帰って神殿を再建したのかは定かでない。その割合が小さかったのは間違いないであろう[⑪]。

いずれにしても聖書は、捕囚の地であるバビロニアに留まった人々にではなく、故郷に帰る時だと告げるキュロスの勧告に重点を置いている。ユダヤ民族の物語は、神がアブラムに「わたしの示すところ（イスラエルの地）に行け」という言葉で始まり、最後は「（エルサレムに）上って行け」という一文で締めくくられている。

大切なのは、聖書の物語が、故郷の約束で始まり、ユダヤ人がイスラエルの地に帰る場面で幕を閉じるということである。聖書は、一民族が故郷を慕い続け、いつか故郷に帰ることができるという約束を決して諦めなかった物語である。

第二神殿時代――ペルシア、ギリシア、ローマの統治下で

キュロスの布告に従ってバビロニアからイスラエルの地に帰還した者たちは、地域の政情が不安定であることを知った。これは、現在もそう変わりはない。帰還した少数のグループで神殿を建て直すことになるが、当初は、先の神殿の残影のようでしかなかった。この第二神殿は六百年近く存続するが、ユダヤ人の主権は断続的にしか維持されなかった。

ペルシア帝国の興亡の後、アレキサンダー大帝がこの地域を征服した。ギリシア統治は時に厳しく、信教の自由も制限されることがあった。ユダヤ人の多くは周囲のヘレニズム文

※1訳注・ヘブライ語聖書（英語でHebrew Bible）とはユダヤ教の聖書のこと。キリスト教の旧約聖書にあたり、同じ書物が含まれているが配列が異なる。旧約聖書では、預言書のマラキ書が最後に来るが、ヘブライ語聖書では歴代誌が最後になる。なお、ユダヤ教ではヘブライ語聖書（旧約聖書）が聖書のすべてであり、キリスト教の新約聖書は含まれない。

化を受容したが、異国の文化や宗教を退けようとする少数派もいた。このパターンは、以後何世紀にもわたってユダヤの歴史で繰り返される。少数派とは、父祖たちの故郷に住むのみならず、絶えず生活の中心にあった理想、信条、使命感に基づいて生活してこそ、この地に生きる意義があると信じる人たちだった。

ギリシアの宗教的弾圧に抗して、ユダヤの抵抗組織は武器を取って決起した。これはダビデ王朝以来、ユダヤ人が示した最も重要な武力行使である。紀元前一六四年、マカベアと呼ばれるユダヤ人小部隊が、ギリシアへの反乱に成功する。マカベアは、四百年ぶりにユダヤ自治国をイスラエルの地に築いた。ユダヤ人はこの成功を記念して、今日に至るまでハヌカの祭りを祝っている。

ユダヤの主権は一世紀ほど続くが、その後、ローマ帝国の隷属国となる。ローマは当初、かなり寛容だった。ユダ地方はローマから離れており、イスラエルの地に暮らすユダヤ人の日常生活は、帝国の指導者にとっての関心事ではなかった。イスラエル人は相応に自治権を与えられていたが、その時代の被征服民と同様、重税を課せられていた。しかし、状況は時と共に変化する。ローマの支配は圧力を増した。税を重くし、次第にユダヤ人の宗教的な自由を奪っていった。紀元六年、ローマはユダ地方を直轄地とし、ユダヤ主権への一縷《いちる》の望みも消滅した。

またしてもユダヤ独立への憧れが反乱をもたらした。今度は熱心党《ゼロテ》と呼ばれる少数グループが、ローマ軍に対して武力蜂起した。反乱が勃発した紀元六六年の初め、反徒たちはローマ軍を撃退した。だがローマの圧倒的な軍事力は所詮、ユダヤの反徒たちの力の及ぶ相手ではなかった。紀元七〇年、ローマ軍はエルサレム猛攻撃の準備を完了。都を完全に包囲し、誰も出入りを許さなかった。孤城落日《こじょうらくじつ》、食料は底を尽き、住民は飢えに苦しんだ。間もなく、ローマ軍はエルサレムの城壁を突破。都は破壊され、第二神殿は炎上した。ユダヤ人の大半は虐殺され、生残者の多くが追放された。二千年に及ぶ流浪の歴史の始まりである。

第二ユダヤ自治国家は破局を迎え、エルサレムは焦土と化した。だが、ローマ支配に対する徹底抗戦を唱える強硬派の意志は抑え難く、いくつかの反乱グループが点在して残った。中でも有名なのは、死海の西岸にそびえるマサダの要塞を基地とした熱心党で、最も長く持ちこたえた。だが彼らも敗北の運命にあった。ローマの戦闘力はあまりにも圧倒的で、熱心党の人々もそのことは知っていた。ローマ軍は要塞を包囲するが、最後のユダヤ戦士たちは、ローマ軍に殺害——あるいはさらに屈辱的な隷属か陵辱《りょうじょく》――されることを拒み、集団自決を決行する。数名の者で女性、子供、大半の男性を殺し、最後に残った一人は自ら命を絶った。マサダにいた千人近くのユダヤ人のうち、生き残ったのは二人の婦人と子供五人だけだった。(12)

ローマとの長期戦の代償はあまりにも大きかった。この時代を知る上で重要な文献を著《あらわ》した史家ヨセフスは、数十万のユダヤ人が戦闘で命を落とし、生残者の多くは奴隷として売られるか、ローマの鉱山で強制労働を強いられたと記録している。

バル・コフバの反乱でユダヤの主権が完全に終わる

驚くべきことに、ローマ軍による壊滅的な敗北によっても、父祖の地に主権を回復したいというユダヤ人の熱望は吹き消されなかった。第二神殿崩壊から六十年経った紀元一三〇年、ハドリアヌス皇帝は、エルサレム再建の計画を公布。皇帝は、往時のユダヤの栄光を復興するつもりはなく、都をアエリア・カピトリナと改名し、そこに異教の祭壇を築くことを計画した。そして、この地域をシリア・パレスチナ州と呼ぶことにした。今日の呼称「パレスチナ」の由来である。※1

これに憤ったシメオン・バル・コフバは、老齢の賢者ラビ・アキバの支持を得て反乱を企てる。数十万の反徒が馳せ参じ、紀元一三二年、反乱が本格的に始まった。紀元六六年の反乱時と同様、当初はユダヤ側がローマ軍に何度か勝利した。バル・コフバは、エルサレムと、その他の広い領土を占拠。解放した各領地に、ユダヤ人自治区を制定した。現代の考古学者は当時のコインを多数発見しているが、コインの表面にはヘブライ語で「イスラエルの贖《あがな》い」「イスラエルの自由」「エルサレムの自由」などと刻まれている。短命ではあったが、バル・コフバの統治の所産である。(13)

だが前回同様、ローマ帝国の巨大な武力は、反乱軍のそれをはるかにしのいでいた。ハドリアヌスの軍は、バル・コフバの一群を圧倒し、エルサレム南部のベイタルと呼ばれる町まで撤退させた。紀元一三五年、ローマ軍は三年間抵抗を続けた残党を掃討した。古代の文献によると、およそ五十八万人が殺され、さらに多くの人が奴隷として売られたという。

※１訳注・近代においては、一九二〇年、同地を委任統治領として管理していたイギリスが、行政上の地域名として「パレスチナ」という名称を採用した。そしてイスラエル国の独立まで、同地に住む人はユダヤ人も含め、みな「パレスチナ人」と呼ばれた。

ユダヤ三度目の陥落だった。またもやユダヤの主権は幕を閉じた。今回は、七十年後に早期復興されることもなければ、敗戦六十年後に反乱が勃発することもない。今度は、完全な終わりだった。

ほぼ二千年間（正確には一千七百六十二年間）、ユダヤ人は政治的な自治権を持たずに生き長らえた。異国の地で暮らしながら、地元の人々に好意を受けることも、冷遇されることもあった。そして長い間、ユダヤの主権を回復しようという本格的な試みはなかった。しかし、一八九七年になってようやく、テオドール・ヘルツェルがバーゼルの第一回シオニスト会議に代表者を召集した。ヘルツェルは、巻き返しを呼びかけ、古代イスラエルの栄光を復興し、衰退の一途をたどる長い異郷暮らしに終止符を打とうとした。自分たちが住む国の為政者の気まぐれに自らを委ねるべきではない、ユダヤ人は歴史を自らの手に取り戻す時がきている、と唱えた。

ユダヤ伝統の叡智——なぜ希望を抱き続けられたのか

一八九七年、ヘルツェルがバーゼルでの第一回シオニスト会議に登壇するまで、つまり二千年の間、ユダヤ人は父祖の地にいつか帰還できるという夢を抱き続けた。なぜそれができたのか。一度も見たことのない地のことを、生きた記憶として、どのように維持し続けることができたのか。ジョージ・エリオットの言葉を借りるならば、「幼い日のわが家の、他には感じないはっきりとした郷愁」を、住んだこともなければ行ったこともない、恐らく行くこともないだろう地に、どうやって抱き続けることができたのだろうか。

ユダヤ人が取り組んできたのは、自身が実際に体験しなかった民族の歴史を、一定のサイクルで繰り返し追体験し続けることである。このことが、バーゼルのあの日の備えとなり、自分たちの夢見てきたことが、いつか到来するための準備となった。ユダヤ人の礼拝や祭日には、過去を呼び起こし、それがまるで今現実に起きているかのように追憶する。まさにユダヤ伝統の叡智《えいち》である。彼らは、話していても、考えていても、何をしていても、イスラエルの地が彼らの意識の中心にあり続けた。祈る時は、毎日三度エルサレムのほうを向いて祈った。幾百年もの間、ユダヤ暦のアブの月※1の九日には断食した。ユダヤの伝承によると、この日は第一神殿と第二神殿が崩壊した日である。スペインでも、ポーランドでも、食後の感謝の祈祷には、「ほむべきかな、なんじ主よ、憐れみによってエルサレムを再建なさる御方」と唱えた。過越祭《ペサハ》の晩餐《セデル》の最後には、世界中のユダヤ人が、アフリカやヨーロッパ、イエメン、イラクのどこにいても、「来年はエルサレムで！」

と歌った。伝統的なユダヤの結婚式では、花婿がワイングラスを割り、人生の喜びの時でさえ、崩壊したエルサレムを思い出すよう、参会者に促した。このようにシオン（エルサレム）への夢を生かし続けるためのユダヤ教の慣習が、数百とまでは言わないが、何十もある。それによって、シオンを見たことがなく、また見ることもないだろうと思っていたユダヤ人たちが、世代から世代に、この夢を継承してきたのである。

ユダヤの記憶を保ち続けたこれらの取り組みにより、ビアリクが一八九二年に「鳥よ」を発表したとき、聞く者にどれほどの共感を呼んだかが理解できるだろう。詩の言葉は新しかったが、詩が描いている夢は新しくはなかった。ビアリクはある意味で、ただエレミヤやハナニヤ、詩編が語り伝えたことの延長線上にいた――ユダヤ人は、世界中に散在していても、真の故郷は一箇所しかない。

この取り組みは功を奏した。十九世紀になって、ヨーロッパがユダヤ人に敵愾心《てきがい》を示し、ナショナリズムがヨーロッパ全土に広がるにつれ、ユダヤ人の多くは、ヨーロッパが自分たちの居住地となり得ないことを察知した。本能的に、自分たちの住むべき故郷は他にあると感知していた。

ヘルツェルが示したビジョンは民族の有史以来の夢

ユダヤ教徒も、世俗的な者も、有識者も、そうでない者も、ヨーロッパの東でも西でも、ユダヤ人はシオンへの夢を絶えず意識する伝統の中で育った。だから、ヘルツェルが『ユダヤ人国家』を執筆したとき、ユダヤ人にはとても懐かしく、聞き覚えのある夢が語られているように思われた。ヘルツェルの構想が、あっという間に波及したのはなぜか。それは、その構想が全く新しいものではなく、ユダヤ人が何世紀もの間大切に抱き続けてきた夢に、ヘルツェルが命を吹き込んだからだった。

だから、バーゼルの会議に出席した代表者の一人が述べた所見は驚くにはあたらない。

「誰もが固唾を飲んだ。まるで奇跡を見ているようだった。実際、私たちが目にしたのは奇跡ではなかったか。割れるような拍手が会場に巻き起こった。十五分間、喝采は続き、歓声が上がり、ハンカチを振り続けた[14]」

※1訳注・アブの月は、西暦の七～八月に相当する。

こうも言えるだろう。ヨーロッパに絶望したユダヤ人にとって、シオニズムこそ一新した夢と希望の幕開けだと思った人々にとって、ヘルツェルこそは、「わたしの示す地」に向かって最初に踏み出したアブラハムだったのだと。彼こそ、同胞を約束の地に導くモーセだった。彼こそ、ユダヤの主権回復を約束するダビデだった。彼こそ、歴史の潮流を巻き返す時が来たと叫ぶバル・コフバだった。ヘルツェルは、ほぼ独力で、有史以来の夢を蘇らせ、希望を回復し、ユダヤ人に全く異なる未来像を描くための霊感を与えた。

第一回シオニスト会議の後、政治的シオニズムの機運が高まるが、ある意味それは革新的なことではなかった。なぜならそれは、古《いにしえ》の夢の復興だったからだ。

第3章 シオニズムは、イデオロギーではなく対話である——二十世紀初頭におけるシオニストの分派

キシネフは今も存在する。ユダヤ人が肉体的あるいは精神的苦痛を強いられるすべての所に存在する。ユダヤ人だからという理由で尊厳を傷つけられ、財産を略奪されるすべての所に存在する。だから、まだ救える者を救おうではないか！

——テオドール・ヘルツェル、第六回シオニスト会議、一九〇三年[1]

ユダヤ人の期待感を打ち砕いたキシネフの虐殺

一九四九年、イギリスの元首相ウィンストン・チャーチルは、しみじみと回顧して語っている。「私たちが二十世紀の夜明けを迎えたとき、私たちの国に、私たちの帝国に、そして世界に、大きな希望を抱いていた。十九世紀の後半は自由主義が進歩した時代だった。一九〇〇年には、より明るくて寛大で、よりゆとりのある日々に向かって、希望いっぱい前進しているように誰もが感じたものだ[2]」

二十世紀になって、ユダヤ人の多くがチャーチル同様に楽観視していた。チャーチルが語る自由主義の進歩は、自分たちにも新しい時代の到来を告げるはずだった。一八九七年の第一回シオニスト会議は、ユダヤ人が国際社会の一員となり得る兆しとなって、未来がいっそう輝いているように見えた。

二十世紀初頭にユダヤ人への暴力が激発すると、このような期待感は打ち砕かれ、ユダヤ人の多くは愕然《がくぜん》とした。まず、ロシアで偽造文書『シオン長老の議定書《プロトコール》』が出版された。ユダヤ人が、報道機関と世界経済を巧みに操作して世界征服を

謀議したという、架空会議の偽《にせ》の「覚え書き」である。『議定書』は多くの言語に訳され、世界中に流布された。※1

間もなく、ロシアのユダヤ人憎悪は、言葉から暴力に変わった。最も衝撃的だったのは一九〇三年のキシネフの虐殺《ポグロム》である。惨事は、復活祭《イースター》の日曜日、四月十九日に始まった。

当初は、若い連中がユダヤ人につきまとい、チュフリンスキー広場から追い出そうとしていた。祭日だったこともあり、酔っ払った大人がそれに加勢した。午後遅く、三十～五十歳の暴徒たちが、二十五ほどの組に分かれて、いっせいにベッサラビアの首都にあるユダヤ人街を駆け巡り、十代の少年たちが住宅や商店の窓ガラスを次々と割り始めた。王立学校や町の宗教学校の学生や神学生たちも、鉄棒や斧を手に、暴徒に続いた。略奪者たちも加わり、学生たちはユダヤ人の財産を略奪し、破壊した。現地の警察は介入しようとせず、秘密警察長のレヴェンダルは、むしろ暴徒を煽動《せんどう》していた……通りを馬車で通りかかったロシア正教の司教ヤーコヴは、襲撃者の大半であるモルダヴィア人たちを祝福していた。(3)

暴徒は知事が関与しないことを知ると、事態はさらに悪化した。理不尽な残虐行為は、言葉では言い表せないほどひどいものだった。

一晩中、殺戮《さつりく》と虐殺が続いた……五万人のユダヤ人（キシネフ人口の三分の一）が蛮行の餌食となった……二歳の男の子は、生きたまま舌を切り落とされた……幼少のときに片目を失ったメイヤ・ヴァイスマンは、暴徒に命乞いして六十ルーブルを差し出した。ヴァイスマンの小さな雑貨屋を略奪していた暴徒のリーダーがその金を奪うと、ヴァイスマンのもう片方の目をえぐり出し、「これでキサマは二度と、クリスチャンの子供を見ることはないだろう」と言った。人々の頭には釘が打ち込まれ、身体は斧で真っ二つに切断された。腹部はパックリ切り裂かれ、羽毛が詰め込まれていた。婦人も少女も強姦され、両乳房を切り落とされた者もいた。(4)

この惨事が起きている間、上流階級の人々は「平然と歩き巡り、この悲惨な状景を何の感情も示さず眺めていた」と『サンクトペテルブルク報知』が後に報道している。(5) 内務相が知事に電報を送り、虐殺の制止を命じてようやく軍隊が配備され、四月二十一日の朝になって厳戒令が敷かれた。

被害はひどかった。男性三十四人、女性七人が虐殺された(赤ん坊二人を含む)。負傷が悪化して八人のユダヤ人が後に亡くなっている。物的損害も甚大だった。虐殺直後に町を訪れた記者が、地元の非ユダヤ市民は「後悔も自責の念も示さなかった」と証言している。(6)※2

なぜビアリクは憤ったのか

虐殺後間もなく、オデッサのユダヤ歴史委員会は、ハイム・ナフマン・ビアリクに、キシネフを訪れて生残者にインタビューし、報告するよう依頼した。ビアリクに依頼したのは当然とも言える。ビアリクの詩「鳥よ」が発表されてからの十年間、彼の名声は高まる一方だった。一九〇一年、ビアリクの詩集が出版されたときには、すでに当代最高のヘブライ作家の一人と(最高峰とは言わないまでも)広く評されていた。シオニストの指導者で、自身も優れた作家だったゼエヴ・ジャボティンスキーは、ビアリクこそ「現代の文学界でただ一人、その詩を通して同世代の人々の精神を直接作り上げた詩人だ」と評している。(7)

ビアリクがキシネフ到着後に見聞きした現状は衝撃的だった。その強烈な印象を叙事詩「殺戮の街にて」に綴っている。この詩の中でビアリクは、略奪、強姦、虐殺を実行した暴徒に対してだけではなく、意外にも、ユダヤ人自身に対しても怒りを露《あら》わにした。長くて複雑な詩の中頃で、住居の地下室でのシーンを描いているが、そこでコサックのギャングが婦

※1訳注・『議定書』の種本は、フランスの評論家で弁護士のモーリス・ジョリーが一八六四年に出版した『十九世紀の政治についてのマキャベリとモンテスキューの地獄の対談』で、ナポレオン三世の世界支配欲を風刺した書物である。ロシアの秘密警察が内容をユダヤに置き換えて出版した。アメリカの自動車王ヘンリー・フォードは、一九二〇年代に『議定書』の英訳を五十万部出版したが、後に誤りだったことを認め回収している。日本では昭和初期から『議定書』の和訳が出され、今もこれを種本にした本が出版されている。

※2訳注・帝政ロシアに対するユダヤ人の義憤は、日本の歴史に大きな影響を及ぼしている。キシネフ虐殺の翌年、日本は日露戦争に突入していたが、当初は戦争遂行資金の確保に苦しんでいた。当時、アメリカ最大の投資企業の一つクーン・ローブ商会の頭取だったユダヤ系アメリカ人ジェイコブ・H・シフは、ロシアによるユダヤ人虐殺に憤り、日本銀行副総裁の高橋是清の求めに応じて協力し、世界のユダヤ人にも呼びかけて、最終的に戦時国債の半分以上を引き受けた。シフの資金援助が、日本の勝利と帝政ロシアの崩壊に繋がった。一九〇六年、シフは日本政府に招聘され、明治天皇より最高勲章の勲一等旭日大綬章を授与されている。

女たちを容赦なく何度も強姦する。ビアリクの描写では、この残忍な襲撃が展開している間、ユダヤの男たちは大樽《おおだる》の後ろに隠れ、暴徒を止められなかった。あまりにも怯《おび》えていたため、止めようとさえしなかった。ビアリクは辛辣《しんらつ》な皮肉を込めて彼らを「マカベア人の末裔[※1]」と呼び、彼らこそ逸脱したヨーロッパのユダヤ社会の象徴そのものではないか、と綴っている。

ビアリクの憤りは、次にユダヤの伝統それ自体に向けられた。ビアリクの〝描写〟によると、惨事の後、祭司の末裔であるこれらの男たちは、床の上に半死半生で痛ましく横たわっている妻たちの身体を跨《また》いで、ユダヤ教ラビのもとに駆け寄り、質問する。

「妻は、私にとって、不浄《けが》れていますか[8]」

――そんなことが大事なのか。ビアリクの叫びが聞こえるようだ。愛する者たちが、殴り倒され、傷つけられ、強姦され、地面に横たわっているというのに、お前たちの関心事はただ一つ、ユダヤ教の律法の問題、今後も妻と床を共にしてもいいか、ということなのか。お前たちの人間性はどうなってしまったんだ。いったいお前たちは、何者になってしまったんだ、と。

もちろん、ビアリクの描く光景が正確かどうかは、問題でない。実際、ビアリクは詩人であって、歴史家ではなかった。問題はビアリクを驚愕《きょうがく》させた二つのこと、ヨーロッパが何をなし得たかということと、ユダヤ教の伝統が培ってきた受け身の姿勢の故に、ユダヤ人が何をなし得なかったかということだ。

祖国を離れた流浪の生活がユダヤ人から奪ったのは、強靭《きょうじん》さや勇気だけではない、とビアリクは主張する。人間としての感覚を蝕《むしば》んでしまった。流浪の生活がユダヤ人を破壊してしまった。ユダヤ教の伝統的な法体系が、かつてはこの腐った世界に純潔さと神聖さの時空間を創造していたのであろうが、今はユダヤ人の魂を腐蝕させ、本来第一義とすべきことから関心を逸《そ》らせてしまっている。つまるところビアリクは、ユダヤの伝統がユダヤ人の人間性を破壊した癌《ガン》だ、と言うのだ。

だから、ビアリクや同時代の多くの人にとって、ユダヤ人が祖国に帰還するというシオニズムの主眼は、避難所を作ったり、ヨーロッパの「ユダヤ人問題」を解決するためだけではない。ユダヤ人が郷土に帰らねばならない理由は、そこでしか「新しいユダヤ人」を作り上げることができないからである。ビアリクは訴えた。往時のマカベア人を再創造する時が来た。ユダヤ民族の生まれ変わる時が来たのだ。

ウガンダ案でシオニスト会議が紛糾

キシネフの惨事に一変させられたユダヤの指導者は、ビアリクだけでない。ヘルツエルにとって、キシネフは、ユダヤ人が何としても郷土を必要としていることのさらなる証左だった。建設できるところならどこでもよかった。オスマントルコとの間にほとんど進展がなかったために、ヘルツエルはかつてアルゼンチンもユダヤ国家設立の候補地として考えていたが、パレスチナ以外の土地も検討し始めていた。

一九〇三年八月二十三日に始まった第六回シオニスト会議で、ヘルツエルはキシネフを取り上げ、キシネフは事件や場所ではない、むしろ一つの状態だ、と力説した。「キシネフは今も存在する。ユダヤ人が肉体的あるいは精神的苦痛を強いられるすべての所に存在する。ユダヤ人だからという理由で尊厳を傷つけられ、財産を略奪されるすべての所に存在する。だから、まだ救える者を救おうではないか！」[9]。ヘルツエルは、盟友マックス・ノルダウに宛てた一文に、イギリスが申し出てくれた東アフリカの領地を受け入れるべきだ、と書いている。この申し出「しかない……この政治的な機会をものにせねばならない」とノルダウに促している[10]。

この「政治的な機会」とは、ジョゼフ・チェンバレン（イギリス植民地相）の提案を指している。チェンバレンは、ヘルツエルの外交的な説得を受けて、ユダヤ人は、パレスチナ帰還に固執しないで、東アフリカの領地の一部をもらうべきだ、と勧めていた。ヘルツエルはこの代案を提示した。この代案が、第六回シオニスト会議でウガンダ案と呼ばれるようになる（正確には、この候補地は現在のケニアに位置し、この会議の少し前にウガンダの保護領になった）[11]。予想どおり、その後の議論は紛糾した。この計画の支持者たちは、「ウガンダ」はユダヤ人の最終目的地ではない、あくまでも父祖の地パレスチナに永久的に帰還するまでの一時的な中継地に過ぎない、と論じた。驚いたことに、民族・宗教派の代表者たちの中には、宗教的なユダヤ人としてイスラエルの地の贖《あがな》い（救済）に固執すると思われたが、ヘルツエルの切迫感に共鳴して、賛成票を投じる者がいた。

反対意見は辛辣だった。またすぐ移り住まねばならないよ

※1訳注・マカベア人とは、紀元前二世紀に当時パレスチナを支配していたギリシア人の宗教的弾圧に抗して、武器を取って決起したユダヤ人たちのこと。政治的・宗教的独立を達成したユダヤ民族の英雄。第2章を参照。

うな中継地に、いったいどれだけの人が生活を抛《なげう》って移り住むというのか。ユダヤ人が「ウガンダ」なんかに移住するのか。たとえ移住したとしても、今度パレスチナに住めるようになったとき、またそこから移り住むだろうか。むしろウガンダ案が、パレスチナに帰るという希望を挫《くじ》かないだろうか。多くの懸念があった。シオニズムの目的は、単にユダヤ民族のための居住地を獲得することではない——父祖の故郷《ホームランド》に郷土《ホーム》を再建することだ。イスラエルの地に宗教的な思い入れのない世俗派シオニストも、この提案に反対票を投じた。「シオンを一時でも諦めることは、深刻で初歩的な思想的背信行為である」と彼らは主張した。[12]「キシネフからの参会者」がロシアの代表団にいた。[13] 彼らこそ、ユダヤ人の安全な避難所を緊急に見つけねばならないことを誰よりも痛感しているはずなのに、東アフリカのユダヤ国家案に激しく反対した。[※1]

ヘルツエルは、すぐに悟った。手に負えない大混乱を、知らずに巻き起こしてしまった。シオニスト会議——そしてシオニスト運動——は真っ二つに分裂した。ダメージを修復する応急策はヘルツエルにはなかった。

今やシオニストたちは、深刻で辛辣な論争に巻き込まれ、この状態は長引きそうだった。やがてウガンダ案は消滅し、対象外となる。けれども、他の課題が浮上した。シオニズムが、単なる政治的運動でないことはすでに自明であり、その主眼はユダヤ人の未来とユダヤ民族の郷土建設である。だが、そのニーズが具体的にどのように満たされるかは、厄介《やっかい》で激しい意見の衝突をしばしばもたらす議題であり続けた。シオニズムとは、一つの運動であると共に、実は複雑で、時に活発な対話でもある。

面倒な対立は誰の益にもならないことが参加者には分かっていたので、会議はウガンダ問題を回避しようとして、その提案の実行可能性の検討だけを採決した。それすら激昂する代表者たちもいた。採決の後、提案の反対を先導したイエヒエル・チエレノヴは百二十八人の反対派代表者と共に、荒々しく会議場を出ていった。

ヘルツエルは意気消沈して会議場を後にした。健康を損ね、ロシアにいる同胞の苦境に悩んでいた。宝のように大事にしていたシオニスト会議が内部崩壊していくのを目の当たりにするとは——それも、よりによって自ら提示した提案が分裂を招くなんて。ヘルツエルは、一九〇四年の春には、この失策の深刻さを自覚していた。後に「和解会議」と呼ばれるシオニスト執行委員会の会合で、「私たちの解決案は、パレスチナしかありえない」と表明している。[14]

ヘルツエルの察したとおり、やがてウガンダ案は一九〇五年七月の第七回シオニスト会議で廃案となった。だが、ヘルツエルはこの会議に参加することはなく、すでに他界していた。一九〇四年七月三日、わずか四十四歳のヘルツエルは、心不全で帰らぬ人となった。

ヘルツエルは、若い頃から心臓に問題を抱えていた。それでも自らの命のリスクは度外視していた。ヘルツエルは一切を承知の上で、同胞を救い得ると信じた夢の実現に自分自身を捧げた。ユダヤ人たちは、ヘルツエルが単なる犠牲ではなく、彼を通してユダヤ人の歴史が大きく変わったことを認めた。「かつて、あのような葬儀がウィーンで行なわれたことはなかった」と、ある記者は証言している[15]。ヘルツエルの葬儀に参加したユダヤ人作家、シュテファン・ツヴァイクは次のように綴っている。

> それは七月の不思議な日だった。あの光景を誰も忘れることはないだろう。あらゆる駅から、あらゆる列車から、あらゆる地域から、あらゆる港から、夜を日に継いで、何千という人の群れが突然やって来た。東西ヨーロッパのユダヤ人が、ロシア系ユダヤ人やトルコ系ユダヤ人が、あらゆる地方、あらゆる遠い小村から、次々と街に流れ込んだ。人々の顔には訃報《ふほう》のショックが表れていた。批判や風評のせいで長い間隠されていた真実が、絶大な威光を帯びて私たちの前に明らかにされた——今埋葬されようとしているこの人物は、偉大な運動の先覚者だった。突如、ウィーンの街は気がついた。亡くなったのは、月並みの作家や詩人ではない。思想を形作った一人、稀《まれ》にしか歴史の舞台に登場しない人物。全員の心に激しい痛みが走った。そして初めて、私は気づいた——この非凡な人物は、その理想《ビジョン》によって、いかに絶大な勇気と希望を世界にもたらしたかを。[16]

※1原書注・パレスチナに代わる代案は、ウガンダだけではなかった。ユダヤ人は、行くべき場所を懸命に探し、他のいくつかの可能性を提示し、追求した。一八〇〇年代初頭には、ニューヨークのグランド・アイランドが一つの可能性として提案された。以後数十年の間に候補地として検討された例としては、東アフリカのウアシンギシュ（一九〇三〜一九〇五）、アンゴラのベンゲラ高原（一九〇七〜一九一四）、マダガスカル島（一九三三〜一九四二）、タスマニア島のデヴィー港（一九四〇〜一九四五）、スリナム（一九三八〜一九四八）などが挙げられる。ユダヤ人の新しい郷土の際限ない候補地探しは、一九四八年のイスラエル建国をもって終止符を打った。（Adam Rovner, *In the Shadow of Zion: Promised Lands Before Israel* [New York: NYU Press, 2014].)

あのような指導者がユダヤ民族に出現したのは数百年ぶりのことだった。

アハッド・ハアム――文化的シオニズムと民族の精神性

キシネフによって決定的な影響を受けたシオニズムの指導者は、ヘルツェルやビアリクだけではない。「キシネフの虐殺で心がいっぱいになって、何も考えられない」とアシェル・ツヴィ・ギンズベルグは書いている。彼もまた、ユダヤ民族は今までの延長ではいけないと考えていた。「何という屈辱。五百万もの人間の魂が自らの荷を他人に任せ、自ら首を殺害者に伸ばしている。助けを叫び求めるだけで、自らの尊厳と生命を守ろうともしない[17]」

一八五六年（ヘルツェルが生まれる四年前）、ウクライナに生まれたアシェル・ツヴィ・ギンズベルグは、「アハッド・ハアム」（民族の一人）というペンネームを用い、この名で広く知られるようになる。彼の非凡な聡明さは早くから認められた。アハッド・ハアムは、ユダヤ教敬虔派《ハシディズム》の世界に深く根ざした家庭に生まれ、その中で過ごすものと思われていた。だがビアリクたちと同様、彼もヨーロッパやユダヤ啓蒙《ハスカラー》思想が与える広大な知的世界に惹《ひ》かれた。一つのパターンが出来つつあった。この時代の最も卓越した多くのシオニスト思想家たちは、ユダヤ教正統派の家庭に生まれるが、程度の差はあれ、ユダヤ教の伝統世界から離れる者が多かった。彼らのリーダーシップのもと、シオニズムはユダヤ教の深い知識を踏まえつつも、自分たちが育った伝統の多くに反発を抱くという、二つを合わせたものとなってゆく。※1

アハッド・ハアムは、伝統的ユダヤ教の世界から離れたシオニストたちとは違って、自分を育んでくれた精神世界への愛を保っていた。父親に、もし異端な本を読み続けるなら、私の書庫に近づいてはいけないと警告されたという説もある。アハッド・ハアムはこのことに神経質になるあまり、ある時は本を燃やして、外国文学の世界に手を出しているのを隠そうとしたという[18]。ユダヤの古典を所蔵する父親の書庫に出入りを禁じられるようなリスクを犯すつもりは微塵もなかった。

アハッド・ハアムは父親の勧めに従い、宗教的に相応しい家庭で育った女性と結婚することさえ同意し、十四歳のとき、ユダヤ教敬虔派の名家の娘と婚約した。相手に格別に惹かれたわけではなかったが[19]、意外にもこの結婚は長続きした。

アハッド・ハアムは、父親の生活が困窮すると（これも草創期のシオニスト指導者の多くに共通する一面であるが）、かねてから憧れていた知的なユダヤ文芸復興の中心地オデッサに移住することを決意。オデッサはロシアの都市で唯一ユダヤ人の居住が許され、ユダヤの教養文化の爛熟《らんじゅく》する街だった。ここからシオニズムの優れた思想家が数多く輩出された。

アハッド・ハアムは、このオデッサというユダヤ文化の揺籃《ようらん》の地に飛び込むが、当時のシオニスト思想家とは違い、葛藤を内に抱いていた。ユダヤ教敬虔派の世界への美学に本能的な思い入れを保っていたからだ。一八八八年に、アハッド・ハアムには珍しく自らの内面を吐露する記事『ボロボロの書物《ケタヴィム・バリム》』を著《あらわ》している。

そんな冬の長い夜、教養溢れる紳士や婦人たちと交流し、食卓に座ってテレフな（ユダヤ教食事規定に適さない）食事をたしなみ、トランプ遊びにふけり、私の心は楽しみ、顔は輝いていた。すると突然——なぜそうなったのかは分からないが——目の前に急に古びた机が現れた。机の足は壊れていて、机の上にはボロボロの聖典が山積みになっていた。裂けて、黒ずんだ、本物の価値ある本だった。私は独りその中に座り、薄暗いロウソクの光で読みふけっていた。また一冊開き、別の本を閉じた。印刷文字が非常に小さかったが、そんなことは気にもならなかった……まるでこの世のすべてがエデンの園のようだった。(20)

彼が離れようと決めた世界へのこの変わらない愛が、アハッド・ハアムと他のシオニストたちとの間で一線を画すことになる。ユダヤ人に必要なのは主権ではない、と彼は主張した。ユダヤ人には、他のどの民族とも違った固有の持って生まれた精神性がある、と彼は信じていた。異邦人のナショナリズムは武力に根ざしているが、ユダヤ民族の場合は、むしろ精神が物質の力に打ち勝つことができる、と論じている。先の記事を書いた同じ頃、アハッド・ハアムはこう記している。「民族の文化を基調としない政治理想は、精神的な偉大さに忠実であろうとする私たちを惑わしかねない。そして私たちの中に、物質力や政治的支配を獲得するところに栄光の道を見つけようとする性向を育んでしまう。最後には、私たちと過去を結ぶ絆が切り裂かれる」(21)。シオニズムの主眼は、パレ

※1原書注・このような宗教的で知的な軌跡をたどるシオニストの著述家は驚くほど多い。そのリストは数多くあるが、例えば、マックス・ノルダウ、A・D・ゴルドン、エリエゼル・ベン・イェフダ、ミカ・ヨセフ・ベルディチェフスキー、アハッド・ハアム、ハイム・ヴァイツマン、ヨセフ・ブレーネル、ベール・カッツネルソンなど。これらの人物すべては本書で後述する。

スチナに精神的な中心地を築くことであり、国家再建ではない、というのが彼の考えだった。

アハッド・ハアムが特に憤ったのは、ヘルツェルの構想《ビジョン》にユダヤ的な要素が全くないことだった。「ユダヤ民族は歴史から消滅したほうが良い。もし、小さな国の無意味な覇権争いに閉じ込められ、その住民はただユダヤ系の祖先を持つというだけで、それ以外なんらユダヤ的な国家でないならば」と書いている。[22][※1]

ヘルツェルがユダヤ人を救出しようとしていることは信じる、だが目指す方向が間違っている、とアハッド・ハアムは考えていた。

ヘルツェルの誤りは、文化を念頭に置かなかったことだけではない。彼の政治スタイルが、ユダヤの歴史との有害な断絶を明確に象徴していたことだ。ヘルツェルが大衆を啓蒙し（アハッド・ハアムはこれを直ちに扇動者《デマゴーグ》と糾弾する）、速やかな贖いを約束する姿は、過去の偽メシヤとゾッとするほど二重写しになる……アハッド・ハアムは、ヘルツェルを異端者呼ばわりさえした。[23]

イスラエルを精神的なセンターに

アハッド・ハアムには、代案があった。国家を建設するのではなく、パレスチナにユダヤ人の居住地《コロニー》を作ったらいい。そこにユダヤ世界の教養人《エリート》が住み、精神的なセンターとして世界中のユダヤ精神を啓発したらいい。[24]「シオンからトーラー（教え）が出る」と聖書の預言者イザヤは数千年前に、意気揚々と宣言している。[25]アハッド・ハアムは明確に、シオニズムがこの預言者の未来像を実現するべきだ、と考えていた。

ただ、ユダヤ人の将来がシオンにおけるユダヤ人の繁栄にのみ左右されるとは思っていなかった。アハッド・ハアムはユダヤの主権にこだわっていなかったので、様々な場所でユダヤの文化が多様に繁栄するという考えを受け入れる用意があった。だから、ユダヤ人はアメリカでも繁栄できると確信していた。アハッド・ハアムはこう問うている。「エレッツ・イスラエル（イスラエルの地）か、それともアメリカに行くか。……正しい答えは……アメリカとエレッツ・イスラエルの両方に行く、である。ユダヤ人問題の経済的な側面はアメリカで解決されるだろう……そのかたわら、理想的な側面は……エレッツ・イスラエルでのみ解決される」[26]

一九〇二年にヘルツェルの『古くて新しい地』が出版され

ると、ヘルツェルと彼の論敵の急先鋒だったアハッド・ハアムとの対立はいっそう厄介になった。だが一年後にキシネフの虐殺が起こると、政治的に無関係だったアハッド・ハアムも妥協せざるを得なくなる。ユダヤ民族は見解の違いを脇に置いて、ヨーロッパから同胞が脱出できる準備をせねばならない、と誰もが思っていたからである。だがヘルツェルのユダヤ国家建設案に関しては、アハッド・ハアムは反対姿勢を決して崩さなかった。国家建設はユダヤ人に重大な禍根となる、と確信していたからだ。

アハッド・ハアムはやがて、ヘルツェルとの論争に敗れる。シオニズムは国家建設の方向へと進んでいくからだ。しかし、彼の思想はシオニストの間で共感を呼び続け、今日に至っている。

アハッド・ハアムの初期の熱烈な支持者には、パレスチナに住む知識人のグループがいた。彼らは「平和の契約《ベリット・シャローム》」という組織を設立し、ユダヤ人とアラブ人の和平を促進しようと努めた。そのためには、ユダヤ人はむしろ国家建設を諦めるべきだ、と提唱した。ユダヤ国家を建設すれば、現地のアラブ人との間に紛争が絶えないだろう。むしろユダヤ人とアラブ人の二民族国家を設立したほうが、ユダヤ人自身にとっても賢明ではないか。ユダヤ人とアラブ人が領土や居住地を共有し、調和して暮らせないわけがない。メンバーはそう確信していた。

この運動のメンバーは百人を超えなかったが、影響力はその数をはるかにしのいでいた。著名人も参加しており、その中には、経済学者でユダヤ機関の役員アルトゥール・ルピン、哲学者マルティン・ブーバー、世界的に著名な哲学者で歴史家ゲルショム・ショーレムがいた。アルバート・アインシュタインは運動には加わらなかったが、協力的だった。ユダ・マグネスも同様だ。アメリカ改革派ラビで平和主義者のマグネスは、ヘブライ大学の教育理念と学風を確立した一人で(同大学の初代学長、後に同大学の総長)、何世代ものイスラエ

※1訳注・ヘルツェルをヨーロッパ的な教養人として捉え、彼が夢見たのはユダヤの歴史や文化とは関係ないコスモポリタン国家だったと言われることがあるが、実際はもう少し複雑である。ヘルツェルは法律家で、国家建設には列強の援助や外交交渉が必要だと認識していたので、その面での活動や発言が目立つ。だが彼自身、ユダヤ民族の宗教や文化や精神の復興が急務なのは自覚しており、第一回シオニスト会議の開幕演説でも、シオニズムとは、ユダヤの故郷に帰ることに先立ってユダヤのルーツに帰ることだ、と述べている。

ルの学生や学者の思想に感化を与えてきた。次世代のアメリカ・ユダヤ界の指導者たちも、アハッド・ハアムから多大な影響を受けている。特にイスラエルの草創期、国造りを第一とするシオニズムは決定的な戦略ミスを犯し、知らず知らずにユダヤ人を混迷に導いているのではないかとの危惧を、アハッド・ハアムの熱烈な支持者たちは声高に訴えていた。

　国家建設推進派（ヘルツェル派）と国家不要論派（アハッド・ハアム派）のビジョンには共通点がある。いずれの場合も、その理想《ビジョン》を実現するためには、多数のユダヤ人が身辺を整理し、オスマントルコ領に移住せねばならない、ということだ。少なくともこの時点では、どちらの理想も実現の見込みが全くないように思われた。

「強靭なユダヤ人」の育成を提唱したノルダウ

　この時代、シオニズムの他の形態も現れつつあった。有識者のマックス・ノルダウもドレフュス事件の頃から、シオニストとしての活動に没頭する。ノルダウはペストのユダヤ教正統派の家庭に生まれ、ベルリンに本社を持つドイツの進歩派の新聞『新自由新聞』の通信員としてパリで勤める。ユダヤ教の世界を去り、ドイツの知識人となった。ユダヤの伝統から距離を置くため、本名のズュートフェルトという名も改めた。

　ノルダウはある意味でキシネフを予見していた。すでに第二回シオニスト会議のときに、「強靭なユダヤ人《ミュスクル・ユーデン》」の育成を力説していた。自分たちが建設を目指す新しいユダヤ国家には、新しいユダヤ人が住むべきだ――ユダヤ教学院《イェシバー》などは遠い過去の記憶となった、逞《たくま》しく力に満ちたユダヤ人像の育成が急務だ、と訴えた。

　あまりにも長い間、私たちは自らの肉体を苦しめてきた……いや、もっと正確に言おう――異邦人が、私たちに代わって、この肉体を殺してくれた。そのとてつもない成果は、ゲットー（ユダヤ人強制居住地区）に、教会の墓地に、中世ヨーロッパの街道沿いに横たわる数十万のユダヤ人の死体の数が物語っている……私たちの貧弱な手足は、ユダヤ人街の狭い小路で暮らすうちに、喜び溢れる動作を忘れてしまった。私たちの目は、陽も差さない薄暗い家の中で生活するうちに、おずおずと瞬《またた》くようになった。私たちの力強い声は、いつ終わるとも知れない迫害を恐れるうちに、怯えながら小声で囁《ささや》くようになってしまった。私たちが声高く叫ぶのはただ一度、火あぶりの柱に括《くく》りつけられた殉教者として、死刑執行人の面前で、死に向かう祈りを叫ぶときだけではないか……私たちの最古の伝統を取り戻そう。もう一度、胸板の厚い強靭な肉体、鋭利な眼差しを取り戻そうではないか。[27]

ジャボティンスキーの修正派シオニズム

ノルダウ以外にも、シオニズムはユダヤ人が質実剛健を重視する新時代の幕開けとなるべきだ、と感じる者は多数いた。ウラディミール・ゼエヴ・ジャボティンスキーほど、キシネフの虐殺に衝撃を受けたシオニスト指導者はいないだろう。[28]一八八〇年にオデッサで生まれ、世俗的で、同化しつつあったジャボティンスキーは（後にファーストネームをゼエヴに改名）、青年時代はジャーナリストや海外特派員としてヨーロッパやロシア帝国で過ごした。

ジャボティンスキーがキシネフの虐殺を知ったのは、オデッサのユダヤ文学界でピンスケルの『自力解放』の講義をしている最中だった。知らせには驚いたが、想定外のことではなかった。虐殺が起きる以前から、そのような惨事が起こるとの噂が広まっていて、ジャボティンスキーをはじめ数名の者が拳銃を調達し、自己防衛の合法性と必要性を訴えていた。やがてジャボティンスキーは、シオニスト主流派と対立するようになる。シオニストが反対勢力（最初はオスマントルコ、次にイギリス当局）に対してあまりにも弱腰で受け身であり、このままではユダヤ国家建設という目的は達成できない、と確信するに至ったからだ。ジャボティンスキーは、シオニスト主流派の土地獲得と国家建設における順応姿勢と漸進的なアプローチを「修正」しようと願い、「修正派シオニズム」という分派を創設した。

理論的には、修正派と主流派シオニズムの考え方に大差はない。双方とも「パレスチナの地にユダヤ人居住地の設立、ユダヤ人の軍事力の権利容認、パレスチナへのユダヤ移民の自由化、これらすべてをイギリスとの外交的手段を通して遂行すること」を信じていた。また双方とも、聖書に記してあるように、イスラエルの地すべてに（ヨルダン川の両岸を含む）ユダヤ人集落を築くことを支持していた。双方の立場の分かれ目は、目的達成のためにどの程度（必要あれば）武力行使を容認するか、というポイントだった。

ジャボティンスキーは、まずロシア帝国全土にユダヤ人の自衛団を編成し始め、特に若者の育成に力を入れた。数年後の一九二三年、修正派青年運動ベイタルを設立する。ベイタルとは、紀元一三五年のバル・コフバの乱で、ユダヤ人が最後に立てこもった要塞の名前だ。ベイタルの目的は、ヨーロッパの若者に軍事戦術を教え、体力的な訓練を施すことだった。ジャボティンスキーは、運動の目的を「ベイタルの思想」と題したエッセーで述べている。

それは、明瞭ではあるが容易ではない。ユダヤ国家をより良くかつ迅速に建設するために、ユダヤ民族が必要とする新しいタイプのユダヤ人を創造することだ……一番の問題は、民族としてのユダヤ人が今日「正常さ」や「健全さ」を失っていること、さらに離散の生活が、正常で健全な市民として知的に成長する上で有害なことである。(29)

ベイタルはヨーロッパ全土に広がり、ポーランドやラトビア、リトアニア、オーストリア、チェコスロヴァキア、ドイツ、パレスチナに支部が作られた。十年間で構成員が七万人になった。

ジャボティンスキーは、アハッド・ハアムや「平和の契約《ベリット・シャローム》」とは異なり、平和主義者ではなかった。ユダヤ人がパレスチナに住みたければ戦う覚悟が必要だ、とジャボティンスキーは警告する。シオニストの他の陣営は、軍事力や武力の行使はシオニズムの根本精神にそぐわない、と感じることもあった。だがジャボティンスキーや彼に従う修正派のメンバーは、ユダヤ人の運命が存亡の危機に立たされるような状況で、戦う意志を抱くことは恥ずべきことではないとの見解を示した。ユダヤ人の運命はしばしば武力行使を必要とする場合がある、と彼らは考えていた。不幸にも、歴史はジャボティンスキーの修正派に先見の明があったことを証明する。

A・D・ゴルドン――労働シオニストの聖者

ノルダウやジャボティンスキーは、身体力こそ新しいユダヤ人の本質にとって要《かなめ》であるべきだと考えたが、それとは全く違う意味で身体の重要性を唱えるシオニストたちがいた。二十世紀初頭の十年は、キシネフの虐殺とロシア革命の挫折が発端となって、大量のユダヤ人がヨーロッパからパレスチナに移住した（第二次ユダヤ人帰還《アリヤー》）。移民の特徴は思想色が濃いことで、その代表格が思想家アーロン・ダヴィッド・ゴルドンだった（一般にはA・D・ゴルドンと呼ばれる）(30)。アハッド・ハアムの思想を信奉したゴルドンは、労働シオニズムの指導的思想家となる。新しいユダヤ人の時が到来しているのは確かだ。だが彼にとって、新しいユダヤ人が現れるのは、過去を棄て去ることでも、深い来世的な宗教観からでも、あるいはユダヤ人の肉体作りを通してでもない。新しいユダヤ人は、大地を耕すことを通して生まれてくるのだ。

一八五六年、ウクライナの小さな村、現在のモルドバの国境付近にあるポジーリャに生まれたゴルドンは、ほとんどの人生を裕福な親戚の不動産管理をして過ごした。一九〇四年、四十七歳のときに、ゴルドンは周囲の助言を頑として押し切り、パレスチナ移住を決意する。持ち金全部を妻と二人の子供に渡し、落ち着いたらすぐにでも呼び寄せるつもりで、パレスチナに渡った。事務職の経験しかなく、年も若くはない。体力的にも貧弱だったが、大地を耕す一介の労働者になる、というゴルドンの意志は堅かった。そしてそれを貫いた。ペタフ・ティクバのワイン製造所であれ、ガリラヤ地方の開拓地であれ、そして最後はデガニヤ（労働シオニズムの最初のキブツ※1）で、燃え尽きるまで大地を耕した。一九二一年、大病に襲われるが、自らの健康も顧みず、働き続け――先駆者ヘルツェルと同じように――世を去った。

ゴルドンが残した足跡は、何世代にもわたるユダヤ人集落《イシューヴ》※2と後のイスラエル、特に草創期のキブツ運動を奮起させた。彼の新しいユダヤ人像は「労働の宗教」によって支えられる。

　労働とは、人間を大地に結びつけ、土地の所有を獲得する活力だけではない。労働は、民族の文化を創造する根源的な生命源《エネルギー》だ。これこそ、私たちに欠けているもの――欠けていることにさえ気づいていないことだ。私たちの民族は、国土も、生きた母国語も、生きた文化も、持っていない……生活から遠く切り離された必要不可欠な文化は、そのすべての側面を包含している……農業、建築、道路建設――あらゆる職業、あらゆる技能、あらゆる創造的な営《いとな》み――は文化の一部であり、まさに文化の礎《いしずえ》であり、その実体である。[31]

ユダヤ人は、自然に帰り、素手で大地を耕さねばならない。

※1原書注・キブツ（複数形はキブツィーム）とは、連帯性の強いコミュニティを指す用語で、元来は社会主義の理想と農業を主軸とする共同体を意味した。建国当初の数十年、キブツはイスラエルの象徴的な組織だった。正確には、デガニヤは最初のケヴツァーだったが（キブツよりも小規模）、現在では最初のキブツと見なされている。

※2原書注・イシューヴとは「集落」の意。パレスチナにおけるイスラエル建国前のユダヤ人社会を指す用語としても使われる。「新しいイシューヴ」は、本章で扱う移民と共にパレスチナに移住したユダヤ人を指し、「古いイシューヴ」は、新しい移民が到着し始める以前から、パレスチナにすでに住んでいたユダヤ人を示す。

あまりにも長い間、知性に頼って暮らしを営んできた、とゴルドンは感じていた。そのせいで、民族の精神は歪んでしまった（この点はビアリクやアハッド・ハアムも明らかに同意する）。答えは大地にある。ユダヤ人が労働の生活に戻る時が来た。ゴルドンはそう感じていた。「労働が私たちを蝕んだ」とゴルドンは言う。「そして、労働が私たちを取り戻してくれるであろう[32]」と。

ゴルドンの世界観がパレスチナのユダヤ移民草創期の生活に与えた影響は、過小評価できない。農業を中心に据えるキブツ運動、またパレスチナの地に農夫として再出発するユダヤ人のイメージは、ゴルドンの感化によるものが大きい（キブツ運動の全盛期も、実際に農業に携わったユダヤ人の数はごく少数だったが）。建国前のシオニストたちが、どんな雑用や単純作業にも誇りをもって携わったこともゴルドンの影響と言える。今なおイスラエルに見られる「ユダヤの労働《アヴォダー・イヴリート》」を尊ぶ精神は、A・D・ゴルドンの教えを彷彿《ほうふつ》とさせる。ユダヤ人の真の精神性は、イスラエルの大地の泥にまみれたゴツゴツした手を通して現れる、というゴルドンの教えだ。

ユダヤ教とシオニズム――超正統派と宗教的シオニズム

ビアリクやアハッド・ハアムが、伝統的なユダヤ教のテキストやその世界への愛を失うことは決してなかった。彼らの著作からは伝統的なユダヤ教の影響を充分読み取れる。しかし彼らとは対照的に、シオニズムはユダヤ教に変革をもたらすだけではなく、従来のユダヤ教を超えてその先に進むべきだと考えるシオニストもいた。恐らく最も顕著な例は、ロシア出身の思想家ミカ・ヨセフ・ベルディチェフスキーだろう。シオニズムはユダヤ教に徹底的に反抗すべきだ、と説いたことで有名である[33]。ユダヤの伝統、歴史、宗教の教理《ドグマ》から自らを解放し、本質的に自己創生する時が来ている。「私たちは最後のユダヤ人となるのか、それとも最初のヘブライ人となるのか」とベルディチェフスキーは述べている[34]。

シオニストの多くが伝統的なユダヤ教を否定したため、伝統的なユダヤ教徒の多くがシオニズムを否定したのは当然と言える。確かにシオニストの中にはユダヤ教徒もいた。しかし、他のユダヤ教徒たちは、宗教を大事にするが故にシオニズムに参加しなかった。

理由は、数千年前に遡《さかのぼ》る。ユダヤ教の教典バビロニア・タルムード※1に、これまでに様々な物議を醸《かも》した箇所がある。イスラエルと諸民族が従うべき三つの誓いについて言及している箇所だ。諸民族はイスラエルを過度に弾圧しないこと（誓い一）、イスラエルは力ずくでイスラエルの地に入らないこと（誓い二）、また諸民族に反抗しないこと（誓い三）[35]。

何世紀もの間、このタルムードの箇所を論拠として、神がユダヤ人を父祖の地に帰らせてくれるまで自ら帰還しようとするべきではない、と主張する人々がいた。約束の地に人間力で戻ろうとすると、自分たちが行使しないと誓った武力（力ずく）が多少なりとも必要なことは明らかだった。こうして奇妙な現象が生じた。シオニズムは必要ならば武力行使も辞さないから、反シオニストのユダヤ教徒と、「平和の契約《ベリット・シャローム》」にいるような世俗派の平和主義者たちが、共にシオニズムに反対したのである。※2

しかし、争点の核心はこの誓いではない。シオニズムに反発するユダヤ教徒の動機は、より根が深かった。幾世紀もの離散の生活の中で、ユダヤ教徒は、世界を二つの精神的な状態として捉えるようになっていた。「流浪の時代」と「贖いの時代」の二つである[36]。エレミヤの教えを思わせる歴史観だ。ユダヤ人が父祖の地に戻れるのは、創造主がその時が来たと告げるときで、それまで流浪の地に留まるのは宗教的な義務である、という考えである。この考えは特に、東ヨーロッパのユダヤ教徒の間に普及していた。彼らから見れば、歴史とユダヤ人の運命を人間の力で動かそうとするシオニズムは、ユダヤ教の神髄に反している。シオニズムの指導者の多くが極めて世俗的（非宗教的）なだけではなく、ユダヤ教に激しい反発を抱いていることも、彼らがシオニズムに抱く懸念を裏付けている。彼らはシオニストを非難し、一切関わるつもりはなかった。

だが中には、宗教的シオニストもいた。彼らは、反シオニストのユダヤ教超正統派とは異なり、シオニズムには大筋で反対ではなかった。彼らは、ユダヤ人が歴史を自分の手に取り戻すことに何の咎《とが》めも感じていなかったが、世俗的な主流派とは異なる独自のユダヤ復興の理想《ビジョン》を描いていた。宗教的

※1原書注・バビロニア・タルムードは、およそ紀元三世紀から六世紀の間にバビロニアに住むユダヤ社会で編纂された教典で、ユダヤ教においては聖書時代以後の文献の中で最も重要な教典である。現在でも世界中のユダヤ教徒が主要テキストとして学ぶ、膨大な教典である（伝統的な版では二十巻に及ぶ）。〔訳注・本文のタルムード該当箇所は、ケトゥボット一一〇b〜一一一a〕

※2訳注・ここで言う「シオニズム」とは、主流派のことを指す。ヘルツェルは他民族（アラブ人）との共存を唱えていたので、「平和の契約」のメンバーは、自分たちこそヘルツェルのシオニズムの正統な継承者だと考えていた。それは主流派シオニズムも同様である。両陣営の違いは、この共存を、国民国家をもって実現するのかどうか、という点であった。

なシオニズム運動は、わずかながらも十九世紀末にすでに始まっていた。だが一九〇二年、第五回シオニスト会議で、シオニズムはユダヤ文化を主軸にする、との表明があり、初めて宗教的シオニズムの重要な組織「宗教党《ミズラヒー》」[※1]が発足した。文化だけでユダヤ性は保持できない。神、そしてその戒《いまし》めを守ることが一貫してユダヤ人生活の中心だったのではないか。シナイ山でのトーラーの啓示[※2]以来、ユダヤ教の律法を守ることがユダヤ存続のカギだった。これに代わるものは何もない。もしシオニズムに存在理由があるとすれば、それは宗教がその核心にあらねばならない。宗教党を創立した宗教的ユダヤ人たちは、こう訴えた。

宗教党は、キシネフの翌年でヘルツエルの逝去した一九〇四年、現在のブラチスラヴァ（スロヴァキアの首都）で第一回世界会議を開催した。宗教党以外の者はほとんど参加しなかった。彼らは東ヨーロッパのユダヤ教徒が掲げる反シオニズムと、多くのシオニストが抱く反宗教的な感情の両方を否定した。以後、この宗教党は比較的傍系のまま推移するが、一九六七年に突如、シオニズムとイスラエルに決定的な変化を及ぼすことになる。

シオニズムは様々な夢の集合

このように、シオニズムは一連の未解決な論争となってきた。国家建設を求めた者もいれば（ヘルツエル）、国家設立は精神的な崩壊を招くから、むしろ精神的なセンターを築くべきだと主張する者もいた（アハッド・ハアム）。宗教はユダヤ人を破壊した癌《ガン》だという考えもあれば（ビアリク——ただ、彼はユダヤ教の古典への愛情は失っていなかった）、宗教こそユダヤ民族を支える唯一の希望であるという見方もあった（宗教的シオニスト）。ある者は、アラブ問題には一貫して関心を抱かず、あたかもパレスチナにアラブ人が住んでいないかのように考えていた。他方、ユダヤ人がパレスチナに発展をもたらし、近隣のアラブ人は敬意と称賛をもって迎えてくれると期待する者もいた（ヘルツエル）。さらに、そのような立場を馬鹿げたことと一蹴し、戦う覚悟なくしてシオンの地に未来はない、と考える者がいた（ジャボティンスキー）。ユダヤ人は新しい身体性を通して救われるという立場もあれば（ノルダウ）、その身体性は労働に基づくべきだと言う者もいた（ゴルドン）。シオニズムは、一つの運動ではあるが、相対立する様々な夢の集合でもある。

ユダヤ国家樹立までの道のりは遠い。ユダヤ人が建国を成し遂げるまでに、まだ数十年かかる。すでにこの時点でユダヤ国家に関する様々な対立意見が飛び交っていた。やがてシオニストたちが建国を達成すると、これらすべての相対立する分派は、急遽《きゅうきょ》独立を宣言して誕生した新国家の中で共存せねばならなかった。どんなに意見が対立しても、共に生き、愛し、戦い、国を建設し——共に死ぬことをも、覚悟せねばならなかった。イスラエルの不安定な政治と大荒れの政治生命は、これらシオニズム草創期の未解決な論争の延長線上にあると言える。ひとたびユダヤ国家が独立すると、そこでどのように分かち合うのか、ユダヤ人は、絶えず苦労して学ばねばならない。

初期シオニストで偉大なヘブライ文学者ヨセフ・ブレーネルは、いみじくも語っている。シオニズムは、「地に根を張る前に、枝を生え広がらせざるを得なかった」と[37]。

※1訳注・党名のミズラヒーは、「霊的なセンター」（メルカズ・ルハニー）の略。メンバーはヨーロッパ出身のアシュケナジー系のユダヤ人。北アフリカや中東出身のユダヤ人を指す「ミズラヒー」とは関係ない。

※2訳注・聖書の出エジプト記によれば、その昔、神は、エジプトを脱出したイスラエルの民にシナイ山で顕現し、戒め（トーラー）を与え、契約を結んだ。これを契機に、イスラエルの民は聖なる民となる理想を掲げ、その志望と歴史を共有する精神的共同体として歩み始める。言うなれば、シナイ山の啓示は、イスラエルの民が初めて意思の統一を示した、イスラエル民族の誕生の瞬間である。

第4章　夢の実現にかすかな光

ユダヤ人が国民となる上で欠かせない二つのもの――それは土地と言語だ。

――エリエゼル・ベン・イェフダ(1)

オスマントルコ時代のパレスチナ

ヘルツェルがドイツ語で執筆に励んでいた十九世紀末に、英語圏で最も有名なユダヤ人はイズレイル・ザングウィルだった。小説家で脚本家（婦人解放運動の積極的な支持者でもある）の彼もまた、生まれ育った伝統的な家庭を離れ、シオニストになった。

文筆活動に携わって間もなく、ザングウィルはパレスチナに関する記事をいくつも執筆し、その中でパレスチナを「荒れ果てた地……荒涼たる岩山……廃虚と化した居住地」、「すっかり荒廃してしまった」土地、と描いている(2)※1。彼の見解を表す一般的な言い回しとして、パレスチナは「民なき土地が、土地なき民を待っている」というものがある(3)※2。

もちろん、この表現は正確ではない。だが必ずしも誤りと

※1訳注・一八六七年にパレスチナを訪れたマーク・トウェインも「［エズレルの］谷に動くものは何もない。……［ガリラヤ地方の］住民は絶え、荒野と化した地……ベツレヘムとベタニア、救世主のいた栄光の町も今はその面影すらなく、貧困と汚辱の中に沈んでいる……パレスチナは、喪服をまとった亡骸になった」と記録している（『イノセント・アブロード』）。

※2訳注・この表現はシオニズムの正式なスローガンではなく、スコットランド国教会の牧師A・キース等が十九世紀の中頃に唱え始めたもの。なお、「土地なき民」とあるが、ユダヤ人は古代から現代に至るまで、人口の増減こそあれ、パレスチナを故郷《ホームランド》として住み続けてきた。

も言えない。確かにパレスチナに人はいたが、ヨーロッパ人が期待したような形に組織されてはいなかった。一五一七年以来、オスマントルコ（トルコ帝国）がパレスチナを統治していたが、パレスチナの発展のためにほとんど何もしていなかった。

一八〇〇年初頭のパレスチナは、ベイルート州とシリア州に二分されていたが、行政面では大混乱の地域だった。数世紀に及ぶトルコ帝国の無関心と悪政が原因となって、地元の高官たちの紛争が頻発し、ベドウィンの盗賊団が四十万の住民（一八四〇年）を脅《おびや》かしていた。商業などは最低限しかなされていなかった(4)。

確かに当時のパレスチナは貧しく、制度は整っていなかった。共通のアイデンティティもなかったが、人は住んでいたし無人地帯ではなかった。パレスチナには数十万の人がいて、その大多数がアラブ系だった(5)※1。大半は農業生活を営《いとな》み、地域には七～八百の村落が点在していた。多くは小作人として、いわゆる封建的な地主制度のもとで生計を立てていたが、ガザやヘブロン、ハイファ、その他の都市部で生活する者もいた。当時はまだ、民族としてのアラブ人のアイデンティティが芽生える前だったが、その兆しはすでに見られた。一八九一年には、パレスチナに住む富裕層のアラブ人がトルコ政府に働きかけ、ユダヤ難民がパレスチナに移住するのを禁止するよう要請し始めていた。そうでないと地域の「〝アラブ的〟な特性」が変わってしまう、とはっきり認識していたからだ(6)。

一八七〇年代後半には、二万七千人のユダヤ人がパレスチナに住んでいた。その多くはエルサレムに集中し、エルサレム人口の大多数を構成していた。彼らの大半はとても貧しく、宗教に熱心で、自らのコミュニティ以外の人とは関わりをもとうとしなかった。海外のユダヤ人からの財政援助があり、それで生計を立てていた。この資金分配制度《ハルカー》は、特に、ユダヤ教ラビ、未亡人、孤児、貧困層ユダヤ人の援助を目的としていた。シンプルで、近代文明の影響もほとんど及んでいない昔ながらの生活を、ユダヤ人もアラブ人も営んでいた。

皮肉にも、ヨーロッパの反ユダヤ主義がパレスチナを変えることになる。ヨーロッパでユダヤ人として生きることが日増しに耐え難くなるにつれ、大量のユダヤ人がヨーロッパを脱出した。それでパレスチナへのユダヤ人移民も再開した。

ヘルツエルは、その紛《まぎ》れもなくユートピア的な著書『古くて新しい地《アルトノイラント》』の中で、ユダヤ人が目覚ましい発展をパレスチナにもたらす未来像を描いている。その結果、地元のアラブ人が自分たちを喜んで迎え入れてくれる、とヘルツエルは信じていた。ザングウィルも、理想主義者だったからか、無垢《ナイーブ》だったからかは分からないが、ヨーロッパのユダヤ人がパレスチナに流入するのは誰にとっても好都合と考えていた。一九〇三年の記事「シオンよ、わが助けはどこから来るか」で、ユダヤ人がパレスチナの土地を救済し、その地に近代化をもたらす、と述べている。そしてヨーロッパのユダヤ人は遂に郷土《ホーム》を回復し、地元の住民は経済成長の恩恵に浴する、というのだ。

ところが、ヨーロッパのユダヤ人は、本質的に理解不能な文化と直面することになる。

ヨーロッパ人が考えているような政府や行政といった意味で、トルコ皇帝や政府が自らの領土を統治しているという主張は、全く事実に反するものだった。オスマン帝国における実際の統治は地元に委ねられていた。部族、氏族、派閥、あるいは村落が一つの政治形態として機能し、住民はそれに従った。これにはヨーロッパ人の観察者《オブザーバー》も戸惑った。市民権や国籍といった自分たちの近代概念は、オスマン帝国の不可解な政治構造には通用しなかったからだ。(7)

シオニストたちがヨーロッパから持ち込んだ国家や市民権といったヨーロッパ人の概念は、パレスチナのアラブ人たちが部族や氏族単位で統治する地域システムと衝突することになる。やがてヨーロッパ出身のユダヤ人は、パレスチナで孤立して暮らすユダヤ人とも、折り合いがつかないことに気づく。それは彼らが近代文明に対してのみならず、それを中東に持ち込もうとするヨーロッパ出身の自分たちに対しても、反発し続けたからである。こういった国家や社会に対する考え方の違い、名誉や記憶といった感受性に関する対立、その

※1訳注・この地域のアラブ人社会は流動的だった。当時シリア・パレスチナを訪れたスイスの東洋学者J・L・ブルクハルトが、「生まれた村で死ぬ者は……少ない。家族は数年の間に何回も移動を繰り返し……扱いの良い所と聞けば、そちらへ飛んでいく」と記している。さらに、ユダヤ人によるパレスチナの大規模な開拓事業が始まると、職を求めて多数のアラブ人が中東各地（遠くはイランやイラク、モロッコ、アルジェリア、イエメン）からパレスチナに流入し、一九二二年から三九年までは、アラブ系移民のほうがユダヤ移民より多かった。現在、「自分たちの先祖は何千年も前からパレスチナに住んでいた」と自称するパレスチナ難民の何割が実際にそうなのか、正確には分からない。

他の多くの見落とされた兆候が、少なからず、後年ずっと続くユダヤ人とアラブ人の対立を激化させてしまうのだ。

第一次ユダヤ人帰還と新旧のユダヤ人社会

ユダヤ人帰還の最初の波がパレスチナの新しいイシューヴ（ユダヤ人社会）に押し寄せるが、その大半は思想信念に熱心な人々ではなかった。彼らは十九世紀末から二十世紀初頭にかけてパレスチナに逃れたユダヤ人で、全く同じ理由で数百万のユダヤ人が北アメリカに逃れている。大半がロシア系の移民で、黒雲が覆うヨーロッパの危険を逃れ、質素で比較的安全に暮らせる場所を求めてやって来た。

だが、中には情熱を燃やし、今までとは違うユダヤ人社会の未来を切り拓こうと願う者がいた。彼らは新生ユダヤ人社会の理想を描いてパレスチナにやって来た。その多くは、当時ロシアを風靡《ふうび》した社会主義の理想を体現する新しい社会を築こうと夢見ていた（社会主義者の父カール・マルクスは一八八三年に亡くなり、ボリシエヴィキ革命（十月革命）が一九一七年に勃発する）。彼らは、この新しいユダヤ人の生活は、父祖の地パレスチナでしか実現できない、と考えていた。

ユダヤ人帰還の最初の波は、「第一次アリヤー」と呼ばれる。この波は、一八八二年から一九〇三年まで断続的に続いた。[※1] この時代、ディアスポラ（離散のユダヤ人社会）では、パレスチナ（そして、後にイスラエル）のイシューヴの発展を支援する組織が生まれ始めていた。[※2] 一八八二年、第一次アリヤーにとって重要な二つの団体が発足する。一つは、「シオンを愛する者《ホヴェヴェ・ツィヨン》」で、思想家ピンスケルが結成を手助けした。もう一つは、「ビルー」[※3] という組織で、「ビルイーム」と呼ばれる大学生たちを中心とした小規模のグループである。人数は少なく、成果も限られていたが、彼らの情熱と熱意、また彼らが築いたゲデラという集落は伝説となっている。

ヨーロッパからシオニストが流入するにつれて、パレスチナですでに暮らしていた「古いイシューヴ」と呼ばれるユダヤ人たちは、警戒し始めた。古いイシューヴのユダヤ人は、敬虔な生き方を徹底し、ラビたちの権威に忠実に従っていた。彼らにとって、この新しい、思想的に全く世俗的なイシューヴは、異質であり、不敬にさえ感じられた。

ラヴ・クック——聖と俗の架け橋

この二つのユダヤ人社会の架け橋になろうと願った人物が、少なくとも一人、イシューヴの中にいた。一八六五年に生まれたラビ・アブラハム・イツハク・クックで、彼が一九〇四年（ヘルツエルの亡くなった年）にパレスチナに移住したときには、すでに優れた学者として広く尊敬されていた。ラヴ・クックは（「ラヴ」はヘブライ語で「師」を意味し、この呼称で一般的に知られる）※4、生粋《きっすい》のユダヤ教正統派であり、新しいイシューヴの反宗教的で極めて世俗的な生き方や考え方を、公認するつもりはなかった。かといって、彼らを見限るつもりもなかった。旧来のユダヤ教がユダヤ民族に及ぼした悪影響を、厳しく批判したビアリクたちには賛成しなかったが、ユダヤ教の生活がどこかで狂ってしまったことを感じていないわけではなかった。「若い人の多くが権威を敬《うやま》わないのは、それでは飽き足りないからだ。彼らの限りない良心的熱情に応えられる知的プログラムがない。だから、彼らは惑い、反発し、嘲笑《あざわら》う。彼らが反抗していること自体、『彼らが、思想や理性、それに伴うより豊かでより新鮮で活気溢れる感覚を渇望している徴である』と信じていた。[8] 当時の大多数のユダヤ教権威とは異なり、ラヴ・クックは新しいイシューヴを背教者と安易に決めつけたくなかった。開拓者たちは、「愛情、正義、活力に溢れている。ラビの使命は、彼らを自覚させることだ。精神的な指導者は、若者たちを締めつけるのではなく、むしろ彼らを勇気づけるべきだ。それも、彼らが心から――もっともな理由で――軽蔑するユダヤ教の教え《トーラー》を通してだ」と確信していた。[9]

このように、ラヴ・クックは様々な情熱を合わせ持っていたので、一見隔絶しているように見える社会の架け橋となれるかも知れない、と待望する者もいた。容貌は極めて伝統的で、シオニズムのすべてを否定する守旧《しゅきゅう》派のユダヤ教徒のように見えた。だがクックは、守旧派のラビたちとは異なり、開拓者たちや新イシューヴの思想的な熱意に心打たれていた。農場を歩きながら、指差して「ほら、ユダヤの牛！」と言ったという。ある時、リション・レツィヨンに向かう道中、同行者に「この地の石ころ一つ一つに口づけしたいくらいだ―

※1原書注・一つ一つの帰還移民の波はアリヤー（複数形はアリヨット）と呼ばれ、ヘブライ語で「上る者たち」を意味する。ユダヤ教の文献では、イスラエルの地に行くことを常に「上る」と表現する。

※2訳注・ディアスポラとはギリシア語で「四散する」の意。今日では、イスラエルの地以外の世界各地に暮らすユダヤ人とその社会を指す。

※3原書注・ビルーは、ヘブライ語の一文「ヤコブの家よ、さあ、主の光の中を歩もう」の頭文字をとった名である。ヘブライ語では「ベイト・ヤアコヴ・レフー・ヴェネルハー」（イザヤ書二章五節）

※4訳注・ヘブライ語の「ラヴ」（ユダヤ教師）は、英語ではRabbi（ラビ）と記す。

—道沿いのロバにも」と語ったそうだ[10]。

ラヴ・クックは一九三五年に世を去る。今なお隔たりのあるコミュニティの間を繋《つな》ぎ得ると期待された、深遠な思想を遺産として残した。一世代後に、息子のツヴィ・ユダ・クックがイスラエルの最も熱烈な啓蒙家《イデオローグ》となるが、分裂をもたらす人物と評する者もいる。

ヘブライ語を蘇らせたベン・イェフダ

ヘブライ語の復活もシオニズム草創期のもう一つの革命だった。もし、テオドール・ヘルツェルが政治的シオニズムの父であり、アハッド・ハアムがシオニズム運動の精神的・文化的な生みの親だとしたら、エリエゼル・パールマン——後にエリエゼル・ベン・イェフダ（「イェフダの子エリエゼル」の意）と改名——は現代ヘブライ語の父だった。シオニズムは、様々な意味で革命だった。歴史の舞台にユダヤ民族の役割を回復し、古代の共和国を再建し、ベン・イェフダのお陰で、聖書の言語、ユダヤ民族が初めて自らを特徴づけた言語を復活した。

ベン・イェフダの生い立ちは、多くのシオニズムの指導者やユダヤ啓蒙主義の男女の作家たちと似ている。ユダヤ教正統派の家庭に育つが、世俗的なシオニストの世界に惹《ひ》かれた。彼の関心は、ビアリクのように詩歌ではなく、どうやって古代ヘブライ語を現代の散文や日常会話に用いることができるか、ということだった。パリのソルボンヌ大学で学んでいた頃、フランス語がいかに深くフランス人の民族意識に影響しているかを目の当たりにし、ユダヤ人の民族主義も独自の言語が必要だと自覚する。一八八〇年、やがて妻となるデヴォラに宛てた手紙にこう綴っている。「決めたんだ……自らの土地と政府を獲得するためには、皆を一つに結びつける言語が必要だと思う。それはヘブライ語だ。ラビや学者のヘブライ語ではない。実生活に用いることのできるヘブライ語が必要だ[11]」

ベン・イェフダ夫婦は、一八八一年にイスラエルの地に定住すると、家族の間ではヘブライ語だけで会話した。やがて生まれる子供にも、ヘブライ語以外の言葉で話すことを禁じた。実際には、ヘブライ語を話せる人が他にいなかったので、子供たちは家族としか話せなかった。ベン・イェフダも彼独自のやり方で、ヘルツェルやどのシオニスト指導者にも劣らず、革命的な熱情に燃えていた。

次第にベン・イェフダは戦いの同志を得る。彼は少数のヘブライ語愛好者グループと、目覚ましい勢いでヘブライ語の文芸作品を執筆した。筆の立つ人の割合は驚くほど高かった。

この環境では、彼らは単なる文筆家ではなく、革命的なユダヤ民族復興の表明者だった。

ベン・イエフダの革命的な熱意は、数多くの女性に、自らが手がける様々な新聞に執筆するよう依頼したことにも窺《うかが》える。女性は、独自の感覚で「豊かな感情や奥ゆかしさ、柔軟性、微妙なニュアンスを、死語となり、忘れ去られ、古臭く、無味乾燥で堅苦しいヘブライ語に吹き込むことができる」と論じている。[12] イシューヴはまだ男女同権の社会にはほど遠かったが、第二回シオニスト会議では、女性の参政権や公職就任権を承認しており、イシューヴにも初期のフェミニストの傾向があった。

イシューヴの知的エリートは革命的な情熱に燃えてはいたが、ヘブライ語が彼らの最優先事項ではなかった（ヘルツェルでさえヘブライ語がユダヤ人国家の公用語になるとは思っていなかった）[13]。パレスチナに移住した後、様々な困難を忍ばねばならなかった初期の開拓者たちが、意思の疎通も充分にできない言葉でやり取りすることに気乗りしなかったのも、致し方ないだろう。多くの人が好んで使ったのは、東ヨーロッパのユダヤ人社会の言葉であるイディッシュ語[※1]だった。イディッシュ語の劇がヤッフォで定期的に上演され、数多くの観客を惹きつけた。容易に理解できる言葉で楽しめる娯楽を待ちこがれていたからだ。革命に燃える典型的なエリート層と庶民の違いだった。ヘブライ語作家たちは高い教養文化を生みだそうと熱心だったが、庶民的な帰還者たちは寛《くつろ》ぎを求め、脳みそを肉体ほど酷使するつもりはなかった。

ベン・イエフダたちの障害となっていたのは、ヘブライ語の復活に熱心ではない大衆だけではない。宗教的ユダヤ人にとって、ヘブライ語の復活は、シオニズムに劣らず重大問題だった。ヘブライ語は聖書やミシュナー（ラビ文学の最初の主要教典）が書かれた神聖な言葉であり、礼拝に用いる宗教言語であって、ユダヤ人が日常生活でみだりに使って汚してはならない、と彼らは主張した。ベン・イエフダがヘブライ語辞書の編纂に取り組むと、容赦なく攻撃した。ベン・イエフダの事務所に投石し、トルコ政府に申し立てて、短期間で

※1訳注・イディッシュ語はドイツ語の一方言であり、ヘブライ語やスラブ語の単語を交えた言語である。中世以降、特に東ヨーロッパのユダヤ人の間で使用された。単語の八割以上が標準ドイツ語と共通しており、他はヘブライ語、アラム語、ロマンス諸語、スラブ諸語からの借用語である。表記にはヘブライ文字を用いる。ドイツ人からは「乱れたドイツ語」として蔑まれた。

も監獄に入れさせた。そして宗教的指導者たちは、ベン・イエフダをユダヤ教から破門した。一八九一年、最初の妻デヴォラを結核で失ったとき、アシュケナジー[※1]系の墓地に埋葬することを許可してもらえなかった。デヴォラの没後、ベン・イエフダは、彼女の妹ヘムダと結婚した。

　宗教的コミュニティがベン・イエフダのことを誤解していたわけではない。ベン・イエフダ自身、ビアリクたちと同じように、シオニズムはエルサレムに暮らすユダヤ教徒の社会への反逆だ、と公言していた。ウガンダ案の騒動後、ベン・イエフダは綴っている。

　また「シオン派シオニスト」による陳腐《ちんぷ》な酷評。「ウガンダ派」は、私たちの歴史から背を向けるという。何という皮肉だろう。自らの過去に背を向けた者たちが、他の連中が同じことをすると非難するなんて。見当違いもほどほどにしてほしい。過去に背を向けなかったのは、「罪調査委員会」の連中（ベン・イエフダを糾弾するエルサレムのユダヤ教徒）だけだ。私たち全員が、そうだ。全員が、自らの過去に背を向けた。これこそ、私たちの栄光、栄冠ではないか。⑭

色々な意味で独立独歩のベン・イエフダは、ユダヤ教徒だけではなく、ヘブライ語の復興に熱心な人にも蔑《さげす》まれることがあった。「民族文化を大切にするシオニスト指導者たち――アハッド・ハアムやビアリク――もベン・イエフダを魂のない言語技工士として見下《みくだ》していた。とは言っても、ヘブライ語の新単語を次々と考案する彼の能力には誰一人として太刀打ちできなかった⑮」

　ベン・イエフダは、ゆっくり、だが確実に、イシューヴの中で多くの賛同者を得た。ユダヤ教正統派の指導者たちは、かつてヨーロッパのユダヤ人にシオニズム運動に参加しないよう呼びかけたが挫折し、今またヘブライ語の復活を阻《はば》むことにも失敗した。ベン・イエフダはヘブライ語だけでなく、ヘブライ語を話すユダヤ民族の復活に貢献した主要人物と見なされるようになる。ベン・イエフダが一九二二年十二月にエルサレムで逝去した時、約三万人が葬儀に参列し、イシューヴは公式に三日間喪に服した。

イシューヴのヘブライ文学――ヤヴェッツとアグノン

　パレスチナでは、ヨーロッパ同様、文学がユダヤ人の理想《ビジョン》を表現する一つの場となっていた。それぞれが、ユダヤ人の可能性や、あるべき姿を作品に著《あらわ》した。あっという間に、へブライ文学は、再建されたユダヤ民族の郷土を思い描く手段となり、同時にシオニズムの論争や相違を綴る媒体となった。イシューヴや建国後のイスラエルにおいて、作家や詩人がシオニズム運動のあり方を決める重要な役割を担った。

　イシューヴで初めて出版された現代ヘブライ文学は、ゼエヴ・ヤヴェツの作品だった。一八八七年、ヤヴェツはパレスチナに移住する。彼は、新しいユダヤ人を再創造することにそれほど熱心ではない帰還者に、深い懸念を抱いていた。パレスチナに移り住む決断は革命的な熱情に駆り立てられるべきだと信じていたので、そのことを自覚していない人々について、彼は辛辣《しんらつ》な描写で批判した。ある作品の中で、二つのユダヤ人像を真逆のタイプとして対比させている。一人はディアスポラ（異郷）のユダヤ人で、「観光者」として登場する。もう一人は開拓者で、「定住者」として描かれている。⑯ ヤヴェツがどちらを好んでいたかは明らかだ。場違いな正装、体つきも貧弱で、自らの快適さと容姿にしか関心を示さないディアスポラのユダヤ人が、「髭をそり、口髭《くちひげ》を整え、……腰掛けて、鞄はももの上、杖と美しい弧を描くフリル付きの日傘《パラソル》を手に持っていた……けれども、その表情は見るからに青白く、顔は歪んでいた」⑰

　ヤヴェツの物語では、このディアスポラのユダヤ人は、大地に腰を下ろして景観を楽しむ男女の開拓者や子供たちに加わろうとしない。泥でズボンを汚したくなかったからだ。この「観光者」とは対照的に、「定住者」は土臭くて活動的、質素なアラビア風の服装を纏《まと》い、手には（日傘の代わりに）自衛用の武器を持ち、白馬にまたがっていた。「定住者」は、健康と自信と生きる情熱を体現していた。まさにビアリクの語る新しいユダヤ人であり、虐殺の最中に大樽《おおだる》の後ろに隠れる臆病者ではない。犠牲者としての過去と決別し、自らの運命の支配者として生きる新しいユダヤ人である。ヤヴェツのお陰で、新しいユダヤ人に関する文学論争は、今やヨーロッパからパレスチナに、離散から揺籃《ようらん》期のイシューヴへと移ってきた。

　ヤヴェツの他にも、イシューヴに感化を及ぼしたユダヤ作家は多い。彼とは別に、やがてイシューヴだけでなく西洋でも一流の作家と認められるシュムエル・ヨセフ（略してシャ

※1原書注・「アシュケナジー」はヨーロッパ出身のユダヤ人を指す表現であるのに対し、「セファラディ」または「ミズラヒー」はオリエント系（特に北アフリカや中東）のユダヤ人を意味する。〔訳注・ミズラヒーとは、ヘブライ語で「東」を意味する〕

イ）・チャチュケスがいた。彼はラヴ・クックの家をよく訪れていたという。新しいイシューヴのメンバーと同様、チャチュケスもまたディアスポラのユダヤ教に対して憤りを感じていた。だが、彼もまた、ユダヤ教の書物を生涯変わらず愛し続け、その遺産のすべてを棄てるつもりは微塵もなかった。チャチュケスは、ラヴ・クックにその二つを統合する可能性を見出だしていた。クックと知り合って間もなく、チャチュケスは短編小説『囚われた女たち《アグノット》』を著す。物語は、すでに結婚生活が破綻したにもかかわらず、夫がユダヤ教の法律を用いて離縁状を与えることを拒むため、宗教的に離婚が成立せず、囚《とら》われの身となっている女たちを題材にしている。[※1] 彼はこの作品を、考案したばかりのペンネーム、シャイ・アグノンという名前で発表した。[18] アグノンは一九六六年、イスラエルで初めてノーベル文学賞を受賞した人物である。

「篤志家」ロスチャイルドの支援

ヤヴェツのように、故郷の土に喜んでまみれる〝武骨な〟開拓者を描くことと、実際にそれを生きることとは、全く別の話である。血気盛んな理想主義者の青年たちが、溢れんばかりの理想を抱いてパレスチナにやって来た。だが農業の経験は全くない。理想郷的な社会主義の農業集落を設立するが、すぐに失敗し、財政援助を求めて奔走せねばならなかった。

イシューヴが必要としていた支援は、ディアスポラのユダヤ人による援助という形でまかなわれていた。これはイスラエル国家が建設されてからも数十年続く。そのような慈善家の中でも、カギとなったのがエドモン・ド・ロスチャイルド男爵だった。やがて「篤志家《ハナディヴ》」として知られるようになる男爵は、私財の一部をつぎ込んで、開拓者たちが必要とする住居、道具、家畜に至るまであらゆるものを提供した。二十世紀初頭までに、当時の額で六百万ドル、現在の価値で一億五千万ドル[※2]の財政援助を行なった。

男爵は、時に「イシューヴの父」とも呼ばれた。ヨーロッパの農業専門家をパレスチナに送り、新参のユダヤ移民に助言を与えた。また、膨大な土地を購入した。男爵が購入した土地の総面積は、最終的に二百平方マイル[※3]になり、そこに、四十近くの村落を築いた。支援したコミュニティは、北端のメトゥラから南部のマズケレット・バティヤ（エクロン）に及び、また現在イスラエルの主要都市となっているリション・レツィヨン、ロシュ・ピナ、ズィフロン・ヤアコヴなどである。あらゆる種類の農業コミュニティ（モシャヴやキブツ）[※4]を支援し、町にも援助した。一八八〇年から一八九五年の間だけでも、男爵の財政支援によって三十以上の集落が築かれた。一九三七年には、パレスチナに百六十の村落があり、ロスチャイルドはその三分の一の設立に貢献したことになる（地図②参照）。

ユダヤ人の土地購入は法的には全く問題なかったが、それでもオスマン帝国や地元のアラブ人が懸念し始めていた。ユダヤ人がパレスチナに地盤を固めようとしているのを承知していた帝国は、対抗策を打ち出した。シオニスト組織ビルーのメンバーがパレスチナに移住しようとするのに先立って、地元のトルコ役人が、オデッサのユダヤ人にはパレスチナへの入居を禁じる、と告示した（ビルーはオデッサを拠点としており、この告知は明らかにビルーのメンバーを狙い撃ちしたものだった）。オスマン帝国は一八五六年に、外国人による帝国内の土地取得を許可する法律を制定していたが、一八八一年には、ユダヤ人とキリスト教徒による土地購入を禁止し、ユダヤ人がオスマン帝国に移住するのは、パレスチナを除いて認可する、という露骨なメッセージを公示した。ユダヤ人にパレスチナの土地売却を禁じる法令は、帝国のパレスチナ支配が終わるまで続いた。

とは言え、この禁止令はユダヤ人がパレスチナの土地を購入する上で、あまり妨げにはならなかった。「中央当局の姿勢は、外国人の土地購入に関しては曖昧で、一貫性がなかった。法令や規制の表現は明瞭性に欠き、様々な解釈を許した。オスマン帝国の官僚システムのあらゆる階層に、賄賂《わいろ》が蔓延《まんえん》していた」。パレスチナの土地を合法的に購入する手段は残されており[19]、イシューヴは、それを最大限に活用した。古いイシューヴのユダヤ人たちはアラビア語を話し、オスマン帝国の政府とその文化に精通していたので、シオニストたちは彼らの助けを得て、オスマン帝国の複雑で腐敗した官僚システムの裏ルートを巧みにくぐり抜けた。ヘルツェルでさえも、トルコ皇帝に謁見《えっけん》を願い出たときは、アポイントを取るため

※1訳注・ユダヤ教の宗教法では、例外を除き、離縁状は夫しか書けない。妻は離婚を申し出ることはできても、夫が同意しない限り離婚は成立しない。
※2訳注・二〇一七年十一月の相場で約百七十億円。
※3訳注・五百十二㎢、東京二十三区の約八三％に相当する。
※4原書注・モシャヴ（複数形はモシャヴォット、あるいはモシャヴィーム）は、特に農業地域にある、イスラエルの共同農村のこと。

に袖の下を渡さねばならなかった。

開拓者たちの理想と現実

パレスチナの新しいコミュニティは、ロスチャイルドの支援なしには生き延びられなかっただろう。しかし、ロスチャイルドと開拓者の間に摩擦が生じることがしばしばあった。若い理想主義的な帰還者たちは、男爵の豊富な資金に頼ることが、自分たちの築こうとする社会主義的な理想郷の原則に反する、と感じていた。他方、ロスチャイルドも、自分が支援する労働者たちが、援助を受けることを当然のように思っているのを憂い、現地にいる自分の代理人がきちんと彼らを監督するよう手配した。これがまた、若い帰還者たちの危惧を深めた。せっかく資本家階級の影響から逃れようと移民してきたのに、その影響が新たな住処《すみか》にまでついてきた、と。

このパターンは、数十年後にも、イスラエルとディアスポラのユダヤ人との間で繰り返される。特にイスラエルの外交政策やイスラエル国内の宗教的な多元性に関して、ディアスポラのユダヤ人（特にアメリカのユダヤ人）があくまでも善意で働きかけてくるのを、イスラエル人が「ディアスポラの金持ちユダヤ人の干渉」と見なし、不快に感じることが往々にしてあった。

第一次アリヤーの苦難

第一次アリヤーでは、最終的に二万から三万のユダヤ人がパレスチナに移住した。だが、その移民の六〜九割は、ほんの数年の間に現地を去ることになる。

父祖の故郷《ホームランド》に帰還することは、熱烈な思想信条を抱く帰還者たちにとって、感動と苛立《いらだ》ちの交錯する経験だった。理想に燃える先見者のつもりでこの地に来たが、他人の支援に頼って生活している自分。多くの帰還者にとって、太陽が燦然《さんぜん》と照り輝く穏やかな地を想像して胸をワクワクさせた理想像と、ヤッフォの港に降り立ったときに見た現実――不潔で悪臭の漂う港、人混みで押し合いへし合う街路、平気で路上に唾を吐く人々――との差は極端で、新しい郷土での生活は、自分たちの予想とは程遠いことをすでに暗示していた。多くは去っていった。踏みとどまった者は、自分たちが築こうと夢見てきたことと、実際に成し遂げられることの間に、深い溝があるのを自覚した。ヨーロッパでの展開、特に一九〇三年のウガンダ案を知って、落胆する者もいた。ヨーロッパにいるシオニストの観念論者たちはパレスチナを諦めるつもりなのか。だったら、なぜ自分たちは、この望まれない土地を、世界のシオニスト運動も留意しない地を、延々と耕さねばならないのか。

それでも、この草創期の開拓者たちは、自己批判の評価以上に、大きな成果を収めていた。この時点では知る由もないが、彼らはこれから続々と押し寄せる帰還移民の波の道備えをしていたのだ。彼らは、やがてイスラエルの市町村となるコミュニティの基礎を作った。そして何よりも重要なのは、ヘルツェルの構想《ビジョン》を実行に移していくには何が必要なのか、その模範を初めて示したのが彼らだった。

苦悩する世俗の聖人――文学者ブレーネル

キシネフの虐殺の直後、そして短命に終わったウガンダ案から程なくして、第二次アリヤー（一九〇四～一九一四）が始まった。この時期に、およそ四万人のユダヤ人がイスラエルの地に帰還した。その大半は東ヨーロッパのユダヤ人だった。この帰還移民の波が成長期にあったパレスチナのイシューヴに、深く恒久的な影響を与えることになる。この世代の帰還者が、ガリラヤ湖《キネレット》の南端にキブツ第一号デガニヤを建設し[※1]、初のユダヤ自衛組織を創設し、ヤッフォ郊外にテルアビブの町を作った。この波は、後に続く次世代のイスラエル人を奮い立たせる象徴となった。この帰還移民からイシューヴの指導者が輩出され、イスラエル建国草創期の重要な政治家や軍人が現れた。

だが、この世代の開拓者にとっても、生きることは苛酷で、多くの戸惑いがあった。第一次アリヤーの場合と同様、この時の苦労は当時の文学作品に克明に表現されている。

この時代の最も優れたヘブライ文学者の中に、ヨセフ・ハイム・ブレーネル（一八八一～一九二一）がいる。ウクライナの小さなユダヤ村出身で、貧しい伝統的な家庭に生まれ育った。ポーチェプ（ロシア西部にある都市）のユダヤ教学院《イェシバー》で学ぶが、他のシオニストたちと同じように、世俗の文化に

※1原書注・ラヴ・クックは多くの伝統的なユダヤ教ラビとは異なり、非常に世俗的（非宗教的）なユダヤ人の居住地をしばしば訪れ、地元のアラブ人に殺害されたユダヤ人の葬式を司宰したりした。クックは、ハイファ近郊のメルハヴィアで、二人のユダヤ人（その一人はデガニヤ出身）のために追悼会を導いている。モシェ・バルスキーは、友人シュムエル・ダヤンのために薬を調達しようとした道中で殺害された。シュムエルは、バルスキーに敬意を表し、彼に因んで自身の長男（デガニヤで誕生した第一世代の一人）を、モシェ・ダヤンと命名した。（Yehudah Mirsky, *Rav Kook: Mystic in a Time of Revolution* [New Haven, CT: Yale University Press, 2014], p.84.）

夢中になった。彼の場合、ロシア文化、中でもドストエフスキーやトルストイのような文豪に惹かれた（ブレーネルはやがてヘブライ語訳を刊行する）。しかし、戦争がブレーネルの知的探究を阻むことになる。一九〇一〜一九〇四年、彼はロシア帝国陸軍の兵役に就いた。だが日露戦争が勃発するとロンドンに逃れ、一九〇八年までそこで暮らした。しかし、ロンドンも異郷の地のように感じて馴染めなかった。それで一九〇九年、パレスチナに移住して現代ヘブライ文学の新しい波を起こし、イシューヴの代表的な知識人となった。

ブレーネルの性格は、情熱的だが複雑だった。ある面、数十年後のシオニスト運動を特徴づける人物とも言える。彼は非常に献身的にシオニズム運動に尽くすが、絶えず悲観視していた。パレスチナで、ブレーネルは、ヘブライ文化の新しい有り様《よう》を作り出そうと熱心に励んでいた。だが、時には、理想を抱きつつも、シオニストたちが築きつつあるものに、何ら理想郷的なものを感じなかった。異郷暮らしをイスラエルの地に移しただけだ、と。(20)

彼は、色々な意味で「ヘブライ文学界の苦悩する世俗の聖人」だった。(21)ヨーロッパのユダヤ教社会の出身者であり、啓蒙主義に魅せられていた彼は、ラヴ・クックが自身の新しい宗教的世界観に導こうと願った人物の典型だった。

だが、イシューヴの初期の作家や思想家の多くが抱いていた深い挫折感の現れとして、ブレーネルはラヴ・クックの魅力の虜《とりこ》にはならなかった。彼特有の「無慈悲で、禁欲に近い洞察力を通して、同時代のユダヤ社会の苦境と魂の危機の深さをあまりにも強く感じ取っていたため、自身や同世代が抱いている反発や憧憬を肯定的に受け入れようとするラヴ・クックの神秘主義的な神義論に惹かれることはなかった。クックについて、ブレーネルはこう言っている。『時として、ラヴ・クックの文章に感じることがある……私たちが問題としているのは、嵐のように逆巻《さかま》いている人々の魂――小さな水たまりだが、暴風雨の波が騒ぎ立っている』(22)」

まさにこの時代のシオニストの世界を表している。開拓者たちの情熱的な魂は、ユダヤ民族の復活を切望しつつも、伝統の世界と勇敢で新しい（だが、未知の）世界の間で引き裂かれている。思想家たちは新しい社会の建設に徹するが、パレスチナでの生活の厳しい現実にぶち当っている。古いイシューヴと新しいイシューヴ。探し求める者と建てる者。可能性の魅力と多くの危機を孕《はら》む、興味の尽きない、逆巻く時代だった。

やがてシオニズムが建設するイスラエルの国は、このような多くの葛藤を抱えることになる。

ブレーネルは、時に、シオニズムは生き残ることもできないだろう、と極端に悲観的になった。ブレーネルの短編小説『神経《アツァビーム》』（一九一一年）が、シオニズムの未来に対する彼の懸念をよく表している。無名の主人公が、無名の語り手に、自分がパレスチナへ旅した冒険談を語り、果たしてその価値があったのか、問い悩む物語だ。主人公は、ウクライナを去ってニューヨークに移住し、劣悪な労働環境の裁縫工場でボタンの縫い付けの仕事をする。やがて、より良い未来を求めてパレスチナに船出する。だが、パレスチナで目にした現実は、自分が後にした退屈な生活と変わらなかった。違いはただ一つ、今、自分はボタンの縫い付けではなく、オレンジの収穫をしていることだった。かつてシオンが自分にとっての夢だったとすれば、今は、馬鹿らしい衝動――「ユダヤ人の神経」の発作――にしか思えない、と言うのだ。

シオニストの夢が展開する行く末に懸念を抱いていたのは、ブレーネルだけではなかった。第二次アリヤーの一人、ダヴィッド・ベングリオン（後のイスラエル初代首相）は、第一次アリヤーの連中が根負けしたのだと思っていた。「第一次アリヤーの開拓者たちは、まるで投資家や小売商人のように成り下がり、わずかな金のために人々の希望を取り引きし、若者たちの理想を売り渡した。流浪の地で拝される偶像（金銭）を、復活した神殿（イスラエルの地）に持ち込んだ。最終的に、郷土の建設を『偶像崇拝』で汚した」とベングリオンは述べている。[23] 辛辣な批判で、必ずしも公正な非難とは言えない。だが、イシューヴとその後のユダヤ国家に特有な、深い内省と自己批判を反映している。

性格の複雑さはどうであれ、ブレーネルこそ、恐らく第二次アリヤーを代表する文化的な象徴であろう。今なおずば抜けた才能と評される彼の著作は、イスラエルが今も格闘し続ける諸問題を浮き彫りにしている。短命でなければ、より多くの優れた作品を残したに違いないが、彼は一九二一年、ヤッフォで勃発したアラブ人の暴動で殺害された。

シオニズムの象徴としてのキブツ運動

第二次アリヤーは、以後何十年もユダヤ国家に影響を及ぼす恒久的な二つの遺産を残した。一つは、現代ヘブライ語の復活と公用語化であり、もう一つは、シオニズムの最も代表的な組織、キブツだ。

キブツの大半は、ユダヤ国民基金がオスマン帝国から購入した土地に建てられた。キブツ運動は、社会主義の理想に深く根ざし、連帯責任、そしてＡ・Ｄ・ゴルドンが説いた大地を耕す思想を強調した。この連帯精神は、特にロシア系移民によって広められ、草創期の帰還者たちが、イスラエルの気質にもたらした最も重要な貢献である。平等を何よりも大切にした。食料も、利潤も、土地を守る責任も、すべてを共有した。キブツの連帯性の前には、夫婦や親子の関係も二の次だった。子供たちは、実の親ではなく共同体によって育てられ、親の家ではなく子供の家で寝泊まりした。

情熱的で、思想的に豊かな生活だった。多くの開拓者が期待した理想的な社会や経済を、キブツは体現した。夜には、メンバー一同が共同の食堂に集まり、キブツの運営や信条について論じた。メンバーのほとんどが明らかに世俗派（非宗教的）だった。肉体労働によって自らを変貌させ、ビアリクやゴルドンや多くの人が数十年前に描いた新しいユダヤ人になれる、と信じていた。

だが、キブツの思想的な熱心さは、時として大きな代償が伴った。特に、主義信条の不一致でキブツが分裂する時がひどかった。例えば、草創期のキブツはロシア革命の影響が色濃く、スターリンや共産主義の汚れたイメージにどう応じるべきかで、意見が二分することもあった。夫婦が完全に別れて、別々のコミューンで暮らすようになることも稀《まれ》ではなかった。家族が離ればなれになり、図らずも子供たちが両親の思想的な確執《かくしつ》の犠牲になった。

女流詩人ラヘル

初期のキブツの運動は、やがてイスラエル社会が向き合わねばならない問題、つまり共同社会の建設と個人の尊厳との間に生じる軋轢《あつれき》を露呈してしまう。これは、多くの革命的な運動に共通する問題で、シオニズムも例外ではない。イスラエルの逸話で、この軋轢を示す典型的な例は、ラヘル・ブルーシュタイン・セラの生涯だろう。彼女はそのペンネーム「女流詩人ラヘル《ラヘル・ハメショレレット》」で広く知られる。

ラヘル（誰もがそう呼んだ）は、年若くしてパレスチナに移住した。一九一九年、二十九歳のときデガニヤに移り住んだ。だが、移住して間もなく結核を患う。ロシアにしばらく滞在した際に感染したのかも知れない。キブツでは、他のメンバーに感染することを懸念して、彼女に立ち去るよう強要した。

ラヘルの短い余命は、糊口《ここう》をしのぐ放浪の生活だった。一九三一年、彼女は療養所で息絶える。だがラヘルの詩は、今日でもイスラエルの学校で教えられ、国民の宝として親しまれている。彼女の作品は、キブツに寄せる彼女の郷愁と、かつてメンバーだったコミュニティにいとも簡単に捨てられた傷心《しょうしん》を反映している。[24] 一世紀近く経った今でもイスラエルでよく歌われる、彼女の最も有名な詩「もしかしたら《ヴェウライ》」に、その物悲しさがにじみ出ている。

もしかしたら
——あれは思い違い？
もしかしたら
夜明け前に起きて　畑に向かったこと
額に汗して　働いたこと
刈り入れの　長い炎暑の日々
麦束をいっぱい積んだ　荷車に揺られながら
声を大にして歌わなかったかしら？
静かで、碧《あお》く
澄んだ私のキネレット（ガリラヤ湖）に
この身を浸し潔《きよ》めなかったかしら？
ああ、愛《いと》しのキネレット
貴女《あなた》はそこにいたの？
それともあれは
——夢？㉕

理想のためにすべてを捧げて生きた人たちが、こんな扱いを受けねばならないのか。集団だけが大事なのか。新しいユダヤ人は、個人に対しても何ら責任を負わないのか。仮にそれが、集団にリスクを招くような場合であったとしても。

ラヘルの詩は、理想主義の情熱がもたらす豊かさと危うさを痛切に問いかけるが、キブツ運動は一九三〇年代には隆盛期を誇っていた。と言うのも、キブツは国造りに特有な開拓精神を体現していたからだ。連帯意識と国民意識が深く結びつき、「一九三四年に、青年開拓者がキブツを去ることは、自分の仲間やキブツ運動を裏切ることを意味したが、一九三七〜九年になると、自分が国をも裏切っているように感じたものだ㉖」

キブツ運動が魅了したのは、イシューヴの人口のごく少数だった。一九四七年の全盛期でさえ、キブツのメンバー数はイシューヴに住むユダヤ総人口の七％のみだった。しかし、キブツはイスラエル社会に多大な感化を及ぼした㉗。キブツは、多くの建国草創期の指導者を輩出し、キブツに住んでいない人にとっても、国家の開拓精神のシンボルとなった。国境に面した危険地域にあえてキブツを建設し、イスラエルの絶え間ない国防において重要な役割を担うことになった。こうして献身的な愛国心の文化は、キブツの中で養われた。

一九六〇年代、キブツ居住者はイスラエル総人口の四％だったが、キブツ出身の国会議員は総議員数の一五％を占めた。六日戦争において、「キブツ出身の戦没者数の比率は、総人口比の五倍に相当した。戦死した兵士のほぼ五人に一人がキブツ出身者ということになる。戦死した将校の三人に一人はキブツのメンバーだった」[28]。もしイスラエルの建国当初の数十年、この新しい国に対する情熱的な献身者を輩出する〝養成所〟があるとしたら、それはキブツだった。

テルアビブ――シオニストの精神にふさわしい町造り

多くの帰還者が、社会主義のユダヤ的理想社会のモデルを建設しようと励んでいた頃、他の者たちは、自分たちが後にしたヨーロッパの都市景観を思い起こさせるような所に住みたいと願っていた。中にはアラブの都市部に溶け込む者もいたが、そこのコミュニティが自分たちの慣れ親しんだヨーロッパのしきたりとはあまりにも違って中東風なので、馴染めず苦労していた。六十人ほどの質素な知的職業人が、ヤッフォの北にパレスチナで最初の「ユダヤ人住宅地」を作ろうと決意した。彼らは、古代の港町ヤッフォとは対象的な『清潔で、奇麗で、健康的』な環境を築こうと努めた。ヨーロッパのゲットー（ユダヤ人強制居住地区）の生活条件を、中東のそれと引き替えに手放すなんておかしい、シオニストの精神に失する、と思ったからだ[29]」

一九〇九年、テルアビブが誕生した。「テルアビブ」とは、ヘルツェルの理想郷小説『古くて新しい地《アルトノイラント》』のヘブライ語版タイトルである[※1]。この新興住宅地は、ほんの数十年の間に世界的な都市に成長するが、当初から「農村としてではなく……彼らの慣れ親しんだヨーロッパ型の多様な町並みに匹敵する都市として建てられた。ある者は、この町がパレスチナのオデッサになることを、またある者は、地中海のウィーンになるようにと期待した」[30]。テルアビブは、高尚なシオニズム文化が繁栄する町となるよう構想された。ビアリクやこの時代の代表的な作家の多くがこの町に居を構えた。ヘブライ語に取り組んだ成果も現れた。「一九三〇年には、自治体の学校で一万三千人以上の子供たちがヘブライ語を話していた」[31]

テルアビブがやがて「ヘブライ語を話す最初の町」になったと言っても、今日では注目に値することではないように聞こえるだろう。だが、どんな町であれ、どこであれ、「ヘブライ語を話す町」になり得ること自体が、時には大胆なシオニズム革命の副産物であり、第二次アリヤーの思想的な情熱の賜物とも言える。ベン・イェフダの偉業を、シオニストの入植者たち、特に第二次アリヤーの鉄の意志の力がさらに押し進めた。体中が本能的に休息を求めているのに、家でも、仕事場でも、ヘブライ語を日常言語として使うことが、イディッシュ語やロシア語を話すユダヤ人にとって、苛酷な試練であることは明らかだった。しかし、パレスチナでの生活の様々な困難に立ち向かったように、この試練にも彼らは真っ向から取り組んだ。この頃にはすでに、ほとんどのシオニストの農夫や労働者たちが、ベン・イエフダの主張を全面的に受け入れていた。民族とは言語であり、血と汗を流すだけではない。[32]

イシューヴは、この地域では見たこともないような、盛んな文学、知識階級、出版界と熱心な読者を育成した。テルアビブは、教養あるエリートの文壇サロンも備わっていて、すぐに「ヨーロッパにおけるヘブライ語出版の中心地、『第二のライプツィヒ』」となった。[33] ヘブライ語の復活は、もはや革命的な情熱に燃える一握りの理想家たちのプロジェクトではなくなった。シオニズム運動の指導者の一人であり、パレスチナにおけるヘブライ語教員連盟の創始者、メナヘム・ウシシュキンが記している。

> 村の学校で子供たちが初級文法の基礎をどの程度学ぶか、……歴史や科学をどの程度学ぶかは、問題ではない。学ぶべきは、健康的で逞《たくま》しい村の一員になること。自分の郷土と肉体労働を愛すること。そして何よりも、心を尽くし精神を尽くして、ヘブライ語とユダヤの民を愛する村人となることだ。[34]

イシューヴの知的な取り組みは、ヘブライ語やテルアビブの知的醸成に留まらなかった。すでにツヴィ・ヘルマン・シャピラが、一八九七年の第一回シオニスト会議でパレスチナに大学を創設することを力説し、教育はシオニズム運動の中心課題となっていた。一九〇三年には、パレスチナのイシューヴで教員組合が設立されている。教育が、イシューヴとその後のユダヤ国家で、重要な役割を担うことを如実に示していた。

※1原書注・「テル」とは、人々が何世代にも渡って同じ場所に生活し、建築した住宅や建造物が堆積して出来た丘のこと。時を経て丘の高さが増し、小山となった各層を発掘することによって、そこで営まれた生活の様々な段階を知ることができる。「テル」は過去を指し、「アビブ」はヘブライ語で「春」を意味する。従って、テルアビブは、ヘルツェルが小説『アルトノイラント』で描く「古くて新しい地」を表す。

イスラエルは数十年後、数多くのノーベル賞受賞者を輩出し、「新興企業大国《スタートアップ》」として世界に知られるようになる。その一大要因は、数千年に及ぶユダヤ教と、シオニスト革命が当初から教育を重視してきたことにある、と言える。

夢の実現への第一歩

第一次・第二次アリヤーの理想主義者や庶民的な帰還者たちは、消えることのない足跡をイシューヴに残した。確かに、多くの移住者は去っていった。また、残った者たちにとって、パレスチナの暮らしは決して容易ではなかった。だが、踏み留まった者たちは、新しいユダヤ人集落を次々と建設し、キブツ運動を確立した。ヘブライ語を復活させ、ヘブライ語を話す最初の町テルアビブを築き、そして〝新しい〟言葉の演劇を振興し、あらゆるテーマについての出版物を多数刊行した。

ヘルツェルとアハッド・ハアムの夢の実現への第一歩だった。独立までの道は、まだ長い。だが、ユダヤ人はすでにインフラの整備に取りかかり、これがやがてヘルツェルが熱望した国家建設に繋がる。と同時に、アハッド・ハアムの、パレスチナがユダヤ人の文化的なセンターとなるべきという信念を彷彿《ほうふつ》とさせた。ユダヤ人たちが二千年ぶりに取り組み始めたのは、インフラの整備や政治主権の基礎を築く以上のことだった。ユダヤ人社会とはどういうものなのか、見、聞き、感じることができた。そこに、母国語があり、文学があり、固有の生き方があった。

シオニズムは、ローマ軍がユダヤ人を追放して以来、初めて、更新されたユダヤ民族とはどんな存在なのか、その実感を人々に提供するようになっていた。

第5章　バルフォア宣言——イギリスがユダヤ国家を承認する

大英帝国政府は、パレスチナにユダヤ民族のための民族郷土《ナショナル・ホーム》を建設することに賛成し、この目的を達成するために最善の努力を払うものである。　——バルフォア宣言、一九一七年

「ヨーロッパ中の灯《あか》りが消えてゆく」

　イシューヴ（パレスチナのユダヤ人社会）の生活が向上発展しつつある一方、ヨーロッパでは大惨事が忍び寄っていた。二十世紀は、人類史上例のない大量虐殺を経験することになる。同世紀前半に暗い影を投じる二つの世界大戦では、およそ八千万から一億の戦闘員と一般市民が亡くなっている。それに加え、スターリンは二千万近くの人を殺戮《さつりく》した。

　ゼエヴ・ジャボティンスキーは、迫り来る惨禍《さんか》を予見していた一人だった。すでに第一次大戦が勃発する前から、そのような規模の不幸が起きることを見越して、次のように語っていた。「激しい戦争が、世界一級の二国ないし複数の列強間で勃発し、近代技術を駆使する壮大な狂気を伴う……途方もない死傷者数、そして莫大な資金——直接的に、間接的に、また付随的に投入される——その額はあまりにも法外で、計算できるような桁《けた》ではない[1]」

　何が起こるにしろ、やがて展開する惨事はすぐには終わらないことを分かっている者もいた。イギリスの外相エドワード・グレイ子爵《ししゃく》は、「ヨーロッパ中の灯《あか》りが消えてゆく。私たちが生きている間に、この灯りが再び灯《とも》されることはないであろう」と言った[2]。

オスマン帝国か、それともイギリスか

　第一次大戦が勃発する間際、シオニストたちが関心を寄せていた重大な事柄は、オスマン帝国が中東の支配力を失うのか、そして失う場合は、イギリスが中東を支配するようにな

るのかどうか、ということだった。この不確定な情勢にどう対処するか、シオニストたちの意見は分かれた。マックス・ノルダウは、できる限りオスマン帝国の機嫌を取ることを主張した。ところが、ノルダウの見解の誤りを明らかにするように、オスマン帝国のエジプト戦線司令官として任命されたばかりのジェマル・パシャは、大戦勃発の数週間後、反シオニストの立場を鮮明にした。当時、シオニスト労働派の指導者ベングリオンとイツハク・ベンツヴィが設立した、トルコ帝国に忠実なユダヤ自衛団があったが、パシャはこの組織を解散させた。また、シオニズムの機関誌『団結《ハアフドゥート》』も廃刊させた。そして、シオニストは皆トルコの敵で、死に値すると公言した。

ベングリオンは当初、シオニストの希望はオスマン帝国にあると考えていた。しかしトルコ政府がユダヤ人をテルアビブから追放し始めると、自らの誤りに気づき、イギリスに忠誠を抱く立場に転向した。ジャボティンスキーなどは初めから、シオニズム運動はイギリスと手を組むことが目的を達成するための最善策だ、と主張していた。オスマン帝国の支配がある限りユダヤ国家の建設は不可能と判断するジャボティンスキーは、[3] 帝国の崩壊を期待し、崩壊は時間の問題だと確信していた。ドイツやオスマン帝国（その他の国）と戦争しようとするイギリスの政治指導者を説得し、シオニズムの大義を強調する時が来た、と考えた。「もし私たちが自らの立場を明確にしないで両陣営と取り合っていたら、すべてを失う。同盟国支持の立場を鮮明にして、ユダヤ人兵士をもって彼らを支援し、彼らがイスラエルの地を獲得できるようにせねばならない[4]」

古代ユダヤの矜持《ほこり》の復活——シオンのラバ部隊

ジェマル・パシャは、大量のユダヤ人に対してパレスチナから撤退するよう命じた。中にはエジプトのガバリ収容所に送られたユダヤ人もいた。ジャボティンスキーも追放された一人で、ガバリでヨセフ・トゥルンペルドールと出会った。トゥルンペルドールは一八八〇年、カフカスに生まれ、一九〇四年、日露戦争でロシア軍のために戦い、左腕を失う。[※1] 武勇を賛えられて、ロシア皇帝自身から五回勲章を授与された。やがて、ユダヤ人としては二番目のロシア帝国軍将校になる。彼は一九一二年、ロシアを発ってパレスチナに向かい、ガリラヤ湖近くの農場で働いた。一九一四年、ジェマル・パシャがパレスチナから追放した数千のユダヤ人の中に、トゥルンペルドールもいた。

その頃、アイルランド系のプロテスタント信者で、南アフリカで勃発したボーア戦争でも戦った陸軍中佐ジョン・ヘンリー・パターソンがエジプトに到着した。ちょうどイギリスは、トルコ軍との戦いに加勢するユダヤ人の戦闘部隊を指揮する将校を探していた。パターソンは、ユダヤの歴史に造詣が深く、シオニズムの大義にも理解を示していたので、彼がその任に就いた。やがて、ジャボティンスキーとトゥルンペルドールがパターソンに協力し、「シオンのラバ部隊」を編成。パターソンは後に、トゥルンペルドールのことを「私が知る最も勇敢な人物」と評している。

シオンのラバ部隊は、古代ユダヤの矜持《ほこり》の復活を象徴した。ユダヤ人部隊がユダヤの旗のもとで戦うのは、バル・コフバがローマ軍への反乱を率いて以来、およそ二千年ぶりのことだった。ラバ部隊のメンバーには、後にイスラエル国防軍の中心メンバーとなる者がいた。皮肉なことに、ジェマル・パシャの大量追放の結果、ユダヤ人は二千年ぶりに軍隊を持つことになった。

トゥルンペルドールは一九二〇年、テルハイ集落防衛の戦いで、命を落とした。シオニストたちの言い伝えでは、息を引き取る前に、「なあに、大丈夫だ……国のために死ぬことは良いことじゃないか」と言ったという。ジャボティンスキーが三年後にベイタル青年運動を結成したとき、組織名を、シメオン・バル・コフバが最後に籠城した場所だけでなく、トゥルンペルドールの名にも因《ちな》んで命名した。※2

化学者ヴァイツマンのロビー活動

シオニストたちは、オスマン帝国のシオニズム嫌いを甘くは見ていなかった。その多くは、オスマン帝国とイギリスのどちらかに味方することは賢明ではない、と考えていた。それで、シオニズムの連絡事務所を、中立国デンマークの首都コペンハーゲンに設置した。他方、シオニストの中には、やがて必ずイギリスが優勢になり、パレスチナを獲得すると確信し、そのためにロンドンとの関係作りに献身的に働く者も

※1訳注・トゥルンペルドールは、大阪府堺の浜寺ロシア兵捕虜収容所に送られた。そこでユダヤ人兵約百二十人のシオニストグループを組織し、シオニズムの機関誌を発行し、ヘブライ語教室を開いた。
※2原書注・「ベイタル」は、ヘブライ語の「ベリット・ヨセフ・トゥルンペルドール（ヨセフ・トゥルンペルドールの契約）」という表現の略でもある。

いた。

ハイム・ヴァイツマンに優《まさ》る適任者はいなかった。彼はやがて初代イスラエル大統領になる。一八七四年、ピンスク(現在のベラルーシ共和国の首都、当時はロシア帝国領)近郊の村、モトールで生まれたヴァイツマンは、同時代のシオニストの指導者たち同様、伝統的なロシア系ユダヤ教徒の家庭に育った。しかし彼もまた、ヨーロッパが提供してくれるより広い知的世界に惹《ひ》かれた。深い知性と自由な知的精神の持ち主でもあった。幼少期の先生に、「この子は、やがて天才となるか、改宗者となるかのどちらかだ」と言われたという。⑸

ヴァイツマンは、まずドイツで、次にスイスのフリブール大学で化学を学び、一八九九年に有機化学の博士号を取得する。一八九七年、バーゼルの第一回シオニスト会議には参加しなかったが(参加を希望していたが)、第二回以降の会議にはすべて参加し、にわかにシオニズム運動の中心的メンバーとなった。彼が特に主張していたことの一つに、パレスチナでの高等教育機関の設立がある。エルサレムのヘブライ大学創立に貢献し、科学技術を専門とする大学の創設にも尽力。それが一九一二年、イスラエル工科大学テクニオンの設立へと繋《つな》がった。一九三四年には、ヴァイツマン科学研究所の創設者のメンバーにもなった。この研究所は、後に世界的にも有名な総合研究センターとなる。

一九〇四年、ヴァイツマンはマンチェスター大学の上級講師に任命された。二年後、気鋭の下院議員アーサー・バルフォアの知遇を得る。バルフォアは当初ウガンダ案を支持していたが、ヴァイツマンに感銘を受ける。ヴァイツマンは次第にバルフォアをシオニズムの大義へと近づけることに成功した。

ヴァイツマンは一九一六年、イギリス海軍研究所の所長に任命され、仕事のためマンチェスターからロンドンに移り住んだ。海軍用の爆弾の火薬製造に必要な成分、アセトンの大量製造法の開発に成功し、イギリスの戦果に大きく貢献した。この発明を高く評価されたヴァイツマンは、新たに得た地位を活かし、影響力のあるイギリスの要人たちと接触して、他のシオニスト指導者たちとは別次元の交友関係を広げていった。

中東を分割するイギリスとフランス

オスマン帝国が崩壊しつつあることがはっきりすると、イギリスとフランスは中東をどう分割するか両国間で交渉を始めた。とは言え、両国とも、まだ事実上の占有権は持っていなかった。

イギリスとフランスは一九一五年の暮れに協議を繰り返し、各々の希望を提示した。イギリスはマーク・サイクス卿を代表に任命した。彼はカトリック教徒の中東専門家で、一九〇三年の新婚旅行でパレスチナを訪れたこともあり、外務省に務めた経歴も長い。フランス側はフランソワ・ジョルジュ＝ピコを任命した。彼もキャリア組の外交官で、交渉時は、ロンドンのフランス大使館で一等書記官を務めていた。サイクスは以前、パレスチナをイギリスの管轄下に置くことを勧めていたが、パレスチナ領の具体的な境界線については明言していなかった。サイクスとピコの合意は、正式には「小アジア協定」と呼ばれるが、一般には「サイクス＝ピコ協定」として知られている。この合意では、フランスが現在のシリア・レバノン領を統制し、イギリスは地中海沿岸地域からヨルダン川、そして現在のヨルダンや南イラク、ハイファとアッコの港、ネゲブ全土を支配することになっていた。と言うのも、当時イギリスの植民地だったインドを重要視したため、スエズ運河（地図⑧参照）への自由なアクセスを守りたかったからだ（イギリスがこの運河をいかに必要としていたかは、イスラエルが一九五六年に戦ったシナイ作戦で明らかになる）。なお、この協定によると、パレスチナの西部やガリラヤ湖南部、ガザ北部は国際管理下に置かれることになっていた[6]。また、この協定にはエルサレムのあらゆる聖域に関する条項もあり、それらは国際的な監視と管理の下に置くと定めた。

サイクスとピコがシオニストやパレスチナに住むアラブ住民に配慮した形跡は全くなく、アラブ人もユダヤ人もこの協定に愕然《がくぜん》とした。アラブ側は、二つの外国勢力が中東を勝手に分割するとは何事だ、と激怒した（それもまだ戦争で勝利したわけでもないのに）。実は、イギリスの駐エジプト高等弁務官ヘンリー・マクマホン卿とメッカの太守《シャリフ》フサイン・ビン・アリーが事前に話し合い、マクマホンがアラブ人に、オスマン帝国に反旗を翻《ひるがえ》すよう要請していた。イギリスの関心は、トルコのパレスチナ支配を一掃するだけでなく、北はシリア、南はイエメンとの間に、アラブ人国家を建設するよう尽力することだ、とアリーを説得していた。アラブ人にとってサイクス＝ピコ協定は、イギリスのこの約束を完全に破棄するものに思われた。イギリスとパレスチナの地元住民との関係は、最悪のスタートを切ることになる。

シオニストたちも同様に不服だった。フランスがシオニズムを嫌っていることを考えると、フランスとイギリスが共同で支配した場合、自分たちの目的を実現できなくなってしまうのではないか。ヴァイツマンや他のシオニストたちは、パレスチナがイギリスの保護領となることを強く願っていた。

それは、イギリスが「他の帝国列強と比べて、非植民地の（白人の）臣民に対してずっと寛容な姿勢を示す」のに対し、フランスは「非植民地の臣民にフランス市民になるよう強要し、彼らのアイデンティティを消し去ってしまう」と思っていたからだ。[7] このためシオニストたちは、パレスチナがイギリス統治領となるよう尽力した。しかし、やがて彼らは失望する。イギリスは、ヴァイツマンらの期待とは程遠く、シオニズムの大義に非協力的であるのを知るからだ。[※1]

イギリスに協力したスパイ組織「ニリ」

同じ頃、パレスチナのユダヤ人はオスマン帝国によるアルメニア人虐殺を知る。一九一五年から始まり、まず肉体労働のできる男性が強制労働を強いられ、次に婦女子がシリアの砂漠へ強制退去という死の行進に駆り立てられ、およそ百五十万のアルメニア人が亡くなった。イシューヴの懸念は募った。もしオスマン帝国がアルメニア人を躊躇《ちゅうちょ》なく虐殺できるならば、パレスチナのユダヤ人の扱いに対しても躊躇するだろうか。

少数のユダヤ人グループが独自の発案で、パレスチナからオスマン帝国を追い出すための活動を始めた。アーロンソン家の統率と指揮のもと、小さなスパイ組織が結成された。主な工作員は、北ガリラヤで小麦の原種を発見して有名になった農学者アーロン・アーロンソン、その妹サラとリヴカ、そして、リヴカの婚約者アヴシャロム・フェインベルグだ。グループ名をニリと称した。[※2]

イナゴの大群が地域を襲い、トルコ政府はアーロン・アーロンソンに被害を最小限に留めるよう指揮を託した。[※3] これにより、アーロンソンは突如、地域のあらゆる庁舎や軍事設備に自由にアクセスできるようになり、豊富な情報を収集し、イギリスに提供した。最初は懐疑的だったイギリスも、やがてアーロンソンを信頼する。彼はカイロを拠点にして、イギリス側との連絡係を務め、妹のサラ、弟のアレクサンダー、そして、フェインベルグ（その他に、様々な推定があるが、およそ二十～三十人の仲間）がスパイ組織の日常の仕事を担当した。

ニリの主な活動は、オスマン帝国の防衛施設や軍隊、鉄道路線、水源に関する情報を収集して、イギリス側に提供し、奇襲攻撃の準備を手助けすることだった。ニリは、盗んだ情報を二週間に一度、地中海沿岸の村アトリート（ハイファの南）の沖合に停泊するイギリス海軍の小型船に、暗号と光信号で伝達した。船が来なくなると、伝書鳩を使い始めた。

ところが、この伝書鳩のせいでグループは消滅する。一九一七年九月、トルコ側が暗号文をつけた一羽の鳩を途中で捕まえ、スパイ組織が活動している証拠を入手。同年の秋には、ニリのほとんどのメンバーが検挙された。ひどい拷問を受けて、他のメンバーの情報を漏らしてしまう者もいた。死刑宣告を受けた者もおり、一人はダマスカスで公開死刑に処せられた。

当時二十八歳だったサラは、北部の町ズィフロン・ヤアコヴで捕まり、凄まじい拷問を受ける。一計を案じ、サラは、拷問の血で汚れた衣服を着替えるため自宅に戻らせて欲しい、と請うた。絶対に屈しない、そう心に決めたサラは、家に隠していた拳銃を口にくわえて、撃った。昏睡状態に陥《おちい》り、数日後、息絶えた。

ニリの活動は、戦争の結果には大した影響を及ぼさなかったらしい。しかし、ニリの物語やサラの献身はイシューヴの伝説となる。と言うのも、外国勢力——まずはオスマン帝国、数十年後にはイギリス——をパレスチナから追放するには、どれほどの決意と勇気を要するのかを明確に示したからだ。

吉報——バルフォア宣言

一方ロンドンでは、ハイム・ヴァイツマンがシオニズムの大義のため、たゆまず尽力していた。ヴァイツマンは、シオニズム運動のどんな役職にも就いておらず、彼を危険視する者も多かった。しかし規律を守るかどうかは別にしても、ヴァ

※1訳注・映画『アラビアのロレンス』（一九六二年公開）はこの時代を舞台にしている。主人公のトーマス・ロレンスは実在の人物で、アラビア語が堪能な考古学者でイギリスの陸軍将校。中東を支配していたオスマン帝国は第一次大戦ではドイツと手を組んだが、イギリスはアラブ人を蜂起させてオスマン帝国を内部から揺るがそうとした。このため、ロレンスはメッカの名家ハーシム家に接近して、オスマン帝国からのアラブ人独立を目指す反乱軍の顧問を務めた。「アラブの反乱」（一九一六～一八年）を支援し、アカバ・ダマスコの攻略に成功。ハーシム家は第一次大戦後、ヒジャーズ、シリア、イラク、ヨルダンの王権を獲得するが、王制が現在でも続いているのはヨルダンだけである。

※2原書注・「ニリ」というグループ名は、サムエル記上一五・二九の「ネツァフ・イスラエル・ロー・イシャケル」（イスラエルの永遠は偽らない）という句の頭文字から取られている。

※3訳注・パレスチナでは一九一五年から一九一六年にかけて、イナゴの異常発生で農作物に大きな被害があった。さらに疫病が大流行し、十万から二十万の人が飢餓や病気で亡くなっている（ユダヤ人も数千人が死亡）。

イツマンのようにイギリスの政界や有力者に貴重な人脈を持つシオニストは皆無だった。彼は特有の魅力と説得術を駆使し、パレスチナにおけるユダヤ人の理想を説いてまわった。

仕事は楽ではなかった。イギリスの外務省には親アラブ派が多く、アラブ側のパレスチナ領有権の主張に分があると感じており、実際問題としても、パレスチナに住むアラブ人の怒りを招くようなことはしたくなかったからだ。[8] しかし、デヴィッド・ロイド・ジョージが一九一六年に首相に就任してヘルツェル以来の好機が訪れる。ロイド・ジョージは以前、ヘルツェルがウガンダ案をイギリス側と交渉していた頃、弁護士としてシオニズム運動の重要性を代弁していた。シオニズムの古い起源も承知していて、ユダヤ人のほうがアラブ住民よりもパレスチナの地の発展に貢献することを確信していた。「四大列強はシオニズムを支持する。シオニズムは、その是非善悪はどうであれ、長い伝統、現在の必要、そして将来への希望に根ざしており、あの歴史ある土地に現在暮らしている七十万のアラブ人の願望を損なうよりもはるかに重要である。私はこれが正しい意見だと思う」とロイド・ジョージは述べている。[9]

ヴァイツマンは、ロイド・ジョージの政治的台頭を千載一遇のチャンスと察知し、ロイド・ジョージと当時イギリスの外相だったバルフォアを説き伏せた。また、有力なイギリスの外交官サイクスとも関係を築き、彼のことを「私たちの最も貴重な見つけもの」と言っていたという。[10] 激しい工作活動が両サイドであった。ヴァイツマンが独自の思惑を徹底して推し進めている間に、ユダヤ系のイギリス下院議員でシオニストの野望を猛烈に非難し続ける者たちがいた。アラブ側が怒って反発したら、イギリスや他の地域で反ユダヤ主義が勃発しかねないというのだ。他方、サイクスや外務省の者が、ユダヤ人にはパレスチナの正当な権利があることを納得させようと政府要人に働きかけた。

ヴァイツマンが勝利した。彼の生涯における最も重要な功績であるバルフォア宣言が、一九一七年十一月二日付のバルフォア外相からウォルター・ロスチャイルド卿宛の書簡という形で公表された。[※1] 後年、ロイド・ジョージは回想録の中で、このバルフォア宣言は、ヴァイツマンが「成し遂げたアセトンの開発という貴重な功労へのお礼だ」と綴っている。[11] 書簡は、以下の通りである。

親愛なるロスチャイルド卿

ユダヤ人シオニストの悲願に共感する宣言が内閣に提案され、そして承認されたことを、大英帝国政府に代わり、喜びをもって貴殿に伝えます。

「大英帝国政府は、パレスチナにユダヤ民族のための民族郷土《ナショナル・ホーム》を建設することに賛成し、この目的達成を推進するために最善の努力を払うものである。ただし、パレスチナに在住する非ユダヤ社会の市民権と宗教上の諸権利、あるいは、他国でユダヤ人が享受《きょうじゅ》している諸権利と政治的地位を損なう措置は一切取らない、という明瞭な理解の上でされるものとする」

貴殿によって、この宣言をシオニスト連盟にお伝えいただければ幸甚に存じます。

敬具

アーサー・ジェームズ・バルフォア(12)

ヘルツェルが、発足したばかりのシオニズム運動を一八九七年にバーゼルに召集してから、わずか二十年が過ぎたのみ。今や、地球上で最強の帝国がシオニズム運動を承認し、味方して、その理想実現のために支援すると約束した。十三年前にヘルツェルが亡くなっていなければ、この吉報を聞いて仰天したであろう。※2

イギリス軍がエルサレムに入城

一九一七年のバルフォア宣言は歴史的に重要な文書ではあるが、その内容は驚くほど明瞭さに欠けている。「ユダヤ民族のための民族郷土《ナショナル・ホーム》」と述べるが、ユダヤ国家に関する言及はない。この「民族郷土」をいつ（あるいは、いかに）設立

※1原書注・ウォルター・ロスチャイルドは、大ロスチャイルド一族のイギリス支部のメンバー。イシューヴへの初期のアリヤー（ユダヤ人帰還）を支援したエドモン・ド・ロスチャイルド男爵とは別人。

※2訳注・ヴァイツマンは、当時の駐ロンドン日本大使の珍田捨巳《ちんだすてみ》に、日本がバルフォア宣言を承認するよう求めている。珍田は一九一九年一月に、「日本政府はパレスチナにユダヤ人のための民族郷土を建設するというシオニストの強い願望を喜んで受け入れ、提案された要求が実現されることを期待し楽しみにしている」と返答している。なお日本で、バルフォア宣言をことのほか喜んだのがキリスト者で思想家の内村鑑三である。内村は、ユダヤ人がパレスチナに帰ることを聖書の預言の成就と捉え、熱心に支持していた。バルフォア宣言を知り、「この一大事の故に、一九一七年は実に世界歴史上永久に記念すべき一年となった」と述べている。内村は翌年のヘブライ大学の設立についても喜び、「イスラエルの復帰はこの点より見て、人類の将来に大関係を有する世界的問題である。神の計画の誤らざることを証明する歴史的事実である」と記している。

するのか、という期日の表記もない。どのようにユダヤ人のための「民族郷土」がパレスチナに建設されるのか、しかも「パレスチナに在住する非ユダヤ社会の市民権と宗教上の諸権利」を損なうことなく建設され得るのか、示されていない。また、この宣言で「パレスチナ」とは何を意味するのかも記述されておらず、地域の地図や定義も提示されていない。ひいては、この宣言が公表された当時、パレスチナは、まだオスマン帝国領だったということも、この文書には記されていない。イギリスは、時間の問題だと断定していたのかも知れないが、この時点で、ユダヤ人に提供できるパレスチナなるものを、領有していなかった。

とは言うものの、これらの問いのいくつかには間接的に答えることができた。イギリスの政治指導者たちの間では、ユダヤ人が人口の多数を占める地域に国家を建設することを意図している、という認識があったようだ。[13] 対象となる土地は明らかに広大だった。約二十年後、一九三七年のイギリス王立調査団が、「バルフォア宣言で意図するところの、ユダヤ民族のための民族郷土が築かれるべき地とは、歴史的パレスチナの全土を指す」と明記している。つまり、ヨルダン川の両岸、現在のイスラエルとヨルダン領ということになる（地図③参照）。

イギリスはまだパレスチナを支配していなかった。だが、オスマン帝国が崩壊しつつあること、そして、サイクス＝ピコ協定が示しているように、パレスチナが間もなくイギリス領になることを、確実視していた。実際、バルフォア宣言発布の六週間後、エドマンド・アレンビー将軍率いる英エジプト遠征軍は、防衛するオスマン帝国軍をエルサレムから追い払った。イギリスの威厳溢れる式典が開催され、数百の見物人と、イギリス軍と共にエルサレム攻略のために戦った兵士たちが道沿いに立ち並ぶ中、アレンビー将軍がヤッフォ門からエルサレムの旧市街に入城した。神聖な都に敬意を表して、騎乗ではなく徒歩で入城した。[14]

今やイギリスはパレスチナを領有し、ユダヤ人に与えることを約束した。イギリスは以後三十一年間、イスラエル国が樹立する一九四八年五月まで、ユダヤ人の父祖の故郷を支配することになる。[※1]

続くパレスチナの開拓

この間ずっと、イシューヴは発展を続けていた。一九一三年、ウィーンで開かれた第十一回シオニスト会議では、エルサレムに大学を設立すること、その建設は五年以内に開始すべきことが決議された。[15] バルフォア宣言から一年も経たない一九一八年七月二十四日に、数千人がエルサレムの展望山で開かれたヘブライ大学の定礎式に参加した。この大学が、イシューヴやイスラエル国家の知的生活の中心となることは、当初から明らかだった。

一九一八年に第一次大戦が終わると、人々は再び世界中を移動できるようになった。この移動の自由と同時に、ヨーロッパでの新しい反ユダヤ主義の始まりと、ロシアでの武力衝突で十万から二十万のユダヤ人が殺害されたことが重なって、パレスチナへの次の移民の波が起きる。この第三次アリヤー（一九一九〜二三年）では、三万五千人がパレスチナに移住した。大戦がもたらした世界情勢の変化に刺激され、第三次アリヤーで帰還した人々は、発展途上にある建国前の諸機関を築く手助けをし、これがやがてユダヤ人の主権確立を可能にした。バルフォア宣言後の最初のユダヤ人移民の波は、自分たちの主張が国際社会で承認されているという感覚を抱いてパレスチナに来る初めての帰還者だった。

帰還者の流入は、様々な分野で技術的な発展をもたらした。特に目覚ましかったのは、この地域では不足の著しい水資源だった。実際、イギリス当局はこの期間にユダヤ移民を規制するが、その口実として、当地の天然資源が限られていて、パレスチナへの移民を希望する数千のユダヤ人を支援できないからだ、と弁明した。[16] こうして、水の研究は緊急事項となる。イシューヴの指導者たちには分かっていた。すでに帰還している同胞に水を供給するだけでなく、この地域が、イギ

※1訳注・ヴァイツマンは一九一九年一月三日、アラブの民族主義指導者エミール・ファイサルからもバルフォア宣言の承認を得ている。ファイサルはアラブの代表的指導者シェリフ・フセインの息子で、アラビアのロレンスらの協力を得てアラブ人独立のためオスマン帝国に対抗し、シリア地方（シリア・レバノン・パレスチナ・ヨルダン）の解放の足がかりを確保した。ファイサルとヴァイツマンが調印した協定は次のように定めている、「アラブ・ユダヤ両民族間に存在する人種的血縁関係と古代からの両者の絆に留意せねばならない。そして両民族の国家的願望を実現させるのに最も確実な方法は、アラブ国家とパレスチナの発展にできるだけ緊密に協力することである」。さらに「パレスチナへのユダヤ人の大規模移住を奨励し、広範な土地開拓による可及的速やかなユダヤ人の定着を可能にするため、あらゆる必要手段を取る」と述べている。ファイサルは一九二〇年、シリア・アラブ王国の国王に選出された。だがフランスにシリアを占領されてダマスコを追い出され、後にイギリスの支援を得てイラクの国王となる。ファイサル・ヴァイツマン協定は、ファイサルがシリアを追放された時点で事実上反故になるが、もしフランスが侵攻せず、ファイサルがシリア国王になっていたら、アラブとイスラエルの関係は違うものになっていたであろう。

リスが主張するよりもはるかに多くの移民を受け入れられることを、イギリスと世界に示さねばならない。

パレスチナの自然は、大きな挑戦を強いた。シオニズム運動が一八八〇〜一九一四年に購入した土地は、西はヤッフォとハイファの間の海岸平野、東はエズレル平原とヨルダン渓谷に集中していた。そのほとんどが湿地帯の未耕作地で、誰も住んでいない地域だった。ペタフ・ティクバは、もともとは一八七八年にエルサレムから来たユダヤ人によって建てられたが、マラリアが蔓延《まんえん》して失敗に終わった。数年後、ロシア系移民の開拓者が再建するが、彼らもまたマラリアが流行したために退去を余儀なくされた。ハデラの町も、最初の二十年間で、住民の半数以上がマラリアで亡くなった⑰。だが開拓者たちは不屈の精神で突進し続けた。二年後にはペタフ・ティクバに戻り、沼地を乾かし、土地を開墾し、この地域を柑橘類の集散地に変貌させた。特にオレンジ畑で知られるようになった。ダヴィッド・ベングリオンも、ペタフ・ティクバのオレンジ畑で作業中にマラリアに罹《かか》っている。

キブツの人々も沼地を乾かし、土地に蔓延《はびこ》る疫病を払拭《ふっしょく》した。ロスチャイルド男爵もこの過程で大いに協力した。エジプトから労働者を招いて湿地帯の陸地化とマラリアの撲滅《ぼくめつ》に当たらせ、その働きは大きく役立った。キブツの人々は、ゆっくりとではあるが決然と、進歩を遂げていった。

時を同じくして、シオニスト運動の指導者たちは、大地で奮闘する開拓者たちの勇姿に見合う構想《ビジョン》を打ち出した。彼らは、明らかに人が住めないような沼沢地《しょうたくち》を、時には法外な価格で購入した。それが賢明かどうか尋ねられたメナヘム・ウシシュキン（第一回シオニスト会議の幹事で後にユダヤ国民基金の総裁）は、どんな価格であれ、高過ぎることはないと訴えた。「パレスチナの地価は、毎年、値上がりするだろう。私たちが今日買い戻さなかった土地は、二度と購入できなくなるかも知れない⑱」

発展は目覚ましかった。米国農務省が一九三八年に、土壌科学者ウォルター・クレイ・ロウダーミルクをヨーロッパ、北アフリカ、パレスチナの土壌調査に派遣した。イシューヴは、ユダヤ人帰還が始まる前とは全く比べものにならないほどの水技術を開発していた。ロウダーミルクは、ユダヤ人がすでに成し遂げた発展を見て「度肝を抜かれた」と記し、イシューヴが取り組んでいる農地開墾は、これまで世界各地を広範囲に視察した中で「最も驚異的な」事業だ、と綴っている⑲※1。

イシューヴは同じ頃、独自の政治制度も発展させていた。一九二〇年四月十九日、イギリス委任統治下のパレスチナでユダヤ人コミュニティの議員会議「代表者会議《アセファット・ハニヴハリーム》」の選挙が実施された。総議席数は三百十四（代表数がこれだけ多いのは最初で最後）。ヘルツェル時代からの世界シオニスト機構の投票のしきたりを踏襲し、各政党の得票率に応じて議席を配分した。例えば、総投票数の三〇％を得た政党は、総議席数の三〇％を獲得するという仕組みだ（比例代表制）。

一九二〇年の選挙では、圧倒的過半数を獲得する政党はなかった。実のところ、以降の選挙では、イシューヴの代表者会議でも建国後のイスラエルの国会でも、圧倒的過半数を取った政党は一つもない。一九二〇年の選挙では、労働党がわずか七十議席で最大の単独派閥となった。新しく選ばれた会議が、イシューヴの次期政権の議会となった。

ユダヤ的民主制度の起源

一体どういうわけで、イシューヴは民主主義の伝統を発展することができたのか。イシューヴに来た移民の多くは、非民主的な国の出身者である。ロシア系やポーランド系のユダヤ人は、民主社会で暮らしたことはない。オスマン帝国に住むユダヤ人も同様だった。ユダヤ教の伝統も特に民主的ではない。聖書の王は選挙で選ばれたわけではない。タルムード時代のユダヤ教指導者たちも、王朝の出身ではないが、民主的プロセスで選ばれたわけではない。イシューヴや建国以後のイスラエルにおいて、この民主的な推進力はどこから生まれ出たのだろうか。

ユダヤ社会の民主的な推進力は、異郷暮らしで育まれたものだろう。父祖の郷土から追いやられたユダヤ人は、ヨーロッパ各地を彷徨《さまよ》い、共同体の構成を何もないところから繰り返し築かねばならなかった。一五八〇年から一七六四年にかけて、「四地方協議会」（拠点はポーランドのルブリン）と呼ばれる組織が、大ポーランドや小ポーランド、ルテニア、ヴォルィーニの地域で、ユダヤ権威の中心地として機能した。選出された協議会は、徴税、外の異邦人コミュニティとの関係、その他様々な事柄を処理した。四地方協議会をはじめ、ヨーロッパのユダヤ人コミュニティに点在するより小規模な地方議会は、すべて民主的に選ばれていた。この仕組みをシオニ

※1原書注・ロウダーミルクは、後に調査結果をまとめ『パレスチナ——約束の地』という本を出版し、ベストセラーとなった。アメリカの大統領フランクリン・デラノ・ルーズベルトが亡くなったとき、書斎の机の上にこの本が開いて置いてあった。ルーズベルトが生前最後に読んだ本かも知れない。（Seth M. Siegel, *Let There Be Water: Israel's Solution for a Water-Starved World* [New York: Thomas Dunne Books, 2015], p. 30.）

スト会議は踏襲したのである。二十世紀の初めまでに、ヨーロッパのユダヤ人はすでに三百五十年間、投票し、法律を制定し、税を支払い続けてきたことになる。[20]

この伝統が、十九世紀から二十世紀の初めに非民主的なパレスチナの環境にも持ちこたえ、一九四八年にユダヤ国家が建設されると、民主的な伝統を持たない国々から帰還するユダヤ人移民の膨大な波を、見事に変革させることに成功した。第二次世界大戦後、およそ百の国が独立するが（そのほとんどが帝国の崩壊の結果）、イスラエルはその中でも数少ない、民主制によって始められ、一度も途絶えることなく民主政治が機能し続けている国である。

パレスチナのイギリス委任統治始まる

一九二〇年四月、ちょうど代表者会議の最初の選挙がパレスチナで行なわれた日に、イシューヴの運命がイタリアのサンレモという村でも協議されていた。「サンレモ会議」という名称で知られる協議で、第一次大戦の戦勝国イギリス、フランス、イタリア、日本が、旧オスマン帝国領の分割を協議するために会合した。正確な地図は作らなかったが、一般原則に関する合意に達した。イシューヴにとって、このサンレモ会議で最も重要なのは、四月二十五日に、参加者一同が一九一七年のバルフォア宣言を承認し、それを決議案に取り入れ、パレスチナ委任統治権をイギリスに正式に付与したことである。

ユダヤ人が、パレスチナに民族郷土を有することは、もはやイギリスだけの方針ではない。第一次大戦の戦勝国の明確な立場になった[※1]。

パレスチナのアラブ人は激昂し、以後よく繰り返されるパターンだが、暴力で応じた。一九二〇年、エルサレムのアラブ人暴徒がユダヤ人六人を殺害し、二百数十人に暴行を加えた。一九二一年、ヤッフォで暴動が勃発し、瞬《またた》く間に伝播した。四十数人のユダヤ人が殺され、その中にはヨセフ・ハイム・ブレーネルもいた。

皮肉なことに、この暴動によって、やがてイスラエル軍の設立につながる組織が編成されることになる。ユダヤ人の自衛組織は、すでに数十年前からあった。一九〇七年には小規模の秘密自警団で、この種の組織では先駆的なバル・ギオラが結成される。バル・ギオラや他の同種の組織は、小さなユダヤ人の一団で、有償で警備を提供していた。バル・ギオラは、セジュラ（現在のイラニヤ）の警備を担当した。ここは、ベングリオンがパレスチナに来て間もなく、畑仕事をした集落である。バル・ギオラは二年後の一九〇九年に解散し、より大規模な自衛組織ハショメール（見張り人の意）に組み込まれた。ハショメールは、ユダヤ人やその村落に安全をもたらすため、活動範囲を広げていく。パレスチナのユダヤ人コミュニティに組織的な防衛を提供しようとする初めての試みだった。

　ハショメールの狙いは、それまでユダヤ人農場の警備を担当していたアラブ人に代わることだった。また、実現こそしなかったが、ウクライナのコサックの村落に見張りを置くという大仰な構想もあった[21]。今やアラブ人の暴力が広がる上に、イギリス当局はユダヤ人を充分には保護してくれない。この事実を受けて、イシューヴの指導者たちは一九二一年に、ユダヤ人の農場や村落を守る組織ハガナー（防衛の意）を設立した。ハガナーの任務はより広範囲となり、襲撃を防いだり撃退することも含まれた。だが、設立当初はハガナーの組織編成もあいまいで、あまり効果的ではなかった。

　イシューヴが自らの身をどう守り抜くか検討していた頃、外交面でとんでもない打撃を被った。一九二一年、バルフォア宣言からわずか四年、バルフォア宣言がサンレモ決議案に組み込まれてから一年後のことである。植民地相に任命され、それまでシオニストの理解者でもあったウィンストン・チャーチルが、シオニストの同盟者に相談もせず、中東の地図を塗り替えてしまった[22]。ヨルダン川東岸地域をパレスチナから切り離し、トランスヨルダン国を造ってしまった（後にヨルダンと呼ばれる[23]※2）。

　バルフォア宣言やサンレモ会議の成果の余韻も冷めやらぬ中でのことだった。イギリス委任統治領の地図が、やがて自

※1訳注・国際法におけるイスラエル国の正当性は、このバルフォア宣言の履行を条件とした国際連盟のパレスチナ委任統治に遡る（委任統治を規定する公式文書が国際連盟理事会で正式に承認されたのは一九二二年七月二十四日）。サンレモ会議の翌五月、日本政府は内田康哉《やすや》外務大臣の名で上海シオニスト協会に電報を送り、「二千年来の悲願達成を心からお祝い申し上げます。あなた方の運動の進展を鋭意関心をもって見守っております」と祝意を伝えている。上海シオニスト協会の推薦で、一九二二年、日本人として初めてユダヤ国民基金の『ゴールデンブック（黄金の書）』に内田の名が記された。なお、シリアやイラクの法的正当性も国際連盟の委任統治の規定に遡る。

※2訳注・この背景には、フランスにシリア・アラブ王国を潰されたハーシム家の憤りがある。暴動が多発し、その沈静化の妥協策として植民地省特別顧問のロレンスが、ハーシム家次男のファイサルをイラクの国王に、三男のアブドゥッラーをトランスヨルダンの首長に据えることを提案し、決定された（一九二一年三月カイロ会議）。

分たちの新国家の地図になると思っていたシオニストたちは、突如その三分の二を失ってしまった。ユダヤ国家の領土は、自分たちが想像していたよりもずっと小さくなる。もちろん、この時点で開拓者たちが予想できなかったのは、二十年後に、その領土がやがてもっと小さくなるということだった。

アラブ人暴動とジャボティンスキーの『鉄の壁』

チャーチルがイギリス委任統治領を分割していた頃、パレスチナのアラブ人は、ユダヤ移民の流入と、ユダヤ国家建設の国際的な支持に対する怒りが爆発し、イシューヴへの攻撃を再開した。シオニストの指導層は、アラブ側の抵抗を前もって充分に想定していなかったことを認識した。アハッド・ハアムは、この誤りをはっきりと指摘している。「私たちは、まるでアラブ人が砂漠で暮らす野蛮な人々、周りで何が起きているか見向きも理解もしないロバのような民族だと思い込んでいる。とんでもない誤りだ」(24)

国家建設を目指していなかったアハッド・ハアムには、ユダヤ人とアラブ人が仲良く共存できると期待できる理由があったのかも知れない。しかし、ユダヤ国家設立に深く携わる者にとって、険悪化するアラブ人との関係は不吉だった。この高まる緊張関係について、誰よりも率直に論じたのはゼエヴ・ジャボティンスキーだ。彼は、一九二三年に『鉄の壁』と『続・鉄の壁』と題した小論を二つ著《あらわ》している。アラブ人を過小評価してはいけない、とジャボティンスキーは警告する。アラブ人も、他の民族と変わらず、自分たちが暮らす土地に強い愛着心を抱いている、というのだ。

和平を売り物にする連中は、アラブ人は低能だからこちらの本心を隠して騙《だま》せるだとか、アラブ人は腐敗しているから買収して、文化的・経済的な利益と引き換えに、パレスチナの生得権《しょうとく》を私たちに譲らせることができる、と説得しようとしている。私は、このようなパレスチナのアラブ人観を否定する。アラブ人は、文化の面では私たちより五百年遅れている。また、私たちのような忍耐力や意志力もないだろう。だが心理的には、私たちに決して劣らないし、アラブ人も私たちと同じように何世紀もの間、精細な議論を通して自らの知性を研ぎ澄ましてきた。聞こえのよい言葉で、私たちの目的の潔白さを語ることはいくらでもできる。けれども、彼らとて私たちが何を欲しているか分かっているし、私たちも彼らが何を欲していないか分かっている。古《いにしえ》のアステカ族が古代のメキシコに感じ、スー族が自分たちの大草原に抱いたのと同じ本能的な郷愁と自然な執着心を、アラブ人もパレスチナの地に抱いている。[25]

つまり、ジャボティンスキーは、アラブ人が自ら進んでシオニストと合意するなどあり得ない、と言うのだ。シオニストがパレスチナに足場を固めたいのであれば、アラブの暴力には鉄の壁で対処するしかない。

かといって、パレスチナのアラブ人といかなる合意をも結ぶことが不可能というわけではない。不可能なのは、彼らが自発的に合意するということだ。私たちを追い出せるという一縷《いちる》の望みがある限り、どんな甘言や生計の糧を与えられても、この望みを捨てないだろう。というのも、彼らは烏合《うごう》の衆ではなく、生きた民族であるからだ。生きた民族が、このような重要な問題で屈するのは、唯一つ、私たちを追放する望みが潰《つい》えたとき、鉄の壁を突破するのは絶対に無理だと悟ったときだ。それまでは、自分たちの過激派指導者を見限ることをしない。彼らのスローガンは「断固拒否！」だ。[26]

やがてはイスラエルの政治右派の基本理念となる考えを、ジャボティンスキーは述べている。「そうした合意に至る唯一の道は鉄の壁、つまり、アラブ側のどんな圧力にも動じない強力な軍事力をパレスチナで持つことだ。言い換えれば、将来合意に至る道は唯一つ、今すぐ合意を成立させようとする考えをすべて棄てることだ[27]」

残念ながら、ジャボティンスキーの予見は的中する。やがてアラブ人の暴動の波が再発し、歴史あるユダヤ人コミュニティが壊滅することになる。※1

※1訳注・ジャボティンスキーは好戦的で対立一辺倒のイメージで描かれることがあるが、それは正確ではない。彼にとっての『鉄の壁』の目的は、武力行使それ自体ではなく、アラブ側が武力闘争を断念し、ユダヤ国家の存在を受け入れて、平和共存に至ることである。ある意味で、イスラエルのエジプトやヨルダンとの関係は、このプロセスを経て和平条約の締結に至っている。なお、国内に住むアラブ人に関しては、ジャボティンスキーは、ユダヤ国家としての枠組みを受け入れる限り、例外なくユダヤ人と全く同じ権利が認められるべきで、「ユダヤ人が首相になり、アラブ人が副首相になる、あるいは、その逆も可」と述べている。つまり、アラブ人がユダヤ国家の首相になることも可、というのだ。このようにジャボティンスキーの政治思想には、透徹した現実主義と急進的な自由主義が融合している。

一九二九年のアラブ暴動――アラブ・ユダヤ紛争の始まり

数カ月の間、エルサレムの神殿の丘をめぐる緊迫感が漂っていた。一九二八年九月、ユダヤ人が西の壁の前に（旧神殿の西側の城壁にある祈り場）、一時的な衝立《ついたて》を設置した。ユダヤ教の伝統にならって、贖罪日《ヨム・キプール》に男女が別れてそこで礼拝できるようにするためだった。これを受けて、イスラム教法典権威《ムフティ》ハジ・アミン・アル・フセイニは、西の壁におけるユダヤ人の活動を制限するよう要求。以後、激化の一路をたどるアラブ側の煽動《せんどう》パターンの始まりである。[28]

「高貴な聖域《アル・ハラム・アル・シャリフ》」（ユダヤ人が「神殿の丘」と呼ぶ所）を、ユダヤ人が占拠しようと企てているという噂が広まり、あたかも岩のドームが破壊されているような偽造写真が流布された。[※1] イスラム教徒の指導者たちは、〝破壊〟したのはユダヤ人だ、と主張した。[29] 一九二九年八月二十三日の金曜日、アラブの若者たちがヘブロンで、ユダヤ教学院の学生たちめがけて石を投げつけた。同日遅く、シュムエル・ローゼンホルツという青年が、一人でそのユダヤ教学院に行ったとき、アラブ人暴徒がその建物に侵入して彼を殺害。この暴動で数十人のユダヤ人が殺害されることになるが、この青年が最初の犠牲者だった。

翌朝、ユダヤ教の安息日《シャバット》に、アラブの暴徒がこん棒、ナイフ、斧を振るいながら、ヘブロンのユダヤ人地区を包囲した。アラブの女性や子供たちはユダヤ人に石を投げつけ、男性たちはユダヤ人の住居を略奪し、家屋を破壊した。暴徒がユダヤ教ラビの家に向かった。そこには多数の怯《おび》えたユダヤ人が避難していたからだ。暴徒はラビに条件を出した。アシュケナジー系のユダヤ人を引き渡したら、地元の中東系のユダヤ人たちには手を出さない、と。ラビが首を縦に振らないと、暴徒は彼を殺した。

暴動は、瞬く間にヘブロン以外の地域にも広がった。暴動が治まったときには、百三十三人のユダヤ人が死亡し、そのうち六十七人はヘブロンの住民だった。[30] 数百のユダヤ人が近所のアラブ人に助けられ、虐殺を免れた。中には、自らの危険を犯してユダヤ人を匿《かくま》ったアラブ人もいたという。[31] ヘブロンのユダヤ人地区は、四百年前にスペインから逃れてきたユダヤ人が築いたもので、現存するものでは世界最古のユダヤ人地区の一つだったが、この暴動で壊滅してしまった。[32]

キシネフがパレスチナにやって来てしまった。

一九二九年のアラブ人暴動とヘブロンのユダヤ人コミュニティ大虐殺を受けて、イシューヴは自警能力の増強に取りかかった。自衛組織ハガナーは外国から武器を調達し、自らも武器を製造した。やがて二十部隊編成、男女二万五千人の義勇兵を有する民兵組織となる。ハガナーは比較的短期間で、未熟な自警団から、制度の整った地下組織に様変わりした。ユダヤ人の軍隊がここにスタートしたのである。

自衛組織ハガナーと戦闘集団イルグン

当初、ハガナーの方策は「専守防衛《ハヴラガー》」だった。隊員たちはユダヤ人コミュニティの保護だけを指示された。全力を尽くして攻撃を未然に防ぐことはできても、相手側が攻撃を企てているという確証がない限り、こちらから先制攻撃を仕掛けることは許されなかった。(33)

ところが、アラブ人によるユダヤ人襲撃がパレスチナで頻発するにつれて、専守防衛策は論議を招いた。ジャボティンスキーが『鉄の壁』で、シオニストも武力には武力で応ぜねばならないと述べており、イシューヴはそのとおりの現状だった。ジャボティンスキーの感化を受けた隊員の一団が、一九三一年にハガナーから独立し、独自の戦闘集団を結成した。彼らはもはや攻撃されるのを待つのではなく、相手側にも攻め入るつもりだ。この集団は当初、ハガナーB《ベイト》と呼ばれた。やがてイルグン・ツヴァイ・レウミー（民族軍事機構）と変名し、「イルグン」という名で知られるようになる。※2 結成当時、ほとんどの戦闘員がジャボティンスキーの修正派シオニズム、

※1原書注・「ユダヤ人が神殿の丘を乗っ取ろうとしている」、もしくは、神殿の丘にある「イスラム教寺院を破壊しようとしている」との流言は、アラブ・ユダヤ紛争の一貫したテーマで、アラブ人とユダヤ人コミュニティ間での暴動の当初から、煽動に用いられてきた。一九二九年、この流言のせいで、数世紀続いたヘブロンのユダヤ人コミュニティは壊滅し、アラブ・ユダヤ紛争に火をつけた。二〇〇〇年に国会議員アリエル・シャロンは、法に基づいて神殿の丘を訪問することを公表し、訪問すると（シャロンは、神殿の丘のどのモスクにも訪れていない）、イスラム教徒が激怒した。パレスチナ・アラブ側はこれを口実にして、第二次インティファーダ（一斉蜂起）を展開した。この蜂起は、二〇〇〇年から二〇〇四年まで続き、数千人の犠牲者を出している。二〇一五年には、イスラエルが、神殿の丘の訪問や礼拝に関する現状体制を変えようとしているとの噂（デマ）が流布し、暴動を煽った。これをきっかけに、アラブ人によるユダヤ人を狙ったナイフ傷害事件や銃撃事件が頻発し、自動車による轢殺事件も多発した。

※2原書注・イルグンは、ヘブライ語の組織名「ハイルグン・ハツヴァイ・ハレウミー」の頭文字を合わせた「エツェル」という名称でも知られている。

または青年組織ベイタルのメンバーで、事実、最高司令官にはジャボティンスキーが選ばれた。ただ、ジャボティンスキーはイギリス当局によってパレスチナから追放されていたので、これは名目上のことだった。ジャボティンスキーは一九四〇年に亡くなるまでこの称号を保持した。

　イルグンとハガナーでは、武力行使に関する考え方が著しく異なっていた。シオニズム主流派（ハガナーはその一部）の代表歌「ハティクバ」の歌詞が戦争には触れていないのとは違って、ベイタルの代表歌は、ユダヤ民族を救済するために必要ならば戦闘をも辞さない覚悟だ、と明言している。それは、ジャボティンスキーの世界観とイシューヴやイスラエルの政界で彼に従う弟子たちの立場を表していた。

どんな障害や敵を前にしても
上るときも　下るときも
掲げろ　反乱の炎を　燃える火を
――「大丈夫」
沈黙は　恥だ
捧げよ　血と命を
隠れた栄光のために
死すか　あの山を征するか

ヨデフェット、マサダ、ベイタル

イシューヴが次第に自らの身を守れるようになっていた頃、ヨーロッパではユダヤ人の身に危険が迫っていた。ユダヤ人にとって、第一次大戦の凄まじさをはるかに超える壊滅的な戦争が勃発しようとしていた。キシネフやヘブロンの虐殺も色褪《あ》せてしまうほどの大惨事が、ヨーロッパで起ころうとしていた。ユダヤ民族が今まで経験した中で、最も暗く、最も恐ろしい時代が到来しようとしていた。

第6章　どこにも行き場がない

私たちは、白書が存在しないかのようにイギリスと共にヒトラーと戦う。
そして戦争がないかのように白書と戦う。
――ダヴィッド・ベングリオン、一九三九年

ドイツ国民は知っていた

一九二五年、アドルフ・ヒトラーは『我が闘争《マインカンプ》』を出版した。ヒトラーは、ユダヤ人が世界征服を目論《もくろ》み、成功した暁に人類は滅亡する、と言う。「ユダヤ人が世界の諸民族を征したとき、ユダヤ人の栄冠は人類の葬儀の花輪となる。そして地球は、数千年前同様、無人状態でエーテルの中を突き進むことになるであろう」

シオニズムはユダヤ陰謀の一環だ、とヒトラーは断言する。ユダヤ人の新たな民族意識は、パレスチナにユダヤ国家を建設することによって満足されるのだ、とシオニストたちが世界の人々に信じ込ませようとする。お人好しな非ユダヤ人を誑《たぶら》かす口実に過ぎない。彼らがパレスチナにユダヤ国家を建設しようとしているのは、そこに暮らすためでは断じてない。彼らの真の狙いは、国際社会を騙《だま》し欺《あざむ》くための中央組織を設立することだ。(1)

ヒトラーは一九三三年一月、ドイツの首相に任命された。三月の国会選挙で、ナチ党（国家社会主義ドイツ労働者党）は最大議席を獲得する。ヒトラーが『我が闘争』を出版して十年近く経っており、ドイツ人は、自分たちがどんな政党を選出したのか間違いなく自覚していたはずだ。「国家挙げての憎悪と抑圧、自由の否定は助長され、独裁政治が敷かれて、ユダヤ人はその最初の犠牲者となるだろう」とダヴィッド・ベングリオンは予見している。(2)

頭角を現し始めた若きベングリオン

やがてダヴィッド・ベングリオンと改名するダヴィッド・グリュンは、一八八六年、プロンスクの小さな町に生まれた（現在のポーランド、当時はロシア帝国領）。多くの初期シオニスト指導者と同じように、世俗的な教育とシオニズムを大切にする宗教的な家庭に育った。子供の頃、父親が自宅でシオニスト組織「シオンを愛する者《ホヴェヴェ・ツィヨン》」の会合を催《もよお》していたのを見て育った。若いダヴィッドは、そのような会合や、後に読んだアブラハム・マプの聖書的なシオンへの憧憬《あこがれ》を描く小説『シオンへの愛』の感化を通して、熱心なシオニストになる。やがて、聖書の中にこそユダヤ国家の倫理的な基盤があると考えるようになった。

グリュンは十七歳のとき、第六回シオニスト会議においてウガンダ案が議論されたのを知る。ユダヤ民族の父祖の郷土にユダヤ国家を建設する考えを、シオニズム運動が断念することを検討したことに激怒した。パレスチナにユダヤ国家を建設するために必要なのは、言葉じゃない、行動だ。そうグリュンは決断して、パレスチナに向かった。

グリュンは一九〇六年九月七日、ヤッフォの港にたどり着く。ヘルツェルがまさに『古くて新しい地』で描いている港である。そのすぐ後、グリュンはペタフ・ティクバのオレンジ果樹園で働き始めた。彼はA・D・ゴルドンの伝統を継承し、肉体労働こそユダヤ国家を築くカギだと信じ、ガリラヤ地方を回っていくつかの農場で働いた。一九一〇年に、「シオンの労働者《ポアレ・ツィヨン》」の機関誌『団結《アフドウート》』の編集員になるため、エルサレムに移った。最初の原稿を、当時使い始めていたヘブライ風の姓「ベングリオン」で掲載した。

オスマン帝国がパレスチナを支配していたこともあって、ベングリオンは、イシューヴで指導的な働きをするには、トルコの教育が必要だと決意。一九一一年、法学を学ぶためにパレスチナからトルコに移り住み（学位は習得しなかった）、その後、一九一五年にアメリカに向かった。開拓者運動を広めることと、「シオンの労働者」の会議に参加するためだった。ニューヨーク滞在中にポーラ・ムンワイスと出会い、一九一七年に結婚。やがて息子一人と娘二人を授かった。

バルフォア宣言が発布されると、ベングリオンはオスマン帝国からイギリスに鞍替えする。イギリス軍のユダヤ人部隊に参加し、パレスチナ戦線ではイギリス軍と共にトルコ軍と戦った。その後もベングリオンは「シオンの労働者」と連携して活動するが、独自の政治団体「労働の団結《アフドゥート・ハアヴォダー》」も結成した。「シオンの労働者」が分裂して、その右派系のメンバーが「労働の団結」の主なメンバーとなった。ベングリオンは一九二一年に、イシューヴの労働者組合「労働総同盟《ヒスタドルート》」の書記長になる。以後十三年間、労働総同盟で指導力を発揮し、イシューヴの首脳陣の一人として自らの地位を確立した。ベングリオンが一九三三年に、ヨーロッパの大惨事を予見したときは、すでにイシューヴの権威ある発言者として広く知られていた。

「移送協定」――ドイツの反ユダヤ政策とどう向き合うか

ヨーロッパの危機感が募るにつれて、イシューヴでは二つの相反する感情を抱くようになっていた。ある面、事態はパレスチナに避難した自分たちが危惧したとおりの展開になったわけで、自分たちの歴史の読みが正確だったことを裏付けている。それはそれで、確かに早い段階でヨーロッパを離れた自分たちイシューヴにいる者が正しかったことを示してはいる。しかし、パレスチナに住むユダヤ人の多くは、ヨーロッパにいる同胞のために最大限の支援をするつもりだった。

シオニストの中には、ドイツに経済的圧力を加えて、ドイツの生産物をボイコットしたら、ヒトラー政権は態度を軟化して反ユダヤ政策を撤回するかも知れない、と期待する者がいた。ドイツがユダヤ人虐殺を政策とする前のことである。[※1]ジャボティンスキーも、ユダヤ人が統一戦線を張ればドイツに甚大な経済的ダメージを与えることができ、ドイツで暮らすユダヤ人の公民権を害することもなく、むしろユダヤ人の解放を推進するだろう、と期待していた。[(3)][※2]

だが、イシューヴの多くは、ドイツのボイコット案に反対し、ナチス・ドイツとは直接交渉するのが最も有効な処し方だと主張。この立場を取る理由はいくつかあった。ボイコット策はむしろドイツを激怒させ、ドイツに住むユダヤ人にとって

※1訳注・ナチス・ドイツの対ユダヤ政策は、三つの段階に分けられる。第一段階はヒトラー内閣が成立する一九三三年から三九年で、ユダヤ人の諸権利が剥奪される（ユダヤ人ボイコット、レストランなどの立ち入り禁止、ユダヤ系の本の焚書、ニュルンベルグ法の成立、選挙権の剥奪、公証人、医師、大学教授などの職業禁止など）。第二段階は第二次大戦が始まる一九三九年から四一年で、ドイツの勢力圏のユダヤ人の強制追放・移動・隔離が実施される（ユダヤ人の国外強制退去、ユダヤ人居住地区の隔離など）。第三段階は特別任務部隊の銃殺活動やユダヤ人問題の最終的解決が立案される一九四一年から四五年で、ユダヤ人の物理的抹殺が行なわれる（ガス室での殺害、機銃掃射による銃殺、餓死など）。

※2訳注・当時、ドイツの経済は一九二九年の大恐慌で深刻な状態に陥っていた。金融危機が起こり、多くの企業が倒産し、国際的なブロック経済化のため外貨が不足していた。ドイツでは厳しい為替管理が実施され、国内資産の海外持ち出しを制限していた。

事態を一層悪くしてしまうのではないか、とイシューヴは危惧した。また、ドイツ人と交渉を始めることによって、ドイツからイシューヴへのユダヤ帰還移民が増えるのではないか、との期待もあった。

　このボイコット案をめぐる論争は、イシューヴの歴史で、最も奇怪な、今も謎に包まれた事件を招いてしまう。当時、ユダヤ機関[※1]の政治部門の主任で、実質上は外相に相当する働きをしていたハイム・アルロゾロフは、家族と共に一九二四年にウクライナからテルアビブに移り住んだ。ユダヤ人虐殺を逃れるためだった。パレスチナに向かう途中、ドイツでしばらく時を過ごし、経済学の博士号を取得した。

　アルロゾロフはドイツ滞在中にマクダ・リッチェルという名の女性と交際する。彼女は後に、ナチス・ドイツの悪名高い宣伝相、ヨーゼフ・ゲッベルスと結婚した。一九三三年六月、アルロゾロフはイシューヴの指導層に上り詰めると、ドイツの役人たちと交渉するためにドイツに戻った。以前交際していたマクダ・リッチェルの人脈を頼りに、会うべき人物に近づいたのは想像に難くない[4]。ドイツでのアルロゾロフの任務は、「移送協定《ハアヴァラー》」と呼ばれる計画によってドイツ在住のユダヤ人がパレスチナに移住を希望する場合、すべての資産を放棄せずに出国できるような仕組みを作ることだった。パレスチナの銀行でも利用できる基金を設立し、ドイツから出国するユダヤ人はその基金に現金を振り込む。パレスチナの銀行は、その金でパレスチナに輸送されたドイツ製の商品を購入する。パレスチナに住む商人たちはその商品を購入し、支払われた現金はドイツからパレスチナに移民したユダヤ人に払い戻される、という仕組みだ。誰もが得するように思われた[5]。ドイツは厄介《やっかい》なユダヤ人を追い出すことができ、イシューヴはユダヤ人移民の流入の恩恵を受ける。ドイツを出国するユダヤ人は資産の一部を保持することができて、パレスチナは需要性の非常に高いドイツ製の製品を輸入できる。約二万人のドイツ系ユダヤ人がこの仕組みを利用して、三千万ドルがドイツからイシューヴに送金された。

　ところが、ドイツがユダヤ市民に対する規制を強化するにつれ、移送協定は次第に物議を醸《かも》すようになる。多くの人がアルロゾロフは悪魔と協定を結んだと批判した。ベングリオンは移送協定を支持して、イシューヴの維持にも、移民増加のためにも必要な策だと擁護《ようご》した。しかし中には、ドイツに対するボイコットを主張し、移送協定はせっかくのボイコットの圧力を台無しにすると非難する者もいた。ジャボティンスキーは移送協定を激しく非難し、ドイツの経済的孤立を解いてしまう無謀な試みだと評した。修正派シオニストの機関誌『人民戦線《ハズィート・ハアム》』は、一九三三年六月十六日付の記事で、アルロゾロフの協定を批判し、ユダヤ民族は「この浅ましい行為をどう対処すべきか学ぶだろう」と記している。記事は、アルロゾロフを名指しで糾弾した。(8)

　同日夜、ハイム・アルロゾロフが妻のスィマと一緒にテルアビブ海岸へ散歩に出かけたとき、暗闇の中から二人の男が現れた。一人はアルロゾロフの顔を懐中電灯で照らし、もう一人が拳銃を突きつけ、引き金を引いた。アルロゾロフは病院に担ぎ込まれたが、数時間後、手術台の上で亡くなった。

　ジャボティンスキーの修正派に、すぐに殺人の嫌疑がかけられた。二日後、修正派の青年組織ベイタルのメンバー、アヴラハム・スタヴスキーが逮捕された。アルロゾロフの妻スイマが、懐中電灯で照らしたのはこの男です、と証言したからだ。それ以外に修正派のメンバーがもう二人捕まった。一人は共犯者、もう一人は引き金を引いた容疑だった。シオニスト左派は、ジャボティンスキーを非難し、拳銃を〝調達した〟こと、そして一連の犯行を指示した黒幕として咎《とが》めた。一方ジャボティンスキーは、容疑をかけられた三人を救出するためにあらゆる努力と援助を行なった。当初、スタヴスキーは有罪判決を受け、死刑を宣告されたが、この判決は一九三四年七月にパレスチナのイギリス控訴裁判所によって覆《くつがえ》された。

　誰も有罪判決を受けることなく、アルロゾロフの暗殺は迷宮入りとなる。ユダヤ国家において、政治上の意見の衝突が原因でユダヤ人がユダヤ人を殺害するのは、これが最後ではない。

ユダヤ人の帰還移民が急増――第四次、第五次アリヤー

　イシューヴのメンバーが予測していたとおり、ヨーロッパの状況が劣悪になるにつれて、ユダヤ人の帰還移民が急増した。アラブ人の暴動は鎮《しず》まり、イシューヴのインフラは発展していった。次第に、パレスチナの生活の過酷さは軽減した。アメリカが移民の規制を強化していたため（ソビエト連邦も同様だったが、ユダヤ人の移民希望地ではなかった）、一九三〇年代には、パレスチナがユダヤ人帰還移民の最大到着地となる。ユダヤ機関は財源に乏しく、イギリス委任統治政府の圧力も受けていたので、パレスチナに受け入れる移民数を制限していた。移民には「証明書」が必要だった。時には証

※1訳注・ユダヤ機関（通称、ソフヌート）とは、世界中のユダヤ人の結束とイスラエルへの移民と定着を促進するための組織。

明書入手の競《せ》り合いでトラブルが起きた。ユダヤ機関が富裕層ばかり認可し、ベングリオンの政治理念を支持しそうな者ばかりを受け入れている、との非難が飛び交った。移民入国は厄介な問題で、一触即発の状況だった。それはイスラエルの歴史を貫いて変わっていない。※1

第四次アリヤー（一九二四～二九年）の多くはポーランドの都市部出身の中産階級の移民だったが、次の第五次アリヤー（一九三二～三六年）の人々はドイツ系で裕福な高学歴の人が多く、ヨーロッパの恐ろしい反ユダヤ感情が深刻化する環境から必死に逃れてきた帰還者たちだった。帰還者の数は増えていた。一九三四年には、ヒトラーの悪意に満ちた反ユダヤ主義政策がひどくなる一方だとはっきりすると、年間の移民入国数が過去最高になった。およそ四万二千のユダヤ人がイスラエルの地に帰還した。イシューヴは国家建設に最低限必要なユダヤ人口数に次第に近づいていた。

ビアリク世を去る

ハイム・ナフマン・ビアリクがキシネフの虐殺直後に詩「殺戮《さつりく》の街にて」を著《あらわ》した頃は、ビアリクも、彼の読者も、このような暗闇の中にヨーロッパが沈んでいくなど考えられなかっただろう。ビアリクは一九二一年にロシアからドイツに移り住み、そして一九二四年にパレスチナに移住した。パレスチナでは公的活動に忙しく、執筆は以前よりぐんと少なくなるが、世代の声として活動し続けた。ビアリクは一九三四年の夏、前立腺の手術のためウィーンに向かう。手術は失敗し、一九三四年七月四日に他界した。

イシューヴを代表する桂冠《けいかん》詩人の葬儀のために、テルアビブの町は喪に服した。巨大なポスターが葬儀の時間を告知していた。中東の真夏の炎天下で、一九二二年のエリエゼル・ベン・イエフダの大葬儀を彷彿《ほうふつ》とさせるように、数千の人々が街頭に繰り出して、行列に参加した。宗教的な人も世俗派の人も、アシュケナジーもミズラヒーも──テルアビブだけでなく、パレスチナ全土から集まってきた。黒いリボンの付いた青と白の旗が、ほとんどの建物に掲げられた。ビアリクの棺《ひつぎ》は地元の墓地に運ばれ、右隣にアハッド・ハアム、左隣にハイム・アルロゾロフの墓があり、その真ん中に葬られた。政治活動家（アルロゾロフ）、詩人（ビアリク）、思想家（アハッド・ハアム）が並んで眠っている──シオニズムは深い教養に根ざし、様々な声を含む諸派が、危急存亡の時には一致団結できることを見事に象徴する光景である。

イシューヴにユダヤ文化の出現

ナチス・ドイツは一九三五年にニュルンベルグ法を制定した。ユダヤ人から市民権を剥奪し、ユダヤ人とドイツ人の結婚と婚外性交渉を禁止する法律である。※2 パレスチナへのユダヤ人移民数は過去最高の六万一千人に達した。一九三三年から一九三六年の間に、パレスチナのユダヤ人口は総じて二十三万四千九六七人から三十八万四千七十八人に増加した。これまでパレスチナ総人口の五分の一を構成していたユダヤ人は、今や三分の一となった。

イシューヴは文字どおり爆発的な文化的・知的発展を通して、急速な変化を遂げていた。それは伝統と近代、宗教家と世俗派、アシュケナジー系とセファラディ系、社会主義者と都心部で暮らす自由市場主義者の調和を反映していた。

ユダヤの民俗文化も現れ始めた。例えば、一九二〇年代後半には、プリム祭※3に因《ちな》んで、テルアビブでエステル王妃美人コンテストを開催している。(7) 異文化間の架け橋となるよう、あえてアシュケナジー系とミズラヒー系の両方から参加者を募った。この催し物は、単なる美人コンテストではなく、広報活動の一環としてイシューヴの非公式な担当者を選出することを意図していた。イシューヴの宗教家たちの圧力で、美人コンテストは一九二九年で取りやめとなったが、ヨーロッパの影響によってイシューヴが形作られつつあり、変化をもたらしているのは明らかだった。パレスチナは根本的な様変わりを遂げていた。もはや、第一次アリヤーや第二次アリヤーがたどり着いた未開の地ではなかった。

※1訳注・ベングリオンは自らの縁故で便宜を図ることを許さなかった。一九二四年七月、移民許可書を待ちこがれるポーランドの父親宛ての手紙に、「私が民間企業に勤めていたら……もうずっと前に、お父さんがイスラエルの地に来られるよう取り計らっていたでしょう。……私には、自分の願っていることをする力も権限もないのです。［シオニスト］運動のために自分がすべきことしか、できないのです」と書いている。

※2訳注・日本政府のユダヤ人対策の方針は、当時の他の諸国と比べて、ユダヤ人に好意的だった。一九三八年十二月、当時首相だった近衛文磨は五相会議を開き、『ユダヤ人対策要綱』を策定している。この要綱で、日本はドイツなどと違って、ユダヤ人を他の外国人と同じように公正に扱うと述べている。

※3訳注・旧約聖書の「エステル記」に因んだ祭り。紀元前五世紀、ペルシア帝国内において、ユダヤ人根絶を企てたハマンの策略を美貌の王妃エステルが阻止し、ユダヤ人を救った故事を祝う。毎年ユダヤ暦のアダル月の十四日（西暦の二月〜三月）に祝われる。

一九三二年、イシューヴはマカビア競技大会を開催した。九日間に及ぶスポーツイベントで、ユダヤ人男女が世界中から参加し、体操やバスケットボール、陸上競技、水泳、テニスなどの競技を競う。この競技大会の背景には思想的な思惑もあった。ノルダウの夢見た「鍛え抜かれたユダヤ人」を誇示し、アハッド・ハアムの描いたビジョンのように、世界のユダヤ文化の中心地としてパレスチナは勢いづいた。多くのユダヤ人が競技大会のためにパレスチナを訪れることを通して、さらに移民が増えることをイシューヴは期待した。

舞台舞踊もフォークダンス（民俗舞踊）もイシューヴの生活の柱となった。舞台舞踊のダンサーたちは、一九三七年に全国ダンス・コンテストで競い合い、フォークダンスもその数年後の一九四四年から、当時人気を博したダリヤ祭で演技が披露された(8)。最初は、イシューヴの間で単なるコンテストとして始まったことが、以後何十年にもわたってシオニズムの文化を形作るようになる。「イスラエル・フォークダンス」はシオニストたちが特に楽しんだ運動遊戯《アクティビティ》だった。「すでに一九四〇年代には、イスラエル・フォークダンスは海外にも紹介され、新しいユダヤ人像を際立たせる大事な要素となっていた」。フォークダンスは「イスラエル人のアイデンティティを示す重要な象徴であり、世界中に発信されたイスラエル文化の中で最も意義深く、成功した一つである」(9)

イシューヴの知的生活や経済も著しく変化していた。ドイツ系の移民が流入し、ヘブライ大学の学生数は劇的に増えた。銀行業や金融も発展している。ドイツ系のユダヤ人やポーランド系の中産階級のユダヤ人が、かなりの資産をパレスチナに持ち込んだので、パレスチナにもやがて百貨店や高級喫茶店が立ち並ぶようになる。移送協定のお陰で現金がイシューヴに入ってきた（そのためにアルロゾロフは殺害されたが）。ユダヤ人は、地元のアラブ人から多くの土地を購入した。アラブ人の多くは喜んで彼らの不動産を現金化した。

アラブ反乱——イシューヴの発展に反発

イシューヴの目覚ましい発展が、アラブ人にとっては深刻な混乱を招いた。地元住民の多くは、急増するユダヤ移民の波に、自分たちの生き方が押し流されるように感じた。またもや、アラブ人の不満が暴力となって爆発した。

一九三六年四月十五日、トゥルカレム（現在のネタニヤの東、西岸地区にある町）でアラブ人がユダヤ人運転手三人を銃撃した。一人は即死、一人は数日後に亡くなり、もう一人は生き延びた。これに応じてユダヤ人の過激派が二日後、ペタフ・ティクバの掘建て小屋に住んでいた二人のアラブ人を撃ち殺した。同日、ユダヤ人犠牲者の葬儀の最中に、反アラブ・反イギリスのデモが猛威を振るった。一人のアラブ人が殴られ、止めに入った警官も殴られた。アラブ人の靴磨きの少年や行商人もユダヤ人に暴行された。アラブ人も反撃した。四月十九日、失業中の小作人と出稼ぎ労働者たちがヤッフォの町を襲撃し、ユダヤ人九人を殺害、六十人を負傷させた。ユダヤ人もアラブ人も、追いかける者、逃げ回る者で、ヤッフォは瞬《また》く間に大混乱となった。数千のユダヤ人がテルアビブに逃れた。

一九三六年から三九年まで続くアラブ反乱の始まりだった。この時も、アラブ人コミュニティはユダヤ移民やイシューヴの発展に暴力で反発した。反乱の間、暴力が燃え上がった。アラブ人は、ユダヤ人が開墾し植樹した農地や果樹園に放火し、ユダヤ人の商店を破壊し、住居を襲撃した。アラブ人コミュニティは、イシューヴの経済に打撃を与えるためにゼネストを決行した。ところがアラブ人の意図とは逆にユダヤ人の商売を促進することになる。ユダヤ人経営の商店や工場がユダヤ移民を代わりに雇い、イシューヴのユダヤ経済は拡大していった。

反乱は経済的な発展をもたらしたかも知れないが、イシューヴは、途絶えることのないアラブ人の暴力に深い懸念を抱いていた。アラブ人と平和に共存できると信じていたユダヤ人も、次第に懐疑的になった。暴力に直面しても、ユダヤ住民が国家建設の夢を諦めないことを明確にするため、イシューヴはさらに多くの村落を築いていった。

アラブの指導層は、ユダヤ人コミュニティの士気を下げられないと悟ると、反乱を利用してイギリス側に圧力をかけた。彼らはエルサレムで面会し、ユダヤ人移民の全面停止を要請した。さらに土地売買の禁止を求め、アラブ人が多数を占める政府設立を要求した。この交渉の最中も暴力は続いた。

当初は、アラブ人の反乱がイギリスをも標的にしていたので、当局はアラブ人の暴力に容赦なく対応していた。イスラム教法典権威《ムフティ》を追放し、ヤッフォの一部を徹底的に破壊した。しかし、イギリス当局は戦術を変える。彼らは、次第に一触即発状態となりつつあるこの地域で、何としても暴力を鎮めて平和を維持しようと必死で、アラブ暴徒に宥和《ゆうわ》政策で対応することにした。一九三六年の半ば、残り半年のユダヤ移民数を四千五百人に制限することを提案。前年の一九三五年には、六万一千人のユダヤ人がパレスチナに移民していた。つまり、イギリス当局はユダヤ移民数を年間九千人に制限し、受け入れ数を八五%減少させせようとしたのだ。驚くことに、アラブ側はこの提案さえも拒否し、ユダヤ移民の全面停止を要求した。

暴力は続いた。イギリス当局は事態が自然と沈静化することを期待し、アラブ側との関係を損ねたくなかったので、アラブ人の暴力には控えめに対応した。この方針は全くの誤りだった。六カ月後には、アラブ人の死者数は二百人、ユダヤ人が八十人、イギリス人が二十八人となった。事態は急を要した。

パレスチナ分割案を初めて提案したピール委員会

イギリスは、緊急対策としてパレスチナにさらに軍隊を送り、ユダヤ人が自衛できるよう武器を提供した。また、夜間外出禁止令を施行し、警備隊を配置した。長期的な解決策を必要とする事態であることも分かっていた。解決策を検討するため、パレスチナ王立調査団を設けてパレスチナの現状を調査し、解決案を勧告させた。この調査団は、ウィリアム・ロバート・ウェルズリー・ピール卿が委員長を務めたため、一般には「ピール委員会」という呼称で知られている。

ピール委員会は一九三六年十一月にパレスチナの土地を調査し、さらにユダヤ人とアラブ人の代表から広範な証言を得ている。一九三七年七月七日、委員会は四百四頁に及ぶ調査報告書を発表。報告書はバルフォア宣言とは異なり、地図や具体的な計画案も含んだ。ピール委員会は、ユダヤ人とアラブ人は根本的に相反する利害関係を持ち、双方とも土地を共有しようとしないため、唯一可能な解決法は分割案であると勧告した（地図④参照）。

同じ土地の所有権を主張する二つの民族を満足させるため、パレスチナを分割する提案をしたのは、ピール委員会が初めてだった。ユダヤ人に割り当てられる土地は、北はローシュ・ハニクラーから南はベエル・ツヴィアまでの海岸沿いの平野、ガリラヤ地方、エズレル平原とヨルダン渓谷。エルサレムとベツレヘムは委任統治領として残り、それ以外はすべてアラブ住民に割り当てられる。また、パレスチナのアラブ国家はトランスヨルダン領に含まれるという想定だった。注記すべきは、ユダヤ人とアラブ人のコミュニティを分けるために、人口移動の必要性を委員会が訴えたことだ。この議題は、その後何年にもわたって、この地域において激しい論争を呼ぶ問題として残されている。

ピール委員会が提案したユダヤ国家の地域は、シオニスト運動が期待していたものよりはるかに小さかった。バルフォア宣言は「パレスチナ」が具体的にどの領域を指すのか明言していなかったが、ピール委員会は「バルフォア宣言では、ユダヤ民族の郷土が築かれるべき地とは、歴史的なパレスチナ全土を指す」と承認している。[10] その地域とは、今日のガザ、イスラエル、ヨルダン川西岸地区《ウェストバンク》、それと現在のヨルダン全土を指す。ピール委員会は、その土地のほんの一部をユダヤ国家の領土にするよう提案した。つまり、バルフォア宣言で約束した領土の二〇％をユダヤ人に、それ以外の七〇％から七五％をアラブ人に割り当てるという内容だった。[11]

　ジャボティンスキーや彼の支持者を含む多くのシオニストの指導者たちは激怒した。イギリスは、バルフォア宣言で示されているはずの地図を破棄するのか。チャーチルが一九二一年にトランスヨルダンを造った後、さらに領土を放棄せねばならないのかと思うと、落胆せずにはいられなかった。

　この時もまた、ユダヤ人の落胆は詩をもって表されている。この時代を代表する詩人ウリ・ツヴィ・グリンベルグは、オーストリア・ハンガリー二重帝国のユダヤ教敬虔派《ハシディズム》の家庭に生まれた。ポーランドで勃発したユダヤ人虐殺を間一髪で免れ、一九二三年に二十七歳でパレスチナに移住。一九二九年のヘブロン暴動以後、グリンベルグの政治的姿勢は硬化し、やがてジャボティンスキーの修正派シオニズムの信奉者となった。グリンベルグが、ピール委員会の分割案に声を大にして反対した人々の中にいたのは当然と言える。

　グリンベルグは一九三六年に「真実は一つ——二つではない」と題した詩を書いている。ピール委員会が報告書を作成していた頃だ。グリンベルグは、ユダヤ教文献で頻繁に用いられる古典的な常套句「われらのラビたちは教えた」になぞらえて、こう綴っている。

君たちのラビが教えてくれた。
救世主《メシア》は何世代もしたら到来する、
ユダ地方は戦火も流血もなく復興する、と。……
だが、私は言う、もし、君たちの世代が遅々として、
拳《こぶし》と素手で終止符を打とうとしないのなら、
いつの世代になっても救世主は到来しない、
ユダ地方は復興しない。[12]

グリンベルグはこの詩の後半で、「血には血を」とは異邦人だけでなくユダヤ人の原則でもある、と戒《いまし》めている。ユダヤ人は、ユダ地区の復興のためには戦闘も覚悟せねばならない。数十年後も、イスラエルの指導者の中に、この思想的立場を支持する者がいる。

　多くのユダヤ人はジャボティンスキーと同じ気持ちだったが、分割案に実際に反対したのはごく一部だった。ヴァイツマンとベングリオンは、開拓者が団結してピール委員会の提

案を支持するよう、あらゆる努力を試みた。ベングリオンはシオニストコミュニティに、この提案がいかに画期的なことであるか自覚するよう、それとなく促している。第一回シオニスト会議からまだ四十年しか経っていない、「ヘルツェルだったら、パレスチナのどの部分であれ、神から送られた特許状として受諾し、ユダヤ国家の杭打ちをするだろう。ただし、ユダヤ国家はいつまでもそこだけに限定されるなどとは決して公約しないだろうが」と。(13)ヴァイツマンも指摘しているように、ピール委員会の提案は、ユダヤ国家を、当初期待されたよりもかなり小さな規模で考えている。それでも、ヘルツェルの構想《ビジョン》が遂に実現することを意味している。ユダヤ人が「もしこの提案を受諾しないのならどうかしている、たとえそれがテーブルクロスの大きさの領土だとしても」とヴァイツマンが簡潔に述べているが、至言といえよう。(14)

ピール分割案を受諾するシオニスト会議

一九三七年八月、第十二回シオニスト会議がチューリッッヒで開かれ、ピール分割案が受諾される。詳細はどれも好ましいものではなかったが、それでも自分たちの国家を持てるなど、ほんの数年前までは想像もできなかったことだ。

ユダヤ人コミュニティはピール勧告を受け入れたが、アラブ側は断固として拒否した。トランスヨルダンのアブドゥッラー国王は明らかに提案を支持していた。パレスチナのアラブ人を自分の王国に統合できるし、より多くの耕作地が王国に組み込まれるからだ。しかし、アラブの一般大衆は激しく反対し、アブドゥッラーも彼らを無視できないのは分かっていた。エルサレムのイスラム教法典権威《ムフティ》ハジ・アミン・アル・フセイニ(やがてナチスの支持者となる)も声を大にして反対し、アラブ高等委員会が提案を拒否するよう取り計らった。

アラブ人は、すでに常套手段となっていた暴力を再発させ、ピール勧告に反対し、その毒矢をユダヤ人だけでなくイギリス人にも向けた。死者の一人はルイス・アンドリューで、ピール委員会のパレスチナ旅行滞在の手配をしたイギリスの役人である。アンドリューはシオニストとして知られていたが、九月二十六日、教会に向かう途中で射殺された。

一九三七年十月中旬、荒れ狂う暴力は前年を超えていた。開拓地やバス、ユダヤ民間人、イギリスのパトロール隊もすべて標的となった。リダ(ロッド)に新設されたばかりの空港は放火され、送油ラインは破壊された。公共交通機関の大部分は中断を余儀なくされ、道路沿いには地雷や爆弾が仕掛けられていたため、イギリス当局は夜間の外出を禁じた。駐留軍を一層増強し、暴力に関わった者を死刑に処するよう定め、以後何年にもわたって頻繁に刑を執行した。だが、これらすべての措置も、ほんの少ししか効き目がなかった。パレスチナは、戦争の泥沼へと沈んでいった。

「水晶の夜《クリスタル・ナハト》」――ナチスのユダヤ人攻撃が本格化

この間、ヨーロッパではいよいよ不穏な空気が漂っていた。ベングリオンは一九三八年二月に、「ドイツがオーストリアを呑み込んでいる。明日はチェコスロヴァキアの番だ」と述べている。⑮彼は不気味なほど先見性に富んでいた。九カ月後の一九三八年十一月、ヨーロッパの列強は、ドイツがチェコスロヴァキアの一部を併合することを承認。ドイツはこの地域をズデーデンラントと呼んだ。イギリスの首相ネヴィル・チェンバレンは、ドイツの侵略を容認することは地域の平和維持のためだ、と主張していた。だが、この決断がヒトラーを増長させる宥和策以外の何ものでもないことは、ベングリオンには分かっていた。当時パレスチナのユダヤ人自衛組織の責任者だったエリヤフ・ゴロムブにこう書いている。「今日はヨーロッパ史上最も暗い日だ。チェコスロヴァキアとの〝平和的〟な〝解決〟の後、次は私たちの番ではないと誰が断言できようか⑯」

ベングリオンの予想どおり、西欧諸国の関心は、ユダヤ人を守ることよりも、アラブの指導者たちを宥《なだ》めることにあった。同年十二月、イシューヴはイギリス当局に、ドイツにいるユダヤ人の子供たちを救うため、パレスチナに受け入れて欲しい、と提案した。同じ頃、イスラム教法典権威《ムフティ》も委任統治当局に、セーシエルの監獄に収容されたアラブ高等委員会のメンバー全員を釈放し、ロンドンでパレスチナ・アラブ使節団の代表として務められるようにしてほしい、と要請していた。アラブ側の要請は人命に関わるものではない。ところが、イギリスはアラブ側の要求を承諾したのに対し、一万人のユダヤの子供たちを救って欲しいというイシューヴの懇請は退けた。⑰

一九三八年十一月九～十日、ナチスのプロパガンダ、レトリック、差別的な法律が、必然的な結果をもたらした。精神的に不安定なユダヤ人がパリでドイツの役人を殺し、ユダヤ人に対する憎悪に満ちた暴力事件がドイツとオーストリアで勃発した。ナチス・ドイツとオーストリア中で、ユダヤ人の家屋、会堂、商店が破壊された。二百六十七のユダヤ教会堂が炎上し、七千五百軒のユダヤ人所有の商店が破壊された。消防士は、炎がユダヤ人以外の家屋を破壊しそうなときにだけ対処するよう指示されていた。ナチのSS隊やヒトラー青少年隊は、ユダヤ人の家屋を襲撃し、ユダヤ市民を襲った。多くの女性が強姦され、そうなる前に自殺する者もいた。二万六千人のユダヤ人が強制収容所に送られた。その多くは、容赦ない虐待を受けたため、到着して間もなく死亡している。この惨事は、数十年前のユダヤ人虐殺の再来で、後に「水晶の夜《クリスタル・ナハト》」として知られるようになる。言わば、ホロコーストの始まりだった。

翌十二月、イシューヴの指導者たちはこの事件を協議するために会議を開いた。彼らはここで初めて、ヘブライ語の「荒廃《ショアー》」という表現を用いた[13]。ショアーとは旧約聖書ゼファニヤ書に出てくる表現で、預言者が「荒廃《ショアー》と滅亡の日、暗黒と暗闇の日、密雲と濃霧の日」と予見している箇所からの引用である[19]。聖書の中でも非常に稀《まれ》な表現を使ったということ自体、イシューヴの指導者たちが、ジャボティンスキーやヘルツエルと同じように、史上類例のない惨事が差し迫っているのを予期していたことを示している。ユダヤの歴史が決定的に変わってしまうのを直観していた。

ユダヤ人帰還移民を制限する一九三九年の「白書」

五カ月後の一九三九年五月、イギリスは「白書」を発表した（白書とは、政府の政策を表明する公式な報告書を指す一般名称）。アラブ側が一九三六年の暴動から主張してきたほとんどの要求を受け入れる内容だった。ヨーロッパは、そこで暮らす数百万のユダヤ人にとって、死に至る罠となりつつあった。それでもイギリスは、パレスチナへのユダヤ移民は今後五年間、七万五千人に制限すると決定した。移民数を増加する場合はアラブ側の同意が必要だった。白書は、ユダヤ人への土地売却を禁じた規定を様々な地域に適応し、パレスチナがアラブ人の多数派を擁《よう》する独立国家となる十年計画も含まれていた[※1]。

驚くことに、アラブ高等委員会はこの白書を拒否する。移行期の長さがユダヤ人を優遇しているから、との理由だった。ユダヤ人コミュニティにとって、移民制限は二つのことを意味した。一つはヨーロッパ脱出を願う同胞がパレスチナに来られないということ、もう一つはユダヤ国家建設にやがて必要となるユダヤ人口の増加が滞《とどこお》ってしまうことだった。ユダヤ人は、パレスチナ全土のユダヤ教会堂や公の集会所で抗議集会を開いた。ゼエヴ・ジャボティンスキーの感化を受けたユダヤ人戦闘グループが、白書の政策への抗議として、エルサレムやテルアビブにある庁舎を爆破した。自衛組織ハガナーが、これまでイギリスに協力的だったことを無視したあからさまな行動だった。続いて電力施設、ラジオや電話の通信回線など、イギリスの戦略上のインフラを襲撃した。ハガナーの抑制的な姿勢に対抗し、自分たちの立場をより明確に人々に伝えるため、地下新聞やラジオ放送システムも設立した。イシューヴの指導者たちも、戦略を転換せねばならないことを痛感していた。彼らは非合法移民を容認し、ユダヤ人がパレスチナに入れるよう一層努力した。

イシューヴはもはや、イギリスがバルフォア宣言の約束を履行するという望みを失い始めていた。二十二年前、バルフォア卿は、パレスチナに「ユダヤ民族のための民族郷土」の建設を呼びかけた。だが、ユダヤ移民なくして、ユダヤ民族の民族郷土は成り得ない。ヒトラーがヨーロッパ中のユダヤ人を脅《おびや》かしているのに、イギリスはナチスに、ユダヤ人の運命は自国の関心事ではないことを明白にしてしまった。

一九三九年八月、第二十一回シオニスト会議がスイスのジュネーヴで開催された。八月二十四日、ハイム・ヴァイツマンが会を締めくくるに当たり、悲劇が迫っているのを感じた。「私は、悄然《しょうぜん》と帰途につく」とヴァイツマンは言った。「もし、私が期待するように、私たちの生命が助かり、それぞれの仕事が続けられるなら、誰が知ろう――この濃厚な暗闇から、新しい光が私たちを照らすかも知れない[20]」。聴衆は泣いた[21]。

一八九七年の第一回シオニスト会議は大きな期待感で閉会したが、一九三九年は危機感が募った。一週間後の一九三九年九月一日、ドイツはポーランドに侵攻。さらに二日後には、イギリスとフランスがドイツに宣戦布告した。第二次大戦が始まった。第二十一回シオニスト会議に参加したヨーロッパの代表のほとんどが、終戦までには亡くなることになる。

今やイギリスがドイツと戦うことによって、イシューヴは一筋縄ではいかない立場に立たされる。イギリスは移民を制限しているので、イシューヴの敵である。しかしイギリスはナチスと戦っている。どちらの側につくべきか。イシューヴの事実上の立場を表す、ベングリオンの有名な言葉がある。「私たちは、白書が存在しないかのようにイギリスと共にヒトラーと戦う。そして戦争がないかのように白書と戦う[22]」

※1訳注・イギリス政府がアラブ側に宥和政策で対応したのは、国益の確保に慎重で、スエズ運河など戦略的に重要な地域に住むアラブ人と事を構えたくなかったからだ。チェンバレン首相は一九三九年四月二十日に開かれたパレスチナに関する閣内委員会で、イギリスが「イスラム世界と協調することは計り知れないほど重要である。……私たちがどちらかを害さねばならないのなら、アラブ人ではなくユダヤ人を害するべきだ」と述べている。

行き場のないユダヤ人——三隻の難民船

この時期のユダヤ人の、実際の状況を最もよく表している三隻の難民船の話がある。一つはセント・ルイス号。セント・ルイス号は一九三九年五月、九百三十七人の乗客を乗せて、ドイツのハンブルグからキューバに向け出航した。乗客のほとんどがドイツ出身のユダヤ人だった。水晶の夜《クリスタル・ナハト》の後、彼らはドイツから逃げ出さねばならないと判断し、キューバの正規の入国ビザを購入した。船は目的地に着いたが、キューバの大統領フェデリコ・ラレード・ブルが乗客の入国を許可しなかった。ドイツ人船長グスタフ・シュローデル（ユダヤ人ではない）は、乗客一人一人に定住先が見つかるよう掛け合った。交渉は数週間に及んだが、アメリカもカナダも、難民に安全な避難場所を与えることを拒否した。シュローデルはヨーロッパに戻るしかなく、ヨーロッパの国々と交渉し、乗客の入国を許可するよう要請。百八十一人がオランダに、二百二十四人がフランスに、二百二十八人がイギリスに、二百十四人がベルギーに入国できた。だがシュローデルは、残りの乗客の避難先を見つけることができなかった。ヨーロッパを出航して一カ月以上経った六月中旬、乗客は再びヨーロッパの地に降り立った。戦争が続いていたので、乗客の多くは——アメリカからたった九十マイル（百四十五㎞）のところまで来られたのに——再びナチス政権下で生活することになる。終戦までに、乗客の四分の一にあたる二百五十四人がホロコーストで殺害された[23]。

二つ目の物語では、船はキューバにではなく、パレスチナの海岸に到着した。ＳＳアトランティック号はドイツからのユダヤ難民一千七百三十人を乗せ、一九四〇年十一月、ルーマニアからハイファ湾にたどり着いた。委任統治当局は乗客のパレスチナ入国を禁じ、別の船パトリア号に乗り換えるよう命じた。インド洋にあるモーリシャス島に移送するつもりだった。ユダヤ戦闘部隊のメンバーがパトリア号に爆弾を仕掛け、出港を遅らせようと試みたが、計画は裏目に出てしまう。翌朝、非合法移民の最初のグループをパトリア号に護送している最中に、爆薬が予想以上に強力で、船は大破して沈んだ。二百五十人以上の抑留《よくりゅう》者が溺死した。イギリス当局はアトランティック号でやって来た残りの移民を、ハイファ近郊にあるアトリートの捕虜収容所に移送した。

三隻目はストルマ号で、一九四一年十二月十六日に七百六十九人のユダヤ難民を乗せ、ルーマニアからパレスチナに向かった。当初は、数日間の航海となるはずだったが、エンジンが故障し、トルコのイスタンブール港に停泊。トルコ政府は、乗客に一時的な避難所を与えず、乗客は船の中で二カ月間も暮らさねばならなかった。船に装備されていたのは、流し台が四つ、飲料水用の蛇口が一つ、トイレが八つ、トイレットペーパーはなかった。救命用具もない。[24] ユダヤ機関が働きかけて、イギリス当局にユダヤ人乗客を一時的にでもパレスチナに受け入れ、モーリシャス島に移送するよう要請した。だがイギリス当局はこの要請を拒否。トルコ政府は一九四二年二月二十四日、ストルマ号に出港を命じた。ストルマ号を黒海まで牽引し、エンジンも機能しない船を置き去りにした。当時、ソ連の潜水艦は、黒海にいる中立国の船も敵国の船もすべて撃沈するよう秘密の命令を受けていた。ナチス・ドイツに原料が渡るのを阻止するためだった。[25] この命令で、ストルマ号は魚雷攻撃に遭い、一瞬にして沈没し、乗船していた男性も、女性も、子供も、ほぼ全員が溺死した。生き残ったのは一人だけだった。

　セント・ルイス号、パトリア号、そしてストルマ号——三つの物語は、悲痛な明快さをもって、一つの事実を提示している。それは、どこにも行き場のないユダヤ人にとって——ヘルツェルの夢であり、バルフォアの約束である——ユダヤ国家は、今まで以上に必要不可欠である、ということだ。ユダヤ国家建設は今や、文字通り死活問題であった。[※1]

白書の移民政策に屈しないマアピリーム

　二万七千人のパレスチナのユダヤ人がイギリス軍に入隊した。それと同時に、イシューヴは、白書の移民政策に抵抗した。ヨーロッパからパレスチナに逃れようとする同胞を助けるため、一九三八年末に自衛組織ハガナーは非合法移民を支援する組織「第二移民機関《モサド・レアリヤー・ベイト》」を立ち上げた。この機関は船や乗組員を調達し、移民希望者を集めてパレスチナに移送し、身の安全が確実となるまで援助と隠れ場を提供するというものだった。この計画は様々な成功を収めたが、ほろ苦いものでもあった。イスラエルを代表する歴史家ベニー・モリスはこう

※1訳注・一九三三年以降、ナチス・ドイツのユダヤ人に対する迫害はひどくなる一方だったが、様々な日本人が行き場のないユダヤ難民を救っている。有名なのは、鉄道でヨーロッパからソ連経由で満州のオトポールに逃れ、満州国に入れてもらえなかった多数のユダヤ難民を助けた樋口季一郎陸軍少将。リトアニア日本領事館領事代理としてユダヤ難民数千人にビザを発給した杉原千畝。満鉄総裁の顧問だった小辻節三（後にユダヤ教に改宗）、杉原のビザで満州や日本にたどり着いたユダヤ難民の受け入れを手伝った社団法人「ジャパン・ツーリスト・ビューロー」（JTBの前身）の職員たち、敦賀市や神戸市の市民や行政関係者など。

指摘する。「一九三四年から一九三八年の間に、パレスチナに不法入国したユダヤ人の数は四万人。さらに一九三九年九月までに九千人。だが、以後六年間、ユダヤ人が避難所を最も必要とした期間の移民は、一万六千人にも満たなかった」㉖

　この不法移民は、ヘブライ語でマアピリームと呼ばれた。※1 その多くはパレスチナにたどり着くが、イギリス当局に捕まって収容所に送られた。一番大きな収容所はアトリートにあった。スパイ組織ニリがイギリスのために活動していた地域である。

　イギリス当局は、ユダヤ移民を止める決意をし、不法移民船が出港する国々に外交的な圧力をかけた。また罰則処置として、移民割り当て人数を急激に削減した。イギリス当局の言い分は、枢軸国《すうじくこく》側のスパイがユダヤ移民に潜《もぐ》り込むから、というものだったが、誰も信じなかった。イギリスは第二次大戦の最初の三十九カ月のうちの十九カ月月間、一人のユダヤ移民も許可しなかった。

　この対策が効き目を失うと、イギリスは実力行使に訴えた。沿岸警備隊は不法船を襲撃し、難民を捕虜収容所に隔離した。収容所は当初はモーリシャス島にあったが、やがてキプロス島に移転する。パレスチナから、胸が張り裂けるほどすぐそばの距離だった（四百八十㎞未満）。収容所での扱いは、あえて苛酷にしていた。その初期の目的が、「厳罰にすることによって、東ヨーロッパのユダヤ人が不法入国を試みるのを抑止するため」だったからだ㉗。悲劇的な歴史の偶然により、ドイツとイギリスの立場は明らかに違ったが、双方ともユダヤ人を鉄条網で囲まれた収容所に隔離した。

ナチスを支持したイスラム教法典権威《ムフティ》アル・フセイニ

　イシューヴが連合軍側の戦争努力にできる限りの支援をする一方、アラブ人は枢軸国に忠誠を誓った。彼らはイギリスをシオニズムの共犯者と見なし、一九三六〜三九年のアラブ暴動が失敗に終わったのはイギリスのせいだと考えた。エルサレムのイスラム教法典権威《ムフティ》ハジ・アミン・アル・フセイニは一九三六年、イギリスによってパレスチナから追放され、一九四一年にベルリンへ逃れ、中東におけるナチスの宣伝活動《プロパガンダ》を伸展させる手助けをした。チャーチル首相が、前線で戦えるようにイギリスがユダヤ人部隊を訓練する、と下院で通知した頃、アル・フセイニはナチス親衛隊の全国指導者ハインリヒ・ヒムラーに手紙を書き、ドイツでイスラム部隊を編成することを提案していた。※2

　イギリス当局は、アル・フセイニの脅威に全く屈せず、ユダヤ人兵士の訓練を支援して、イギリスの戦争努力に貢献させた。一九四三年、イシューヴ出身のユダヤ人部隊が正式にイギリス軍に編入された。この部隊は北アフリカやイタリアで戦った。第二次大戦中、全部で約三万人のパレスチナ出身のユダヤ人がイギリス軍に従軍した。この過程で、イギリス軍の訓練を受けた者たちの多くが、ハガナーの中核となり、後にイスラエル国防軍の中枢を担うことになる。

　このような軍事的な協力にもかかわらず、イギリスの政策の多くは、ユダヤ人を見下《みくだ》しているようだった。その最たるものが、ユダヤ人が二千年間、神聖視してきた西の壁《コーテル》で、角笛《ショファール》を吹き鳴らすことや、トーラーの巻物を持ち込むことを禁じる規則だった。※3

　数名のユダヤ人は、このような方針は自分たちの信条と威信に関わることとして、抵抗した。例えば、モシェ・セガルは一九三〇年の贖罪日《ヨム・キプール》の聖日、イギリスの命令を破って、ユ

※1原書注・「マアピリーム」という用語の起源は聖書にある。民数記一四章で、モーセはイスラエル人に、約束の地に入ってはいけない、「あなたがたは敵に打ち破られてしまう。行く手にはアマレク人とカナン人があなたたちを待ち構えている」（民数記一四章四二〜四三節）と戒めている。だがイスラエル人はこの指示に背いて、郷土に帰還することを決意する。「しかし、彼らはかまわず、山の頂を目指して上って行った」（民数記一四章四四節）。マアピリームとは、「彼らはかまわず」を意味する「ヴァヤアピル」というヘブライ語動詞から派生した用語である。このように非合法にもかかわらず移民しようと試みる人々を、聖書の用語で言及するのは、彼らの取り組みは郷土に帰還することであり、それは古の聖なる物語の延長線上にあることを強調している。

※2訳注・アル・フセイニは、アラブ人に反ユダヤ感情を焚き付けるだけでなく、ユダヤ人との協調路線を支持する穏健派やアラブ人指導者、またフセイニ家のライバルを多数殺害している。ユダヤ人との協調路線を模索していたヨルダンのアブドゥッラー国王も一九五一年アラブの過激派に暗殺されるが、それもアル・フセイニの指示によるものだった。惜しむらくは、アル・フセイニによる扇動や粛清で、二国共存を受け入れる穏健派のアラブ指導者がいなくなり、闘争派ばかりになってしまったことである。なお、イスラム教徒が皆ナチスに協力していたわけではない。アルバニア共和国では、数多くのユダヤ人がイスラム教徒に助けられており、エルサレムの虐殺記念館で、ユダヤ人を救った「異邦の義人」として記念されているイスラム教徒のほとんどがアルバニア人である（アルバニアはヨーロッパで唯一、ユダヤ人口が大戦中に増加している国）。アラブ系では、ベルリンでユダヤ少女を匿まったエジプト人医師ムハマッド・ヘルミが記念されている。

※3原書注・現在「西の壁」という名で知られているのは、その昔、エルサレムに建っていた第二神殿（ローマ軍に滅ぼされた）を囲む擁壁の一部。ユダヤ人は二千年間この場所を神聖視し、祈るために訪れていた。

ダヤ教の伝統どおり、断食が終わる日没時に西の壁で角笛を吹き鳴らした。セガルは、ユダヤ人地下軍事組織イルグンの創設者の一人で、ジャボティンスキーの影響を受けていた。彼は捕まって投獄されるが、抵抗は続いた。一九四七年まで、毎年の贖罪日にはユダヤの青年たちが――イギリス軍の警告や警備にもかかわらず――何とかして西の壁近くに角笛を持ち込んで吹き鳴らした。捕まらない者もいたが、角笛を吹き鳴らした者の多くは投獄された。それから二十年が過ぎた一九六七年の六月、イスラエルがエルサレム旧市街をヨルダンから奪還したとき、ユダヤ人は再び、自分たちの最も聖なる場所で、嫌がらせや投獄の恐れもなく、角笛を吹き鳴らすことができるようになった。

ヴァンゼー会議でのユダヤ人絶滅計画

一九四一年六月、ドイツがソ連に侵攻すると、ナチスはヨーロッパのユダヤ人を組織的に粛清し始めた。特別行動部隊《アインザッツグルッペン》がユダヤ・コミュニティを次々と検挙して、男も女も子供も皆殺しにし、わずか数時間で全コミュニティを壊滅させた。二、三カ月の間に、数十万のユダヤ人が殺害された。

同年、ハガナーは突撃部隊パルマッハを編成する。[※1] 当初は、ドイツの侵攻の可能性に備えて組まれたエリート部隊だった。イシューヴの中で最も優秀な男女の人材を集め、一九四二年から四三年の間、イギリス軍によって訓練された。編成当初は百人の男性隊員がいた。イスラエル国が独立を宣言した一九四八年五月までに、先鋭部隊は充分に訓練を積んだ二千百人の戦闘部隊へと成長し、訓練を経て緊急時にはいつでも出動できる一千人の予備兵がいた[28]。彼らは後にイスラエル軍エリート部隊の中核的存在となる。

ナチス政権の高官が一九四二年一月に、ドイツのヴァンゼーに集まった。ヴァンゼー会議では、ヨーロッパ各地にいるナチスの指導者たちに新しい行動計画が伝達された。ドイツはユダヤ人を一斉検挙してポーランドの絶滅収容所に移送し、毒ガスで殺害し焼却する、という内容だった。一九四二年の春までには、百万人のロシア系ユダヤ人と数十万のポーランド系ユダヤ人が虐殺された。以後四年間に、さらに五百万人が殺害される。戦争終結時には、世界のユダヤ人口の三分の一が亡くなった。ポーランドは、世界のユダヤ人の中心地であり、ユダヤ人社会は六百年間も絶えることなく繁栄し続けてきたが、そのユダヤ人の九割が殺害された。ポーランドのユダヤ人に関する限り、ヒトラーは戦勝したことになる。

ヒトラーは、ヨーロッパのはるか彼方まで勢力を伸ばした。陸軍元帥エルヴィン・ロンメルの軍は一九四二年、エジプトの奥地エル・アラメインまで侵攻すると、イシューヴは、次は自分たちが標的にされるかも知れないと悟った。恐ろしいナチスの侵攻に備えて、イシューヴの指導層はパレスチナにあるイギリスの要塞を奪取する計画を練っていた。ドイツ軍がパレスチナに侵攻した場合、イギリス軍は委任統治領を断念すると思われたからだ。戦略的に重要な橋を爆破し、ナチス侵攻に対する最後の砦となる覚悟で準備した。

ユダヤ国家建設がシオニズム運動の公式方針となる

ナチスの残虐行為とユダヤ人社会の懸念に伴い、イシューヴはヨーロッパのユダヤ人に対する態度を変え始めた。数年前、一九三八年十二月（水晶の夜の一カ月後）、ベングリオンはこう言っていた。「もし、ドイツの（ユダヤ人の）子供たち全員をイギリスに移送して救える可能性か、その半分だけをイスラエルの地に移送して救える可能性があったとしたら、私は後者を選ぶ。私たちが直面しているのは、それらの子供たちに対する責任だけでなく、ユダヤ民族に対する歴史的な責任をも負っているからだ」[29]。当時は、ヨーロッパの同胞を救出せねばならないという切迫感よりも、シオニズムが優先されているように思われた。

しかしヨーロッパの現状は、誰が想像していたことよりもはるかに悪質な地獄へと落ちていく。不屈一徹のシオニストであるベングリオンさえも、広がりつつある惨事に対して、イシューヴが独りよがりな態度を取っているのを批判している。パレスチナに暮らすユダヤ人にしか責任をもとうとしないイシューヴの意識のあり方を、「イシュヴィズム」と呼んで戒めた[30]。イシューヴとヨーロッパのユダヤ人は相互依存の関係にあって、それぞれが独りよがりの行動など取れるものではない、と彼は考えていた。「ヨーロッパのユダヤ人社会の崩壊は、シオニズム終焉《しゅうえん》の前兆を意味する」とベングリオンは言っている[31]。だが、イシューヴのできることは限られていた。

一九四二年五月六日、イギリスの戦時内閣は「パレスチナへの不法移民を阻止するための、実現可能なあらゆる手段を行使する」という公式声明に合意した。これを受けて、シオニストの指導者たちは臨時シオニスト会議をニューヨークのビルトモア・ホテルで開催し、イギリスの支援の有無にかかわらず、ユダヤ国家を建設する決意を表明した。参加者は、

※１原書注・パルマッハとは、ヘブライ語で「突撃部隊」を意味する「ペルゴット・ハマハツ」の略である。

イギリスが当てにならないことを認め、ユダヤ機関がイギリス委任統治に代わってパレスチナの統治権を有するべきだと決議した。すべての移民規制を撤廃して、パレスチナに「ユダヤ共和国」を設立することが、今やシオニズム運動の公式方針となった。

ヨーロッパで展開する恐怖が、半世紀の議論を通してもなし得なかったことを実現させた。シオニズム運動は初めて、運動の目標はユダヤ国家建設にあるとの公式方針を採択したのである。(32)

第７章　イシューヴはイギリスに抵抗し、アラブ人は分割案と戦う

革命戦争では双方が武力を使う……自由を求めて戦う戦士も武装せねばならない。さもないと一夜で鎮圧されてしまう。

――メナヘム・ベギン、『反乱』(1)

ヨーロッパの同胞を救うにはどうしたらいいのか

一九四二年十一月二十二日、ユダヤ機関は第二次大戦勃発後初めて、ヨーロッパのユダヤ人の運命に関わる特別の会議を開いた。翌日、公式声明を発表した。ナチスはユダヤ民族を絶滅するためにユダヤ人を組織的に殺害している、との認識を初めて明らかにした。

そのすぐ後、イシューヴの若いグループが集まり、ヨーロッパのユダヤ人救出のために何ができるか論じ合った。参会者の一人がイエヒエル・カディシャイで、イシューヴ出身のユダヤ兵士としてイギリス軍に従軍し、エジプトのイスマイリアにある基地から数日間の休暇をもらっていた。

カディシャイは後にこう回想している。(2) 話し合いの途中で、短パンに小さな丸眼鏡を掛けた二十代の男性が部屋に入り、片隅で静かに座っていた。議論の途中で、この遅れてきた男が立ち上がり、パレスチナのユダヤ人がポーランドの同胞を救うためにできることは一つしかない、と言った。ヨーロッパにいる同胞が自分たちにはどこにも行き場がないと思っている限り、ポーランドを脱出しようという気は起こらない。その上、ヒトラーはまだハンガリーやルーマニアのユダヤ人社会にまでは迫っていないので、彼らを救う時間はある、と彼は指摘した。

しかし、と青年は続けた。同胞救出のためには、イギリス当局がパレスチナの門戸をユダヤ移民に開かねばならない。

だが、私たちが大規模な武力行使を行なわない限り、イギリス当局はパレスチナの沿岸を開放しないだろう。もし私たちがヨーロッパの同胞を助けたいのなら、パレスチナにいるイギリス当局を攻撃せねばならない。そう言って、彼は席に着いた。

話し合いは結論に達することもなく終了し、参会者が帰り始めたときのことだ。あの新参者の大胆な提案に感銘した青年カディシャイは、友人に、イギリスについて発言したあの指導者は誰か尋ねた。「あれはベイタルのポーランド支部の指導者さ」と友人は答えた。「ソビエト政府に投獄されていて、ごく最近出獄したみたいだ。名前は、［メナヘム］ベギンだ」

イギリス当局に対するユダヤの反乱が始まろうとしていた。

ハンナ・セネシュとイシューヴの試み

少し意外な感じもするが、パレスチナではナチスのユダヤ人虐殺についてあまり積極的に論じられていなかった。後に、イシューヴの指導者たちはこのことで批判を受けることになる。時には、やるせない思いを話し合うこともあった。その一例は、イエヒエル・カディシャイがメナヘム・ベギンの発言を初めて耳にした先述の会合だ。だが現実には、イシューヴにできることはほとんどなかった。そのような話し合いの中から、ある案が持ち上がった。イギリスの対ナチス戦を支援する一環として、ヨーロッパにユダヤ人空挺部隊を送り込み、情報を収集し、生存者を助け出すというものだ。

この空挺隊員で最も有名なのがハンナ・セネシュである。ハンガリーに生まれたセネシュは、高校を卒業して一九三九年にパレスチナに移住、間もなくユダヤ自衛組織ハガナーに入隊した。一九四四年三月、彼女はパラシュートでユーゴスラビアに降下し、出身地のハンガリーに潜入するつもりだった。任務は、アウシュヴィッツの死の収容所に移送されるユダヤ人を救出することだった。だが彼女はハンガリーの国境付近でドイツ軍に捕まって投獄され、拷問を受け、一九四四年末にブダペストで銃殺されてしまう。ハンナ・セネシュの物語は、スパイ組織「ニリ」のサラ・アーロンソンのように、たちまち、イスラエルの伝承とシオニズム教育の代表的な人物となった。彼女の亡骸《なきがら》は一九五〇年にイスラエルへ運ばれ、エルサレムにあるヘルツェルの丘の軍人墓地に葬られた。ヘルツェル、ジャボティンスキー、数名のイスラエル首相たちの墓の近くに眠っている。

ヨーロッパでもパレスチナでも、ユダヤ人を助けるために必要なのは、人を鼓舞するような任務——それがどんなに勇敢であろうと——だけではなかった。ヨーロッパでは、ナチスが何百万という単位でユダヤ人を皆殺しにしていた。パレスチナでは、アラブ人とイギリス当局双方がイシューヴと敵対していた。イギリスの高官の中には、ユダヤ人嫌いを全く隠そうとしなかった者もいる。パレスチナのイギリス軍司令官のイヴリン・バーカー将軍は、愛人に宛てた手紙に、自らのユダヤ人嫌いをしばしば綴っている。ある手紙の中でこう書いている。「胸くそ悪い……なぜ、あいつらを嫌いだと口にすることを恐れる必要があるのか。この呪われた種族が、おれたちにどう思われているのか、知らしめる時だ――忌まわしい民族め(3)」

イシューヴのメンバーには、同じような嫌悪感をイギリスに抱いている者もいた。メナヘム・ベギンがパレスチナに到着して間もなく、地下抵抗組織イルグンは彼に指導者となるよう要請した。ベギンはこれを受託して、その直後――イシューヴの指導層が反対するのは承知の上で――ベギンはイギリスをヒトラーに次ぐユダヤ人の大敵と見なし、パレスチナから追い出すことを決意する。ベギンはイギリスに対する「反乱」を開始した。

地下民兵組織レヒの誕生

イルグンは武力行使に関して積極的で、反イギリスの立場も鮮明にしていたが、イシューヴにおける最も過激な地下組織ではなかった。一九四〇年七月、イルグンから分裂した別のグループがあった。その指導者がアヴラハム・シュテルンだった。健筆家でイスラエルの地への恋慕《れんぼ》を描いた詩を数十編綴っている。シュテルンは、イタリアで博士号（ギリシア古典文学）を取得しようとするが、同胞がイギリスからパレスチナを解放するために充分な働きをしていないと判断して、研究学の志を断念し、より戦闘的な組織を立ち上げ、解放を支援した。

イルグンのメンバー数十人がシュテルンに加わって独自の地下民兵組織を結成し、「イスラエル解放戦士団《ロハメイ・ヘルート・イスラエル》」と名付けられた。頭文字を合わせた「レヒ」という略称で広く知られている（対抗勢力からは、「シュテルン・ギャング」という蔑称で呼ばれていた）。イルグンは、イギリスがナチスと戦争している限り、イギリスを相手に全面戦争に突入するのを躊躇《ためら》ったが、レヒはイギリス当局をイシューヴの大敵と見なしていた。作戦は小規模だったが、彼らは激しいゲリラ戦を展開した。中でも最も顕著なのは、イギリスの軍事的および政治的指導者らの暗殺だった。シュテルンは、イギリス軍による大規模な追跡の末に捕えられ、一九四二年二月に射殺された。

一九四四年十一月六日、ちょうどハンナ・セネシュがブタペストで処刑された頃、レヒがイシューヴの怒りを引き起こしてしまう。[4] レヒの二人のメンバー、エリヤフ・ベトツーリとエリヤフ・ハキムが、イギリスの中東相ウォルター・モイン卿を、カイロにある自宅前で暗殺したからだ。モイン卿の運転手も射殺された。憤る群衆に囲まれた二人は、すぐに捕らえられ、有罪判決を受けて、絞首刑にされた。裁判で「二人のエリヤフ」は、殺害の動機について、モイン卿がユダヤ人移民に反対していたのはユダヤ民族に対する犯罪だからだ、と説明した。イギリス人の裁判所が動じなかったのは言うまでもない。運転手まで殺害したこと自体、レヒが規律に従う戦闘部隊ではなく殺人集団のように活動している、と多くのイシューヴも考えていた。[※1]

　イシューヴの指導者たちの懸念は募るばかりだった。過激派のユダヤ民兵組織のせいで、イギリス当局がイシューヴ全体に激怒してしまうのではないか。ハガナーはベングリオンの支持を得て、自分たち以外のユダヤ民兵組織の撲滅《ぼくめつ》に着手した。特殊部隊パルマッハは一九四四年十一月から一九四五年三月にかけて、イルグンやレヒのメンバーを探し出して逮捕し、イギリス当局に引き渡した。「狩猟期《セゾン》」と呼ばれる期間である。イギリス当局が彼らを絞首刑に処するかも知れないことを充分承知の上でのことだった。ベギンは、反イギリス活動を控えるつもりはなかったが、ハガナーと戦うことも拒んだ。ベギンにとって、同胞のユダヤ人に拳《こぶし》を上げることなどできないことだった。ベングリオンには、そういった良心の呵責《かしゃく》はなかった。イスラエルを代表する歴史家でベングリオンの思想的な継承者のアニタ・シャピラが、後にこう注記している。「ベングリオンにとって『狩猟期』は輝かしい時期ではない。[だが] 彼はそのことについて自責の念を表明したことは一度もなかった」[5]

彷徨《さまよ》うヨーロッパのユダヤ人戦争難民

　この間、ヨーロッパでは、連合軍の対ナチス戦が進行していた。ドイツ軍は一九四五年五月八日に無条件降伏し、四カ月後の九月二日に第二次大戦が終了。およそ六千万人が戦争で亡くなった（一九四〇年の世界人口の三％）。このうち六百万のユダヤ人がホロコーストで殺害された（ユダヤ人口の三分の一）。ベングリオンは後年、ホロコーストの恐ろしい損害についてこう回想している。「[ピール委員会の提案どおりに] 分割案が実施されていたら、私たちの民族の歴史は違ったものになり、ヨーロッパの六百万のユダヤ人は殺されなかった。その多くがイスラエルに来ていただろう」[6]

戦争が終わり、イギリスはひどい財政苦境に陥《おちい》っていた。冷戦の恐怖は至る所で目につき、アラブの石油が重要な要素となっていた。イギリス労働党政府は、なおもアラブ人の怒りを煽《あお》りたくなかったので、白書の方針を変更するつもりはなかった。シオニストがバルフォアの約束だと信じていたユダヤ国家の建設について、何も行動しなかった。

ユダヤ人への嫌悪感を露《あら》わにしたのはイギリスだけではない。ユダヤ人は、どこに行っても敵意に直面した。連合国救済復興機関（ＵＮＲＲＡ《ウンラ》）は戦争で行き場のなくなった人々を難民キャンプに保護しており、ユダヤ人とドイツ人を同じ場所に収容することにした。ユダヤ人が、ほんの少し前まで自分たちを迫害していた人たちと一緒に住みたくないと訴えると、ＵＮＲＲＡ当局は皮肉をこめて、ユダヤ人とドイツ人を分け隔てることはドイツの人種差別政策を永続させることと同じではないですか、と答えたという。

アメリカの指導的な人物たちも、必ずしも皆が同情的だったわけではない。ジョージ・Ｓ・パットン将軍は、一九四五年の日記にこう記している。「難民を人間だと思っている連中がいるが、そんなわけがない。これは特にユダヤ人に言える。あいつらは、動物以下だ」(7)。パットンは司令官ドワイト・Ｄ・アイゼンハワー将軍をユダヤ人用の仮設会堂《シナゴーグ》に連れて行ったときのことを回想している。会堂は、ユダヤ難民が贖罪日《ヨム・キプール》を

※1原書注・ユダヤの地下組織は過激な要素を含んでいた。例えば、レヒのように、イルグンよりもはるかに容易に武力行使に訴える者もいた。同様にイギリスも、解体しようとしたユダヤ人地下組織に劣らず、時には恐ろしい戦術を使うことがあった。悪名高いのは、ロイ・ファラン少佐の一件である。ファランは第二次大戦でヨーロッパのイギリス陸軍に服役し、その後パレスチナに配属された。当地では、イルグンやレヒの戦闘員から機密情報を聞き出すため、イギリス軍極秘チームの編成に貢献した。ファランのチームは一九四七年五月六日に、イルグンのビラを配っていた十六歳の少年アレクサンデル・ルボヴィッツを誘拐した。このときルボヴィッツは容赦ない拷問を受けたが、情報を漏らさなかったことが後年判明している。ファランは尋問の最中、少年の頭部を石で強打し、死亡させた。大規模な捜査にもかかわらず、少年の遺体は見つかっていない。一年後、レヒはその報復としてイギリスにあるファラン宅に爆弾を送るが、小包を開けたのはロイではなく弟のレックスで、即死した。やがてロイ・ファランはカナダに移住して実業家となり、さらには政治家として成功する。ファランは一九七一年から七九年まで、アルバータ州立法議会の議員として働いた。（Bruce Hoffman, *Anonymous Soldiers: The Struggle for Israel: 1917–1947* [New York: Alfred A. Knopf, 2015], pp. 422ff.）

記念するために建てられたものだった。「会堂の中に入ると中はごったがえしていた。あんなに悪臭の漂う人混みに出くわしたのは初めてだ。もちろん、私は最初から最後まで見ていた。神の姿に創造されたといわれる生き物が、あんな姿で、あんなふうに振る舞うなんて、驚いた」(8)

難民は戦争を生き延びたが、生きるのに必死で、移民はさらに切迫した課題となった。UNRRAがユダヤ難民の世論調査を実施すると、九六・八%がパレスチナ行きを望んだ。アメリカはイギリスに圧力をかけ、土地売却の禁止を撤廃し、十万人のユダヤ人がパレスチナに入ることを許可するよう求めた。だがアメリカも戦争中はユダヤ人に門戸を閉ざしていたので、要請するような道徳的権威はなく、イギリスはこれを退けた。

そのためイシューヴは非合法とされる移民の受け入れを強めていった。彼らは一九四五年から一九四八年にかけて、ヨーロッパで生き残った同胞を救出しようと壮大かつ勇敢に尽力し、何千ものユダヤ人が必死に活路を求めてパレスチナに入ろうとするのを支援した。イシューヴの住人たちは、時には自らの身の危険を冒し、海岸に近づく大小の舟を迎え入れて上陸させ、彼らが捕まる前に保護しようとした。

けれども、多くは捕まってしまう。悲惨な運命の展開である。パレスチナにやっとたどり着いたホロコースト生存者の中には、再び投獄される者もいた。今度はイギリス当局によってである。イギリス人はシラミ退治のため、ユダヤ人に衣服を脱いでシャワーを浴びるよう指示した。ガス室を彷彿《ほうふつ》とさせるこの情景は、多くの人にとって堪え難かった。

キシネフはまだ過去のことではない

一九四五年六月二十六日、ベングリオンはニューヨークで開かれた記者会見で宣言した。もしイギリスがユダヤ移民を制限する白書の政策を続けるつもりならば、私たちは「継続的かつ容赦ない武力」をもって対応せざるを得ない、と(9)。ハガナー、イルグン、レヒは団結して、ヘブライ統一抵抗運動《テヌアット・ハメリ・ハイヴリ》を結成し、ベングリオンがこの運動を統括することになった。彼らはイギリス当局に対して統一戦線を敷き、協調戦略のもと「戦略上の要所を攻撃し、イギリスの委任統治を正当化するインフラや権力の象徴を破壊する」ことに合意した。ハガナーは、決定済みのあらゆる作戦について、拒否権を行使することができた。

ヘブライ統一抵抗運動が最も成果を上げた襲撃は、一九四六年六月十六日から十七日の作戦である。十一箇所で組織的な襲撃を遂行し、道路や鉄道橋を破壊し、ハイファの鉄道網に打撃を与えた。こうしてパレスチナを近隣諸国から孤立させ、イギリスが物資や兵士を国境外に輸送できないよう阻止した。イギリス委任統治当局は四百万ポンド以上の損害を被った。当時としては法外な額である。

イギリスが十二日後に反撃した。「アガサ作戦」で（イシューヴは「黒い安息日」と呼んだ）、イギリス当局は、エルサレム、テルアビブ、ラマットガン、ハイファ、ネタニヤを封鎖した。約一万七千のイギリス兵をパレスチナにくまなく派遣し、過激派、違法な武器、有罪の証拠となるような資料を捜索した。二万七千のユダヤ人が捕まり、その多くはシオニスト指導層だった。ベングリオンは、パリに滞在していたので逮捕を免れた。

ユダヤ人がパレスチナで一斉検挙されていた頃、ヨーロッパのユダヤ人は依然として殺されていた。「黒い安息日」から五日経った一九四六年七月四日、戦争を生き延びた百五十から二百人のユダヤ人が、ポーランドのキエルツェで襲われた。犠牲者には、キエルツェ出身でかつての住居に戻った者もいれば、キエルツェ経由で別の場所に移動中の者もいた。大戦後初めての反ユダヤ暴動《ポグロム》である。この暴動にはポーランドの軍隊や警察も当初から関与しており、暴徒の襲撃で四十二人のユダヤ人が殺害され、残りの者も殴られたり石撃ちされたりした。戦争は終わったが、反ユダヤの暴動がヨーロッパに戻ってきた。戦後もなお、ポーランドはユダヤ人にとって安住の地ではないことは明らかだった。

キシネフは過去のことではなかった。

襲撃の知らせはあっという間に広がった。襲撃から二十四時間以内にポーランドにいた五千人のユダヤ人が住居を立ち退き、パレスチナへ行くため、チェコスロヴァキアの国境に向かった。だがイギリスは、オーストリア占領地区の入口で彼らの行く手を阻《はば》んだ。

ヨーロッパからの大量の難民は増える一方で、彼らには行き場がなかった。イシューヴの指導者たちは投獄されていた。イギリス当局はユダヤ機関の多数の資料を押収し、その中にはイシューヴの指導者たちを告訴するための証拠書類もあった。状況が不安定なのは明らかであり、地域は一触即発となっていた。

キング・デーヴィッド・ホテル爆破事件

イギリス当局が「黒い安息日」で押収した書類の多くがキング・デーヴィッド・ホテルに保管されている、との情報がイシューヴの指導者たちに入った。イシューヴは、当局がゴルダ・メイールをはじめ何人かの指導者を検挙し、処刑するのに充分な証拠書類も保持していると確信していた⑩。イギリス当局の厳しい取り締まりへの報復と、罪を負わせる証拠書類を破棄するため、イルグンはホテル襲撃を提案した。ホテルの南棟は一九三八年以来、イギリス委任統治の軍事および行政の中央諸官庁として使用されていた（他の部屋は客室用に使われていた）。

一九四六年七月一日、ハガナーのモシエ・スネー長官はメナヘム・ベギンに極秘のメモを送り、ホテル爆破を認可。計画ではイルグンがホテルを爆破し、ハガナーとレヒは他の建物を襲撃することになっていた。しかしハガナーとレヒはこの役割から手を引いてしまう。実行予定の二日前、ヴァイツマンはスネーに、もし君がイルグンの計画を阻止するつもりがないのなら、私は世界シオニスト機構を辞任してイシューヴを二分することも辞さない覚悟だ、と訴えた。スネーは爆破計画を何度か延期したが、やがてイルグン首脳部は、ハガナーが怖じ気づいたことを悟り、独断で決行することにした。

キング・デーヴィッド・ホテルに、数個の大きなブリキの牛乳缶が搬入された。七月二十二日、TNT火薬を満載した七つの牛乳缶は、計画どおり建物の中に配備された。イルグンのメンバーは、爆発予定の二十分前にホテルに電話し——英語とヘブライ語の両方で——建物への襲撃が迫っていることを警告した。従業員はこの警告を無視した。イルグンは、フランス領事館と『パレスチナ・ポスト』新聞社にも、間もなく爆発があると警告したが、相手にされなかった。

午後十二時三十七分、爆薬が炸裂、五百キロの航空爆弾が直撃するのと同じ破壊力だった。ホテル内にいた多くの人が即死し、数十人が瓦礫の下敷きになった。襲撃による死者は九十一人、うち二十八人がイギリス人、四十二人がアラブ人、十七人がユダヤ人。このユダヤ人死者には、作戦を実行したイルグン戦闘員の一人も含まれていた。死者の中にはアルメニア人二人、ロシア人一人、ギリシア人一人もいた。

当然、襲撃に対する怒りの反応が寄せられた。アメリカやイギリスの新聞は襲撃を非難し、この犯行はシオニストの大義を後退させるだろうと予測した。ユダヤ機関も爆破を批判し、イシューヴの指導者たちが当初この計画に賛同していた決定的事実には触れなかった。ハガナーもベングリオンも、この計画には一切関与していないと偽証した。激しい反感を買い、この事件以降、ヘブライ統一抵抗運動は機能不全となってしまう。イルグンとレヒは独断で活動するようになり、ハガナーを意に介することもなくなった。

ヴァイツマンの敗北

キング・デーヴィッド・ホテル爆破事件からほぼ五カ月経った一九四六年十二月九日、第二十二回シオニスト会議がバーゼルで開かれた。会場は、ヘルツェルが約五十年前に第一回シオニスト会議を開催したのと同じ建物だった。爆破事件の後遺症が会議の行方を決定づけた。中心議題は、イギリス当局にどう対応していくか――武力を行使するのか、それともイギリスが政策変更するまで待つのか――ということだった。二千数百年前のエレミヤとハナニヤの論争とそう変わらない議題だった。ヴァイツマンは、テロは「肉体に潜《ひそ》む癌《ガン》」であると言い、ユダヤ国家を「非ユダヤ的な方法」で建設すれば私たちの目的を台無しにしてしまう、と訴えた。彼は、預言者の言葉を引用して発言を締めくくっている。「炎のような舌、預言者たちの力が私にあったら、あなた方にバビロンやエジプトの道を戒《いまし》められるのだが……『シオンは正義によって贖《あがな》われる』、それ以外どんな手段もあり得ない[11]」

ヴァイツマンの訴えは、ベングリオンに、もはやシオニスト会議はユダヤ国家を建設するために必要な勇気をもっていない、という確信を与えた。ベングリオンは荒々しく会議場を後にして、部屋に戻った。それはまさにヘルツェルが宿泊した部屋だった。他の代表者たちに留まるよう懇願され、ベングリオンも怒りを静めた。イシューヴが、より激しい武力行使でイギリス当局に抵抗を始めるべきかどうか、明け方に投票が行なわれた。百七十一対百五十四とわずかな差で、ベングリオンが勝利した。

三十年にわたって信望の厚かったハイム・ヴァイツマンは、自らの主張が退けられ、旧来の支持者たちの尊敬を失ってしまった。シオニズムの理想に生涯を献身し、戦争では個人的な犠牲も払った。イギリス軍のパイロットだった息子は狙撃され、戦死していた。ヴァイツマンはこの後もシオニストやイスラエルの事柄において重要な役割を担い、イスラエル国家を承認してくれるようアメリカのハリー・トルーマン大統領の説得に尽力する。だがこの敗北を通して、シオニズム運動における彼の立場は著しく色褪《あ》せてしまった。

新生国家の国境をできるだけ拡大

第二次大戦におけるイギリスの損害は甚大で、イギリス帝国の費用削減は必須だった。インドは一九四七年にイギリスから独立し、中東では委任統治の維持費があまりにも高額だった。パレスチナには、およそ十万のイギリス兵が駐留しており（イギリス帝国軍の十分の一の兵力）、パレスチナの居住者十八人にイギリス兵一人の割合だった。[12]

この間、イシューヴの指導者たちは、既成事実をできるだけ多く確立して、ユダヤ国家の新しい国境をできるだけ拡大できるよう努めていた。ユダヤ機関は一九四六年十月六日(贖罪日《ヨム・キプール》の断食直後)、突貫作業で一晩のうちにネゲブ北部に十一の集落を新設した。[※1] それらの集落は、ピール委員会が提案したユダヤ国家の国境外に位置していた。もしこれらの集落がこのとき築かれていなかったら、恐らく後の分割案にはネゲブ地域はイスラエル領に含まれていなかっただろう。

迅速に事を進めねばならない。イシューヴはそう直感していたが、これが的中する。一九四六年七月のキング・デーヴィッド・ホテル爆破事件から六カ月後、一九四七年一月二十二日にイギリスは声明を出し、パレスチナから手を引き、当地の運命――そして未来のユダヤ国家の運命――を国連に委ねるつもりだ、と発表した。

国連の特別委員会とエクソダス号

国連は一九四七年五月十五日に、国連パレスチナ特別委員会(United Nations Special Committee on Palestine)を立ち上げた。頭文字を合わせたＵＮＳＣＯＰ《ウンスコップ》という名称でよく知られている。十一カ国の代表からなるＵＮＳＣＯＰの任務は、イギリスが達成できなかったこと、つまりパレスチナ問題の解決案を見つけることだった。アラブ側が即座に出した声明は、自分たちはＵＮＳＣＯＰの会議もすべてボイコットする、というものだった。ＵＮＳＣＯＰの代表団は六月二日、パレスチナに向けて出立し、徹底した研究調査のため当地に三カ月滞在した。

その時もまだ数十万のユダヤ人ホロコースト生存者が必死に行き場を求め、不法移住の波は加速し続けていた。ちょうどＵＮＳＣＯＰが調査をしていた頃、身寄りのないユダヤ人を乗せた船がまたもや拿捕《だほ》されたことが世間の耳目《じもく》を集めた。その船の名はエクソダス号。この時もなお、イギリス当局は船客がパレスチナに上陸することを許可しなかった。[※2]

エクソダス号は、もともとは汽船プレジデント・ワーフィールド号と呼ばれ、フランスのポール・ド・ブックを出港してセット港に向かい、そこで戦争を生き延びたドイツやポーランドのユダヤ人約四千五百人を乗せて出発した。船は収容能力をはるかに超える人を載せて、一九四七年七月にパレスチナに到着。イギリス王室海軍との小競《こぜ》り合いにより、ホロコースト生存者三人が死亡、残りの者はエクソダス号から降ろされた。イギリス当局は、乗船者をエンパイアー・ライバル号に移し、これまで多くのユダヤ難民が移送されたキプロスにではなく、ヨーロッパに送り返そうとした。

　生存者たちはすっかり打ちのめされていた。オーブリー・エバン（後のアバ・エバン、イスラエル国連大使、駐米イスラエル大使）は、UNSCOPのメンバーを説得し、移送作業の視察に来るよう説得した。後にエバンはこの時の模様をこう記している。委員たちが現地に到着すると、「イギリス兵が、銃の台尻や注水管、催涙ガスで、死の収容所を生き延びた人々を追い散らしている」光景を目の当たりにした。「男も、女も、子供も、力ずくで囚人輸送船に入れられ、甲板の下にある檻の中に閉じ込められて、パレスチナの海岸から送り出された」[13]。エルサレムに戻ったUNSCOPの委員たちは、目の当たりにしたイギリス当局の残酷さに「ショックで青ざめていた」という。

　UNSCOPはイシューヴの指導者たちから聴取し、さらにはハガナーのメンバーとも内密に接触して、イギリス当局がパレスチナを撤退した場合、果たしてユダヤ人がアラブ人の攻撃から自らを守りきれるかを調査した。一九四七年九月一日、UNSCOPは、正式にパレスチナをユダヤ人国家とアラブ人国家に分割することを提案した。エルサレムは独立した区域として残し、国際統治の管轄下に置かれる（地図⑤参照）。シオニストたちは、国家建設に向けて大きな一歩を進めたが、その国家は当初の期待よりもさらに小さい。ただ、UNSCOPが提案したユダヤ国家は、ピール委員会が定めた領土よりも大きかった。ピール委員会の提案では、パレスチナのヨルダン川西岸の二〇％をユダヤ人に、八〇％をアラブ人に割り当てていた。それに対して、UNSCOPの提案では、ユダヤ人に五五％、アラブ人に四五％を割り当てている。ユダヤ人に割り当てられた土地の多くは砂漠だったが、

※1訳注・ユダヤ人開拓者たちは男性二十五人と女性五人からなるチームを十一編成し、それぞれの集落を新設した。十月六日は日曜日の休日だったためイギリス当局の警備は手薄で、ユダヤ人が贖罪日の断食明けにこんな大掛かりな作戦をするとは考えていなかった。その裏をかいた作戦である。さらに、オスマン帝国時代の法律に、屋根のある建物を破壊してはならないとあり、委任統治時代も遵守されていた。開拓者たちはこの法律を頼りに、一夜にして屋根のある建物を建造し、イギリス当局が即席の集落を容易に破壊できないようにしたのである。

※2訳注・「エクソダス」とは「脱出」の意。特に、聖書の「出エジプト記」が描く、イスラエル民族のエジプト脱出を指す。エクソダス号をモデルにした映画『栄光への脱出』（原題は『エクソダス』、一九六〇年公開）は、イスラエルの建国を叙事詩的に描いており、ポール・ニューマンが主演を演じている。原作は、レオン・ユリスの歴史小説『エクソダス——栄光への脱出』（一九五八年、邦訳一九六一年）。

ＵＮＳＣＯＰの計画は、ユダヤ側にとっては大きな前進であり、アラブ側にとっては著しい後退だった。

だがユダヤ人が深く頭を抱える問題があった。提案された二国の人口予想比である。ＵＮＳＣＯＰの提案によれば、ユダヤ国家は、四十九万八千人のユダヤ人と四十万七千人のアラブ人を擁《よう》することになる。⑮ 他方、アラブ国家には、七十二万五千人のアラブ人と、わずか一万人のユダヤ人が住むことになる。⑯ ユダヤ人とアラブ人では出生率に差があり、さらに多くのアラブ人が近隣諸国から当地に移住するよう簡単に説得されかねない。もしアラブ人がＵＮＳＣＯＰの提案を受託していたら、パレスチナ全土が一世代でアラブ人のものになっていたであろう。しかし、ピール委員会のときと同じように、ユダヤ機関はＵＮＳＣＯＰの提案を受け入れたが、アラブ高等委員会は全面拒否した。

国連のパレスチナ分割決議案が採択される

一九四七年、国連は発足からまだ二年で、加盟国は五十六カ国だった。国連総会が一九四七年十一月の最後の週にニューヨークで開かれ、ＵＮＳＣＯＰの提案に若干の修正を加えた決議案一八一号を論議した。初めのうち、アメリカ勢はシオニスト支持にあまり意欲的ではなかった。ジョージ・マーシャル長官率いる国務省は、長い間ユダヤの独立に断固反対の立場を貫いてきた。イシューヴにとって事態はさらに悪くなる。投票日の前日にアメリカ中央情報局（ＣＩＡ）がトルーマン大統領に極秘報告書を提出し、ユダヤ人を支持しないよう嘆願していたのである。ユダヤ国家に充分な自衛力はなく、次いで起きる紛争にアメリカは巻き込まれてしまう、とＣＩＡは結論していた。「ユダヤ人は二年以上持ちこたえられないだろう」とも予測していた。⑰

トルーマン大統領はＣＩＡと国務省を無視して、分割案にアメリカ票を投じるだけでなく、アメリカの被援助国にも支持するよう圧力を掛けた。⑱

ソ連はすでにユダヤ独立支持の立場を表明していた。ロシア勢は、ユダヤ国家は社会主義になるかも知れないと信じ、ユダヤの独立賛成派に回っていた（パレスチナ問題が、西洋帝国主義の象徴であるイギリスに屈辱となっていることを、ソ連がほくそ笑んでいたのは想像に難くない）。ソ連国連大使アンドレイ・グロムイコは、「ユダヤ民族は歴史上かなりの期間、パレスチナの地と密接な繋《つな》がりを保ってきた……先の戦争の結果、ユダヤ人は他のどの民族よりも苦しんできた……だからユダヤ民族は、独自の国家を建設しようと尽力しているのであり、その権利を否定することは不当であろう」

と述べた。[19]

だが、シオニストたちは懸念していた。ソ連とアメリカの支持を得られたとしても、必要な三分の二の票数にまだ足りていないのではないか。総会決議は、十一月二十六日の水曜日に予定されていたが、ユダヤ機関は、ハイチやリベリア、フィリピンなど数国を説得して支持を得るには、もう少し時間が必要だと判断していた。幸いにも、ウルグアイ国連大使ロドリゲス・ファブラジエが議事妨害を行ない、採決は延期されることになった。[20]票決は感謝祭《サンクスギビング》の休み明けに実施されることになり、シオニスト連合はもう一日、採決を左右する数カ国に働きかけることができた。エバンらは夜昼なく尽力し、夜中にも電話を掛けまくってユダヤ民族の主張を訴え、各国の代表に、二千年ぶりのユダヤ共和国を建設できるように支持を嘆願した。[21]

国連総会は十一月二十九日に再招集された。世界中のユダヤ人が朗報を待ち望んでいた。ホロコーストの恐怖を乗り越えてユダヤ人としての生活を再開できることを切望し、ラジオの周りに群がっていた。アメリカのユダヤ人も、ヨーロッパやオーストラリアのユダヤ人も、イシューヴのユダヤ人も、間もなく自分たちの民族の歴史が大きく変わるかも知れないという期待感で一つとなり、固唾を飲んで投票点呼《ロールコール》に聞き入っていた。ソ連とアメリカ合衆国は予想どおり賛成票を投じた。パレスチナの責任を負うイギリスは棄権。予想外だったのは、十一月二十五日の時点では棄権する予定だった十七カ国のうち七カ国が賛成に回ったことだ。[22]議事妨害が功を奏した。パレスチナ分割決議案一八一号は、賛成三十三票、反対十三票、棄権十票で採択された。

ユダヤ人が独自の国を持つようになる。ヘルツェルは一八九七年、第一回シオニスト会議の後、「バーゼルで私はユダヤ人国家を設立した。今日、声を大にしてこれを叫ぶなら、世界中から笑い者にされるだろう。だが五年後、いや五十年後には確実に、それが事実であったことを誰もが認めるだろう」と日記に記している。[23]今は一九四七年、まさしく五十年後に、ヘルツェルの雄大な夢が実現しようとしていた。※1

※1訳注・よく間違われるが、ユダヤ国家建設が拘束力のある国際公約となったのはこの時ではなく、国際連盟の理事会が一九二二年に公式文書で正式に承認したパレスチナ委任統治に遡る（本書第5章参照）。国連の分割案採択は、言わばその連盟規約の批准である。そして、国連憲章の第八十条により、ユダヤ国家建設の国際公約は変更不可能となった。

「ユダヤ人という理由だけで二度といじめられない」

世界中で、ユダヤ人が抱き合い、泣いた。パレスチナは夜中だったが、ユダヤ教の会堂を開放して、感謝の祈りが捧げられた。何千というユダヤ人が通りに出て、踊り出した。ある報告によると、翌朝、「北部にあるユダヤ人の集団農場では、大きな焚《た》き火がまだ燃えていた。テルアビブの大きな酒場では、無料でシャンパンを配っていた……テルアビブの通りをパトロールするイギリス部隊を野次《やじ》るユダヤ人もいたが、ワインを勧める者もいた[24]」

後にイスラエルの偉大な小説家となり、何度かノーベル文学賞候補にもなったアモス・オズが、後年、自身の自伝的手記『愛と暗闇の物語』の中で、この夜のことを回想している。当時まだ八歳だった彼は、父親に肩車してもらい、エルサレムの町に繰り出して喜び祝う群衆の中を歩いた。朝方の三時か四時に帰宅し、汚れた服を着たままベッドに潜《もぐ》り込んだ。少しして父親がベッドに入ってくるのを感じた。汚れた服を着たまま寝床に入ったことを叱られるかと思ったが、そうではなかった。父親は、自分が少年だった頃のこと、ポーランドの学校の生徒たちに自分のズボンを盗まれたことを話し始めた。アモスの祖父が学校に抗議に行くと、学校の少年たちが——少女たちも一緒になって——襲いかかり、祖父のズボンも盗んだという。屈辱極まりない話である。

そして父親が一九四七年十一月三十日の早朝に、自分にこう語ったことを述べている。「お前も、いつか、学校や道ばたでいじめられることがあるかも知れない……だが今日から、自分たちの国ができたこの時からは、ユダヤ人だからという理由だけでいじめられることは二度とない……ない。二度と。今晩でそれは終わりだ。ずっとだ[25]」

最後に、オズはこう綴っている。「私に、眠気も冷めやらぬまま、父親の顔に手を伸ばした。自分の指が触れたのは、父の眼鏡ではなく、涙だった。この時以外、自分の生涯で後にも先にも、母親が死んだときでさえ、父親が涙したのを見たことは一度もない[26]」

イシューヴの誰もがお祭り騒ぎに酔っていたわけではなかった。メナヘム・ベギンは踊りに参加しなかった。戦争が忍び寄っているのを知っていたからだ。アラブ人はユダヤ移民にも、ピール分割案にも暴力で応じた。今回も、アラブ側が同じ対応をすることは、ベギンには明白だった。ベギンの政敵、ダヴィッド・ベングリオンも同じだった。「踊る気になれなかった」とベングリオンは後に述懐している。「戦争に直面していること、そしてこの戦争で私たちの最も優秀な若者たちを失うであろうことを、分かっていた[27]」

国家は銀のお盆に載せられて与えられるものではない

イシューヴの抗し難い感覚を最もよく表現しているのは、ナタン・アルテルマンの詩「銀のお盆」であろう。アルテルマンは一九一〇年にポーランドの首都ワルシャワで生まれ、一九二五年に家族と共にパレスチナに移り住んだ。一九四一年にはイシューヴの想いを表現する代表的な詩人と目されていた。彼は次第にシオニズム運動の桂冠《けいかん》詩人というビアリクの非公式の立場を継ぐことになる。アルテルマンは一九四七年十二月二十六日に「銀のお盆」を綴った。それは国連総会の採択からわずか一カ月後、ハイム・ヴァイツマンが「国家というものは、銀のお盆に載せられて与えられるものではない」と述べた直後だった[28]。

アルテルマンは「銀のお盆」の中で、国家の地位を待望する民族を、荒野のシナイ山で神の啓示を待つ聖書時代のイスラエル人になぞらえている。イシューヴは「ただ一つの奇跡」を待ち望んでいる、とアルテルマンは言う。この詩の唯一の登場人物である青年と娘が、集まった群衆に向かって、ゆっくりと静かに歩み寄る。二人は立ち止まり、一言も発しない。人々は、泥と血にまみれた若い男女の姿を戦《おのの》いて見入っている。やがて、君たちは誰なのか、と二人に尋ねる。青年と娘は、「私たちは皆さんに与えられたユダヤ国家を載せた銀のお盆です」と答え、二人は倒れる。ここで詩は終わる。

すでに死傷者は出始めていたが、より重い代価を払わねばならないことを、アルテルマンはユダヤの民に自覚させようとしていた。だが、アルテルマンはもっと大事なことを言おうとしていた。やがて誕生する国は、新しいシナイ山である。間もなく独立を宣言するユダヤ国家は、新しいユダヤ人が創造される舞台である。それは、ビアリクが約半世紀前に「殺《さつ》戮《りく》の街にて」で待望したユダヤ人だった。

〝新しい宗教〟――世俗のユダヤ精神――が、ユダヤ国家の非公式な宗教となる、とアルテルマンは仄《ほの》めかす。伝統的なユダヤ人にとって、イスラエルの民が「ただ一つの奇跡」を待ち望んで集まったのは、シナイ山での神の啓示という奇跡だった。アルテルマンの場合は違う。彼にとって「ただ一つの奇跡」とは、国家建設だった。聖書の記述では、民が啓示を受けるに備えて、モーセが男性たちに、女性に近づくなと指示している。だが「銀のお盆」では、二人の主人公――青年と娘――は一心同体であり、ほとんど見分けがつかない。聖書が、シナイ山の麓《ふもと》で男女の分離を求めたとすれば[29]、シオニストたちはそれを迷わず拒否する。聖書では、神がイスラエル人に、啓示を受ける備えとして、服を洗うように命じている[30]。アルテルマンの詩では、青年も娘も泥まみれで、衣類を洗わない。

同胞を救うためには、泥まみれになる覚悟が要る。そうアルテルマンは諭している。もはや純潔さや神聖さだけでは、ユダヤ人の生存を確かにすることはできない。今や、生き残るためには、死をも覚悟する若い男女が必要だった。

独立戦争の一局目

イシューヴは戦争の準備を急いだ。ベングリオンがトランスヨルダンのアブドゥッラー国王と接触を計る。イシューヴとアブドゥッラー国王との関係は、近隣の他の指導者との関係よりもはるかに良好だったので、ベングリオンはトランスヨルダンが中立のままでいてくれるよう期待した（これは期待外れに終わる）。ハガナーは、イギリス当局がまだパレスチナに駐留していたので、厳密には非合法の民兵組織だったが、四旅団を編成し、秘密の武器庫を複数設置して、第二次大戦で戦闘経験のあるユダヤ人兵士を募った。キプロス島に強制送還されたユダヤ人も、地元の大工が造った木製のライフルを使って、ハガナーの戦士から訓練を受けていた。

アラブ人がこの数カ月間、散発的なテロ活動を展開していた。しかし遂に国連の分割案が可決され、予想どおりアラブ人の暴力が噴き上がり、本格化した。

一九四九年の初めまで続く戦争には、二つの段階がある。最初の段階は、一九四七年十一月の国連決議から一九四八年五月のイスラエルの独立宣言まで。この段階では、ハガナーや他のユダヤ人戦闘集団が、地元のまとまりのないアラブ人兵士や、イシューヴを攻撃する外国の不正規のアラブ軍を相手に戦っていた。常備軍同士の紛争というよりは、ユダヤ人とアラブ人の内戦に近かった。そして戦争の第二段階は一九四八年五月に始まり、一九四九年の初めに終わっている。イスラエルは正規軍を持つ国家として、レバノン、シリア、イラク、ヨルダン、エジプトの五カ国の軍隊と戦火を交えることになる。

国連が分割案を可決した翌日、一人のアラブ人が、ハダッサ病院に向かうユダヤ人の救急車に発砲した。誰も負傷しなかったが、襲撃は病院の職員がいつ襲われてもおかしくないことを予兆していた。同日、乗客を載せたネタニヤ発エルサレム行きのバスに、アラブ人たちが機関銃と手榴弾で攻撃した。運悪くユダヤ人五人が死亡してしまう。その中には、結婚式に向かう若い女性もいた。五カ月半に及ぶ独立戦争の一局目が始まった。

厳密に言えば、イギリスはまだパレスチナから撤退しておらず、当地の治安維持の責任があった。だが、アラブの暴力を阻もうとはしなかった。あるとき、アラブ人の暴徒たちがユダヤ人グループを襲撃したことがあった。ハガナーの小隊が同胞を助けるために駆けつけて、暴徒を止めようとしたが、イギリス軍がユダヤ人兵士の前に立ちはだかり、通らせなかった。イギリス当局は、従来の（だがもはや無意味な）白書の政策どおり、〝不法な〟移民を載せた船を阻止しようと努めていた。

　ユダヤ人の戦術も、今までどおりのものだった。ハガナーは「専守防衛」に徹し、反撃は攻撃に関わったアラブ人個人に限っていた。しかしイルグンとレヒは、イギリスとアラブに対する活動を広げ、終わりのない攻撃の応報を繰り広げた。わずか六週間後で、アラブ人一千六十九人、ユダヤ人七百六十九人、イギリス人百二十三人が亡くなっている。

エツィヨン地区と護衛部隊ラメッド・ヘイの死闘

　ベングリオンは、イスラエルの部隊が襲撃を受けても、いかなる領土も見捨てることはしないと明言し、イシューヴもおおむねそれを貫いた。だが例外もあった。最も重要なのは、（今や伝説的となっている）エツィヨン地区と呼ばれる、エルサレムの南、ヘブロン丘陵地帯にある四つの集落の襲撃である。一九四八年の最初の二週間に、四つの集落――クファル・エツィヨン、マスオット・イツハク、エイン・ツリム、レヴァディム――が包囲された。イスラム教法典権威《ムフティ》ハジ・アミン・アル・フセイニの従兄弟《いとこ》アブデル・カデル・アル・フセイニの率いる千人のアラブ村民が、エツィヨン地区に留まっていた百数十人のユダヤ人男性を取り囲んだ（ユダヤ人婦女子はすでに地区外に避難していた）。ユダヤ人の武器は貧弱だった。数百のアラブ人婦女子も包囲に加わり、空のスーツケースを持参して、ユダヤ人の所持品を分捕ろうと待ち構えていた。一月十四日、ユダヤ人守備兵たちはアラブ人の攻撃を撃退して、襲撃するアラブ人を寄せ付けず、アラブのゲリラ百五十人を倒した。ただでさえ少ない弾薬の大半を使ってしまったが、包囲はなお続いた。

　二日後の一九四八年一月十六日、エツィヨン地区のために救援部隊が出発した。三十五人の縦隊がハルトゥヴ（現在、工業地帯となっているベイト・シェメシュの町近くの集落）を出発した。そのほとんどが、ヘブライ大学の優秀な学生だった。当初の計画よりも出発が遅れたため、闇夜に紛《まぎ》れて行動することができなかった。ラジオも通信装置も持ち合わせていなかった。

護衛部隊はエツィヨンに到達できなかった（護衛部隊は、三十五を表すヘブライ語の文字に因《ちな》んで、ラメッド・ヘイと呼ばれる）。一説には、道中、アラブ人の羊飼いに出会った。羊飼いを殺すか、それとも自分たちの居場所が見つかることも覚悟して見逃すか、選択を迫られた。羊飼いが、誰にも言わないからと誓ったので、護衛部隊は彼を見逃したという。数十年後に浮上した別の説では、エツィヨン地区の丘陵の西側に位置するツリフという村から、二人のアラブ人女性が朝早く薪《まき》を拾いに出かけたという。彼女たちは三十五人の戦士のうちの二人と出くわし、叫びながら村に走っていった。兵士たちは彼女たちを殺さなかった。(31)

いずれにしても相手側に所在が伝わり、三十五人の若者は待ち伏せ攻撃に遭い、エツィヨン地区に補給物資を届けることができなかった。彼らは殺され、遺体はバラバラに分断され、身元不明のものもあった。

イシューヴとは全く連絡が取れず、対峙《たいじ》するアラブ軍団ははるかに強力で、エツィヨン地区が持ちこたえるのは無理だった。数カ月後の一九四八年五月十三日、エツィヨン地区はアラブ人の手に落ちた。イスラエル国が独立を宣言する前日のことだった。エツィヨン地区を守り続けて生きながらえたユダヤ人も、降伏するしかなかった。投降したユダヤ人の多くは、勝ち誇るアラブ人に殺された。

エツィヨン地区の敗北は、イシューヴの士気にとって痛恨の打撃だった。独立するたった一日前、新ユダヤ国家の形成はすでに不利で、最も優秀な人材を何人も失った。

戦時下にあっても、イシューヴは詩人の声に耳を傾けた。一九二三年にテルアビブで生まれたイシューヴの代表的な詩人ハイム・グーリのお陰もあり、三十五人の死はすぐに、建国の戦いやその後のイスラエルの伝説で象徴的な出来事となった。「おれたちの屍体《しかばね》はここに眠る」と題された詩は、戦没者に捧げられ、彼らの声で語りかける。「見ろ、ここにおれたちの屍体が長い長い列をなして眠っている。顔立ちは変わり果て、瞳は死を映し、息をすることもない(32)」

グーリの詩の主題は、つまるところ死ではなく、建国という信念、そしてそれを成し遂げねばならないという決意である。「おれたちを今、葬ってくれるのか」と男たちは意味深げに尋ねる。「なぜなら、おれたちは再び立ち上がって、再び現れる、かつてのように……おれたちの内にあるすべてが今なお生きている、血筋の中に流れているから」。建国に要する犠牲について、男たちは自分たちの死にぶりを見てくれ、と促している。「おれたちは裏切らなかった。見ろ、手元にある俺たちの武器を。弾丸が一つも残っていない……銃身はまだ熱い、おれたちが歩んだ一歩一歩に、血の滴《したた》りが残っている」

グーリの詩は反響を呼んだ。三十五人《ラメッド・ヘイ》の戦死はイシューヴの士気に影響を与え、ハガナーに戦略の転換を促した。「専守防衛」はすでに過去のことだ。以降、敵側の襲撃者の拠点となる村落自体が武力行使の対象となった。戦争は拡大し、犠牲者は――市民も兵士も――劇的に増加した。誰一人、無傷ではなかった。住民の誰もが戦渦に巻き込まれた。ベングリオンの幼なじみシュロモ・レヴィは、シオニスト活動家で、後にイスラエルの国会議員となるが、戦闘で二人の息子を失った。一人はガリラヤ地方で、もう一人はネゲブ地方で戦死した。[33] このようなケースは枚挙にいとまがない。

秘密の武器庫「スリック」

三つの地下民兵組織は、それぞれ猛烈に活動してはいたが、互いに連携することは少なかった。イギリス当局に見つからずに武器弾薬を蓄えるため、戦闘集団は銃、手榴弾、弾丸などを蓄える独自の隠し場所をそれぞれ持っていた（イルグンとレヒの場合は、ハガナーにも見つからないよう努めた）。すべては、忍び寄るイギリス当局やパレスチナのアラブ人との戦いに備えるためだった。このような極秘の武器庫は「スリック」と呼ばれ、都市や共同農場《モシャヴ》やキブツの倉庫、地下室、貯水池の下などにあった（「スリック」という名称は、ヘブライ語の「取り除く」という動詞の派生語かも知れないが、語源は定かではない）[34]。

一九四八年には、イシューヴの間に一千五百以上のスリックがあったという。専門家の中には、イスラエルの国でスリックのないキブツや共同農場は一つもない、と言う者もいる。

ハガナー最大級のスリックで、弾丸の主な供給源はレホボット郊外にあるキブツの地下弾丸工場だった（現在のアヤロン工場）。洗濯所と製パン所の地下にある工場で、パルマッハの若い隊員が働いていた。この工場は一九四五年から一九四八年にかけて、九ミリ弾を二百万発製造し、戦争努力に多大な貢献を果たした。

スリックを知っている者は秘密厳守を誓った。秘密のオーラはあまりにも神聖だったので、多くの場合、何十年も経った後にも「スリック」という言葉さえ口にしなかったという。弾薬庫が発見されたのは、その地域が建築や他の理由で発掘されたときだけである。その多くは、今後も決して見つからないだろう。

トルーマン大統領を口説くジェイコブソン

戦況がイスラエルに不利になると、国際世論が変わり始めた。国連の分割案を再検討すべきだという意見もあり、米国国務省はトルーマン大統領に働きかけ、アメリカの従来の立場を変えるよう強く迫った。大統領の支持を確かにすることは今や最重要事項となった。だが、トルーマンはパレスチナ問題を論じたがらなかった。実際、ヴァイツマンが一九四八年二月に分割案の支持を得るために訪米したとき、トルーマンは面会を拒んだ。アメリカのユダヤ人指導者たちが必死に努力するも万策は尽き、トルーマンの旧友エディ・ジェイコブソンのもとに赴《おもむ》いた。トルーマンは数十年前にジェイコブソンと紳士服店を経営したことがあり、以来二人は友情を保っていた。

当時の有力なアメリカのユダヤ組織「ブネイ・ブリット」の会長フランク・ゴールドマンが、ジェイコブソンに電話し、トルーマンに働きかけるよう頼んだ。ジェイコブソンは大統領に手紙を書いたが、トルーマンは動じない。ヴァイツマンの言いたいことはもう全部知っている、との返信だった。ジェイコブソンはワシントンを訪れ、三月十三日に、トルーマンとの旧友のよしみで、ホワイトハウスの通用口から入れてもらった。ジェイコブソンが大統領執務室の外で大統領を待っている間、大統領との会話にはパレスチナ問題を持ち出さないでください、と注意された。

だがトルーマンの逆鱗《げきりん》に構うことなく、まさにそのことをジェイコブソンは話し始めた。大統領は猛然と叱り飛ばしたが、ジェイコブソンは引き下がらなかった。ジェイコブソンは執務室にあるアンドリュー・ジャクソンの銅像を指差し、長年の友にこう語った。「ハリー、君には、生涯憧れてきた英雄がいるだろう……おれにも英雄がいるんだ。会ったことは一度もないが、しかし最も偉大なユダヤ人だと思っている……ハイム・ヴァイツマンのことだ」。ジェイコブソンは続けた。「彼は大病を患っていて、健康もかなり害しているようだ。でも、おれの民族の理念を、君に訴えるためだけに何千マイルという距離を旅してきた。だが君は会おうとしない。アメリカのユダヤ人指導者の中に君のことを悪く言った連中が何人かいるというだけで……君らしくないなあ、ハリー、君なら彼らの提案を受け入れることができると思っていたんだが」

このとき二人は、まるで「何世紀もの間」無言でいたようだった、とジェイコブソンは後に述べている。だが、やがてトルーマンはジェイコブソンのほうを向いて言った。「お前の勝ちだ、このハゲ頭のろくでなし。会ってやるよ」。うまくいった。トルーマンはすでにヴァイツマンと面識があり、ヴァイツマンのことを「素晴らしい人物だ、今まで会ったどの人物よりも聡明だと思う」と評していた。ヴァイツマンはトルーマンを説得した。

苦戦が続くユダヤ勢

一九四八年の冬は特に厳しかった。エルサレムには雪が降り、町は一面の銀世界となった。アラブ勢は、一九四八年二月にエルサレムに通じる道路を封鎖し始め、食料や武器弾薬がユダヤ住民に届かないよう補給路を断った。食料や水の配給に並ぶ人々を、アラブの狙撃兵たちが狙い撃ちしていた。基本的な必需品を調達するにも命懸けだった。

北方の戦闘も激しかった。シリアに本拠地を置くアラブ解放軍は一月十日、九百人の兵士を選んで、シリアの国境からほんの百八十メートルのところにあるイスラエル領のクファル・サルドを攻め込ませた。このときは、守備兵がよく備えていたので、襲撃してきたアラブ人は多くの犠牲者を出した後に退散した。

だが、イシューヴは交通網の戦いでは負け越しており、その結果、エルサレムの戦いでも劣勢を強いられていた。アラブ人が次第に勢いづく一方、ユダヤ人は士気が上がらない。最も重要なのは、海外で戦争の行方を見守っていた人たちが、ユダヤ人は、地元パレスチナのアラブ人を倒すことも、割り当てられた土地を守ることもできなければ、アラブ諸国との戦争でも勝てるわけがない、と思い始めていたことだ。アメリカ国務省が信託統治案を推し始めていたことは、事実上、ユダヤ国家を建設する分割案の撤回を意味していた。ユダヤ人は負けて虐殺されるかも知れない、と顧問たちが言うのを聞き、トルーマンの思いは揺れていた。

ユダヤ国家を建設するという二千年に一度のチャンスが、イシューヴの指から滑り落ちそうになっていた。決定的な行動が必要だった。

ベングリオンは一九四八年三月、ハガナーに「ヘブライ国家の領土を掌握《しょうあく》し、国境を守るよう」指示した。こうしてダレット計画（Ｄプラン）が始まった。この計画では、アラブの町が、戦略的な要所であり通信上の重要地点で敵軍の足場となりかねない場合、ハガナーは敵の武力を撃滅し、敵側の民間人を国境外に追い出すことを目的としていた。その前提として、アラブ人が抵抗した場合だけ、彼らを村落から追い出し、抵抗しない場合は、村落に残ってユダヤ人の統治のもとで生活できるというものだった。それにもかかわらず、多くのアラブ人が逃げ去った。ユダヤ人の支配下で暮らすよりは、立ち退くことを選んだからだ。イスラエルが独立を宣言した一九四八年五月十四日までに、三十万近いアラブ人がすでにパレスチナを後にしていた。パレスチナ難民問題の始まりであり、今なお解決からは程遠い。[※1]

パレスチナ難民問題の発端

「新歴史学者」と呼ばれるイスラエルの学者グループがある。イスラエルの政治左派ともしばしば結びついていて、ベングリオンの動機は、領土と同様、人口統計上にもあった、と論じている。国連分割案どおりの人口比では、ユダヤ国家を長期的に維持できなくなるということがベングリオンには分かっていた、と言うのだ。新国家がユダヤ国家であり民主国家であるためには、ユダヤ人が圧倒的多数を占めねばならない。ダレット計画などの類いは、多くのアラブ人を追い出すことが主な目的だった、という見解である。アラブ人の歴史家たちも同じ主張をする。これに対して主流派のユダヤ人歴史学者たちの捉え方は大きく異なり、大半のアラブ人は逃げ去った、と主張する。なぜなら、彼らの指導者たちがすでに逃げ出しており、進軍するユダヤ人の勢力を恐れたからだ、と言う。今日に至るまで、パレスチ難民問題の発端となった決断や行動について、独立戦争の中で最も激しい議論が交わされる部分である。[※2]

ユダヤ人指導者の中には、ハイファ市長アバ・フシャイのように、アラブ住民に町に留まるよう促し、ときには懇願した者さえいた。アラブ人は何年間も、ユダヤ人とは隣り合わせで生活してきた。ところがアラブ住民はフシャイの要望を無視し、すでに町から逃げ出していたアラブ人指導者たちの後に続いた（戦闘を避けて、ほとぼりが冷めたら戻ってこようと思っていたのであろう）。

イシューヴは、繰り広げられる人道的な悲劇に無頓着だったわけではない。ユダヤ人指導者の中には、アラブ人が耐え忍んでいる境遇にはっきりと同情を示す者もいた。モシェ・シェルトックの後釜としてユダヤ機関の政治部門主任になったゴルダ・メイールは、五月六日、アラブ住民が逃げ去って無人と化したハイファの町を視察し、こう述べている。「子供、婦人、老人らが避難しようとしていたんですよ。住居に入ると、食卓の上にコーヒーやパンがそのまま置きっぱなしの家もありましたね。これこそ、多くのユダヤ人の町の光景と同じだと思わずにおられませんでした［第二次大戦中にユダヤ人が自分たちの家から逃げ出したときの光景のようだった］」。[35]アラブ人は分割案を拒絶し、戦争を始めた。その結果、人的被害が莫大だったのは否定できない。

戦況を逆転させたベングリオンの戦略

全体的に見て、戦況は思わしくなかった。タイミングと戦略の達人であるベングリオンには、戦況を逆転しなければすべては敗北してしまうことが分かっていた。[36] アラブ人は交通網を掌握していたので、エルサレムは孤立し、食料や補給品の不足が深刻だった。ユダヤ人の敗色が濃くなってきた。

事態はさらに悪化した。アメリカが、分割案の支持を撤回してパレスチナを国際信託統治のもとに置く案に傾いているのをほのめかしていたからだ。ベングリオンは時間との戦いであると認識し、今までにない大規模な攻撃をしかけるようハガナーに命じた。一九四八年四月のナフション作戦である。一千五百人の兵士を派遣してエルサレムへの道を突破させ、戦況を逆転させた。

チェコスロヴァキアからの武器が届いたお陰で、ユダヤ軍は遂にティベリヤとツファット、そしてハイファと非常に重要な港を攻略することができた（チェコスロヴァキアは武器輸送の国際的制約を犯すことを辞さなかった数少ない国の一つ）。ベングリオンの行動は真にタイムリーで、これによって戦いの流れが変わり始めた。

利用されたデイル・ヤシン事件

ユダヤ人の軍隊が、時にはアラブ住民を強制的に家から追い出した、と非難されることがある。だが、まっとうな非難の他にも、戦争のこの局面で、歴史家ベニー・モリスの言う「残虐的な要素[37]」があったと言われる。独立戦争の最中に、ユダヤ人の軍隊が強姦や虐殺など、残虐で非道な行為を犯したという非難である。このような告発のほとんどは、現代の学者によってすっかり論駁《ろんばく》されている。

※1訳注・このテーマの権威である歴史家ベニー・モリスによれば、ベングリオンが何よりも懸念していたのは、イスラエル独立に反対するアラブ諸国の正規軍が攻めてきたときに、イスラエル国内の独立に反対するアラブ人がそれに加勢し、国防軍が国内外の二方面で戦闘を強いられることだった。それを防ぐのが、ダレット計画の目的だった。

※2訳注・パレスチナ難民の成り立ちには四つのパターンがある。①戦争を予期して事前に自主疎開したケース、②アラブ側指導部の撤退指示に従ったケース、③ユダヤ側に追い出されたケース、④戦闘が勃発し避難したケース。この四つの比率についてはアラブ側とイスラエル側で意見が一致することはない。歴史資料を厳密に検証する学者の間では、大多数は④のケースで難民になったというのが通説。

重要な一例として、アラブ人の村デイル・ヤシンの激戦がある。この激戦は、激しい議論の渦を巻き起こし、今なお反イスラエル陣営に引用されている。一九四八年三月二十二日に、アラブ軍がエルサレムを他のユダヤ人集落から孤立させることに成功した。ハガナーがナフション計画に備えて、これまで配備していた三倍の一千五百人の小隊を召集していた頃、地下組織のイルグンとレヒは、エルサレムの包囲網を打破するため、デイル・ヤシンの町を占拠することにした。そこからアラブ軍がエルサレムへの道路を狙い撃ちにしていたためである。デイル・ヤシンはエルサレムの西側にある村で、アラブ人が最後まで放棄しなかった村の一つである。イルグンの戦闘員は、ろくな訓練もされておらず、装備も貧弱で、実戦で持ちこたえる見込みはなかった。その上、まさか相手が徹底交戦に出るとは誰も思っていなかった。

作戦は四月九日に開始された。拡声器を備えたトラックが村に派遣され、村人に避難するか投降するよう指示することになっていた。ところがトラックは音声が充分届く距離に至る前に立ち往生してしまう。イルグンとレヒの戦闘員の通信機器は故障してしまい、戦闘員たちは予想をはるかに上回る反撃に直面した。混乱状態に陥った経験不足の戦闘員が手榴弾を住居に投げつけ、とんでもない数の死者を出してしまう。当初の報告では、死者は二百五十人、さらにユダヤの戦闘員が村人を強姦したということになっていた。

イルグンは死傷者数が多いことは認めたが、それでも百人近くだと主張した。強姦容疑は、完全に否定した。ところがイルグンのこの否定には、誰も耳を貸さなかった。この騒動を最大限に利用したかったからである。ハガナーはこの事件を利用して、イルグンの無責任さと残忍さを咎《とが》めた。アラブ人は、ユダヤ人が自分たちをなぶり殺しにしていると国際社会に訴え、近隣のアラブ諸国に参戦を決意するよう促した。ベングリオンを含むイシューヴ全体としても、アラブ側が混乱して、アラブ人逃亡者が増えることは好都合だった。ベングリオンは、アラブ人がユダヤ人に割り当てられた地域から立ち退くことを願っていたからである。

果たして虐殺や強姦があったのだろうか。後代のイスラエル人学者とパレスチナ人学者の双方が、強姦の類いは一切なく、死傷者数もイルグンが主張したのとほぼ同じだ、という点で一致している。[38] ハガナーもアラブ人も死傷者数をつり上げていた。戦いは確かに激しく、損害もひどかったが、民間人を殺すことは決して意図されていなかった。

しかし、アラブ人は決してそのようには説明しなかった。当時、残忍な虐殺があったという批判は瞬《またた》く間に広まり、さらに多くのアラブ人がパレスチナの住居から逃げ出し、やがて難民となった。今日に至るまで、彼らはデイル・ヤシン事件を利用して、イスラエルは「罪の中で生まれた」と主張している。

襲撃されたハダッサ病院の輸送車両

一九四八年三月、エルサレム地域のアラブ軍指導者だったアブドゥル・カデル・フセイニは、展望山にあるハダッサ病院を攻撃し、破壊するつもりだと脅《おど》しをかけた。それから一カ月も経たない四月十三日、百人のアラブ人民兵が、病院に向かっていた車両の一行を待ち伏せて攻撃した。小型車両の何台かは、何とかエルサレムに逃げ帰れたが、装甲バス二台が捕まってしまった。ハガナーの守備兵たちが必死で戦い、襲撃者を数時間食い止めている間、ハガナー本部はイギリス当局に介入するよう嘆願。だがイギリス当局が到着したのは六時間後で、すでに遅かった。

七十八人のユダヤ人教師、医者、看護婦（さらに、皮肉にも、四日前にデイル・ヤシンで負傷したイルグンのメンバー二人）が虐殺され、生きながら焼かれた。三十の遺体が見つかっただけで、それ以外は灰しか残らなかった。設立当初から、ユダヤ人にもアラブ人にも治療を施してきた病院が、閉鎖された。それが展望山で再び開院されるのは、一九六七年の六日戦争後のことである。

ゴルダ・メイールがヨルダン国王を訪問

ゴルダ・メイールは一九四八年五月十日、アラブ人女性に扮装して、ヨルダンのアブドゥッラー国王を訪れた。彼女には、アラブ諸国が間もなく参戦し、戦闘はより死傷率の高い新たな段階に突入することが分かっていた。彼女は国王に、新ユダヤ国家を攻撃しないでください、イスラエルとヨルダンは同盟国になれるのですから、と訴えた。しかしアブドゥッラー国王は、自身を取り巻くより大きな政治世界を考えていた。そしてゴルダに、対ユダヤ国家戦争に参加するしか私に選択肢はないでしょう、と答えた。さらに国王は、あまり早急にユダヤ国家独立を宣言しないで欲しい、と求めた。「二千年間、待ち続けたのですよ。それを早急とでもおっしゃるのですか」と彼女は国王に訴えた。

国家建設は主権確立以上の意義があることを、ゴルダ・メイールは心得ていた。それはユダヤ民族の未来を確実にするカギである。ユダヤ人が通ってきたすべての試練を思うと、一刻もおろそかにはできない。もちろん、失敗は許されない。だが、国王の態度は曖昧なままだった。メイールが執務室を出るにあたって、アブドゥッラー国王に言った。「もし陛下がこれ以上何もできないのでしたら、戦争になり、私たちが勝つでしょう。でも、またお目にかかれると思いますわ。この戦争が終わった後、そう、ユダヤ国家が誕生した後にです[39]」

第8章　独立——国家が生まれる

われわれの自然で歴史的な権利……に基づいて、イスラエルの地にユダヤ国家、すなわちイスラエル国の樹立を宣言する。

——イスラエル独立宣言

一九四八年五月十四日、イギリス委任統治が終わる

エドマンド・アレンビー将軍が一九一七年にエルサレムのヤッフォ門から入城し、イギリスのパレスチナ統治の始まりを告げてから三十年になる。そして今、一九四八年五月十四日、ハイファの港で最後のイギリス国旗《ユニオン・ジャック》が旗竿から降ろされ、委任統治の終わりを象徴していた。大英帝国はもろくも崩れ、イギリス当局はまだ歴史の浅いイシューヴによってパレスチナを追い出され、屈辱を味わった。イギリスも、その昔マカベア軍と戦ったギリシア軍のように、パレスチナのユダヤ人の鋭い気概を見くびっていたのである。

シオニストたちがかつて待ち望んでいたのは、オスマン帝国が崩壊し、イギリスによるパレスチナ統治が始まることだったが、その希望もとっくに打ち砕かれていた。イギリスは、バルフォアによるシオニズム支持から、一九三九年の白書に見え透く敵愾《てきがい》心へと移り、やがてあからさまな敵愾心へと変節していった。イヴリン・バーカーがパレスチナのイギリス軍司令官として最後に行なったのは、立ち小便だった。(1)

しかし、最後の敵意はあったとしても、イギリスは、委任統治を受諾した当初に比べて、パレスチナをはるかに発展させてきた。地域のインフラを築き上げ、やがてイスラエル国の骨格となる制度をイシューヴに作らせ、発展できるよう手助けした。後には移民を制限したが、イギリス統治の間にイシューヴのユダヤ人口は十倍に増えていた。五万六千人からおよそ六十万人に急増し、小国として機能するのに充分な数に達していた。

イギリスが遂に撤退する。テオドール・ヘルツェルが世界と共に見た夢、バルフォア卿の支持を受けたがその後イギリスが阻《はば》んでいた夢が、遂に実現しようとしていた。

たった三十二分間で終わった独立宣言の式典

歴史的なタイミングを捉える抜きん出た天性の才能を持つベングリオンは、目前のチャンスは二度と来ないだろうと判断し、独立の宣言を先延ばしすることに頑として反対した。[※1]アメリカのハリー・トルーマン大統領が独立支持を約束していたこともあり、早急に事を進めたかった。[※2]ところがイシューヴの指導者の中には反対派もいた。独立を宣言すれば（全面）戦争に突入するだろうが、まだ備えができていない。アメリカ国務省の中央情報局（ＣＩＡ）は、必ず起こるアラブの猛攻撃にユダヤ国家は持ちこたえられない、と予測している。恐らく、この予測のほうが正しいのではないか。独立は待つべきだ、と反対派は主張した。

桁外《けたはず》れの危険を伴うことが、ベングリオンには分かっていた。「私たちは……領土や人命に及ぼす多大な損害、またイシューヴの皆が受けるショックを、覚悟せねばならない[2]」。けれどもベングリオンは、ユダヤ人の主権は「この時を逃したら二度とない」と訴えた。ユダヤ機関の国連代表を務めたモルデハイ・ベントヴが、後にこう綴っている。「十人のユダヤ人が一室に座り、恐らくイスラエル民族の二千年の歴史において最も重要な決断をせねばならなかった[3]」。国民理事会は、一九四八年五月十二日のテルアビブにおいて、六対四の僅差でユダヤ主権国家の独立を宣言すると票決した。ユダ地方の滅亡から二千年ぶりの主権回復である。

一九四八年五月十四日金曜日、イギリス当局の撤退に伴い、国民評議会はテルアビブの博物館に召集された。建物は満員で立錐《りっすい》の余地もない。アラブ人の爆撃を懸念し、式典の情報はなるべく直前に伝達するとのことで、正式な招待状が送られたのは前日だった。だが情報が洩《も》れてしまい、博物館の外には数百人の群衆が期待感をもって集結し、騒然としていた。

会場は、招待者全員を収容できるほど大きくはなく、外で足止めされる者もいた。国歌演奏のために招かれたパレスチナ管弦楽団[※3]は、本会場の二階に移動せねばならなかった。すべてが大急ぎで準備された。そんな忙しい最中も、誰もがこの日の意義を心得ていた。「私たちは役割に忙しく……走り回っていました……まるで夢の世界にいるようでしたね……メシアの日が到来した、異邦人の支配への服従は終わった」、とベングリオンの補佐ゼエヴ・シャレフは回想している[4]。

会場は、四十一年前のバーゼルの第一回シオニスト会議を彷彿《ほうふつ》とさせるように意識的に設《しつら》えてあった。ダヴィッド・ベングリオンが登壇した。彼がパレスチナに移住してから四十二年が経つ。彼の後ろには、近代シオニズムの創始者テオドール・ヘルツェルの巨大な肖像写真が掲げてあった。

午後四時ちょうど、カメラのフラッシュがひっきりなしに光る中、参会者一同は起立して「ハティクバ」を斉唱した。

ベングリオン、六十二歳、身長百六十センチ。岩のように堅い信念を持つ現実主義者。自らの生涯を捧げて、自身とその民族のために総力を結集し、パレスチナにユダヤ民族自決の復活を目指す。一九〇六年に、（ポーランドを離れ）小型船から岸辺までアラブ人の港湾作業員に担われてたどり着いた地――彼は、宣言文『イスラエル国建設の巻物』を読み上げた。⑤

独立宣言は、長い前文で始まる。ユダヤ民族はイスラエルの地に誕生した、と宣言している。ユダヤ人はイスラエルの地で世界と共有する文明を発展させた。父祖たちの故郷に帰ることを夢見続けてきた。そして、ベングリオンは、かん高く震えた声で読み続けた。「われわれの自然で歴史的な権利、国際連合総会の決議に基づいて、イスラエルの地にユダヤ国家、すなわちイスラエル国の樹立を宣言する⑥※4」

※1訳注・ベングリオンが独立に踏み切ったのには三つの要因がある。①難民収容所などにいるホロコースト生存者の苦境。②間もなくイギリスがパレスチナから撤退すること。③主権国家とならなければ、常備軍を持つことも、武器を購入することもできず、イギリスの撤退と同時に必ず攻撃してくるアラブ諸国に対抗することはできない。

※2原書注・トルーマンは、自身のイスラエル国建設に果たした役割を終世誇りに思っていたらしい。後年、旧友のエディ・ジェイコブソンがトルーマン前大統領を紹介するにあたって、「イスラエル国の建設を支援した方です」と言ったら、「『建設を支援した』って何だ、おれはキュロスだろ」と答えたという。トルーマンが言及したのは、旧約聖書の中で（歴代誌下三六・二二〜二三）、ペルシアの王キュロスが、自国に住むユダヤ人にエルサレムへ戻り、そこに神殿を建てるよう命じた布告のことである。（John B. Judis, "Seeds of Doubt: Harry Truman's Concerns about Israel and Palestine Were Prescient - and Forgotten," *New Republic* (January 16, 2014), http:// www.newrepublic.com/article/116215/was-harry-truman-zionist.）

※3訳注・後のイスラエル・フィルハーモニー管弦楽団。一九三六年十二月のオープニング・コンサートでは、巨匠トスカニーニが指揮をした。

※4原書注・独立宣言の全文は、本書の巻末付録を参照。

ベングリオンが宣言を読み終えると、宗教シオニストの宗教党の指導者ラビ・イエフダ・レイブ・フィシュマン・マイモンが祈祷「シエヘヘヤーヌ」を捧げた。一八九七年のバーゼルで開催された第一回シオニスト会議で、カルペル・リッペ博士が唱えたのと全く同じように。「宇宙の王、われらの神なる主よ、われらを生かし、われらを守り、われらをこの時に至らしめたもうた御方は、ほむべきかな」(7)。ラビ・フィシュマン・マイモンは、署名式に参加するため包囲下にあるエルサレムから駆けつけていた。

参会者が「ハティクバ」を再び斉唱し、ダヴィッド・ベングリオンが宣言した。「イスラエル国は設立した。これにて閉会する」。式典は正味たったの三十二分間だった。ユダヤの歴史の新しい時代が明《あ》け初《そ》めた。二千年の流浪は終わり、ローマの支配以来初めて、ユダヤ人は父祖の故郷で主権を回復した。

国家の青写真を示す宣言書

式典では、祈祷《シエヘヘヤーヌ》を唱える宗教的な一瞬もあったが、全体としては世俗的だった。五十年前のヘルツェルと同様、ベングリオンはユダヤ教徒が礼拝時に着用する覆いを被らなかった。半世紀前、ヘルツェルの同輩は新しいユダヤ人の創造を待望していた。この日の象徴的意義は明らかだった。事実、その新しいユダヤ人は出現し、今やユダヤ主権国家を築いている。

イスラエルの独立宣言は歴史的な文書であって、神学的な文書ではない。アメリカの独立宣言が「神」と「創造主」について言及するのとは違って、イスラエルの独立宣言は、神について一言も触れていない。宗教色を鮮明にした文書を期待したユダヤ教徒を宥《なだ》めるために、宣言書は「われわれは『イスラエルの岩』に信を託しつつ、ここ……国家暫定《ざんてい》評議会の席上において、……本宣言の証人として自らの手の署名をもって連署する」と記している。これは意図的に曖昧な表現だ。ユダヤ教徒にとって「イスラエルの岩」は常に神を意味する伝統的な表現である(8)。ラビ・マイモンは、独立宣言の宗教的な意味合いを明確にし、自身の署名の上に「神の加護によって」を意味するヘブライ語四文字(בעה"י)を加えた(9)。他方、世俗派にとって、国家としての地位は神とは全く関係ない。だから、彼らにとってイスラエルの岩とは、ユダヤの歴史、ユダヤ人の気概、自分たちの新たな自衛力を指すのだろう※1。

宣言書は神について触れていないが、歴史への言及に満ちている。イスラエルの地でユダヤ民族が誕生したこと、当地におけるユダヤ人の過去の栄光、二十世紀にユダヤ人が味わった恐るべき苦しみ。宣言書には、ベングリオンの聖書への愛と「永遠の書（聖書）」が新しいユダヤ国家の指針となるという彼の確信を反映して、新国家が「イスラエルの預言者の幻《ビジョン》の光に従って、自由と正義と平和の基盤の上に、その礎《いしずえ》を置く」と約束している。

　とは言え、独立宣言は現実離れした文書ではない。シオニズムは、激変する世界情勢に対する鋭い認識から生まれた一つの運動であり、この宣言文は執筆当時の歴史的状況を深くわきまえている。当時すでに始まっていた戦争について、はっきりと述べている。あたかもベングリオンは、ユダヤ民族とその新生国家に寄せる世界の同情が短命に終わることを見越していたかのように、国連決議案一八一号は変更できない、と断言している。「イスラエル国は、ユダヤ人の移民と離散の民の集合に門戸を開放する」と宣言し、白書の政策をはっきりと無効にしている。戦争のただ中にあっても、イスラエルの交戦国に平和を申し入れている。「われわれはすべての隣国とその国民に対して、平和と善隣の手を差し伸べ、この地において独立するヘブライ民族と共に、共同作業と相互協力することを呼びかける」と言う。

　宣言文は複雑で含みのある文章だ。平等を強調し「宗教、人種、性別にかかわりなく、そのすべての国民に対し、完全な社会的・政治的権利の平等を実現する」と約束する。「イスラエル国の住民であるアラブ民族の子らに」向かって語りかけ、「平和を維持するよう……完全で平等な市民権に基づき……国家建設に参加するよう」呼びかける。ユダヤの伝統を貫く倫理的基盤が（「イスラエルの預言者たちの幻」のように）新しいユダヤ国家の要《かなめ》となり、イスラエルは、殊《こと》にユダヤ民族の避難所となるが、同時に「すべての住民の利益のために、国土の開発に努める」ことを強調する。

　国家のユダヤ的な特質を守ることを約束する一方で、非ユダヤ人である少数派の権利を保証するのは決して容易ではない。どのようにこのバランスを保つのかという議論は、現在に至るまでイスラエルで続いている。

独立宣言に署名した建国の功労者たち

独立宣言はユダヤ人の幅広い連携で署名され、左派系は共

※1原書注・独立宣言に調印した全員が、その金曜日の朝に、テルアビブで署名できたわけではない。エルサレムの包囲は続き、国中の道路は危険だった。多くは、式典の数日後に安全な地区で署名した。

産主義者から、右派系はユダヤ教超正統派のイスラエル連盟《アグダット・イスラエル》に及んでいる。これらのグループの多くは、一八九七年の第一回シオニスト会議以来、思想の違いから互いに言い争ってきた。だが今、ユダヤの歴史におけるこの重大な局面では、思想的な相違は度外視し、見事なユダヤ的結束を示した。この後――千載一遇の時も、危急存亡の時も――政治的に分裂するイスラエルが、ユダヤ民族の未来に関わる一大事と判断した局面では、重要な対立も脇に置くことが度々ある。

一八九八年にバーゼルで開かれた第二回シオニスト会議以来、女性もシオニストの政治体制で正会員の権利があることを認められ（ヨーロッパの諸政府が同種の権利を女性に認めるはるか以前）、シオニズム運動でもイシューヴでも、重要な役割を担ってきた。独立宣言には二人の女性が署名した。ゴルダ・メイール（後の第四代イスラエル首相）とラケル・ケーガン・コーヘン（女性および社会福祉のベテラン運動家）である。

当然と言えばそれまでだが、ベングリオンの政敵で地下組織イルグンの指導者だったメナヘム・ベギンは署名式には出席しなかった（地下組織レヒの指導者だったイツハク・シャミールもイギリス当局に国外追放されて拘留中だったため出席しなかった。当地にいたとしても、恐らく署名式には招待されなかっただろう）。ベングリオンは、ジャボティンスキーだけでなく、ベギンも同じくらい毛嫌いしていた。独立宣言は、イスラエルの成立物語を描こうとするベングリオンのプロジェクトの核心部分だった。彼の思いどおりにできたなら、ベギンもイルグンもイスラエルの物語の脇役に追いやられていたであろう。ハイム・ヴァイツマンも当時、外国にいて署名できなかった。ヴァイツマンの帰国後、ベングリオンはこの歴史的な機会にも意固地になって、ヴァイツマンの署名を巻物に追加することを許さなかった。※1

新国家の名前も、深い象徴的な意味合いを含んでいた。※2 いくつかの名前が提案された。イスラエルという名前は、聖書の人物ヤコブが、天使と格闘した後に与えられた名前である。「お前の名はもうヤコブではなく、これからはイスラエルと呼ばれる。お前が神と人と戦ったからだ」[10]。この名前がどれほど相応しいものか、誰も予想し得なかったであろう。

「私は独り喪に服す」

テルアビブ博物館の外にいた群衆はお祭り騒ぎだったが、この時も指導者たちは喜ぶ気になれなかった。ベングリオンは日記にこう記している。「国中がお祭り騒ぎで心底喜んでいる――またしても、喜び祝う人々の間で、私は独り喪に服す。

十一月二十九日のときと同じように」[11]。ベングリオンは、当時、国家の若手指導者で、後にイスラエルの首相そして大統領になるシモン・ペレスにこう言った。「今日は、皆が喜んでいる。明日には、血が流されるだろう」[12]

独立戦争の二局目——アラブ五カ国が攻撃開始

翌日から独立戦争の二局目（後期）が始まった。この局面は一九四九年一月まで続く。戦闘は主に三段階に別れ、途中、国連の仲介による二回の休戦を挟んだ。

最初の一カ月間は、死傷者が最も多かった。イスラエルは、戦闘員八百七十六人、民間人約三百人を失うことになる。ハガナーはやがてイスラエル国防軍となるが、アラブ五カ国の正規軍に立ち向かわねばならなかった。ヨルダンやエジプト、レバノン、イラク（イスラエルとの国境を有していない）、シリア——そして、これにスーダンやイエメン、サウジアラビアの部隊が援軍として加わった。いつも新国家を聖書の物語に照らし合わせていたベングリオンにしてみれば、イスラエルがエジプトやシリアと戦火を交えることはとてつもなく

※1訳注・ヴァイツマンもベングリオンもユダヤ国家の建設という目的においては同じ意見だったが、それを達成する手段において見解が別れた。ヴァイツマンは国際認知を重視し、国家建設に至る手続上の正当性を第一にしたが、ベングリオンは時には国際世論に反して実力行使することも辞さなかった。両者の確執は少なくとも一九三六年に遡る。当時、アラブ側の反発もあって、イギリス委任統治はユダヤ人の帰還移民を一時的に禁止すべきか検討していた。イギリス植民地相のウィリアム・オームズビー＝ゴアは、ヴァイツマンとベングリオンを招いて意見を求めたが、この案をはっきりと否定しないヴァイツマンにベングリオンは愕然とする。ヴァイツマンはイギリスとの協調関係を大事にしたかったのだ。以後、両者の関係は悪化し、一九四六年のシオニスト会議（第7章参照）で決定的になった。

※2原書注・独立する五月十四日の独立宣言の数日前、イシューヴの指導者たちは会合を開き、間もなく建設される国の名前を協議した。古のユダ王国に因んで「ユダ」と名付けたがる者がいた。だが、分割案でユダヤ国家に割り当てられた地区には、歴史的なユダ地方のほとんどが含まれていなかったため、この提案は却下された。この他にも、「ツィヨン（シオン）」や「ツァバル（サボテン）」などの候補があった。やがて、「イスラエル」はどうかという提案があり、採決がなされた。イスラエルは七対三で可決された。この名前を最初に提案したのは、ベングリオンではなく、ガリシア系ユダヤ人作家アイザック・ペルンホフだ。一八九六年、ヘルツェルの『ユダヤ人国家』に応じて執筆した短い記事で、ユダヤ国家が建設された際には、「イスラエル国」と呼ばれるようになると予測した。（Elon Gilad, "Why Is Israel Called Israel?" *Haaretz* [April 20, 2015], http://www.haaretz.com/israel-news/.premium-1.652699.）

重大だった。戦争のさなか、彼は日記にこう記している。「私たちの飛行機は、アンマンとヨルダン全域を破壊せねばならない。続いてシリアが敗れる。私たちはポートサイドやアレクサンドリア、カイロを爆撃する。そしてこの戦争にケリをつけ、エジプトやアッシリア、アラムに先祖の借りを返すだろう⑬」

そんな高望みもさることながら、最初の数日は苦戦した。北部では、イスラエル人はイラク軍、そして軍備の揃ったシリア軍と対峙《たいじ》した。南部の状況も思わしくなかった。エジプト軍の部隊は、ネゲブを驀進《ばくしん》し、すぐにでもテルアビブを空爆できる状態だった。テルアビブには、イスラエル軍の参謀本部があった。独立戦争時はイスラエル国防軍の作戦部長を務め、後に参謀総長となるイガエル・ヤディンが当時を回想してこう述べている。

北部をすべて失うかも知れないと気づいた瞬間……ゾッとした。南部では、エジプト軍がテルアビブに向かって侵攻していた。エルサレムは孤立しており、イラク軍は国の中部を狙っていたからだ。何世代も願い続けてきた夢が潰《つい》えるかも知れない、と感じたのはまさにこの瞬間だった。⑭

ベングリオンもまた、これからの数日が国運を決するだろうと感じていた。彼は独立の五日後の五月十九日に、「これは時間との戦いだ」と言っている。「この二週間を耐えぬいたら、勝てる⑮」

エルサレム旧市街がアラブ軍団の手に落ちる

全方面に戦線が拡大していたが、ベングリオンはすでに五月十九日の段階で、イガエル・ヤディンにエルサレム方面に進軍するよう促していた。しかしヤディンに、その任務に当たるハガナーがあまりにも準備不足なのを憂慮していた。国連の分割案では、エルサレムはユダヤ国家領でもアラブ領でもなく国際保護領になるとのことだったが、実際にはそうはならないと一般的に理解されていた。国連は何の権限もなく、列強は決議案の実施には興味がない。アラブ側もユダヤ側もエルサレムを国際化するつもりはなかった。国際社会の強烈な圧力があったらユダヤ側は同意したかも知れないが、それでもアラブ側が、ピール委員会の提案や分割案の時と同じように、エルサレムの国際化を拒絶するのは明らかだった。

こうして、エルサレムをめぐる戦闘は続いた。アラブ軍団は、補給物資が不足し始めているエルサレムのアラブ人を支援するため、エルサレム方面に進軍し始めた。ベングリオンは、イスラエル軍に反撃するよう命じた。

問題は、どうやってエルサレムにたどり着くかということだった。イスラエル軍が、エルサレムに通じる道を掌握《しょうあく》するためには、エルサレムの郊外、西に約二十四キロの丘の上にある前哨基地ラトルン（現在、戦車博物館がある所）を征服せねばならない。ベングリオンは、新編成のハガナー第七旅団にこの任務を実行するよう命じた。だが、ヤディンは反対した。ラトルンの戦いの前線に送る戦闘員の多くは戦闘経験がほとんどなく、ごくわずかな兵器しか装備していない。多くは水筒さえ持っていなかった。ヤディンはベングリオンに、この要請がどんなに非条理か考えてほしいと訴えた。これらの戦闘員の多くは、ナチスの死の収容所から救出され、キプロスの強制収容所にぶち込まれて、やっとのことでパレスチナの海岸にたどり着いた者たちだ。今度は旧式の武器を渡され、軍事訓練も受けないで戦場に送られる。それはベングリオンも承知していたが、引き下がらなかった。ラトルンでの初戦が五月二十四日に始まった。

ヤディンの予想どおりイスラエル軍は惨敗し、撤退を強いられた。当時、まだ若かったアリエル・シャロン小隊長は（後にヨム・キプール戦争の英雄となり、やがてイスラエル首相になる）この戦いで負傷している。六月一日にイスラエル軍は二回目のラトルン攻撃を開始したが、これも失敗に終わった。公式の記録では、イスラエル兵の戦死者数は百三十九人となっているが、実際はもっと多かったという説もある。

ヤディンが予想したとおり、ラトルンは「ホロコースト生存者たちの血が……流された場所」として記憶されるようになる。[16] これはラトルンのことだけではない。イスラエルの独立戦争中、十万をわずかに上回るユダヤ人がイスラエル軍に入隊した。ある歴史家が言っている。「イスラエルの戦争で亡くなったヨーロッパ出身の新参者の多くは、大虐殺《ショアー》の生存者たちだった」。[17] 多くは、イスラエルに到着してすぐ戦場で亡くなり、無名戦士の墓地に埋葬された。彼らは自らの名前すら誰にも知られていない国のために、命を捧げて守ろうとした。イスラエル社会がホロコーストの犠牲者たちをどう扱ったかの問いに向き合うのは、これが最後ではない。とは言え、彼らの死はその信念の深さをも証している。ヨーロッパで目にしたことを思えば、ユダヤ国家の建設は何にも増して、自らの生存よりも重大だ、という信念である。

惨敗に終わったラトルン作戦に続いて、数日後、痛烈な敗北を被った。エルサレム旧市街のユダヤ人地区がアラブ軍団の手に落ちてしまったのだ。このアラブ軍団は、アラブ軍の中でも最高の訓練と装備を備えていて、今なおイギリス軍の指揮官に率いられていた。後にイスラエル国の首相になるイツハク・ラビンは戦《おのの》いて旧市街を眺めていた。敗北の深い痛みを顔に表しつつ、ユダヤ住民が白旗を掲げてアラブ軍団に降伏している。ユダヤ人は紀元前五八六年、戦いに敗れてバビロニアの王ネブカドネザルによってエルサレムから追放され、西暦七〇年にはローマ軍によって再び追い出された。またもや今、敗北したユダヤ人の長蛇の列が、わずかな所持品を抱えて町から追い出され、涙をこぼしながらエルサレムを後にしている。ヨルダン人は、これまでの征服者たちと同じように都に容赦はしなかった。ユダヤ人の会堂を家畜小屋にし、墓石を仮設トイレに使った。ユダヤ人が再び西の壁に触り、ユダヤ教の最も聖なる場所で祈れるようになるまで、これから十九年の月日を待つことになる。

必要は発明の母――創意工夫を凝らした戦い

ハガナーはラトルン攻略を断念し、それに代わる経路を切り拓くことにした。後に「ビルマ・ロード」として知られるようになる迂回路だ。第二次大戦中、ビルマと支那を結ぶビルマ・ロードが、日本軍の包囲下にあった国民党軍に物資を運ぶのに役立ったように、この経路がエルサレムにいるユダヤ人に救援物資を運ぶのに役立ったため、そう呼ばれるようになった。古代の街道跡に沿ってビルマ・ロードを開通させようとした創意工夫は、開拓期の地下組織の特徴で、今ではイスラエル国防軍の特色となっている。必要は発明の母と言われるが、新国家はこの戦いに敗れれば、ユダヤ人の血の海となることを知っていた。だから独立戦争の様々な局面で、創意と勤勉さを示すことになる。例えば、ビルマ・ロードに関して言えば、次の通りである。

技師たちが、ブルドーザーやトラクターを使い、肉体労働で、不可能に近い任務に取りかかり、果樹園の上にある絶壁から渓谷に至る通路を切り拓こうとした。夜にはヨルダン軍の砲弾を背景にするというその光景は、ほとんど現実離れしていた――数百の労働者が黙々と食料や物資を背負って、谷底で待機するトラックやジープ、ラバまで運んでいく。乳牛の群れまでこの補給路を通して運ばれた。何としても牛肉をエルサレムに運ばねばならなかったからだ。[18]

ハルエル旅団は、この迂回路を使って補給物資を届け、エルサレム西部の防衛に成功した。当時二十六歳のイツハク・ラビンが司令官だった。だが、エルサレム旧市街を奪還することは、まだできずにいた。

もちろんビルマ・ロードだけが、この種の創造力や創意工夫を示す事例ではない。戦争の大部分で重火器に欠くことが多かったため、イシューヴはダヴィドカという自家製の七十六ミリ迫撃砲を頼りにした。[19] この迫撃砲は射撃精度が低く、爆発しないこともよくあった。ダヴィドカの唯一の利点は、きちんと爆発した場合、射撃精度はどんなに悪くても、ものすごい閃光と並外れた爆音をもたらすため、地元のアラブ住民に大混乱を引き起こすことにあった。[20] ダヴィドカは、エルサレムとツファットの戦いで大活躍した。爆音がもたらした混乱のお陰で、あっという間に地元の住民が逃げ去るか投降したからだ。五月六日から九日にかけてのツファットの戦いでは、ダヴィドカの大きな爆音を聞いた地元のアラブ人が、ユダヤ人は「核兵器」を使っていると思ったらしい。「上空を飛んでいたハガナーの偵察機は、『数千の避難民が川の流れのようにメロン（ツファットの西隣村）のほうへ徒歩で敗走しているのが見えた』と報告している……アラブの居住地は、文字通り一夜にして〝無人の町《ゴーストタウン》〟と化した」[21]

空軍も同じように創造力を発揮した。整備士たちは、飛行機に搭載する実弾に加えて、ソーダの空き瓶を基地や近所から回収して飛行機に積み込んだ。空き瓶を上空から落とすと、まるで爆弾が地上に墜ちてくるときの甲高いヒューンという音に聞こえるので、この戦術は敵側の士気を弱める、と聞いていたからだ。

休戦協定が結ばれる

それでも新生ユダヤ国家は武器量でかなわず、持ちこたえるのに必死だった。死傷者の数は増え、海外から発注した重火器が届くのをイスラエルは待ちこがれていた。エジプト軍が制空権を押さえていた。イスラエルは独立を宣言したばかりなのに、国運は危ぶまれた。

国際社会は、流血の惨事を憂慮し、何とか休戦に持ち込もうと考えていた。国連安全保障理事会は五月二十二日、即時停戦を要求した。国連事務総長は、スウェーデンの外交官フォルケ・ベルナドッテ伯を休戦協定の交渉役に任命した。

控えめに言っても、ベルナドッテとは興味深い選択である。彼は第二次大戦中、スウェーデン赤十字社の総裁役として、数千のユダヤ人を死の収容所から救った。同時に、ナチスの指導者たち、特にハインリッヒ・ヒムラーと会って、極秘ルートで戦争の終息を試みた。パレスチナでの戦争のピーク時に交渉役に就いた頃には、「意気軒昂《けんこう》なスウェーデンの貴族、『楽観主義で……行動派』……人道主義のドンキホーテ」

という評判だった。(22) 戦争終結の任務を受け、まだ誰も為し遂げたことのない役目をベルナドッテは引き受けた。臆することなく、まずは休戦を目指し、その後に恒久的な平和条約を結ばせようとしていた。

アラブ諸国とイスラエルはやがて停戦に合意した。一つにはベルナドッテの政治工作のお陰もあったが、戦争当事者たちが皆疲弊していたせいもあった。当初は六月一日に停戦開始となる予定だったが、停戦協定が複雑で、正式に実施できたのは十日後の六月十一日だった。

休戦の規定では「イスラエルとアラブ諸国の全面的な武器および軍事要員移送の禁止(23)」と定めてあったが、双方とも条件を守らなかった。アラブ諸国は、戦闘部隊を増強し、イスラエル領に散発的に発砲していた。イスラエル側は戦闘の小康状態を活かして、アメリカや西洋列強から購入した大量の武器を搬入した。イシューヴは、チェコスロヴァキアから大量の武器を受け取り、その中には「ライフル二万五千挺、機関銃五千挺、弾丸五千万個以上」が含まれていた。(24) 皮肉なことに、チェコの武器には、一九四五年五月以前にドイツ軍のために製造されたドイツ製のモーゼル社スタンダードモデルのライフルやMG機関銃もあり、鍵十字《スワスティカ》がついていた。第二次大戦中に、ドイツ軍のために製造された銃器が、今やユダヤ人の手に渡り、ユダヤの歴史の新しい章を切り拓こうとしていたのである。(25)

海外から相次いで到着したボランティアたち

海外から到着したのは武器だけではなかった。開戦当時、イスラエルには軍用機は一機もなく、パイロットもほとんどいなかった。(26) 他方、第二次大戦後のアメリカには、何百という飛行機の余剰があり、アメリカのために飛行したユダヤ系の退役軍人もいた。イスラエルには、極秘裏にそのようなパイロットを探し求めたが、その多くはすっかりアメリカ社会に同化していた。だが、ホロコーストの何かが、ユダヤ人としての自覚を促したのだろう。少数ではあるが、アメリカの法律を犯してでも、アメリカで余っている飛行機の購入を手伝い、ヨーロッパ経由でイスラエルまで飛行してくれた。彼らは中古の軍服をあてがわれたが、陸戦部隊の銃器の中にはナチスの記章が刻んであったように、その飛行服にはドイツ空軍の認識票がついていた。

ドイツは、メッサーシュミット軍用機の製造工場をチェコスロヴァキアに建設しており、この工場では、第二次大戦が終わった後でも、飛行機を造っていた。アメリカ人パイロットは、このメッサーシュミット製の飛行機に乗ってイスラエルに向かい、戦闘に加わった。

アメリカ人たちはイスラエルに到着後、すぐに報告を受けた。エジプト軍がすでにテルアビブの南十キロまで進軍しているので、今すぐ攻撃しなければ、明朝には一万のエジプト兵がテルアビブに到達する。[27] それで、最初の爆撃作戦では旧式の単発小型機で飛び立ち、あっという間に形勢を一変させてしまった。後に進撃するイラク軍を空爆し、イラク軍はこれに懲りて、イスラエル侵攻を諦めた。[28]

全部で、およそ三千五百人のボランティアが、世界各地からイスラエルに来て戦争努力を手助けた。興味深いことに、その多くはユダヤ人ではなかった。およそ百九十人のボランティアが空軍に入った。[29] パイロットの何名かは作戦中に命を落としている。独立戦争の後、ほとんどのアメリカ人は本国に戻った。他の人々は、イスラエルこそ自分の母国と思って留まり、エルアル航空のパイロットとなるか、イスラエルの航空機産業に勤めた。

海外から相次いでやって来たボランティアたちは、軍事上の重要な働きをしただけではなく、イスラエル人は数では劣るけれども、決して孤独ではないことをイスラエル人自身に気づかせてくれた、と歴史家のベニー・モリスは記している。[30] ホロコースト以来、ユダヤ人の運命は劇的に変わり、国の士気は大いに高まった。

ユダヤ人同士の戦闘――アルタレナ号事件

何としても軍備を増強する必要があったが、この戦争の一大惨事になりかねない事件をもたらしてしまった。五月二十六日、ダヴィッド・ベングリオンは、ほんの一頁、タイプ打ちで二十行ほどの短いメモを公表し、ハガナーはもはや「秘密組織という立場」ではなく、新生イスラエル国家の正式な軍隊、イスラエル国防軍になると宣言した。さらにそのメモは、それ以外のいかなる武装集団の活動も許可しない、と規定していた。それは、日増しに国家が統一されていく現れであり、それと同時に、ベングリオン自身が権力を幅広く掌握しようとしていることを示していた。首相はこう書いている、「この命令に沿って実施される行為は、たとえそれが現行法の指示に反したとしても、すべて合法であると見なされる」[31]

ベングリオンとメナヘム・ベギンは合意に達し、イルグンのメンバーは、新しく誕生したイスラエル国防軍の兵籍に入ることになった。イルグンの武器や装備、および武器製造の設備は、国防軍に譲り渡される。国防軍の旅団の中にはイルグンの特別部隊もないし、イルグンが単独で武器を購入することもはやない。ベングリオンは、イスラエルが正統な国家となるためには、競合する複数の民兵組織を持つことはできないことを心得ていた。

　ベギンは、イルグンがイスラエル国内で独自の軍事組織としては活動しないことを承知し、同意した。だがベギン率いるイルグン戦闘員の中には、包囲下にあるエルサレムに留まっている者もいた。当時エルサレムは、厳密にはイスラエル領ではなかったので、エルサレムにいたベギンの勢力は国防軍に編入されるという合意には縛られていなかった。彼らの武器が危険なほど不足していたので、ベギンは、何としても部下たちに武器装備を供給し、さらにはエルサレムを守るためにあらゆる支援をするつもりだった。

　この間、ベギンの知らないうちに、ベギンとは不和だったイルグンのアメリカ部門が、古い輸送船を購入し、アルタレナ号と名付けていた（アルタレナとは、イタリア語で「シーソー」の意味で、ジャボティンスキーがジャーナリスト時代に用いたペンネーム）。やがて船はフランスに停泊した。フランスは、中東におけるイギリスの影響力を抑えるため、一億五千万フランに相当する軍需品を提供してくれた（今日の価格で五億ドル以上）[32]。アルタレナ号の搭載軍需品には、ライフル五千挺、ブレン機銃二百五十、弾丸五百万発、野砲五十門、軽装甲車両十台が含まれていた。待ちこがれた武器の他に、約九百四十人の移民、その多くは戦争を生き延びた人たちで、それ以外にも数名の――イェヒエル・カディシャイを含む――イルグンのメンバーが乗船していた。当初の予定ではアルタレナ号は五月十四日にパレスチナに到着するはずだったが、出港が遅れて、イスラエルに向けて出発したのが六月十一日、つまり停戦の武器輸入禁止令が効力を発した日だった。

　ベギンは停戦協定を遵守《じゅんしゅ》するつもりだったが、輸送船の報告は受けていなかった。出港を伝え知ったときには、船はすでにイスラエルの領海近くまで来ていた。船長のエリヤフ・ランキンと連絡を取ってイスラエルの領海に入らないよう指示しようとしたが、通信装置が機能不全だった。輸送船の進路を変更できないと悟ると、ベギンはベングリオンに事態を報告した。

　ベングリオンは、輸送船の入港が停戦協定を公然と違反することは分かっていた。だが、喉から手が出るほど手に入れたいこの軍需品を断念する気にはなれなかった。六月二十日、輸送船はイスラエルの海岸に到着し、テルアビブの北クファル・ビトキンに向かうよう指示を受ける。そこなら、国連（軍事）監視団の目を逸《そ》らせるかも知れないからだ。ただ、ベングリオンとベギンの間には、兵器の扱いに関する合意は何もなかった。ベギンは、兵器の大部分を国防軍に譲渡するつもりだが、残り二割は、エルサレムでヨルダン軍に対して必死に頑張っているイルグン戦闘員のために保持したい、と主張した。ベングリオンは、この提案を一蹴した。ほんの少しでもイルグンに兵器を割り当てれば（それが、たとえエルサレムにいるイルグンのためであっても）、軍隊の中に別の軍隊があることを正当化することになるからである。

輸送船の知らせは瞬《またた》く間に広まった。ベギン自身がクファル・ビトキンに出没するのではないか、という噂が流れた。イルグンの戦闘員たちは、自分たちの戦いを指揮している潜伏中の人物に会いたくて、部隊を離れてクファル・ビトキンに向かった。これがベングリオンに、ベギンは何か不埒《ふらち》なことを企んでいるのではないかという懸念を抱かせてしまう。それで翌日、ベングリオンは内閣を招集した。ベングリオンは閣僚に偽って、ベギンはアルタレナ号計画を、船が出港するまで隠していた、と伝えた。今やベギンに対する長年の不信感がベングリオンの言動を左右していた。ベングリオンは閣議でこう述べている。

> 二つの国家を持つことはなく、二つの軍隊を持つこともない。ベギンの思うままにさせるわけにはいかない。私たちは決断を迫られている。ベギンに権限を譲るのか、それとも単独行動をやめるように伝えるか。彼が申し出を受け入れないようなら、私たちは発砲することも辞さない。[33]

参謀総長イスラエル・ガリリは、国防軍のパイロットたちに輸送船を機銃掃射するよう命じた。パイロットの多くは、第二次大戦中に連合軍のパイロットだったアメリカ人やボランティアである。パイロットたちは拒否した。「おれたちがここに来たのは、ユダヤ人のために戦うのが目的であって、ユダヤ人と戦うために来たんじゃない」と断った。[34]

この時、ベギンはすでに輸送船に乗り込み、イルグン隊に、闇夜のうちに積み荷を揚陸《ようりく》するよう指示していた。すべての兵器を国防軍に引き渡すよう最後通告を受けていたが、ベギンは返答しなかった。後に彼は、最後通告は現実離れしていて、返答する余裕など全くなかったからだ、と述べている。

銃撃戦がハガナーの軍隊とイルグン支持派の間で始まった。アルタレナ号は岸を離れ、南のテルアビブへ向かった。ホテルの宿泊客や海辺で遊ぶ人々、記者や国連監視員が見守る目の前で座礁し、身動きが取れなくなってしまった。

海岸にいたパルマッハ戦闘員が突然、アルタレナ号に発砲した（パルマッハ部隊は、イルグンと最も敵対する関係にあった。イツハク・ラビンはその指揮官の一人）。イルグン戦闘員がそれに応射した。ユダヤ人が、ユダヤ人を銃撃し始めたのである。独立してまだ五週間、ユダヤ国家は内戦寸前の状態だった。

弾薬をまだいっぱい積んでいた輸送船に、砲弾が次々と命中した。ベギンは一貫して、部下に反撃しないよう指示していた。船は砲撃を受け、搭載していた軍需品が爆発し始めた。ベギンはなお船内に留まり、皆に船を離れるよう指示した。皆が避難し終わるまで、ベギンは船に残ろうとしたが、部下たちが力づくで船から引き降ろして海岸まで連れて行こうとした。ベギンが海岸に向かっている間、ベギンめがけて一斉射撃が浴びせられた。その場にいた人たちの多くは、ハガナーの戦闘員がベギンを殺すつもりだと思った。ベギンが船を後にして間もなく、残りの弾薬が引火し、船は大破した。イスラエルが独立を宣言したすぐ後に起きたこの事態に、国防軍の兵士たちは間違いなく複雑な気持ちを抱いていた。彼らは、アルタレナ号の乗船者を救出するため海に飛び込んだ。

一方、海岸では戦闘が続いていた。ハガナーとイルグンの戦闘員は銃撃戦を繰り広げ、ユダヤ内戦は地中海の海上からテルアビブの街路へと移った。双方に死傷者が出た。ベギンは部下に、ユダヤ人に向かって発砲するなと命じていた。双方とも、イスラエルは内戦などしている余裕はないことを知っていた。戦闘は終わった。

アルタレナ号事件がもたらした教訓

結局、クファル・ビトキンの銃撃戦も含め、死者はイルグンが十六人、国防軍が三人だった。その一人がアヴラハム・スタヴスキーだった。一九三三年のハイム・アルロゾロフ殺害の容疑を掛けられたが、後に無罪放免となった人物である。彼はアルタレナ号に乗船した一人だったが、十五年前にアルロゾロフが殺害された海岸のすぐそばで死んだ。

ベギンはラジオ放送に出演し、一時間以上におよんでイルグンの戦闘員たちに語りかけた。イルグンは何も悪いことはしていない、と自らの主張を繰り返しつつ、部下たちに、「兄弟に向かって拳《こぶし》を上げてはならない。今日も同様だ」と重ね重ね言い聞かせた。そして、やがて常套句となる言葉、ユダヤ人はユダヤ人と戦ってはならない、「ヘブライ人の武器を、ヘブライ人の兵士に用いることは禁じられている」のだから、と訴えた。「私たちの門戸に敵がいるのに、内戦などしている場合ではない」とラジオ放送でベギンは叫んでいた。

イルグンに対して怒り心頭に発していたベングリオンは、イルグンの戦闘員をテルアビブに埋葬することさえ許さなかった。

武器輸入をなぜ許したのか、とベギンを非難する者がいた。それに対して戦闘終結に極めて重要な役割をベギンは果たした、と賞賛する者もいた（ちょうど、狩猟期《セゾン》にハガナーを攻撃することを拒んだように）。ベギンは後に、自分がイスラエルに為した最も重要な貢献は、全面的な内戦を防いだことだ、と述べている。ベングリオンも事件の結果に頑として譲らず、自分は国家を民兵の反乱から救った、と主張した。アルタレナ号を撃沈した大砲はとてつもなく神聖で、「もし神殿が建てられるなら、そのすぐ側に安置される」に値するほどだ、とベングリオンは強調して、このコメントを繰り返している。(35)

ベングリオンが「多分、自分は誤っていたのだろう」とようやく認めるようになったのは、一九六五年、アルタレナ号事件に関する政府審問の後になってからである。(36)

何よりも、アルタレナ号事件は、イスラエル人の価値観に、国家が正当であるためには、すべての軍隊は政治機構に従わねばならないという認識をもたらした（文民統制《シビリアン・コントロール》）。後年、イスラエル人は、パレスチナの選出議員たちが複数の武装徒党を制御できない現状を見て、「パレスチナ人はまだ、彼らのアルタレナ号を経験してない」と述べている。

今も議論の絶えないリダの戦闘

戦争の次の段階は、一九四八年七月八日に戦闘が再開してからの（停戦は一カ月ほど継続した）ほんの十日間である。この段階は、独立戦争で最も論議を呼ぶ期間で、今も議論の絶えない戦闘を含んでいる。

それは、リダ（ロッド）での戦闘である。イスラエルの独立戦争だけでなく、イスラエルの歴史をめぐる「歴史記述の争い」の典型的な事例だ。イスラエルを代表する歴史家マイケル・オレン（後の駐米イスラエル大使）は、「歴史における重大な争いは、やがて歴史をめぐる重大な争いとなる」と書いている。(37)世界のどの国も、イスラエルが抱えている「歴史をめぐる争い」のような激しい歴史論争を招いたことはない、と言う。

それはなぜか。オレンはこう述べている。「アラブ・イスラエルの歴史をめぐる論争が凄《すさ》まじいのは、この論争が多大な利害に直結するからだ。双方が争っているのは、大学の図書館の本棚のスペースをどうやって確保するかという程度のものではなく、何百万という人々の生活に深く関わる問題を論じている。イスラエルの安全、パレスチナ難民の権利、エルサレムの未来に深く関わる問題である(38)」。これはイスラエル人とアラブ人の争いだけではない。イスラエル人自身の中にも、「新歴史学者」と呼ばれる学者グループがあって、様々な機会を通して、アラブ・イスラエルの紛争に関するイスラエルの主流な歴史記述を覆《くつがえ》そうとしてきた。彼らは、自らの目的を憚《はばか》らず明言している。このグループのメンバーであるイスラエル人イラン・パペは、目的は「地理上パレスチナであったところに、ユダヤの民族国家を目指す正当性を再検討することだ」と言っている。[39]※1

つまり、歴史をめぐるこの争いは、イスラエルの正当性をめぐる争いであり、ひいてはイスラエルの未来をめぐる争いである。だから、独立戦争の重要な出来事、特に大量のパレスチナ系アラブ人がイスラエルを立ち去る要因となった出来事は、今なお難解な政治問題であり、様々な歴史学派にとって重要な争点となる。

その一例がリダだ。エルサレムはヨルダン軍の襲撃下にあり、一九四八年の夏にはイスラエル側が持ちこたえられるかどうか危ぶまれていた。それでベングリオンは、エルサレムに通じる新しい道を切り拓こうと決意していた。そのために、軍首脳部は、約二万人が暮らすアラブの町リダを奪取せねばならない、と判断した。テルアビブとエルサレムを結ぶ道沿いに位置するリダの人口が劇的に増えていた。戦闘下にあった他の町から、アラブ人が逃げ込んでいたからだ。トランスヨルダンのアラブ軍団も、約百二十五人の兵隊からなる歩兵部隊をこの町に駐留させていた。兵隊たちも、武装した地元住民も、イスラエル国防軍と戦うために備えていた。

戦いは「ダニー作戦」という形で勃発した。七月十一日、イスラエル兵は町を襲撃したが、町のすべてを攻略することはできなかった。同日夜、別の大隊が町の中に進出し、町のイスラム大寺院と聖ジョージ教会を奪取。イスラエル国防軍は、住民に寺院ないし教会に出頭するよう命じた。すぐに二つの建物は人々でいっぱいになった。ほとんどの証言では、イスラエルの兵士たちはやがて、婦女子を立ち去らせたという。

約三百人のイスラエル兵士が町を包囲していた。アラブ軍団の戦闘員は地元の警察署まで撤退し、そこの周りにバリケードを築いて立てこもり、緊張した膠着《こうちゃく》状態が続いた。翌日、数台のアラブ軍団の車両が突然、町に突入して四方八方に掃射した。地元のアラブ戦闘員がこの再攻撃に加勢し、あらゆる建物からイスラエル兵に発砲した。町の小さなモスクからも狙撃があった。そのモスクの上から、アラブの狙撃兵たちが致命的な危険をもたらしていた。イスラエル軍の兵士は、アラブ軍の攻撃を阻止するよう命じられ、続く銃撃戦で、イスラエル軍は対戦車擲弾《てきだん》をモスクに打ち込んだ。諸説あるが、犠牲者が多かったのは明らかである。

正確にどう戦闘が展開したのか、何人のアラブ人がモスク内またはその他の場所で亡くなったのか、死者のどれくらいが一般市民なのか、といったテーマは今も一大論争の争点である。新歴史修正主義者たちの中には、リダでのイスラエル国防軍の行為を糾弾する者もいる。あるイスラエルの有名な作家が彼らの見地を要約して、「真昼の三十分間に、二百人以上の一般市民が殺害された」と書いている。(40)さらに、非は現場の兵士たちだけにではなく、言うなれば彼らを含むより広範囲な作戦にあることを示唆しながら、「シオニズムは、リダの平野で人類の破局をもたらした」と非難を続けた。(41)

多くの歴史学者は、この歴史修正主義者たちの結論を真っ向から否定している。二〇一四年、著名な歴史家が、リダの戦闘に関する記録文書を綿密に検証した。そして、歴史修正主義者たちがイスラエルの歴史観を覆そうとするばかりに、極端な主張を展開し、証拠書類の検証をなおざりにしているのを実証した。リダでの死者数は、歴史修正主義者の諸説よりもはるかに少なく、死者のほとんどが戦闘員であったことを明らかにした。双方に死者が出たが、新歴史学者が描く類いの虐殺は全くなかった。(42)

興味深いことに、かつては新歴史学派のメンバーで、イスラエルの従来の歴史観にとても批判的なベニー・モリスも、「虐殺」という言葉を確かに使ってはいる。※2とは言え、リダで何が起こったにせよ、それは戦争という、より広い文脈で捉え、イスラエルとアラブの戦闘員自身がいかに行動したかを踏まえて解釈されるべきだ、と彼は主張している。

※1訳注・新歴史修正主義者のグループは一枚岩ではない。例えば、かつてはこのグループのメンバーだったベニー・モリスは、同グループに属するイラン・パペを、歴史記述を政治喧伝に利用していると批判し、パペの主著『パレスチナの民族浄化』は歴史資料の誤訳や曲解が著しく、一行も信頼できない、と述べている(パペは一九九九年の総選挙で共産系の左翼政党から出馬しているが、落選)。このように新歴史学派も様々である。

※2訳注・モリス自身が述べているが、ここで言う「虐殺」とは、戦闘における個別レベルでの越軌《えっき》のことであって、ボスニア内戦やダルフール紛争で行なわれたような一般市民に対する組織的な虐殺ではない。アラブ人指導者や宣伝家は当時から、イスラエルに関する様々な謬説を喧伝していたが、大半の新歴史修正主義者も、国家や軍による組織的なアラブ人の虐殺や追放計画はなかったことを認めている。

しかし、リダはシオニストの行動パターンを代表するものではない。一九四八年以前のシオニストの活動範囲が広がっていったのは、アラブ人の土地を占領したからではなく、購入することを通してだった。繰り返しユダヤ人を虐殺していたのはアラブ人である。その一例は、一九二九年のヘブロンやツファットで勃発した暴動である。一九四八年の戦争で、最初に残虐行為を行なったのはアラブ人だ。一九四七年十二月三十日にハイファの石油精製所で三十九人のユダヤ人従業員が殺された件である。

確かに、ユダヤ人が常軌を逸《いっ》した非道な行為をすることもあった。長引く内戦は戦闘員を残忍にし、復讐心を抱かせる傾向がある。だが、そうなったのは、四百に及ぶアラブの町や村を攻略したからである。パレスチナ人は――少なくとも自分たちの力で――ユダヤ人集落を一つも占拠することができなかった。唯一の例外は一九四八年五月十三日に占拠されたクファル・エツィヨンで、ヨルダンのアラブ軍団の支援を受けてのことであり、そこでアラブ側は大規模な虐殺を行なった。[43]

独立戦争は苛酷な戦いだった。アラブ人にとっては尊厳を懸けた戦いであり、ユダヤ人にとっては生存を懸けた戦いだった。残忍な行為は双方にあった。ただ、モリスが述べているように、イスラエル側にとって残忍な行為は例外であったのに対し、アラブ側にとって残忍であることは原則であった。

リダの戦いが終わると、アラブ軍の残兵は撤退した。イスラエル国防軍と地元アラブ人指導者は合意に達し、住民がリダの町を明け渡して東に移動することになった。またもや戦闘の結果、住居を立ち去る難民の長蛇の列ができてしまった。ユダヤ人考古学者で難民の行列を目撃したシェマリヤ・グットマンは、後にこう回想している。

大勢の住民がゾロゾロ歩いていました。……女の人たちは荷物を背負い、袋を頭の上に載せて歩いていましたね。母親は子供たちの手を引いて。時々、威嚇《いかく》射撃が聞こえました。時折、行列の中で若者の射るような眼差しに会うんですよ。その眼差しが訴えていましたね、「まだ降伏したわけじゃない。お前らと戦うために、おれたちは必ず戻ってくる」って。[44]

地域のどこを見回しても、打ちのめされた難民の行列があった。エルサレムの旧市街からはユダヤ人が追い出されていた。イスラエル北部からは、数万のアラブ人が逃げ出していた。このすぐ後、北アフリカのアラブ諸国で暮らしていた数十万のユダヤ人が逃れてきた。苛酷な仕打ちや暴力の脅《おど》しで、国外に追い出された人たちである。最終的には、七十万のユダヤ人がアラブ諸国を立ち去り、建国間もないイスラエルに向かった。ユダヤ人もアラブ人も、非情な立ち退きを強いられた時代である。これらの人々の大移動がもたらした怒りや苦しみは、以後数十年にわたって、この地域を毒することになる。

自己批判の声――ナタン・アルテルマン

一九四八年十一月十九日、ナタン・アルテルマンは、労働総同盟《ヒスタドルート》の新聞『ダヴァル』に、「これ故に《アル・ソット》」と題した詩を掲載している。詩には特定の出来事に関する言及はない。リダの戦いについて述べているのかも知れない（しかし、リダの戦闘からはすでに数カ月経っており、時間が経つのを待ってからあの戦闘に言及するのも奇異な感じがする）。他の出来事のことかも知れないし、戦争の醜《みにく》さについての総括的な所感を綴っているのかも知れない。アルテルマンは、ジープに乗った若者「逞《たくま》しい獅子の子」を描いている。若者が老夫婦に近づくと、老夫婦は恐れ、歩いて来た道沿いの壁に顔を向ける。若者はニヤッと笑うと、「いっちょ、この銃でやってみるか」と呟いた。そして、アルテルマンは、「老人は両手で自らの顔を覆うと、その血が壁一面に飛び散った」と綴っている。アルテルマンがどの出来事について言及しているのかは分からない。だが、イスラエルの指導者たちが、この詩にどう反応したかは分かっている。ベングリオンは、アルテルマンに苛立《いらだ》つどころか、感謝したのである。驚いたことに、戦争の真っ最中にもかかわらず、ベングリオンはこの詩を読むと、すぐにアルテルマンに手紙を書いたのである。

わが親愛なるアルテルマン様、

おめでとう。つい最近『ダヴァル』紙に掲載された、貴男《あなた》の一文が示す道義的な説得力と表現力を祝します。貴男は純粋で忠実な声、人類の良心の声です。もしこの時勢に、この良心が私たちの心の内に働き、高鳴らないならば、これまで成してきた成果に値しない存在になってしまう。……私は、貴男に許可を願いたい。国務省のために貴男の一文を増刷させてほしい。私たちの軍のどんな部隊も、その兵器のすべてを合わせても、貴男の［詩の］力に優《まさ》るものはない。十万部、イスラエルのすべての兵士に配布させてほしい。

敬意と謝意を込めて

D・ベングリオン

戦闘の両サイドで、多くの人が被害を被った。だが、当時のイスラエル社会が異彩を放ち、今後もイスラエル社会の特徴となるものがある——ほとんど強迫観念に近い自己批判の傾向だ。イスラエルは草創期から内省的な社会だった。イスラエルが、自ら成し遂げたばかりの独立に見合う存在となるためには、ユダヤ国家の夢を生み出した伝統の価値観を反映させねばならない。そのことにイスラエルの詩人も政治家もこだわった。この自己批判の声はやがて、イスラエルの大きな強みとなる。

第二次停戦とアラブ難民問題

イスラエル軍の装備はより良くなっていた。それは、第一次停戦中に極秘裏に調達した兵器のせいでもあり、何としても生き残ろうとするひたむきな意識のせいでもある。そして、次第に自らの戦果を確固なものにしていった。そこで国連は第二次停戦を推し勧めて、七月十九日に休戦が施行された。こうして十日間の激しい戦闘は終わった。

第一次停戦と同じく、当初、双方は停戦協定に躊躇《ちゅうちょ》して渋ったが、やがて同意した。そして、前回の停戦時と同じように、双方ともこの休戦を再武装の機会として活かし、部隊を増強し、陣営拠点を強化した。イスラエル人は次の戦いに備えて一心不乱に準備している間も、紛争は間もなく終わり、自分たちが勝利することを感じ取り、つかの間の休息を楽しみながら、七月二十七日にはエルサレムで初めての年次軍事パレードさえ催《もよお》された。以降、この催しは何年も続くことになる。(45)

この間、アラブ人は、イスラエル殲滅《せんめつ》の戦いが失敗に終わったことに気づき始めていた。それ故、彼らは別の問題に狙いを定めることにした。アラブ難民の問題である。

独立戦争中、約七十万のアラブ人が住む場所から逃げ去った。歴史家のベニー・モリスは、アラブ人が様々な理由で立ち去ったことを提示している。ヤッフォやハイファ、その他の大きな市や町では、アラブ人の都市社会がすっかり崩壊していた。特にアラブ人の指導層が逃げ去ったからだ。他のケースとしては、ユダヤ人の残虐行為に関する流言が広まって(その大部分が事実無根)、逃げる以外に生き延びる道はない、とアラブ人が信じた事例がある。それ以外には、イスラエルがアラブ人を追い出したケースもある。ベニー・モリスも、ベングリオンには選択の余地が全くなかったことは分かっている。ベングリオンの責任は、存続可能なユダヤ国家を造ることだった。モリスが言うように、ベングリオンは「人口統計の問題を理解し、アラブ人少数派が大きくならないユダヤ国家を建設する必要があることを心得ていた」(46)。そうでなければ、ユダヤ国家の実現は不可能となってしまう。

戦争終結時には、七十万のパレスチナ難民が（イスラム諸国から避難せねばならなかったユダヤ人とほぼ同数）、レバノン、シリア、ヨルダンとガザに避難所を求めた。アラブ側は、引き続き交戦国の仲介役を務める国連代表のベルナドッテ伯に圧力をかけ、アラブ難民を紛争解決の最優先事項とするよう要請した。

イスラエル側は、アラブ側がユダヤ国家の撲滅《ぼくめつ》を目指して戦闘をしかける限り、難民問題は議論しない、と主張していた。それでアラブ側はアプローチを改め、難民問題が解決されない限り、和平交渉はありえない、と言い出した。難民問題の解決は、交渉の目標ではなく、むしろ、あらゆる交渉を始める前の前提条件というのだ。これで、つまるところ、難民問題は永久に論じられないことになる。イスラエル側からしてみれば、レバノン、シリア、そして（程度としては少ないが）ヨルダンも、難民問題を解決するというより、それを自分たちの切り札として確保するつもりでいる。アラブ側は今後、大敵シオニストと交渉するにあたって、この「利点」を活用することになる。その場合でさえ、アラブ側はイスラエルが消滅するまでは戦いを続けるつもりだった。

ベルナドッテ伯の暗殺と地下組織の終焉

ベルナドッテ伯はイスラエルに圧力をかけ、難民の帰還を許すだけでなく、ネゲブ、エルサレム、ハイファの港（国際管理下に置かれる予定）、リダの国際空港（現在のベングリオン国際空港、イスラエル最大の空港）、その他の地域を手放すよう提案した。ベルナドッテは、イスラエルが今や優勢になっている事実を無視しているだけでなく、国連の分割案でイスラエルに約束されている地域も取り上げるよう提案していた。こんな姿勢が、多くのイスラエル人に、ベルナドッテは公平な仲裁者だという装いに疑問を抱かせるようになる。ベルナドッテは間違いなく敵だ、明らかにイスラエルの敵国に味方している、と多くの人は感じていた。

一九四八年九月十七日、地下組織レヒのメンバー四人が勝手な行動を取り、イスラエル国防軍の軍服を着用して、ベルナドッテを西エルサレムで暗殺した。その手には未発表だった提案の原稿を握りしめていた。直ちに国際的な非難が殺到し、ベングリオンは悔しがった。交通相で、独立宣言に署名したダヴィッド・レメズは、「おれたちがあんな非難を受けたのは、イエスの十字架以来だ」と言ったという(47)。ベングリオンは、イルグンやレヒの残党を皆排除することを決意し、テロ撲滅のために、裁判抜きの行政拘留を含む広範な権限を自分に与えるよう内閣を説得した。ユダヤ人の地下組織はイギリス当局を撤退させるためには重要であったが、その時代は今や終わった。

あえて西岸地区を攻略しなかったベングリオン

時間的な余裕がないことはベングリオンには分かっていた。イスラエルの強健な男性人口の半分と、女性も少なからず動員していたので、戦いをいつまでも続けるわけにはいかない。それでもまだシリア、エジプト、ヨルダンの軍隊が、分割案でイスラエル側に割り当てられた地域に駐留しており、ベングリオンは彼らを撃退したかった。それで彼はイスラエル国防軍に圧力をかけ、それらの地域を征圧させて、戦闘を終結させるつもりだった。

十月末には、シリア軍とアラブ解放軍は北部を撤退していた。一九四九年一月、イスラエル国防軍はエジプト軍を撃退し、分割案でイスラエルに割り当てられていないネゲブの地域から追い出した。ただ、エジプトはガザ地区を手放さなかった（地図⑥参照）。ヨルダン軍としても早く戦争を終結させたかったた。ヨルダン軍とイスラエル軍の相互理解では、戦闘区域を制限して、西岸地区《ウェストバンク》はヨルダン領となるよう地域を分割することになっていた。戦闘はもう必要なかった。戦争は実質、終わっていたのである。※1

ベングリオン率いる将軍たちの中には、ヨルダン川の西岸地区を奪取したいと願う者もいた。イスラエルが、安全で自然な境界を確保できる機会をみすみす放棄することに不満だった。だが、ベングリオンは首を横に振る。理由は複数ある。イスラエルがこれ以上多くのアラブ市民を統治する必要は全くない、と考えていた。実際、ベングリオンは、イスラエル国内に留まったアラブ人のことを懸念していた。イスラエル国内に留まったのだから、彼らはイスラエル国民である。しかし、イスラエルのアラブ人と、国境の向こうにいるイスラエルの敵との違いは何か。それは唯一つ、彼ら自身がこちらに留まり、彼らの家族が国外に逃れたということだけだ。ベングリオンは、彼らが新国家に忠誠を示すなど夢想だにしなかった。

ベングリオンは、これ以上イスラエルが領土を奪取したら、アメリカが白眼視するのではないか、ということも憂慮していた。と同時に、ベングリオンが、西岸地区を攻略しようとしなかったのは、その意識がすでに他の挑戦に向いていたこともある。歴史家のアニタ・シャピラが記しているように、彼は、「大量の新しい帰還者を受け入れる重大な使命にすでに没頭していたのである」[48]

難民問題への真逆の対応

アラブ側は、休戦協定に調印することを渋った。彼らがどんなに否定しても、イスラエルとの合意に署名することは、ユダヤ国家撲滅の戦いに敗北を認めたことを意味するからだ。だが、結局はエジプトが一九四九年二月二十四日に調印し、レバノンが三月二十三日に、ヨルダンが四月三日に続いた。最後にシリアが一九四九年七月二十日に調印した。

イスラエルは、アメリカ国務省が無理だと予測していた勝利を達成した。それでも戦禍は甚大だった。約六千人のイスラエル人が亡くなった。その四分の一は一般市民である。この数は新生国家のユダヤ人口の一％にあたる。五百人以上の女性が亡くなった。そのうち百八人が兵役に就いていた。[49] 割合では、パレスチナのアラブ人もほぼ同数の死者数、つまり、一般市民のおよそ一％の犠牲者を出している。

この戦いで、一番被害を被ったのはパレスチナのアラブ人だ。彼らはこの時代を「破局《ナクバ》」と呼ぶようになる。およそ七十万人のパレスチナ・アラブ人が戦争で住居を失い、数千人が亡くなった。甚大な犠牲者数である。※2

それほどたくさんのパレスチナのアラブ人が、自らの住居を立ち退かねばならなかった事実は、紛《まぎ》れもなく痛ましい。そして、イスラエルがこの立ち退きの一因となったことは間違いない。とは言え、この痛ましい状態を、文字どおり

※1訳注・「西岸地区」という呼称はこのときに遡る。ヨルダンから見て「ヨルダン川の西岸にある地区」という意味。なお、国際社会でヨルダンの西岸地区併合を認めたのはイギリスとパキスタンのみで、アラブ連盟も承認しなかった。同地区の法的帰属は現在も未定。後述のとおりヨルダンは一九九四年に、西岸地区の領有権を正式に放棄している。

※2訳注・普通、難民の数は時間と共に減少するが、パレスチナ難民の総数は二〇一七年現在で約五百万人に増加。これは、パレスチナ難民の定義（ＵＮＲＷＡ）が、国連の定める一般的な難民の定義（ＵＮＨＣＲ）とは違い、「一九四六年六月一日から一九四八年五月十五日の間にパレスチナに住んでおり、その家と生計を失った者とその子孫であること」と定めているためである。なお、この二年間にパレスチナに住んでいたら、十九世紀末以降、ユダヤ人の大規模なパレスチナ開拓の恩恵にあやかろうとして外地から流入した多数のアラブ人もその子孫も、パレスチナ難民と見なされ、国際支援が考慮される。これは世界の難民問題では例外で、ベトナムのボートピープルにしても、難民状態は一世代限りである。ちなみにＵＮＨＣＲの難民定義に当てはまるパレスチナ難民の総数は、二〇一七年現在で多くても三万人である。

人類の悲劇にしてしまったものは何か。それは、受け入れ国の決断が、彼らを意図的に身寄りのない状態で永続させ、イスラエルに対する国際批判を醸成しようとしている態度である。入国したパレスチナ人を難民状態に留めておくことにより、レバノン人、シリア人、ヨルダン人、エジプト人は、紛争が展開するにつれて、この難民問題を切り札として活用しようとしたのである。

　イスラエルが住居を失ったユダヤ人にしたことは、真逆のことだった。数十万のユダヤ人がアラブ諸国を追われ、イスラエルにたどり着いた。ユダヤ国家はこれらの人々に市民権を授けた。一方（アラブ諸国）は、皮肉な行為と巧みな操作に基づく対応を示し、他方（イスラエル国）は、国民意識への責任と、より輝かしい未来へのビジョンに基づいて対処した。この異なる対応が、それぞれの難民の未来に大きな違いをもたらすことになる。[※1]

ベングリオンの透徹した現実主義

　一九四七年十一月二十九日の国連採決から二年の間に、イスラエルは独立を宣言し、戦争に勝利した。それは、イスラエルの撲滅を目的に近隣のアラブ諸国が始めた戦争であり、イスラエルは生き残れないと思われた戦いだった。イスラエルは数多くの局面で著しい進歩を遂げた。しかしベングリオンは、決して無垢《ナイーブ》ではなかった。ユダヤ国家の存在自身が、イスラエルの近隣アラブ諸国にとって、忌むべきものであることを理解していた。やがて、アラブ諸国は再び結集して攻撃を仕掛けてくることを正確に予測していた。いずれにしても、戦争は繰り返されることになっていたのである。

　だが、差し当たってベングリオン首相は、戦争をいったん横に置き、別のことに思いを向けた。

　国造りに取り組む時だった。

※1訳注・この他に、パレスチナに住んでいたユダヤ人の難民問題がある（長い歴史をもつエルサレムのユダヤ人街の住民などを含む）。あまり論じられないが数では約七万人、当時のパレスチナのユダヤ人口の一割以上とかなりの量である。ただ、彼らは苦境を克服し、新しい環境に目覚ましいスピードで適応したので、アラブ・イスラエル紛争の難民問題として取り上げられることはほとんどなかった。

第９章　夢から現実へ

ヤコブの家にこのように語り、イスラエルの人々に告げなさい。わたしがエジプト人にしたこと、また、あなたたちを鷲《わし》の翼に乗せてわたしのもとに連れて来たことを、あなたたち自身が見た。

――出エジプト記一九章三～四節

第一回国政選挙

一九四九年一月二十五日、聖なるオーラが新国家に充満していた。イスラエルは独立してすでに八カ月、戦争は実質的には終わっており、この日に国政選挙を実施した。

ユダヤ人が主権者となるのは二千年ぶりである。そのことを考えると、誰の目にもこの選挙の象徴的な重要性は明らかだった。ユダヤ教超正統派のラビ・モシエ・イエクティイエル・アルペルトは、イギリス委任統治時代に数々のユダヤ人コミユニティの指導者《ムフタル》だった。

午前五時三十五分、目が覚めた。妻、弟のラビ・シモン・レイブ、義弟ラビ・ネタネル・サルドヴィン、そしてわが息子ドウも起きてきた。朝のコーヒーを飲み終え、この大いなる聖なる日に敬意を表して、安息日用《シャバット》の正装に着替えた。「これは主が設けられた日、われらはこの日に喜び、楽しむ」（詩編一一八編二四節）。二千年以上に及んだ流浪の後、いや、天地創造の六日間以来、こんな素晴らしい日に与《あずか》ったことはない。ユダヤ国家の投票に行けるなんて……「われらを生かし、われらを守り、われらをこの時に至らしめたもうた御方は、ほむべきかな(1)」

アルペルトはコーヒーを飲み終えると、イスラエルの身分証明書を携帯して、午前六時に開場する投票所に向かった。

道すがら、まるでトーラー歓喜祭《シムハット・トーラー》[※1]を祝っているように歩いた。まるでトーラーの巻物を抱えて踊りの輪《ハカフォット》に参加しているようだった。イスラエルの身分証明書を手にしていたからだ。限りない幸せと喜びを感じていた。

一番乗りだった。ほんの数分待つと、アルペルトはカードを渡された。自分の名前と、番号「1」というスタンプが押されてあった。

そして、私の生涯で最も聖なる瞬間だった。私の父も祖父も体験することができなかった瞬間である。私だけが、生きている間に、このような聖なる、清らかな瞬間に居合わせる特権を許された。「恵福《けいふく》なるかな、わが身。恵福なるかな、わが分け前」。シエヘヘヤーヌの祝祷を唱えて、投票箱に封筒を投函した。[2]

ラビ・アルペルトは普段、朝の祈祷を唱えてから一日を始める。けれども、この日だけは投票を済ませてから、帰宅して朝の祈祷を唱えた。

感動に浸っていたのはアルペルトだけではなかった。テルアビブは群衆でいっぱいだったが、みな辛抱強く待っていた。町の中心的な交通の要所には警官や救急車が配備されていたが、何もすることがなかった、と報告している。[3] ネタニヤでは、投票所の開場を待って列をなしていた人たちが、誰ともなく「ハティクバ」を歌いだした。かつてシオニズム運動の主題歌であり、今やユダヤ国家の国歌となった歌である。

四十四万九十五人、有権者の約八七％が投票した。数日後、選挙結果が公表された。ダヴィッド・ベングリオンのマパイ党が、投票総数の三六％を獲得したことに、誰も驚かなかった。数週間後には国会《クネセット》となるイスラエル憲法制定会議の百二十議席のうち、四十六席をマパイ党が獲得した。[※2]

ヘルツェルの遺骸をエルサレムに

イスラエル初の国会は、幅の広い連立政権だった。宗教的な人も世俗派も、ユダヤ人もアラブ人もいた。連立与党は、マパイ党四十六人、ユダヤ民主連盟を代表するアラブ人二人、統一宗教戦線十六人、革新党五人、セファラディ連盟四人である。ダヴィッド・ベングリオンは最大政党の党首として首相に就任し、国防相も兼任した。[※3] ベングリオンは、共産党もメナヘム・ベギンの自由党《ヘルート》も連立には入れないと明言した。どちらの政党も、新生国家の価値観そのものを損なうと感じていたからだ。

すべてはこの記念すべき偉業を目にすることなく亡くなった一人の人物のお陰であることを、イスラエル国の創設者たちはよく分かっていた。それで数カ月後の一九四九年八月十七日、テオドール・ヘルツェルの遺骸をオーストリアのウイーンからイスラエルへ運び、現在「ヘルツエルの丘」と呼ばれる国立墓地に安置した。数千の人々が、六十四台の車列に続き、テルアビブからエルサレムに通じる道を進んだ。沿道には、さらに多くの人だかりができていた。車列はまず、ミクヴェ・イスラエルで停車した。一八九八年、ヘルツェルがドイツのヴィルヘルム皇帝に謁見《えっけん》した場所だ。次に、ヘルツエルがパレスチナで最初の夜を過ごしたリション・レツィヨンに向かった。首都にたどり着くまでに、二十万人（国民の四分の一）が敬意を表した。(4)最後に棺《ひつぎ》がエルサレムに安置されると、およそ二万の人々が整列して棺の前を通過した。埋葬式には全閣僚と全国会議員が参列し、およそ六千人が招待された。ヘルツエルの棺は、イスラエル各地の集落の土を入れた青と白の小さな袋三百八十個で覆われていた。(5)棺は、新国家の首都にある丘の上に埋葬された。この新国家こそ、ヘルツエルの構想《ビジョン》の産物であり、そのために彼は自らの生涯を捧げたのである。

※1原書注・トーラー歓喜祭（シムハット・トーラー）はユダヤ教の暦年でも特に喜ばしい日で、神の啓示（トーラー）の授与をユダヤ人が祝う時である。伝統的なコミュニティでは輪になって踊り、七度回る。この踊りをハカフォット、またはハカフォスと呼ぶ。

※2原書注・厳密には、この最初の選挙は、憲法草案を作成し、その後解散するはずの憲法制定会議のメンバーを選出するための選挙だった。クネセット（国会）という名称は、第二神殿時代のユダヤ教最高法院として機能した「大議会」のヘブライ語名に由来する。イスラエルの国会は議席総数百二十席で、シオニスト会議と同様に比例代表制を採用している。例えば、投票数の四分の一を獲得した政党は、国会の三十議席を獲得する。多くの政党が争っているため、どの政党も獲得票数は少ない。そのために首相は、百二十議席の過半数となる最低数六十一議席を獲得するため、複数の政党と連立を組まねばならない。各政党の思惑が異なるので、多くの連立政権は最初から望ましくない組み合わせとなる場合が多い。小さな政党は連立離脱カードで首相を脅かし、機能停止に陥らせることができる。このためイスラエルの内閣制度は騒乱が絶えず、不安定で、建国以来、国家を悩ませている。

※3原書注・イスラエルの首相は特定の閣僚ポストを兼任できる。通常その地位は他の閣僚に割り当てられるが、首相が自らの責務の分野として兼任することがある。首相と国防相を兼任したのはベングリオンだけではない。レヴィ・エシュコルも、イツハク・ラビンも兼任した。他の歴代の首相は、他の閣僚ポストを兼務している。

ヴァイツマンの大統領就任演説

新国家には国旗が必要だった。ヘルツェルは何十年も前に、『ユダヤ人国家』でこう記している。「私は、白地に七つの金の星を描いた旗を勧めたい。白地は私たちの純粋で新しい生命を象徴し、星は私たちが勤しむ就労日の黄金の七時間を示す」[6]。この点では、ヘルツェルの期待どおりにはならなかった。イスラエル国家は一九四八年十月に、一八九〇年代からシオニスト運動を象徴してきた旗を採用した。白地の真ん中にライトブルーのユダヤの星があり、その上下にライトブルーの横縞《よこじま》が入る。この旗の横縞は、ユダヤ教の祈祷衣《タリート》を連想させるデザインだ。新国家の超世俗主義にも限度があったのだ。

一九四九年二月十四日、初めて国会が召集された。国会には常設の建物がまだなかったため、エルサレムの中心街にあるユダヤ機関の建物に召集された。最初の仕事は、ハイム・ヴァイツマンを国の大統領に任命することだった。三十年前、ヴァイツマンはバルフォア卿を説得し、バルフォア宣言の発布に貢献した。イスラエルの大統領職はおおむね名誉職であるが、ヴァイツマン個人の経歴がこの役職に重みを与えていた。彼は選出されると、立ち上がって全員に語りかけた。

半世紀前、テオドール・ヘルツェルは、『ユダヤ人国家』の中で、ユダヤ郷土の回復が万民の模範となることを描いている。「どんなことであれ、私たちが彼の地で自らの福祉のために成そうとすることは、多大な影響力を発揮し、全人類の幸福と福祉を促進するであろう」[7]。ヴァイツマンは、ヘルツェルが夢見た国家の黎明期《れいめいき》にあって、極めてよく似たことを述べている。ユダヤ人が達成したばかりのことが、世界中で抑圧されている人々の励ましとなる、と彼は望んでいた。

今日、私たちは新時代の出発点に立っている。暫定《ざんてい》行政機構という通路を経て、恒久的で体制化された民主統治という本堂に入った。……今日は世界史における偉大な日である、と私たちが言ったからといって、思い上がっているなどと見なされたくはない。まさにこの時、この建物から、この聖なる町から、希望と激励の良きメッセージが、虐《しいた》げられていれるすべての人々に、そして自由と平等のために戦っているすべての人々に、行き渡るのである。[8]

ヴァイツマンは、こうも述べている。「数千数万の私たちの同胞が遠近《おちこち》の国々から帰還し、彼らを受け入れるために広く開かれたこの国の門戸をくぐっている」[9]。彼は、続けて語った。「私たちの願いと祈りは、異郷暮らしにある同胞がいよいよこの地に集まり、さらに大きな民族の群れを構成し、この地に根を張り、私たちと共に働きつつ、国家を築き、不毛の地を再び沃野《よくや》にすることである」[10]

ユダヤ人のさすらいに終止符を打つ帰還法

一年後の一九五〇年七月五日、国会はイスラエルの法制史上、最も象徴的な法律「帰還法」を制定する。ユダヤ人なら誰でもイスラエルに移民する権利があると規定したのである。さらに別の法律で、イスラエルに移民したユダヤ人は、入国と同時に市民権を付与されることになった。アメリカの詩人ロバート・フロストは自らの詩「雇い人の死」[11]の中で、「家《ホーム》とは、そこに行くしかないときに、必ず受け入れてくれる所だ」と綴っている。ユダヤ民族にとって、今やユダヤ国家がその郷土《ホーム》となった。もはや何千ものユダヤ人が、どこにも歓迎されず、ヨーロッパの難民キャンプに留まることもない。ユダヤ人を乗せた船が、必死に安住の地を求めて、大洋を彷《ほう》徨《こう》することも二度とない。帰還法によって、身寄りのない、さすらいのユダヤ人の時代は終わった。

イギリス当局は一九三九年の白書で、アラブの圧力に屈して、事実上ユダヤ移民を中断していた。白書は、ユダヤ国家設立に必要なユダヤ移民を非合法化することによって、事実上バルフォア宣言を無効にした。今度は、帰還法がイスラエル国へのユダヤ移民は制限しないと規定することによって、イギリスの一九三九年白書を覆《くつがえ》したのである。

さらに帰還法は、ナチスのニュルンベルク法も象徴的に覆している。ナチスは同法によって、祖父母が一人でもユダヤ人であれば、その人はユダヤ人であると定義した。帰還法は、同じ定義を採用したのである。[※1]つまり、「ナチスが殺害すると定めたユダヤ人の定義に充分当てはまるのなら、イスラエル国が受け入れ、保護しようと定めるユダヤ人の定義に充分当てはまる」と国会は言っているのだ。[※2]

かつてない数のユダヤ人が、誕生したばかりの新国家に移

※1原書注・伝統的なユダヤ教の律法では、ユダヤ人とはユダヤ人の母親から生まれた者、あるいはユダヤ教に改宗した者と定義されている。従って帰還法は、ユダヤ人の定義を、ユダヤ教の伝統からではなく、ニュルンベルク法から採用している。

※2訳注・帰還法は、世界各地でユダヤ人の迫害が広がった場合、いつでも避難所としてイスラエルに逃げてくることができるという意味で、安全を確保するためである。帰還法が、伝統的なユダヤ教ではなく、ニュルンベルク法のユダヤ人定義を採用しているのは、迫害者の視点から考える必要があるからでもある。

住し始めた。独立した一九四八年五月十五日から一九五一年末にかけて、少なくとも六十八万六千七百三十九人のユダヤ人がイスラエルに帰還している。出身地は七十カ国に及び、入国先の総人口比では、二十世紀最大の一斉移民である。あらゆる面で、近代史上、桁外《けたはず》れの移民吸収である。

戦争の間に、新たに十万人の移民がたどり着いた。年間移民数では、過去最高である。それはこれから起きることとの前兆だった。独立後の四十二カ月、月間移民数は平均およそ一万六千人に達した。合わせて六十九万人の移民がイスラエルにたどり着き、ユダヤ人口が三年間で倍増した。受容国との人口比では、どの移民国家にも類例がない大規模な移民である。⑫

イスラエルは今後も、帰還移民の波によって築き上げられていく国だ。※1 一九四八年には、世界のユダヤ人口のほんの六%がイスラエルで暮らしていた。二〇一五年には、その数はおよそ四十六%、世界のユダヤ人口の半分近くに増加する。

アラブ諸国からのユダヤ移民

移民の多くは、北アフリカのアラブ諸国の出身だった。一九四八年に、エジプトのユダヤ人口はおよそ七万五千人だったが、エジプト当局はユダヤ人の捕縛や資産没収に取りかかった。カイロのユダヤ人街は爆破され、ユダヤ人は出国した。一九五六年、エジプト当局はさらに二万五千人のユダヤ人を国外追放した。一九六七年には新たな迫害の波が起こり、さらに多くのユダヤ人が転出し、エジプトのユダヤ人口は二千五百人に減少した。一九七〇年代ではほんの数百人となった。

リビアでは一九四八年に、三万八千のユダヤ人が暮らしていた。ナチス・ドイツ軍はリビア北東部の港湾都市ベンガジを占領し、ユダヤ人に対する集団殺戮《さつりく》を展開した。ナチスの撤退後は、地元の住民によって同種の虐殺が行なわれ、三万のユダヤ人が避難した（ほとんどが一九四九年に避難）。一九五一年にリビアが独立すると、さらに多くのユダヤ人が行く末を案じて、国外に避難した。一九六七年の六日戦争後、ユダヤ人は再び虐殺の危機にさらされることになり、残っていたほとんどのユダヤ人は国外に逃れた。

モロッコには一九四八年、二十六万五千のユダヤ人が住んでいた。イスラエルの独立に伴い、ユダヤ人に対する暴動とボイコットが勃発した。一九五八年までには、六万五千のユダヤ人が転出した。一九六三年、さらに十万のユダヤ人が立ち退きを強いられた。一九六八年には、およそ五万人しか残っていなかった。この類いの現象は、アルジェリアやイラク、シリア、チュニジア、イエメンでも起きた。アラブ諸国のユダヤ人コミュニティで、事実上消滅したものもいくつかあった。リビア、イラク、イエメンのユダヤ人コミュニティの場合、イスラエル建国後の十年間にその約九〇％が転出した。[13] 一九四八年から一九五一年のたった三年間に、イスラム諸国で暮らしていたユダヤ人口の三七％以上がイスラエルに移民した。[14]

アラブ諸国以外でも、同じようなパターンが見られた。ブルガリアではユダヤ人のほぼ全員がイスラエルに移住し、一九九一年の共産主義崩壊の後は、アルバニアに住むほとんどすべてのユダヤ人がイスラエルに移民した。

ユダヤ人がイスラエルにたどり着くのはもはや問題ではなかったが、滞在国から転出するのがますます大変になっているところもあった。イラク政府はユダヤ人の出国を認めたが、それには市民権の放棄を条件とした。大方の予測では、一万から四万のユダヤ人が転出するだろうとされていた。だが、十二万人以上のユダヤ人——イラクの全ユダヤ人口のおよそ九〇％——が転出したことに、イラク当局は仰天し、面食らってしまう。この状況を憂慮し始めたイラク政府は、ユダヤ人の資産を凍結し、ユダヤ人家族が国外に財産を持ち出すのを禁じるようになった（一九五一年）。これまでイラク社会の裕福な一群を成していた人々が、ほぼ一夜にして、一文無しの新参移民としてイスラエルに入国することになった。

イラクのユダヤ人にとって出国することが一層危険になると、イスラエルは彼らを支援するために「エズラ・ネヘミヤ作戦」を決行した。エズラとネヘミヤは、二千五百年前、バビロニア（現在のイラク）に存在したユダヤ人コミュニティの指導者で、ペルシアの王キュロスのもと、ユダヤ人をユダ地方に帰還させた人物である。イラクのユダヤ人が移住できるよう、イスラエル政府の意気込みは徹底していた。首席ラビ庁は、通常のユダヤ宗教法に違反しても、安息日《シャバット》に飛行機で移民を移送することを許可するほどだった。※2

※1原書注・イスラエルのユダヤ人口は、二〇一五年には、国家独立時の一九四八年から十倍以上に増えている。同時期、海外のユダヤ人口は一千五十万から七百八十万人に減少したと推定される。

※2訳注・ユダヤ教では、金曜日の日没から土曜日の日没がシャバット（安息日）であり、最も聖なる日の一つ。聖書に「安息日を覚え、これを聖とせよ」（出エジプト記二〇章八節）とあるように、日頃の労働や営みを離れて、神の安息に過ごす日である。ユダヤ教では安息日の労働は固く禁じられており、イスラエルでは公共の交通機関も一部の例外を除いて止まる。ただし、人命の救助は安息日に優先される。

魔法の絨毯《じゅうたん》作戦

ベングリオンは、新国家がとてつもない財政問題を抱えていることは充分承知していた。だが、政策が財政状況に左右されるのをよしとしない分野がいくつかあった。その一つが帰還者の受け入れである。イスラエルの存続に必要な人的資本を確保する唯一の打開策は、大量移民にあることが分かっていた。だから、たとえ大量移民がどれほどの財政負担をイスラエルに課したとしても、出身国にかかわらずユダヤ移民を受け入れるつもりだった。当時、ユダヤ機関の財務部長だったレヴィ・エシュコル（後の第三代イスラエル首相）はイラク系の大量移民を懸念し、「私たちにはテントもないじゃないですか。彼らが入国したら、路上に寝てもらうことになりますよ」と言ったという[15]。ベングリオンは頑として聞かなかった。イスラエルに移住を希望するユダヤ人は誰であれ、イスラエルは受け入れるのである。

帰還移民にかけるこの熱意に駆り立てられ、壮大な作戦がいくつも計画された。その一つが「魔法の絨毯作戦」だ。イエメンで暮らすすべてのユダヤ人コミュニティを飛行機で輸送させる計画で、一九四九年六月から一九五〇年九月にかけて実行された[※1]。イエメンのユダヤ人は大変な道のりを経て、前もって指定されていた集合地点にたどり着く。そこから、アラスカ航空より調達したＤＣ四型スカイマスター機でイスラエルへ飛ぶのだ[16]。集合地点にはイスラエル人医療スタッフが待機し、帰還者たちのためにイスラエルへの旅の準備をした。この大量空輸によって、イスラエル政府は四万五千六百四十人を移送した。輸送機に付いていた座席をすべて撤去し、一度に五百から六百人を移送できるようにした。これとは別に、紅海に面した港湾都市アデンからも三千二百七十五人のユダヤ人を空輸している。後年、ゴルダ・メイールはこう回想している。

> 私は時折ロッドに行って、アデンから到着する飛行機を出迎えたものでした。疲れきった乗客の忍耐と信念には、ただただ驚嘆するばかりでした。ひげの老人に「前に飛行機をご覧になったことはあるの?」と尋ねると、「いいえ、ありません」との答えでした。「飛ぶのは怖くなかったのですか」と、さらに聞いてみました。そしたら、老人は「いいえ」と毅然と答えました。「聖書に全部書いてあります。イザヤ書に『彼らは鷲の翼で上っていく』と[※2]」。飛行場に立ったまま、その聖書の箇所をスラスラ暗唱してくれました。その顔は、預言が成就した喜びと、旅が終わった喜び

で光り輝いていました。[17]

到着した移民の多くが緊急医療を必要としていた。イエメンから来た児童三千人の容態は深刻で、うち数百人が途上で亡くなってしまった。[18]

新参移民の劣悪な生活環境

イスラエルには着いたものの、この数十万の新参者を収容する移民用の住居はなかった。移民が基本的に必要としている食料、医療、仕事などを提供する財源もなかった。この草創期に、ベングリオン首相の専制君主的な気質に対する不満が国民の間でくすぶり始めていたが、それを知ることなくしては、今後数十年のイスラエル国の政治やベングリオンの政党一強体制の終焉《しゅうえん》を理解できない。

当初、移民は仮設収容所に入れられたが、すぐに堪え難いほどの生活環境になってしまう。そのような収容所がハイファの近くにあったが、そこの所長が何も改善できないイスラエルの現状に失望して、新参移民の生活をこう説明している。

移民は収容所に閉じ込められていたんです。鉄条網の塀に囲まれ、武装した警官が警備していました。イギリス軍が残していった木と石の小屋にすし詰めになって、生活水準が劣悪になることが間々ありました。一日に三度、食料配給のために長蛇の列に並ぶんです。医療と関税サービスの周りには、数キロにも及ぶ列が何重にもなっていました。移民者たちは、浴場の順番が来るまで何時間も待たねばならないこともありましたね。トイレは汚物で溢れていましたし、停電もよくありました。収容所の水はいつも充分ではなかったですし、停電もよくありました。収容所の夜は、真っ暗でした。[19]

政府は何としてもこの状況を改善しようと、一九五〇年に常設住宅の建設に取りかかった。しかしイスラエルは多方

※1原書注・エジプトが、すべてのイスラエル船舶のスエズ運河通航を禁じたので、海路でイスラエルに向かうのは不可能だった。

※2原書注・作戦の正式名称は「鷲の翼に乗って」。「魔法の絨毯」は一般的な通称。イザヤ書四〇章三一節に「主を待ち望む者は、新たなる力を得、ワシのように翼をはって、のぼることができる」とあり、出エジプト記一九章四節には「あなたたちは、わたしがエジプト人にしたこと、また、あなたたちを鷲の翼に乗せて、わたしのもとに連れて来たことを見た」と書かれている。

面で膨大な課題を抱えていて、建設は予定より遅れてしまう。それでイスラエルは「仮小屋《マアバロット》」（移民キャンプ）を広めた。移民収容所のひどい生活環境を軽減するため、〝本物の〟住宅に入居できるまで仮設住宅として使ってもらうつもりだった。だが、仮小屋の生活環境もすぐに移民収容所と同じくらいひどくなり、移民の多くは仮小屋（あるいはテント）を常設住宅として暮らすようになっていた。やがて、仮小屋が立ち並ぶ地区は小さな町となり、しばしばイスラエルで最も貧しい町となるケースもあった。仮小屋で暮らす住民の大半はミズラヒー（中東系）のユダヤ人だった。仮小屋の生活は憤懣《ふんまん》を募らせ、何十年もの間、わだかまりとなっていく。ミズラヒーのこの憤りと人口増加は、やがて一つの大きな政治勢力となり、労働党はその対応を強いられることになる。

無償の義務教育

財源は限られていたが、ベングリオンが深く取り組んだもう一つの課題は児童の無償教育だった。教育はユダヤ人コミュニティの生活基盤として、初期のシオニスト会議の長年にわたる中心テーマだった。イシューヴは数多くの教育機関を設立しており、新国家が繁栄するには、教育が今後も重要な役割を担うことになる。国会は一九四九年に、最初の法律の一つとして義務教育法を制定し、五歳から十三歳の児童はすべて無償教育を受けられるようにした。国家はユダヤ児童のために、当時併存していた三つの制度を採択した。一般的な学校制度、社会主義の学校制度（これはすぐに取りやめになる）、そして宗教的シオニスト向けの学校制度である。超正統派コミュニティ向けの学校制度も制定された。アラブ人向けの既存の教育制度を運営する責任も、国家が担うようになる。

一九四八年以前、アラブ児童の学校は、公立校はイギリス政府を通して運営され、私立校は様々な宗教機関が運営していた。一九四八年以降は、アラブ児童のたった三〇%だけが入学したが、そのほとんどは小学生だった。当時、アラブ系の高校は十校しかなかった。イスラエルはこの状況を抜本的に改革し、アラブ児童にも義務教育法を適用した。(20)

どうやってバラバラの国民を一つにするか

優れた先見性をしばしば発揮するヘルツェルが、何十年も前にこう記している。「ユダヤ人が本当に郷土に戻ったとする。彼らがまず気づくのは、自分たちが長年、共に生きてこなかったことだ。何世紀もの間、それぞれの居住国に根をおろし、その国の住民として暮らしてきたので、互いに違うのである」。(21)

彼の言うとおりだった。大規模で前例のない帰還移民の流入は文化の衝突をもたらし、イスラエルの新しい社会や政治に何十年にもわたって影響を及ぼすことになる。

帰還者たちがイスラエルに上陸する前から、すでにその兆候はあった。輸送船の一つ、パン・クレセント号の甲板で、ハンガリー出身の女の子たちがよくビキニ姿で日光浴をしていた。それを見たモロッコ出身の男性たちが仰天し、うろたえていたという。モロッコのコミュニティでは、女性が人前で素肌をさらすことなど決してなかったからだ。

中東出身のユダヤ人たちも「ミズラヒー」という呼称でひとくくりにされたが、実はそれぞれにかなり違いがあった。ある歴史家はこう記している。

イラクからは知的な仕事をする人や高度な教養を受けたエリートが来た。クルディスタン出身の移民は読み書きが全くできなかった。エジプトのユダヤ人は自分たちを「ヨーロッパ」社会の一員だと思っていた。彼らは経済界のエリートの中枢をなし、共産党の創立者でもあった。イエメンのユダヤ人は職人や行商人で、シオンにメシア的な期待を抱いていた。(22)

中東系《ミズラヒー》のユダヤ人には互いに様々な違いがあったが、ヨーロッパ系のユダヤ人に広がっていた恩着せがましい世界観によく出くわした。東欧系《アシュケナジー》のユダヤ人は、初期の主な帰還移民を構成し、イシューヴを発展させ、今や国家を動かしている人たちだった。これは人種差別ではない——肌の色とは無関係である。要は文化的なエリート主義で、ヨーロッパ文化こそ最も進んでいて、このエリート文化を国民皆に教えることが新国家にとっても最善だという純粋な信念である。

ほとんどのミズラヒー系の移民が、新国家にわずかな資金しか持ち込まなかったのもあだとなった。出身国で貧しい暮らしを続けてきた者もいれば、財産をすべて没収されて追い出された者もいた。何らかの資産を持ってきた者もいたが、北アフリカ諸国やイラクからの移民は極貧だ、と国家が決めつけることもよくあった。

ユダヤ人の帰還を大いに提唱したベングリオンも、このエリート志向に関しては例外ではなく、彼はこう記している。

離散の生活が終わり［つまり、ブルガリアやイラクのユダヤ人のように、全コミュニティがイスラエルに帰還して、現地にはもはやコミュニティが存在しない］、各地からイスラエルに集まってきた者たちは、未だ一つの民族になっていない。いるのは雑多な群衆、言語も、教育も、ルーツも、伝統も、民族の夢もない、衆愚である……この衆愚を、理想を持って洗礼された独立国家に変貌させるのは……容易なことではない。その困難さは、経済吸収と同じくらい大変だ。[23]

できるだけ文化先進国として国家を発展させることに意を決したベングリオンは、学校を区別し、ミズラヒーとアシュケナジーの子供たちを別々に教育したらどうか、とさえ提案するほどだった。イスラエルが「レヴァント化[※1]」して、「アラブ人のように」なって「下落」するのを憂慮していたのである。[24]

アシュケナジーの子供たちがミズラヒーのレベルに「下落」するのを避ける一環として、多くの新興コミュニティには不文律の差別規制があった。形成期にあるコミュニティに新しく入居するには、そこで認可されねばならない。驚くべきことでもないが、ミズラヒーの新参移民の多くが入居を断わられた。その理由として「コミュニティに調和しないから」とだけ言われたのである。[25]

映画『サラフ・シャバティ』に見る帰還者の現実

イスラエル初期のこの一面が、後の政治的地殻変動をもたらすことになるが、それはひとまず横に置く。いずれにしても、アシュケナジー世界の多くの人々も、この一面をイスラエルの汚点と考えていた。イスラエルが数多くの財政その他の課題を抱えていたのは確かだが、自ら理想とした新参のユダヤ移民の受け入れ方とは程遠い。芸能界をリードするアシュケナジーもそう思っていた。このテーマを扱ったイスラエルの大衆文化で最も有名な作品は、恐らく風刺家エフライム・キションが監督した一九六四年のイスラエル映画『サラフ・シャバティ』だろう（キション自身もハンガリー出身の帰還者でホロコーストの生存者。ソビボル強制収容所も経験した）。興味深いことに、この映画はイスラエル作品としては初めて国際的な注目を集め、アカデミー賞最優秀外国語映画賞にもノミネートされた[※2]。

サラフ・シャバティは主人公の名前である。ミズラヒー的な名前なのは一目瞭然だが、実は「すまん《スリハー・》、来てしまった《シェバーティ》」の語呂合わせでもある。イスラエルに到着したサラフ・シャバティは、仮小屋に放り込まれてしまう。困難な生活環境からは抜けられず、サラフ・シャバティにはさっぱり分からないイスラエルの素っ気ないヨーロッパ流のしきたりに従いながら、ユダヤ国家での新しい暮らしの道理を把握しようと努力する。映画では、サラフ・シャバティが生計を立てながら、故国と同じように貫禄をもって振る舞おうとする愉快な奮闘を描いている（サラフ・シャバティの名前はイエメン系のニュアンスがあるので、出身国はイエメンであろう）。

『サラフ・シャバティ』は多くの人の反響を呼び、大きな成功を収めた。映画では、移民に閉鎖的であるキブツを風刺しているが、これにはキブツのメンバーが憤慨した。恐らく、その描写に思い当たる自らの姿を見たのであろう。それ以上に大切なのは、『サラフ・シャバティ』がイスラエル人に促している内容だ。つまり、イスラエルにユダヤ移民を受け入れるということは、ユダヤ国家を自らの郷土《ホーム》として帰還した人々に対する国家の責任を果たす第一歩に過ぎない、ということである。

国家意識の醸成——マムラフティユート

大量の帰還移民を迎えて、ベングリオンは、このように多様な大衆を一つの国家にまとめあげるという挑戦に向き合うことになる。国家は政治的な権威だけでなく、道徳や文化の中心である。ベングリオンはこの一点を、文化的背景に関わりなく、すべてのユダヤ人に教え込もうとした。すべての人々、あらゆる事々が、新国家のもとに置かれるべきだと考えていた。「国家とは、単なる形式的な実体、枠組み、政治形態、国際的な地位、主権、あるいは軍隊ではない」と彼は言う。「国家は、人々の心と精神と意識に内面化されない限り存在しない。……国家とはすべての国民を繋《つな》ぐ、意識の自覚であり、責任意識である」[26]。ベングリオンは、彼が造り上げようとするものを表す用語まで考案した——「マムラフティユート」である。適当な訳語はないが、しいていえば「国家主義」ないし「国家意識」という表現が最も近いのであろう。

この「マムラフティユート」という領域——国家を中心に

※1訳注・シリア・パレスチナの文化に影響を受けること。

※2訳注・『サラフ・シャバティ』の主役を演じたのは、テルアビブ出身の俳優ハイム・トポル。トポルは後に、日本でも有名な『屋根の上のバイオリン弾き』のミュージカルや映画で主役のテヴィエを演じ、ゴールデングローブ賞を受賞している。

据えた国民文化を築こうとするベングリオンの徹底した決意――において、彼の天性と専制君主的な性分が十二分に発揮される。[※1]ベングリオンは、その驚異的な決意と見識をもって陣頭指揮を執り、国家の機関や文化を興した。彼が数十年前に立ち上げた労働総同盟《ヒスタドルート》を原動力にして、労働者の権利、教育、医療、銀行業、等々を大事にした。多くの労働者は、ベングリオンの政府が労働総同盟を通して自分たちの面倒を見てくれていると思っていた。ある労働者は後にこう述べている。「ちょうど信者たちが、神が自分たちを守ってくれていると信じているように、私は労働総同盟が自分の面倒を見てくれていると思っていました」(27)

マムラフティユートの功罪

それと同時に、ベングリオンの新国家建設に対する思い入れがあまりにも強く、また自分にしかそれは成し得ないと確信するあまり、他の多くの検討事項が後回しになってしまうこともあった。例えば、イスラエルの独立宣言は、一九四八年十月一日までに憲法を裁可すると明記していた。しかしベングリオンは、樹立間もない国家の宗教的な勢力と世俗的な勢力が対立し、政治や文化の争いが国造りの妨げになることを、何としても避けたかった。さらにベングリオンは、憲法の内容次第では、司法が法律を取り消したり、一つの政党が過半数を獲得できなくなったりするような比例代表制の選挙制度を確立するなど、首相の権限を様々な形で制限しかねないことも分かっていた。[※2]長期的にはベングリオンも、首相の役職は一般的な民主的制限に統治されることに賛成だったが、当面は、限定しない広範な自身の権限が必要だと思っていた。[※3]そういうわけで、憲法制定を先延ばしにしてしまった。現在も憲法は裁可されないままである。

ベングリオンは、イシューヴの先鋭部隊であるパルマッハが政治的左派にあまりにも密接になっているのを懸念していた。それで、非政治的で、国家にのみ忠誠を示す軍隊を築こうと意を決し、一九四八年九月にパルマッハを解散させることにした。多くの人が、イシューヴの偉大な組織の一つを撤廃するなんて、と大いに当惑していた。

ベングリオンは事実上、テレビも禁止し、国営テレビ局の設立も許さなかった。ハガナーでは高官を務め、国防軍の幕僚長だったイガエル・ヤディンが、テレビは移民の教育や国民の一体感を抱かせる媒体として役立つことを訴えても、ベングリオンは譲らなかった。テレビの低俗な文化は社会全体の災いになる、と断言した。[※4]政府は放送電波も取り仕切っていた。ラジオ放送を統制する機関は放送庁と軍ラジオ放送局の二つで、そのどちらも政府の管轄下にあった。

イスラエルのマスコミは活気に溢れていたが、ベングリオンはこの分野でも圧力を掛けていた。ベングリオンは報道陣に、政府に協力してくれたら、他からは入手できない情報を与える、時には首相自ら提供すると明言した(28)。マスコミは、時にはベングリオンを容赦なく批判していた。報道機関が政界を鋭く批判する伝統は今も健在である。その代わりベングリオンはあらゆる権限を駆使して、事によっては報道の仕方に影響を与えようとした。

ベングリオンの強引なマムフラフティユートへの取り組みがどう受け止められていたかを最もよく示す事例がある。イエメン系のユダヤ人がイスラエルに到着して仮小屋で暮らしていた一九四九年から一九五二年の頃、政府がイエメン系の母親たちから赤ん坊を奪ってアシュケナジーの家族に与えた、と訴えた。実証はされていないが、イエメン系コミュニティの多数が堅く信じていた(29)。やがて、政府は調査委員会を三つ立ち上げてこの訴えを調べたが、実際に起きたという事例は見つかっていないとの結論に達する。政府委員会は二〇〇一年まで、行方不明の赤ん坊のケースを八百以上調べたが、そのうち七百五十人は亡くなっていたと結論している。残りの五十六人に関しては今も不明のままである(30)。イエメン系の家族を含む多くのイスラエル人が、これらの子供たちは誘拐さ

※1訳注・ベングリオンの言うマムラフティユートは、いわゆる「国家的理由」（レーゾン・デタ）と言われる、国家を法・道徳・宗教の規範や個人の人格に優越させる思想とは異なる。ベングリオンの弟子シモン・ペレスは、師の言うマムラフティユートとは、むしろ「違いを越えて一つになる」こと、つまり国家の重要な事柄には、党利党略や主義主張を越えて一つになるべき一線を引くことだと述べている。

※2原書注・後年、野党の党首メナヘム・ベギンは、ベングリオンが憲法を制定しなかったことを非難している。しかしながらベギンは、ベングリオンが憲法制定を先延ばしにしているのを痛烈に反対はしなかった。それは、自身の党内でも政治と宗教に関する見解が分かれていたからだ。さらに、ベギンは個人の権利を堅く信じていたので、社会主義者のベングリオン政権が制定する憲法は、個人の権利よりも社会のニーズを優先するものになりかねないと懸念していたからかも知れない。

※3原書注・ベングリオンをはじめ歴代の首相も憲法を採択しなかった。イスラエルには、基本法という機能的には憲法と同じ働きをする法範疇がある。しかし、独立宣言の誓約にもかかわらず、憲法自体は未だ裁可されていない。

※4原書注・テレビがイスラエルに導入されたのは一九六〇年代、モシェ・シャレット首相の任期中だった。

れ、「子供のため」を思ってより裕福な家庭に預けられたのだと信じている。事の真相はどうあれ、この訴えそのものが、国家草創という困難な時期にイスラエルの底辺の人たちがどんな思いで暮らしていたかを反映している。

ベングリオンがマムラフティユートに集中したことが明らかに行き過ぎとなり、以後イスラエル社会はこれらの政策の様々な後遺症に取り組むことになる。とは言え、ベングリオン自身も数多くの課題を抱えていた。独立は達成したが、次は新しい国民を通して国家を造らねばならない。彼らにとって、「政府」とは、はぐらかし、欺《あざむ》き、ごまかす存在でしかなかった。これはとりわけ中東諸国からイスラエルに帰還したユダヤ人に当てはまるが、ヨーロッパからパレスチナに、または後のイスラエルに帰還したユダヤ人にも言えることだ。彼らは出身国の政府に何の愛着もなかった。委任統治時代にイギリス当局のもとで暮らしたイシューヴのユダヤ人たちも、同様の反発を抱いていた。この種々雑多な人々を、まとまりのある、安定した、統制のとれた社会と民主主義に仕立て上げるのは、容易ではない。そのことはベングリオンも承知の上だった。やり過ぎた面もあるが、彼には理想と優れた天性があった。イスラエル社会がこれから立ち向かわねばならないあらゆる試練を考えると、ベングリオンの、時には強引な決断で、国家と政府への奉仕を中心にした社会を築こうとする決意があったからこそ、独立間もないイスラエルは生き延びることができたのだ。

超正統派の未来を予測できなかったベングリオン

宗教コミュニティもベングリオンの大きな課題だった。政治的シオニズムの草創期、国家ができるずっと前、ヨーロッパのユダヤ教超正統派は国家建設の運動に加わることを拒否していた。超正統派の指導者たちは神学的な見地から、シオニズムは神の摂理を強引にねじ曲げようとしている、と非難した。篤信なユダヤ教徒は、自分たちの勝手な判断で（パレスチナに帰還）するのではなく、神ご自身が異郷暮らしを終わらせてくださるのを待つべきだ、というのだ。シオニズムの明白な世俗主義を、徹底的に忌むべきものと見なす者もいた。これらのユダヤ人は自らを「ハレディーム」と呼んで、[※1]独自の政党を作り、シオニズム的なものには何であれ激しく反対した。意見を異にする者を追放し、家族が分裂することもあった。宗教家の指導者たちは、パレスチナに移住することは明らかに禁じられており、ユダヤ教のすべてに反する、と言うのだった。

この状況を変えたのはヒトラーである。ホロコースト末期には、多くの超正統派《ハレディ》のコミュニティが破壊され、文字通り跡形も無くなった地域もある。数十万の超正統派ユダヤ人が殺害され、ガス室に送られ、焼かれた。彼らにとってイシューヴの過剰な世俗主義は見当違いで忌むべきものではあるけれども、ヨーロッパに関する判断は正しかった、ともはや認めざるを得なかった。

　こうして、彼らのシオニズムに対するスタンスは和らぎ始め、猛烈な反シオニズムから曖昧な非シオニズムに推移した。彼らは、シオニズムの世俗主義を絶えず罵《ののし》り、ベングリオンのマパイ党をギリシア時代のヘレニズム化したユダヤ人に見立てた。ベングリオンが自分たちに思想戦を仕掛けるつもりだと思い込んでいたのである。反撃しなければ、国家は自分の子供たちに、シオニズム主流派の非宗教的（あるいは反宗教的）な習慣を教え込み、生き方を変えるよう圧力を掛けてくるに違いない。

　彼らは、しぶしぶイスラエルの政界に加わった。独立宣言にも署名した。建国後は、国家機関には近づかないよう心掛けた。だが、そうしていると、イスラエルの政策や国柄に影響を及ぼせなくなる。彼らも次第に、イスラエルの政治プロセスに深く関わるようになっていた。

　ベングリオンには、どのように超正統派と関わっていくかの長期的なプランはなかった。それは、超正統派の生き方がヨーロッパで暮らしていたユダヤ人の生活の遺物で、やがては消滅するものだと思っていたからだ。これ以上の争いを抱え込む必要もなく、イスラエルの政界における超正統派の長期的な役割に大きな関心を持っていなかったので、一九四七年に合意した宗教に関する現状維持を続けることに承諾する。安息日《シャバット》は公休日、政府や軍施設の調理場はユダヤ教の食事規定に従い、結婚や離婚、改宗など個人的な地位は宗教法が規制し、教育に関しては宗教コミュニティが自治権を保持するというものだった。

　政治は時に奇妙な縁組みを仕立てる。ベングリオンは、政治左派や共産党員を非常に警戒し、メナヘム・ベギンの自由《ヘルート》党を連立に取り入れるなど考えたくもなかった。それで、三番目に有力な政党である統一宗教戦線しか道はなかった。統一宗教戦線は、実際には、宗教シオニスト系の二党と宗教非シオニスト系の二党からなる混合政党だった。超正統派は自分たちの影響力を利用した。連立を離脱すれば政権は崩壊し、

※1原書注・ハレディームという表現はイザヤ書六六章五節にあり、「神の前におののく人々」という意味。

理論上は新たな選挙を強いることができたからだ。その地位を活用して、非宗教的な科目を教えない独自の学校制度を築き、超正統派の息子たちが兵役免除になるよう働きかけた。そうすれば、超正統派の青年たちはユダヤ教学院《イェシバー》での勉学を続けることができ、従軍すれば間違いなく出会うであろう世俗のユダヤ人の感化を受けることもない、という思惑だった。

　超正統派は消滅するというベングリオンの予測は誤りだった。その数はやがて激増し、現在イスラエルの経済や政治の一大勢力となっている。政府が左派系か右派系かにかかわらず、彼らは多大な政治的な圧力を与えながらも、（まれな例外を除いて）大臣の役職に就こうとはしない。ユダヤ教の律法に反する政府の決定を暗に認めなくてすむからだ。

　ベングリオンの決断の失態が最も顕著に露呈するのは、兵役免除においてである。ベングリオンの時代は毎年四百人の兵役免除が認められたが、二〇一〇年には、同じ取り決めで兵役を免除される超正統派の数は年間六万二千五百人に達している。つまりイスラエルの人口が同期間に十二倍増加したのに対し、百五十倍の増加率である。[31]

アラブ住民に敷かれた軍政の影響

独立戦争後のイスラエルのアラブ人口は十五万六千人、総人口の約二〇％になっていた。その大部分がイスラエル南部のネゲブ地方（大半が遊牧民ベドウィン）と、ガリラヤ地方の「小三角地帯」と呼ばれる地域に住んでいた（ヨルダンとの休戦協定でイスラエル領になった地域）。オスマントルコやイギリス委任統治の時代と同様、まとまりがなく、優れた指導力を発揮する者もいなかった。さらに悪いことには、一九二〇年代から一九四〇年代にかけて指導者だった者たちが海外へ逃げ出してしまい、後に残ったのは貧しく、教養水準も低く、指導力に乏しい人たちばかりだった。このパレスチナのアラブ指導者たちの逃亡が以後数十年にわたって、イスラエルに住むアラブ人の苦境に影を落とすことになる。

　イスラエルで暮らすアラブ人の存在は、イスラエルにとって大きな課題だった。独立宣言はもちろん「完全で平等な市民権に基づき、すべての臨時的ないし恒久的な機関に正当な代表を送ること」を約束しており、ベングリオンがこの理想に熱心だったのは間違いない。とは言え、イスラエルの指導者たちは、誰が逃亡し、誰が逃亡しなかったか、誰が今パレスチナ難民としてレバノンやシリア、ヨルダンで生活し、誰がイスラエル市民として新国家で暮らしているか、それを決めたのは歴史の偶然に過ぎない、と認識していた。そのため、イスラエルのアラブ人は軍隊に徴兵されたことがない。一九五四年、政府はアラブ市民の徴兵を決定し、この決断が報道で発表されると、約六万のアラブ人がイスラエル国防軍に志願した。[32] しかし政府は結局、怖じ気づいてしてしまう。果たしてイスラエルのアラブ人が、相手側の軍隊には彼らの——文字どおり——肉親がいるかも知れないのに、本当に戦争に行くだろうか。それで政府は、イスラエルのアラブ人を大量には徴兵しなかった。その理由は時と共に変わっていった。建国当初は、大半のユダヤ人がアラブ人の忠誠心を心配していた。数十年後には、アラブ人のほとんどが従軍したいとすら思わなくなっていた。

　イスラエルに暮らすアラブ住民と新国家への忠誠心への懸念は、徴兵制度以上に計り知れない結果をもたらすことになる。国内にいるアラブ人は、国外に逃れて現在敵国に住んでいるアラブ人に劣らず、イスラエル国に敵意を抱いていることを、イスラエルの指導者の多くは当然ながら憂慮していた。国内のアラブ人を信頼できるのか。彼らはすでに、あるいはこれから「第五列部隊」※1となって、イスラエルの安全を損なわないだろうか。ベングリオンは国内のアラブ人に軍政を敷くことにした。それは皮肉な決断であった。というのもイスラエルが敷いた軍政は、かつてイギリス委任統治がユダヤ人のイシューヴに対して適応した防衛法に基づいていたからだ。軍政下では、イスラエルのアラブ人は軍事裁判所で裁かれ、行動の自由も制限されていた（村から外出する時は許可書が必要）。高等教育の機会も実際には大幅に制限され、国の中心で職に就くことは難しかった。アラブ人の初等教育も影響を受けていた。軍政下では、安全保障機構がアラブ人学校の教員資格を決定するので、必ずしも教育能力が採用基準とならなかった。[33] 共産党は別として、ユダヤ系の政党にアラブ人が加わることもなかった。[34]

　イスラエルが安泰になり、国内の「第五列部隊」への懸念も薄れると、イスラエルは民主主義を標榜しているのだから、国内のアラブ人を支配している軍政を撤廃するべきだ、とイスラエルの多くの指導者が主張するようになった。ベングリオンが国粋主義者《ファシスト》と呼んでなお揶揄《やゆ》していたメナヘム・ベギンも、その一人だった。後に一九六六年になって、より穏健なレヴィ・エシュコル首相の政権下で、イスラエルは軍政を廃止した。※2〈次頁〉

　イスラエルのアラブ人に対する軍政は、極めて現実的な問

※1訳注・戦時に後方撹乱・スパイ行為・破壊工作などで敵国を助ける集団。

題に迫られて敷かれたものである。とは言え、軍政がイスラエルに住むアラブ人と国家に対する彼らの態度に及ぼした影響は長引き、イスラエルの政治と政策を何十年も左右することになる。

期待はずれの反応を示したアメリカのユダヤ人

少なくともベングリオンにとって、予想外だったことがある。「離散の民の集合[※1]」という古《いにしえ》の幻がまさしく奇跡的に成就しているのに、全く動じない一大ユダヤ人コミュニティがあった。何十万ものユダヤ人がヨーロッパやアラブ諸国から追い出されてイスラエルに流れ込んでいるのに、ユダヤ人口が五百万もいるアメリカ合衆国からの帰還者は二万人にも満たなかった。

根っからの理想主義者であるベングリオンはうんざりしていた。ベングリオンはイスラエル建国から何年も経ってから、苦々しく回想している。「ユダヤ民族が何百年もの間、口ずさんできた問いのような祈りは、『この民のために国が見つかるでしょうか』というものだった。誰も想像しなかった恐ろしい問いがある、『国が築かれたとしても、そこに住む民が見つかるでしょうか』[35]」。危険な場所や立ち退きを強いられたユダヤ人がイスラエルに帰還した。安住の地にいる者たちは来なかった。

ベングリオンは、アメリカのユダヤ人を、キュロス王が帰還を許しても異郷の地バビロニアに留まることを選択したユダヤ人に擬《なぞら》えたが、アメリカのユダヤ人は、自分たちが異郷暮らしをしているとは思っていなかった。むしろシオンに住まなくなって二千年、離散はユダヤ人の生活のごく自然な一面となったではないか、と主張するのだった。安全でますます繁栄する生活を畳んで、存続も危ぶまれるような国に移り住む義務があると、なぜベングリオンは信じるのだろうか。

彼らは異郷にいるとは思っていなかった。だから、アメリカに住むユダヤ人の多くは建国間もないイスラエルを熱烈に支持したが、彼らの指導者の中には、ユダヤ国家の建設に反対する者も実際いたのである。当時、アメリカ系ユダヤ人の対する全国組織だったアメリカ・ユダヤ教評議会は、ユダヤ国家建設に反対することを主眼にしていた。徹底した反シオニスト宣伝活動《プロパガンダ》に携わっただけではない。国連分割案の採決間際には、アラブ側の発言者たちの国連演説の準備を手伝ったのである。

だが、ほとんどのユダヤ系団体は、そこまで極端ではなかった。確かに彼らも、ユダヤ国家がユダヤ教やアメリカのユダヤ人の立場にどんな影響を及ぼすのか戸惑いは抱いていた。

この当時、恐らく最も重要で有力なアメリカ系ユダヤ人の共同組織だったアメリカ・ユダヤ委員会（ＡＪＣ）も、確かにユダヤ国家という理念を否定しなかったし、それに敵対行動を取ろうともしなかった。ただ、イスラエルにユダヤ世界の中心的役割を担わせたくはなかった。ＡＪＣの総裁ジェイコブ・ブラウスティンは、一九四七年にＡＪＣが分割案を支持したのは、ユダヤ国家が人口上の問題を解決すると判断したことが主な理由である、とメンバーに語っている。分割案認可に「私たちが協力したのは、ヨーロッパに生き残る数十万のユダヤ人を救う具体的な解決策は［ユダヤ国家］しかないという確信に基づいていた」と述べている。[36] ベングリオンは、イスラエルをユダヤ民族の復活と捉えていた。それに対して、アメリカのユダヤ人指導者の多くは、ユダヤ国家という理念に反対するか、あるいは居場所を失ったヨーロッパのユダヤ人の定住探しの解決策としか考えていなかったのである。

アメリカは異郷の地ではないのか

アメリカのユダヤ人でアルバート・アインシュタインに優《まさ》る著名人はいないだろう。第二次大戦前、彼は過越祭の晩餐《セデル》で参会者に、「私がユダヤ教の本質的な特質と思っているものと、国境や武器、一時的権力の手段を持つユダヤ国家という理念とは、相容れません」と述べている。歴史がユダヤ人を変えてしまった、と感じていたのだろう。「私はユダヤ教が維持している内的ダメージを危惧しています――特に、仲間に広まっている偏狭な民族主義の害が心配です。私たちはもはや、（ユダ王国独立のために戦った）マカベア時代のユ

※2原書注〈前頁〉・首相としては過小評価されているエシュコルだが、ベングリオンの様々な方針を緩和した。例えば、ベングリオンは、修正派シオニストの父であり、メナヘム・ベギンの思想的な先達であったジャボティンスキーの遺骸をイスラエルに埋葬することを許さなかった。一九六四年、エシュコル首相の指示のもと、ジャボティンスキーと彼の妻の遺骸は、その遺言の希望どおり、ヘルツェルの丘の国立墓地に埋葬された。（Shmuel Katz, *Lone Wolf: A Biography of Vladimir [Ze'ev] Jabotinsky* [Fort Lee, NJ: Barricade Books, 1995], p. 1790.）

※1原書注・「離散の民の集合」――やがてユダヤ民族が先祖の郷土に集められるという考えは、ユダヤ民族が二千年間、自らと自らの未来を語り伝えてきた物語の中心的なテーマである。聖書は、民族の離散を語る前に、集合の約束について記している。「あなたの神、主はあなたの運命を回復し、あなたを憐れみ、あなたの神、主が追い散らされたすべての民の中から再び集めてくださる。たとえ天の果てに追いやられたとしても、あなたの神、主はあなたを集め、そこから連れ戻される」（申命記三〇章三節）

ダヤ人ではありません」[37]。イスラエルの建国も彼の見地にほんの少ししか影響しなかった。「経済的、政治的、軍事的な理由であれ、私は国家という理念を良いものだと思ったことはありません」と友人に述べている。「しかし、今となっては後戻りできませんから、戦い抜くしかありませんね」[38]。励みになるような支持とは程遠かった。

イスラエルの独立後、ブラウスティンはベングリオンに、アメリカのユダヤ人コミュニティの指導者たちはイスラエルの僭越《せんえつ》行為を容認しない、とはっきり表明している。主要な政策方針にこう書いている。

> アメリカのユダヤ人は——老いも若きも、シオニストもそうでない者も——自分たちの国を、とても大切にしている。私たちの親が移民として困窮していたときに、アメリカが受け入れてくれた。彼らも、その子らもアメリカの自由な制度のもとで自由と安寧《あんねい》を享受《きょうじゅ》した。それは何世紀にもわたる苦境の中で味わったことのないものだった。私たちは真にアメリカ人になった。この国の岸辺にたどり着いたすべての抑圧されたグループと同様だ。
>
> 私たちは、アメリカのユダヤ人が異郷暮らしをしているという主張を断固否定する。アメリカのユダヤ人の未来は、私たちの子供や孫たちの未来は、アメリカの未来と完全に直結している。私たちに他の可能性はないし、私たちは他の可能性を望まないのである[39]。

アメリカは異郷の地ではないのだから、アメリカのユダヤ人にユダヤ国家へ移住するよう要請するのは見当違いで、必ず失敗する、とブラウスティンはイスラエルに警告している。ベングリオン（やイスラエルの多くの指導者）が主張していたように、イスラエルこそ今やユダヤ世界の中心であり、世界中のユダヤ人のスポークスマンであるという見解にも、ブラウスティンは直截《ちょくせつ》に反論している。

> 世界中のユダヤ社会を代弁する唯一のスポークスマンなどあり得ない。誰がそのスポークスマンになろうとしても関係ない[40]。

ブラウスティンの発言は、シオニスト運動やシオニズムの指導者の多くが前提にしていた信念を真正面から批判した。シオニストたちは、一八九七年の第一回シオニスト会議以来、自らを世界のユダヤ人の中心的存在と捉えていた。ナチスがポーランドのユダヤ社会を壊滅させてしまった現在、アメリカのユダヤ人が世界で最も大きく重要なユダヤ人コミュニティである。だから、イスラエルは独りよがりな思いを慎《つつし》むべきだ、と警告する。移民に関してブラウスティンは、次の点もはっきりと指摘した。イスラエルに移住するユダヤ人のほとんどは、他に行き場のない人たちだ。アメリカのほとんどのユダヤ人は動こうとしないだろう、と。

言い回しは様々に変わったりするが、大した変化はなかった。アメリカのユダヤ人が大挙してイスラエルに移住したことは一度もなく、帰還した大多数はアメリカのユダヤ人口の一割を構成する正統派《オーソドックス》のコミュニティに偏っていた。アメリカのユダヤ人コミュニティの九割が、統計的に重要なイスラエル移民をもたらしたことは一度もない。

イスラエルに対するアメリカのユダヤ人の態度がかなり熱心になるのは、一九六〇年代後半（六日戦争後）から一九七〇年代前半にかけてで、イスラエルを支持することがアメリカのユダヤ人アイデンティティの柱の一つとなった。ところが時と共に、アメリカのユダヤ人アイデンティティの中核を成すイスラエルの役割は衰え始める。パレスチナ人の民族主義の台頭、パレスチナ人との絶え間ない紛争、西岸地区《ウェストバンク》におけるイスラエルの長期駐留に関するアメリカのユダヤ人の憂慮などが原因となって、イスラエル熱はやがて冷めてしまう。イスラエル国の独立当初にベングリオンを落胆させた現象は、今後の何世代にわたっても変わらないであろう。

イスラエル国の驚異的な成功

ベングリオンは、アメリカのユダヤ人には確かに失望させられたが、前例のない規模の移民受け入れプロジェクトを取り仕切った。こんなに少ない国民が、こんなに多くの移民を、こんなに見事に受け入れたのは人類史上類例がなかった。仮小屋は建てられ、やがて解体された。ミズラヒーのユダヤ人たちも次第に自信を回復し、イスラエル文化や政治権力の中枢で活躍するようになった。イスラエルのアラブ人に対する軍政も撤廃された。世界各地から帰還したユダヤ人の多くは貧しく教養も低かったが、ベングリオンはこの雑多な大衆から、国家と社会を造り上げた。何よりも驚かされるのは、移民数と受け入れ国の人口比——それは「どの移民国家にも類例のない」もの——であり、さらに、移民の大半が非民主国の出身なのに、新しい民主社会を作り上げてしまったという事実である。イスラエルは第二次大戦後に独立した国々の中でも、今なお正真正銘の民主国家として存続する数少ない国である。[41]

イスラエルの暮らしは、何十年にわたって複雑で危険が伴うだろう。けれども、大多数のイスラエル人は、いかなる挑戦であろうと、自分たちは驚異的な成功を収めたプロジェクトの一員であった、と信じ続けてきた。その驚くべき成功は、世俗派の多くの人にとっても、世界の常識を覆すような、とんでもないことのように思われた。彼らはまた、比類ない才能とビジョンに恵まれた指導者ダヴィッド・ベングリオンがイスラエルの国にいなかったら、自分たちの国家は恐らく誕生していなかっただろうという事実を見失わなかった。ベングリオンはイスラエル国の初代首相だっただけではない。数え切れないほどの局面で、あらゆる困難にもかかわらず、ヘルツェルの夢を国家という形に具現した人物であった。

第10章　イスラエルが国際舞台に登場

アラブ人の……憎しみに怯《ひる》んではいけない。私たちの周りに住み、血の報いをしようと、時機を窺《うかが》っている。目を背けてはいけない。さもないと、私たちの手が弱まってしまう。私たちの世代の義務は……決然として武装し、力強く不屈でいること。さもないと、この掌から剣をたたき落とされ、私たちの命は絶たれてしまう。

——モシェ・ダヤン、一九五六年、ロイ・ロットベルグの弔辞

毎年数千の越境と襲撃を繰り返すアラブ人

イギリス委任統治時代、ユダヤ人を標的にした攻撃は数多くあったが、イギリス当局は（その気になれば）襲撃者を同定し、罰することができた。ところが停戦後の中東では、イスラエルが、攻撃の実行犯を判別するのは難しくなるばかりだった。ヨルダンやエジプトから越境してくることがよくあったからである。委任統治時代には、イギリス当局は地域の法と秩序を保とうと努めたが、イギリスが撤収すると、イスラエルに隣接するアラブ諸国の政府はそのようなことに関心を持たなかった。むしろイスラエルとの国境が不安定なほうが都合が良かった。越境者たちはイスラエルに潜入し、誰も住まない農地（自分の土地だと主張する）を耕したり、国境付近の村落を略奪したり、過激な行動に出て時には殺人的な襲撃を仕掛け、また国境を越えて戻っていくのである。アラブの役人たちは、せいぜい越境者を何らかの罰に処したほうがいいだろうか、と思う程度だった。

イスラエルは一九五三年に建国五年目を迎えた。独立戦争からすでに四年が過ぎていたが、国民は、ヨルダンとエジプトとの国境から越境してくるパレスチナ人の頻繁な襲撃に対

応せねばならなかった。襲撃は容赦なかった。独立後の三年間で、毎年、数千の越境潜入と襲撃が繰り返されていた。[1]

一九五三年十月十二日、三十二歳のスーザン・カニアスと三人の幼い子供たちは、自宅でぐっすり眠っていた。家はイエフードという小さな町にあり、この町はロッド（以前のリダ）の北に位置して、イスラエルの国境で最も狭い地域にあった。西の地中海と東の停戦ラインとの距離は十五キロもなかった。イエフードの町は、その地域の真ん中に位置し、停戦ラインから八キロしかないために、他の村落と同様、襲撃されやすかった。パレスチナ人潜入者たちが闇夜にまぎれて国境を越えて彼女の家に忍び寄り、手榴弾を投げ込んだ。スーザンと子供二人を殺害し、三人目の子を負傷させた。

生き残るために戦う――第一〇一部隊の編成

カニアス家の殺人事件は特殊なケースではない。「フェダイーン」（アラビア語で「殉教者」の意）と呼ばれる越境者たちは、一九五一年から一九五六年の間に、数百人のイスラエル人を殺害し、さらに多くの人々に損傷を与えた。[2] 国防軍も当初は、フェダイーンたちの襲撃の対応に戸惑ったが、カニアス家の殺害を契機に、対策に取りかかった。ジャボティンスキーが三十年近く前の一九二三年に『鉄の壁』で主張したように、近隣諸国が越境潜入者を厳しく取り締まるよう促すには、イスラエルが反撃せねばならない――それも激しく反撃せねばならない。イスラエルの「行動派」は、かなり前からそう感じていた。イスラエルの国境周辺を多少とも鎮《しず》めるためには、速やかで容赦ない処罰が必要だと、彼ら強硬派は考えていた。国防軍は一九五三年初頭に、小規模の先鋭部隊を訓練し始めた。第一〇一部隊が編成され、隊員の多くは志願兵の選り抜きで、独立前はハガナーの先鋭パルマッハ隊のメンバーだった者もいた。部隊の指揮官はアリエル・シャロンだった。

訓練は苛酷で、「国境を突破するナビゲーションの訓練、敵の警備隊や村の見張りと出くわした時の対応……強行な行進……柔軟体操、柔道、武器や破壊工作の訓練」を含んだ。[3] 指揮官たちは、実弾で銃撃戦をさせることもあった。それが任務に備える最良の訓練だと思っていたからだ。

スーザン・カニアスと子供たちが殺害された翌日の晩、第一〇一部隊は反撃の許可を得た。隊員たちは、西岸地区にある停戦ラインのすぐ向こうのキビヤという村に向かった。

国防軍の主要部隊は……爆破用に七十キロの爆薬を用意した。工兵たちは、ポケット型の懐中電灯を手に、ヨルダン軍にも邪魔されず、四十五件の家屋を破壊する作戦に取りかかった。作戦は午前零時三十分から三時三十分まで、約三時間に及んだ。住民の中には、天井裏や地下室に隠れている者もいて、部隊が探しそびれた。この時点で隊員は、家屋には（生存者が）誰もいないと思っていたのだろう。村を攻略し家を取り壊す間に、合わせて五十〜六十人の住民が死亡してしまった。……事件から二、三日して、ヨルダン当局は瓦礫をかきわけた後、六十九（ないし七十）人が殺害され、そのほとんどは婦女子だったと報告した。[4]

第一〇一部隊の編成は、イスラエルがこれから何十年も抱えることになる課題を示していた。イスラエルの存在権を認めず、今後も絶対に承認しないと誓う凶暴な近隣諸国に囲まれた中で、イスラエルが中東で生き残るためには、莫大な資金と知性を投資し、軍事的な優位性を維持せねばならない。それがまさに第一〇一部隊編成の理由だった。この昼夜兼行の連隊の厳しさが、国防軍にかつてない強力な戦闘部隊を作り上げた。今やイスラエルは世界第一級の特殊部隊を擁《よう》するまでになっていた。

報復攻撃はあえて厳しくした。イスラエルは、無辜《むこ》の市民を対象とする攻撃は決して許さない、という明確なメッセージを伝えるためである。だが、報復攻撃が国境越しで展開し、罪のないアラブ人を殺害してしまうこともあった。

頑強な志願兵でもうんざりすることがあった。キビヤで起きたような作戦に参加し、トラウマを患う者もいた。独立戦争でパルマッハ隊員として数多くの襲撃に参加した者でも、このような新しい攻撃に関わることを拒む者もいた。部隊の一人が、作戦に抱いていた葛藤を次のように述懐している。

「群衆の叫び声、すすり泣く声、これがおれたちの敵なのか。どうやってこんなフェラヒン（「農民」あるいは「労働者」）がおれたちに罪を犯したんだ。戦争は確かに残酷だ、憂鬱《ゆううつ》はつきものだ。誰も語ろうとしない。皆、黙って、自分の内にしまい込んでいる[5]」

イスラエルは戦いを遂行せねばならなかった。それは多くの痛みの伴う、一世紀も続く戦いとなる。[※1] 生き残るためには

※1原書注・多くの人は、紛争の始まりを一九二九年にヘブロンで勃発した暴動とユダヤ人コミュニティの崩壊に遡ると考えている。イスラエルは九十年近く経ってもなお、パレスチナ人やイスラム世界のその他の勢力と紛争状態に陥っている。敵対勢力の多くが（パレスチナ人の中

戦わねばならないが、それと同時に、あるべき社会となるために不可欠な倫理基準を保たねばならない。どうしたらこの二つの釣り合いを最もよく保てるのか。この問いを深く内省する伝統が、イスラエル人の中に形成されてきた。

ベストセラー歴史小説『ヒルベット・ヒゼ』

この内省は、独立戦争の時からすでに始まっていた。イスラエルの作家S・イツハル（ペンネーム。本名はイツハル・スミランスキー）が独立戦争後間もなく、小説『ヒルベット・ヒゼ』を出版した。イスラエル軍が独立戦争の終盤で、あるアラブ人の村に対して行なった作戦とその倫理的な葛藤を扱った歴史小説である。『ヒルベット・ヒゼ』では、すべてがゆっくりと展開する。まるで語り手が、霧か夢の中から世の中を眺めているようだ。しかし語り手は次第に、立ち退きを強いられたアラブ人たちの被った人的被害を悟り始める。「稲妻に打たれたようだった。一瞬にしてすべてが違って見えた。もっと正確に言うと、離散だ——これは離散だった。これが離散だったんだ。離散の光景はこんなふうだったのだ[6]」

イツハルは、イスラエル建国の正当性はもちろん、イスラエルが独立戦争を戦う必要があったことに、決して疑問を呈しているのではない。むしろ、イツハルがイスラエル人に求めたのは、彼に続くイスラエルの男女の作家たち同様、自分たちの側だけでなく、相手側の被る犠牲にも思いを寄せることだった（イスラエル人はもちろん、敵側が同じような反省をしていれば、年を重ねるにつれて地域の状況は全く違っていただろうことは、よく分かっていた）。

この本の最後で、モイシェという兵士の一人が語り手にこう告げる。「やがてユダヤ人の帰還者たちが、このヒルベット［アラビア語で「廃村」の意］何とかとかいう場所にやって来る。分かるだろ。この地を自分のものにして、切り拓いて、素晴らしくするんだ」

A・D・ゴルドンが夢見た、大地を耕すユダヤ人という理想、ベングリオンの国家主義《マムラフティユート》のまさに骨格をなすプロジェクトを、この小説の語り手は嘲《あざけ》って皮肉っている。

やったぜ、住む場所もあるし、併合もした——それもこんなに。協同売店を開いて、学校を建て、会堂も建てるんだ。ここに政党もできる。何でも議論するだろう。農地を耕し、種を蒔き、収穫して、素晴らしいことを成し遂げる。ヘブライのヒゼよ、永遠なれ。その昔、ここはヒルベット・ヒゼとかいう場所で、おれたちが住民を追い出して、自分のものにしたなんて誰が思うだろう。おれたちはここに来て、発砲し、燃やした。爆破し、放り出し、追い散らし、離散に追いやったんだ。[7]

イツハルの批判力と共に、見逃せない事実がある。イスラエル人がイツハルの本を避けたり、著者をのけ者にしなかったことだ。むしろ『ヒルベット・ヒゼ』はイスラエルのベストセラーになり、一九六四年には、イスラエルの高校の教育カリキュラムに含まれるようになった。[8] S・イツハルは国会に繰り返し当選した。自己批判はイスラエル社会の最も特徴的な気質となっていった。

第一〇一部隊やキビヤ事件に対して、誰もが同じような葛藤を抱いていたわけではない。襲撃は倫理上複雑ではあるけれども、必要だったと訴える兵士もいた。第一〇一部隊の伝説的な隊員メイール・ハルツィヨンは、モシエ・ダヤンが「バル・コフバ以来、最も優れたユダヤ戦士」と称した人物だ。[9] 彼は、「私たちの作戦は、アラブ人に対する憎しみ、また他のいかなる憎しみも伴なっていなかった。すべて実行を命ぜられたことは［イスラエルの］存続を守るために必要だと思っていた」と主張している。[10] 国防軍が有効な対抗手段を実施するまでに、数百の無辜のイスラエル人が殺害されていた。ハルツィヨンのような人にとって、アリエル・シャロンや第一〇一部隊は、何を体現していたのか。それはノルダウやビアリクが主張した、ユダヤ人が創造せねばならない新しいユダヤ人像の体現だった。要するにハルツィヨンたちが言いたかったのは、「キシネフを二度と繰り返してはならない」ということだ。ユダヤ国家が出来た――それは、ユダヤ人という理由だけでユダヤ人がもはや殺されないということを意味していた。

アリック・シャロンの決して変わらない原則

キビヤの襲撃を機に、イスラエルの大胆で異彩を放つ軍司令官アリエル・シャロンの物議を醸《かも》す公職での活躍が始まる。シャロンにレッテルを貼るのは難しい。一九二八年、ロシア系移民のヴェラとサムイル・シエイネルマンの元に生まれたシャロンは(このヘブライ風の名前に改名したのは後のこと)、テルアビブ郊外の共同農村《モシャヴ》クファル・マラルで育った。両親は熱心なシオニストで、何でも自分流だった。ピーナッツやサツマイモなど、共同農村の人々が栽培は無理だと考えてい

ではハマスやヒズボラ、諸国家の中ではイラン)、イスラエルの存在を決して承認しないと宣言している。

た作物を育てた。アリック（シャロンはそう呼ばれていた）と娘を高校に通わせたのだが、集団性を大事にし、農業を中心とする共同農村の人々にとって、高校で学ぶことなど無駄な贅沢と当時は考えられていた。

アリックの両親は、彼が幼い頃から強さと軍事力の重要性を教え込んだ。父親のサムイルは、息子の成人式《バルミツバ》には、装飾の施された短剣をプレゼントした。控えめに言っても風変りな贈り物だったが、伝えたいことは明確だった。⑪ イシューヴに生まれて成人した新しいユダヤ人は、ヘブライ語を話し、強靭《きょうじん》な肉体を擁し、そのゴツゴツとした手の中に自らの運命を取り戻そうとする。それがアリックの世界だった。

キビヤの襲撃はその世界観の現れである。シャロンは第一〇一部隊を編成し、キビヤの襲撃を指揮したことを詫びることはなかった。「命令は明らかだった。キビヤは教訓を示すためだった」と、何年も後の回想録に綴っている。「なるべく多くの犠牲者をアラブの自警団に負わせようとした」と。⑫ シャロンは、必要とあれば、容赦ない武力行使の有効性と正当性を深く信じていた。

シャロン自身、自らの生涯を捧げたイスラエルの国同様、首尾一貫した方針を欠いているようで、時には内部矛盾を孕《はら》んでいるようにも見えた。しかしシャロンの中には、決して変わらない原則があった。イスラエルの存続は、その力強さと明敏さの二つにかかっている。生き残るためには、時機に応じて様々な方針が必要だ。相手陣営がどこであろうと、時には攻め入って戦うことも必要で、時には、イスラエルが保持した領域を削ってでも撤収する。シャロンはその両方、いや、それ以上のことをした。数十年後、シャロンは一九八二年のレバノン戦争で、レバノンのキリスト教徒にイスラム教徒の虐殺を許した責任を問われ、政府に譴責《けんせき》される。だがその後、何年もしてシャロンは首相に選ばれ、二〇〇五年、ガザからのイスラエル撤退を独断で立案し、実行したのである。

モシェ・ダヤンの軍改革

キビヤ事件の後、世界中から非難の声が上がった。アメリカのユダヤ人コミュニティからも上がった。⑬ だがベングリオンは動じなかった。首相は、醜名《しゅうめい》を流した夜の詳細を論じるため、シャロンを呼んだ。シャロンはベングリオンの反応をこう述懐している。「世界中でキビヤがどう論じられているかは大したことではない。大事なのは、この地域でどう見られているかだ。それによって、私たちがここで生きていく可能性が拓かれてくるだろう」⑭。国防軍の「行動派」の第一人者モシェ・ダヤンは、キビヤに対する世界の強烈な反応を見て、こんなことも言っている。「アラブ人にも他の民にも許されていることが、ユダヤ人とイスラエルには許されない[15]」

ダヤンは報復攻撃を強く支持していた。彼は一カ月後の一九五三年十二月、国防軍の参謀総長に任命された。ダヤンの任命は、イスラエルの政策の方向性をはっきりと示したものだった。イスラエルで最初に建設されたキブツで二番目に生まれたダヤンは、当然ながら新しいユダヤ人の典型だった。一九四一年、当時フランス領だったシリアに侵攻するイギリス軍を支援するため、パルマッハの隊員として任務に当たるが、そこで片目を失い、事実上、象徴的な存在となる。それ以来、彼のトレードマークとなる眼帯を付けていた。

草創期のイスラエル国防軍の最高司令官に任命されると、ダヤンは軍組織の再編成に取りかかり、戦略を見直した。軍司令部にいる最も優秀で最高の教育を受けた隊員たちに戦闘部隊へ入るよう命じた。将校には、肉体のコンディションを絶えず最高の状態に維持し、自ら部下を戦場に導くよう要求した。これは今でも国防軍の気風である。独立戦争の損失は痛切で、近隣諸国との戦いは終わる見込みも当分ない。ダヤンはイスラエル人が殺害されるのを断固許さず、イスラエル国防軍を中東で最も脅威的な軍に仕立て上げようと決意したのである。

生存するためには力強く不屈であれ

ところがイスラエル側が戦略を変更するにつれ、敵側も同じく戦略を変えてきた。アラブの越境行為は、個人的な攻撃から訓練を積んだフェダイーンの武装集団による襲撃に様変わりしていた。居住先の政府が支援し、越境者たちに軍備を供給していたのである。その筆頭はエジプト軍だった。

そのような度重なる襲撃の標的になっていたキブツの一つに、ガザ国境付近のナハル・オズがある。二十一歳のロイ・ロットベルグは、一九五六年四月二十九日、彼の住むナハル・オズの農場を馬に乗ってパトロールしていた。ガザの住民がキブツの畑から作物を不法に収穫していくのをよく目にしていたロットベルグは、アラブ人の一団が畑にいるのを見つけると、馬を走らせて追い散らそうとした。だが、それは罠だった。〝農民〟の近くまで来ると、突然フェダイーンの一団が現れ、ロットベルグに掃射して殺害した。彼の屍体をガザまで引きずっていき、冷然とずたずたに切り刻んだ。

数日前、ダヤンは偶然にもロットベルグに会っていた。葬儀に参列して短い弔辞を捧げた。この弔辞は、全部でたったの二百三十八語で、ダヤンの――また多くのイスラエル人にとっての――古典的一文となる。イスラエルとアラブ人との紛争は長期化し、多くの犠牲を伴うのは避けられないという内容だった。ダヤンは聴衆に、アラブ人の敵意と暴力は何も驚くにあたらない、と念を押す。「殺人者を責めるべきではない」とダヤンは言う。「私たちが彼らの憎しみに不平を言って、何になる。彼らはこの八年間、ガザの難民キャンプで生活しながら、かつて自分たちや先祖たちが暮らしていた土地や村を、私たちが郷土にしてしまったのを自らの目で見てきたんだ[16]」

しかしイスラエルの生存自体がアラブ人の怒りを招くのなら、イスラエル人は剣によって生きる備えをするべきだ。ダヤンは、聴衆と建国間もない国家にそう警告する。聖書的な表現をふんだんに用いるダヤンは、この地に踏みとどまる戦いが真新しいものではなく、数千年前に遡《さかのぼ》るのを示唆しているようだった。そして、こう続ける。「周りに住んでいる数十万のアラブ人、その生活に満ちている憎しみに怯《ひる》んではいけない。彼らの手は、私たちに血の報いをしようと、時機を窺《うかが》っている。目を背けてはいけない。さもないと、私たちの手が弱まってしまう。これが私たちの世代の義務だ。私たちの命の選択だ——決然として武装し、力強く不屈でいること。さもないと、この拳《こぶし》から剣をたたき落とされ、私たちの命は絶たれてしまう[17]」

この世界観は、今後何十年にも渡り、ダヤンだけでなく、彼が建設の一翼を担うイスラエルの指針となった。

中東の勢力バランスを変えたエジプトのナセル

イスラエルが長期紛争はやむなしと判断して軌道修正していた頃、エジプトは劇的な政治的変革を遂げていた。ガマル・アブデル・ナセル大佐の率いる自由将校運動が一九五二年にクーデターを起こし、当時のエジプト国王ファルーク王を追放した。植民地支配がアラブ世界を抑圧し、そのせいで真の潜在力を発揮できなかったと信じていたナセルは、植民地主義の最後の痕跡をエジプトから一掃することを目指していた。この新しいエジプトの指導者は、自ら舵を取り、アラブ世界を新時代に導こうとしていた。

ナセルの世界観と構想において、イスラエルは特異な役割を果たす。ある意味で、イスラエル国とイスラエル人は、中東における最新の植民地主義の現れである、とナセルは見ていた。それと同時に、イスラエルの存在は有用でもあった。敵国であるイスラエルの撲滅《ぼくめつ》を軸に全アラブ世界を統一できると思ったからである。「復讐を遂げるにはアラブの統一が前提条件だ」とナセルは熱心に説いていた[18]。

アラブ世界は、独立戦争に敗れて以来、ユダヤ国家を滅ぼす復讐戦の「第二ラウンド」を狙っていた。ヨルダンの高官アズミ・ナシャシビが、一九四九年四月の時点で「パレスチナの戦争は、遅かれ早かれ、また勃発する」と公言していた。アラブの指導者たちは、アメリカ人ジャーナリストのケネス・ビルビーに、たとえ戦闘が何百年続こうが「復讐の日は来る」と語っていた。⑲アラブ統一とユダヤ人への復讐を唱えるナセルの呼びかけは、聞く耳のある者には届いていた。ベングリオンは、一九五六年には、イスラエル社会に向かって、戦争が一層差し迫っていると警告していた。さらに同年四月のスピーチで、イスラエルは間もなく一九四八年の時よりもさらに熾烈《しれつ》な試練を潜《くぐ》ることになるだろう、と暗示したのである。

ナセルがアラブの復興《ルネッサンス》計画の主要なカギとしたのは、ナイル川のアスワン・ハイダムの建設だった。エジプトの栄光を取り戻すことを願ったナセルは、この途方もなく野心的なプロジェクトの資金調達に、アメリカとイギリスから巨額な融資をしてもらった。しかしながらナセルは、冷戦状態にあるアメリカとソ連の緊張関係もよくわきまえていて、双方を巧みに利用した。西側諸国から財政支援を受けていたにもかかわらず、ダムのためにさらに多くの資金援助をソ連に懇願した。そして——西側諸国には意図的な交戦行為と受け取られる——中華人民共和国を承認することにしたのである。

エジプトは多量の兵器を購入し始め、これまでとは桁外《けたはず》れの量の兵器を保有することになる。エジプトは一九五五年八月、チェコスロヴァキアと前代未聞の規模の武器売買協定を調印する。チェコは、実のところ、ソビエト連邦の指示に従っていたのである。このエジプトへの武器売却は、イスラエル兵が独立戦争でチェコスロヴァキアから入手した武器を使っていたことを思うと、痛烈な皮肉である。エジプトに三億二千ドル分のチェコ製の武器（戦車、爆撃機、戦闘機を含む）を購入させることによって、ソ連は中東に新たな軍事的巨人《ゴリアテ》を作り上げ、地域の勢力バランスを変えてしまった。

アメリカは、この武器売買と中国承認の報復として、エジプト人にアスワンダムへの援助を取りやめると公表し、イギリスもすぐそれに続いた。だがアメリカとイギリスは、図らずもナセルの策略にはまり、彼の思うつぼとなる。ナセルは一九五六年七月二十六日、エジプトのアレクサンドリアにおける大観衆への演説で、アメリカ人に「憤死したらいい」と述べた。⑳そして切り札を出し、エジプトはスエズ運河を国営化し（地図⑧参照）、運河の収入はアスワンダムの建設費に充てる、と発表したのである。ナセルは瞬《また》く間にアラブ世界の英雄となった。

イギリスの首相アンソニー・イーデンは激怒していた。イギリスの船舶が、運河を毎日航行していた（スエズ運河は一八六九年に開通）。ナセルが運河を自在に操れるようになると、フランスとイギリスの重要な利権が危ぶまれた。国際スエズ運河株式会社のイギリスとフランスの株主たちも、自分たちの資産の〝盗難〟に憤っていた。もしナセルの積年の願いが、これまでエジプトを支配してきた植民地勢力の威信を砕くことにあったとしたら、彼はそれを完璧に成し遂げたことになる。

エジプトの武力拡張を懸念する三国協約

ナセルの対抗姿勢は夏になっても続き、彼の野望は外交的なもの——スエズ運河の差し押さえ——から軍国主義的なものに移っていった。イスラエル人は耳を傾け、憂慮していた。ナセルが武器を購入したのでエジプトは一大脅威となり、イスラエルの安全をひどく脅《おびや》かしたからである。フランスも警戒心を募らせていた。アルジェリアでは新たな独立運動が盛んになっていた。フランスは、エジプトがアラブ世界の気運の高まりを利用して、アルジェリアの独立運動を支援することを恐れていたのである。チェコ製の高度な兵器がアルジェリア独立派の手に渡れば、フランスの災いとなりかねない。

イギリスとフランスがナセルの武力拡張をより深刻に懸念するにつれて、イスラエルの指導者たちの憂慮も増していった。多くの人は、イスラエルが果たしてこの新たなエジプト軍の増強から生き残ることができるのか、懸念していた。ナセルは兵器購入の意図を隠すつもりは全くなかった。新しいソビエト製の兵器のお陰で、ユダヤ国家の滅亡が充分可能になったのである。

イスラエル人の心には、ホロコーストの記憶もまだ新しく、エジプトの脅威を見くびるつもりはなかった。数万のイスラエル人がボランティアで塹壕《ざんごう》掘りを手伝った。人々は、わずかな持ち金や大事にしていた宝石を武器購入の資金のために提供した。[※1]学童たちは、昼食代を武器購入のために寄付した。

だが、イスラエルの国際的地位は一九四八年以来、劇的に変化していた。十年も経たないうちに、フランスもイギリスも（少し前までユダヤ移民を禁止し、ユダヤ地下組織の隊員を処刑していたのに）、イスラエルを潜在的な軍事同盟国と見なすようになっていた。ベングリオンの辞任後にイスラエルの首相となっていたモシェ・シャレットが（ベングリオンは数年後に再び首相になる）、一九五五年十月二十五日にパリを訪れた。イスラエルとフランス両国が結束を強めるための会談の一環だった。「私は常にイスラエルの友人でした」とフランスのエドガール・フォール首相はシャレットに念を押して言っている。「しかし、もはや友好関係の問題ではありません。フランスは、政治的な現実主義に基づいて、貴国を支援するつもりです[21]」

一年後の一九五六年十月、三国はセーヴル協約と呼ばれる秘密の合意を結んだ。それによれば、イスラエルはナセル軍に大規模な攻撃を仕掛け、一日以内にスエズ運河に到達するよう尽力する。次にフランスとイギリスが両国に停戦を呼びかけ、エジプトには国際船に運河を開放するよう要求する。イスラエルには運河の東方十キロの地点まで軍を撤退するよう求めるが、この要請は単なる表向きのもので、イスラエルは従う義務がない、と協約は明記していた。

イスラエルが地上軍を投入する国になるが、この合意によって得るものは大きかった。フランスとのパートナーシップは、小国イスラエルがもはや孤独ではなく、国際社会というチェス盤上の単なる駒の一つでもないことを印象づけた。イスラエルは国際社会のプレイヤーになりつつあった。合意の一部として、イスラエルはエジプトの脅威を取り除く作戦で、イギリスとフランスから空軍の援護を受けることになっていた。ヨーロッパのこれら二国は、イスラエルに国際支援を提供することになっていた。さらに、フランスはイスラエルに兵器を供給し、十月の初めには到着し始めていた。

当時、国防省の事務局長として協約の交渉役を担ったシモン・ペレスは、兵器が密かに到着するのを確認するため、ハイファの港にナタン・アルテルマンと一緒に訪れた。数年前に詩「銀のお盆」を綴った詩人である。アルテルマンは、目にした光景にいたく感動し、「やがて語られるだろう《オッド・イェスパル》」という一編の詩を著《あらわ》した[22]。「昨日の夜、夢を見た——鉄鋼、大量の鉄鋼、新しい鉄鋼の夢だった」と綴り、積み荷を下ろす作業員たちを描いている。「鉄の鎖をジャラジャラ鳴らしながら、弾筒を抱えて運んでいる」。しかしそれはありふれた沖仲仕《おきなかし》ではない、とアルテルマンは書いている。「この大地に触れた瞬間、彼はユダヤ人の力の表現となる」

※1原書注・宝石を捧げるという発想は真新しいものではない。この点でも、聖書の物語が多くのイスラエル人に影響を及ぼしていた。イスラエル人が神の宿る幕屋を建立しようとしたとき、モーセは彼らに、この目的のために献納できるものを捧げるよう求めた。聖書にはこう記されている。「男も女も、進んで心からする者は皆、次々と襟留め、耳輪、指輪、首飾り、およびすべての金の飾りを携えて来た」（出エジプト三五・二二）

アルテルマンの詩調が劇的に変化していた。もはや「独立前の国家」ではなく、「ユダヤ人の力」についてアルテルマンは書いていた。

このユダヤ人の力は時期尚早ではなかった。ナセルはエジプト軍をガザに派遣して、テロ集団フェダイーンを支援し始めていた。後にシモン・ペレスは、「ナセルが今すぐにでも侵攻することを……イスラエルは疑わなかった」と語っている。[23]

カフル・カセム事件――いつ、軍令に従うべきでないか

一九五六年十月二十九日、イスラエルが後にシナイ作戦と呼ばれる戦争の準備をしていた頃、国内で悲劇が起こった。アラブ系イスラエル人はこの八年間、軍政のもとで暮らしており、不信感が高まっていた。イスラエルはエジプトとの戦いに備え、ヨルダンとの国境沿いの「小さな三角地帯」にあるすべてのアラブの村に、午後五時の戒厳令を敷いた。その一つがカフル・カセムという名の村である。

戒厳令のニュースが発表されたのは五時直前で、多くのアラブ人労働者は前もって聞いていなかった。ほとんどのアラブ人は戒厳令が敷かれた後にイスラエルの陸軍部隊と出くわしても、問題なく通過することを許された。戒厳令が敷かれた午後五時過ぎ、カフル・カセムに住む五十人の労働者の一団が、仕事から家に帰る途中のことだった。この一団に出くわしたパトロール中のイスラエル国防軍が発砲し、村民四十七人を殺してしまった。多くの婦女子も含まれていた。イスラエル建国以来、最大のアラブ人虐殺だった。

数人の将校が逮捕されて有罪判決を受けたが、間もなく全員が獄から釈放された。ベングリオンはこの事件を「ひどい残虐行為」と呼んでいる。[24] 後年、イスラエルの数多くの公人が虐殺に対する深い悔恨《かいこん》の念を表明している。イスラエルのユリ・タミール教育相は二〇〇六年十月、カフル・カセムの虐殺をイスラエルの学校で追悼し、明らかに非人道的な命令には従わないことの必要性を深く考えるよう指示した。イスラエルのシモン・ペレス大統領は二〇〇七年十二月、イスラム教のエイドゥ・アルアダ祭で、カフル・カセムで開かれたレセプションに参加し、コミュニティに許しを請うた。「かつて、ひどい事件がここで起きた。私たちはそのことを深く詫びたい」と述べている。二〇一四年十月、イスラエル第十代大統領のルーヴェン・リヴリンは、カフル・カセムの例年の追悼記念会に参列した最初の大統領となる。

それでもこの事件は、イスラエル社会に長期的な法的影響を及ぼした。この裁判で初めてイスラエルの司法が論じたこ

とがある。イスラエルの安全保障に携わる者が、明らかに不法である直接命令に従うべきでないか、もし従うべきでないケースがあるとしたらいつなのか、という問いだった。ビンヤミン・ハレヴィ判事（この裁判の単独裁判官）は、「露骨な不法命令を見分ける印として、そのような命令の上には黒い旗のように『禁止!』という警告がはためいているはずだ」と述べている。ハレヴィの判決からの直接引用である「露骨な不法命令」という表現は、後年イスラエルで戦争行為の倫理性が論じられる際に、頻繁に用いられることになる。

イスラエル第二の独立戦争――シナイ作戦

十月二十九日の午後五時、イスラエル軍はシナイ半島に侵攻した。カフル・カセムの厳戒令が敷かれたのとちょうど同じ時間である。イスラエルは直ちに、シナイ半島にいるエジプト空軍とエジプト軍の主要基地との通信網をすべて断ち切った。その直後、アリエル・シャロンの率いるイスラエルの空挺部隊は、シナイ半島のミトラ通過点へ密かに到着した。スエズ運河に通じる重要な通過点である。空挺部隊は十月三十日までに広大な砂漠を横切り、エジプト軍の三つの基地を難なく攻略。運河から五十キロ以内に迫った。

イギリス政府は十月三十日、極秘の計画どおりイスラエルとエジプト双方に最後通牒《つうちょう》を公式に通達し、運河からそれぞれの軍を撤退させるよう要請した。イギリスはつまるところ、エジプトに対して国営化した運河の管理を放棄するよう命じたのである。イスラエルは計画どおり最後通牒には応答せず、エジプトもきっぱりと拒否した。翌日にはイギリスとフランスの戦闘機がエジプトの飛行場を爆撃したが、両国が現地に陸軍を派遣したのは六日後のことである。イスラエルは単独でエジプトと戦ったのである。

やがて、この限定的な紛争が大規模な地域戦争に発展することを懸念したアメリカは、イギリスとフランスとイスラエルに軍隊を地域から撤退させるよう要請。ソ連も同様の要求をした。ロシア軍は、ハンガリー革命を鎮圧したばかりで、その過程で数千のハンガリー人を殺害していたため、調停で発揮できるような道義的権威はなかった。それでもアメリカとソ連の利益が合致したため、イスラエル、フランス、イギリスは撤退を余儀なくされた。

しかしイスラエルは、シナイ半島から兵力を撤退させたくなかった。ガザが再びイスラエルを襲撃する足がかりになるのを懸念したのが主な理由である。イスラエルは、撤退に先立って安全を保障してほしいと主張し、やがてアメリカ側もこれを認める。もしイスラエルがこの短期間の戦争で占領したすべての領土から「完全かつ迅速に撤退」することに同意するならば、アメリカはチラン海峡（シナイ半島とアラビア半島の間にある狭い海峡）の「通航権」を保証すると約束した（地図⑧参照）。さらに、イスラエルが今後「自国の権利を守るために行動できる自由」を保証するとのことだった。

それから間もなく、アメリカはこの約束を果たさねばならなくなる。

イギリスでは、イーデン首相がこの協約に関する証拠を組織的に隠滅し、イギリスの関与を否定しようとした。しかし無駄だった。イスラエルもフランスも資料のコピーを保管しており、イーデンは多大な政治的圧力を受けて辞任してしまった。

戦争は十月二十九日から十一月七日まで続いた。イスラエルは、二百三十一人の兵士が死亡し、九百人が負傷した。エジプト側の損失は、一千五百から三千人の兵士が死亡、五千人が負傷したという見積りである。

シナイ作戦は短い戦争ではあったが、非常に重要な結果をもたらした。イスラエルはチラン海峡の通航権を確保し、これまでイスラエルの存続能力を疑っていた国々から国際的な保証を勝ち得た。イスラエル国民にとっては、八年間も絶えず越境侵害にさらされて生活していたが、この戦争で安心と自信を得ることができた。マイケル・オレンが言うように、シナイ作戦は「イスラエルの第二の独立戦争」だった[25]。イスラエル国防軍はそのプロ意識において世界を驚嘆させた。百時間でシナイ半島を攻略し、その結果イスラエルは十年間の静寂を得ることになる。中東に新たな軍事勢力が現れたのだ。

キエフの一少女が女傑政治家に

戦争の余波の中で、ベングリオンに次第に明らかになったことがある。イスラエルとアメリカの関係は、当初多くの人が予想ないし期待していたよりも、はるかに複雑になってきている、ということだ。この懸念には充分な根拠があった。国連が、分割案に先立ってイスラエルに提示された国境を論じていたとき、アメリカの国務省は国連に国境線を引き直し、より多くの領土をアラブ人に与えるよう勧めていた。一九五三年当時、国務長官だったジョン・フォスター・ダレスは、『イスラエルによって現在支配されている地域』に特定数のアラブ難民を送還すること」を提案している。イスラエル人の中には、この現在支配されているという表現に、ダレスがイスラエルの長期的な存続を信じていないと読み取る者もいた。エジプトがチェコとの兵器取引に署名した後、イスラエルが勢力バランスを回復するために必要とした兵器の販売を、アメリカは拒否した（イスラエルが武器調達のためフランスに接近したのはこれが理由）。イスラエルはアメリカに嘆願したが、無駄だった。事実、「アイゼンハワー大統領はフランスのギー・モレ首相に、イスラエルに兵器を売るのは無意味だよ、百七十万のユダヤ人がどうやって四千万のアラブ人から自らを守れるというんだ、と述べている」[26]（地図⑦参照）

　シナイ作戦後、アメリカは（ソ連と共に）国連でイギリス、フランス、イスラエルの開戦を非難した。アメリカの非難は軽いたしなめに過ぎなかったのかも知れないが、イスラエルは自らの主張を表明することにし、ゴルダ・メイール外相を国連に遣わした。機智《ウィット》で知られるメイールは、きつい皮肉を込めてこう述べた。

　都合のいい仕切り分けがなされたものです。アラブ諸国が「戦争する権利」を一方的に享受《きょうじゅ》しているのに、「それに対して」イスラエルは平和を維持する一方的な責任を負わされている。でも交戦状態は一方通行ではありません。この奇怪な仕切り分けの中で努力している国民が、あらゆる方向から組織的な戦争を仕掛けられ、遂に抵抗し、その危機から自らの生命を救おうと道を求めても、驚くことがありますか。[27]

ベングリオンが、イスラエルの立場を主張するためにゴルダ・メイールを国連に派遣したときには、彼女はすでにユダヤ国家でも頭角を現していた。一八九八年、キエフでゴルダ・マボヴィッチとして生まれ（後に、夫の姓マイヤーソンを名乗る）、その後、熱烈なシオニストの家族と共にピンスクへ引っ越した。ヘルツェルの訃報《ふほう》を聞いたゴルダの姉は、二年間黒装束で過ごしたという。その姉が、志しを同じくする仲間を自宅に招いてシオニストの会合を開くと、ゴルダは家の石炭ストーブの上にちょこんと腰掛け、会話の断片を一言でも多く聞き取ろうとしていた。家族は一九〇六年にアメリカのウィスコンシン州ミルウォーキーに移住した。ゴルダが八歳のときだった。

　キブツの運動やA・D・ゴルドンの思想などを論じる客間の集会で、ゴルダは夫となるモリスと出会う。その結婚生活は、荒れた愛情の薄いものだった。二人は結婚後すぐパレスチナへ移住することにした。

　パレスチナについての最終的な決定をもうこれ以上延ばすことができないと強く感じたのは、その日、街を行進している間だったと思います。……あのペトリューラに指揮された虐殺の暴徒に対する真のそして意味のある回答は、パレスチナしかないと感じたのです。もっともこのことを考えたのはミルウォーキーのデモのときではなかったですが、ユダヤ人は自分自身の領土を再び持たねばならない。講演したり、基金を募ったりするだけでなく、パレスチナに住んで働くことにより、私はその建設を助けねばならないと思ったのです。[28]

ゴルダとモリスは一九二一年にアメリカを発った。ゴルダは一九五六年までにマパイ党指導層の階段を上り詰め、ダヴィッド・ベングリオンによって外相に任命される。着任早々したことの一つが、先輩のシオニスト指導者たちのように、名前をヘブライ風にすることだった。姓をマイヤーソンからメイールに改名した。

イスラエルがアフリカの希望となるために

ゴルダはシナイ作戦のすぐ後、『古くて新しい地《アルトノイラント》』を取り出し、ヘルツェルのこの古典小説の一節を外務省のスタッフに読んで聞かせた。

今なお一つの問いがある。諸国民が被った災いに端を発する問いで、今なお未解決のままである。その深い悲劇を理解できるのはユダヤ人だけだ。それはアフリカの問題である。奴隷貿易にまつわるひどい出来事を思い起こすだけで充分だ。人々が、肌が黒いという理由だけで家畜のように盗まれ、獄に入れられ、捕えられ、売られた。子供たちは異国の地で育ち、顔色が違うというだけで蔑《さげす》まされ、敵意を抱かれた。揶揄《やゆ》されるかも知れないが、構わずに言おう――私は、自分の同胞であるユダヤ人の救済を目にしてから、アフリカ人の救済も支援したいと思うようになったのである。[29]

ゴルダ・メイールは『古くて新しい地』の一文を読み終えると、スタッフ一同に、ヘルツェルのビジョンの実現をこの精神で確実なものにするのはあなたたちの使命ですよ、と言った。アフリカでの独立運動が巨大な波のように始まっていた。メイールは、アフリカの国々とイスラエルには多くの共通する体験や困難があることを強調した。「私たちと同じように、あの人たちの自由も、何年もの戦いを経て初めて勝ち取ったものです。私たちと同じように、あの人たちも自らの国家のために戦わねばならなかったのです。そして私たちと同じように、誰もあの人たちの主権を銀のお盆に載せて与えてはくれなかったのです」[30]

イスラエルと同じような歴史をもつアフリカの国々に、メイールが提供できると期待したのは、イスラエルの科学技術や農業体験もそうだが、それ以上に重要なものがある。それは、長い間待ち望んできた国家の復興を成し遂げた、抑圧された民族の模範を示すことだった。ユダヤ民族の復活と主権回復の物語は、ユダヤ人だけでなく、世界中の民族に語りかけることができる、と彼女は考えていたのだ。

短い期間ではあったが、イスラエルはアフリカの数カ国と良好な関係を育み、農業や海水の淡水化、他の科学技術の専門知識を用いて、生産力向上に貢献することができた。ゴルダの考えは長期的には無垢《ナイーブ》だった。アフリカの新興国はやがて一つのブロックを構成し、国連においてイスラエルの最大の敵対勢力となる。イスラエルの支援申し入れは、何の変化ももたらさなかった。

成長を続けるイスラエル国家

国内では、イスラエルは世界一流の軍隊の基礎作りをしていた。ダヤンがロイ・ロットベルグの弔辞で、紛争は当面終わる見込みがないと述べたように、イスラエル人は抑止力としての軍事力を強化していた。それは国家の存続とイスラエル市民の安全のために必要だった。それと同時に、イスラエルは、内省的な文化を形成し、司法が軍事行為を監視し、軍令に対して明確な倫理的制約を表明してきた。

海外では、ユダヤ国家は国際的な駆け引きのプレイヤーとなり、戦争の当事国にもなっていた。独自の専門知識を駆使して、他の国々を益する支援にも意欲を示してきた。

新興国としての脆弱さは前よりも感じなくなった。イスラエル人は生き延びることだけでなく、未来についても考えられるようになった。しかし間もなく気づいたことがある。未来を築くためには、まず、ユダヤ民族の長い歴史で最も痛ましい時代と真っ正面から向き合わねばならない、ということだった。

第11章　ホロコーストと向き合う

これはアウシュヴィッツという惑星の歴史……この惑星で暮らす人たちに名前はなく、親もなく、子もいない。……そこで生まれたわけではなく、そこで産むこともなかった。……この世界の規則で生きることもなく、死ぬこともなかった。

——イェヒエル・デヌール、アイヒマン裁判での証言(1)

アイヒマンの逮捕

一九六〇年五月二十三日の午後四時、国会《クネセット》の本会議場は満員だった。どうやらベングリオン首相は前代未聞のニュースを国民に知らせるつもりだ。会場に集まった人々は首相の発言を待ちかまえ、場内は緊張感に満ちていた。

ベングリオンは登壇し、語り始めた。

国会にお伝えすることがあります。ほんの少し前、ナチの重大な戦争犯罪者の一人、最終解決と呼ばれるヨーロッパの六百万のユダヤ人虐殺を、ナチの指導者たちと共に実行した責任者アドルフ・アイヒマンが、イスラエルの国家安全機構によって発見されました。アドルフ・アイヒマンはすでにイスラエルにおいて軟禁状態にあり、ナチスおよびその共謀者訴追法によって、近々公判に処せられることになっています。(2)

そう言い終わるとベングリオンは降壇し、会場を後にした。場内は静まり返っていた。室内では、一人一人がこの発表の重大さと意味合いを咀嚼《そしゃく》しようとしていた。遂にイスラエル国は、ヨーロッパのユダヤ人絶滅を企てた責任者の一人に、わずかながら正義の裁きを下そうとしているのか。数百万の人々が殺害され、拷問を受け、毒ガスで殺され、焼き殺され、あるいは生き埋めにされた。そして百万の子供たちが、ナチスという殺戮《さつりく》マシーンによって命を断たれた。遂にその懲罰を多少なりとも下す時が来たのか。死に絶えたシオニスト会議の代表たち、この会議場にいる人たちの姉妹や兄弟たち、親や伴侶、そしてイスラエル社会を構成する数十万の人々の親族へ、釈明がなされるというのか。

アドルフ・アイヒマンは、ナチスの親衛隊中佐で、ホロコーストの執行責任者の一人、最終的解決を定めたヴァンゼー会議の中心人物だった。拘束時は、存命する最高位のナチスの役人だった。戦後の大半は、偽名を使ってアルゼンチンで暮らしていた。そして今、イスラエル諜報特務庁モサドは、彼の居場所を突き止め、拘束し、アルゼンチンからイスラエルに連れ出したのである。

想像を絶する知らせだった。そして、まるでバーゼルで六十三年前にヘルツェルが受けた十分間の拍手喝采の続きのように、会場を揺るがす万雷の拍手が突然沸き起こった。

イスラエルの大胆な行動に世界中から非難の声

案の定、世界各国のほとんどは肯定的な反応を示さなかった。世界中から非難の声が上がった。恥じらいもなくナチス隊員を保護していたアルゼンチンの役人たちは、「イスラエルの行動は、断固として普遍的に非難されるべき政府の典型的な手口だ」と訴えた。[3] 国連安保理は、一三八決議を採択し、イスラエルはアルゼンチン共和国の主権を侵害したと述べ、今後このような行為がなされれば国際平和を脅《おびや》かしかねない、と警告した。アメリカ、フランス、イギリス、中国がイスラエル非難に連なった。

アルゼンチンの国民は、自分たちの政府の対応に倣《なら》い、反ユダヤ的な暴力行為をもって、アルゼンチンのユダヤ・コミュニティを襲撃した。ワシントン・ポストもニューヨーク・ポストも非難声明を掲載し、クリスチャン・サイエンス・モニターは「イスラエル国外でなされたユダヤ人に対する犯罪に判決を下そうとする」イスラエルの決断は、『ドイツ生まれ、またはその子孫がどこに住んでいようと忠誠を義務』づけたナチスの要求と同じである」と述べた。[4] 雑誌タイムは、ベングリオンの行為を、どういうわけか一種の「逆人種差別」と称した。[5]

イスラエルは批判をものともせず、正義感に駆り立てられて事を進めた。ダヴィッド・ベングリオンには、教育上の思惑もあった。若い人たちが育ったイスラエルの社会は、これまでホロコーストと向き合うことを避けてきた。国を挙げてホロコーストを受け止める時が来ている、そう首相は考えていた。「イスラエルの若人は、一九三三年から一九四五年の間、ヨーロッパのユダヤ人に何が起きたのか、その真実を知る必要がある」(6)

こうして、イスラエルは大胆な行動に出た。つまり、イスラエル国は、第三国から殺人者を引っ捕らえ、かつて建国前に他の大陸でなされた犯罪を、イスラエルが裁くことができるという主張のもとに、ナチス政権の象徴であるアドルフ・アイヒマンを公判に付したのである。今回、監視人はナチスではなく、ユダヤ人だった。今度は、鉄条網の中に閉じ込められたのは、ユダヤ人ではなく、防弾ガラスの檻の中で座っている被告人のナチの番だった。それも、ユダヤ国家の首都エルサレムで、ユダヤ人裁判官の法廷において、である。

ドイツとの交渉で国内に議論が巻き起こる

アイヒマンの裁判を通して、イスラエル社会は初めて、公の場で残虐行為の恐ろしい詳細を論じることになる。それは、ヨーロッパの地獄《インフェルノ》を生き延びた多くのイスラエル人が、日々背負っている悪夢であった。だが、ナチの虐殺がイスラエルの政策に影響を与えたことはこれまでにも何度かあった。一九五一年、ベングリオンが国会本会議場でアイヒマン捕縛の報を伝えたほぼ十年前、イスラエルとドイツ連邦共和国（西ドイツ）の政府は、ドイツがホロコーストの期間中にユダヤ民族に行なったことに対する補償金を支払うことを協議し始めていた。一九五一年九月二十七日、戦後ドイツの首相コンラート・アデナウアーは、ドイツは「ユダヤ社会の代表と、故郷を喪失した極めて多くの難民を受け入れたイスラエル国と協力して、物質的な補償問題を解決に導く用意がある」と表明した。(7)

イスラエルがドイツ政府と会談するという知らせを受けたメナヘム・ベギンは、自らに課していた政治的隠遁《いんとん》生活をやめ、政界に復帰した。ベギンは、公の場から少なくとも一時的に退いていた。だが、ベングリオンが補償問題についての動議提出を発表すると、ベギンの長年の仲間たちは彼に立ち上がるよう求めた。当時まだ国会議員であったベギンに、どんな内容であれ、ドイツ人と取引することなどとんでもないという思いに声を貸してくれるのはあなただけだ、と言って説得した。補償問題はベギンが政争に復帰する機会となる。それも、今までのようにベングリオンに見下《みくだ》され、相手にされないような存在としてではなく、ユダヤ人の歴史とユダヤ人の尊厳に関する義務をなおざりにするベングリオンを糾《ただ》すユダヤの声として、ベギンは復帰できる。そう彼らは考えていた。

ナチスに父、母、兄を殺されたベギンは、ベングリオンを容赦なく非難し始め、イスラエルがドイツ人から補償金をもらうという考えそのものを辛辣《しんらつ》に批判した。ベギンは憤慨して、少しでも自尊心を持っているユダヤ人なら、ドイツ人と交渉しようなどとは思いもしないはずだ、と諌《いさ》めた。(8)

その後の論争の中で、ベギンはこう言っている。「彼ら［イスラエル政府］は、いよいよドイツとの協定に調印しようとしている。ドイツは国家であると言い、ドイツの本当の姿を言おうとしない。かれらはオオカミの群れであって、その牙《きば》で私たちの同胞を貪《むさぼ》り食らったのだ(9)」

ベギンは、当時のイスラエル国の最高の雄弁家と言っていいだろう。そのベギンが、イスラエル社会の感情を駆り立てた。イスラエルを代表する新聞『マアリヴ』紙は、風刺画を掲載している。それは、ドイツ人がお金の入った血まみれの袋を握り、イスラエル人に差し出している絵だった。一九五一年十二月、『自由《ヘルート》』（ベギンの政党の機関紙）の大見出しに「焼殺された子供一人につき、いくらもらうと言うのか」と書いてあった。

常に現実主義者だったベングリオンは、ユダヤ国家が経済的に繁栄すれば国際的な尊敬を受ける、と反論した。ユダヤ人が自らの尊厳を守る方法は一つだけではない、と言うのだ。イスラエルの経済が崩壊寸前であることを、ベングリオンは分かっていた。政府はすでに食料配給を実施し、国を建設するために必要な重機は全くない。ユダヤ国家にたどり着いた数十万の貧しいユダヤ移民に、住居を提供せねばならない。もし、ドイツの金でイスラエルをより安定した国にできるなら、それも正義を行なう手段であろう。

国民的な議論は、史上類を見ない激しさを増し、一九五二年一月七日、国会の票決の日に頂点に達した。寒い冬の日だった。大群衆がイスラエル全土から、エルサレム中心街のシオン広場に集まり、ほんの数百メートル先の国会で審議中の議論に対して抗議していた。ベギンは、票決時間になるまでは国会に入らないと言い、かつてない口調で聴衆に語りかけた。ベングリオンを「今、首相である、あの狂人」と呼んだ。この「今」という表現に、色々な意味合いを読み取ることができる。

そしてベギンは政府に警告した。「ドイツとの交渉はあり得ない。これを阻止するために、私たちは命をも捧げるつもりだ。罪を犯すよりは死んだほうがましだ。この主導を阻止するために、私たちはどんな犠牲をも惜しまない」。ベギンは、アルタレナ号事件の日には、自分が仲間に発砲しないよう命じた事実に言及し、そこで語調を変えた。「これは生死に関わる戦争となるだろう」と支持者たちに語った。「今日、私は命じる――『血を！』」[10]アルタレナ号事件では内戦の回避に努めた男が、今度は内戦に迫るような態度だった。

ベングリオンは、ベギンの論調に説得力を感じることなく、その脅《おど》しを気にもとめなかった。ベングリオンにしてみれば、ベギンはただの煽動家《デマゴーグ》に過ぎず、ヨーロッパを脱した新しいイスラエル人の国の国会演壇には不相応なポーランド系ユダヤ人だった。ベングリオンとベギンは、お互い個人的に深い確執《かくしつ》を抱いていただけではない。要するに、二人はユダヤの世界を全く違うレンズで捉えていたのである。ベギンによれば、ユダヤの記憶を捨て去り、ユダヤの過去に神聖さを感じないユダヤ国家は、魂も存在意義も失った国になってしまう。ベングリオンにとっては、ユダヤ国家は前を向こうとしているのであり、ヨーロッパの過去の恐ろしさを認めつつも、それを乗り越えて進んでいる。ホロコーストが起きるずっと前にヨーロッパを去ったベングリオン首相にとって、ベギンの悲しむ離散のユダヤ人は、ハイム・ナフマン・ビアリクの叙事詩「殺戮の街にて」に登場する惨めで脆弱なユダヤ人だった。イスラエルはもっと良いものを創造したのだ、とベングリオンは考えていた。

国会議場での議論は凄まじかった。国会の外の集会も辛辣で、暴力沙汰になった。ベギンの支持者の一部が、ベギンの後についてシオン広場からベン・イェフダ通り※1を通って国会まで行き着き、怒りのあまり国会の窓に石を投げつけた。突然ガラスの飛び散る音がして、国会の議論は中断した。警官が屋外の群衆を追い散らそうとして使った催涙ガスが国会の中にまで漂い、審議は一時中止となった。ほどなくして議論は再開し、予想どおり、一月九日、国会の票決は六十対五十一で、ドイツとの交渉を継続することになった。ベギンは敗北を認めた。けれども、国会の外や国会演壇で用いた扇情的な誇張表現《レトリック》の責任を咎《とが》められ、三カ月の国会立ち入り禁止を命じられた。

※1原書注・イスラエルに広くみられる歴史意識の現れの一つとして、通りの名前がある。多くの通りは、ユダヤ人の学者、作家、または聖書時代、ユダヤ賢者時代、近代史の英雄や、ユダヤ史の有名な日付などに因んで名付けられている。多くのイスラエルの町には、現代ヘブライ語の父に因んだベン・イェフダ通りがある。

補償金がイスラエル社会に与えた影響

ベングリオンの期待どおり、補償金とその他海外からの資金援助のお陰で、イスラエルは自立することができた。資金は住宅の改善、イスラエルの商船や国営航空会社の設立、道路や通信システムの配備、配電網の設立に使われた。補償金はイスラエルの国家送水管プロジェクトにも用立てられた。不毛な地域に水を引き、人が暮らせるようにする重大なプロジェクトであり、乾燥した中東では決して生やさしいチャレンジではなかった。この小さな国は、国家送水管システムに関して、実質国民一人当たり、アメリカがパナマ運河にかけたおよそ六倍の資金を費やした。その額は「アメリカの代表的な公共事業のフーバーダムやゴールデン・ゲート・ブリッジなどをはるかに上回っている」[11]。このプロジェクトの最盛期には、イスラエルの健全な国民の十四人に一人が水管の仕事に従事し、穴掘り、配管、溶接その他の作業に携わっていた[12]。それにはイスラエルの国内総生産の五%の費用が費やされた。どんな国にとっても法外な割合であるが、経済的に脆弱なイスラエルにとってはなおのことだった。補償金なくして、この事業は、当時としては実現不可能であっただろう。

一九五〇年の半ばには、イスラエルの経済成長率は世界一となり、ドイツや日本をも超えていた[13]。さらに補償金をきっかけに、財政とは全く別の領域で、予想外の展開が起きた。長い間、ホロコースト生存者もイスラエル社会も、ヨーロッパで一九四〇年代に起こったことを語るのを避けてきた。生存者には、その記憶があまりにも苦痛だった。イスラエル社会にとっては、ヨーロッパの同胞を助けられなかったイシューヴの姿と、イスラエルが超越しようとしていたヨーロッパの犠牲者としてのユダヤ人像を思い出させるからだった。

今や補償金が支払われ、イスラエル人がホロコーストの話題に取り組むのを拒否してきたことが崩れ始めた。そして今、イスラエル国のユダヤの良心を守る人と言えば、ダヴィッド・ベングリオンの政敵、メナヘム・ベギンだった。補償金の論争によって、ベギンはイスラエルのユダヤ魂を代弁する機会を得た。またユダヤの記憶が、どれほど痛ましいものであろうとも、その神聖さを代弁する者となった。

補償問題は、ベングリオン率いるマパイ党が失墜する素地を植え付けただけではない。キブツにとっても転機となった。イスラエル史のこの時点まで、多くのキブツでは私有財産を例外なく認めていなかった。メンバーは衣類も、友人や家族からもらった贈り物も、すべて共有した。育児は実の親がするのではなく、児童用の施設でなされ、子供たちは幼少の頃からそこで寝起きしていた。

しかし、補償金を通して、この方針も崩れ始めた。ホロコースト生存者たちは、言語に絶する自らの苦しみの代償としてもらう補償金を、ホロコーストを経験しなかった人たちと共有するという考えに断固反対した。皆で共有できない財産もある、と訴えた。あるキブツでは、国会での白熱した議論と同じくらい、声高で辛辣な論争を巻き起こした。

妥協案で解決したキブツもあった。補償金の一定額は本人がもらえるが、残りは共同の財源に振り込まれる、という案である。キブツという組織はこれから何十年も維持されていくが、キブツの絶対的な平等主義はここで終わる。数十年後、キブツは民営化され、公共資産を廃止することになるが、その変革の根源は皮肉にもドイツの補償金の影響にあるという意見もある。補償金が、キブツというイスラエルを代表する社会主義組織に影響を与えたというのだ⑭。

カストネルは自分の魂を悪魔に売ったのか

補償金が発端となって、イスラエルが初めてホロコーストと本格的に向き合い始めるが、さらに数年後、世間の注目を集めたルドルフ・カストネルの裁判で事態はますます激化した。一九五二年八月、マルキエル・グリンヴァルドという変わり者のホロコースト体験者が小冊子を出版し、戦争当時ハンガリーのシオニスト救済委員長だったカストネルが、一九四四年にドイツ人と協定を結んでいたことを非難した。やがて「血と物品の取引」と呼ばれるようになった交渉である。カストネルがドイツ人に貨車を引き渡す交換条件として、列車いっぱいのユダヤ人をアウシュヴィッツに送らないという取引だった。この取引でおよそ一千七百人のユダヤ人が救われた。その中には、カストネルの家族、また割増料金を払って列車の場所を確保した裕福なユダヤ人がいた。この取引は完全に公開されたもので、中には孤児、ユダヤ教敬虔派《ハシディーム》、そして特別に選ばれた者たちも含まれていた。さらにこの人たちの命を救うだけでなく、カストネルはかなりの数のユダヤ人を、アウシュヴィッツではなく、労働収容所に送るよう手配してくれたので、多くのハンガリー系ユダヤ人にとって、カストネルはこの恐ろしい時代の英雄だった。

だが、他方では手厳しい批判もあった。カストネルは自分の家族を救い、ナチス政権のもとで裕福に暮らし、そして最も不届きなのは、彼が救出できないユダヤ人に、どんな運命が待ち受けているかを伝え損ねたことだった。カストネルは英雄なんかではない、むしろ何千ものユダヤ人の死を招いた共犯者だ、というのだ。

戦後、カストネルはイスラエルに移住した。ベングリオンのマパイ党で働き、社会の脚光を浴びることなく暮らしていた。グリンヴァルドがカストネルを訴え、ハンガリーの五十万のユダヤ人（そのうちの五十八人はグリンヴァルド自身の家族）の「殺人を代行した」と非難したとき、カストネルは通産省の高官として勤務していた。省の評判を守るため、政府はグリンヴァルドを名誉毀損で訴えることに決めた。

老人となっていたグリンヴァルドには資金もなかったが、戦わずに引き下がるつもりはなかった。ベギンの地下組織イルグンのメンバーだったシュムエル・タミールという弁護士を雇った。有能な弁護人で、弁術の巧みなタミールは、あっと言わせる巧妙な法廷戦略を駆使し、裁判を根本から覆《くつがえ》してしまった。タミールは、グリンヴァルドは無罪でカストネルが共犯者、という主張を展開した。こうして、今やカストネルと、それに連なって、この裁判を始めた政府が、グリンヴァルドの糾弾に対して弁護せねばならなくなった。

法廷はやがて、グリンヴァルドの無実を証明し、カストネルは「自らの魂を悪魔に売った」と決めつけた。公然と辱めを受けたカストネルは、事実上世捨て人となる。やがて最高裁はこの判決を覆すが、カストネルにとっては遅過ぎた。一九五七年三月四日、カストネルはテルアビブの自宅前で、ゼエヴ・エクスタインに暗殺されてしまう。[15][※1] 一九三三年のアルロゾロフ殺害は移送協定に応じて起きたのは明らかであるが、それと不気味なほど似通っている。ドイツ人と交渉した名の知れたユダヤ人が暗殺されるのは、カストネルで二人目となる。ただ、今回の暗殺は独立後のイスラエルで起きた。ユダヤ国家において、ユダヤ人が政治的な理由で同胞を暗殺するのは初めてのことだった。だが不幸にもこれが最後ではない。

自らの体験を語りたがらないホロコーストの生存者たち

補償合意のときと同じように、カストネルの裁判も予想外の結果を招いた。カストネルに有罪判決を下すことで、判事は故意にではないにしても、ホロコーストを生き延びたユダヤ人は何か忌まわしいことをしたに違いない、という見方を強めてしまった。でなければ、何百万もの人が殺されていく中で、なぜ彼らだけが生き残れたのだろうか、と多くの人々は暗に思っていた。

皮肉にも、世間がホロコーストに関心を抱くようになったために、自らの体験を語りたがらなくなる生存者もいた。彼らは、その重荷を独りで背負うようになり、そのことがさらに、生存者は何か〝異質な〟存在だという感覚を抱かせるようになってしまった。第一〇一部隊の司令官で、やがて首相となるアリエル・シャロンは、自分が育ったキブツにいたホロコーストの生存者たちは、彼ら独自の世界に生きているようだったと述懐している。

　ホロコーストの生存者たちは、独自の暗号を持っているようだった。彼らが何を言っているのか、決してはっきりとは分からない。なぜ互いに話さないのだろうか。何か不明瞭な中傷のためか、あるいはお互いのためなら死んでもいいと思っているからなのか。キブツは、信頼によって成り立っている場所だ。彼らと共同体を築くことなど、誰ができるのか。⑯

核兵器というイスラエルの安全保障

世間の目には触れないところで、ホロコーストがイスラエルの発展に大きな影響を与えたことがもう一つある。一九五五年に、ダヴィッド・ベングリオンは大胆な決断を下していた。アラブ・イスラエル紛争が解決されることは、当面あり得ないとベングリンには分かっていた。世界史の不確定さを考えると、すべてを西側諸国にのみ依存すべきではない。イスラエルは核武装せねばならない、という決断だった。

　当時の核保有国はアメリカ、イギリス、そしてソ連だけだった。イスラエルはトランジスターラジオすら製造していなかった。技術的な専門知識もなく、人口二百万人にも満たない小国が核武装するのは非現実的、とベングリオンの顧問たちは判断した。愚案だ、という者もいた。だが首相にとって、アラブ人との紛争と、ホロコーストがもたらした脆弱さが、決定要因となった。何としても、イスラエルはユダヤ人の脆弱性に終止符を打たねばならなかった。

　ゴルダ・メイールは後に、イスラエルの核能力の重要性

※1原書注・エクスタインはシン・ベート（イスラエル総保安庁）の職員で、極右の人々を監視するのが任務だった（それ以上の任務は受けていなかった）。ところが監視をするうちに、右派系の思想に感化され、やがて彼はごろつきとなる。カストネル殺害のため七年間刑務所で過ごし、殺害のほぼ六十年後、『キルトの毛布』という自伝を出版。その中で「今なら自分は、やらなかった。撃たなかった。それは間違いない」と書いている。(Elad Zeret, "Kastner's Killer: I Would Never Have Shot Him Today," *Ynetnews.com* [October 29, 2014], http://www.ynetnews.com/articles/0,7340,L-4585767,00.html.)

を振り返るに当たって、ホロコーストではなく、幼少期の集団殺戮《ポグロム》のことを述懐している。ゴルダは、イスラエルの核能力を「ヴァレニエ」と呼んだ。ヴァレニエとは、果物から作ったジャム状の食べ物のことで、ヨーロッパのユダヤ人たちは殺戮が勃発した際、その脅威が過ぎ去るまで非常食として食べられるよう隠し持っていた。

一九五六年、ベングリオンは、シモン・ペレスをパリに遣わした。フランスにイスラエルの核能力開発を支援するよう説得するためだった（当時フランスも独自の核開発計画を行なっていた）。フランスは、反アラブ感情（一九五六年のシナイ作戦で最も露骨になる）に悩まされていたこともあり、また親ナチのヴィシー政権がユダヤ人を抑圧したこともあって、ユダヤ人に対して義務感を感じていた。フランスは承諾する。[※1] アルジェリアの不幸と植民地主義の幕引きに伴い、勢力拡大を願っていたフランスにとって、イスラエルとの協力は打って付けだった。フランスは、エンジニアや専門家、プルトニウムを分離する設備、そしてミサイル能力の提供を約束した。イスラエルは、ごくわずかな核を保有する国の一つになろうとしていた。ホロコーストの記憶もまだ新しい。イスラエルの見識あるジャーナリストで評論家のアヴィ・シャヴィトによれば、この計画を知るごく少数の人たちは、ユダヤ人が史上初めて、他の民族を絶滅できるようになったことに気付いていた[17]。

一九六〇年には、アメリカは、フランスがイスラエルの原子炉設立を支援していることを知っていた。一九六一年初頭、ケネディーが大統領に就任。核拡散防止を標榜する彼は深い懸念を示し、イスラエルとアメリカはある合意に調印した。それは、一九六二年から、アメリカの官僚は毎年一度、原子炉のあるディモナを訪れることができるとの規定だった。しばらくの間、アメリカ側は核開発計画の証拠を見つけることができなかった。アメリカ側の疑念が深まるにつれ、イスラエル側はディモナの真相を隠そうとあらゆる試みをした。偽《にせ》のコントロール室を建設し、施設の地下の部分へ通じる入口を隠し、ハトの糞を建物の周りにいっぱい落として、あたかも施設が使用されていないかのように見せかけた。

イスラエルはアメリカの監査をパスしたが、いつまでも騙《だま》せないことは分かっていた。一九六九年、当時の首相ゴルダ・メイールは、アメリカ大統領に就任したばかりのリチャード・ニクソンと合意に達した。イスラエルは核開発計画を続けるが、核兵器を保有していることは明かさないという内容だった。ユダヤ人に対するホロコーストのような虐殺計画は、もはや過去のことであって、二度と起こしてはならない。そのために必要な安全保障を、イスラエルは確保することができた。アラブ世界が独自の兵器を求めたくなるような挑発を招くこともなかった。

決裂寸前となったアメリカのユダヤ人との関係

このような複雑な背景――ドイツの補償金、カストネル裁判、そして（少数のエリートだけが知っている）イスラエルの核武装防衛計画――の中で、アイヒマンの捕縛はイスラエル人にとって青天の霹靂《へきれき》だった。イスラエル人は賞賛し、諸外国は非難し、アメリカのユダヤ人の中でも激しく意見が対立した。事実、アイヒマンの捕縛を通して、ベングリオンとジェイコブ・ブラウスティンが十年前に結んだ脆《もろ》い合意は決裂寸前になっていた。イスラエルが世界のユダヤ人の中心的な存在となることを望まなかったアメリカ・ユダヤ委員会（AJC）は、アイヒマンの裁判はイスラエルでするべきではないと考えていた。あるメンバーはゴルダ・メイールに会い、先を見通して不快感を強調する者もいた。AJCの指導者たちは、イスラエルの官僚たちを憤慨させながらも、アイヒマンをエルサレムで裁くことは、アイヒマンが「ユダヤ人だけでなく、人類に対して筆舌に尽くし難い犯罪」を犯したという事実を弱めてしまう、と非難した。(18)

ベングリオンはこのような主張に激怒し、公の場で猛然と批判し始めた。AJCがイスラエルに宛てた批判に関して、ベングリオンは、翌十二月のニューヨーク・タイムズでこう述べている。

ユダヤ人も含めて、こういう主張があるのを知っている。イスラエルは、法的にはアイヒマンを裁く権利はあるが、

※1原書注・イスラエルの核兵器入手に関する興味深い話に、アメリカのユダヤ人の関わりがある。最も有名なのは、科学者、発明家、そして熱心なシオニストだったザルマン・シャピロのことだ。核物質装置会社（NUMEC）の一九六五年度在庫調査で、およそ九十から二百七十キロのウランが紛失しているのが見つかり、NUMECの創設者であるシャピロがスパイ行為とイスラエルに核物資を横流しした疑いで非難された。『サムソン・オプション――イスラエルの核兵器とアメリカの外交』の著者であるセイモア・ハーシュは、シャピロが無実であり、捜査責任者の一人が「シャピロの有罪を示す証拠を全く知らない」と言っているのを引用している。シャピロは起訴されなかったが、アメリカのユダヤ人が非合法でイスラエルの核開発計画に関与した噂が、終世彼に付きまとった。多くのアメリカのシオニストにとって、シャピロはイスラエルの安全保障に後押ししたという役割の故に無名の英雄だった。

倫理的には裁くべきではない。なぜならアイヒマンの犯罪は、その非道さにおいては人類と人類の良心に対する犯罪であって、いわゆるユダヤ人だけに対するものではないからだ。こんなことを言えるのは、劣等感を抱いているユダヤ人だけだ。ユダヤ人も人間である、ということを分かっていない者だけだ。[19]

ユダヤ民族に対する犯罪というよりも、「人類に対する犯罪」という言及は、ユダヤ民族に対する犯罪よりも人類に対する犯罪を語りたがるAJCへのあからさまな批判だった。[※1]

ベングリオンの怒りはAJCだけでなく、広くアメリカのユダヤ人に向けられた。アメリカのユダヤ人は、ホロコーストでユダヤ人が被った苦しみを過小評価していると非難した。曰く「アメリカに暮らすユダヤ人のユダヤ性は、全く意味を失いつつある。その消滅の日を見落とすのは盲人だけだ」。イスラエルで暮らさないユダヤ人は「死の口づけ」を受けて、「同化の奈落へとゆっくり墜ちていく」状態に直面している。[20]このような弁舌は、ブラウスティンとわずか十年前に交わした合意の精神に対する明らかな違反である。このようなコメントをすれば、ブラウスティンが激怒することをベングリオンはわきまえるべきだった。明らかに気にもとめていなかったのである。

ブラウスティンとの決裂を修復するのにかなりの努力がなされたが、その被害には修復不可能な面もあった。補償金がキブツの基盤となる気風を一気に崩してしまったように、ナチ党員の捕縛は皮肉にもイスラエルとアメリカのユダヤ人の関係により深く楔《くさび》を打ち込んでしまった。

アイヒマン裁判での生存者の証言

アイヒマンの裁判は、一九六一年四月十一日、エルサレムで始まった。

検察側は、何世紀にも及ぶユダヤの歴史を呼び起こすことから始めた。アイヒマンを、イスラエルに敵対してきたエジプト王ファラオやペルシアの宰相ハマン[※2]などの長い系譜の中に位置づけた。検察側の意図は、この裁判が、これから証言する特定の生存者たちに起こったことだけでなく、ナチスの対象がユダヤ民族全体であったと示すことだった。証人台に召喚された証人は、戦時中アイヒマンに実際に会った人だけではない。法廷では、アイヒマンに会ったことのない生存者からも、戦争の恐ろしさ、言葉に尽くせない苦しみ、ヨーロッパのユダヤ人に対するナチスの攻撃がもたらした破滅についての証言も聞かれた。傍聴人の中にはこの決断に反対した人もいたが、主任検察官のギデオン・ハウズネルは、自分たちの究極的な責任は、ホロコーストに「歴史上の地位」を与えることだと訴えた。[21]

イスラエルの若い世代は、ベングリオンが必要だと感じていた教育を受けることになった。裁判ではどんな詳細もおろそかにしなかった。証人たちは、女性、男性、子供が冷酷に殺傷されるのを目撃した様子を詳述した。ある証言者は、抱きかかえていた自分の子供がどのように撃ち殺されたかを供述した。数千のフランスの幼児が、親から引き離され、大人に見守られることもなく、薄暗くじめじめした、汚い部屋に追いたてられる悲惨な光景を証言する者もいた。「子供たちは夜中に目覚めて、親の名前を呼んで泣き叫ぶことがよくありました。中には、あまりにも幼くて自分の名前を知らない子供もいました」[22]。幼児たちは移送され――「必死に抗《あらが》って、泣き叫んでいた」[23]が――アウシュヴィッツに送られ、そこで殺され、灰になった。

自分の夫が書いてくれた最後の手紙と、子供たちに残してくれた最後の言葉を読もうとした証人もいた。「わが愛する妻と子供たちへ……お互いこれから長い旅に出ることになる……どんな運命になろうと、どうにか生き抜くつもりでいる。君たちを悲しませたくない。できることなら君たちと共に生きていたい。願わくは神がそれを叶えてくださるように」と。[24]この夫人はあまりにも感情が高ぶってしまい、自分宛の手紙を読み進めることができなくなった。弁護人に手紙を渡し、

※1原書注・ベングリオンの言葉は、イスラエルの指導者たちがアメリカのユダヤ人の欠点を批判するときの傾向を示している。ここでは、アメリカのユダヤ人が、ユダヤの特異性よりもアメリカの普遍性を心地よく思うことについての批評である。アメリカのユダヤ人の他の欠点に関する指摘もある。駐米イスラエル大使の任期を終えたマイケル・オレンは、自身の回想録『同盟――アメリカとイスラエル分断の旅』で、アメリカのユダヤ人のことを書いている。「私が彼ら[アメリカのユダヤ人]を非難したかったことは、最もナルシシスト的な罪を犯したことだ。つまり、忘恩だ」(Michael Oren, *Ally: My Journey Across the American-Israeli Divide* [New York: Random House, 2015], p. 267.)

※2原書注・この二人は、聖書の物語において、ユダヤ民族を根絶しようとした代表的な悪者である。エジプト王ファラオは、イスラエル人の男の赤ん坊を一人残らずナイル川に投げ込むよう命じた（出エジプト記一章二二節）。ハマンは、聖書のエステル記に登場する悪者で、ペルシアの王に「一つの民族がおります。……その法律は他のすべての民のものと異なります……もし王がよしとされるならば、彼らの根絶を旨とする勅書をお書きください」と提案した（エステル記三章八～九節）。

代わりに読んでもらおうとしたが、弁護人も読むことができないほどだった。

ビルケナウの囚人だった証人は、自分が妻と娘と離ればなれにされる様子を供述した。妻と娘は『左』側に送られた——それは、ガス室の方向だった。押し合うように多勢の人がいたが、彼が妻と娘を見失うことはなかった。幼い娘が赤いコートを着ていたからだ。『赤い点は、近くに妻がいる目印でした。その赤い点がだんだんと小さくなっていきました……』。彼が妻と娘を再び見ることはなかった」[25][※1]

恐らく最も忘れられない証言は、アウシュヴィッツの囚人だったイェヒエル・デヌールのものだろう。デヌールは、それまでカ・ツェトニック135633[※2]というペンネームで著作活動をしていた。法廷の証言を通して、多くのイスラエル人は彼の正体を初めて知ることとなる。デヌールは、アウシュヴィッツの世界を、凍りつくような描写で証言し始めた。デヌールによれば、アウシュヴィッツはどう考えても他の惑星だった。アウシュヴィッツのことを「灰の惑星」と呼んだ。

だが、デヌールの証言はやにわに突飛で錯乱状態になり、やがて失神して倒れてしまった。[26]証言台の下にへたり込むデヌール、そして気を失った彼を呼び覚まそうとする警官たち。こういった証言は、多くのイスラエル人にとって初めて聞くことばかりで、恐怖心を与えた。[※3]

一九四七年十一月、世界中のユダヤ人がラジオの周りに群がり、国連総会の分割案の決議に聞き入っていたように、イスラエル人は、ラジオの前に釘付けとなり、数々の物語と残虐行為に立ちすくんでいた。目撃者たちの証言を通し、イスラエルに住む数千のホロコースト生存者は、自分たちの体験を話し始めてもいいのだという暗黙の「承諾」を受けた。それまでは必ずしも話せる状態ではなかった。自分の身は自分で守る「新しいユダヤ人」を強調するイスラエルの中で、囚人番号の入れ墨を腕にした生存者たちは心身共に脆弱に見え、それはまさに、イスラエル人が忘れ去り超越したいと思っていたユダヤ人像を表していた。不公平にも、しばしばホロコーストの犠牲者たちが比較されたのは、イギリス軍を追放してアラブ人を体力と軍事力で撃退したイシューヴの新しくて力強いユダヤ人たちだった。例えば、「ホロコーストで殺された人は『滅んだ』と言われるのに、パレスチナの戦闘で亡くなったユダヤ人は『戦死した』というのである」[27]

トミー・ラピッドは、ブダペストのゲットー（ユダヤ人強制居住地区）の生存者だった。やがて著名なイスラエルのジャーナリストとなり、政治家としても成功する（同じく評判の高いジャーナリストで、政党「未来がある《イェシュ・アティッド》」の創設者ヤイール・ラピッドの父親）。その彼がこう述懐している。開拓地の先輩メンバーたちが、ホロコースト生存者たちに、なぜそのような屈辱を耐え忍んだのだと非難していた、という。『なぜ反撃しなかったんだ』と、彼らは尋ねていた。『なぜ屠殺所に連れて行かれる羊のように従ったんだ』。彼らは、武器を取り戦った一流のユダヤ人。私たちは、ドイツ人に反抗もせずに絶滅された二流のユダ公だった」(28)。恐らくもっとひどいのは、イシューヴで生まれ育ったユダヤ人が、殺害したユダヤ人の体をナチスが戦慄《せんりつ》するような用途に用いたことを小馬鹿にしたことだろう。例えば、ナチスがユダヤ人の遺体から石けんを製造したことを知っていた。ラピッドはこう回想している。

当時、料理人には……腕に青字の囚人番号で入れ墨をされたアウシュヴィッツの生存者がいた。彼のことを古参の職員たちは「石けん」と呼んでいた。ユダヤ人の体脂肪から石けんを製造しようとしたナチスの有名な計画をもじった表現だった。「おい、石けん」と彼らはよく言っていた。「昼食のメニューは何だ」という質問に、「石けん」はきまり悪い作り笑いをして、彼らのお皿に料理を盛っていた(29)。

だが、アイヒマンの裁判を通して、状況は変わり始めてい

※1訳注・映画『シンドラーのリスト』に出てくる赤い服を着た少女は、この証言がモデルになっている。なお、スピルバーグ監督はこの映画に対する自身の報酬や利益を放棄し、代わりにそれを資金にして、生存者の体験談やインタビューを保存する「ショア基金」を設立した。

※2原書注・デヌールの姓もペンネームも象徴的な意味合いを含んでいる。ヨーロッパ生まれで、元の名前はイェヒエル・ファイネルだが、（イスラエルに移民した多くのユーロッパ系の帰還者のように）姓を変えて、デヌールと名乗る。アラム語で「炎の中から」という意味。ペンネームはカ・ツェトニック（Ka-tzetnik）135633。「カ・ツェト（KZ）」とは、「強制収容所（Konzentrationslager）」の略で、カ・ツェトニックとは強制収容所の囚人を指す。135633はデヌールの囚人番号。

※3訳注・アイヒマンは裁判中、自分は「命令に従っただけ」で組織の歯車の一つに過ぎないと主張した。この裁判のルポでは、ハンナ・アーレントの『エルサレムのアイヒマン』（一九六三年）が有名。日本人では、評論家の村松剛と小説家の開高健が裁判を傍聴し、それぞれ手記を書いている。近年、ドイツの思想家で歴史家のベッティーナ・シュタングネトが、膨大なアイヒマン資料を調査して書いた『エルサレム以前のアイヒマン』（二〇一一年）で、彼が筋金入りのナチ信者だったこと（つまり、アーレントの解釈が誤りだったこと）を明らかにしている。

た。生存者たちはなぜ抵抗しなかったのか。検察側はこの質問を避けようとはしなかった。そのような問いを沈黙させてしまう強烈な瞬間があった。ベイスキーという証言者の衝撃的な詳述だ。一万五千人の囚人が見守る前で、絞首刑に処せられる一人の少年が椅子の上に立たされた。絞首刑用の縄が切れて、少年は苦しみ悶え、助けを求めていた。やがてナチスの親衛隊は、再び絞首刑に処するよう命じた。法廷にいた弁護人の一人が、その光景を陳述していた証人に、淡々とした調子でこう尋ねた。その展開を見ていた数千の囚人はどうして何もしなかったのですか。証言者は次のように述べた。

表現できません。この……ぞっとするような恐怖……私たちの近くにポーランド人用の収容所がありました。千人くらいポーランド人がいたでしょうか。収容所の百メートル向こうには、彼らの行くべきところがありました――彼らの家ですよ。ポーランド人が脱走したという話を、一度も聞いたことはありません。でも、ユダヤ人はどこに行けるというんですか。服を着ていたんです……黄色に染めた、黄色い縞《しま》の入った服を。［私たちの］頭の真ん中には……四センチの幅で縞状に髪を切られていたんです。そんな状態ですよ。そのような時に、仮に収容所の中の一万五千人が武器も持たず……収容所の外に出られたとして、どこに行くというんですか。何ができるというんですか。(30)

一九四三年、イスラエル独立の数年前のこと。ナチの残虐行為に関わるニュースがイシューヴでも広まり始めていた頃、ウクライナ生まれのヘブライ文学者ハイム・ハザズが『説教』と題する作品を出版した。この短編小説の主人公は、普段は無口なキブツのメンバーのユッドケ（ユダの愛称）。しかし、ある夕方、ユッドケが突然話し始めた――後にイスラエルでは有名になるスピーチである。

一言、言いたい。おれはユダヤの歴史教育に反対だ……おれたちの歴史は、自分たちの手で作ったものではない。異邦人《ゴイーム》たちが、おれたちに作ったものだ……で、その内容は何だ……抑圧、中傷、迫害、殉教。ユダヤの歴史を子供たちに教えるのは断固反対だ。なんで人でなしが、おれたちの祖先の恥を子供たちに教えるんだ。おれだったら、子供たちにこう言うだけだ。「みんな、イスラエルの地から追放されてから、おれたちは歴史のない民族になった。これで授業はおしまいだ。さあ、外に出てサッカーでもしなさい(31)」

ユッドケは間違っていた。遅まきながら、アイヒマンの裁判を通して、イスラエル社会はそのことを認めた。現在のユダヤ人も、過去の歴史に根を下ろさずに自らの存在意義を見出だすことはできない。新しいイスラエル人は、ユダヤの物語を一からやり直したかった。だが、この裁判により、イスラエル社会に明確となったことがある。ユダヤの歴史に深く連なることが、時にはどれだけ苦痛を伴うものであっても、それなくしてユダヤ人として生きることはできない、ということだった。

自国を持つことのありがたさ

法廷はアイヒマンに死刑を宣告した。偶然にも、三人の裁判官の一人は、カフル・カセム裁判を担当したビンヤミン・ハレヴィだった。アイヒマンが絞首刑に処せられたのは、捕縛から二年経った一九六二年五月三十一日。埋葬地が崇拝の場にならないよう火葬に処せられ、その灰はイスラエルの領海外の海に捨てられた。アイヒマンは単なる殺人犯ではない。ユダヤ民族の神話的な敵に近かった。アイヒマンの死刑執行は、ユダヤ国家の歴史上、民事裁判で執行された唯一の死刑である。[※1]

ホロコーストは、長年、イシューヴと草創期のイスラエル国にとって、ユダヤ史の厄介《やっかい》な一面だった。イシューヴの新しいユダヤ人たちが、ヨーロッパに暮らす無力で虐《しいた》げられた犠牲者としてのユダヤ人像とは全く違うものを創造しようとしていたからだった。今、新しいユダヤ人は誕生した。イスラエル人が自身と自らの民族について語る物語に、微妙なニュアンスを含ませる時が来た。

それは、独立間もないイスラエルにとって、痛みの伴うプロセスだった。だが、強いていえば、ホロコーストをほとんど知らない世代に、一層明らかにしたことがある。それは、自分たちの国と呼べる国家を持つことがどれほど重大か、ということだった。

※1原書注・一九四八年六月三十日、イスラエルが独立を宣言して約六週間後、独立戦争の最中、メイール・タビアンスキーはスパイ行為の廉《かど》で虚偽の告発を受け、臨時軍法会議で死刑に処せられた。銃殺隊によって射殺されたが、後に無罪が証明された。（Shabtai Teveth, *Ben Gurion's Spy: The Story of the Political Scandal That Shaped Modern Israel* [New York: Columbia University Press, 1996], pp. 31–54.）

第12章　六日間の戦争が国家に決定的な影響を及ぼす

私の愛するすべてが私の足下に捨て置かれていた……古《いにしえ》のイスラエルの地、
私の青春の母国、引き裂かれた私の国のもう片方が。
――イスラエルの詩人ハイム・グーリ、六日戦争の後

分断されたままの首都を嘆く

一九六七年までに、ユダヤ国家は（アラブ諸国の）容赦ない猛攻撃に耐え抜き、百万人の難民を吸収し[1]、国際舞台のプレイヤーとして登場し、あっという間に、国民的、政治的、文化的な伝統を培ってきた。数多くの課題が前途にあることは間違いない。だが一九四七年十一月に国連がユダヤ国家建設を可決した当時には、誰も想像できないほどの成果をイスラエルは独立後の十九年間でよく収めてきた。

それでもエルサレムは分断されたままだった。独立戦争では、イスラエル国防軍が編成されたばかりで、エルサレム東部および旧市街を守り抜くことができず、ヨルダン領になっていた。二十年近く、コンクリートブロックと鉄条網がイスラエルの首都の中心を分断していた。たとえイスラエル政府が現状を受け入れる用意があったとしても、多くのユダヤ人、特に宗教的なコミュニティ（もちろん彼らだけではないが）にとっては、エルサレムの分断は癒やされることを拒む傷であった。

一九六七年の独立記念日が間近になると、エルサレム市長のテディ・コレックは、エルサレムを主題にした歌の作成を依頼した。第二回歌謡フェスティバルの一環として国営ラジオで放送できるものを願っていた。これまで、イスラエルの詩人も作曲家も、エルサレムの歌をほとんど書いていない。二十世紀になってから、ほんの一握りの曲が執筆されたが、

どの曲も、エルサレムの町が分断されていること、ユダヤ人が西の壁に近づけないこと、あるいは、旧市街に入れないことには触れていない。

それでコレックは、ナオミ・シェメルを含む五人に、エルサレムの曲の作成を依頼した。このような難解なテーマで庶民向けの曲を執筆するというチャレンジに臆し、五人とも辞退した。だが、やがてシェメルが思い直し、一つの曲を書いた。それを「黄金のエルサレム」と名付けた。

樹と石がまどろむとき、
彼女（エルサレム）の夢に捕らわれて
ひとりたたずむ都、その内に城壁がある(2)

と一節目は述べる。そして、今日広く知られる繰り返しのパートが続く。

黄金のエルサレム　赤銅と光のエルサレム
わたしは　あなたのすべての調べを奏でる
竪琴ではないか(3)

最初にこの曲を歌ったのは、若い無名のソプラノ歌手シューリー・ナタンだった。瞬《またた》く間にヒット曲となり、ラジオから絶え間なく流れていた。イスラエルの気鋭の評論家はこう記している。「イスラエル人は長い間、エルサレムの欠けている部分への慕情を抑えていたが、今やシューリー・ナタンと共に歌いつつ、分断されたままの首都を嘆き悲しんでいた」(4)。エルサレムは今や、イスラエル同様、（非公認の）市歌を有するようになった。

ラビ・ツヴィ・イェフダ・クックの叫び

宗教的なコミュニティでは、エルサレムの分断を悲しむ思いは特に深かった。古《いにしえ》のエルサレム神殿の唯一の跡である西の壁に、ユダヤ人が立ち入ることは禁じられていた。二千年間、ユダヤ人は少数であれ、絶えずそこで祈り続けてきた。だが、イスラエルは独立戦争でエルサレム旧市街を失い、ヘブロンや他の伝統的に由緒あるユダヤ教の聖所も、敵の手に落ちていた。皮肉にも、ユダヤ国家は伝統的なユダヤ教の神聖な地域を一つとして領有していなかった。

ナオミ・シェメルの曲がラジオで放送される前日、ラビ・ツヴィ・イェフダ・クック（神秘家であり橋渡し役を担ったラビ・アブラハム・イツハク・クックの息子）は、弟子たちに、十九年前の自身の体験、国連決議の日をどう過ごしたかを語った。ダヴィッド・ベングリオンやメナヘム・ベギンと同じように、彼も分割案可決を祝うことができなかった。ただ、その理由は違った。

国民の皆が、通りに流れ出て、喜び祝っていた……「だが」私は外に出て、一緒に喜ぶことができなかった。独り座り、苦痛に悩まされていた。最初の数時間、この一件を受け入れることができなかった。それは、預言書にある神の言葉が成就しなかった、というひどい知らせだった。「彼らは、わたしの土地を引き裂いた」……私たちのヘブロンはどこにあるのか。私たちはヘブロンを忘れたのか。私たちのシュケム［ナブルス］はどこにあるのか――私たちはシュケムを忘れたのか。私たちのエリコはどこにあるのか――私たちはエリコを忘れたのか。ヨルダン川の対岸はどこにあるのか。土塊の一つ一つは、神の地の一つ一つはどこにあるのか。その一センチでも譲渡する権利が私たちにあるというのか。とんでもない。そのような国にあってはならない……私の身体のすべてが愕然《がくぜん》と痛み、ばらばらに切り裂かれる。どうして祝賀などできようか。「彼らは、わたしの土地を引き裂いた」。彼らは、神の地を引き裂いた……外に出て、踊り、喜ぶことなどできるわけがない。これが十九年前の状況である。[5]

その場に居合わせた者たちによると、弟子たちの反応は「全くの沈黙。生徒たちはそのような嘆き、そのような憤りを、一度として師から聞いたことはなかった」[6]。いったい師は何を訴えようとしているのか。彼らは不思議に思っていた。

ソ連にけしかけられたエジプトとシリア

しばらく前から、地域は徐々に緊迫を増していた。シリアは、ヨルダン川流域変更計画を実施する旨を宣言し、最大三五％の水量をイスラエルの国家送水システムから逸《そ》らすとのことだった。イスラエルは、それは開戦行為に相当すると応じたが、シリア人は流域変更事業を続けた。国境での紛争が勃発した。シリアはイスラエルの村落を狙い撃ち、イスラエルはシリア人が変更事業に使っている土木工事用の重機を攻撃した。

一九六七年の春、第三者が故意に火に油を注ぐ行為をした。ソ連が、エジプトとシリアの代表者に、イスラエルが襲撃の備えとして十二旅団を北部に移動したと知らせたのである。エシュコル首相はこの主張を否定し、四月二十六日には、ソ連大使ドミトリー・チュバキンを招き、一緒に北部を視察し、自分で確かめるよう勧めた（チュバキンはこれを拒否）。アメリカもソ連の報告が全くのでたらめであることを訴えたが、シリア側はあえてソ連を信じた。要するに、ソ連は、イスラエルが戦争計画をしているとシリアとエジプトに告げることによって、戦争をけしかけていたのである。

数週間後の五月十五日、イスラエルでは、毎年恒例の独立記念パレードが開かれた。パレードの開催地は毎年異なるのが常であったが、一九六七年には、エルサレムで開催されることになっていた。[※1] パレードというものは大抵、軍事色が強く、数多くの兵器を展示して、軍隊の強さを際立たせるものである。だが、この年は違った。イスラエルは、一九四九年にヨルダンと結んだ停戦条約に従い、エルサレムに送る戦車の数を制限したので、パレードの兵器は通常よりもかなり少なかった。ソ連の警告により厳戒態勢にあったエジプト軍とシリア軍は、パレードに戦車の数が少ないことは、イスラエルが戦争準備のために戦車をどこかに配備していることの証左と受け取った。

パレードの最中、イスラエル人職員が国防軍諜報部からのメモをイツハク・ラビンに渡した。当時、参謀総長だったラビンは、そのメモをエシュコル首相に渡した。[※2] それによれば、エジプト軍の装甲車両がシナイ半島に突入した、とのことだった。エシュコルもラビンも慎重に対処することにしていたが、その日のうちに報告がより頻繁になり、切迫したものとなった。祝賀の日となるはずが、あっという間に不吉な前兆を感じる一日となっていた。

イスラエルの指導者たちは、どう対応していいのか確信がもてなかった。一方で、ナセルが軍事力を見せびらかす習性があるのは分かっていたが、それでも彼が戦争を意図していないと希望していた。しかし他方、数カ月前にエジプトとシリアが相互防衛条約に調印したことも承知していた。イスラエルは、この危機を外交交渉、あるいは小規模の軍事行為で解決できるかも知れないと期待したが、それは潰《つい》えてしまった。カイロのラジオ局が、「わが軍は戦争準備が完全にできている」と言明したからである。[7] 五月十五日、アラブ諸国が一九四八年の戦争の敗北を悲しむ日に（イスラエルの独立パレードの日）、ナセルは「同胞よ、パレスチナにおける最終戦に備えるのは私たちの義務である」と宣言した。[8] イスラエル撲滅《ぼくめつ》を目指すアラブの作戦の「次なる戦い」が久しく予想されていたが、その可能性が高まりつつあった。

開戦の意志をちらつかせるエジプト

この後の三週間は、イスラエルでは「待機期間《ハムタナー》」と呼ばれる、イスラエル国の歴史で最も緊迫した期間であった。エジプト軍は、五師団と戦闘装備をシナイ半島に投入。各師団は、兵員一万五千人、戦車百両、兵員輸送装甲車百五十台、それにソ連が提供した大砲があった。

ナセルは、果たして本当に開戦するつもりだったのか。それとも、すべては見せかけの行動、つまり、アラブの誇りを奮起するための行為が収拾できなくなったということなのか。これに関しては学者の見解も分かれる。ナセルの意図がどうであれ、イスラエル人は、この時のナセルの動向に開戦の意志を感じ取ったのである。五月十六日、ナセルは、今にも勃発しかねない紛争を国際舞台に持ち込み、緊張を一層高めた。一九五七年以来（一九五六年のシナイ作戦後）、国連緊急軍は、数千の部隊を、ガザからシナイ半島の南端にあるシャルム・エル・シェイクまでの国境に沿って、数十の監視所に配置していた。国連軍の目的は、アラブ勢がイスラエルに侵入することを防ぐこと、および、エジプトがスエズ海峡を封鎖しないよう監視することだった（地図⑧参照）。ところが、このときエジプト軍はシナイ半島に流れ込んでいた。

明白な交戦権の行使として、ナセルはウ・タント国連事務総長に国連軍を地域から撤収させるよう要請した。イスラエルは、事務総長が形式的にでも反対姿勢を示すだろうと思っていた。だが、ウ・タントは国連総会に諮《はか》ることもなく、即座にナセルの要求に応じてしまう。五月十九日には、国連軍は地域から完全に撤収していた。アラブがイスラエルを総攻撃した場合、国連がイスラエルを守ってくれないことは、火を見るよりも明らかだった。

イスラエルの政界や軍の指導者たちは、エジプト軍がチラン海峡を封鎖すれば、それは「開戦事由」、つまり戦争を開始する正当な理由になるとの認識で一致した。チラン海峡は、紅海に繋《つな》がるイスラエル南端の港エイラットに通じ、東洋に

※1原書注・年次パレードは、翌一九六八年に開かれたものが最後となる。予算が高額なため、イスラエルはパレードを中止することにした。一九七三年に、イスラエル独立二十五周年を記念して開かれたパレードが最後である。

※2原書注・歴史家マイケル・オレンによれば、ラビンとエシュコルは、パレードの前夜に、エジプト軍はシナイ半島に突入したとの情報を得ていた。翌日のパレードの間も、最新情報を次々と受けていた。（Michael Oren, *Six Days of War: June 1967 and the Making of the Modern Middle East* [Oxford: Oxford University Press, 2002], pp. 61–63.）

通じるイスラエルの重要な通商ルートだった。[9] 二日後、エジプトは海峡を封鎖した。この八日の間に、エジプトは、一九五六年のシナイ作戦でイスラエルが獲得した外交成果のすべてを抹消することに成功したのである。

エバン外相の外交努力も空しく

今や外交の前線が最も重要となった。イスラエルの外交努力の中心にいたのはアバ・エバンである。一九一五年、ケープタウンに生まれたエバンは、赤ん坊のときに家族と共にロンドンに移住。やがてケンブリッジ大学で古典とオリエント言語を学ぶかたわら、シオニスト青年連盟に参加し、機関誌の編集に携わった。第二次大戦が勃発すると、エバンは世界シオニスト機構でハイム・ヴァイツマンと共に働きながら活躍し始める。そして、エジプトとパレスチナで、イギリス陸軍の諜報将校として働いた。

一九四七年、エバンは国連パレスチナ特別委員会（ＵＮＳＣＯＰ）の連絡係に任命される。この時点で、ファーストネームをヘブライ風の「アバ」に変更した。やがて、駐米イスラエル大使とイスラエル国連代表を兼任した。一九五九年にイスラエルへ帰国し、国会議員として当選。一九六六年、外相に就任し、以後八年間務めることになる。

イスラエルには、このエバンという、明晰な頭脳、弁舌明瞭で高い資質を備えた類《たぐ》い稀《まれ》な代表がいた。（後年、アメリカのリンドン・ジョンソン大統領はエバンに「あなたは今日、世界で最も優れた雄弁家だと思う」と述べている。）エバンは急いでフランスに向かった。ほんの十一年前、フランスはシナイ作戦ではイスラエルの筆頭同盟国であり、この当時もイスラエルの主要な武器供給国だった。だが、エバンは情勢はすでに変わっているかも知れないという懸念を抱いて、フランスに向かった。ほんの少し前、フランスの外務事務局長エルヴェ・アルファンは「フランスが『イスラエルの存在』を承認することと、フランスがアラブ諸国と友好関係にあることに矛盾はない」と言明していた。[10] アルファンが、「イスラエルの存在」とだけ言ったの対し、アラブ諸国との実際的な「友好関係」と述べたのを、イスラエル人は聞き漏らさなかったのである。

エバンがフランス大統領シャルル・ド・ゴールと面会したとき、彼の懸念が的中した。ド・ゴールの主張は、事態はフランス、イギリス、アメリカ、そしてソ連の間で解決されるべきだ、という。それは明らかに小馬鹿にした要求であり、誰をも満足させるものでなかった。紛争を煽《あお》っているソ連が、外交的解決を手助けするわけがない。さらにド・ゴールは、イスラエルは「先制攻撃」すべきではないと警告した。エバンが、チラン海峡の封鎖は開戦事由に相当すると指摘すると、ド・ゴールは一蹴した。エジプトがイスラエルの経済を麻痺させていることなど、フランスの指導者にとって知ったことではなかった。一九五六年、フランスはイスラエルに約束し、エジプトが海峡封鎖した場合は、イスラエルの開戦事由をフランスは承認すると合意したはずである。それと全く同じ状況が展開しているのではないか。そうエバンが指摘すると、ド・ゴールは平然と「一九六七年は一九五六年ではない」と返した。

フランスに失望したエバンは、ロンドンに向かい、労働党のハロルド・ウィルソン首相と面会した。ロンドンでは多少の支持を得ることができた。ウィルソンは、閣僚がすでに会議を開き、「封鎖政策が打ち勝つことを許してはならない」とエバンに告げた。[11]

一九五七年にイスラエルがシナイ半島から撤退する見返りとして、アメリカは、エジプトが再びチラン海峡を封鎖する際には、イスラエルの自衛権を承認すると約束していた。ロンドン訪問後、エバンはリンドン・ジョンソン大統領を訪れたが、この面会は期待外れだった。ジョンソンは、エジプトの海峡封鎖は「不法」であることを認め、アメリカが「紅海レガッタ」計画を立てており、四十の海運国による国際護送船団を編成して、チラン海峡を自由に通行できるよう、国際海運の権利を保証するつもりだ、とエバンに伝えた。

エバンは懸念を抱いたまま会談を後にした。イスラエルは国家存続の危機に直面しているのに、ジョンソンは明らかにベトナム戦争に振り回され、レガッタ計画に携わることなどできそうもない。ド・ゴール同様、ジョンソンもイスラエルが先制攻撃をしないよう警告した。「単独行動をしようとしない限り、イスラエルは独りではない」、そうアメリカの大統領は述べた。

アメリカが、一九五七年に約束した方針とはあまりにもかけ離れていた。アメリカは、フランス同様、一九五六年の約束を守ろうとはしなかったのである。

エシュコル首相のラジオ放送での大失態

エバンは各国を訪ねたが、その成果はほんのわずかであり、イスラエルでは一段と緊張が高まっていた。イスラエルの指導者たちの一番の問いは、アメリカの要求どおり、専守防衛に徹するのか、それとも先制攻撃して優位に立つべきなのか、ということだった。レヴィ・エシュコル首相は、イスラエルは待つべきだと訴えた。「政治的、外交的、そして恐らく道義的にも、先制攻撃は理にかなっていない」とエシュコルは述べた。「私たちは自制し、一週間ないし二週間、いやもっと長くなるかも知れないが、私たちの軍を待機状態におかねばならない……ここはしっかり踏ん張って試練に耐えるしかない。これが成熟した大人の分別というものだ⑫」

五月二十七日、閣僚は専守防衛案を可決した。翌五月二十八日、エシュコルはラジオに出演し、すでに狼狽している一般市民を落ち着かせようとした。イスラエルは、アメリカの支援のもと、今もなおこの危機の外交的解決を望んでいる、と述べるつもりだった。

だが、エシュコルのラジオ演説は最悪だった。首相の英語のスピーチライターだったイエフダ・アヴネルは、後にこう述懐している。

次々に持ち込まれる原稿のカサカサいう音が聞こえ、それに伴い、「あの……あの……」とぶつぶつ言う声が続き、まるでエシュコルが取り乱し、「責任ある政策決定」とか「目的の一致」などと走り書きで直した箇所を読み解こうとしているようだった……しどろもどろで、途切れ途切れに話しながら、「あの……あの……」と何度も繰り返していた……聴いていたのは恐れを抱く国民である。エシュコルが原稿をしどろもどろ読むにつれ、彼が決断力に欠け、まるでパニック状態にあるかのように聞こえた。最後の締めくくりとして、イスラエルは攻撃を受けても、自らをどう守るべきかわきまえていると断言したが、ダメだった⑬。

エシュコルのラジオ放送の失態は、「どもりのスピーチ」と呼ばれるようになる。「瞬く間に、イスラエルは無力、指導者不在のように感じられた」とアヴネルは後に回想している。「イスラエルの敵は大喜びした。他方、塹壕《ざんごう》の中にいたイスラエルの兵士たちは、ラジオを地面に叩きつけ、泣き出した⑭」。イスラエルの新聞『ハアレツ』の著名なコラムニストはこう綴った。「ホロコーストに苦しんだ民族が、安全を他人にまかせて危険に身をさらすのは、まさに驚きである⑮」

公正を期して言うなら、エシュコルはそもそも自宅でスピーチを録音する予定だった。ただ、原稿の校正に手間取り、修正し終えたときには、原稿はバツ印、上書き、矢印などでいっぱいだった。放送局は、事前に録音する時間がないことを伝え、エシュコル首相は生放送で原稿を朗読せねばならなかった。原稿は書き込みだらけで、ほとんど解読不能だった。

だが、ダメージは取り返せない。エシュコルは国民の信頼を失ってしまった。エシュコル解任の要求、そして、代わりにベングリオンを首相にしろ、との意見が飛び交った。翌日、ハアレツ紙のあるコラムニストはこう書いている。

国運を左右するこの時期に、エシュコルが国家の舵を取れると信じられるのなら、喜んでエシュコルに従おう。だが、昨夜のラジオ演説の後では、そんな思いは微塵もない。ベングリオンが首相、モシェ・ダヤンが国防相、エシュコルは内政を担当するとの提案は、妙案に思われる。⑯

イスラエル軍首脳部は、首相の待ちの姿勢に苛立《いらだ》っていた。アリエル・シャロンは、このときすでに将官であり、歩兵旅団の司令官だった。国防軍の希望の星だったシャロンは、イスラエルが戦闘を先延ばしにするのは、戦略上の致命的な誤りであると考えていた。

今日、私たちの最も強力な武器を、自ら手放してしまった——それは、私たちに対する敵の恐怖心だ。私たちの戦力でエジプト軍を破壊できる。だが、自由航行の問題に応じている間に、イスラエル滅亡の可能性を許してしまう。やがて、高い代償を払わねばならなくなる、もうすでに今実行していなければならないことのために。……国民は正義の戦いに備え、戦闘し、犠牲を払う覚悟ができている。問題は、自由航行ではない。イスラエル民族の存続だ。⑰

五月二十九日、ヨルダン王フセインは、ナセルと会うためにカイロに飛んだ。ナセルは、一年前にシリアと結んだ防衛協定を携えて、面会に臨んだ。フセインは「同様の文書を用意してくれ。シリアと書いてあるところをヨルダンと書き直したら、事は済む」と述べた。⑱

イスラエルは、ヨルダンとの友好関係を築くため、これまで大いに努力してきた。独立戦争では、エルサレムとその周辺で戦闘はあったものの、ヨルダンとの関係はかなりしっかりとしていた。この十九年間、パレスチナ人が侵入することは度々あったが、それでもイスラエルとヨルダン領の国境は比較的平穏だった。だが今や、アラブ側の圧力は耐え難く、ヨルダン王は、戦争に参加する以外選択の余地はないと感じていた。ヨルダンはシリアとも相互防衛協定を結び、イスラエルは、三つの異なる前線で戦争する可能性が出てきた。シリア、ヨルダン、エジプトである。翌日、イラク軍がエジプトに到達。一九四八年の時と同様、戦争に加わることを強く求めた。

見放すアメリカ、アラブに肩入れするフランス

この間、アメリカはほぼ何もしなかった。その地域に封鎖の打開を援助する船はなく、イスラエルに時間の余裕はなかった。アメリカとイギリスは、他の国々に参加を求めたが、ほとんど無視された。アメリカのジョンソン大統領は、危機の打開策はないと言明。ホワイトハウスは、ベトナムの無数の問題に尽力しており、貴重な政治的資本を新たな軍事作戦に注ぐことには慎重だった。ミサイル、戦車、ジェット機を求めるイスラエルの要請をあっさり無視したのである。

フランスからの知らせはさらにひどかった。ド・ゴールは前に、フランスはいずれの国であれ先制攻撃を仕掛ける国には武器輸出をボイコットする、とエバンに伝えていた。にもかかわらず、ド・ゴールは考えを変え、戦闘が勃発する前から、イスラエルへの武器輸出を全面的に禁止することにした。明らかにフランスは、イスラエルがアラブ勢力を打ち負かせないと判断し、これをイスラム諸国との旧来の関係を復活する機会と捉えていたのである。

緊迫感があまりにも強烈で、国防軍の参謀総長だったラビンでさえ怯《ひる》み出した。食事をほとんどとらず、日に七十本近くのタバコを吸い、大量のコーヒーを飲み、やがて神経衰弱で倒れてしまった。参謀総長が開戦直前に倒れたことが知れ渡れば、恐れおののく国民に収拾のつかないパニックを引き起こすことになる。そう判断し、ラビンの診断は「ニコチン中毒」ということにされた[19]。ラビンの主治医は、いくらか正直に病名を「急性不安」と呼んだ。イスラエル社会を鋭く観察するヨッシー・クライン・ハレヴィが記しているように、「イスラエルが直面したのは、単なる戦争ではなく、生存を懸けた戦いだった。ユダヤ主権の夢が終わりかねないという重責に、ラビンは押しつぶされてしまった」[20]

ラビンは一日休養を取って療養し、任務に戻った。

世界のユダヤ人による支援

この危機に際して、イスラエルの一番の協力者となったのは世界のユダヤ人だった。ヨーロッパやアメリカのユダヤ人は、アラブ諸国の首都から流れてくる演説を聞いて、相手が本気であることを分かっていた。アメリカのユダヤ人は、かつてホロコーストを過小評価したが、同じ過ちを繰り返すつもりはない。資金を調達し、集会を開き、ワシントンに政治的な圧力をかけた。

ニューヨークで開かれたイスラエル支援の集会には、十五万人が参加した。アメリカのユダヤ人が催《もよお》した最大級の集会

である。（ＡＩＰＡＣ――「アメリカ・イスラエル公共問題委員会」、アメリカ・イスラエル関係を支援し、やがてアメリカ連邦議会に働きかけるアメリカ・ユダヤ社会の主要な声となる――はこの時すでに存在はしていたが、その影響力を実際に示すのは十年後のことである。）[21] 連合ユダヤアピール（ＵＪＡ）の「緊急キャンペーン」は、六カ月で三億七百万ドルの資金を集めた。アメリカのユダヤ人の心は深く動かされていた。アメリカのユダヤ人とイスラエルとの間に、新しい関係性が芽生え始めていた。迫り来る襲撃にユダヤ国家が生き延びることができるのか、世界中のユダヤ人が案じていた。アメリカ中で、個々のユダヤ人がイスラエル人と同じように、イスラエル国家の存続を守るためにできる限りのことをしようとした。例えば、オハイオ州ビーチウッドに暮らすある夫婦は、家屋の修繕のために何年も苦心して貯金していたが、それをすべてイスラエルに捧げると誓約した。[22]

ホロコーストが中東に来るという恐怖

だが、アラブ世界も奮起した。五月二十六日、ナセルは「私たちの第一の目的はイスラエルを絶滅することである」と言明。[23] アフマド・シュケイリは、一九五七年から一九六二年までサウジアラビア国連大使を勤め、後にパレスチナ解放機構（ＰＬＯ）の議長となるが、「大火となれば、ユダヤ人の誰一人として生き残ることはない」と宣言した。[24] 抗議集会がカイロ、バグダッド、ダマスコで開かれ、群衆が路上に集まり、「ユダヤ人に死を」「ユダヤ人を海に投げ落とせ」と叫んでいた。[25]

ヘルツエルやビアリクのヨーロッパが中東に到来したのである。アウシュヴィッツの焼却炉が毎日数千のユダヤ人を燃やしてよりわずか二十二年、アイヒマンの裁判がイスラエル人を震撼させ、恐怖を抱かせてよりわずか五年、アラブ世界は意図的にホロコーストのイメージを呼び覚まそうとした。エジプトの新聞に掲載された風刺画には、ダビデの星の心臓を突き刺す腕が描かれ、「ナイルのオイルと石けん会社」と記されていた。明らかに、ユダヤ人の遺体から石けんを製造しようとしたナチスの行為を指していた。

イスラエルは最悪の事態に備えていた。国中のユダヤ教師《ラビ》たちは共同墓地として使える場所に非常線を張っていた。ラマットガンの競技場は、四万人を埋葬できる土地として聖別された。ホテルから宿泊客を退去させ、施設を大規模な緊急救護所として使えるようにした。学校は防空シェルターとなり、空襲避難訓練が連日繰り返された。一九三八～一九四〇年には、ユダヤの子供たちを安全な場所（特にイギリス）に避難させるために児童輸送計画が実施されたが、皮肉にもイスラエルの子供たちをヨーロッパに避難させる計画が練られた。イスラエル諜報部は、シナイ半島で毒ガス装置を探知したが、イスラエルにはガスマスクの備蓄がない、とエシュコル首相に報告した。エシュコルは声を殺して、若い頃ヨーロッパで話したイーディッシュ語でこう囁いた、「水のように血が流されるだろう」※1

当時、ブラック・ユーモアさえ登場した。イスラエル人のジョークで、唯一の国際空港に、「最後に出発する方は、どうぞ電気を消してください」と貼り紙に書いてあったという。(26)

イスラエル初の「統一政府」

六月一日には、ジョンソンのレガッタ計画（水上輸送路を開く国際的な努力）は国際的な関心を引くこともなく、実現不可能であることが明らかになった。アメリカのディーン・ラスク国務長官は、アメリカはイスラエルの先制攻撃を抑制するつもりか、という質問に対し、「誰かを抑制することは、私たちの関与するところではない」と返答した。(27) イスラエルは初めて、先制攻撃をしてもいいという意思表示を受けたのである。(28)

イスラエル国内では、エシュコルが国民の心情をわきまえ、何よりも政府が一体感を示す必要があると判断。イスラエル初の「統一政府」を確立し、野党の指導者たちを閣僚に取り入れた。その中にはメナヘム・ベギンがいた。ベングリオンの政権下では、政界の荒野に追いやられていたあのベギンである。エシュコルの統一政府によって、ベギンはイスラエル政治の中枢に近づいた。

民意の広い要求に応えて、モシエ・ダヤンが国防相に任命された。ダヤンは、エシュコルの労働党ではなく、ベングリオンが新たに作ったラフィ党に属していた。神経質になっていたイスラエルの国民にとって、統一政府は初めてのことであり、ダヤンの任命を歓呼して迎えた。

さらに、ベギンが仲間を仰天させる発言をした。この危機の間、ベングリオンを首相として任命すべきだと提案したのである。ベングリオンは辞退したが、この提案を通して、ベギンに対する態度を和らげ、一時的に関係が発展しかけた。後にベングリオンはこう語っている。「今のようにベギンを知っていたなら、歴史の流れも変わっていただろう」(29)

先制攻撃すればイスラエルは勝てる

一九六七年六月一日の木曜日、統一政府最初の会議が開かれ、政府閣僚は、テルアビブの国防軍本部にある地下オペレーションセンター「穴《ハボル》」で、参謀や防衛委員との会議を翌朝に開くことを決定した。金曜日のその会議では、政府が開戦を決断した。六月三日の土曜日、将軍たち（シャロン、ラビン、イエホシュア・ガヴィシュ、他）はそれぞれの戦闘作戦を発表し、ダヤンは、翌日の閣僚会議で軍の行動を許可するか決議すると伝えた。

日曜日、七時間に及ぶ会議で、ダヤンは自身の軍事計画を閣僚に発表した。事態は切迫していた。エジプト軍は少なくとも十万の部隊と九百両の戦車をシナイ半島に配備していた。北部では、シリアが七万五千人の兵士と戦車四百両を備え、他方ヨルダン軍は、三万二千人の戦闘員と約三百両の戦車を召集していた。総数二十万七千人の兵士と戦車千六百両という敵兵力に、イスラエルは直面していた。イスラエル側は、総動員しても、兵士二十六万四千人、戦車は八百両しかない。飛行機に関しては、さらにひどかった。アラブ勢は戦闘機七百機を有していたのに対し、イスラエルはたったの三百機だった。

だが、早いうちに先制攻撃を仕掛ければイスラエルは勝てる、とダヤンは主張した。ダヤンは、閣僚に先制攻撃の許可を願い、その時期はダヤンとラビンの二人だけで決めさせてくれるよう要請した。閣僚は十二対五でエジプトに対する先制攻撃を承認した。攻撃の機会は、ダヤンとラビンに委ねられた。

開戦前に決まった勝敗

六月五日の朝、第五十五空挺旅団は、地中海に面した小さなイスラエルの町レホボット近郊、テルアビブの南二十キロに位置するテルノフ空軍基地に配置されていた。午前七時十分、イスラエル兵たちは、超低空飛行の数十の飛行機が南に飛んで行くのを目の当たりにし、驚かされた。場所の都合で、彼らをはじめほんの一握りの兵士たちだけが、この光景を目にした。飛行機は離陸し、その九十分後には戻ってきていた。

午前七時半には、イスラエルのジェット戦闘機二百機が攻撃の準備をし、エジプトに飛び立っていた。この時間帯、エジプトのパイロットたちは朝食中で、エジプト軍の飛行機が

※1訳注・当時、エジプトは北イエメン内戦に加わり、民間人の住む地域に科学兵器を落としていた（赤十字の報告書では、ホスゲン、マスタードガス、ルイサイト等を使用）。イスラエルの指導者たちは、戦争になればエジプトが毒ガスを空爆してくることを想定していた。イスラエルが六日戦争で、エジプト空軍の壊滅を最優先にした一因である。

放置されていることをイスラエルは熟知していた。イスラエル空軍の大部分が攻撃に参加した。十二機だけがイスラエル全土を守るために基地に留まるという、多大なリスクを伴う作戦だった。攻撃機は、エジプトのレーダーに捕捉《ほそく》されないよう、危険なほど低く、時には高度わずか十五メートルほどで飛行を続けた。飛行機があまりにも低く飛んでいたので、手を延ばせば触れると思うほどだった、と空挺部隊の一人は述懐している。

パイロットたちは、指示どおり、決して無線を使わなかった。どんな状況でも、たとえどんな厳しい状態に陥《おちい》っても、救援を無線で求めてはならない、と全隊員は命じられていた。いざという時には、飛行機ごと海の中に突っ込むことになっていた。

ヨルダン軍のレーダーがイスラエルのジェット機を探知していたが、エジプト軍に警告できなかった。エジプト軍が、周波コードを変更したのをヨルダン軍に伝えていなかったからである。高い代償の伴うミスだった。イスラエルの飛行機は基地に戻り、燃料を補給し、武器を搭載して再びエジプトに飛び立った。ほんの三時間の間に、イスラエル軍は攻撃を繰り返し、エジプト軍の飛行機数百機を破壊した。エジプトの飛行士の三分の一が死亡、十三の基地が機能不全となり、レーダー基地二十三カ所および対空施設が壊滅され、使用不能となった。ここにエジプトの空軍は消滅した。

イスラエル軍は飛行機十七機とパイロット五人を失った。その中の一機は故障し、イスラエルの原子炉があるディモナの方向に逸れてしまった。パイロットと無線通信ができなかったため、イスラエル軍の地対空ミサイルはこのジェット機を撃ち落としてしまった。

午前十時三十五分、イスラエルの第一飛行部隊が離陸してから三時間後、イツハク・ラビンは短い報告を受けた。「エジプトの空軍はもはや存在せず」[30]。これからの数日間、イスラエルは幾多の犠牲を強いられる。だが、イスラエル国防軍の指導者たちには、今まさに何が起きているのか分かっていた——戦争が始まる前に、イスラエルは事実上すでに勝利したのである。

イスラエルの嘆願を退けて参戦したヨルダン軍

イスラエル軍はヨルダン王フセインに接触し、紛争に加わらないよう嘆願した。ヨルダンはすでに、イスラエルへの射撃を始めていたが、ヨルダン軍が射撃を控えるなら、一九四九年に両軍が調印した停戦要項をイスラエルは受託し続ける、と伝えた。だがフセイン王は、エジプトが善戦しているというナセルの主張を信じたのであろう。[※1] 参戦しなければ、ヨルダン国民が激怒することを心配して、彼はヨルダン軍に停戦ラインを越えて進軍し、空軍には作戦に備えて警戒態勢に入るよう命じた。

午前十一時五十分、ヨルダン、シリア、イラクの飛行機がイスラエルを攻撃した。ところがその二時間後には、イスラエル空軍が敵軍のすべての航空機を撃墜《げきつい》、あるいは撃退し、ヨルダンとシリアの空軍基地を撃滅した。六月五日だけで、イスラエルはアラブ軍の飛行機四百機を破壊したのである。イスラエルの制空権は確実なものとなった。

陸戦では、イスラエル軍がガザ地区をエジプト領から分断。翌日、イスラエル兵は一発も発砲することなく、シャルム・エル・シェイクを占領し、チラン海峡を開放した。

「エルサレムの障壁を突破し、展望山に到達せよ」

六月五日、就任誓約式に向かうメナヘム・ベギンには、ヨルダン軍の砲撃が聞こえていた。だが、ベギンがそのとき感じ取ったのは、危険ではなく好機だった。閣僚が集まった場所は、ほこりまみれで古い家具と清掃用具でいっぱいの地下倉庫だった。国会の芝生に砲弾が着弾し、ガラスが何枚か割れたので、閣僚はこの地下室に集まるようにとのことだった。ベギンは、イスラエルはフセインの戦争参加の決断を最大限に活用すべきだ、と提案した。イスラエルはエルサレム旧市街を取り戻すべきだ、とも主張した。エシュコルが、そのような戦闘への代価を憂慮すると表明したとき、ベギンはいつものように、ユダヤの歴史の文脈からこの戦いを説明した。

「諸君」とベギンは独特の口調で熱烈に語った。「ヨルダン軍は壊滅状態で、私たちの軍はエルサレムの城門にいる。私たちの兵は西の壁の見えるそばまで来ている。彼らに、西の壁に近づくな、とどうして言えよう。歴史の贈り物が手中にある。これを逃したら、後世は決して私たちを許してくれないだろう(31)」

数時間後、国防軍司令部は、二大隊にこう指示した。「エルサレムを東西に分断する障壁を突破し、地雷区域や塹壕を通り抜けて、展望山に到達せよ」、旧市街を奪還し「一九四八年の雪辱を果たす」準備をせよ、と。(32) 翌六月六日、空挺部隊は、バスでエルサレムに入った。町のはるか彼方で砲撃の音が聞こえたが、西エルサレムは静かだった。西エルサレムは、

※1 訳注・ナセルは、エジプト国民にもヨルダンのフセイン国王にも、エジプトの空軍が全滅していたことを隠していた。

一九四八年以来イスラエル領となり、イスラエルの首都である。感動と共に、あまりの静けさに兵士たちは当惑していた。彼らは、静寂を破るように、この三週間のうちに国中で親しまれるようになったナオミ・シェメルの歌を歌い始めた。

黄金のエルサレム　赤銅と光のエルサレム
わたしは　あなたのすべての調べを奏でる
竪琴ではないか

この「竪琴」たちは、間もなく自らが、この戦争で最も熾《し》烈《れつ》な戦闘に加わるとは思いもしなかったであろう。

「神殿の丘は私たちの手に」――聖都に角笛が響きわたる

攻撃の幸先は良くなかった。誤った情報をもとに、イスラエル軍が、旧市街のすぐ外にある「弾薬の丘」と呼ばれるヨルダン軍の要塞に地上部隊を送り込んでしまった。イスラエルの勢力は、要塞を守るヨルダン勢の三倍に当たると信じていた。だが実際には、イスラエルの予想をはるかに上回るヨルダン部隊が弾薬の丘に配置されていた。戦闘は、六月六日午前二時三十分に開始し、午前六時三十分に終了した。歴史家のマイケル・オレンがその結末を描いているように、「イスラエルの尖兵部隊は事実上殲滅《せんめつ》された。シャーマン戦車三両のうち一両は撃破され、残る二両は砲身を低くできず、遮《しゃ》蔽壕《へいごう》を撃てなかった。砲撃支援を求めようにも、自分たちが危険にさらされるので、支援を求めることができなかった。背嚢《はいのう》の幅が広過ぎて塹壕や交通壕を自由に通れず、空挺部隊はやむなく遮蔽物のない地表を進まねばならず、一人また一人と倒れた」[33]。この戦闘は、イスラエル・アラブ紛争の歴史の中でも最も凄惨《せいさん》な戦いだった。四時間の戦闘でイスラエルは三十五人の兵士を失い、ヨルダン兵七十一人が死亡した。

翌朝の四時半、前夜の激戦を経て、イスラエル兵は旧市街の無人地帯に突入した。数時間後には、イスラエルは城壁外の全アラブ地域を制圧した。兵士たちは身を潜《ひそ》め、内閣が何を決議し、どんな指令を出すのか待っていた。午前九時十五分、第五十五空挺旅団の指揮官モッタ・グル（後の国防軍参謀長）は、「ただちに旧市街に突入し、攻略せよ」との命令を受けた。

モッタは地面に腰を下ろし、城壁の町を眺めていた。明るい、ひんやりとした朝。朝日を背にしていた。目の前で、神殿の丘の黄金と白銀のドームが輝いていた。目を閉じた。まるで祈るようだった。自分は、もうすぐユダヤの神域に突入する。エルサレムを攻略して首都としたダビデ王、ヘレニストたちが汚した神殿を清めたマカベア一族のユダ、ローマ軍に体当たりしてユダヤ人によるエルサレム最後の戦いに敗れたバル・コフバと共に。その後、何世紀もの間、ここから離れることを強いられ、この光景は記憶の中に留められてきた。そして今、この光景が再び夢から姿を表し、揺らめきながら、手に触れる所に戻って来た。[34]

グルは、空挺部隊にライオン門へ向かうよう命じた。一時間後、部下たちは旧市街の門を突破し、神殿の丘に達した。モッタ・グルは、無線を取り、今やイスラエルの伝説的な表現となった報告を伝えた。「神殿の丘は私たちの手に」

ほんの三週間前、ラビ・ツヴィ・ユダ・クックは、苦悩に満ちて「私のエルサレムはどこにあるのか」と叫び、生徒たちを唖然とさせた。今や、ラビ・クックも、町を攻略した空挺部隊と共に、神殿の丘から西の壁に向かっていた。国防軍の首席ラビ・シュロモ・ゴーレン師（後にイスラエルの首席ラビ）もその場にいた。ゴーレンは角笛とトーラーの巻物を抱え、兵士の肩に担ぎ上げられた。感情に胸が高ぶるあまり、伝統的な雄羊の角笛を吹くことができなかった。トランペットを吹ける兵士が、ゴーレンに、角笛をくださいと言い、代わりに吹いた。西の壁で最後に角笛が吹かれたのは、イギリス軍の命令に背いたイルグンの青年で、彼は角笛を吹いた後すぐにこの場から逃れねばならなかった。だが、もう逃げる必要はなかった。二千年来初めて、神殿の丘と西の壁が、主権者であるユダヤ人の手中にあった。

開戦二日後の六月七日、エジプト軍とヨルダン軍は敗北したも同然だった。ナセルは総撤退を命じた。それでもナセルは停戦協定に署名することを拒んだ。一九五六年の協定のように、イスラエルがシナイ半島を撤退する条項を入れたかったからだ。しかし、ド・ゴールは正しかった。一九六七年は一九五六年ではない。イスラエルは同意するはずもない。戦争で失った領土を奪還する望みがないことを悟って初めて、ナセルは停戦協定を受け入れることにした。六月八日の真夜中のことだった。

ソ連の参戦を恐れ、シリア軍の対処に悩むダヤン

イスラエルの南部と中心部で戦争が展開する中、国防軍の指導層は、北部の対処に悩んでいた。ダヤンとエシュコルは、シリアからゴラン高原を奪取するのに反対していた。二人とも、シリア軍は今のところ北部の国境を突破しようとはしていないからだと主張し、さらに北部に戦線を広げることによってソ連に干渉の口実を与えてしまうのを恐れた。

だが他の者はこれに反対した。六月八日、ダヴィッド・エルアザル(イスラエル北部方面軍司令官)はエシュコルを訪れ、ゴラン取得を説得しようとした。何年もの間、北部に住むイスラエル市民は、シリアの砲撃とシリアの侵攻に絶えず恐れながら生活してきた。シリアが砲撃を始めるとイスラエル人はシェルターに入り、しばらくして出てきたときには、自分たちの家屋も公共の建物も農場もすべて炎に包まれているのを見てきた。自らと子供たちの身の危険を案じ、未来に不安を抱きながら生活してきた。今こそ、こうした危険をきっぱり取り除き、北部の住民たちに多少なりとも正常な生活を与えることができる、イスラエルのチャンスではないか。エルアザルはエシュコル首相にこう促した。

防衛に関する緊急の閣僚委員会が開かれた。エルアザルの要請とラビンの高原地域の攻略計画を聞くためだった。説明の後も、ダヤンは動じなかった。北部での戦闘はロシア軍に参戦の口実を与えることを今なお憂慮していたからだ。同日午後、イスラエル軍は、エジプト沖でアメリカ軍艦USSリバティー号を誤認して機銃掃射し、爆撃してしまった。アメリカの乗組員三十四人が死亡、一七一人が負傷し、アメリカ海軍の軍艦に多大な被害を与えた。アメリカ・イスラエル関係において破局的な危機であり、アメリカがイスラエルに激怒している中で、ロシア軍参戦の可能性を自ら招くのは無謀に思われた。

激戦の末、シリアが休戦に合意

会議の後、ラビンはエルアザルに電話し、委員会の決議を報告した。エルアザルの期待は裏切られた。政府がまた、国境近くに住む市民たちへの責任を放棄するのか。後に彼はよく呟いていた。「さんざんおれたちを苦境に陥《おとしい》れ、爆撃し、悩ませたのに、あの傲慢な連中を高原の上に居残らせ、やりたいようにやらせるのか。イスラエル国家がおれたちを守ることができないなら、おれたちには知る権利がある。はっきりと、お前たちは国家の一部ではない、国防軍の保護を受けるには値しない、と言ってもらおう。自らの家から離れて、この悪夢から逃れろ、と告げられるべきだ」と。[35]

午前二時、疲れ果てた軍の司令部は解散し、床に就いた。だが午前六時、ダヤンは突然思い直して、目を覚ました。中央指令部に電話すると、イスラエルは北部を攻撃していないのに、ゴラン高原のシリア部隊は揺らぎ、撤退しているとの報告を受けた。午前六時四十五分、ダヤンはエルアザルに直接電話し、直ちにゴラン高原を攻撃するよう命じた。[36] ラビンがこの知らせに目を覚ますと、エルアザルに電話し、中央指令部の査定は全くの誤りだ、と警告した。「シリア軍は崩壊寸前などではない。シリア軍が頑として、全力で戦ってくることを想定せねばならない」(37)

ラビンの言うとおりだった。戦いはひどく、イスラエルの損失は激しかった。その戦闘だけでも兵士百十五人が死亡し、三百六人が負傷した。だが、シリアの損失はさらにひどかった。六月九日の夜までにはイスラエルが優勢となり、シリアの防備は崩壊していた。※1

その後すぐ、イスラエル国防軍は、シリアの首都ダマスコの西六十五キロに位置するクネイトラ（シリア軍司令部が所在した）を攻略するため進撃した。イスラエルがクネイトラを占拠すると、シリアは休戦に合意した。六月十日午後六時半、六日戦争は事実上終了した。

イスラエルの決定的な勝利

戦争はあまりにも短く、たったの百三十二時間だった。そしてイスラエルの勝利は決定的だった。エジプト軍の死者は一万から一万五千人、行方不明者は五千人以上、数千人が負傷した。ヨルダンは、兵士七百人が死亡し、六千人が行方不明あるいは負傷した。北部前線では、四百五十人のシリア人が死亡し、二千人近くが行方不明ないし負傷した。エジプトの武器は一五％だけが損傷を免れた。イスラエルは六百七十九人の兵士を失い（後に、イスラエルのいくつかの資料では、その数を約八百人に変更している）、二千五百六十七人が負傷した。※2

領土の面では、戦争がイスラエルを劇的に変えた。イスラ

※1原書注・イスラエル側の損失は甚大だったが、イスラエルの諜報員で最も有名かつイスラエルの伝説的な存在であるエリ・コーヘンの働きがなかったら、もっとひどかっただろう。コーヘンは一九二四年、エジプトのアレクサンドリアに生まれ、一九四七年にエジプト軍に服役した。イスラエル建国後、コーヘンは大学在学中にムスリム同胞団の嫌がらせを受ける。多くのユダヤ人家族同様、コーヘンの家族もイスラエルに移住した。アラビア語を自由に駆使するコーヘンはイスラエルの諜報員となり、一九六一年から一九六五年の間シリアで貴重な情報を収集した。コーヘンは、シリアの国防相首席顧問の任に就いていた。しかし諜報活動が発覚して死刑を言い渡され、一九六五年五月、ダマスコの公共広場で絞首刑に処せられた。コーヘンがイスラエルに提供したシリアの防衛に関する情報は、六日戦争におけるイスラエルの電撃的なゴラン高原奪取に貢献した。

※2原書注・一九四八年の場合と同様、離散（ディアスポラ）のユダヤ人たちはイスラエル勝利の代償を払わねばならなかった。エジプト、イ

エルは十一万キロ平方メートル、もとの面積の三倍を超す領土を獲得した[38]（地図⑧参照）。ガザ地区、シナイ半島、ヨルダン川西岸地区（東エルサレムを含む）、そしてゴラン高原を攻略した。イスラエルはまるで別の国のようになった。これらの地域にユダヤ人が近づけないことを当然のように思っていたイスラエルの詩人ハイム・グーリは、六日戦争後、こう述べている。「まるで自分が一度死んで、蘇り、目が覚めたようだった」。分断されていた国が、遂に一つになった。「私の愛するすべてが私の足下に捨て置かれていた、何と誰のものでもなく、その光景がまるで夢のように現れた」とグーリは言う。「古《いにしえ》のイスラエルの地、わが青春の母国、引き裂かれたわが国のもう片方が[39]」

六日戦争の歴史的な検証

独立戦争の間、およそ七十万のアラブ人がイスラエルを去り、近隣諸国に向かった。近隣諸国は、ほとんどの場合、市民権を付与することを拒み、恒久的な難民にしてしまった。六日戦争は、彼らの生活を今一度大きく変えた。今度はヨルダン支配下ではなく、イスラエルの管轄のもとで生活することになった。一九六七年には、百二十五万のパレスチナ人が西岸地区とガザにいて、彼らの運命は、国際社会の関心事となっていった。

その結果、一九四八年の戦争の場合と同じように、歴史修正主義者（「新歴史学者」の学派）が、六日戦争に関するイスラエル主流の叙述とは異なる物語を作り出そうとしても驚くには値しない。六日戦争は、パルマッハ隊員の飽くことを知らない交戦好きの結果であり、一九四八年に西岸地区をベングリオンが奪取しようとしなかった決断に不満を覚えていたからだ、と断言する者もいた。

例えば、イスラエルのユダヤ系政治コラムニストのハイム・ハネグビはこう書いている。「覚えておかねばならないのは、一九六七年の時点で、軍はまだパルマッハの元隊員たちによって統率されており、六日戦争を利用して、一九四八年にさせてもらえなかった作戦を完遂しようと躍起になっていたことだ。パレスチナ人の残りの領土を取り上げ、占領の力によって、真の大イスラエルを実現しようとしていた[40]」

六日戦争は、経済的な失敗の結果だと言う者もいた。あまりにも高い失業率から国民の注意を逸らそうと、政府が企んだという説である。「一九六四年から始まった緊張拡大のプロセスは、『不必要な』ものだった。なぜならそれは、アラブ・イスラエル紛争の緊急事態から発したものではないからだ。この数年間、イスラエルの対応はある戦略を表している……国家が、社会的な原則から手を引き、その償いとなっていることだ[41]」

やがて、このような論拠不明の主張は、論争力はあっても、歴史的価値のないことが明らかになる。事実、六日戦争から三十年が経つと、イスラエルの政府記録保管所の資料が機密種別から外され、外交史を検証できるようになった。（アラブの記録保管所は閉鎖されたままで、いつまで機密扱いにされるのか定かではない）。マイケル・オレンが大著『第三次中東戦争全史』で実証しているように、「イスラエルは、戦争回避に必死で、戦闘前夜まで、戦争回避のあらゆる手段を求めていた[42]」

安全と、自信と、誇りと、国際的な賞賛を掴む

銃声は止み、危機は回避され、イスラエルは抑えることのできない高揚感の真っ只中にあった。ユダヤ国家は、生き延びることができただけではない。フランスに裏切られ、アメリカにはぐらかされ、ロシアに掻き回され、全く独り取り残されていたにもかかわらず、イスラエルは決定的な勝利を得ることができた。かつてイギリス軍をパレスチナから追い出した雑多な戦闘員たちの集団は、今や専門性の高い軍に様変わりしていた。イスラエルは、中東で最強の国家となり、その差は圧倒的だった。ユダヤ人は危険を脱した。何の咎《とが》めも受けずにユダヤ民族を恐怖に陥れられるような時は過ぎ去った。敵が武器を蓄積し、ユダヤ人が危機に身をすくめる時は過ぎ去った。ホロコーストのような惨事がまた身近に来ているのではないかと、ユダヤ人が疑心暗鬼する時は過ぎ去った。草創期のシオニスト思想家たちは、同胞が父祖の地で主権者として安全に暮らせる世界を夢見ていた。その日が遂に実現したのである。

高揚感の虜《とりこ》になったのはイスラエル人だけではない。ソ連のユダヤ人は、自分たちが見聞きしてきたユダヤ人像とは違う新しいユダヤ人像を目の当たりにした。突然、ユダヤ人と

エメン、レバノン、チュニジア、モロッコでは、激昂する暴徒がユダヤ人を襲い、ユダヤ教の会堂を焼き払った。リビアの首都トリポリでは、ポグロム（集団殺戮）により十八人が死亡、二十五人が負傷した。エジプトでは、国内に住む四千のユダヤ人のうち八百人が拘束された。アラブ諸国からは、およそ七千人のユダヤ人が追放され、多くは着の身着のまま、小さな手荷物だけしか携えられなかった（Michael Oren, *Six Days of War*, p. 307）。

しての新しい誇りを感じたのである。[43] ソ連を出国しイスラエルに向かいたいという彼らの要求は、時と共に声が高まっていった。アメリカのユダヤ人も大喜びだった。戦争の翌年、アメリカのユダヤ人一万六千人がイスラエルに移住した。その数は、イスラエル建国以来、イスラエルに移住したアメリカ系ユダヤ人の総数を上回った。[44]

　空挺部隊がエルサレムで旧市街奪還を祝っていた頃、ナオミ・シエメルはシナイ半島にいて、そこにいる兵士たちに向けて歌う準備をしていた。ところがそのとき、ラジオから自身の歌「黄金のエルサレム」を兵士たちが歌う声が聞こえてきた。歌詞には「ひとりたたずむ都、その内に城壁がある」とあったが、六日間の戦争を経て、歌詞がもはや時代遅れであることに気がついた。それでシエメルは、兵士の背中に紙をあて、さっともう一節書き足した。

わたしたちは貯水槽に　市場に　広場に帰ってきた
旧市街の神殿の丘には　角笛が響きわたっている
岩の洞窟には　幾千の太陽が昇る
さあ、再び死海へ下ろう　エリコの道を通って[45]※1

長い間培われてきたシオニストの夢は実現した。それは安全と、自信と、誇りと、国際的な賞賛を掴む夢だった。

それは長続きしなかった。

※1原書注・イスラエル人は、六日戦争前も死海に行くことはできたが、そのためには南方のベエルシェバ方面やアラッドを通って迂回し、エルサレムからは不毛の荒野を数時間運転せねばならなかった。今や、エルサレムから東に向かうエリコの道が通れるようになり、死海には三十分で行けるようになった。

第13章　占領という重荷

エルサレムは私のものだ。だが、私にはよそ者のようだ……人々がそこで暮らしている、よそ者が。……彼らはずっとそこで暮らしてきた。今や私がよそ者だ。

——アモス・オズ、六日戦争後間もなく

「やむを得ない占領も、腐敗に繋がる占領だ」

「わたしたちは貯水槽に、市場に、広場に帰ってきた……旧市街の神殿の丘に」とナオミ・シェメルは綴った。確かに彼らは帰ってきた。町の中心にあった壁は撤去され、神殿の丘の脇にある西の壁も再び自分たちのものになった。ローマ軍が神殿を崩壊してからおよそ二千年、初めてユダヤ人たちが群れをなして西の壁を訪れた。

人々は壁石に触れ、市場を散策し、自分たちの目で、ユダヤ人が二千年の間慕ってきた場所を目にした。十九年間、立ち入りを禁じられていた場所である。「乳母車を押す母親、スカーフを被ったおばあさん、縁なし帽を被ったキブツのメンバー、祈祷用のショールをまとった正統派ユダヤ教徒、毛皮の帽子を被った敬虔派《ハシディック》のユダヤ教徒。黒い中折れ帽を被った男性、ベレー帽、手編みのキッパーを被っている者。見知らぬ人同士が笑顔を交わしていた。この物語を終わらせたのは自分たちなのだ[1]」

とは言え、それは「物語の終わり」ではなかった。祝賀の雰囲気とは別に、不吉な予感も漂っていた。征服することはこの高揚感が示すよりも複雑だという感覚だった。確かに、まだ草創期のイスラエルが、絶対に勝ち目がないと思われた戦争に勝利した。多くの人たちがイスラエルはこの戦争で滅亡するかも知れないと思っていた。確かに、イスラエルの民は聖書の地に帰って来た。何世紀もの間、ユダヤ人が読み続けてきた最も神聖な書が描く場所に。

しかし、ナオミ・シェメルが歌った市場に誰も住んでいなかったわけではない。作家のアモス・オズは一九四七年十一月の運命の夜、父親に、間違いなくユダヤの歴史は決定的に変わったんだと言われたが、今再び歴史の潮流が変わり始めているように感じられた。アモス・オズはシナイ半島での軍務の後、エルサレムに直行した。エルサレムの通りを歩き、考え込んでいた。

> エルサレムは私のものだ。だが、私にはよそ者のようだ……町には人が住んでいる。人々がそこで暮らしている、よそ者が。彼らの言語を私は知らない。彼らはずっとそこで暮らしてきた。今は私がよそ者だ……憎しみの眼差しで私を見ている。私が死ぬことを願っている。呪われたよそ者……私は機関銃を握りしめ、通りを闊歩《かっぽ》する。子供のときに見た悪夢に出てきた人物のようだ。見知らぬ町のよそ者だ。(2)

「やむを得ない占領も、腐敗に繋《つな》がる占領だ」と、アモス・オズは六日戦争後すぐに労働党の機関紙『ダヴァル』のコラムに書いている。それはアモス・オズが今後何十年もの間、ダヴィッド・グロスマンなどイスラエルの小説家たちと共に支持する立場である。※1

にわか仕立ての方針が未来に禍根を残す

六日戦争前に撮られた西の壁の白黒写真がある。西の壁の前には狭い路地が写っている。狭過ぎて数百人も収容できない。ましてや、祝賀のためにユダヤ教の最も聖なる地に訪れると政府が予想した数千人の市民を収容するには狭過ぎる。路地のすぐ向こうにはムグラビ(アラビア語でモロッコの意)街と呼ばれるむさ苦しいスラム街があった。一九四八年の戦争で行き場を失ったアラブ人およそ百三十五世帯がその区域に避難し、以来そこに住み着いていた。六月十日の夕方、軍の承認のもと、ムグラビ街に住んでいた家族はその区域を立ち退くよう指示された。そこを空き地にして、西の壁の前に大人数を収容できる大きな広場を作るためだった。やがて軍のブルドーザーがやってきて住居を取り壊し、大勢の人が壁に近づけるよう整えた。後に、ムグラビ街計画の指揮官は「あの地区の立ち退きを命じる指令は、私の生涯で最も辛い経験でした……「戦場で」『撃て』と命じますが、そこでは機械的に事を為すものです。でもここでは私が指令を出すことによって無辜《むこ》の人たちを傷つけてしまう、そのことを知っていましたから」と述べている。[3]

ムグラビ街の一件は、もっと広い現象を反映していると見なす学者がいる。※2 それは、にわか仕立ての方針やあわただしく決定した取り決めの一つであり、中には以後数十年にわたってイスラエルに影響を及ぼすものもある、という意見だ。イスラエルが攻略したばかりの村落や地域をどうするのか。そのことを全国規模で審議することもなく、ムグラビ街の撤去は六月十日に実施されてしまった。ほどなくしてイスラエルの国民は悟る。自分たちが攻略した地域やその住民に下した決断は、やがてユダヤ国家の命運を左右するような諸々の課題をもたらし、六日戦争がケリをつけようとした実存的脅威と同じくらいの脅威を作り出してしまった、ということを。

一連の出来事に対するイスラエル国民の反応はどこも熱狂的だった。宗教的なイスラエル人にとっては、ユダヤ国家が国難を回避できたということ、それもあのようにドラマチックで決定的な形で乗り越えられたということが、人間の歴史に働く神の手のサインそのものだった。六日戦争は救世主到来の前兆だと信じる者もいた。彼らにしてみれば、神がラビ・ツヴィ・イェフダ・クックの痛ましい叫びを聞かれたように思われた。そうした宗教的な熱情は、やがてイスラエルを決定的に変える運動を巻き起こすことになる。

世俗系のイスラエル人も同様だった。水門を大きく開いた

※1原書注・やがてイスラエルの多くの要人や庶民が占領に反対するようになる。だが、イスラエルが西岸地区に駐留していることが法的な意味で「占領」に当たるかという点については意見が分かれる。イスラエルの前最高裁判事、エドマンド・レヴィが代表を務めた二〇一二年のレポートでは、西岸地区には一度も主権国家は存在せず、ましてヨルダンが同地域の権利を放棄したのだから、イスラエルは同地域の正当な主権者としての法的権利を有する、と述べている。（Amb. Alan Baker, "The Legal Basis of Israel's Rights in the Disputed Territories," http://jcpa.org/ten-basic-points-summarizing-israels-rights-in-judea-and-samaria/.）

※2原書注・ムグラビ街は長い間、ユダヤ人とアラブ人の争点だった。すでに一九二九年の時点で、ユダヤ人が西の壁に近づけるかどうかでユダヤ人とアラブ人の間で緊張が高まっていたとき、イスラム教法典権威ハジ・アミン・アル・フセイニは、同地域の出入りを禁じるよう要求していた。これに対して、イシューヴのアシュケナジー首席ラビ、ラビ・アブラハム・イツハク・ハコーヘン・クックは、ムグラビ街から立ち退くよう要求した。遂に、これまで実現しなかった彼の提案が実施されたのである。（Hillel Cohen, *Year Zero of the Arab-Israeli Conflict, 1929* [Waltham, MA: Brandeis University Press, 2015], p. xvii.）

ように、感情が迸《ほとばし》っていた。この時も人々の心情に表現を与えたのは、イスラエルの代表的な詩人だった。ナタン・アルテルマンは以前から、イスラエルの歴史的な瞬間には、その象徴となる作品を書いてきた。彼は民族の声となっていた。

ところが、一九六七年から亡くなる一九七〇年まで、アルテルマンはむしろ分裂を招く存在となる。六日戦争以後のイスラエルのタカ派集団を代表して執筆するようになったからだ。彼の属する運動の主張によれば、西岸地区を占領することによって、イスラエルは聖書時代のイスラエルの地に、本来あるべき主権を回復することができる。「イスラエルは、何一つ放棄すべきでない。とりわけ『民族発祥の地』はもってのほかだ」と彼は訴えた。[※1]「この勝利の意義は、イスラエル国とイスラエルの地の違いを払拭《ふっしょく》したことだ……国家と土地は、今後は同一だ[4]」

誰の目にも明らかだったのは、アルテルマンが世俗系のユダヤ人だったことだ[5]。イスラエルは六日戦争で獲得した地域を保持すべきだという主張は、やがて宗教的なコミュニティと結びつくようになる。だが土地を取得し、そこに社会を築くのは、十九世紀末以来の世俗的なシオニズム活動の本質だった。シオン帰還の初期は、若い社会主義者のユダヤ人がロシアからやってきて、海外に暮らす後援者の援助を受けながら、売却を希望するアラブ人から土地を購入した。アラブ人が一九四七年から一九四九年まで続く戦争で、ユダヤ人開拓地を攻撃したとき、イスラエルはさらに多くの領土を攻略した。独立戦争後の一九五〇年代、イスラエルがその領土に国造りをした時も、シオニズムにとっては、それは次の段階への当然のステップだった。

世俗系のシオニストがあのように熱意をもって新しい領土を受け入れたことには、もう一つの理由がある。かなり前から、主流の労働派シオニズムに疲弊していた。六日戦争までの六年間、新しいモシャヴやキブツは十しか建設されなかった。共同農村の設立は、主にヨーロッパ出身のユダヤ人社会主義者が取り組んでいたプロジェクトである。だがそのようなユダヤ人の大多数はヒトラーのガス室で死滅したため、移民の潜在数が格段と減少してしまった。世俗派のシオニズムは新しい情熱の息吹を受け入れる用意ができていたのである。

勢いづく宗教シオニズム

世俗派シオニズムの思想的な熱情が衰えることで空白が生じ、宗教的なユダヤ人がシオニズムの新たな指導者となり、建国から三十年経った時代の先駆者となる機会をもたらした。これまでユダヤ教の指導者たちは、シオニズムがあまりにも世俗的で、新しいユダヤ人を創造しようとしていたことを非難していた。六日戦争後は、宗教的な指導者の中に、再び意気盛んになったシオニズムを牽引しようとする者たちがいた。この新たに芽生えた熱情を誰よりもよく表したのは、ラビ・ツヴィ・イエフダ・クックだった。六日戦争の前、ラビ・クックはイスラエルの地が分裂状態にあることを嘆いていた。六日戦争後は、突如として現代に生きる聖書の預言者のように語り、シオニスト運動の栄光について語り始めた。

　師《ラビ》はイスラエルの国旗で覆われた書見台を前に講義していた。聖なる書物を支える書見台を世俗国家イスラエルの国旗で覆いながら、ラビ・ツヴィ・イエフダはこう言った。この旗は、私の後ろにあるモーセ五書を入れる聖櫃《せいひつ》を覆うビロードの布と同じくらい聖なるものだ……そして師は、力強い声、決然とした語調で、世界は神の摂理に干渉し、解放された土地をイスラエルの統治から、ねじり取ろうとしてはならない。民主的に選出されたイスラエルの政府にも、領土から撤退する権利はない(6)。

ラビ・クックのこの信念——自分には、政府に何が許されて何をする権利がないかを戒《いまし》める権利があるという確信——は、今後の展開を不吉にも予告していた。ほとんどのイスラエル人がこの前兆を全く見逃していた。

正統派ユダヤ教徒レイボヴィッチの警世

とは言うものの、すべてのユダヤ教徒がそのような捉え方をしたのではない。特に有名なのは、イスラエルの最も重要な知識人の一人、正統派ユダヤ教徒のイシャヤフ・レイボヴィッチ教授だ。レイボヴィッチにとって、一九六七年六月の勝利を通して生じた宗教的義務の根本は、イスラエルが自らの魂を救うことであった。そのためには、攻略した領土から撤退せねばならない、と主張した。そうすればイスラエル人は、自らの支配を異なる住民に強要しないで済むからだ。

六日戦争の三年後、レイボヴィッチはイスラエルの高校三年生に手紙を書いた。その中で、一九六七年の停戦以来、彼が一貫して主張してきたことを要約している。

　私は、百二十五万のアラブ人が暮らす領土からの即時撤

※1訳注・「民族発祥の地」という表現は、イスラエルの独立宣言冒頭からの引用。

退を支持している。その理由は和平とは全く関係ない。私が一貫して唱えてきたのは、領土からの撤退であって、返還ではない。なぜなら、誰に「返還」すべきなのか、私には全く分からないからだ。フセイン王に返還するのか。パレスチナ民族解放運動にか。ナセルにか。それとも地元の住民にか。私たちが撤退した後、アラブ人がその領土をどうするかは、私たちの知ったことではないし、関心を抱く義務も権利もない。私たちは、ユダヤ国家に堅固な守りを築き、この国を守らねばならない。名誉ある撤退をしなければ――つまりユダヤ民族と私たちの国家の真のニーズを理解した結果として、自主的な判断で退かねば――アメリカとロシアが、私たちに屈辱的な撤退を強いるだろう。

　分かってほしい。私は「領土」の問題には全く関心がない。むしろ、［私の関心は］そこで暮らす百二十五万のアラブ人の問題だ。それも、アラブ人を憂慮するからではなく、ユダヤ民族とユダヤ国家のことを憂慮するからだ。すでにイスラエル国に住んでいる三十万のアラブ人、加えて私たちの支配下にある地域のアラブ人を受け入れるならば、ユダヤ国家としてのイスラエル国は消滅し、ユダヤ民族全体が崩壊し、私たちがこの国に築いた社会体系の破滅をもたらすだろう。(7)

　ほとんどのユダヤ教徒は、型破りのレイボヴィッチと意見を異にした。エルサレム旧市街と神殿の丘を解放した空挺部隊の一員ハナン・ポラットもその一人だ。西の壁に近づいたとき、風化した聖なる壁石を見ながら、ポラットは呟いた。「自分たちは、聖書の新たな一章を綴っている(8)」

若く新しい宗教的理想家たち

　シオニズムは、前々から若い世代の革命であった。ハイム・ナフマン・ビアリクが一八九二年に詩「鳥よ」を発表したのは十九歳のときだった。イツハク・ラビンがハルエル旅団の司令官としてエルサレムの戦いで活躍したとき、わずか二十六歳だった。今や情熱と活気だけを武器に二十四歳のハナン・ポラットとその仲間たちは、イスラエルの国柄を決定的に変えてしまう運動を立ち上げた。

　一九四三年生まれのポラットは、エルサレム郊外のユダ高原に新設された宗教的なキブツ、クファル・エツィヨンで育った。ポラットには追放の実体験がある。独立戦争のとき、クファル・エツィヨンは、一九四八年五月十三日、独立の一日前に、アラブ人の侵略を受けたキブツの一つだ。ポラットと彼の友人は生き延びた。クファル・エツィヨンの婦女子はキブツを立ち退き、エルサレムに避難したからだ。一方、男性はキブツに残り、住居を守ろうとした。

この地域のキブツが陥落したとき、(キブツで一緒に育った)ポラットの親友たちの父親も亡くなった。ポラットが、おれたちは「父祖の地」を取り返す、と言ったのは文字どおりのことを意味していた。

他の者も帰ってきた。六日戦争の数週間後、聖書の教師としてすこぶる有名だったヨエル・ビンヌンは、生徒たちを連れて、聖書で読み親しんできた場所を訪れた。

ヨエルは、ポケットサイズの聖書を片手に、サングラスを掛け、キブツの人たちが被る縁なし帽を被り、生徒たちを聖書の舞台へ引率した。湧き水や廃虚を探索し、聖書の物語を手懸かりに、古戦場を発見してその地勢を調べた。アブラハムがヘブロンからエルサレムまで歩いた道のりをたどり、一九四八年にパルマッハ隊の兵士がクファル・エツィヨンの包囲を突破しようとしたルートをたどった。まるで二千年続いた流浪期にも中断されることのない、途切れのない歴史のようだった。(9)

ビンヌンは、今や聖書を生きたものとして教えることができた。それは生徒たちが聖書の描く丘陵を実際に歩くまでは不可能なことだった。ビンヌンの教えに、ポラットは自らの宗教的情熱の新たなはけ口を見出だした。それは友人の父親たちが殺された地、あのキブツが陥落していなければすでにイスラエルの領土であった地に、再び定住するという願望だった。

クファル・エツィヨンに帰った次世代

一九六七年九月二十五日、六日戦争が終結してよりわずか三カ月後、ハナン・ポラットは、エシュコル首相と面会する段取りをつけた。彼は、政府からクファル・エツィヨンに再定住する許可を得ようと考えていた。ポラットはこのときのやり取りを何度も語っている。自分たちの新しい宗教的情熱を政治指導者が全く誤解していたからだ。

「何を頼みたいんだ、キンデルラフ(子供たちの意)」と、エシュコルはイディッシュ語で子供に愛情を込めて呼びかけるときの表現を使って尋ねた。

「登りたいんです」とハナンは答えた。

「それで、キンデルラフ、登りたかったら、登ればいいじゃないか」

「聞いてください」とハナンは畳み掛けた。

「十日後にはユダヤ新年《ロシュ・ハシャナー》になります。私たちの親が祈った場所で私たちも祈りたいんです」

「それで、キンデルラフ」と首相は言った。「祈りたかったら、祈ればいいじゃないか」[10]

この会話の詳述から、果たして首相が素っ気ない態度を取ったのか、励まそうとしたのか、それとも単に懐疑的だったのか、はっきりしない。「エシュコルのコメントは……活動家たちの反抗に圧倒されて、『温かい承認』から、『絶対にノー』まで、様々な意味合いで繰り返し引用された」[11]。いずれにしろ、極めてはっきりしているのは、エシュコルがポラットのことをどう思っていようが、ポラットの決意を完全に見くびっていたということだ。

エツィヨン地区に帰る。それは土地に定住するとか、イスラエルの物理的・政治的な展望を変えるなどといった人並みの決意とは大いに異なる。ポラットたちは故郷《ホーム》に帰ろうとしていた。彼らの多くが生まれた地、母親や父親たちが耕し、住居とコミュニティを築いた地に帰ろうとしていたのである。父親が守り抜こうとして死んだ地、自分たちの親が虐殺された地。シオニズムの大綱が、ユダヤ民族が父祖の地《ホームランド》に帰ることにあるというのなら、ポラットたちの願いは自らの家族の故郷《ホーム》に帰ることだった。「やがておれたちは再び立ち上がり、現れる。かつてのように」。詩人ハイム・グーリがそう綴ったのは一九四八年五月、クファル・エツィヨンとその周辺のユダヤの村が陥落したときだった。あの地で亡くなった男たちの息子や娘たちは、十九年後、グーリが国民にした約束を実現するつもりだった。

ポラットにはエシュコルの曖昧な承諾で充分だった。二日後には、ハナン・ポラットの一団（「クファル・エツィヨンの子ら」と称される）は、クファル・エツィヨンに再定住し始めた。おんぼろのトラックとバスで、キブツのあったところに戻っていた。

現地に着くと、マットレスを積み降ろし、間に合わせのアルミ製の建物の床に敷きつめた。当面はそれが彼らの家《ホーム》だった。そして、ラビ・ツヴィ・イエフダ・クックの写真を男性用の寝室に掲げ、西岸地区初の再定住地で最初の夜の眠りについた。

宗教シオニスト運動グッシュ・エムニームの設立

クファル・エツィヨンは、エルサレムの防衛戦により陥落したことで広く知られるが、イスラエル人の集団の記憶の中で特別な位置を占めている。その再定住は、イスラエル社会のあらゆる方面の人々を鼓吹《こすい》した。テルアビブでは、「退職しようとしていた歯科医が診療所の機材を売って、その収益をクファル・エツィヨンに寄付した」。またテルアビブ大学の総長は、「クファル・エツィヨンの開拓者たちは進むべき道を示している」と述べた。[12] キブツに加わるためだったら、高等教育を断念しようと申し出る学生もいた。[13] 結婚したばかりのカップルは、新婚旅行をキブツで過ごせるよう申し込んできた。

入植運動は勢いを増し、決して振り返ることはなかった。

六年後の一九七三年末までに、イスラエル人が西岸地区に建てた集落の数は十七で（ほとんどがヨルダン渓谷）、一九七七年五月までだと三十六。一九七三年までに、ガザ地区とシナイ半島の北西の端（ラファ境界）に建てた集落の数は七で、一九七七年まででは十六。シナイ半島には、一九七三年までに三つの集落があり、一九七七年には七つになっていた。[14]

一九七四年、六日戦争で攻略した土地への入植に熱心だったイスラエル人は、初めて本格的な政治団体を設立した。それはやがて宗教系シオニスト運動の礎石となる。名称はグッシュ・エムニーム（「信者の群れ」の意）。ラビ・ツヴィ・イエフダ・クックの思想を体現するだけでなく、色々な意味で、シオニスト草創期の気風を再活性化するものだった。後年、アリエル・シャロンが述懐しているが、「あのグッシュ・エムニームってのはどんな連中なんだ」と尋ねられ、「一九四〇年代のおれたちのようなものだ。ただ、もっと真剣なんだ」と答えたという。[15] グッシュ・エムニームは、イスラエル社会に強烈な印象を与えた。二〇一二年には、三十四万一千のイスラエル人が入植地に住んでいる。

早過ぎた「アロン計画」

イスラエルがヨルダン川西岸地区を保持することに、宗教や思想的な理由から熱心だったイスラエル人もいたが、神学よりも安全保障の観点から支持する人たちもいた。パルマッハの設立者で、当時は副総理と移民収容相を兼任していたイガル・アロンは、一九六七年にイスラエルが獲得した領土の一部を返還し、他は保持することを提案した。現在「アロン計画」として知られる提案である（地図⑨参照）。それによると、イスラエルが支配を維持すべき地域は、ヨルダン渓谷、東エルサレム、エツィヨン地区およびキリヤット・アルバ（へブロン郊外に新築されたユダヤ人住宅地）。これらの地域に民間用の入植地を建設し、それによって住居の提供だけでなく、東部からの攻撃に備える早期警戒システムとして寄与できる。アロンの提案によれば、シナイ半島の大部分をエジプトに返還するが、ゴラン高原のかなりの部分は維持する。計画案の一つでは、イスラエルが統治しない地区はヨルダンに明け渡され、高速道路で連結させる、とのことだった。この提案はイスラエルで物議をかもしたが（激しい議論にもかかわらず）、イスラエル政府が公式に票決することはなかった）、実現には至らなかった。ヨルダンのフセイン王が一蹴したからである。

数十年後、ほとんどのイスラエル国民に明確になったことは、西岸地区の一部を分割するのは（国際的な圧力やその他の要因で）やむを得ないという認識だ。ところがその頃には、アロンが提案したときに比べ、事態は果てしなく複雑になっていた。二〇一五年には、数十万のユダヤ系イスラエル人が西岸地区に住んでいた。イスラエル側もパレスチナ側も、交渉で、（互いに相反する）それぞれの主張にいよいよ固執するようになり、紛争は政治的なものから宗教的なものへと様変わりしていった。双方の宗教的な理論家たちが、神が自分たちにこの土地を与えたと訴えていたからだ。アロンの提案はあまりにも早過ぎた。だがもし実施されていたなら、中東の歴史は全く違う展開になっていただろう。※1

安全保障の問題から宗教問題に

占領地区をどうするか。今やそれがシオニズムにおける議論の最大の争点となった。シオニズム草創期、ヘルツェルは国家を求めた。それに対してアハッド・ハアムは、国家建設は誤りだ、ユダヤ人は文化的なセンターをパレスチナに築くべきで、それ以上は何もいらない、と主張した。後にベングリオンとジャボティンスキー、主流派シオニストと修正派の間で対立が起こり、オスマン帝国やイギリス委任統治をパレスチナから追い出すために、どれくらい抵抗すべきかということで意見が分かれた。何年もの後、ベングリオンとベギンがドイツの補償問題で真っ向から対立した。この対立は、イスラエルが政策や政治的議題を決めるにあたって、ユダヤの記憶に残る出来事にどのような役割を課すべきかという、より深い問題だった。今度は、右派対左派、入植者たちの陣営とイスラエルが占領地を譲渡すべきだと考える陣営との対立である。今までの思想的な論争同様、この対立も親シオニストと反シオニストの分裂ではない。両陣営共にユダヤ国家を愛し、国家の繁栄に専心している――しかし、どのような行動方針を取ったら国家の魂を最もよく守ることができるかについて、意見を異にしている者たちの深い亀裂であった。グッシュ・エムニームが見たのは処女地であり、民族誕生の地に帰ってくるようユダヤの若者へ呼びかける聖書の地だった。他のイスラエル人たちが見たのは、イスラエルの支配下で暮らしている約百二十五万のアラブ人だった。アロンは安全を強化できる可能性を見出だしていたのに対し、レイボヴィッチはイスラエルの国柄を食い尽くす癌《ガン》だと見なしていた。もはやイスラエルの国境問題は単に安全保障や外交の問題ではなくなった。それは宗教問題となり、このように果てしなく複雑になってしまった。イスラエル社会は、かつてないような分裂を示し、今日に至るまでこの亀裂が埋まることは決してない。

幻滅を表現する声メイール・アリエル

ハナン・ポラットと同じように、メイール・アリエル——はにかみ屋の巻き毛で、芸術家肌の空挺隊員——も、エルサレム旧市街の戦いに参加した。ポラットは西の壁に立ったとき畏敬の念に打たれたが、メイールの体験は明らかに違っていた。「アリエルは思った——今すぐにも感動がおれを襲うだろう、二千年の憧れが成就したこの場に、おれはいるんだ。だが何も起こらなかった。メイール・アリエルは何の高揚感も感じなかった。聖書の新たな章が今書かれている、という感覚はなかった。彼は不審に思った——どうしたんだ、いったいおれはどんなユダヤ人なんだ」[16]。音楽的才能のあったアリエルは、ペンを取り、ナオミ・シエメルの歌の替え歌を書き留めた[17]。

シエメルの歌は「山々の空気はぶどう酒のごとく澄み／松の香は鐘の音とともに黄昏《たそがれ》の風にのる」と始まる。他方、アリエルは自分の替え歌を「鉄《くろがね》のエルサレム」と名付け、「あなたの暗闇《ベマフシャカイフ》の中で」という言葉で始めた[18]。「あなたの暗闇の中で、エルサレムよ……私たちはあなたの境界を広げ、敵

※1訳注・西岸地区やガザ地区からイスラエルが撤退することは、ユダヤ教に反するかというと、必ずしもそうではない。例えば、ユダヤ教法学の大家でセファラディ系首席ラビのオヴァディア・ヨセフは、ユダヤ教の見地からしても、それは軍の指導者と政府閣僚が「人命の尊重」に照らして決断すべきことだ、と述べている。ユダヤ教では、人命の尊重を第一義とするので、西岸地区やガザ地区を保持したほうが人命をよく守れるのなら保持するべきで、返還したほうが人命を守れるのなら返還すべきだ、としている。すなわち、ユダヤ教の見解に従って安全保障の方針を定めるのではなく、いわばその逆、という解釈だ。ユダヤ教徒の間でも領土問題に関する意見は様々である。

を追い出すために来た」と綴った。

ナオミ・シエメルが見たのは、ユダヤの民が揺籃期《ようらんき》を過ごした父祖の地と一つになることだった。だが、メイール・アリエルは、戦争がもたらした苦痛の向こうを見ることができなかった。「黄金のエルサレム」のフレーズを用いながらも、全く違う感情で歌を結んだ。エルサレムは黄金の町だけではない、「鉛と夢のエルサレム」だった。そして、アリエルは祈りで歌を締めくくった。

あなたの城壁の間にいつまでも
平和が宿るように

六日戦争後、アリエルは低予算でこの替え歌をレコーディングした。それがどういうわけか、イスラエルのラジオ局に伝わり、あっという間にヒット曲となった。この痛々しく皮肉がかったナオミ・シエメル批判の歌が流行《はや》ったのは偶然ではない。イスラエルは混迷期に入っていた。攻略した土地をどうしたらいいのか。レイボヴィッチとポラットは正反対の見解を持っていた。シエメルとアリエルは大きく異なる答えを示した。ヨッシー・クライン・ハレヴィの表現を借りれば、アリエルはやがてイスラエルのボブ・ディランとなる。同世代の幻滅を表現する声となった。この幻滅が「ピース・ナウ」運動を生み出すまでには、さらに十年かかる。[※1] イスラエル社会ではよくあることだが、このときも音楽家や詩人たちが社会の動きを先取りしていた。

『兵士たちの談話』の反響

偉大な勝利には泣き所がある。そのことは、一部の国防軍幹部にも分かっていた。イツハク・ラビンは後にこう述べている。「私たちは、やろうと思えば、支配地域を広げることはできた。カイロを占領しようと思えば、私たちの軍に対抗する力はエジプト軍にはなかった。アンマンも同じだ。六月十一日には、ダマスコも容易に攻略できただろう。だが、私たちの開戦目的は領土を獲得することではない。すでに攻略済みの地域で充分な重荷だった」[19]

重荷とは含蓄のある表現である。多くのイスラエル国民は、イスラエルが獲得したばかりの土地に進駐し、百二十五万のアラブ人を支配するのは面倒なことになる、と直感していた。ダヴィッド・ベングリオンは、一九四八年の独立戦争では、西岸地区を攻略させてほしいという将軍たちの願いを許さなかった。ベングリオンは六日戦争後、引退の身だったが、イスラエルはエルサレムとゴラン高原を維持し、他はすべて手放すべきだ、と発言している。この点に関してはイシャヤフ・レイボヴィッチと同意見だった。危険にさらされているのは、イスラエルの魂である、と。

これまでイスラエル兵には、毅然とした不屈な態度が相応しいと期待されていたのが、劇的に変化した。戦争のベテランたちも、戦地で体験してしてきたことの戸惑いを話し始めた。戦争で戦ってきたキブツのメンバーたちが、一連のインタビューを行ない、『兵士たちの談話《スィアフ・ロハミーム》』と題して本を出版した。イスラエル人は、これまで口にされることのなかった所感を聞くことになる。人を殺すことの苦痛、戦いを強いられることへの怒り、自分の子供と同じ年頃のアラブの子供たちが手を挙げて降参するときに感じる恥ずかしさを、兵士たちは語った。

インタビュー本の発行者たちは、少数でもこの本に興味を抱いてもらえればそれで充分だと思っていたが、驚いたことに、売れ行きは十万部に上った。イスラエルの出版業界では桁外れ《けたはず》の数字だった。なぜそんなによく売れたのか。それは、メイール・アリエルの「鉄のエルサレム」が人気を博したのと同じ理由だった。パレスチナ・アラブ人の民族運動が展開し始めたが、自分たちイスラエル人がその発端で火付け役となってしまった。彼らと向き合う時が近づいている。イスラエル人の中でもそう感じている人たちがいた。

占領という変革に混乱するパレスチナ人

六日戦争は、イスラエル人に分裂を生み出したが、敗れたアラブ・パレスチナ・コミュニティには結束をもたらした。イスラエルの勝利は、エジプトの首相ナセルの汎アラブ主義に壊滅的な打撃を与えた。はっきりしたのは、ナセルやアラブの指導者たちが、表向きはパレスチナ人（一九四八年の戦争で避難した人々およびその子孫）のことを深く考えていると言いながら、実際にはほとんど何もしてこなかったということだ。ナセルはすっかり面目を失ってしまったが、それはパレスチナ人も同じだった。ただ、パレスチナ人の場合は、より大規模な戦闘の駒にしか過ぎなかった。一九四八年の戦争で土地を失い、西岸地区やガザ地区に移り住んだ七十万のパレスチナ人の多くが、今や気がつくと、かつて自分たちの

※1訳注・「ピース・ナウ」は、一九七八年に発足したイスラエルの平和運動団体。二国家解決案の推進を第一義とする。ヘブライ語では「シャローム・アフシャヴ」。作家のアモス・オズも創設メンバーの一人。

家族を追い出したと思っていた当人（イスラエル人）の支配下で生活せねばならなかった。

変革は、あらゆる意味でパレスチナ人に混乱をもたらした。一九四九年の休戦ラインは国境としての意味を失い、十九年前となる一九四八年に逃げ去った市街や住居へ再び行けるようになった。しかし気持ちは複雑だった。この時代を専門にする歴史家がこう書いている。

カタモンやバカなど西エルサレムの住宅地には、一九四八年に裕福なアラブ人たちが捨て去った邸宅がいくつもあり、ユダヤ人移民が、邸宅を分け合って住んでいた。［六日戦争後］この通りを、ヨルダンのナンバー・プレートを付けた車が人をいっぱい乗せて、ゆっくりと進んでいた。東エルサレムやその向こうで暮らす人々が、自分たちがかつて住んでいた住居を眺めていた……アメリカ領事のエヴァン・ウィルソンは［こう打電している。］「新市街にある私の家のリビングルームに、十九年間置きっぱなしだったグランド・ピアノの持ち主であるアラブ人がやって来た。……一九四八年、彼が大急ぎでこの場を去るにあたって、私の前任者にこのピアノを安全に保管してくれるよう頼んでいたのを、取り戻しに来たのだ」[20]

だが、イスラエル人にはもっと不埒《ふらち》な動機があると疑うパレスチナ人もいた。ガッサーン・カナファーニーは、当時の代表的なパレスチナ人作家で、後に過激派テロ組織パレスチナ解放人民戦線（ＰＦＬＰ）の指導者となる。数多く出版された彼の短編作品の一つ「ハイファに戻って」では、西岸地区に住むパレスチナ人が、一九四八年まで暮らしていたハイファを訪れる過程を描いている。主人公の男性は、イスラエルの中を車で走りながら、妻にこう語る。

あいつら［イスラエル人］は、占領するとさっそく国境を開放した。それもパッと、アッという間にだ。歴史上、どんな戦争でもこんなことはなかった。一九四八年四月の惨事を知っているだろう。じゃあ、これは何なんだ。おれたちのことを思ってこうしてくれるのか。冗談じゃない。これも戦争の一部だ。あいつらはおれたちにこう言ってるんだ。「ご自由にご覧ください。私たちがあなたたちよりどんなに優れているか、どんなに進歩的か、見てください。私たちに仕えたらいいですよ。私たちを賞賛したらいいじゃないですか」って。[21]

利点は他にもあった。西岸地区に住むパレスチナ人の中には、イスラエルで雇用先を見つけ、生活水準を向上させた者もいた。やがてイスラエルの統治下で、教育の機会も増大した。だがパレスチナ人にとって、最も際立っていたのは、自分たちがもはやヨルダンのイスラム教徒の支配ではなく、イスラエルのユダヤ人の支配下にあることだった。自分たちは今や占領下にある。この占領を終結させることが、彼らの民族の第一目標となるのは時間の問題だった。

ヤセル・アラファトがPLOの議長に

一九五〇年代の後半、ヤセル・アラファトはパレスチナ民族解放運動「ファタハ」を結成した。

アラファトは、一九二九年八月、カイロに生まれた。父親はガザの出身で、母親はエルサレムで育った。母が亡くなると、父は息子をエルサレムの旧市街に住む母親の家族のもとに送り、そこで生活させた。やがてカイロに戻り、土木建築を学ぶ（一九四八年の戦争では、ムスリム同胞団と共に戦うため休学する）。シナイ作戦後、アラブの工作員たちが一掃されると、アラファトはクウェートに移り住み、多くのパレスチナ難民たちと暮らした。そして一九五九年、ファタハを結成する。

一九六八年、ファタハはパレスチナ解放機構（ＰＬＯ――設立は一九六四年で、イスラエルが西岸地区を占拠する以前）に加盟する。ファタハはすぐにＰＬＯの中で有力な存在となり、アラファトが権力を掌握《しょうあく》した。影響を受けたのはイスラエルだけではない。事実、ＰＬＯは国際テロ組織を立ち上げ、全世界を不安定にしてしまった。

イスラエルでは、ユダヤとアラブの二民族が共存できるよう、占領地を譲渡すべきだと主張する声があったが、ＰＬＯが妥協するつもりは全くなかった。シオニズムに対する姿勢はＰＬＯ憲章に明確に謳《うた》われている。

シオニズムは、当初から植民地主義の運動であり、その目的においては侵略的で拡張主義、その構成においては人種主義と差別主義、その手段と目標においてはファシストのそれである。イスラエルは、破壊的な運動の急先鋒かつ植民地主義の柱であり、特に中東、広くは国際社会の緊張と混乱の恒久的な源泉である。(22)

一九六七年当時、パレスチナ人（そして、アラブ連盟とエジプトとも関わりのあったＰＬＯ）は屈辱の中にあった。だがアラファトの率いるファタハは、かつてない勢いで大多数

者になっていた。[※1]

のパレスチナ人の支持を得るようになった。ファタハがPLOを乗っ取り、国際的に有名なアラファトはその議長になった。事実上、ヤセル・アラファトはパレスチナ人の政治指導者になっていた。※1

独立と自由を求めるダルウィーシュの声

パレスチナ人は、政治的な動きに携わると、シオニストたちがそうだったように、文学的な表現方法も見出だしていた。その最も顕著なのはマフムード・ダルウィーシュの詩である。ダルウィーシュはパレスチナ人で、ガリラヤ西部に生まれたが、彼の家族は独立戦争のときにアル・ビルワ村を逃げ出した。何世紀にもわたるアラブ詩歌の伝統とパレスチナ人の住処《すみか》のない経験を踏まえて、ダルウィーシュは一九六四年（PLO設立の年）に詩「身分証明書」を綴った。(23)「書きとめてくれ／おれはアラブ人」、ダルウィーシュは読者にそう告げる。そして、パレスチナ人の主張の核心を告発する。「お前たちは、おれの祖先のブドウ畑と／おれが耕した土地をふんだくった」。この自暴自棄はどこから来るのか。「お前たちは、この岩山のほか／何も残しはしなかった」。そして警告する。

腹が減ったら
略奪者の肉を食ってやる
気をつけろ、この空《す》きっ腹《ばら》に
気をつけろ、このむかっ腹に

ダルウィーシュは、他のパレスチナ人作家や詩人のように、独立と自由を求める人々の声だった。彼が警告する怒りは紛《まぎ》れもない現実であり、やがてイスラエルの継続的な繁栄にとって一大脅威となっていった。

イスラエルとは平和を結ばず、承認せず、交渉せず

一九六七年九月一日、アラブ連盟はスーダンの首都ハルツームに集まった。六日戦争三カ月後のことである。そして次のような主張を含む声明を発表した。

アラブ諸国の首脳は、国際的および外交レベルで政治的努力を結集し、侵略的なイスラエル軍の侵攻による影響を排除し、六月五日の侵攻以来占領しているアラブの領土から撤退することを確実にする。これはアラブ諸国の基本原則のもとで実地される。つまり、イスラエルとは平和を結ばず、イスラエルを承認せず、イスラエルと交渉せず、パレスチナ民族の彼らの国における権利を主張する。(24)

「イスラエルとは平和を結ばず、イスラエルを承認せず、イスラエルと交渉せず」。これがアラブ世界のお題目となる。

一九六七年六月の六日間、イスラエルは驚異的な軍事的勝利を収めた。けれども、この勝利がユダヤ国家と近隣のアラブ諸国の紛争を終わらせることはなかった。むしろ、この勝利が新しい紛争を呼び起こしたことが明らかとなる――パレスチナ人との紛争である。ユダヤ人もアラブ人も、この目覚ましい変革に、思想的な情熱をもって反応した。イスラエル側では、グッシュ・エムニームが出現し、入植運動に新しい思想的な情熱を与えた。パレスチナ人には、イスラエルの勝利が彼らの民族運動に活力と刺激を与え、ユダヤ国家を抹殺しようという願いを一層強めることとなった。

皮肉にも一九六七年の勝利の結果、ユダヤ国家は新たに、かつ徐々に強力になる敵を持つようになった。イスラエルの未来を劇的に変えてしまう敵である。

※1訳注・PLOの正式名称は「パレスチナ人解放機構」ではなく、「パレスチナ解放機構」。つまり、組織の目標は民族の解放だけでなく、パレスチナという土地の解放でもあり、同地からユダヤ国家を抹消して、アラブ人の国を建国することにある。それは、PLOの当初の憲章で、現在「パレスチナ自治区」と称される「西岸地区」と「ガザ地区」は、自分たちが目指す領土支配の対象外と明言していることからも明らかである（一九六四年版、第二十四条）。両地区以外のパレスチナと言えば、イスラエル国の領土を指すからだ。この一文は、当時、ヨルダンとエジプトがそれぞれの地区を実行支配していたことを踏まえている。PLOはやがてこの一文を削除するが、それはイスラエルが同地区を攻略した六日戦争後である。また、PLOは当初からユダヤ人とは宗教的存在であって民族ではないと定義し、自分たちが主張する民族自決権（独立国家となる権利）をユダヤ人には認めていない（一九六四年版、第十八条／一九六八年修正版、第二十四条）。やがてイスラエルはPLOとの和平交渉に臨むが、イスラエル側の最大の関心事は、果たして彼らが設立当初の目標を放棄し、イスラエルをユダヤ国家と承認して共存していく意志があるかという点にある。なお民族自決権の否定とも関連して、「ユダヤ人はもともと宗教的な存在であって、民族的な存在ではなかった」と説明されることがよくあるが、これは誤り。近代の世俗化の影響で宗教的でないユダヤ人が現れるが（例えば、フロイトやアインシュタイン）、「ユダヤ人」というアイデンティティには本来、民族・宗教・文化の三つの側面があった。その昔、ダビデ王の曾祖母でモアブ人のルツが、イスラエル民族に連なるにあたって「あなたの民はわたしの民、あなたの神はわたしの神です」（ルツ記一章一六節）と述べているように、ユダヤの伝統では民族と宗教は不可分だった。

第14章　ヨム・キプール戦争——「通念《コンセプツィア》」の崩壊

約束してくれたじゃないか……平和を……［そして］約束を守るって、
約束してくれたじゃないか。
——イスラエルの歌謡曲「七三年の冬」より

自信に満ちて様変わりしたイスラエル

一九七三年春、イツハク・ラビンがワシントンで五年間の駐米イスラエル大使の任期を終えて帰国したとき、すっかり様変わりした国へ戻って来たのを感じた。「帰国したイスラエルは自信に満ちて、優越感さえ漂っているようだった」と彼は言っている。「戦争などほど遠い、そんな国にふさわしい雰囲気だった」(1)

六日戦争が勃発するまでの数週間が、過去に例を見ない自己不信と絶望感の漂う期間だったとするならば、六日戦争後の数年間は、自信溢れる時代の到来を告げていた。イスラエルは、存亡の危機を乗り越えた感があった。イスラエルの前世代が抱いていたディアスポラ（離散）特有の怯《おび》えた態度は、すでに過去の遺物になっていた。

後にイスラエル人は、当時の国民的な考え方を「コンセプツィア」（通念）と呼ぶようになる。それは特に軍部の首脳陣やイスラエルの諜報関係者に浸透していた世界観だった。一般のイスラエル兵員も軍の幹部たちも、国防軍の軍事的優越性に絶対の信頼を寄せていた。ユダヤ国家は電撃的な六日間で、エジプトの軍事力をあっという間に壊滅させた。エジプトが軍事力を回復するには、何年もかかるだろう。シリアもイスラエル北部の国境を攻撃するほど馬鹿ではない。国防軍のお陰で今やイスラエルは無敵になった、と断言されていた。

イスラエル人の生活もあらゆる面で様変わりしていた。草創期の国防軍の指導者たちは、自らの業績を語るにも謙虚だった。「国家に奉仕する義務を遂行した」だけのことである、というのが当時の文化だった。だが今や、イスラエルでは国防軍の将軍を英雄のように崇《あが》めるようになっていた。将軍の中には、名声を利用して政界入りする者も現れた。ベングリオンの方針だった軍部と政界の明確な区別は失われていった。一九四八年から六日戦争までにイスラエルの首相を務めた三人、ダヴィッド・ベングリオン、モシェ・シャレット、レヴィ・エシュコルには、特筆すべき軍隊経験は何もなかった。ところが六日戦争以降のイスラエルの首相は、将軍職の経験者や兵士として栄誉ある勲章を受けた者が多い。

清貧を心がけるベングリオン、A・D・ゴルドン、ゴルダ・メイールのようなシオニズムの指導者の風潮もなくなっていた。イスラエル草創期の指導者たちは物質的な快適さを慎《つつし》んだ。政界の頂点に達しても、小さくて質素なアパートに暮らし、快適な面は驚くほど少なかった。そんな気風もなくなってしまった。イスラエルの指導者たちの暮らしは贅沢になり始めていた――それも、とても贅沢に。

イツハク・ラビンの言うとおりだった。イスラエルは様変わりしていた。

このような新しい考え方のもと、イスラエルはかつてない大規模な軍事パレードを一九七三年の春、独立記念日に催《もよお》した。それはまた最後の軍事パレードとなった。

イスラエル不敗神話の象徴バルレヴ・ライン

イスラエルは威勢よく無敵を誇るものの、まだ平和ではなかった。特にシナイ半島では、イスラエル軍とエジプト軍が「睨《にら》み合っていた」(2)――両軍の間には狭い運河があるだけで、相手側がよく見えた。イスラエルは運河に沿って防衛陣地を築いていた。これをバルレヴ・ラインと呼んだ(国防軍参謀総長ハイム・バルレヴ将軍に因《ちな》んだ名称)。大規模なエジプト軍の侵攻をそれで阻止できるとは誰も思っていなかった。提案者たちは、エジプトが攻撃してきた場合、早期警戒システムとして有効に機能し、やむを得ぬ場合には援軍が来るまでエジプト軍を充分に留めることができると信じていた。

だが当初からイスラエルの軍幹部にはバルレヴ・ラインの効用に異論を唱える者もいた。当時の南部方面軍司令官だったアリエル・シャロンは、バルレヴ・ラインは見かけだけの安全意識を作り出すから危険だ、と考えていた。「絶対の確信があった。正しいのはおれのほうで、あいつら［将軍たちや前参謀総長たち］は間違っている、って」。後に、彼特有の自信満々の態度でこう述べた。「いずれバルレヴ・ラインはオレたちに惨事を招く。ちっとも嬉しくなかったよ、四年後にその予想が的中したときは」[3]。だが軍首脳部の大半はさほど心配することもなく、建設を続けた。バルレヴ・ラインは、イスラエルが南部の国境において難攻不落であることの象徴そのもの、と捉える者もいた。

「消耗戦争」——ナセル最後の戦い

イスラエルが防衛陣地を築いている間、エジプトのナセル大統領はさらに攻撃的な姿勢を示していた。六日戦争で占領されたシナイ半島からイスラエルを追い出そうと心に決めたナセルは、局部的な砲撃やシナイ半島への侵入を始めた。それが効果的でないのを悟ると、エジプトは一九六九年三月八日、また別の攻撃を開始した。後に「消耗戦争」として知られる戦いである。

　消耗戦争は、得てしてイスラエルが関与した軍事紛争のリストから省略されることがあるが、一九六九年三月から一九七〇年八月まで続いた。やがて停戦になり、国境は開戦時とほんの少しも変わらなかったが、双方の被害規模は大きかった。正確な数字に関する見解は学者によって様々だが、イスラエルのある軍事史家によれば、イスラエルの死者は九百二十一人、うち六百九十四人が兵士で、残りが一般市民。何十回にも及ぶ戦闘機により、イスラエルは戦闘機およそ二十機と海軍の駆逐艦一隻を失った。

　他方、これまでの戦争と同じように、アラブ側の被害規模のほうがはるかに大きかった。ベニー・モリスによれば、エジプト側は約一万人の兵士と一般市民を失い、戦争の一時期には、毎日三百人近くの兵士を失っていた[4]。エジプト軍は、戦闘機百機と戦艦数隻を失った。エジプトにとって具体的で特に象徴的な損失は、エジプトの参謀総長が戦死したことだった。

「高校三年生の手紙」

一九七〇年四月、エジプトのナセル大統領は、世界シオニスト会議（ヘルツェルが一八九七年バーゼルで第一回会議を開いて以来、シオニスト会議を代表する組織）のナフム・ゴールドマン総裁に、紛争解決の可能性を論議するためカイロを訪れるよう依頼した。ゴルダ・メイール首相は罠であると考え、ゴールドマンに行かないよう圧力をかけた[5]。イスラエル国民の中には、果たしてイスラエルは暴力の悪循環から脱するための充分な取り組みをしているのか、と疑う者もいた。一九七〇年四月二十九日、集団意識を大事にするイスラエルの気風を乱す許されない行為であると、非難される出来事が起きた。五十八人の高校生がメイール首相に宛てて手紙を送ったのだ。[※1]「私たちをはじめ多くの人は思うんです、私たちの政府の政策が平和の機会を逃してばかりいるとき、自分たちはいつまでも続く未来のない戦争をどうやって戦い抜くことができるのか、と」(6)。ゴルダ・メイールに対して、大衆が動揺し始めていた。

今も「高校三年生の手紙」として知られるシンプルな手紙だが、国民には衝撃的な内容だった。この手紙は、イスラエルの集団意識の体裁（ベングリオンの壮大な国家主義構想《マムフラフティユート》の一面でもある）に亀裂が生じ始めていることを示していた。それと同様に重要なのは、イスラエルで平和運動が始まり、一般市民が政府の外交政策への誠意や動機に疑問を投じる伝統が生まれつつあったことだ。

数カ月後、エジプトの大統領は心臓発作で亡くなった。ガマル・アブデル・ナセルは、人生の宿願を果たせなかったことを悟りつつ死んだ。イスラエルを海に叩き落とすこともできず、汎アラブ運動という彼の壮大な理想も滞《とどこお》ってしまった。ナセルの死は、様々な意味でエジプトが主導する汎アラブ運動の破滅を決定づけた。

パレスチナ人のテロ活動が本格化

ところが汎アラブ運動が下火になる一方で、パレスチナ人の民族運動が目覚め出した。イスラエルの独立と、独立戦争中に展開したパレスチナの「破局《ナクバ》」以来、アラブ諸国は絶えず、パレスチナの大義は汎アラブ運動の中心課題だ、と言ってきた。だが実際には何も具体化しなかった。アラブ諸国の言うパレスチナの大義など単なるレトリックに過ぎない、とパレスチナの活動家たちは感じた。何らかの進歩を見たいのなら、特に一九六七年の戦争で失った領土を取り戻したいのなら、自ら行動せねばならないと思い始めていた。

パレスチナの大義を最も効果的に打ち出したのはヤセル・アラファトだった。パレスチナ民族の念願を国際社会の議題に上らせることができたが、そのために、パレスチナ人による国際的な破壊活動の伝統を作り上げた。最終的にアラファトはイスラエル市民だけでなく、ヨーロッパその他を標的にするテロ活動を開始した。

テロ作戦が本格化したのは一九六〇年代中頃だった。一九六五年の初め、ファタハの武装集団がイスラエルの国境を越えて致命的な襲撃を実行し始めた。一九六五年五月に攻撃は激化した。農場のトラック、化学薬品のタンカー、キブツの住民を銃撃し、負傷者を出した。一九六七年六月から一九七一年三月にかけて、容赦ない攻撃を繰り返し、数多くのイスラエル人が死傷した。

アラファトは、たとえイスラエルが一九六七年以前の国境まで撤退しても満足しない、と当初から明言していた。パレスチナ人の野心は、はるかに大掛かりで殺戮《さつりく》的なものを目標としていた。一九七〇年八月、アラファトはこう語っている。「私たちの関心は、一九六七年六月に起きたことや六月の戦争の成り行きを撤回することではない。パレスチナ革命の第一の関心事は、私たちの土地からシオニストを根絶し、この地を解放することだ」

パレスチナ人のテロは、海外でも革命運動を繰り広げ、数多くの飛行機をハイジャックした。一九七〇年二月二十一日、チューリッヒでスイス航空の飛行機を破壊し、四十七人の乗客と搭乗員を殺害した。犠牲者の十七人がイスラエル人だった。同日、パレスチナ人がミュンヘンの老人ホームを襲撃し、七人の年老いたユダヤ人を殺した。

アラファトはたちまち国際的な非難の的となったが、彼の作戦は成功した。パレスチナの民族運動は国際的な関心事となり、外交面でイスラエルを守勢に立たせた。

PLOによってレバノンが崩壊

皮肉なことに、最初にアラファトに反撃したのはアラブ世界だった。ヨルダン王国には、独立戦争中と六日戦争中に逃げこんだ数十万のパレスチナ人がおり、一九七〇年には、アラファトが率いる過激で破壊的なパレスチナ解放機構（PLO）の重要な活動拠点になりつつあった。だがやがてPLOは策に溺れ、ヨルダンのハーシム王家に狙いを定める。フセイン国王は、ほんの三カ月の間に、二度もPLOの戦闘集団による暗殺計画を生き延びた。PLOはさらにヨルダン領で襲撃を続け、ハーシム王家を転覆させようと試み、ヨルダン行きの航空機三機をハイジャックし、飛行機を爆破する模様がテレビで放映された。

フセイン国王は、王国の存亡に関わるとして、容赦ない取り締まりで応酬した。「黒い九月《ブラック・セプテンバー》」という名で知られる事件である。国王が仕掛けたのは、実質上PLOのテロ組織とヨルダン軍の内戦であり、戦いは一九七〇年九月に始まり一九七一年七月まで十カ月間続いた。この戦闘でPLOの戦闘員

※1訳注・国民皆兵のイスラエルでは高校を卒業すると、男性は三年間、女性は二年間、兵役に就く。高校生にとって兵役に関する問いは、自分の人生に関わる切実な問題である。

約二千人が死亡、パレスチナの非戦闘員も数千人亡くなった。ヨルダンの混乱状態はあまりにもひどく、シリアはヨルダンに侵攻する絶好のチャンスと判断する。パレスチナ人を絶滅から救う目的だ、と口実にした。イスラエル軍がゴラン高原に戦車を集結させ、シリアの首都ダマスコを射程距離に置いて初めて、シリア軍は撤退することにした。

フセインは王国を守ったが、ヨルダンを追い出されたPLOの指導者や数千の戦闘員は、南レバノンに逃れた。図らずも中東の別の国の崩壊を招いてしまう。ヨルダンを追い出されたPLOの指導者やバノンで国内不安が勃発していた。それまで長期にわたって不安定で緊迫した合意がイスラム教徒とキリスト教徒の間にあったが、やがて全面的な内戦が続くことになる。「中東のパリ」と呼ばれたレバノンは、やがて瓦礫《がれき》に埋もれてしまう。主な原因はアラファトにあり、レバノンが国家として機能する期間は限られてしまった。

ソ連を巧みに操るエジプトのサダト大統領

冷戦が激しくなり、アメリカもソ連も、中東（中でもエジプト）を、それぞれの影響力を確立する重要な地域と考えていた。ソ連は、エジプトの国とアヌアル・サダトという人物を支配下に置いた。サダトは、ナセルのもとで副大統領を二度務めたが、ナセルの死後に大統領となっていた。ところが、ソ連がエジプトの内政に干渉するのに腹を立てたサダトは、ソ連の顧問にエジプトから出ていくよう命じた。

そのような重要な同盟国を手放すなど、サダトは戦略上の致命的なミスを犯している、とイスラエルやアメリカは判断した。だが、両国の考えよりもエジプトの指導者のほうがはるかに上手《うわて》だった。サダトには分かっていた。ソ連は、エジプトがまたイスラエルと戦争をするのではないかと心配している。もしまたエジプトが負ければ、エジプトを支援しているソ連は面目を失うことになる。どれだけサダトを不満に思っていても、ソ連は彼を負けさせるわけにはいかなかった。

ソ連は、シリア軍を優位に立たせることによって、エジプトを〝懲らしめる〟ことにした。シリア軍に数百の戦車、飛行機、SAM（地対空ミサイル）を供与したのである。ほぼ一夜のうちに、シリアは、一人当たりに換算して世界一重武装したアラブ国となった。シリアのバース政権は「シオニストの侵略行為のすべてを撲滅《ぼくめつ》する」(7)つもりだったので、事態はイスラエルにとって不吉な展開となった。ソ連がエジプトを見放せないことも承知していた。サダトに対する苛立《いらだ》ちはあったものの、彼にジェット戦闘機、戦車、対戦車ミサイル、SAM、そしてイスラエルの主要都市を攻撃できるスカッドミサイルを供与した。

サダトの望みどおりになった。あっという間に、中東の勢力バランスは、多くのイスラエル人が願ったほどイスラエルに有利ではなくなってしまった。大半のイスラエル国民は、地域の情勢がどれだけ速く変化しているか知ることもなく、コンセプツィア（通念）は致命的な障害となっていった。

戦争を回避できる機会は何度もあった

サダトはエジプトの威信を回復しようと決意を固めた。一九七三年三月には、シリアのハフェズ・アル・アサド大統領と大筋の協定を結び、対イスラエル戦争の共闘を約束した。詳細の多くは未計画のままだった。というのも、両国の狙いが同じではなかったからである。シリアは未だにイスラエル撲滅を願っていたが、サダトは一九六七年の敗北の屈辱さえ拭えれば、エジプトの威光を回復したことになるので、それで満足するつもりだった。スエズ運河の東岸に海岸堡《ほ》を築き、イスラエルの防衛軍と、象徴的なバルレヴ・ラインを攻略できれば、作戦は成功である。イスラエルの空軍力の影響を制限するために、ソ連が提供してくれたＳＡＭの十二キロの安全圏内に留まるという計画だった。

戦争に備えつつも、サダトは同時並行で代案も探っていたようだ。一九七一年初頭に、サダトはイスラエルにこう提案している。もしイスラエルがスエズ運河から四十キロ離れた地点まで撤退するなら、エジプトはイスラエルと暫定《ざんてい》合意を結ぶつもりだ、と。ゴルダ・メイールは、イスラエルの安全保障を信じ切っていて、サダトが本気で和平を結ぶ用意があるとは思っていなかったので、この提案をあっさりと退けてしまった。(8)

一九七二年の末、ほとんどのイスラエル国民は知らなかったが、サダトがベテラン外交官ハフェズ・イスマイルを国家安全保障補佐官に任命している。サダトはイスマイルに、アメリカのリチャード・ニクソン大統領の国家安全保障補佐官ヘンリー・キッシンジャーと裏ルートで交渉するよう要請した。交渉の目的は、イスラエルが一九六七年に攻略したエジプト領から撤退するつもりならば、エジプトは紛争を終結し、イスラエルと正常な関係を築く準備があることを明確にすることだった。

キッシンジャーとイスマイルは一九七三年に二度会うが、(9)エジプトのこの提案も実を結ばなかった。その理由は今も分からない。イスマイルは「イスラエルと和解し、領土返却と正常な関係を結ぶことに……積極的」だったとの説もある。(10)それとも、サダトがあくまでも戦争に踏み切り、エジプトの威光を回復するつもりだったなら、イスマイルの努力は牽制作戦に過ぎなかったのかも知れない⑾。理由はどうであれ、この提案が本格的に検討されることはなかった。

イスラエル側でもいくつかの提案があった。イスラエルのモシェ・ダヤン防衛相は、エジプト人との経済的な合意を探ろうとしていた。イスラエルがスエズ運河の河岸から撤退し、エジプト側がイスラエルの船舶に運行の使用を許可したら、両国は戦争を回避できるかも知れないと考えていた⑿。だが、イスラエル政府もエジプト人もダヤンの提案にほとんど興味を示すことなく、この案もやがて棚上げされた。誰も戦争を回避することを真剣に考えていなかった。エジプトは戦争するほど馬鹿ではないと信じ切っていたのだ。

次々と情勢判断を誤る軍首脳部

一九七三年の春と夏に、エジプト軍はイスラエルの南方の国境に沿って軍事訓練を始めた。イスラエルの最高司令部は、コンセプツィア（通念）にとらわれて、通常の軍事演習だと思い込んでいた。けれども、実際は全く違った。エジプト軍はスエズ運河の渡河に備えていた。対岸での自分たちの行動を見慣れさせることにより、イスラエル軍を油断させせようとしていたのだ。やがて、イスラエルの諜報部は、エジプト軍が攻撃の準備をしていることを示すさらなる証拠を収集する。しかし、最高司令部はすべての情報を読み違えてしまった。イスラエルは無敵という感覚、そしてエジプトの軍事力を見《み》下《くだ》す国防軍の態度——コンセプツィアがあまりにも浸透していたのだ。国防軍の指導者たちは、エジプトが攻撃してくるという考えすらも退けており、イスラエルの優れた諜報機関が充分警告してくれるから、どんな攻撃もきちんと対処できると思っていた。

五月、エジプトが軍に厳戒態勢を取らせたのを受けて、イスラエル国防軍の参謀総長ダヴィッド〝ダド〟・エルアザルは、国防軍の部分的な動員を命じるが、その費用が法外だった。エジプト軍が厳戒態勢を解くと、ダドは過剰に反応し過ぎたとの意見がイスラエル側では多かった。以後、イスラエルの将軍たちは、早期動員することを躊躇《ちゅうちょ》するようになる。

九月末、フセイン国王は秘密裡にエルサレムを訪れてメイール首相と会見した。国王は、エジプトとシリアがイスラエルを攻撃しようと狙っている、と伝えた⒀。会談を後にしたゴルダは動揺していたが、軍上級司令官らは彼女を元気づけた。そして、またもやイスラエルは何もしなかった。

十月初旬、イスラエル諜報部はさらなる情報をつかんだ。情報源は諜報特務庁モサドの上級エージェント、アシュラフ・

マルワンである。彼はエジプト大統領ナセルの義理の息子で、イスラエルのスパイだった。マルワンは、エジプトが軍事演習のふりをして攻撃する、とイスラエル側に警告した。この情報は首相官邸に伝えられることはなかった。⑭

十月一日、イスラエルの南部方面司令部のビンヤミン・シマントヴ中尉は、上官のダヴィッド・ゲダリヤ中佐に文書を提出し、エジプト軍が運河の西側に部隊を配備しているのは予行演習ではなく、戦争準備をしていると伝えた。二日後、さらに新しい報告書を提出し、エジプト軍が大規模な紛争に備えている可能性が高いと訴えた。ゲダリヤはこれらのレポートを配布せず、南部軍司令部から総司令部への諜報レポートにも含めなかった。シマントヴのレポートが顧みられることは全くなかった。

十月四日と五日、ソ連の顧問らは家族と共にエジプトとシリアを出国した。このこともイスラエルの総司令部は無視してしまう。この両日、エジプトとシリアの航空写真には、かつてない大量の戦車、歩兵部隊、ＳＡＭが写っている。だが、なおイスラエルは対応しなかった。十月五日午前零時三十分、テルアビブのモサド司令部に「緊急」と記された電報が届いた。この電報もマルワンからで、戦争が迫っているという内容だった。マルワンは、モサド長官ツヴィ・ザミール将軍と話させてほしいと要求し、電話がつながると、攻撃は明日の十月六日、ユダヤ教の最も聖なる日、贖罪日《ヨム・キプール》に開始する、とザミールに伝えた。だが、マルワンは誤って、攻撃は日没に開始すると伝えてしまった。

贖罪日の前夜の金曜日、イスラエルでは緊急閣議が開かれた。軍諜報局長エリ・ゼイラ将軍は閣僚に、エジプト軍が明日の午後六時に攻撃するという明白な証拠を得ていると伝えた。すぐに参謀総長のエルアザル将軍が先制空爆の許可を要請した。一九六七年六月の危機にイスラエルが対応したのと同じことを考えていた。ゴルダ・メイールはこれを拒絶。イスラエルの駐米大使を務めたイツハク・ラビンは、ヘンリー・キッシンジャーの要求とアメリカの警告に応じ、イスラエルは先制攻撃をしないと約束していた。メイールもダヤンも、アメリカの支持と援助を失うような危険は冒したくなかったので、この要求を退けた。侵略国と見なされるのを懸念していたため、軍首脳部の国防軍総動員の要請を拒否した。その代わり、ごく限られた動員を許した。もし翌日に戦争が勃発した場合、ゴルダ・メイールは予備軍を独断で動員する権限を全面的に有する、ということで同意した。

贖罪日の静寂を破るサイレンと月光ソナタ

イスラエルの贖罪日は通常、不気味なほどシーンとして静かな一日だ。法律によってすべての企業が休み、通りには車もほとんど走っていない。子供たちがイスラエルのがら空きの主要な公道を自転車に乗って遊ぶこともある。宗教的な聖日であるが、世俗的なユダヤ人の大部分も大事にしている日だ。普段は宗教的でなくても、イスラエルのほとんどのユダヤ人が二十五時間断食する。普段はユダヤ教会堂《シナゴーグ》に行かない人の多くも、この日はしばらくの間、会堂で過ごす。静止の日、全くの静寂な日、一人一人が深く熱心に沈思《ちんし》する一日である。

一九七三年の贖罪日の午後二時、国中を覆っていた静寂が、突然、空襲警報のサイレンでかき消された。六日戦争以来、初めてエルサレムの住民が耳にするサイレンだった。ラジオの電源を入れても何も聞こえない。ほとんどのラジオ局が贖罪日のため放送していなかったからだ。だが、ラジオをつけっぱなしにしていた人たちはやがて、まさに一番聞きたくなかったことを耳にする。「サイレンは誤報ではありません。もう一度サイレンが鳴った場合は、皆シェルターに避難してください」。ラジオ局は何も番組を用意していなかったので、悲しげな調べで知られるベートーベンの月光ソナタを流していた。

ほんの一時間後の午後三時半に、新たな知らせがあった。「エジプトとシリアが攻撃してきました。部分的な動員が命じられました」。空襲警報がさらに国中で響き渡る。贖罪日のこれまでの静けさは、もはやうろ覚えに残っているだけだ。数百、やがて数千、遂には数万の人たちがパニック状態で防空壕に向かって駆け回っていた。午後四時には車の数がどんどん増え、どの車も、戦線に兵士を送るために使用中、との標示を付けていた。さらにラジオの告知が続き、不要不急の車両は路上に出ないよう指示があった。ガソリンスタンドが開店し、普段祭日には運行しない公共交通機関も動き始めた。そして、急を要しない患者は病院から帰宅し、負傷兵たちに場所を譲るよう通達があった。一般市民はこの最後の通達を聞いて、何が起こっているにしても、事態が重大であることを悟った。

戦闘の真最中でさえ無敵神話が蔓延

家族の中には父親、兄弟、そして息子が召集される場合もあった。各自それぞれの部隊に向かった。その直後、国民が最も懸念していたことを、ラジオのアナウンサーが告げた。「エジプト軍がスエズ運河を渡り、運河の東岸にいます」。午後五時には、国民にはこう伝えられた、「シリアの飛行機がガリラヤ北部で交戦中。激しい空中戦が展開中」。一般市民は窓に、鏡に、額にテープを貼って、ガラスの破片が家の中に飛び散らないよう指示された。

その直後、ゴルダ・メイール首相からイスラエル国民に報告があった。閣僚たちと敵軍侵攻の可能性を討議している最中にも、エジプトとシリアが陸からも空からも襲撃してきている、と伝えた。あまりにも控えめな言い回しである。首相があえて一般市民に伝えなかったのは、攻撃の最初の一分間で二千人のエジプト兵が一万発の砲弾をイスラエルの陣地に打ち込んだことと、開戦から十五分の間にエジプト軍の戦闘機二百四十機がスエズ運河を越えてエジプト兵を援護していたことだ。砲弾の弾幕は五十三分間続いた。運河の東側にいたイスラエル兵はわずか四百三十六人。[15]そのほとんどが最近帰還したばかりで、戦闘の経験もなかった。この他にも首相が伝えるのを怠ったのは、シリア軍の戦車一千四百両がイスラエルのガリラヤ地方を目指してゴラン高原を下降中で、シリア軍の主力戦車六百両に対するイスラエルの戦車は五十七両しかなかったことである。シリアは今にもイスラエルの心臓部《ハートランド》をかき裂こうとしていた。

同日夕方、モシェ・ダヤンが、戦闘の真最中でさえ、いかにコンセプツィアが蔓延《まんえん》していたかを露呈する。ダヤンの予測では、イスラエルの負傷者は「数十人」で、損失は百人に満たない、とのことだった。ゴラン高原に関しては、ダヤンは「今日は、私たちにとってそんなに悪い日だとは思わない」と述べている。だが午後八時には、ゴラン高原から婦女子が全員避難したことをラジオは伝えていた。まさに一九四八年五月、エツィヨン地区がヨルダン軍によって陥落する直前と同じだった。

真夜中には、イスラエルはすでに予備兵二十万人を動員していた。その多くは戦線に直接送られた。それぞれの持ち場に着くと、設備は壊れていたり使えなかったりで、戦車もきちんと整備が行き届いていなかった。アリエル・シャロンの伝記作家の言葉を借りれば、「それは戦争に準備万端の上等な軍隊ではなく、怠惰で退廃した自信過剰に溺れた軍隊だった」。[16]装備もままならない予備兵は、シリア兵三十万人とエジプト兵八十五万人と対戦せねばならなかった。一九四八年と一九六七年のときと同様に、またもやイラクが参戦し、一万四千人の兵士を戦場に送った。レバノンは毎日砲撃していた。国防軍は六対一の数で劣勢だった。

一九七三年は、ユダヤ国家が独立して二十五年目の年。その短い歴史の中で、三度目の生存を懸けた戦争に直面していた。戦争の第一段階で、イスラエルが守勢だったときは、まるでこの状態が永遠に続くようで、どういう結末になるかは全く予測できなかった。

イスラエルが崩壊寸前だった第一局面

十六日間続いた戦争の、最初の五日間はイスラエルにとって最悪だった。イスラエルは全損失の半分をこの最初の数日で被った。例外的な反撃もあったが、国防軍は主に敵軍の猛追から踏み留まるのに全力を注いでいた。イスラエルの兵士たちはうろたえていた。十月七日に陣地を訪れたアリエル・シャロンはこう言った。「前例のないことが突然彼らに起きていた。戦勝しか知らないで育った兵士たち……一度も負けたことのない世代だ。ショックを受けて愕然《がくぜん》としていた……一体どういうことだ、［エジプト軍が］進撃して、おれたちが打ちのめされるなんて、と(17)」

状況は危機的だった。戦闘の最初の二日間だけで、イスラエルは飛行機の一〇％を失った。前線にいた国防軍機甲師団は半数以上の戦車を損失した。難攻不落の象徴としてイスラエルが得意としていたバルレヴ・ラインも崩れてしまった。十月八日には、シナイ半島に配備されていた戦車二百九十両のうち百八十両を失った。ダヤンもこの頃には、今までの過信の愚かさに気づき、すぐに記者会見を開いた。ダヤンの落胆した口調に、聴衆は驚愕《きょうがく》した。ダヤンが、テレビのインタビューに出演して「第三神殿の崩壊」の可能性を話すつもりなのを知ったゴルダ・メイールは、それを中止させた(18)※1。

ゴルダ・メイールはアメリカのニクソン大統領に、イスラエルは崩壊の寸前にあることを暗に示し、支援を要請した。イスラエルは一刻を争う事態であったのに、ニクソンはすぐには何もしなかった※2。メイール首相は、テレビ放送でヨルダンに向けて、一九六七年のときと同じような大きな代償の伴う間違いをしないでほしい、と訴えた。イスラエルとヨルダンの協調関係の度合いを思っても、ヨルダンがこの戦争で少なくとも積極的な役割を果たさないと信じ得る根拠がゴルダにはあった。だがアメリカの援助に関しては、ただ成り行きを見守るしかなかった。

戦争五日目の十月十日、首相はイスラエル国民にテレビで語りかけた。エジプト軍とシリア軍がイスラエルにもたらした多大な損害の責任はソ連にある、と非難した。「シリアやエジプトの兵士が手にしている武器は、すべてソ連から供与されたものです(19)」

ニクソンもまた、イスラエルが――米ソ二大国の代理戦争という――より大きなドラマの一翼を担っているのを承知していた。大統領は国家安全保障補佐官に、イスラエルが要請した軍用装備品を、レーザー誘導爆弾以外は、すべて供与するよう指示した。ただし装備の輸送はイスラエルのエルアル航空で行なう、という条件だった。[20] ニクソンが動いた理由は、アメリカ側でイスラエルの生存にかかわる関心が高まっただけでなく、イスラエルが自らの生存を案じて核兵器の貯蔵庫の覆いを取り除いたという知らせを受けていたからだ、という説もある。[21]

イスラエルの反撃が始まる

十月八日、シナイ半島でのイスラエルの反撃戦はひどい失敗に終わった。国防軍参謀本部も、イスラエルが惨事を避けるためには戦争の流れをすぐにでも変えねばならないことは分かっていた。それで国防軍首脳部は、シリア軍が優勢になっている北部戦線を第一優先にし、南部には当面は守勢に回るよう指示した。これがうまくいった。十月十日には、イスラエル軍はシリア軍を撃退し、シリアのアサド大統領が四日前に攻撃を開始した国境まで撤退させた。十月十一日には、ダマスコの周辺地域もイスラエルの砲撃の射程範囲内にあった。その後間もなく、イスラエル空軍はダマスコにあるシリアの防衛省の建物を空爆。[22] ダヤンは数日前よりかなり楽観的になり、こう警告した。「シリアが悟るべきことがある。ダマスコからイスラエルに通じる道は、イスラエルからダマスコにも通じている、ということだ」[23]

あっという間に、イスラエルに代わってシリアが守勢となり、米ソ二大国の関心が戦況を左右し始めた。ソ連はイスラ

※1訳注・ここで言う「第三神殿」とは、イスラエル国のこと。ユダヤ人にとって、神殿崩壊は国家の滅亡と離散の始まりを意味し、過去に二回の神殿崩壊を経験している（本書第2章参照）。

※2原書注・何年も後になって、ニクソンはユダヤ人のことをかなり嫌悪していたことが明らかになっている。ニクソンの右腕だったヘンリー・キッシンジャーは、自身のユダヤ性に複雑な思いを抱いていたことで知られている。後にイェフダ・アヴネル大使は、キッシンジャーにとってユダヤ人であることは「ノイローゼの原因」だった、と書いている。二〇一〇年に公開されたニクソン・テープで、キッシンジャーが大統領に「ユダヤ人をソ連でガス室にぶち込んでも、アメリカの問題ではありません」と言っているのが聞こえる。（Yehuda Avner, *The Prime Ministers: An Intimate Narrative of Israeli Leadership* [Jerusalem: Toby Press, 2010], p. 269; Gil Troy, "Happy Birthday, Mr. Kissinger," May 23, 2013, Tablet, http://www.tabletmag.com/jewish-news-and-politics/132819/happy-birthday-mr-kissinger#xCoSwz6BrWoHxhzl.99）

エルがダマスコに近づいていることを警戒し、ソ連の駐米大使アナトーリ・ドブルイニンは十月十一日、キッシンジャーに連絡し、ソ連の空挺作戦部隊が出動態勢にあること、そしてソ連の戦艦がシリア沿岸の町々に向かっていることを伝えた。すべてはダマスコを守るため、というのである。二日後の十月十三日、リチャード・ニクソン大統領は、アメリカの軍用機にイスラエルへの軍用空輸を支援するよう命じた。

次にイスラエルは南部の脅威に対応せねばならなかった。十月十四日、エジプトは戦術上の致命的なミスをする。地対空ミサイルの防衛圏を越えて新たな攻撃を試みたが、自らをイスラエル空軍の攻撃にさらしてしまった。続いて起こった戦闘で、エジプトは戦車二百五十両を損失、イスラエルが失ったのはたったの二十両。南部戦線の潮流が変わり始めた。

イスラエルはこの気運を最大限に活かした。十月十五日、アリエル・シャロン将軍の指揮のもと、イスラエルは襲撃を開始し、スエズ運河越えを果たす。戦闘はひどい血まみれとなり、イスラエルはこの戦いだけで兵士三百人——六日戦争の総戦死者の半分近くの数——を失うが、イスラエル兵の部隊が初めて運河の対岸に達した。一週間のうちに、イスラエル国防軍は大挙して運河を渡り、その西岸地域を攻略した。十月十九日には、米ソがエジプトとイスラエルにそれぞれ圧力をかけ、休戦を呼びかけた。だが、戦闘は北部でも南部でもなお続いた。

十月二十二日、国連安保理事会は会議を開いて決議案三三八を採択し、同日午後六時五十二分に停戦するよう促した。最終期限の二分前に、イスラエルはラジオ放送で停戦決議案を受け入れるつもりだと発表した。

戦闘はさらに続いた。だが十月二十四日の午前二時、イスラエル国防軍がエジプト第三軍を包囲し、同軍を撃滅できる状態になると、エジプトとシリアは停戦に同意した。午後一時に停戦は実施され、事実上、戦争は終わった。

父親が息子たちと共に戦った初めての戦争

戦争終結までイスラエル国防軍は健闘した。空中戦では、イスラエル空軍はアラブの飛行機二百七十七機を撃墜《げきつい》し、失ったのは六機だけだった（四十六対一の割合）。合計で、アラブ軍は四百三十二機の飛行機を失ったのに対し、イスラエルは百二機だった。人的損失は非常に大きかった。アラブの犠牲者は死者が八千二百五十八人、負傷者が一万九千五百四十人。だがイスラエルの見積りによれば、アラブの実際の犠牲者の数はその二倍——死者一万五千人（うち一万一千人がエジプト人）、負傷者が三万五千人（うち二万五千人がエジ

プト人）ということになっている。(24)

イスラエルは二千六百五十六人の兵士を失い、負傷者は七千二百五十人に上った。アラブ側の損失よりはるかに少ない数だが、それでも一九六七年におけるイスラエルの損失の三倍だった。電撃的な六日間の戦争では領土を三倍に拡張したが、今度の戦争は長引いた割には、つまるところ開戦時に戻っただけだった。戦争に至るまでの期間、明らかにとんでもない失策が相次ぎ、驚くほどの死傷者数に国内では動揺を隠せなかった。多くのイスラエル人が抱いていた土地、平和、戦争についての幻想は消し飛んでしまった。国民は、前線の兵士たちには今一度信頼を寄せることはできたが、指導部への信頼は消え失せてしまった。そして中東和平の可能性にもすっかり失望してしまった。紛争を解決する「最後の戦争」などあるわけがない。多くの人はそう思った。この紛争の後、イガエル・ヤディンはこう語っている。「この戦争は、父親が息子たちと共に作戦に参加した初めての戦争です。そんなことが起こるなんて思いもしませんでした。父親である私たちが戦ったのは、自分の息子たちが戦争に行かなくて済むことを願っていたからです(25)」

イスラエルが同盟国に抱いていた信頼も損なわれた。特にイスラエルの政治的右派の中には、キッシンジャーを許さない者が多い。何としても必要だった軍用装備品の空輸を遅らせたからだ。フランスがアラブ国を支援して軍装備品を供与したことには誰も驚かなかったが、イギリスが、石油ボイコット後のヨーロッパのように、イスラエルを見捨ててアラブ支持に転向し、軍事支援の禁止を課したのには、イスラエル国民も愕然とさせられた。やがてイギリスは自らこの禁止令を解くが、それはエジプトのヘリコプターパイロットを訓練するためだった。イスラエルが文句を言うと、イギリスは、このパイロットたちを中東の前線で訓練するよりもイギリスでしたほうがいいからだと答えた。第三世界の国々もユダヤ国家との関係を断ってしまった。[※1] その中には、イスラエルがかなりの資金や専門知識を供与した国々もあった。

またしても石油がからんだ。戦争中の十月十七日、アラブ

※1訳注・日本も当初、禁輸リストに載せられた。当時、経済路線を走っていた田中内閣は、これまで日本が貫いてきた中立外交を放棄して、アラブ寄り外交に転換。三木武夫特使をアラブ諸国に派遣し、十万ドルをエジプトに見舞金として贈っている。結果的に、日本は禁輸リストからはずされた。大平正芳外相は、日本外交の節と国際信義に悖《もと》るとして、中立外交を守ろうとした。

諸国は罰としてアメリカなどのイスラエル支持国への石油禁輪を決定した。禁輪はアメリカや西洋諸国の経済を混乱に陥《おとしい》れ、またもやイスラエルは国際的な陰謀の明らかな標的にされてしまう。OPEC（サウジアラビアの影響下にある石油輸出国機構）が頭角を現し、これから長年にわたってアメリカの外交方針に影響を与えるようになった。

「七三年の冬」――イスラエル社会を覆う喪失感

コンセプツィアに取って代わったのは深い憂鬱《ゆううつ》感、国家の指導者に対する不信感、そして国防軍は無敵ではないという認識だった。絶えず勝者であった国は、ゆっくりと痛い思いをしながら損失の深刻さを受け入れた。メディアは、イスラエルの戦争捕虜の映像を流した。イスラエル人には見慣れない映像で、戦慄《せんりつ》を与えた。全焼したイスラエルの戦車や国防軍兵士の死体の写真もあった。キブツ・ベイト・ハシターでは十一人の青年を失った。十一台の陸軍ジープが、イスラエルの国旗に覆われた棺《ひつぎ》を一基ずつ載せて隊列を組んでいた。その映像は観るに耐え難かった。

多くのキブツの人たちにとっても耐え難かった。これまでの宗教を全く拒絶し、建国世代の世俗主義に忠実に専心する生き方にほころびが生じ始めた。この時点ではまだ言えないが、イスラエルが、新しいユダヤ人の初期のイメージ――世俗的で、自信に満ち、宗教に素っ気ないユダヤ人像――から離れ、前世代の人たちが背を向けていたところに意味を追い求めるようになる。

ナオミ・シェメルは、一九六七年に「黄金のエルサレム」を作詞したが、今回も預言者のような先見性を示した。彼女は一九七三年の戦争の直前、ビートルズの歌「レット・イット・ビー」のヘブライ語版を作詞している。戦争の後、歌詞とメロディーを改めたが、繰り返しの部分はまだ微妙にビートルズのメロディーを連想させる。この歌は旋風を巻き起こし、今なお広く歌われており、全国民の悲しみを表現している[26]。「まだ水平線に白い帆が見える／重たい黒い雲の下に」と彼女は綴る。そして明らかにビートルズを思わせながらも、一九七三年特有のイスラエルの反響を映して、こう書いている。

私たちの願うすべてが　そうなりますように
どうぞ　そうなりますように、そうなりますように
私たちの願うすべてが　そうなりますように

時間が経っても、国民の悲しみが薄らぐことはなかった。

一九九五年の独立記念日には、やがてイスラエルの名曲と称される作品を国民は初めて聴いた。題名は「七三年の冬」。歌の出だしは「ぼくたちは、七三年の冬の子供たち」。子供たちは、自分たちの親が「夜明けに、戦いが終わって、まずぼくたちを夢見た」と歌う。親は必死だった。希望の時代が来ること、そのことに必死にしがみついて自分たちを産んでくれた。そのことは子供たちには分かっていた。「七三年の冬、愛をもってぼくたちを宿してくれた／その体に、戦争が奪い去ったすべてを満たそうとした[27]」

親は約束もしてくれた。「ぼくたちのために、何でもするって約束してくれたじゃないか、敵対する者が愛する者になるようにするって」。だがすっかり世代が変わっても、この約束は実現しなかった。そしてイスラエル人の心を掴んだサビの部分が続く。今でもこの歌を歌う人々に鳥肌を立たせる。

平和が家に来るって　約束してくれたじゃないか
春が訪れ　花が咲くって　約束してくれたじゃないか
約束を守るって　約束してくれたじゃないか
ハトを　約束してくれたじゃないか

ヨム・キプール戦争から二十年以上が経ち、一九九五年にこの歌が演奏されたときも、ハト（平和の象徴）は来なかった。イスラエルは今なお心に傷を負った国、今なお戦闘状態にある国だ。宗教的な聖日である贖罪日《ヨム・キプール》も、ユダヤ国家では違うものになってしまった。これまでは各人が深く内省する宗教的な聖日だったのが――今日に至るまで――無能さ、嘆き、損失、そしてイスラエルの幻想が打ち砕かれたことを毎年記憶する日になってしまった。

多くの点で、ヨム・キプール戦争はイスラエルの魂の一片を決定的に打ち砕いてしまった。

政府の失態に甘かったアグラナット調査委員会

この戦争は政治的にも深遠な結果をもたらした。一九七三年十一月に、メナヘム・ベギンは早くも国会でゴルダ・メイールと政府を糾弾し、戦争における対応は無能だったと批判した。ベギンは何十年も野党に追いやられていたが、今は国民も彼の言葉に耳を傾けるようになっていた。だが、労働党にとってさらに大きな打撃となったのは、戦争までの期間に何が起きたのかを調べるアグラナット調査委員会が設置されたことである。委員会は一九七三年十一月二十一日に任命され、調査報告書を一九七四年四月一日に発表した。軍首脳部に数多くの失態の責任を課したが、ほとんどの場合、政府を咎《とが》めることは避けていた。軍部高官の三人――ダヴィッド・エルアザル（参謀総長）、エリ・ゼイラ将軍（諜報部局長）、そしてシュムエル・ゴネン（南部戦線司令官）――は職を解かれた。ゴネンはこの後すぐにイスラエルを離れてアフリカで余生を過ごすが、六十二歳のとき心臓発作で亡くなる。ダヴィッド・エルアザルも心臓発作で世を去る。一九七六年四月、戦争から三年も経っていなかった。五十一歳だった。

アグラナット調査委員会はゴルダ・メイールやモシェ・ダヤンにはあまり手厳しくなかった。だが、かえってそれが政治階層にとって事態を悪化させた。まるでメイールやダヤンには問題なしと評価されたようで、国民は怒り、嫌気がさして、彼らに辞任するよう抗議した。

平和的手段による大規模な抗議運動が始まった。最も有名なのはモティ・アシュケナジーが単身で、エルサレムの首相官邸の前にプラカードを立てて行なった抗議運動だ。プラカードには「おばあちゃん［ゴルダ・メイール首相のあだ名］、国防相は大失態、あなたの孫三千人は死んでしまった」と書いてあった。(28) ヨム・キプール戦争の前には、そんなふうに選出議員に話すことなど考えられなかったが、このときは国家を揺るがした。一九七三年十二月、延期になっていた選挙で労働党は勝利するが、一九七四年四月にゴルダ・メイールは辞任する。イツハク・ラビンが後任を務めた。ラビン政権の得票数は、メイールの最初の任期のときよりも少なかった。国中はまだ騒然としていて、ラビンは色々な意味で主導権を失いつつある政党の党首を務めた。

ラビンの首相就任は新しい時代の到来を告げた。二十世紀に生まれた初めての首相、それも初めてのイスラエル生まれ。すべての教育をイスラエルで受けた初めての人物、軍部上層部出身というのも初めてだった。イスラエル国民は新しいタイプの指導者を受け入れる備えができていた。(29)

アメリカのユダヤ人もこの変化を感じ取っていた。一九六七年以降、自信過剰で喧嘩っ早いイスラエルに手を焼いていたため、自信の砕かれたイスラエルに、実のところ少しホッとしていた。アメリカのユダヤ人指導者たちが度々こう言っている、「そんなに強気じゃないイスラエルと交渉できるのはいいもんだ」(30)と。ジェイコブ・ブラウスティンとダヴィッド・ベングリオンの間では、絶えず見解の違いに伴う緊張関係があったが、ブラウスティンの見解がまた優勢になっていた。

建国の父ベングリオンの死

一九七三年十二月、戦争からほんの二カ月後、苦しむイスラエルにさらに痛みを増加させるように、ダヴィッド・ベングリオンが亡くなった。ベングリオンはしばらく闘病していた。精神的なショックを耐え抜いたばかりのイスラエルにとって、建国の祖であり父なる存在の死は痛い一撃だった。

ベングリオンには専制的な傾向があり、政界に少し長くい過ぎたのもあっただろう。だがヨーロッパに生まれ、オレンジの収穫に思想から早い時期にパレスチナに移住し、純粋な携わり、労働組合を設立し、イシューヴの政治のトップに上り詰めた。それからベングリオンは、イギリス委任統治の大荒れの時代にあってイシューヴを機敏に導き、建国前の諸機関を設立し、イスラエルの国そのものを築いた。タイミングを読むセンスは非の打ちどころがなかった。いつ待ち、いつ動くのかを心得ていた。準備もままならないまま国の独立を宣言したのも、好機は二度と訪れないことを知っていたからだ。

軍人ではなかったが、独立戦争では勇気と戦略的な明晰さをもって、誕生間もないイスラエルを導いた。政治的シオニズムの生みの親がヘルツエルならば、イスラエル国の生みの親はベングリオンだった。イスラエルの第五代大統領イツハク・ナボンが確信するように、ベングリオンは「第二神殿が崩壊してから」の二千年の間で「最も偉大なユダヤ人」だった[31]。その彼が今やいなくなった。

すでに戦争で壊滅的な打撃を受け、悲しみに打ちひしがれていたイスラエル国民は、ダヴィッド・ベングリオンの葬儀の模様をテレビで観ていた。イスラエル人作家の一人がこう記している。「国民はまるで自分の葬式を見ているようだった[32]」

勝者のいない戦争——平和条約のきっかけに

戦争の始まりは悲惨で、コンセプツィアは打ち砕かれた。にもかかわらず、ヨム・キプール戦争中のイスラエルの行動で注目に値する面もあった。シリアの戦車は、イスラエル北部に攻め込む態勢ができていた。しかし民衆は、心配したものの避難しなかった。軍部は戦争の始まる前、そして最初の数日にも、とんでもないミスをいくつも犯し、想像を絶するプレッシャーの中にあった。それにもかかわらず、軍を再編成し、戦略を改め、最後にはもう一度イスラエルの軍事的優位を見せつけた。イスラエル兵の戦死者は何百、やがては何千と増えた。それは得てして首脳陣の判断ミスによるものが多かったが、イスラエル兵は戦線に踏み留まった。逃亡も、降伏もしなかった。兵士たちはダヤンが首相に発言した言葉——新生ユダヤ共和国という「第三神殿」が危機にさらされる事態となっている——を耳にしたわけではないが、何もかも失うかも知れない、と直感していた。自分たちの見ている前でイスラエルを滅亡させるわけにはいかなかった。

これまでどおりイスラエルの民主政治は機能し、軍首脳部と国家の指導者たちの責任が追求された。

停戦時のイスラエルの軍事的状況は圧倒的だった。北部では、イスラエルの装甲部隊はダマスコに到着する準備が整っていた。エジプト第三軍を包囲し、壊滅することもできた。驚異的な特に奇襲攻撃やイスラエルの初戦の損失を思うと、驚異的な軍事的成果だった。実際、ヨム・キプール戦争はイスラエルが敵側の常備軍と交戦する最後の戦いとなった。(33) 開戦に至るまで、また開戦当初の数日間の失態にもかかわらず、国防軍が近隣のアラブ諸国に思い知らせたのは、イスラエルに面と向かって攻撃するのは、自滅行為で勝算のない提案である、ということだった。

それでも、イスラエルはこれまでのような「勝利」を収めたわけではない。数年後、シュロモ・ガジート(一九七四〜一九七九年の軍諜報局長)はテレビのインタビューで、ヨム・キプール戦争に勝者はいない、と認めている。(34) この軍事的膠《こう》着《ちゃく》状態がきっかけとなり、イスラエル側もアラブ側も、今までになく平和条約の可能性に心を開くようになった、とガジートは判断している。

銃を持って国連総会に乗り込んだアラファト

イスラエル撲滅を目指すアラブの戦いはまだまだ続く。戦場で敗れたイスラエルの敵は、作戦を別の所に移した。長年イスラエルに対してパレスチナ側は外交戦を展開してきた。今やヨーロッパ諸国は、アラブの石油禁輸に怖じ気づき、アラブとパレスチナの圧力に屈したので、より効果的に外交戦ができるようになった。一九七四年十一月、ヤセル・アラファトは国連に招かれて演説した。やがて「オリーブと銃」という名で知られるスピーチでアラファトが話したのは、イスラエルと和平を結ぶことではなく、「ユダヤ人によるパレスチナの侵略」についてだった。平和をほのめかしながらも、暴力を加えると脅《おど》し、拍手喝采の中でこう言った。「今日、私は片手にオリーブの枝を、もう片方の手には自由の闘士の銃を持ってこの場に来た。どうか私の手からオリーブの枝を落とさないでほしい。繰り返す。どうか私の手からオリーブの枝を落とさないでほしい」

喝采に答えて、アラファトは両手を頭の上で握りしめた。腰のベルトに下げられた銃ケースがちらっと見えた。アラファトが銃ケースを携帯して国連総会の演壇に上ったのには、明白な象徴的意味合いが込められている。これからも暴力を続けるという事実上の脅迫だった。けれども、喝采には何の影響も与えなかった。アラファトはイスラエルの存在を脅《おびや》かす戦いを宣言し、国連は賞賛とスタンディング・オベーションでこれに応えた。ほんの一年後、国連総会はＰＬＯに国連オブザーバーの資格を付与した。

イスラエルに対する国連の攻撃は続いた。一九七五年十一月、国連総会は――七十二対三十五（棄権三十二）の投票で――第三三七九決議案を可決した。決議案は「シオニズムは人種主義と人種差別の一形態である」と述べている。アメリカは反対票を投じた。アメリカのダニエル・パトリック・モイニハン国連大使は、事の真相をこう捉えて非難した。「国連は反ユダヤ主義を国際法にするつもりだ」。モイニハンは今や有名になった宣言を大声で叫んだ。「アメリカは、こんな恥ずべき表明を認めず、守らず、黙認もしない……巨大な悪が世界に放たれてしまった」[35]

モイニハンでさえ、ユダヤ国家の生存権を否定する国際的な運動が、どれほど遠く、どれほど速く広まってしまうか、考えもしなかったであろう。常備軍との戦闘は今や過去のものとなったが、イスラエルはある意味でより不安定になってしまった。色々な点で、ユダヤ国家は国際社会でのけ者扱いされ始めていた。そして、これまでよりもずっと無防備になっていった。

第15章　革命の中の革命——イスラエル政治右派の興隆と復讐

私たちは誰に対しても怖じ気づくユダヤ人ではない……そんな時代は終わった。
……自分を捧げるつもりがないのなら、アウシュヴィッツはまた起きてしまう。
自らの身を守るために代償を払わねばならないのなら、私たちはそうするつもりだ。

——メナヘム・ベギン首相[1]

中東・アフリカ系ユダヤ人の音楽

一九七〇年代、イスラエルの音楽界は——イスラエルの政治、文化、社会生活のほとんどがそうであるように——ヨーロッパ出身の白人系ユダヤ人、アシュケナジーが占めていた。この傾向は、近代のユダヤ帰還移民やイスラエル建国の当初からそうだった。ナオミ・シェメルの両親の出身はヴィルナ（現在のリトアニア共和国の首都）だった。一九六〇年代のイスラエル・ロック界の無類のスターであるアリック・アインシュタインは、一九三九年のパレスチナ生まれで、彼の両親もヨーロッパ出身だった。一九七三年、ヨーロッパの歌の祭典ユーロビジョンが開催されたとき、イスラエルを代表したのは国民的な流行歌手イラニートだった。彼女の両親はポーランドからパレスチナに帰還した。一九七四年のユーロビジョンでイスラエルを代表したのは、爆発的な人気を集めたバンド「蜂の巣《カヴェレット》」で「ボクは彼女に人生を捧げた《ナタティ・ラー・ハヤイ》」という歌を披露した。陽気でコミカルな白人（アシュケナジー）男性五人のグループだった。

イスラエルのラジオ局は、ミズラヒー（中東系）のユダヤ人が作った曲や彼らが演奏した音楽に見向きもしなかった。レコード会社も全く関心を示さなかった。音楽業界の上層部にとって、ミズラヒーの中近東的な音色は風変わりで、馴染まず、まるでアラブの音楽のように聞こえた。ミズラヒーの様相、音色、彼らが表現するユダヤ的なものは、ビアリクやアルテルマンたちがユダヤ国家に現れるだろうと期待した新しいユダヤ人像とは、あまりにもかけ離れていた。この音楽業界の実情は、もっと広い社会現象を示しているに過ぎない。あらゆる面で、と言っていいほど、ミズラヒーはイスラエル社会の片隅に追いやられていた。

劇的な変化をもたらしたのは、やがて広く浸透していくオーディオ・カセットテープの発明だった。一九七〇年代初め、録音スタジオに顧みられることがなかったミズラヒー系の音楽家たちは、自分たちの音楽をカセットテープに録音し、最初はテルアビブで、やがては各地で普及させた。どこか反抗的な赴《おもむ》きのあるこの北アフリカや中近東系の音楽は、すぐに「カセット音楽《ムズィカ・ハカセトット》」と呼ばれるようになる。[※1] そしてすぐに、イスラエルの音楽界に変革をもたらすようになる。ミズラヒー系の音楽は、イスラエル人の生活に深く入り込んでいった。ゾハル・アルゴヴ（両親はヨーロッパではなくイエメン出身）といった音楽家は、革命的なカセット音楽でヒットし[2]、遂には国民的スターとなった。

社会の隅に追いやられたミズラヒーの不満

一九七〇年代に始まったばかりのミズラヒー〝革命〟が及ぼした影響は、音楽業界だけではない。イスラエルの政治を揺るがすような大転換も、もたらそうとしていた。ミズラヒー系のユダヤ人は、アラブ人が多数派を占める支配のもとで生きてきた。イスラエルにやって来たのも、居住先の国で抑圧されたり、締め出されたりしたときだった。資産はほとんど持ち出せなかった。彼らはすぐにイスラエル社会で集合体を築いたが、ほとんどが貧困生活から抜け出せないままだった。さらに、移民当時のイスラエルは経済的にひどく逼迫《ひっぱく》していて、ミズラヒー系のユダヤ人はイスラエルを自らの新しい母国とはしたものの、国が支出できる財源はわずかだった。

ユダヤ国家は彼らを皆受け入れ、市民権を授け、教育と必要最低限の住居を与えた。だが、政府は彼らを遠隔地にある移民キャンプ《マアバロット》に住まわせた。政府が帰還者を国家の中心部からかなり離れたところに住まわせたのには、国家の現状を色々と考えてのことだった。何年も前になるが、軍事訓練の習慣が深く根付いているキブツをイスラエルの国境近くに築いたことが、国家の防衛に大いに役立ったことがある。同じように、国の中心部からかなり離れたところに移民キャンプを築くことは、国家の周縁部に人を住まわせようとした意図的な決断であって、イスラエルがそういった地域を所有することが将来の論争にならないようにするためだった。

ただ、ミズラヒーにしてみれば、移民キャンプを国の中心部からかなり離れたところに築くという方針が、自分たちを文字どおりイスラエル社会の隅っこに追いやっているという感覚を与えたのも、もっともなことだ。自ら行動しない限り事態は変わらない、と感じていた。帰還移民の世代の多くは政府の決断に従順に従ったが、その子供たちは違った。不公平感が彼らのアイデンティティのバックボーンとなった。この世代が一九七〇年代初め、組織的に行動を起こし始めた。その一つがブラック・パンサー（アメリカの黒人解放闘争を展開した同名のグループに因《ちな》んで命名）で、一九七一年にゴルダ・メイール首相と面会し、不満を訴えた。面会後、ゴルダが言ったのはただ一言、「感じのよくない人たちね」だった。[3] マパイ党の指導者は実態を把握していなかった。革命の機は熟していた。アグラナット調査委員会とその後のゴルダ・メイールの辞任で、一層この感覚が強まっていた。

メイールの後任となったイツハク・ラビンの内閣は短命に終わった。一九七七年、ラビンの妻レアが海外に小額の銀行口座を持っていることをイスラエルの新聞が報じた。数年前、ラビンが駐米イスラエル大使だった頃のものが残っていたのである。当時、海外に銀行口座を持つことはイスラエルの法律で禁じられていた。イスラエルの国民は怒り、憤激し、落胆した。国中が財政面で逼迫している時に、無能で、腐敗し、現状認識のない労働党の指導者たちに嫌気を感じていた。前任者のメイール同様、ラビンも辞任した。

イスラエルは変化を待つばかりだった。

アラブ人やミズラヒー系ユダヤ人に寄り添うベギン

メナヘム・ベギンは絶えず野党に追いやられていた。一九四九年のイスラエル初選挙から一九七七年まで（六日戦争で始まった統一政権の短期間を除いて）、彼は政界で頭角を現すこともなく、二十九年の歳月が過ぎていった。ゼエヴ・ジャボティンスキーの弟子であるベギンは、その評価はいずれにせよ、イスラエル建国前の時代の後半期と独立後の最初の

※1原書注・ほぼ同じ頃、そして同じ中東で、イランのシーア派精神的指導者アヤトラ・ルホラ・フセイニはカセットを使って、反欧米（反イラン国王）調の破壊的な説教を流布させ、やがて一九七九年に勃発するイラン革命に備えていた。

十年あまりで知名度を上げていた。

地下組織イルグンの長に任命されてからは、イギリス委任統治への反乱を宣言した。彼は、イギリス当局がパレスチナ撤退に踏み切る決定的な要因となるキング・デーヴィッド・ホテル襲撃を立案した。ベギンはまた、アルタレナ事件後の紛争が本格的な内乱にならないよう大事な役割を担った。ドイツの補償金にかかわる政争では敗れたベギンだが、この闘争により、ユダヤ魂の監視人として認知され、彼に対する評価は上がった。

他方、ダヴィッド・ベングリオンは、ベギンに国粋主義者《ファシスト》というレッテルを貼り続け、これがアメリカのユダヤ人の間にも広まった。一九四八年、ベギンの訪米に先立って、アルバート・アインシュタインやハンナ・アーレントなどアメリカの代表的なユダヤ人がニューヨーク・タイムズに投書し、ベギンを国粋主義者と称し、彼は「超国家主義と宗教的な神秘主義、民族的な優越性を混ぜ合わせて説教した」と記している。[4]

一九七七年の段階でも、ベギンはまだ国粋主義者としてのレッテルを完全に払拭《ふっしょく》し切れてはいなかった。ただ、イスラエル人の多くは、ベギンについて、彼の政敵が示唆するよりもはるかに複雑な人物であるのを感じていた。イスラエルのアラブ人に対する軍政をやめるべきだ、と一番強く訴えていた一人がベギンだった。[5]一九六五年に国会がアルタレナ事件を再調査したとき、ベングリオンについてはベギンを殺そうとしたと申し立てた者もいたが、[6]ベギンのほうはおおむね潔白が証明された。

ベギンは、野党の指導者だった時代を通して、ミズラヒーとの関係を深めてきた。イルグンを率いていた頃、自分の部下の戦闘員はチュニジア、イエメン、シリア、アルゼンチン、南アフリカ、イラク、ペルシア、その他ヨーロッパ以外のユダヤ人コミュニティの出身者だった、と繰り返し述べている。

> イルグンのどの部門でも、世界のあらゆるユダヤ人コミュニティから、あらゆる階層の人たちがメンバーとして務めていました。……ユダヤ民族のメルティング・ポット（るつぼ）の縮図でした。出自を聞かれることなどありませんでした。要求されたのは忠誠心と能力だけです。ミズラヒーのコミュニティから来た仲間たちは、イルグンの中で幸せに、寛《くつろ》いでいました。彼らに対して誰も愚かな優越感を誇示することなどありませんでした。だから彼らは、それまで抱いていた理不尽な劣等感から自由になれたのです。[7]

イルグンでは、国会と違って、ミズラヒー系の人も権力の最高地位に就いている、とベギンは述べている。

ベギンは普段からスーツを着こなす〝上品〟で紳士的なポーランド系ユダヤ人だった。ミズラヒーから見て、ベギンはあまりにもヨーロッパ的で、そのために彼らがベギンを労働党に象徴される問題の一部と見なすだろう、という憶測もあった。だが思いがけず、ベギンがポーランド出身だったことが、かえってイスラエルで暮らす北アフリカ出身の帰還者との折り合いを良くするのに役立った。一九五〇年代初め、ベギンは各地の移民キャンプに足を運んでいる（そしてそこに住むミズラヒーに「私の兄弟姉妹」と呼びかけている）。移民キャンプの住民は、ベギンの正装姿に目をとめた。開拓者の指導者にしては場違いと思われる黒いスーツを見て、自分たちに敬意を払ってくれていると感じた。ベングリオンが移民キャンプを訪れる時に好んで着ていたTシャツや短パンは、ミズラヒーにしてみれば、侮蔑的で自分たちを見下《みくだ》しているように思われた。ベギンは、彼らの爆発寸前の憤りを有効に活用した。すでに一九五九年の時点で、ベギンは、ミズラヒーの聴衆に向かって、ベングリオンはイスラエルを「アシュケナジー系と非アシュケナジー系」の分裂国家にしてしまった、と語っている(8)。

逆転勝利――ベギン政権の発足

ヨム・キプール戦争、アグラナット調査委員会後のメイール首相の辞任、金銭上のスキャンダルの渦中にあったラビン首相の退任、そしてミズラヒー系住民の絶え間ない不満という組み合わせは、ベギンにとって千載一遇の好機だった。一九七七年五月の選挙当日、イスラエル史上初の出口調査は、国民を驚かせた。ベギンのリクード党が四十三議席を獲得したのに対し、ベングリオンのマパイ党を再編した連立党は三十二議席しか得られなかった。前回の獲得数と比べると三分の一以下に減少した。歴史上、八回連続で選挙に破れて九回目に勝利した指導者はメナヘム・ベギンだけである(9)。

イスラエルのニュースキャスター、ハイム・ヤヴィンは、この勝利を「逆転《マハパフ》」と呼んだ。ヘブライ語の「革命《マハペハー》」とも関連する表現だ。ミズラヒー系の投票者をはじめ、多くのイスラエル人は街頭に繰り出し、「ベギン！　ベギン！」と喜び叫んだ。新たに戴冠《たいかん》した王子がイスラエルに誕生した。ベギンだけでなく、ミズラヒーにとっても、記念すべき日だった。ようやく自分たちもイスラエルの進路を決める重要な役割を担うことができた、と感じたからである。

アシュケナジー系のエリート層にはショックだった。ベングリオンのもとで育ち、彼を尊敬していたイスラエル人にとって、他の政党が導く国など想像できなかった。鋭い観察者が言っているように、「国家を建設し、何百万人のミズラヒーを受け入れた政党を、彼らがどうして嫌いになれるのか、到底理解できなかった。敗北を知って仰天した⑩」

投票日、結果が明らかになるにつれ、リポーターたちはベギンにマイクを突き出し、コメントを待った。厳格にユダヤ教の戒律を守っていたわけではないが、ベギンは常に携帯していた祈祷帽《キッパ》を被り、「シエヘヘヤーヌ」の祈りを唱えた。何かを成し遂げたときや好機到来の際に唱える伝統的な祈りだ。イスラエル人は、地位の高い政治家がそのような振る舞いをするのを目にしたことがなかった。ベングリオンは、一九四八年の独立宣言の式典でも祈祷帽を被らなかった。熱狂する群衆の中で、あるリポーターがベギンに尋ねた。「どんなスタイルの首相になるおつもりですか」。この一風変わった質問にベギンはしばらく黙っていたが、やがてこう答えた。「善良なユダヤ人のスタイルです⑪」

ベギンがそう言ったとき、何を意図したのかは、国民の間で見解が分かれる。しかし、イスラエルで「善良なユダヤ人」とは何を意味するのか、そのことを見直すことがすでに始まっていた。同年、イスラエルで幅広い人気のコメディアン、俳優であり演出家でもあるウリ・ゾハルは、司会を務めるテレビのクイズ番組で、初めて祈祷帽を被って出演した⑫。それはより広範に及ぶ現象の、ほんの一例に過ぎない。政治と文化の両面で、宗教がイスラエル人の生活に再び入り込んできていた。

エジプトのサダト大統領と和平を結ぶ

イスラエルは民主政治への徹底ぶりを見事に示した。三十年近いマパイ政権の後の、マパイ党からリクード党への移行は、全く異を唱える余地のないものだった。ベギンは政権の首班に就いた。

ベギン政権がまず取りかかったのは、ミズラヒーのことではなく、和平だった。ヘンリー・キッシンジャーは何年も前から、イスラエルとエジプト間のシャトル外交を行なっていた。双方に二つの撤退合意に賛同させ、ヨム・キプール戦争後の兵力分離を成功させた。ただ、それによってこれまでの紛争を終息させることはできたが、将来起こり得る紛争の回避にはほとんど役立たなかった。

ベギンが当選してほんの数カ月後のこと。一連の裏ルートにおける秘密のやりとりの後（ルーマニアのニコラエ・チャウシェスク大統領を通じてのものもあった）、エジプトの大統領アヌアル・サダトは、一九七七年十一月九日、エジプトの国会であらかじめ用意していた発言から逸脱して、こう発表した。「(イスラエルは) 私がこういえば度肝を抜くだろう。エジプトの兵士を一人でも守るためなら、私は地の果てまでも行くつもりだ。それがイスラエル人の家であろうと、イスラエルの国会であろうと、私はそこに赴いて、彼らと論議するつもりだ[13]」

サダトがこう口火を切ったすぐ後に、ベギンはラジオでエジプト人に向けて自ら直接語りかけ、サダトをエルサレムに招待した。八日後、イスラエルの多くの国民にとって全く信じられないことだったが、テルアビブにサダトの飛行機が到着した。ベギンは飛行機のタラップの下でサダトを迎えた。サダトと一行のために敷かれた赤いカーペットの上で、二人は相擁《あいよう》した。イスラエルとエジプトの国旗がそよ風にはためいていた。数分後、サダトはイスラエルの指導者の錚々《そうそう》たる顔ぶれに挨拶を交わした。イスラエルに戦争を仕掛けた張本人が、今やイスラエルの地に立って、この国の指導者たちと挨拶を交わし、温かい歓迎を受けている。一九六七年にイスラエルを圧倒的勝利に導いたモシェ・ダヤンやイツハク・ラビンに紹介され、一九七三年にサダトを負かしたゴルダ・メイールにも引き合わされた。ラビンは、あっという間にサダトが自分の心を捉えたことを後に述懐している。「目の前で、彼はかつての宿敵たちと挨拶を交わしていた。一人また一人と、ほんの数秒言葉を交わすだけなのに、一人一人に一番ぴったりな言葉をかけ、この訪問をスタートさせた[14]」。サダトは、テレビ中継に大喜びして見入っていたイスラエルの国民にも強烈な印象を与えた。「イスラエルの国民は熱狂していた。もしサダトの意図が和平の意志を示すことだったとしたら、たった一つの劇的な振る舞いで彼らの心を掴んでしまった[15]」

翌日、サダトは、アラブ指導者としては初めて、イスラエルの国会で演説した。そこで彼は和平のための五つの条件を提示した。イスラエルが一九六七年の国境まで完全に撤退すること、パレスチナ人の独立、誰もが平和と安全の中で暮らせる権利、今後は武力行使を控えるよう努めること、そして、中東における交戦状態を終結することだった。

サダトの要求は厳しく、交渉は骨が折れた。雰囲気は刺々《とげとげ》しく、進展は遅々としていた。アメリカのジミー・カーター大統領が、仲介役として交渉に加わった。ベギンとサダトは (多少の浮き沈みはあったものの) 互いに尊敬し合うようになっていたが、ベギンとカーターの関係は毒々しかった。カーターは、ベギンとサダトを大統領の別荘キャンプ・デーヴイッドに招いた。牧歌的な環境だと交渉も容易に進むのではないかと考えたからだ。それでも、交渉は決裂寸前になる。ベギンとサダトは角を突き合わせ、互いに顔を合わせることもほとんどなかった。カーターはベギンを「変人」呼ばわりし[16]、他方ベギンは、カーターについて、サダトが自分に要求している譲歩の重大さをあえて無視して知らん顔している、と思っていた。ベギンは帰国しようと考えていた。

最終的に、双方は互いの差を縮めることができた。ベギンはシナイ半島を手放したが、西岸地区は保持した。ベギンは、西岸地区はパレスチナ人に与えるべきだというサダトの主張を退けた。一つの敵と協定を結ぶことによって、他の敵に国を造ってあげるようなことはしないと断った。エジプトの大統領はシナイ半島を奪還した。こうして、サダトはイスラエルと和平を結んだ最初のアラブ指導者となったが、パレスチナ人を裏切ってしまった。

アラブの過激派に暗殺されたサダト大統領

一九七八年九月二十八日、数時間にも及ぶ容赦ない議論を経て、午前三時近く、イスラエルの国会は裁決した。賛成八十四、反対十九、棄権十七で、キャンプ・デーヴィッド和平合意が承認された。ベギンはエジプトとの和平への第一歩を獲得した。かつてイギリスに「テロリスト・ナンバー・ワン」と呼ばれた男が、イスラエルにとって最強の敵と和平を結んだ。平和のためなら、イスラエルは、自ら始めたのではない戦争で、また何千という子たちを失った戦争で、獲得した土地から撤退することに合意しようとしていた。かつてサダトが表向きにも交渉を申し出たとき、ゴルダ・メイールの左系の政府は応じなかったが、そのことを記憶に留めている者には、衝撃的な展開だった。

平和への希望のために、イスラエルが土地譲渡を選択するのはこれが最後ではない。

イスラエル人が気づいたことがある。領土撤退に同意したのは右派の首相――それもイスラエルで初めての右派の首相――だったという事実だ。その理由の一部は議会政治の仕組みにも関係している。左派が領土から撤退しようとすると、右派はその動きを阻止しようとする。だが、右派が領土譲歩を提案すると、左派は常に和平のためにはできる限り妥協するつもりだから、必然的に動議を支持せねばならない。奇妙に見えるが、右派こそ、未来の和平のカギを握っていると言える。キャンプ・デーヴィッドのキーポイントは、ベギン自身に拠《よ》るところが大きい。多くの先任者たちよりもはるかに決断力があり、好機を見出だしたら、ほぼ迷うことなく行動に移した。

このすぐ後、ノーベル委員会はベギンとサダト両人に平和賞を授けることを決定した。ところが、サダトはイスラエルとの和平に意欲的になるあまり、アラブ世界で最も罵倒《ばとう》された指導者となっていた（アラブ連盟はエジプトを追放除名し、カイロにあった本部を閉鎖。アラブ諸国で学んでいたエジプト人留学生は国外追放された）。身の危険を感じたサダトは、一九七八年十二月十日に開かれたノーベル賞授賞式の参加を辞退し、代わりに娘婿を送った。交渉の最中だったので、授賞式の壇上にベギンと並んでいるのを見られたくなかったのもあるだろう。

イスラエルでも、旧来どおり政党間の敵対心は続いていた。ベギンに対する本能的な嫌悪感をベングリオンから受け継いでいたゴルダ・メイールは、苦々しく思い、未だ健在な彼女特有の機智《ウィット》を込めて、ベギンが受賞すべきはノーベル賞ではなくアカデミー賞だ、と漏らしていたという(17)。メイールが死去するのは、ちょうどベギンがオスロで平和賞を授賞している頃だった。

サダトは用心を重ね、ノーベル賞授賞式には参加しなかったが、身の安全を守ることはできなかった。特にイスラエルが一九八〇年にエルサレム法を制定し、エルサレム全部がイスラエルの首都であると定めると、イスラエルは東エルサレムを併合したと見なされ、エジプトの大統領への風当たりは強くなる一方だった。一九八一年十月六日、アヌアル・サダトは（エジプトのイスラム教ジハード団に所属する）自国の兵士たちに暗殺された。一九五一年にヨルダン国王アブドゥッラー一世が殺害されたのは、彼がイスラエルと和平の話し合いを考えているとの噂が広まったためで、そのときと不気味なほど似通っている。十月戦争（ヨム・キプール戦争の呼称）でエジプト軍がスエズ運河を渡ったことを祝う、カイロの年次パレードに臨席していたときだった(18)。

ガザ近辺の町ヤミートからの撤退

イスラエルでも批判と憤りの声が飛び交っていた。すでに一九七八年のキャンプ・デーヴィッド合意に署名したとき、シナイ半島のユダヤ住民は国会の撤退決定に抗議していた。最も深刻な睨《にら》み合いは、ガザ国境近くのこじんまりした世俗派の町ヤミートで起きた。ヤミートの本格的な撤退は、一九八二年四月に実施された。サダト暗殺のすぐ後である。住民の多くは補償と引き換えにおとなしく立ち去ったが、中には撤退を拒む者もいた(19)。彼らが屋上にしがみついたので、国防軍の兵士たちは強力な高水圧ホースを使って追い出さねばならなかった。ヤミートにある貯蔵庫に閉じこもり、軍隊が追い出すつもりならここで自爆する、と主張する過激なグループもいた。しかしベギンは引き下がらなかった。やがて、イスラエル当局はこの集落をすっかり取り壊してしまう。温室設備を解体し、果樹園を引き抜いた。せっかく肥沃な土地に様変わりしていたのに、あっという間に、もとの荒れ地に戻ってしまった。

大したケガ人が出ることもなく撤退は実施されたが、イスラエル国民が兵士と取っ組み合う光景は、国中に暗い影を落とした。イスラエル国民は、同じような痛ましい光景を、四半世紀後の二〇〇五年、イスラエルのガザ撤退の際に目撃することになる。実際には、どちらの撤退も、イスラエルの民主政治がきちんと機能していることと、住民も軍隊も自制心をもって行動できることを見事に実証した。深い悲しみ、暴力沙汰になるとの不吉な予測もあったが、どちらも傷害事件には発展しなかった。

それと同時に、もしイスラエルが西岸地区を撤退するような事態になれば、限りなく激しい衝突が展開するだろう、とイスラエル人は直感していた。

グッシュ・エムニームの入植運動

リクード党は宗教的な政党ではない。にもかかわらず、党のほとんどの指導者や支持者たちは、宗教的民族派の運動で入植拡大の急先鋒であるグッシュ・エムニームにごく自然な親近感を抱いていた。多くのイスラエル人が前世代の思想的な情熱をあざ笑うようになっていた時代に、この入植者たちは熱烈なシオニストだった。グッシュ・エムニームの開拓者たちは、自分たちは草創期の開拓者がしていたことを継続している――ユダヤの父祖の地イスラエルが自衛の戦争で攻略した地で建設を続けている、と考えていた。

ベギンが入植運動に共感するようになったのは何年も前のことだ。一九七四年、グッシュ・エムニームのメンバーが最初の入植地の一つエロン・モレの建設許可を取得しようとしていた。多くの入植地の始まりと同様（ヘブロンも含む）、許可申請が却下されても、入植者は構わずそこに向かった。やがて度重なる嘆願の末、（左系の）政府は入植者たちがすでに建て始めているのを黙認し、認可した。

新たな占領地での入植問題は、この時期の国を二分する最大の政治的課題だったが、労働党政府は、はぐらかそうとして口をつぐんでしまう。この曖昧な態度のせいで、入植者たちは既成事実を確立してしまった。それに比べてベギンは、入植支援の方針に、政治的な便宜としてではなく、原則論として熱心に取り組んでいた。一九七七年五月、選挙の二日後、ベギンとアリエル・シャロンはエロン・モレの仮設地を訪問した。「すぐに」とベギンは口を開いた。「さらに多くのエロン・モレが築かれるだろう」[20]

次期首相に密着取材していた記者たちは、そこまで入植活動を支持するなら、やがては西岸地区を併合するつもりですか、とベギンに質問すると、大目玉を喰った。

「併合」なんて言葉は使わないんですよ。併合とはよその国の土地に対して行なうことであって、自国の領土に対してではない。だいたいその「西岸地区」という表現は何ですか。これからは一般的に、聖書にも出てくるこの地域本来の名称、「ユダとサマリヤ」を使うべきです。……そう呼ぶのがそんなに難しいんですか。[21]※1

政権に新しいイスラエルの気質が登場した。ベギンの首相在職中、入植地の数は倍増した。入植地の数は右派のイスラエル政権下で増加し、常に入植運動の正当性を堂々と擁護《ようご》したのは右派の政治家だった。やがてそれを踏まえて国際社会は、入植活動はイスラエル政治の右派が作り出したものだと認識するようになるが、これは誤りである。ベギンが政権に就いた時点で、すでに七十五の入植地があり、それはゴルダ・メイールとイツハク・ラビンの政権下で作られたものである。土地に集落を築くことは――その土地が購入されたものであれ、イスラエルが望まなかった戦闘で攻略したものであれ――政界の右と左を分け隔てる要因ではない。それは当初からシオニズムの特質の主柱だった。

そうやってユダヤ人は国を築いた。多くのイスラエル国民にしてみれば、自分たちの国を造った考え方そのものを放棄する必要など全くない。では、右派は何が違ったのか。それは彼らがこの主張を臆面もなく訴えたことである。

「ベギン・ドクトリン」――大量破壊兵器を容認せず

イスラエルはエジプトと和平を結ぶ一方で（それが「冷たい」和平であったとしても）、新たな脅威に直面していた。イラクのサダム・フセインは、ユダヤ国家を「流血の川」に「溺

※1訳注・「西岸地区」（ウェストバンク）という表現は、ヨルダン王国が考案したもの。（一八七頁の訳注参照）

死」させると脅《おど》していた[22]。そのために、イラクはフランスの積極的な支援を受けて、原子炉を建設していた。かつてイスラエルのディモナ原子炉建設を助けたフランスは、ユダヤ国家の撲滅《ぼくめつ》を豪語する国を援助することにしたのである。ベギンは当選後間もなく主張し始めた。ユダヤ国家の撲滅を意図するフセインに核兵器を保有させることは絶対にない、と。

一九七八年八月、適切な対応を検討するため、ベギンは秘密裡に閣僚を召集した。以後十数回、極秘閣議を開く。どんな軍事行動も危険が伴う。外交面では、イスラエル側も承知のことだが、アメリカは中東アラブ世界における自国の幅広い国益を守りたいだろう。そうなると、イスラエルがイラクを攻撃した場合、イスラエルを糾弾して孤立させるかも知れない。一九八〇年から、アメリカの国務省は「イラクが核爆弾を保有しようとしている証拠は検出されていない」と主張し続けていたので、当然のことかも知れない[23]。軍事面でも同様に、イラクの原子炉を破壊する作戦はリスクが大きい。パイロットは敵国領土の上空を、およそ一千九百キロの距離を飛行せねばならない。それもレーダーに探知されないため、地面すれすれの危険な飛行になる（実際、数名のパイロットがこの作戦の訓練中に事故死している）。

だが、この作戦を重視するベギンの信念が揺らぐことはなかった。ユダヤ民族はみすみす絶滅の脅威の中で暮らすために、二千年ぶりに民族郷土を再建したのではない。

一九八一年六月七日、八機のイスラエル戦闘機が、イラクに向けて飛び立った。探知されることもなくイラクのオシラク原子炉付近に到達。爆弾を投下して原子炉を完全に破壊し、全機が無事イスラエルに帰投した。イスラエル軍にとって爆撃は輝かしい瞬間だったが、国際社会は即座に反応し、一貫して批判的だった。フランスは予想どおり憤り、イスラエル政府はアメリカからも批判され、集中砲火を浴びた。爆撃の二日後、ニューヨーク・タイムズは社説で、爆撃を「許し難い近視眼的な侵略行為」と、こき下ろした[24]。同誌はベギンの過去をほのめかせつつ、「（首相は）相手側の一番弱い連中の規範を取り入れている。恐怖という規範だ。強烈な被害者意識を持ち出して、侵犯行為を正当化しようとする[25]」。ロサンゼルス・タイムズのジョセフ・クラフトは、爆撃作戦をアラファトのテロ行為と同一視し、「アメリカは物怖《ものお》じせず、はっきりと言うべきだ。テロ戦略に訴えようとする性向は、パレスチナ人指導者ヤセル・アラファトもメナヘム・ベギンも同じだ、と[26]」

当初アメリカはイスラエルを非難し、国連安保理決議四八七を支持した。同決議は、爆撃を「国連憲章と国際行動規範に明確な違反」としている。(27)十年後の一九九一年、アメリカはイラクとの湾岸戦争「砂漠の嵐作戦」で、前言を事実上撤回する。アメリカのディック・チェイニー国防長官は、イスラエル人にオシラク原子炉の残骸を写した写真を送り、こう記している。

ダヴィッド・イヴリ将軍へ、一九八一年のイラク核作戦での類《たぐ》い稀《まれ》な働きに感謝して。お陰で私たちは、砂漠の嵐作戦をより容易に遂行することができた。

ディック・チェイニー米国国防長官(28)

イラクへの爆撃は、エジプトとの平和条約に影響を与えなかった。アラブ諸国も反撃しなかった。原子炉は消滅し、平和条約は残り、アメリカのロナルド・レーガン大統領も傍目《はため》に見えるほど怒ってはいなかった。爆撃は大成功だった。

こうしてイスラエルは「ベギン・ドクトリン」と呼ばれる、ベギンの政界引退後も長く支持される方針を持つことになる。イスラエルは、仮想敵国が大量破壊兵器を開発ないし保有することを決して容認しない、という基本原則である。(29)

イスラエル人を標的にしたＰＬＯの国際テロ活動

イスラエルは、自国の存在権を認める国家とは和平を結ぶつもりであり、撲滅しようとするものには立ち向かうことを立証した。しかしユダヤ国家の新しい挑戦相手は、常備軍ではなくテロリズムだった。その最たるものがパレスチナ解放機構（ＰＬＯ）である。

一九七〇年九月にヨルダンのフセイン王に国外追放されて以来、ヤセル・アラファトの率いるＰＬＯはレバノン（イスラエル北部国境付近）を対イスラエル活動の新しい拠点としていた（地図⑧参照）。かつての豊かな中東国レバノンは、次第に激しくなる内乱で身動きが取れなくなった。それは強固なマロン派キリスト教徒とレバノンのイスラム教徒、シリア人、ドゥルーズ人をはじめとする数多くの党派間の紛争だった。レバノンでは根深い抗争が浸透していた。対イスラエルのテロ活動をするにあたって、レバノンの内部分裂と混乱状態は最適の足がかりだった。

もちろん、テロリズムはイスラエルにとって真新しいことではない。もともとＰＬＯは注目を集めるような襲撃を好み、その多くはイスラエル史の象徴的な事件となった。最も悪名高い事件は、一九七二年九月のミュンヘン・オリンピックの襲撃であろう。パレスチナ武装組織「黒い九月」のテロリストたちが、オリンピック村のイスラエル人用宿泊区域に乗り込み、イスラエル人選手を人質にした。ドイツの特殊部隊は人質解放に失敗し、銃撃戦の末、イスラエルの選手十一人が死亡した。[※1] イスラエル国民の頭によぎったのは、ナチスによる大虐殺から三十年——テレビに映るこの戦慄《せんりつ》的な事件を世界中が見守る中、よりによってドイツでユダヤ人の血が流された、ということだった。

四年後の一九七六年夏、パレスチナ人とドイツ人のテロリストがエールフランス航空機をハイジャックし、ウガンダのエンテベ空港に着陸した。百人以上の人質を取ったが、そのほとんどがユダヤ人で、多くはイスラエル人だった。七月四日、やがてイスラエルの逸話となる大胆不敵な作戦で、イスラエルの特殊部隊はエンテベに飛行し、人質を全員救出した（戦闘で負傷した三人以外）。この作戦で殉職した特殊部隊員はただ一人、部隊長のヨナタン・ネタニヤフ——後に首相となるビンヤミン・ネタニヤフの実兄——だった。この見事な救出作戦の大胆かつ彼自身の勇敢さにより、ヨナタン・ネタニヤフはあっという間に国民的英雄となった。[※2]

「一九七六年の土地の日」

国内も不安定だった。長年にわたり、イスラエルのアラブ人は組織立って社会的・経済的環境の改善を要求していた。一九七六年三月、イスラエル政府は、アラブ人の所有地を含む広範な牧草地を収奪し、ハイファとガリラヤ湖のほぼ中間地にあるイスラエルの町カルミエルなどユダヤ系の都市に配分することを発表した。イスラエルのアラブ人にしてみれば、長年彼らのものであった土地を支配され続けることは、自分たちが二流市民扱いされている象徴だった。

五月三十日、数十万のイスラエルのアラブ人が抗議し始めた。直接の要因は土地配分だったが、抗議運動の規模の大きさは積年の鬱憤《うっぷん》とも関係していることを示していた。抗議は激しかった。路上でタイヤを燃やしたり、通行止めにしたり、治安部隊に石（火炎瓶という説もある）を投げていた。その後の大混乱の最中、イスラエルで暮らす丸腰のアラブ人六人がイスラエル軍に殺された。その真相は今も論争の的になっているが、この事件は、多くのイスラエルのアラブ人にとって、一九五六年のカフル・カセム虐殺の再現のように感じ、彼らの自意識の転換点となった。アラブ人が感づいたのは、ユダヤ人はイスラエル政府に対して頻繁に抗議するのに、兵隊や警官に撃たれることなどまずない、ということだ。後に「一九七六年の土地の日」として知られるようになるこの出来事は、イスラエルに住むアラブ人の歴史において決定的で痛ましい一大事件となった。

一般市民を狙ってロケット弾を打ち込むPLO

イスラエルのアラブ人はほぼ丸腰で抗議していたが、海外のパレスチナ人過激派は凶暴さを増していった。アラファトは戦術を変え、レバノン南部を基点に、イスラエルの一般市民を狙ってロケット弾を打ち込み始めた。イスラエル人の生活を機能不全に陥《おとしい》れるのが狙いだった。イスラエル北部への国境越しの襲撃やロケット攻撃は、次第に日常茶飯事になった。イスラエル市民にとって、防空シェルターは日常生活の一部になり、イスラエル北部がじわじわと包囲されているようだった。一九八二年の時点で、一万五千人以上のパレスチナ人ゲリラがレバノン南部で活動しており、ベイルート以南は「ファタハ・ランド」と呼ばれるようになっていた。[30]

一九七八年三月十一日、ベギンが首相になったばかりの頃、十一人のテロリスト集団が海からイスラエルに上陸し、海岸沿いをハイファに向かって走っていたバスを乗っ取り、イスラエル人三十八人を殺害、七十一人を負傷させた。この事件をタイム誌は「イスラエル史上、最悪のテロ攻撃」と評した。[31]

※1原書注・ほぼ四十年後の二〇一五年の年末、ニューヨーク・タイムズやニュースの発信元は、数十年前に入手した情報を報道し、イスラエル人選手たちは銃撃戦で殺害される前、暴行と虐待を受けていたことを伝えた。人質の一人は仲間たちの見ている前で銃で撃たれ、出血多量で亡くなった。仲間たちは手足を縛られていたため、助けることもできなかった。少なくとも人質の一人は、恐らくまだ生きているときに性器を切り落とされている。一九〇三年のキシネフの集団殺戮で、虐殺するロシア人はユダヤ人を殺害するだけでなく、女性たちの胸を切り落とした。ユダヤ人を殺害するだけでなく、人体を切り落とす見せしめは、七十年経っても続いていた。（"Horrifying Details of Murder of Athletes in Munich Revealed: 'They Were Tortured in Front of Their Friends,'" http:// www.ynet.co.il/ articles/ 0,7340, L-4733681,00. html [Hebrew]; Sam Borden, "Long-Hidden Details Reveal Cruelty of 1972 Munich Attackers," *New York Times* [December 2, 2015], http:// www.nytimes.com/ 2015/ 12/ 02/ sports/ long-hidden-details-reveal-cruelty-of-1972-munich-attackers.html も参照）

※2訳注・エンテベ作戦に関する映画はいくつかあるが、イスラエルのメナヘム・ゴラン監督作『サンダーボルト救出作戦』（一九七七年）はイスラエルの映画史上最も人気のある作品で、アカデミー賞にもノミネートされた。イスラエルの国民的歌手ヨラム・ガオンが主人公のヨナタン・ネタニヤフを演じている。

この応酬として、イスラエルはリタニ作戦を実施。それによってPLOはさっさとベイルートに退いたが、レバノン内に居座ってしまう。イスラエルが軍事力でテロに勝利するのは容易ではないことを、この頃からすでに暗示していた。

北部への威嚇《いかく》は続き、砲撃も絶えなかった。北部のイスラエル人は防空壕に避難せねばならなかった。レバノンから北部の市町村に目がけて飛んでくるロケット攻撃が繰り返され、イスラエルの子供たちは幾晩も地下室で怯《おび》えながら過ごしていた。このときも――ちょうど海岸沿いのテロ事件が契機となって、イスラエルによるレバノンへの第一回電撃作戦が実行されたように――ロンドンでのパレスチナ人テロ集団による攻撃に端を発して、二回目の攻撃が実施されることになる。

ガリラヤ平和作戦（レバノン戦争）

一九八二年七月三日、パレスチナ人テロリストは駐英イスラエル大使シュロモ・アルゴヴをロンドンで狙撃した。[※1] この襲撃でイスラエルの堪忍袋の緒は切れ、緊張関係は強まるばかりだった。ユダヤ人の生活の核心は尊貴《ハダル》であるべきだというジャボティンスキーの心意気を継いだ弟子として、ベギンには、イスラエルの子供たちが毎晩恐怖に怯える姿は耐え難い屈辱だった。ベギンは、ビアリクの「殺戮《さつりく》の街にて」の当惑を思い起こさせるように、こう問いかける。なぜ自分たちは自らを守ろうとせず、攻撃にじっと耐えねばならないのか。

> 私たちは誰に対しても怖じ気づくようなユダヤ人ではない。アメリカや国連が救ってくれるのをじっと待ったりしない。そんな時代は終わった。自分自身を守らねばならない。自分を捧げるつもりがないのなら、アウシュヴィッツはまた起きてしまう。自らの身を守るために代償を払わねばならないのなら、私たちはそうするつもりだ。そうだ、戦争とは血を流すこと、死別、孤児――考えるだけでも戦慄する。だが国民を流血から守らねばならない非常事態には、ちょうど今まさにガリラヤ地方で国民の血が流されているようなときに、どうして何をなすべきか疑問を挟むことができよう。[32]

ベギンの構想にはリスクが伴った。イスラエル側が願っていたのは、キリスト教徒がレバノンの支配権を握ることができればイスラエルへのロケット攻撃は止む、ということだった。レバノンにはファランジストとよばれる一九三六年に設立されたキリスト教民兵組織がある。ベギンが望んでいたのは、ファランジスト党の指導者バシール・ジェマイエルを支持し、今も続くレバノンのイスラム教徒との戦いを手助けすれば、平和条約をイスラエルと結んでくれるかも知れない。とは言え、この企ては、すべてはジェマイエル次第で、そればかりはイスラエルもどうすることもできなかった。

「ガリラヤ平和作戦」が一九八二年六月六日に発動された。※2レバノン南部のPLO戦闘員を一掃し、初戦は大成功だったが、イスラエルの作戦はあっという間に逸脱してしまう。アリエル・シャロン国防相は、内閣が承認しベギンがレーガンに遵守《じゅんしゅ》を約束した地域よりもはるか四十キロ内奥に、イスラエル国防軍を進めた。間もなく、国防軍はベイルートを占拠した。イスラエルが他国を侵攻したのは明らかだった。イスラエル側の犠牲者も多く、二百人以上の兵士が亡くなり、一千人以上が負傷した。イスラエルの多くの国民は、自分たちは強いられた戦争ではなく、自らの意志で始めた戦争を戦っている、という意識を初めて持った。

レバノンは、イスラエルにとっての〝ベトナム〟となっていた。

サブラとシャティラの悲劇

国際社会におけるイスラエルのイメージもダメージを受けた。アラファトは自らの損失にもかかわらず、ベイルートを離れようとはしなかった。西側のテレビに度々登場し、負傷したパレスチナ人児童や今も煙のくすぶるパレスチナ人住宅を見せた。イスラエルがベイルートに侵攻したので、海外に住む数百万の視聴者には、突如アラファトは英雄となり、パレスチナ民族の解放者となってしまった。

軍事面では、アラファトとPLOはイスラエルの圧倒的な攻撃力の相手ではなかった。イスラエルは、ベイルート南西にあるパレスチナ難民キャンプを爆撃し、PLOの重要な拠点を容赦なく破壊した。一九八二年八月十二日、アラファトは敗北を認めた。一九七一年にヨルダンを追い出されたPLOは、今やレバノンも立ち去らねばならなくなった。八月二

※1原書注・アルゴヴは頭部を撃たれたが、一命を取り留めた。三カ月間意識不明で過ごし、意識回復後はイスラエルに帰国。視力を失い、亡くなるまでリハビリ病院で過ごした。二〇〇三年、二十三年間の入院生活の後、七十三歳で亡くなった。

※2訳注・レバノン戦争とも呼ばれるこの戦争の正式名称は、「ガリラヤ地方の平和を守るための作戦」。レバノン政府が野放しにしているPLOの戦力を壊滅し、ミサイルやテロ攻撃にさらされているガリラヤ地方を含むイスラエル北部に平和をもたらすことが当初の目的だった。後述されているように、イスラエルはこの後二十年近くレバノンに長期駐留することになる。

十一日から三十日にかけて、九千人近くのPLO戦闘員（それに加えて六千人のシリア人戦闘員）が市外に護送された。アラファトは数名の戦闘員を従え、チュニジアに向けて出港した。

当初から、レバノン作戦はどれも計画どおりにならなかったが、その結末も例外ではない。一九八二年九月十四日、アラファトがベイルートを離れてからまだ一カ月も経たないうちに、ベイルートにあるキリスト教ファランジストの本部がシリア系の工作員によって爆破された。バシール・ジェマイエルを含む二十七人が爆殺された。イスラエルは、平和への「レバノンの大いなる希望」を失くし、キリスト教徒は人望の厚い指導者を失った。イスラエル政府の全戦略が崩れ始めていた。

事態はすぐに限りなく悪化した。ベイルートの南西端に過密なパレスチナ人難民キャンプが複数あった。ジェマイエルの暗殺に伴って生じた大混乱が、イスラエルにこれらのキャンプを占領する好機を与えてくれたとアリエル・シャロンは考えた。このキャンプがレバノンに居残ったパレスチナ戦闘員の隠れ家となっている、とシャロンは主張した。

シャロンは閣僚にサブラ難民キャンプを保護する計画を伝えた。もう一つのキャンプ、シャティラのことには触れず、キリスト教ファランジストは「彼ら自身の方法」で行動するよう委ねる、と強調した。(33) イスラエル軍は戦闘に加わらない、と約束した。

九月十六日の夕方、イスラエル軍師団はサブラとシャティラ周辺の安全を確保した。イスラエル国防軍の見守る中、キリスト教ファランジスト軍は、ジェマイエル暗殺の報復をしようとキャンプに入ったが、イスラム教PLO戦闘員の激しい抵抗を受けた。すぐにキリスト教徒が優勢になり——ジェマイエルを暗殺したことへの憤りと、宿敵であるイスラム教徒に対するこれまでの憎しみに駆り立てられ——民間人にも発砲し始めた。三日間、キリスト教ファランジストは、パレスチナ人イスラム教徒を無差別に殺戮した。事が終わったときには、「二十代や三十代の青年のグループが壁に向かって並ばされ、手足を縛られ、暗黒街のやり方で、マシンガンの一斉掃射を浴びた」(34)。推定によれば七百人から八百人の男性、女性、子供が殺害されたという。

一九八二年九月二十六日、数十万の人がテルアビブで政府に抗議し、この虐殺の司法調査、そして「殺人犯シャロン」と「殺人犯ベギン」の辞任を要求した。重大な国家危機だった。ベギンはカハン委員会を設立し、イスラエルに虐殺の責任があるかを判定するよう要請した。

アメリカの若いユダヤ人はこの虐殺に大きな衝撃を受け、イスラエルへの態度に影響を与えた。一九六七年に見たようなイスラエルへの全面的な支援は、もはやない。アメリカの指導的なユダヤ人社会運動家がこう言っている。「恥ずかしかった……多くの若い世代の支持を失ったと思う……国家としてあんなふうに振る舞いながら、理想に燃えるユダヤの若者たちにイスラエルへの情熱を抱いてもらおうなど、狂信者を相手にしているのでもない限り、無理だ」[35]。イスラエルとアメリカの若いユダヤ人の間に生じた亀裂は、以後何年にもわたり悪化の一途をたどった。

レバノン戦争がもたらした後遺症

四カ月の審議の末、カハン委員会は調査結果を報告した。イスラエル人の誰もサブラとシャティラの虐殺に直接の責任はないが、アリエル・シャロン国防相には、誰よりも、事件に対する「個人的な責任」がある、と委員会は断じた。

国防相が虐殺の危険を無視したことを正当化することはできない。……彼は戦争に深く関わり、ファランジストとの関係に絶えず関心を寄せていた。仮に、もし国防相が、イスラエル国防軍の作戦参加なしでファランジストたちがキャンプに侵入することを決断したときに、実際に発生したような惨事を招くと本当に考えていなかったとしたら、その理由はただ一つ、彼は起こり得る事態への万全な対策を講じなかったということだ[36]。

内閣はカハン委員会の提案を受け入れる。苦々しく思いながらも、シャロンは国防相の職を退き、どの省にも責任を持たない「無任所相」として内閣に留まった。軽蔑され、ひどく嫌われた、この喧嘩っ早いアリエル・シャロンがちょうど二十年後、首相になり、イスラエルで最も重要な領土撤退を立案するなど、この当時にはとても想像できなかったであろう。

イスラエルは、レバノンの国境沿いに駐留した。それは、二〇〇〇年にエフード・バラク首相が撤退させるまで続いた。撤退時の国民の大半の気持ちは、約二十年間、数百人の負傷者が発生するだけで、イスラエルはレバノンでは何もできなかった、というものだった。レバノン作戦は長期化し、苦々しい思いと共に、サブラとシャティラの罪意識に悩まされた。イスラエルのレバノン駐留軍撤退まで現地で活動し、やがて国際的に有名なジャーナリストで著述家となるマティ・フリードマンが、当時の国内の雰囲気を見事に捉えている。

> 一九八二年にレバノンへたどり着いたイスラエルは、創意豊かで、足取りも軽かった。その発想は愚かで、遂行はお粗末だったかも知れない。……何でも実現できると思っていた。［レバノン］侵攻は画期的な変革をこの地域にもたらすはずだった……［すべての］根底に甘い考えがあった――運命はどうにでも変えられる、それを方向づけるのは私たちだ、という考えだ。だがやがて皆が悟った。自分たちは間違っていた、と。……中東はこちらの指示や望みに応じて譲歩したりはしない。自分たちのために変わってくれるわけがない。[37]

イスラエルの映画産業もこの葛藤を題材にした。『シドンの二本の指』（一九八六年公開）は、撤退直前にレバノンに駐留していたイスラエル兵たちの日常生活を追い、現地の危険と、レバノン駐留に伴う民族的また倫理的な混乱を描き出している。二〇〇七年に上映されたのは、『ボーフォート』。ボーフォートとはレバノンの山の名前で、イスラエル軍の前哨基地があった場所だ。イスラエルのレバノン駐留最後の数年間、そこに配属された兵士の一団を描いている。イスラエルの撤退直前、兵士たちが現地で直面した恐怖や倫理的葛藤、終わりのない戦争の虚しさを描写している。

だが、二〇〇八年に公開されたイスラエル映画『バシールとワルツを』（邦題は『戦場でワルツを』）ほど、今なおレバノン戦争の後遺症と向き合う国民感情を的確に表現した作品はないだろう。映画では監督・脚本を担当したアリ・フォルマン自身の体験が描かれている。彼は、一九八二年には十九歳の歩兵だった。二〇〇六年、兵役時代の友人から戦争の悪夢にうなされる話を聞き、フォルマンは何も憶えていない自分に驚く。兵役の同僚たちと再会し、やがてフォルマンは思い出す。彼は他の兵士たちと一緒に夜空に照明弾を打ち上げて、難民キャンプを照らしていた。キリスト教ファランジスト民兵たちが、キャンプ内で虐殺を行なおうとしていたのだ。[38]彼は記憶を自ら遮断していたという感覚に直面する。それは、虐殺に直接関わった民兵に違《たが》わず、自分も有罪だと感じていたからだった。

ここに、イスラエル社会の建国以来の特性である内省と自己批判が継続している。『ヒルベト・ヒゼ』が独立戦争でのイスラエル兵の一部の振る舞いに疑問を呈してベストセラーとなり、やがては公立高校の必読書になったように、『バシールとワルツを』も大勢のイスラエル人が鑑賞した。これまでレバノン戦争やサブラとシャティラにおける自らの役割を長く問い続けてきたイスラエル社会で、果てしない議論と分析が続いている。それはまた、イスラエル人の会話の一端であり、自ら終わらせることのできない紛争にあって、イスラエルは進むべき方向を見失ってしまったのではないか、という問いかけでもある。

この映画は、レバノンでは上映禁止となった[39]。

メナヘム・ベギンが遺したもの

カハン委員会の報告書が発表された数カ月後、メナヘム・ベギンは辞職し、自宅で隠遁《いんとん》生活を送るようになった。健康を害し、戦争の成り行きに落胆し、妻に先立たれて孤独感が強くなっていた。一九九二年に亡くなるまでの十年間、妻の追悼記念会や自らの診療以外はアパートから外出することはなかった。イギリス委任統治時代、地下組織レヒの指導者だったイツハク・シャミールが、地下組織イルグンの指導者の後を継いで首相となった。

ベギンはイスラエルの政治地図を変容させる一方、新しい宗教感情を対話の全面に押し出した。決して厳格に宗教戒律を守っていたわけではないが、ベギンはユダヤの伝統を心から愛し、尊敬していた。ベギン内閣の事務局長を務めたダン・メリドールが言ったように、「彼はユダヤらしさを語った」[40]。数十年後、イスラエル社会は、ベギンも想像できなかったようなやり方で、再び「ユダヤらしさを語る」ようになる。

とは言うものの、メナヘム・ベギンの遺産はレバノンに深く色取られている。侵攻を正当化する充分な理由はあったが、戦争は泥沼に沈んでしまった。結局、レバノンは実質的に国家としての機能を失ってしまった。イスラエルが深く関わった紛争によって生じた力の真空が、往時のレバノン国をテロ組織ヒズボラの拠点に変え、イスラエルを脅《おびや》かす獰猛《どうもう》なテロ脅威となった。果たしてそれを回避することは可能だったのか。難しい問いだ。ベギンが決定的な決断をしたのか、それとも、アリエル・シャロンがベキンを欺《あざむ》いたのか。これもまた当時ベギン政権にいた人たちの間でも、今なお激しく論じられているテーマである。

ベギンの時代はイスラエルにとって容易ではなかったが、大切な時代だった。イスラエルは最強の敵国エジプトと和平を結ぶことができた。敵対国が大量破壊兵器を保有することを絶対に認めないことを鮮明にした。国民、子供がきちんと日常の生活を営《いとな》み、防空シェルターで夜を過ごさないで済むためには、たとえ後で国民の大半が反対するようになっても、戦争をも辞さないことを示した。

社会面では、リクード党はより自由な資本主義をもたらしたが、それもうまくいかなかった。年間のインフレ率は四五〇％に達した。(41) 経済下降で一番打撃を受けたのはミズラヒーだった。(42) だが、過去の不公平と一部の帰還者への冷遇を認めることによって、イスラエル国民はある意味で一体感を強めることができた。

一番大事なのは、イスラエルを何十年も支配していた政党の覇権が崩壊したことだろう。長い間政界の荒野に追いやられていた右派は、労働党の国政と国策の掌握《しょうあく》に終止符を打った。今やイスラエル人は、国家の未来を決めるにあたって選択肢を持った。大概の場合、国民の選択は、自分たちがどの程度支援されているか、あるいは孤立を感じているかによって左右される。国際社会に見捨てられたイスラエルは、以後何十年にもわたって安全保障の拠り所を自身の強靭《きょうじん》さに求めるようになる。安心感を抱くイスラエル国民は、社会問題に意識を向け、和平のためにより大きなリスクを取ることができた。脅かされたと感じたときは、自分たちを守ってくれる指導者を本能的に選出していた。この単純な事実が、今後の中東の運命を変えることになる。

第16章　シオニストを手本に——パレスチナ民族主義の勃興

私たちは、テロが存在しないかのように和平プロセスを続ける。
そして和平プロセスがないかのようにテロと戦う。

——イツハク・ラビン首相

ミズラヒー系の絶大な支持を得た宗教党シャス

ベギンの当選によって、数十年続いた労働党主導の時代は終わりを告げ、これまでの指導者たちとは全く違うタイプの、ユダヤの伝統に重きを置く人物が首相執務室へ入った。だが、公共の分野に再び宗教が入り込んできたのを最も顕著に表したのは、アリエ・デリという名の早熟な政治家が彗星のごとく政界のスターの座にのし上がったことだった。

デリの家族はモロッコからの移民で、イスラエルへ来たのは、一九六七年の六日戦争でイスラエルが勝利した後、アラブ諸国が自国のユダヤ系住民を弾圧したときだった（独立戦争のときも同様なことが起こった）。イスラエルに着いた頃のデリ家は貧しかったが、ユダヤの伝統的な生活を大事にしていた。稀《まれ》に見る有能なデリが政界入りを決意したのは、イスラエルの主流派が彼のような帰還者に公平な機会を与えない、という思いに駆り立てられてだった。日の出の勢いだった。一九八五年、二十六歳のデリは内務相の側近として務め、二十九歳のときには内務相になっていた。代表的なイスラエル人ジャーナリストの言葉を借りれば、デリは「新しいイスラエルにおいて最も衝撃的で、未来を嘱望《しょくぼう》された人物」だった。(1) やがてデリは、一九九〇年代に一連のスキャンダルで失墜してしまうが、公職を（一時的に）去るまで、イスラエルの政治を決定的に変えてしまった。

一九八四年、デリが政界で名を馳せていた頃、ラビ・オヴァディア・ヨセフはイスラエルのセファラディ系首長ラビの座を退いたばかりだった。[※1] ラビ・ヨセフは、天才的な法学者で、幅広いユダヤ法《ハラハー》のテーマにかかわる膨大な量の裁定を行なっている。大衆からの人気は高く、非正統派のユダヤ人であれ、アラブ人であれ、いつでも自分の意に添わない相手を酷評するのに長《た》けていた。人々からは、ラヴ・オヴァディアと呼ばれた。ミズラヒーの絶大な人気を基盤に（また、当代きってのユダヤ教ラビ、ラビ・エルアザル・シャフの指導のもと）、ラヴ・オヴァディアは政党を設立し、シャスと名づけた。[※2] 政党名はヘブライ語二語「ショメレイ・セファラッド」（セファラディ系の守り人）の頭文字を取って合わせたもので、「トーラー（ユダヤ教の教え）のセファラディ系の守り人」の意だ。だが、この政党名は二重の意味を含み、ヘブライ語では「セファラディ系の人々の守り人」とも理解できる。

実際、ミズラヒー系のコミュニティは、後者の意味でシャス党を認識していた。宗教的には、シャス党は熱心な正統派で、その政治課題には伝統主義が色濃く出ており、ミズラヒー系の社会的ニーズや教育的ニーズにも応じていた。世俗的なリクード党を支持しなくとも、ミズラヒーは自分たちの利益を代表してくれる政党、それも宗教色を鮮明に打ち出して成功している政党を持つようになった。

党代表のアリエ・デリは、自身のカリスマ性と政治的手腕を駆使して、シャス党の人気と権勢をぐんぐんと押し広めた。党を設立した一九八四年、シャス党は国会で四議席しか獲得できなかった。一九九九年、ちょうどデリの収賄罪が確定する年には（このためデリは服役する）、シャス党は投票数の一三％に当たる十七議席を獲得していた。

シオニズムとは何か、どんな可能性を秘めているのか。シャス党の台頭は、その新たなビジョンの到来を告げた。デリは、旧来のシオニズムの理想を根底から覆《くつがえ》すつもりだと述べ、自身の苦い思いを隠そうとしなかった。

> 今や世俗派のイスラエル人は、シャス党が国家の世俗的な国柄を変えてしまうのではないかと恐れている。彼らはシオニストと自称するが、真のシオニストではない。彼らの運動は、異端の運動だ。私たちの父や母を野蛮と見なし、変革しようとする。私たちの親を、生活が大変な僻地《へきち》の町や村に追いやり、子供たちには何の役にも立たない教育を施してきた。私たちの政党が登場し、僻地で苦闘するすべての人たちを支援するまで、それは続いた。だから、彼

らは私たちを恐れている。だから、私たちを、出身と宗教、二つの面で迫害する。だが私たちを蔑《さげす》めば蔑むほど、私たちの勢力は伸びる。私たちはイスラエルの国柄を変えるつもりだ。[2]

シャスはこの約束を守った。

中東各地で目覚めるイスラム教への信仰心

宗教がイスラエルの公共の場でより重要な地位を占めるようになっていた頃、同じような現象が中東の他の地域、特にイスラエルの国境沿いの国々でも起きていた。

一九八〇年代の中頃、アラブ世界では未だに世俗的な汎アラブ主義の夢の喪失に足下がふらついていた。当時、コミュニティの指導者たちで最も巧みに支持を集めていたのは、アラブ世界の往時の栄光の復興を目指す新しい理想を、聴衆に鼓吹《こすい》する者たちだった。その理想とは、イスラム革命である。この数十年、アラブ諸国を支配していた世俗的な強権政治が衰え（最たる例はエジプトのサダト政権）、新たな希望の源《みなもと》を受け入れる条件が揃っていた。一九七九年、イラン革命が成功して、イスラム教シーア派指導者《アヤトラ》の政権が誕生する。中東地域に及ぼしたこの革命の影響もあり、イスラエル近隣の多くのアラブ諸国では、イスラム主義が社会の空白を埋めていった。※3

一九七〇年代から八〇年代にかけて、イスラム組織の中で

※1原書注・ユダヤ人は民族性においては、アシュケナジー、セファラディ、ミズラヒーの三つのカテゴリーに類別されるが、宗教上の伝統に関してはアシュケナジー系とセファラディ系に大別される。この二派にはそれぞれに首長ラビがいる。人口統計学上、「セファラディ」と「ミズラヒー」は厳密には同一ではないが、一般には同じ意味で使われる。

※2原書注・ラビ・オヴァディア・ヨセフは終世、絶大な人気と政治的な影響力を有していた。二〇一三年に亡くなると、およそ八十万人が葬儀に〝参列〟したと言われている（総人口がわずか八百万人の国で、その約六百万人がユダヤ人）。そのような規模の群衆では、当然ながら大半の人が葬儀に近づくことはできなかった。だが通りや高速道路さえも、埋葬地の方角に歩いて行く群衆で溢れ、その意味では象徴的に葬儀に参加したことになる。

※3原書注・一九七九年、中東で衝撃的な事件が二つ起きた。エジプトとイスラエルの平和条約調印、そしてイラン革命である。一方は外交上の現実主義の動き、他方は宗教的な純粋主義と祭政混交の動きである。以後、いずれの動きが中東により大きな影響を及ぼしたかが問われた。

最も突出したのはムスリム同胞団である。アラブ世界の多くの地域で、同胞団は生活に欠かせない社会福祉――これまで世俗的な政府が提供してこなかった福祉――を提供する効果的なシステムを発展させた。(3) 同胞団の社会福祉組織は独特で、極めて伝統主義的で宗教的なメッセージをもたらし、瞬《また》く間に普及した。その影響はアラブ人街で、即座に、そしてはっきりと現れた。ヒジャブ（伝統的なムスリム女性が被るスカーフ）を被る女性、髭を生やす男性が増えた（髭は宗教心の深さを象徴する）。六日戦争から二十年、次々と宗教組織が創設され、イスラム教への新たな信仰心が、至る所でイスラエル人の目に留まるようになった。

急速に勢力を拡大したイスラム原理主義組織

経済的な機会の低迷が、西岸地区やガザで暮らすイスラム教徒の宗教心を駆り立てる一因だった。イスラエル統治は様々な面で、パレスチナ人の経済環境を改善してきた。六日戦争後、一九六七年から一九八〇年代の間に、ガザ地区の一人当たりの年間所得は八十米ドルから一千七百米ドルに上昇した。西岸地区のＧＤＰは三倍に増加した。車の数は十倍に増えた。一九六七年には、ガザ住民の一八％にしか電気が引かれていなかったが、一九八一年にガザのコミュニティがイスラエルの配電網に繋《つな》がると、その数は八九％に増加した。

しかし、イスラエルの統治をもってしても、ガザの一部住民のひどい貧困を解消できなかった。ガザは人口過密の状態だった。下水は通りに垂れ流され、水道の引かれていない住居も多かった。さらに一九八〇年代の中頃になると、経済成長が停滞した。景気悪化による不満は、惨めな状況で暮らすパレスチナ人難民キャンプで、特に高まっていた。

繰り返しひどく失望させられていたパレスチナ難民は、明るい未来を約束し、手際よく活動するイスラム主義運動に共鳴した。これまで汎アラブ主義などの運動は変革を約束するが、実際は何もしてくれなかった。ムスリム同胞団は影響力と支配力を増し、信仰心の篤い支持者を獲得していった。

皮肉にも、イスラエルの開放的な政策が、ガザや西岸地区でのイスラム原理主義の波及に貢献することになる。六日戦争以前、この地域に大学はなかった。より穏健な運動の促進を願って、イスラエルは支配下にある地域での高等教育を奨励し、西岸地区とガザに七校の大学を設立した。だがこの計画は逆効果だった。大学の敷地内で、より過激なイスラム運動が急激に成長してしまった。イスラエルは――後に自らの誤りに気づくが――それを政治運動ではなく、主として宗教運動と見なした。これが致命的な誤算であり、イスラエルは大きな犠牲を払うことになる。

一九八八年、新たなイスラム組織ハマスが結成された。ハマスの追随者にとって中心的な宗教義務は、歴史的パレスチナの全土を「シオニストの占領」から解放することだった。「ヨルダン川から地中海に至る」地域は、イスラムの「ワクフ」（寄進地）であると主張した。[※1] 彼らはイスラエルに対して聖戦《ジハード》を仕掛けることを誓った。

ハマスは設立憲章を制定するが、語調においても内容においても露骨な反ユダヤ主義を示していて、ナチスの対ユダヤ・プロパガンダや『シオン長老の議定書』に出てくる表現を踏襲している。二十世紀の歴史を知る者には、おなじみの表現と趣旨だ。

今日はパレスチナ、明日は別の地域へと続く。シオニストの計画に限りはないからだ。パレスチナの後は、ナイルからユーフラテスまで拡張しようと欲している。手をつけた地を食い尽くしたら、さらに拡張しようと焦がれている、等々。彼らの計画は『シオン長老の議定書』に記されている。彼らの現在（の行動）が、そこに書かれていることを最もよく証ししている。[4]

ハマスは、ユダヤ人が「世界支配を目論《もくろ》んで……国際連合と安全保障理事会の設立を促した」と主張する。[5] ハマスによれば、世界のほぼすべての戦争――フランス革命やロシア革命、第一次大戦、第二次大戦を含む――は、ユダヤ人の陰謀による。何よりも着目すべきはイスラエルに対する組織の姿勢だ。ハマス憲章の序文では、「イスラエルは建国されるだろう。イスラムが先住民に為したように、これを絶滅させるまでは存続するだろう」と断言している。

ナセルは死んだ。イスラエルの軍事的優位は、シリアの脅威を実質的に無力化した。汎アラブ主義はすでに過去のものとなった。だがまたもやイスラエルは、イスラエルの絶滅を

※1訳注・パレスチナの地は、「ハマス憲章」において、「最後の審判の日まで、イスラム教徒のすべての世代において、イスラムのワクフの土地」と考えられている。そして「その土地のすべて、あるいはその一部を諦めたり、もしくは土地のすべてやその一部を明け渡すことは許されない」（第十一条）とし、いかなる権力もこの土地の所有を認めない、としている。ハマスにとって、パレスチナの全土解放は変更の許されない最終目標と考えられている。

誓う敵と向かい合わねばならなかった。[※1]

第一次インティファーダ――パレスチナ人による一斉蜂起

一九八七年十二月八日、イスラエル人のトラック運転手が誤ってアラブ人労働者四人を事故で死亡させてしまった。これまで鬱積《うっせき》していた西岸地区やガザのアラブ人の不満が爆発し、暴徒と化した。最初は数百、やがては数千の若者たちが、イスラエル兵に立ち向かおうとして、石や火炎瓶を兵士や一般市民に投げつけた。ゼネストを展開し、躊躇《ちゅうちょ》する店主には、ならず者のギャングが店を閉じるよう脅《おど》した。「インティファーダ」と呼ばれるこの新たな予想外の抵抗運動を通して、イスラエルは新しい戦線に直面する（インティファーダとはアラビア語で「振り落とす」の意味。犬が身震いして水を振るい落とすイメージ。パレスチナ人が、自分たちの重荷となっているイスラエルを振るい落とすことの引喩）。

その兆候はかなり前からあった。一九八〇年代の中頃から、パレスチナ人による集団暴動がイスラエルで頻発するようになっていた。イスラエル国民には馴染みのある、特定対象を狙うＰＬＯの攻撃とは違うものだった。投石、ナイフによる刺傷、タイヤを燃やす行為が、周期的に勃発した。しかし、どれもイスラエルの治安機関を悩ますほどのものではなかった。だが、一九八七年十二月の事件の反響を通し、これが大きな問題であることを指導者たちは認識した。これまで直面してきた事態と違って、どう対処すればいいのか分からない。パレスチナ人の哲学教授で知識人のサリー・ヌセイベは、この民衆蜂起を火山に喩《たと》えている。「火山というものは、始めようと思って始められるものではない」。噴火するための条件が蓄積していき、噴火したときには猛威を振るう[6]。

イスラエルの兵士たちが戦場で石を持った十代の若者と直面するのは、かつてないことだった。国防軍の先鋭部隊が識別して撃退できるような敵ではない。今やイスラエル軍の青年男女は、怒りに苛立《いらだ》つ群衆と対峙《たいじ》せねばならなかった。その多くは丸腰で、石や火炎瓶を投げつけてくる。この新しい戦いには、イスラエルの最先端技術も無力同然だった。国防軍は、一般市民の密集する地域において、ゴム弾、催涙ガス、こん棒で応戦し、時には致死性の高い兵器を使用することもある。国防軍の将校によれば、ラビン国防相は軍に「彼らの腕や足を折れ」と指示したという[7]。だがうまくいかなかった。彼らの憤慨と絶望感があまりにも深かったからだ。

インティファーダは、双方に多大な犠牲をもたらした。六日戦争でイスラエルが勝利してからの数十年間、イスラエル人は、ずっと占領を強いられてきたパレスチナ人の怒りと真っ向から向き合った。暴動の拠点として使われた地域の学校は、休校になることがよくあった。ヘブライ大学の犯罪学の教授は、「一九八七年から八八年の一年間で、登校日二百一日のうち百七十五日は強制的に閉校され、西岸地区の生徒たちは登校できなかった」と報告している。(8) 学校閉鎖、厳戒令、道路封鎖、家宅捜査など、日常生活の様々な混乱がパレスチナ人をさらに憤らせ、暴力の炎を煽《あお》った。

PLOがパレスチナ人の唯一正当な代表となる

ヨルダンの変化も地域情勢を複雑にした。六日戦争でエジプトとシリアへの加勢をフセインが決意したため、ヨルダンはイスラエルに西岸地区を取られてしまった。だがヨルダンは領有権を決して放棄しなかった。西岸地区出身のパレスチナ人がヨルダンの国会に務めており、何千ものヨルダン人公務員が西岸地区に勤務し、その給料の一部はヨルダンの首都アンマンから支給されていた。

フセインの王国は、少数派ハーシム族の支配で、多数派のパレスチナ人は明らかに二流市民扱いされ、「不満を抱く多数派」を成していた。(9) 国王が何としても避けたかったのは、西岸地区の暴動や不安定な情勢がヨルダン川を越えて、ヨルダン国の中枢に飛び火することだった。インティファーダの状況を鑑みて、ヨルダンは一九八八年七月に西岸地区の領有権を放棄した。(10)

いつかヨルダンが西岸地区を奪還してくれるだろうと期待する限り、パレスチナ人はヨルダンの宿敵であるPLOを大っぴらに支持することに躊躇したたろう。だがヨルダンの支配がなくなると、西岸地区の住民は、PLOこそパレスチナ人の唯一正当な代表者である、と考えるようになった。イスラエルの政治的な苦境――その大半は、自ら意図したのではない占領のため、しかも占領された領地に責任をもって統治する存在がないので終われない――は、ますます複雑になりつつあった。

※1訳注・イスラム過激派の台頭で、西岸地区やガザ地区のアラブ系キリスト教住民が相次いで海外に避難している。イエスの生誕地ベツレヘムは、イスラエルが統治していた一九九〇年代までは、住民の大半がアラブ系のキリスト教徒だったが、一九九五年にパレスチナ自治政府の管轄になってからは、イスラム教徒が流入し、キリスト教徒の人口は急減。以後、様々な被害に遭っている。両地区では、キリスト教住民や児童が誘拐され強制的にイスラム教に改宗されたりしている。

占領がイスラエル人にもたらした変化

このインティファーダ（後に「第一次インティファーダ」と呼ばれるようになる）は、今までイスラエル社会が経験したことのない方法で、難題を突きつけた。徴兵された十八歳や十九歳の兵士たちは、いかにして国防軍が殺戮《さつりく》的で凶悪な敵からイスラエルを守ったかという武勇伝を聞いて育った。だが自分たちの任務は全く違っており、敵対する民間人を取り締まるという厄介《やっかい》な仕事だった。あるイスラエルのジャーナリストは、この幻滅を「泣きながら引き金を引く《ヨリーム・ウヴォヒーム》」と表現した[11]。ある予備役将校は悲しみを込めてこう言っている。「十八歳の少年たちが尋ねるんですよ、占領地区で兵役を務めるのは怖くないですか、って。私はこう答えるんです。一番怖いのは自分自身だ——自分が何者になってしまうのか、何に引きずり込まれているのか、と。そこは混沌《ジャングル》で、独特の掟があるんです[12]」

インティファーダはある心情の変化をもたらした。イスラエル人たちは、この占領がイスラエルの統治下で暮らすパレスチナ人にどのような影響を与えているのかを心配するだけでなく、占領者であることが、自分や自分の子供たちの人間性にどのような感化を及ぼしているのか、危惧した。より多くの人がイスラエルのユダヤ教正統派の思想家イシャヤフ・レイボヴィッチに賛同し始めていた。レイボヴィッチはすでに一九六七年の時点でこう警告していた。「ユダヤ民族全体に大惨事を招く」ことを望まないのであれば、「イスラエルは『他の民を支配するという呪いから自らを解放』せねばならない[13]」

インティファーダはイスラエルの政治右派にとっても痛烈な打撃だった。評論家のヨッシー・クライン・ハレヴィが指摘していることだが、多くのイスラエル人がパレスチナ人の怒りの暴発に直面し、理解し始めたことがある。それはイスラエルが、ガザや西岸地区、そしてそこに住む数百万のパレスチナ人を手中に収めつつ、彼らとの和平を達成できると考えること自体が、全くの幻想であるということだった。六日戦争後の数年間、イスラエル人の中で「啓蒙された」占領地という考えが浸透していた。アラブ人は、ユダヤ人がもたらす繁栄を喜んで歓迎してくれる、という筋書きで、ヘルツェルの『古くて新しい地《アルトノイラント》』に遡《さかのぼ》る考えである。西岸地区が炎上する中で、この考えも焼失してしまった。行き詰まりは目に見えて明らかだった。パレスチナ民族主義は、イスラエルが無視できるような勢力ではないことを、パレスチナ人がイスラエル人に示したのだ。数年、いや数十年かかるかも知れない。早かれ遅かれ、イスラエルは西岸地区の大部分を手放さねばならない。そう考えるイスラエル人が増えていった。

ソ連崩壊と百万人の帰還移民

ヨーロッパでも地殻変動が起きていた。一九八九年末にベルリンの壁が崩壊。一九九一年にはソ連が解体し、アメリカは世界の超大国として独り残り、その右に出る国はなかった。イスラエルの建国以来、イスラエルと敵対する近隣のアラブ諸国は、世界の二大超大国の覇権争いに巻き込まれていた。米ソの関係が、一九五六年、一九六七年、一九七三年の戦争に、またその間の多くの紛争に影響していた。アメリカは、国連ではイスラエル建国に賛成票を投じたが、両国の関係が良好ではない時期もあった。ソ連が崩壊するまでは、アメリカがイスラエルの保護国と見られたのに対し、ソ連はアラブ諸国を支援していた。ここに来て、アラブ諸国は新たな支援者を見つけねばならなくなった。やがて、ヨーロッパ諸国がこの紛争で重要な役割を担うようになっていく。

ソ連の崩壊はイスラエルの国内にも変革をもたらした。ユダヤ国家は建国以来、最大数の帰還移民を受け入れようとしていた。ソ連からのユダヤ人帰還は一夜のうちに起きたのではない。事実、アメリカのユダヤ社会は以前から、このことを重大なプロジェクトの一つとして尽力してきた。スターリンが政権の座について以来、ソ連のユダヤ人は圧政的な独裁政権のもとに暮らしていた。この政権は、ユダヤ教の学びやシオニストの活動を禁じ、ユダヤ人のアイデンティティ根絶を大々的に目論んでいた。この点ではスターリンや彼の後を継いだソ連の指導者たちは成功した。七十年ほどの間で、ソ連に住むユダヤ人のユダヤ教知識の水準は著しく低下した。だが、イスラエルにいる同胞のもとに加わりたいという彼らの願いを抑えることはできなかった。この願望は一九六七年（六日戦争の勝利）に新たな活力を得る。ソ連のユダヤ人は、イスラエルにユダヤ人の新しいモデルを見出だした。もはやユダヤ人は犠牲者ではない、そんな生き方に自分たちも加わりたかった。

ソヴィエト連邦の門戸が閉ざされていたので、ソ連のユダヤ人解放がアメリカのユダヤ人やイスラエル政府の主要プロジェクトになった。「ソ連のユダヤ社会のための学生闘争」といった各種組織、また一九七四年のジャクソン・バニク米国通商法修正条項（移住を禁じる共産圏諸国に制裁を加えるための条項）のような政治的努力が、それぞれの役割を担った。抗議運動やデモ活動もあった。また、アメリカの少なからぬ勇気あるユダヤ人たちがロシアの入国許可書を申請取得し、現地訪問の機会を利用して、書籍、音楽、教材、宗教書を持ち込み、抑圧されたコミュニティの心を鼓舞し、教育を促進した。

緩やかではであるが、門戸が開かれた。一九七〇年には、ソ連から九百九十二人の移民がイスラエルに来た。一九八〇年には、その数は七千五百七十人になり、一九九〇年には、十八万五千二百二十七人になっていた。大量移民が下火になる二〇〇〇年を少し過ぎた頃までに、約百万のソ連系ユダヤ人がユダヤ国家に向かい、イスラエルの国柄を劇的に変えてしまった。

科学や芸術に貢献するロシア系ユダヤ人

これまでと同様、ソ連からの帰還者の多くも資金はほとんど持っておらず、到着時には相当な援助を必要とした。ソ連で高度な職業訓練を受けていた人々の多くも、競争の激しいイスラエルの労働市場では、単純労働に甘んじなければならなかった。ソ連からの帰還者は数が多かったので、独自の新聞・雑誌の刊行や、彼らが大半を占める区域での生活も可能にした。こうしたことから、彼らはイスラエル社会に溶け込もうとしていないと見なされ、一部のイスラエル人の反発を招くこともあった。

だがソ連系のユダヤ人は、以前のミズラヒー移民とは大きく異なっていた。確かに社会に溶け込むには時間がかかったが、彼らは西洋系の帰還者であり、一部の人は大学での高等教育を受けていた。中にはエンジニアや医師、また音楽家などの芸術家もいた。ソ連系のユダヤ人はイスラエルの科学や芸術の世界に加わり、教育や文化活動に才能ある人材を提供し、需要を喚起した。

ソ連系移民を代表する顔となった人物は、今や著名人となった、ソ連出身のユダヤ人「反体制運動家《リフューズニク》」のナタン・シャランスキーである。イスラエルへの移住を申請したシャランスキーは、米国防情報局のためにスパイ活動をしたというでっちあげの容疑で、九年間投獄された。アメリカのレーガン大統領がソ連のミハエル・ゴルバチョフ大統領に強力な圧力を掛け、シャランスキーはようやく釈放される。彼はイスラエルに移住して、国際的に評価される人権活動家となり、ユダヤ人の勇気の象徴となった。一九九六年には「イスラエル・バアリヤー」という政党を設立（政党名は「移民のイスラエル」「躍進するイスラエル」双方の意味がある）。この政党は、ロシア系ユダヤ人のニーズを満たすのが第一義で、国会でも際立つ存在となった。やがて、ロシア系の帰還者が独自の政党の必要性を感じなくなり、シャランスキーは政界を離れた。

しかし彼は、今なおイスラエルを代表する政治家の一人であり、民族の最も偉大な英雄であり続けている。

エチオピアのユダヤ人を救出した「ソロモン作戦」

ユダヤ国家に救いを求め、新しい生活を築いたのはソ連のユダヤ人だけではない。エチオピアでは内戦が勃発し、飢饉で事態はさらにひどくなり、世界のユダヤ社会はエチオピアに住むユダヤ人コミュニティを特に心配した。三十五年ほど前の「魔法の絨毯作戦」で、国防軍はイエメンのユダヤ人をイスラエルへ安全に輸送した。それを手本にして今回も、イスラエル政府は、世界のどこであろうと危険な状態にあるユダヤ人の安全確保は、自分たちの責任であると判断した。

すでに一九八四年の時点で、イスラエルは、活動家や諜報特務庁モサドのエージェントをスーダンに送り込み、数千のエチオピアのユダヤ人をイスラエルへ密かに帰還させていた。しかし、なお数多くのユダヤ人が残っていた。一九九一年には、エチオピアの状況が悪化し、地元ユダヤ人の身の危険が一層増大した。

一九九一年五月、「ソロモン作戦」と呼ばれる大胆な作戦で、イスラエル人のパイロットたちは、不格好に改造されたC－130ジェット輸送機を、内戦真っ最中のエチオピアの狭い滑走路に着陸させた。輸送機はなるべく多くの乗客が乗れるよう、座席がすべて取り除かれていた。時には輸送機一機に一千百人以上の人が乗り込むこともあった。帰還者の多くはひどく貧しく、着の身着のまま、ある者は料理道具だけ持って搭乗した。あまりにも衰弱していて、百四十人がイスラエルに着くと救急車で迎えられ、滑走路で医療ケアを受けた。飛行機の中で出産する女性も数名いた。イスラエル空軍のC－130ジェット輸送機とエルアル航空のボーイング七四七、計三十五機が、直行便で、合計一万四千三百二十五人をイスラエルに移送した。たった三十六時間の出来事だった。

エチオピア系ユダヤ人コミュニティの歴史的起源に関しては、論争が絶えない。救出されたこれらのエチオピア人たちは、身の危険を冒して救出作戦に携わったアシュケナジー系パイロットとは、何の共通点もなかった。エチオピアのユダヤ人は数千年間、バビロニアやパレスチナ、ヨーロッパ、北アフリカのユダヤ人の生活とは全く切り離されていた。彼らは古代のユダヤ人の生き方を保ってきたが、イスラエル人が〝真正な《オーセンティック》〟ユダヤ教と考えるものとは、著しく異なっていた。過去二千年のユダヤ教の発展や伝統のほとんどが、この帰還者たちにとっては異質なものだった。彼らが離散してから編纂されたタルムード（ユダヤ教の口伝律法集）については、何も知らなかった。プリムやハヌカの祭りがユダヤ教の暦に取り入れられたのは、エチオピア系のユダヤ人が他のユダヤ人と離ればなれになってからのことだった。ホロコーストも同様で、この二千年間、彼らは他のユダヤ人が経験してきたことを全く知らなかった。話す言葉はヘブライ語ではなくアムハリ語。彼らがイスラエルに着いたとき、この近代国家について何も知らなかった。近代的なものにも未知だった。電気、水道、現代技術に全く馴染みがなかったので、さらなる課題だった。イスラエルへ飛ぶ輸送機の中が寒かったので、火を焚《た》こうとしたエチオピア人もいたという。

　今までイスラエルが試みたどの移民計画とも違っていた。残念ながら、エチオピア人の大半はイスラエルの底辺層に属するようになる。そして不幸なことに、あからさまな人種差別を経験することもあり、彼らの子や孫たちがイスラエルの社会、経済、教育、軍の階層を上り詰めるには数十年かかることになるだろう。と同時に、イスラエルがエチオピア系のユダヤ人コミュニティをイスラエルへ連れてくることによって大勢の命を救い、しかも白人系のパイロットが黒人系の移民を満載した輸送機をイスラエルに着陸させたことは、ユダヤ国家はユダヤ民族を救う、という公約が人種や肌の色を超越していることを示した。

　差別や腹立たしい人種的偏見があったのも間違いない。だがほとんどの場合、エチオピア人が直面した障壁は、彼らが大切にしてきたユダヤ教と彼らがたどり着いた国の宗教文化との大きな違いに端を発するものだった。これは世界中の移民が誰しも直面する問題である。エチオピア系ユダヤ人の容姿も、話し方も、振る舞いも、すでにイスラエルで暮らしていた他のユダヤ人とは異なっており、その受け入れは大変な難題であった。それでもイスラエル国民は、彼らを救出したことは絶対に正しかった、と確信していた。彼らもユダヤ民族の一部であり、ユダヤ民族の救出はイスラエル国の存在意義でもあるからだ。

エチオピア系とロシア系の皮肉な共通点

　皮肉なことに、また悲しいことに、エチオピア系とロシア系の移民にはある共通点があった。彼らが本当にユダヤ人なのかどうか、ユダヤ教ラビ庁《ラバヌート》が確信を持てなかったことである。ロシア系ユダヤ人の場合、ユダヤ法《ハラハー》によれば、イスラエルに移民した多くがユダヤ人ではなかったことが明らかになっている。ソヴィエト連邦のユダヤ人コミュニティでは異教徒との結婚もよくあった。ある推測では、帰還法によってイスラエルに移住したロシア系のうち、厳密にはわずか二五％

だけがユダヤ人だったという（帰還法では、ナチスが定義したのと同じように、祖父母の一人でもユダヤ人ならば、ユダヤ人と定義している。これは伝統的なユダヤ法の規定とは異なる）※1。ユダヤ教ラビ庁は、再三にわたり（正統派のラビを含む多くの人から）批判された。それは新参の帰還者たちをユダヤ人と承認しなかったからではなく、改宗しようとする人たちを阻《はば》んだからだ⑭。

　エチオピア人の場合はもっとひどかった。最初にエチオピア系の人々をユダヤ人と裁定したのは、セファラディ系の首長ラビだった。エチオピア系のユダヤ人コミュニティは「ファラシャ」とも呼ばれるが、彼はこの呼称を用いた※2。ラビ・オヴァディア・ヨセフは、一九七三年、まだエチオピアの大量移民が到着するずっと前に、歴史的な裁定でこう述べている。

> よって私は次の結論に達した。ファラシャは紛《まぎ》れもなくイスラエル部族の末裔である。彼らは南下してエチオピアに向かったのであり、彼ら［ファラシャ］はダン族であると上述の賢者たちが立証したことに、疑いの余地はない。……最も信頼に足る証人と証拠に拠《よ》り、この結論に達した……私の愚見をもって、ファラシャはユダヤ人である、と裁定する⑮。

　アシュケナジー系の首長ラビ、ラビ・シュロモ・ゴーレンは、時に斬新で先駆的な裁定を下す造詣の深い学者だったが、この件に関してはかなり弱腰だった。一九八一年になってようやく、彼の著作にエチオピア系の帰還者をユダヤ人として承認していることをほのめかす文面が見られるようになる⑯。

湾岸戦争にじっと堪えるイスラエル国民

　一九九〇年八月、イラクのサダム・フセインがクウェートに侵攻した。アメリカは他の西側主要国と連携して、フセインとの戦争に踏み切った。このアメリカが率いるイラク攻撃への報復として、フセインは一九九一年一月、イスラエルに

※1訳注・帰還法については一九三ページを参照。
※2訳注・「ファラシャ」とは、ゲエズ語で「流浪民族、異邦人」の意。ゲエズ語は、エチオピアで発展したセム語の一種。古典エチオピア語とも言われる。

ミサイルを発射した。イスラエルの歴代指導者たちは、自国の一般市民が攻撃されている中で、ただじっと座して耐えよう、などと考えたことは一度もない。だがこの時ばかりは、イスラエルは身を引くしかなかった。アメリカのジョージ・H・W・ブッシュ大統領が、イスラエルの参戦を受け入れるわけにはいかない、と一歩たりとも譲らなかったからだ（その一例として、イスラエル空軍の飛行機が多国籍軍に撃ち落とされないためには符号《コード》が必要だったが、それをアメリカはイスラエル空軍に教えてくれなかった）。当時のイスラエル首相イツハク・シャミールは、建国前は地下組織レヒの指導者で、ユダヤ人を守るための武力行使に怯《ひる》んだことは決してなかったが、この時ばかりは、仕方なく承服した。

イスラエル人は備蓄食料やガスマスクを持って防空シェルターに群がった。ガスマスクが備えられたのは、フセインがイラン侵攻の際に配備した化学兵器を使用するかも知れない、と懸念されていたからだ。イスラエル人は、戦争が終わるまで密室で過ごし、ガスマスクやガスを遮断するベビーベッドまで用意していた。イスラエル政府がアメリカの現実主義的なアプローチを承諾したことにより、アメリカが地対空ミサイルシステム・パトリオットを提供してくれたのは有り難かった。けれども、フセインは脅威であり、キシネフ虐殺から一世紀近く経っているのに、ユダヤ人はまた隠れねばならない。そして、防空シェルターにいる男たちは、自分の妻も子供も守れずにいると思うと、途方に暮れた。[※1]

ハイム・ナフマン・ビアリクの最も有名な「殺戮について」という詩がある（一九〇三年作。先述の「殺戮の街にて」とは違うので注意）。ユダヤ人が虐殺された後、ビアリクは激昂して神に怒りをぶちまけている。この詩の最も有名な箇所で、「もし正義があるなら――それを直ちに現してみよ！」とビアリクは叫んでいる。危険を待ち受けるだけの犠牲者の役割なんてもうごめんだ、というのだ。一世紀後、ミサイルがテルアビブに雨のように降っているのに、イスラエル国防軍は応酬しないよう命じられているのを受けて、イスラエルの政治評論家は、「もしイスラエル国防軍があるなら――それを直ちに現してみよ！」と書いている。誰もがこの引喩を受けとめた。

マドリード会議からオスロ合意へ

すでにヨム・キプール戦争の時点で、シュロモ・ガジート（一九七〇年代後半のイスラエル軍諜報機関長官）は、イスラエルとエジプトは膠着《こうちゃく》状態にあり、この戦争に勝者はいない、と述べた。パレスチナ人との戦いも、双方に決定的な勝利や成果は得られず、紛争で疲弊していくばかりだった。多くのイスラエル国民にも、双方の対話が必要なのは次第に明らかになった。

エジプトと和平を結んだのは右派のリクード政権だった。同様に、パレスチナ人との間接交渉に初めて同意したのもリクード政権である。一九九一年十月、イツハク・シャミールがまだ首相だった頃、イスラエルの高官はスペインで、シリア、エジプト、レバノン、ヨルダンの代表団と同じ席に着いた。後にマドリード会議と呼ばれるものだ。イスラエルは自国の法律でパレスチナ解放機構（ＰＬＯ）をテロリスト組織と認定していたので、ＰＬＯとの直接交渉は拒否していた。折衷案として、イスラエルは、ＰＬＯの正規メンバーではない西岸地区やガザ地区のパレスチナ人代表が、ヨルダンの代表団に加わることを承諾した。イスラエル人とパレスチナ人が、初めて交渉のテーブルに向かい合って座ったのである。

マドリード会議の目的は協定を成立することではなく、二国間交渉を始めることだった。両者が遂に対話できるようになったという点で、会議は成功だった。今やパレスチナ人との和平はイスラエルの公の課題となり、一九九二年、その和平をもたらすことができると信じる人物をイスラエルは選んだ。イツハク・ラビンである。独立戦争の最も重要な戦闘や一九六七年の電撃勝利にも関与した元軍人で、国民は、ラビンなら自分たちの安全保障の必要性も充分に認識していると信頼した。かつて疑惑の渦中に辞職したが、今やイスラエルの国民は彼の復帰を願った。ラビンが結ぶ協定なら、自分たちも受け入れるつもりだった。

誓約式の演説でラビンが強調したのは、ユダヤ人の立場はすでに変わったこと、そしてイスラエル国民は、今や和平のためにリスクを負えることだった。

※1訳注・湾岸戦争が始まると、ユダヤ系アメリカ人の巨匠ヴァイオリニスト、アイザック・スターンは、いつ飛んでくるか分からないスカッド・ミサイルに脅かされるイスラエル国民を励ますため、イスラエルを訪れ、イスラエル・フィルと共演した。演奏中に警報が鳴り、楽団はステージから引き揚げたが、スターンはステージに残り、プログラムにはなかったバッハの曲をソロで演奏した。また、当時ニューヨーク・フィルの音楽監督だった指揮者のズービン・メーターも、戦争が始まると日程をすべてキャンセルしてイスラエルに飛び、スターンと共にイスラエル国民のために、連日イスラエル・フィルの無料コンサートを行なった。最後の曲目はマーラーの交響曲第二番「復活」だった。

もはや私たちは「独り離れて住む民」ではなく、「世界中が私たちに敵対している」というのも真実ではない。[※1]私たちを半世紀近く虜《とりこ》にしてきた孤立感を克服せねばならない……和平は達成できる、それは不可欠であり、必ず成就する、と私たちは心から信じている。「私は未来を信じている」と詩人シャウル・チェルニホフスキーは綴った。「まだ程遠いかも知れないが、平和と祝福が民から民へと生まれてくる日が来る」。その日はそう遠くない、と私は信じたい。[17]

一九九三年の初め、イスラエルは、イスラエル人にPLOとの交渉を禁じる法律を撤回。その翌日、ノルウェーのオスロでイスラエルとパレスチナの代表による裏ルートでの交渉が始まった。やがて双方はオスロ第一合意の基本的な枠組みに同意する。やがてオスロ合意として知られる協定の第一段階だった。

この合意では、最長五年にかけての筋書きを描き、その間にイスラエル人とパレスチナ人が恒久的な解決を目指して交渉するというものだった。この合意によって、パレスチナ自治政府が設立され、その領地はパレスチナ人によって治められる。イスラエル軍は、ガザと西岸地区の一部から随時撤退することになる。

シモン・ペレスは一九九三年八月のオスロ訪問の際、秘密裡にこの合意に調印した。「相互承認」合意の一端として、PLOはイスラエル国を承認し、ユダヤ国家に対する破壊活動をやめると誓った。それと引き換えに、イスラエルはPLOをパレスチナ人の代表と認め、ヤセル・アラファト――および海外にいる数万の彼の戦闘員――が西岸地区やガザに帰ることを許した。

この協定とは別に、一九九五年九月にオスロ第二合意が締結された。西岸地区をA地区、B地区、C地区に類別し（地図⑩参照）、それぞれ、パレスチナ人が管轄する地区、イスラエル人とパレスチナ人が共同で管轄する地区、イスラエル人が管轄する地区に指定した。オスロ第一合意も第二合意も、パレスチナ人が独自の国家を設立できることを保証してはいないが、オスロの枠組みがやがてはパレスチナ国家設立に至ることを意図していた。一九九三年九月、アラファト、ラビン、そしてアメリカの大統領ビル・クリントンは、ホワイトハウスの芝生広場に揃った。ラビンとアラファトは握手を交わし、中東の新しい時代が到来したように思われた。

早くも危機に陥ったオスロ合意

強硬派のイスラム教徒は、オスロ合意の締結を異端行為と見なした。彼らは、イスラエルがアラブの土地に存在する権利はないと主張し、協定を絶対に受け入れない姿勢を示した。その結果、オスロ合意の調印によって、和平の時代が到来するどころか、イスラエル人に対するパレスチナ人の暴力が復活し激化する時代が始まった。破壊行為はインティファーダのときよりもはるかに凶暴になった。ガザや西岸地区のハマスや過激イスラム組織は自爆テロを決行し、主にテルアビブのイスラエル民間人、エルサレムを含むグリーン・ライン（一九四九年の停戦ライン）内の都市をターゲットにした。オスロ合意を頓挫させるために、どこであれ大量の死傷者を出すよう目論んでいた。一九九四年から一九九六年にかけて、これらの襲撃によって、イスラエル史上これほど短い期間にこれほど多くの人がテロで殺害されたことはない。(18) アラファトが実行犯を公然と非難することは、ごく稀にしかなかった。時には実行犯を捕まえることもあったが、世界の関心が他に移ると釈放した。多くのイスラエル人にとっては、一九七四年に国連総会で銃ケースを腰に巻きながら「オリーブの枝」を差し伸べたアラファトの正体が露呈しただけだった。イスラエル人は、アラファトが同胞のパレスチナ人に対して、アラビア語で、暴力に終止符を打つべきことを呼びかける時が来ている※2、と訴えた。だが、アラファトがそんなことをするはずもなかった。

さらに、あるユダヤ人によるテロが、この地域を一触即発

※1訳注・「独り離れて住む民」とは、ユダヤ人が自分たちの孤立感を表すときによく用いられる表現。もともとは聖書の民数記二三章九節に出てくる表現。「世界中が私たちに敵対している」も同様に、ユダヤ人やイスラエル国が世界中から敵視されている現状を表すのによく用いられる表現。一九六九年にはこの表現をタイトルにした歌謡曲「ハオラム・クロー・ネグデーヌ」（ヨラム・タハルレヴ作詞、コビ・オシュラット作曲）が作られ、より頻繁に用いられるようになる。

※2訳注・イスラム教の強硬派は「ヨルダン川から地中海に至る」地域はイスラムの「寄進地」と捉えているので、ユダヤ国家の存在は神学的に許されるはずもなく、異教徒と協定を結ぶのは背信行為となる。この点を指摘されたアラファトは、自分は「フダイビーヤの和議」に倣《なら》っているだけだと釈明した。この和議は、モハメッドが六二八年に、聖都メッカにいる圧倒的に優勢な異教徒（クライシュ族）と一時的に結んだもので、やがて機を見て和議を破棄し、聖都を占領した。異教徒が強力な場合、暫定的な和議を結ぶことができるという先例であり、エジ

の状況に陥《おとしい》れた。一九九四年二月二十五日、アメリカからイスラエルに帰還したユダヤ教徒バルーフ・ゴールドシュタインは、重武装した上でヘブロンにある族長の洞窟に入り、礼拝中のイスラム教徒めがけて銃を乱射した。※1 ゴールドシュタインは激怒した群衆によって殺されたが、二十九人のパレスチナ人礼拝者を殺害した。

　またもやヘブロンが火種となった。一九二九年にヘブロンで暴動が勃発し、アラブ人はそこに暮らすユダヤ人を殺害してヘブロンのユダヤ人コミュニティを絶滅させただけでなく、実質的に中東におけるアラブ・イスラエル武力紛争の火蓋を切った。一九六七年の六日戦争後、ユダヤ人青年グループがグリーン・ラインを越えて、最初にユダヤ人コミュニティを築いたのもヘブロンだった。そして今、地域の緊張は高まり、オスロ合意の行方も危ぶまれ、ヘブロンは再び虐殺の地となった。しかも今回、残虐行為を行なったのはユダヤ人であり、犠牲者となったのは礼拝中のイスラム教徒だった。

　イスラエルの国民は、ゴールドシュタインの攻撃に震え上がった。ユダヤ教の指導者たちは宗派を越えて、彼の行為を公然と非難した。だが実害は取り返しがつかなかった。その応酬としてアラブ人によるテロは続き、さらに凶暴になり、地域は収拾がつかなくなった。オスロ合意が発端となってテロが続発し、ラビンは内心オスロ合意を諦めようと思った、とも言われている。二〇〇八年になって、モシェ〝ボギー〟・ヤアロン前国防相は、ラビン首相が自分に「オスロの和平プロセスを『解消しよう』と思っている、アラファトはもう信用できないから」と漏らした、と記している。(19) 二〇一〇年、イスラエルを代表する新聞社とのインタビューで、ラビン首相の娘ダリヤ・ラビンはこう語っている。「父に近かった人たちの多くから聞いています。暗殺される前夜、父はオスロの和平プロセスを取りやめようかと考えていたそうです。町中ではテロが頻繁に起こり、ヤセル・アラファトは約束を守るつもりはないと感じていたからです(20)」

　ラビンが個人的にどう懸念していようと、公の場では決然としていた。かつてベングリオンは、私たちは戦争がないかのように白書と戦い、白書が存在しないかのように戦争を戦うとの決意を述べたが、それを思わせる論旨で、ラビンはこう宣言した。「私たちは、テロが存在しないかのように和平プロセスを続ける。そして和平プロセスがないかのようにテロと戦う(21)」。イスラエルはアラファトの二枚舌に腹を立てていたが、オスロ合意での義務を果たし続けた。一九九四年五月、イスラエル国防軍は、エリコとガザ地区のほぼ全域から立ち去った。合意の詳細が最終決定されてから、わずか九日後のことである。やがて国防軍は、西岸地区とガザの大きな都市や領地から撤退を始めた。

イスラエルとヨルダンが結んだ平和協定

和平の進展は別のところで見られた。一九九四年、ヨルダンとイスラエルは両国間の交戦状態に終止符を打つため、本格的な交渉を始めた。フセイン国王は西岸地区の領有権を正式に放棄したので、両国間を分け隔てる厄介な問題はなかった。ヨルダン国王が西岸地区を欲していなかったのは、そこに住むパレスチナ人がヨルダン人口に加わると、自身の支配するハーシム族がさらに少数派へと転落してしまうからだった。当時イスラエル外相だったシモン・ペレスは、この年フセイン国王に会うためヨルダンに飛び、こう述べている。「飛行時間はたったの十五分……だが四十六年間の憎しみと戦争の隔たりを越えることができた[22]」

一九九四年十月、イスラエルとヨルダンは平和協定に調印した。両国は、互いの国境に合意し、水利権を解決し、全面的な相互承認を確立した。これでイスラエルは近隣の二国と正式に和平を結ぶことになる。フセイン国王は青年の頃、祖父のアブドゥッラー一世がパレスチナ人に殺害されるのを目撃している。一九五一年七月のことで、アブドゥッラー王がイスラエル人との和平の可能性を考えていたことが原因だった。フセイン国王にとって、イスラエルとの平和協定達成は、政治的・経済的な価値があるだけではない、個人的にも深い感慨を覚えるものだった。

和平の推進者ラビン首相が凶弾に倒れる

アラファトとの「取引」が平和をもたらすどころか、テロを誘発した。この現状に驚愕《きょうがく》し、自分たちの存在を脅《おびや》かす致命的で危険な誤りを犯してしまったと考えるイスラエル人が増えていた。明白な神学的問題として受け取る者もいた。つまり、神がユダヤ民族にイスラエルの地を与えたと信じてい

プトやヨルダンがイスラエルと結んだ和平条約もこれを踏まえている。皮肉ながら、イスラエルが軍事的に優勢である限り、アラブ側はイスラエルと和平を結んでも神学的に問題がないということになる。

※1原書注・族長の洞窟は、ユダヤ教徒とイスラム教徒双方にとっての聖所である。ユダヤ教の伝統によれば、アブラハムやサラの埋葬地である。ユダヤ教徒同様、イスラム教徒も、六世紀に同地に建てられたイスラム教寺院で礼拝している。

るため、その一部でも譲渡することは異端行為になるというのだ。イスラエルの政治的・宗教的に極右派のユダヤ人たちの反応は、特に悪質になった。抗議集会で、ラビンをユダヤ民族の大敵ヒトラーになぞらえた写真を掲げていた。過激派のユダヤ教ラビの中には、ラビンのことを「ロデフ」(殺意を抱いている者)または「ボゲッド」(裏切り者)と呼ぶ者もいた。どちらもユダヤ教では死に値する概念だ。エルサレムの中心街で催《もよお》された抗議集会で、後に首相となるビンヤミン〝ビビ〟・ネタニヤフがバルコニーから演説している映像がある。恐らく本人は気付いていなかっただろうが、バルコニーの下には「ラビンに死を」というサインがあった。

多くのイスラエル人は、この野放図な煽動《せんどう》が惨事を招かないかと心配した。ハイム・アルロゾロフがテルアビブの海岸で射殺されて六十二年、アルロゾロフの息子はイスラエルを代表する新聞に投書して、国民にこう訴えた。煽動のせいで父は暗殺されたが、今まさに背筋が凍るほどの同じ現象が再現されているのを目にする。「右派の指導者たちは煽動をやめねばならない。そして、もしこのまま煽動を続けたらどんなことになるか、信奉者に説明せねばならない。さもなければ、彼らが責任を負うことになる。アルロゾロフの殺人もそうだった」と書いている。㉓

ラビン個人としては、明らかな戸惑いもあったが、オスロ合意を支持し続けた。ユダヤ国家がアラファトとの約束を調印どおりに守り続けることを国内外に示すため、一九九五年十一月四日、ラビンとシモン・ペレスは、テルアビブで和平推進の大集会を呼びかけた。国民は大挙してこの呼びかけに応じた。概算では、参加者の数は十五万人、恐らくそれ以上とも言われている。㉔和平の可能性をなお信じ、歓喜する大勢の国民に向かって、ラビンはこう述べた。

私は二十七年間、軍人だった。和平の見込みのない間は戦争に従事してきた。私は信じている、今こそ和平の見込みがある、大いなるチャンスがある、と。私たちはこの機会を活かさねばならない。ここに共に立っている人々のために、またここにいない人々のために――そしてその数は多い。私がずっと信じてきたのは、国民の大半は和平を望んでおり、平和のためにはリスクを負う覚悟でいる、ということだ。今日、この場に集うことを通して、皆さんは、ここにいない多くの人たちと共に、国民が切実に和平を望み、暴力に反対していることを示した。

暴力はイスラエルの民主制度の根本を蝕《むしば》んでしまう。暴力を非難し、隔離せねばならない。それは、イスラエル国のやり方ではないからだ。民主制度では見解の違いはつきものだが、最終的な決断は民主的選挙でなされるものだ。ちょうど一九九二年の選挙で私たちが信任を得て、私たちが行なっていることへの支持を得たように、この歩みを続けねばならない。[25]

演説を終えたラビンは、平和推進派の主題歌「平和の歌《シール・ラシャローム》」を集会の参加者と共に歌った。テルアビブの広場には、歌声が響き渡っていた。

いつか　その日は来ると［ただ］言うな
その日を　来たらせよ
それは　夢ではないからだ
すべての町の広場で
ただ平和を　叫べ！[26]

待機していた車に向かおうとするラビンに、二十五歳のユダヤ教徒でバルイラン大学法学部の学生イガル・アミールが、ラビンの護衛の間をすり抜けて歩み寄り、三発の銃弾を撃ち込んだ。ラビンは病院に担ぎ込まれた。狙撃のニュースは広まり、国民は息を凝らして続報を待っていた。

ラビンはイヒロヴ病院の手術室に運ばれたが、間もなく、ラビンの側近エイタン・ハベルが病院から出てきた。ショックで戦《おのの》き心配する群衆に向かって、短い声明文を読み上げた。今でも多くのイスラエル人は、その文面を憶えている。

イスラエル政府は、落胆と、大きな悲しみと、深い痛みをもって発表します。首相兼国防相イツハク・ラビンは亡くなりました。今晩、暗殺者によってテルアビブで殺害されました。故人の記憶が祝福されますように。

平和を味わったこともなく、あまりにも多くの悲劇を体験してきた建国間もない国が、突如として、今まで思いもよらなかった惨事に直面した。黒雲が晴れるのを拒むように、深い屈辱感が漂っていた。今度は自然発生的に、何千もの人が、集会が開かれた広場に戻ってきて、その夜に歌われていた同じ歌を歌った。もう同じ国ではなかった。数千人が路上で泣いていた。言葉では伝えきれない思いを表そうと、群がるイスラエルの若者たちは数十万のロウソクを国中の歩道に灯《とも》した。誰もが悲劇の当事者だった。夢は消えた。もはやこの国は以前の姿には決して戻らないだろう。当惑する国民は、次第に悲劇の深刻さに気づいた。互いに抱き合い、ただ泣いた。

若者たちは座り、歌い、泣き、灯した炎の揺らめきを眺めながら、仲間の抱擁《ほうよう》に安心感を求めた。ひどく傷ついた自分たちの国は、どうにかして、いつか、癒やされるだろう。まだすべてを失ったわけではない。そのかすかな希望の光のために祈った。同時に、彼らは失いつつあるものを恐れ、悲しんだ。皆の予想をはるかに超越したこの小さな国のために、嘆いた。国家を形成したビジョン、祖父たちがあらゆる困難を乗り越えて、無から建設したユダヤ人の生活の新しい希望を思って、嘆いた。

第17章　滞《とどこお》る和平プロセス

「私は失敗者だ。あなたのせいで失敗者になったのです」
——ビル・クリントンがヤセル・アラファトに言った言葉

「シャローム、ハベル」

ラビンが埋葬される前、百万人が棺《ひつぎ》の前を弔問に訪れた。「こんな時が来るなんて思いもしませんでした」。ヨルダンのフセイン国王は、ラビンの葬儀に参列する八十カ国を代表する要人を前に語った。「一人の兄弟、同士である友の死を嘆き悲しむ時が来るなんて」。フセインは続けた。「隔たりの反対側で私たちと出会った一人の男、彼は戦士でした。私たちに敬意を表したように、私たちも敬意を表しました。私たちが理解し合えたのは、私も彼も悟ったからです。隔たりを越えねばならない、対話をし、互いを知り、私たちの後に続く世代にふさわしい遺産を残さなければならない、と」(1)

降壇する国王は、明らかに震えていた。若い頃に体験した祖父の暗殺を考えると、まるで同じ事が繰り返されているようで苦痛だったに違いない。中東は、是が非でも和平を阻止しようとする連中に掌握《しょうあく》され、衰退する一方なのか。

エジプトのホスニー・ムバラク大統領も、葬儀のためにイスラエルを訪れていた。アメリカのビル・クリントン大統領も参列していたが、明らかに悲しみに打ちひしがれていた。アメリカで半旗を掲げるよう指示していたクリントンは、(2)追悼の弔辞の最後に、ラビンの棺のほうを向いて囁いた、「さようなら《シャローム》、友よ《ハベル》、グッドバイ、フレンド」。イスラエル人の記憶にいつまでも残る一言だった。彼は、殺害された戦士、平和の使者の遺体の前でそっと黙礼した。

ラビンの死後、労働党の主導権争いをめぐってラビンと激しく競《せ》り合ってきたシモン・ペレスが、首相代行を務めた。

翌日、ペレスは首相官邸に入ってもラビンの椅子に座ろうとはしなかった。誰も埋めることのできない大きな空白に、イスラエルが直面しているのを理解していたからだ。ベングリオンの側近の一人として仕え、青年時代を建国の指導者たちの間で過ごしてきたペレスは、指揮すべき国家と癒やすべき社会が彼の面前にあることを承知していた。だが、果たして社会を癒やせるかどうかは、誰にも分からなかった。

ペレスからネタニヤフ、そしてバラクへ

シモン・ペレスはすべてを見てきた。彼は、シモン・ペルスキーとして一九二三年にポーランドのヴィジニエヴに生まれた（現在ベラルーシ共和国のヴィシエニエフ）。一九三四年に一家でパレスチナに移住し、一九四七年に自衛組織ハガナーに入隊。人事と武器購入を監督し、独立戦争の初めの頃までこの任務を担っていた。その後、ペレスは国会議員の他に外相、防衛相、財務相などの要職を歴任し、一九八四年から一九八六年まで首相を務めた。そして再び首相となった今、ラビンの和平へのビジョンに専念し、オスロ合意に力を入れた。一九九五年の十一月から十二月にかけて、西岸地区（ヘブロンを除く）の全主要都市からイスラエルが撤退し、パレスチナ自治政府の選挙を容認した。アラファトが書記長に選ばれ、彼のファタハ党が評議会議席の多数を獲得した。パレスチナ国家の樹立は順調に進んでいるように思えた。

ところが、パレスチナ人によるイスラエル人への攻撃は止まなかった。攻撃の度合いと犠牲者の数は、むしろ以前より増加していた。[3] オスロ合意は、どう見ても惨めな失敗で、維持するのが次第に難しくなっていた。『ありがとう』の代わりに、爆弾が飛んできた」とペレスは語っている。[4] ユダヤ人右派によるラビン暗殺にうんざりした国民が、自分を国家の指導者として選んでくれるものと確信し、ペレスはイスラエルの選挙を六カ月前倒しで実施した。世論調査によると、確かにペレスのほうが対抗馬であるリクード党のビンヤミン・ネタニヤフよりも、かなり優勢だった。

だが、パレスチナ人テロリストが選挙の形勢を逆転させた。エルサレムで二回、テルアビブで一回、アシュケロンで一回、イスラエルの中心街への襲撃により、九日間で約六十人のイスラエル人が殺害された。国民は怒りと不安を感じ、ペレスは落選した。ラビンの後を継いで、ほんの七カ月後のことだった。

安全保障は常にイスラエルの最重要課題で、テロが拡大する度に投票者は政治的に右へシフトする傾向にある。一九九六年も例外ではない。国民はペレスではなくネタニヤフを選

んだ。ネタニヤフは、一九九五年のイスラエル・パレスチナ平和協定（オスロ第二合意）に規定されているイスラエルの管轄責任を果たすべく、ヘブロンを皮切りに、イスラエルの管轄下にあった西岸地区の都市から撤退した。ネタニヤフはアメリカからの圧力を受けて、一九九八年のワイ・リヴァー覚書にも調印した。その覚書は、滞《とどこお》っていたオスロ第二合意の実施を再開するためのものだった。

だがネタニヤフは当初から、オスロ合意はイスラエルにとって失策だと考えていた。彼は三年の任期中、オスロ合意がもたらしたと思われる危険を回避するため、万策を尽くした。だが次の選挙では、国民が中道派の人物を求め、振り子が左に戻ってエフード・バラクが選ばれた。

イスラエル軍のレバノン撤収

バラクはイスラエル史上、最高の武勲を誇る軍人の一人だった。彼は三つの公約を基盤にした政策を掲げ、選挙に臨んだ。どう打開できるのか皆目検討のつかなかった南レバノンからのイスラエル軍撤退を誓い、シリアとの和平を約束し、そして実現が疑わしくなる一方のオスロ合意を実行し、パレスチナ人との和平を締結すると宣言した。

公約の二つを組み合わせるのが最も賢明だ、と考えるイスラエルの指導者もいた。もしイスラエルとシリアが和平合意に調印できれば、イスラエルはシリアと協力してレバノンから撤退できる。だがそれはあり得なかった。シリアにとって、イスラエル軍がレバノンに駐留していたほうが好都合なのである。シリアの代理テロ組織ヒズボラを使って、イスラエル軍を攻撃できるからだ(5)。シリアの外相は、シリアの同意なくイスラエルが撤退した場合、それは「交戦行為」と見なされる、と主張した。この主張について、イスラエルの代表的なジャーナリストは評している。「これは精神の歪曲であり、中東のスタンダードから見ても前例がない(6)」

バラクがレバノンからイスラエルを撤収させる場合、一方的撤退を実施せねばならなかった。彼は二〇〇〇年五月二十四日にそれを決行した。当時レバノンに駐留していた部隊の兵士は、一九八二年にイスラエルが初めて侵攻した頃に生まれた世代だった。

アラブの暴力を眼前にして、イスラエルが一方的に領土撤退するのはこれが最後ではない。だが、後年明らかになるように、イスラエルが領土を撤退する度に、アラブ人過激派の思うつぼにはまってしまう。世界で最も洗練された軍隊であるイスラエル国防軍に、致命的な打撃を与えられることを、ヒズボラはすでに見せつけていた。過酷なレバノン戦争を経た後、一九八五年から一九九七年の間に、イスラエル兵二百人が死亡し、七百五十人が負傷した。二〇〇〇年にイスラエルが撤退すると、ヒズボラは南レバノンに地盤を固めていった。イスラエルが国境に駐留した最後の日、ヒズボラ事務次長はこの夜のことを、「パレスチナ人のトンネルに終わりを告げる光、抵抗と殉教の道を歩み続ければ解放に至るという希望」と描写している。さらに「レバノンで起きたことはパレスチナでも起こり得る」と約束した。(7)

初めから和平の意志がなかったアラファト

バラクはイスラエル軍のレバノン撤退という公約を果たすと、パレスチナ問題に取り組んだ。五月のレバノン撤退から数カ月後の二〇〇〇年夏、エフード・バラク、ヤセル・アラファト、そしてビル・クリントンがキャンプ・デーヴィッドに集まった。二十二年前、ベギンとサダトが和平協定を成立させるため、カーターと会合した田園風景の避暑地だ。

イスラエルとパレスチナが合意に達するために、解決せねばならないいくつかの厄介《やっかい》な課題が長年つきまとっていた。イスラエル内にあるパレスチナ難民のかつての居場所への帰還の許可、エルサレムの帰属問題、パレスチナ国家の最終的な国境など、パレスチナ側の要求が交渉の議題に挙げられた。バラクは包括的合意に達する覚悟を決め、アラファトに西岸地区の九二%とエルサレムの一部をパレスチナ国家の領土として提示した。だがイスラエル側を驚かせたのは、アラファトとその交渉団が、この提案を検討することもなかったことだった。オスロ合意が成立したことにより、すでにテロは激増している。そして今度は、アラファトがバラクの提案を一蹴し、代案を提示しようともしない。イスラエル側は、アラファトがこの提案を好意的に捉えるか、あるいは少なくとも妥当な交渉の出発点と考えてくれるものと思っていた。クリントンもパレスチナ側の強硬姿勢には閉口した。

キャンプ・デーヴィッドの交渉は決裂し、散会となった。バラクは政治的な打撃を負ってイスラエルに帰国。イスラエルの右派は、バラクが許容範囲をはるかに超えて譲渡したことに憤慨し、左派はバラクが何の手みやげもなく帰国したことに失望した。他方アラファトは、シオニストに立ち向かう民族の英雄として帰郷した。彼は、パレスチナ人がエルサレム問題と国境、帰還権に関するすべての要求が容認されない限り満足しないことを決然と示した。アラファトは、自らの意志を曲げなかったこと、そして民族の念願に一貫して忠実だったことを、同胞に見せつけようとした。

アメリカの外交官で作家、数十年に及ぶ中東交渉に携わり、ビル・クリントンの中東特使を務めたデニス・ロスが、後にこう書いている。「バラクもクリントンも、合意に達するために必要なことは何でもするつもりだった。二人とも、難題に立ち向かおうとしていた。歴史と神話に向き合うのにはリスクが伴うが、二人はそれを回避しなかった。アラファトもそうだと言えるのか。残念ながら、ノーだ[8]」

イスラエルの評論家も歴史家も、さらにずっと左寄りだった人たちも、アラファトの計算を理解していた[9]。交渉が長引けば長引くほど、国際社会は自分を和平に専心する改革派の闘士ともてはやしてくれる。ところが協定に調印してしまうと、国際社会は自分に新国家を統治し、その動向の責任を取るよう押し付けてくる。やがて、アラファトは和平を実現するつもりが全くないと、誰もが思うようになっていった。

シャロンの「神殿の丘」訪問

地域の緊張が高まった。レバノン撤退から六カ月、キャンプ・デーヴィッド首脳会談から二カ月しか経っていない頃、野党党首のアリエル・シャロンがエルサレムの神殿の丘を訪問した。イスラエル人としての法的権利においては全く問題なかったが、この訪問は挑発行為とも受け取られた。シャロンはパレスチナ人に、イスラエルが東エルサレムと旧市街の管理権を保持しているのを示したかった、という主張もある。あるいは、恐らくアラファトがそのような振る舞いに暴力で応えることをシャロンは知っていて、イスラエル政府がこれ以上譲歩する前に、国民にその現実を示したかった、という考えもあった。

シャロンの動機が何であれ、彼は「確かにシュロモ・ベンアミ国内治安相から、イスラエルの諜報部は組織的な暴動のリスクはないと見ている、と伝え聞いていた。この点に関しては、パレスチナ人の西岸地区予防治安局長のジブリル・ラジュブからも裏を取っていた。ラジュブはベンアミに、シャロンが神殿《ハラム》の丘を訪れるのは問題ない、ただ治安上モスクに入るのはだめだ、と伝えていた」のだった[10]。

シャロンはモスクには入らなかった。二〇〇〇年九月二十八日、多数のイスラエル人警備員に伴われて神殿の丘に上った。その翌日、二万人のパレスチナ人暴徒が神殿の丘を襲撃。イスラエル勢は小規模の銃器で応酬したが、かえって暴動は拡大し激化した。この日の衝突で、パレスチナ人暴徒七人が死亡、パレスチナ人三百人とイスラエル人警官七十人が負傷した。パレスチナ自治政府の指導者たちは、テレビで過激な反イスラエルの演説を行ない、ラジオでジハード（イスラム用語で異教徒に対する宗教戦争）を呼びかけた。

数日内に、アラファトとその治安部隊が紛争の炎を煽《あお》り、衝突は国中に広まった。イスラエルの治安機関関係者の大半は、アラファトはかなり前から暴動を計画しており、シャロンの訪問が暴動を始める口実となったに過ぎない、と考えている。※1

はるかに凶暴な第二次インティファーダ

後に「第二次インティファーダ」として知られるようになる四年間の戦い、その始まりを象徴する事件がいくつかある。フランスのテレビ取材班が凄惨《せいさん》な情景を映像に収めている。ガザで十二歳のモハマド・アルドゥラが、父親が必死に守ろうとする中、銃弾に当たって殺されるシーンだ。イスラエル側は少年を殺したのはイスラエル軍ではないと主張するが（後にこの主張が正しかったことが判明）、この事件がパレスチナ人区域に火をつけてしまう。九月三十日のアルドゥラ事件から二週間も経たない頃、運転の任務を任された二人のイスラエル予備役兵が、現場に向かう途中で道を間違えてしまう。パレスチナ人の町ラマラを通っているときに群衆に囲まれ、二人はリンチの末に殺された。喜ぶ群衆を前に、テロリストの一人が窓から血まみれの両手を上げている映像が世界に配信された。イスラエル国民にとって不快極まる映像だった。その映像にうんざりしたイスラエル人は、パレスチナ人が自分たちの国を造ることよりもユダヤ人を殺すことに熱を上げている、と再び感じざるを得なかった。※2

このインティファーダは、第一次インティファーダのような大暴動には至らなかったが、パレスチナ自治政府の治安部隊が武器を使用したのと、自爆テロがあったのとで、はるかに凶暴だった。⑪ 紛争はイスラエルに住むアラブ人、特にアラブ人の密集するガリラヤ地方に広まった。アラブ系イスラエル人は、ユダヤ人の資産、車両、集落、施設などを襲撃した。ユダヤ系イスラエル人も、ユダヤ人とアラブ人が共存する都市にあるモスク、アラブ人経営の商店やアラブ住民に対して暴動を始めた。⑫ いわゆる「二〇〇〇年十月の諸事件」、もしくは「十月の発火」として知られる一連の出来事で、抗議運動はエスカレートして暴力沙汰となり、イスラエル人警官とアラブ人暴徒が衝突した。アラブ人は石や焼夷弾を投げつけ、パチンコで鉛玉を撃ち込んだ。その応酬に、警察側は実弾を使用することもあり、十月のほんの数日の間に、イスラエルのアラブ人十三人が治安部隊に撃たれて殺された。⑬ 後にこの一連の出来事を調査したオル委員会によって、警察側に暴動への備えが充分にできていなかったことや、時に過剰に反応してしまったことが判明している。

二〇〇〇年十月の事件は、一九五六年のカフル・カセムとは違う。カフル・カセムでは、アラブ人の暴力に端を発したことが原因なのは、疑う余地がない。しかし、イスラエルのアラブ人の思考の中で、二つの事件は繋《つな》がっていた。一九五六年のカフル・カセム虐殺や、一九七六年の「土地の日」の出来事のように、二〇〇〇年十月の殺害は、自分たちがいつまでも二流市民で、自身の命がユダヤ人のように大切に扱われていないという感覚を強めてしまった。※3 ユダヤ教超正統派《ハレディーム》が抗議して道でタイヤを燃やし、多少の暴力沙汰を起こしても、治安部隊は決して彼らに発砲しない。

　シャロンが神殿の丘を訪問したことと、十月一日にアラブ人が死んだことにより、アラブ人の暴力はさらにひどくなった。火炎ビンが投げられ、バスが炎上した。森林の放火もあったが、これは象徴的な意味合いを込めた意図的な攻撃だった。植林は、シオニズムの草創期から取り組んできた重要かつ代表的なプロジェクトで、ユダヤ国民基金は過去一世紀の間に二億五千万本の樹を植樹してきた⑭。植林は土地の開墾に役立つだけでなく、イスラエルの地を新生させようとするシオニズムの心意気を示していた。その成果こそが、まさに放火犯がぶち壊したかったことだった。

クリントン在任中の最大の誤り

　暴動が続く中、アメリカのクリントン大統領は和平プロセスを蘇生させる最後の努力を試みた。二〇〇〇年十二月末、「クリントン基本指針」と呼ばれる計画案を示し、西岸地区の九四～九六％を含む新パレスチナ国家を提案した。この基本指針はガザについては触れていなかったが、クリントンは二〇〇一年一月に、パレスチナ国家はガザ地区を含むことを明言した。イスラエルはユダヤ人口の過密する入植地を併合することが認められ、これによって入植者人口の約八〇％を取り入れることができる。クリントンは、東エルサレムを分断し、アラブ人が圧倒的多数を占めるパレスチナ人地区と、

※1訳注・パレスチナ指導者の一人、マルワン・バルグーティは九月二十七日に、「シャロンが明日、アルアクサ・モスク（神殿の丘のこと）を訪れる予定にしている。パレスチナ自治政府は民衆蜂起を始める絶好の機会だ」と述べている。

※2原書注・リンチをしたテロリストの名前はアジズ・サルハ。後にイスラエル当局に逮捕され、殺人罪で終身刑に処せられるが、二〇一一年、ギルアド・シャリット（後述）との捕虜交換の一環として釈放された。

※3訳注・カフル・カセムに関しては本書二二四～二二五頁を、土地の日に関しては三二四～三二五頁を参照。

ユダヤ人が住んでいるイスラエル人地区を定めるよう提案した。クリントンは、イスラエル側の安全保障にかかわる懸念を緩和するため、当面はヨルダン渓谷に国際治安部隊とイスラエル軍を駐留させ、長期的にはイスラエルが管轄する早期警告駐屯地を三つ設置する。パレスチナ難民は、パレスチナにのみ帰還し、本来のイスラエル領には帰還しないことを提議した（地図⑪参照）。

イスラエル側もパレスチナ側も、事実上、この基本指針を受け入れた。だが、後にクリントンは自伝『わが人生《マイライフ》』で、こう綴っている。「アラファトは条件付きで基本指針を受託すると言った。問題は、イスラエルの場合と違って、アラファトの留保条件が指針の枠を越えていることだ。少なくとも難民と西の壁についてはそうだった。それでも私は、私の任期終了前に和平を結ぶというアラファトの約束に基づいて、その受託を本物として扱った[15]」

クリントン退任の直前、アラファトはクリントンに電話を掛けて感謝の意を表し、あなたは偉大な人だと持ち上げた。クリントン大統領はこう答えた。「議長、私は偉大な者ではありません。私は失敗者だ。あなたのせいで失敗者になったのです[16]」。大統領任期最後の日、クリントンはジョージ・ブッシュとコリン・パウエルに、アラファトの言うことは一言たりとも信じてはいけない、と警告した。アラファトを信じたこと、それが「私の大統領在任中の最大の誤りだった」と、クリントンは二人に伝えた[17]。アラファトとラビンの有名な握手を演出したクリントンは、イスラエル・パレスチナ紛争を解決できないままホワイトハウスを後にした。

シャロン首相のリアリズムとイスラエル左派の苦悩

和平プロセスは失速し、イスラエル人への襲撃は一向に衰える気配を見せず、イスラエル国内のムードは険しかった。国民はエフード・バラク首相にうんざりしていた。キャンプ・デーヴィッドは決裂し、アラファトが少しも動こうとしないのに、バラクはアラファトに大幅な譲渡をオファーし続けていた。国会での支持を失ったバラクは、二〇〇一年二月に選挙を実施することを呼びかけた。イスラエルのアラブ人は、二〇〇〇年十月の出来事を受けて、選挙をボイコットし、これが左派をさらに弱体化させた。バラクは敗れ、右派リクード党を率いるアリエル・シャロンが代わりに選ばれた。またもや、パレスチナ人の暴力がイスラエルの政治的右派を権力の座に戻した。シャロンはバラクとは違い、パレスチナ人との交渉など茶番に過ぎず、関与するつもりなどなかった。アラファトは初めから協定を結ぶつもりなどない。そのことを私たちがはっきりさせる時だ、と彼は信じていた。

和平プロセスは死んだ。それを受け入れることは、多くのイスラエル国民にとって苦痛だった。一九七三年のヨム・キプール戦争後、「コンセプツィア」（通念）を喪失したのと同じくらい苦しかった。独立宣言が「すべての隣国とその国民に対して、平和と善隣の手を差し伸べ」て以来、ほとんどのイスラエル人は、いつの日か、どうにかして、交戦している双方が剣を置き、中東の新しい時代を先導する日が来るという信念のもとで、育てられてきた。それはエジプトに実現し、次いでヨルダンもイスラエルと和平を結んだ。だが、パレスチナ人は未だにイスラエルを消滅させること以外では満足できないようだ。意気消沈して疲れきった左派は、和平への唯一の道として常にパレスチナとの妥協を押し進めてきた自らの無垢《ナイーブ》さと、痛い裏切りを感じていた。彼らはサウル王の軍の長アブネルの言葉を自問していた。「いつまでも剣の餌食とならねばならないのか」[18]。ひどい落胆と深い憂慮を覚え、この問いに「ノー」と答えられる気がしなかった。

「防衛の盾作戦」と分離壁の建設によりテロ被害が激減

二〇〇一年には、百人以上のイスラエル人が自爆テロで殺害された。さらに数十人が他の攻撃で殺されている。パレスチナ人はさらに見境なく、より交通量の多い場所を狙い、より多くの死傷者を出そうとした。二〇〇一年の夏、自爆犯はテルアビブの海岸にあるディスコを攻撃し、イスラエル人二十一人を殺害した。その多くは、イスラエルに帰還したロシア系の十代の女の子たちだった。負傷者は百人を越えた。そのほぼ二カ月後、自爆テロリストがエルサレム中心街の最も賑やかな交差点近くのピザ店を攻撃した。爆破で百三十人が負傷、十五人が殺害された。死者の半数は子供だった。

テロ実行犯の大半は西岸地区から来ていた。さらに悪いことに、イスラエル人も周知のとおり、パレスチナ人警官やテロ組織タンジーム（ファタハ系）が多くの襲撃事件に加担していた。ファタハの工作員も、以前には行なわなかった自爆テロを開始した。こうした事実を踏まえ、イスラエル国民はアラファト、ファタハ、パレスチナ自治政府に不満を抱き、国民の大半は、イスラエルには和平のパートナーがいない、と思うようになっていた。

二〇〇二年の過越祭《ペサハ》初日の夜、約二百五十人の招待客が伝統的な晩餐《セデル》を祝うため、海岸都市ネタニヤにあるパークホテルに集まっていた。女性に扮装したパレスチナ人テロリストがホテルのセキュリティーチェックをくぐり抜け、群衆の中で大量の爆薬を爆破させた。被害者の多くは老人で、ホロコースト生存者もいた。その爆発で民間人二十八人が殺害され、約百四十人が負傷した。負傷者のうち二十人は重傷で、うち二人は後に負傷が原因で亡くなった。数組の既婚カップル、また九十歳の老人も殺された。娘と一緒に亡くなった父親もいた。

この爆破事件を受けて、アリエル・シャロンは反撃を決意、直後に「防衛の盾作戦」を開始した。六日戦争以来、西岸地区におけるイスラエル最大規模の軍事作戦で、パレスチナの主要都市部にあるテロ組織の基盤を根絶することが狙いだった。これにより事実上、イスラエルは一九九五年のオスロ合意で譲渡した都市を取り戻すことになる。

イスラエルはそこで止まらなかった。一般市民へのテロ攻撃を撲滅《ぼくめつ》するため、政府は二〇〇二年九月に分離壁の建設を決め、西岸地区のアラブ人地域をイスラエルから切り離すことにした。壁の建設には五年以上かかり、七百七十キロ（まだ未完成のまま）をカバーしている。北側の分離壁が完成すると、西岸地区からのテロ攻撃を完全に阻止することができた。分離壁の効果に異論の余地はなかったが、それでも無辜《むこ》のパレスチナ人に不都合をきたすということで、国際社会で広範な非難を浴びることになる。だがイスラエルの指導者たちは動じなかった。壁の建設は続き、二〇〇四年十二月には、自爆テロの数を八四％減少させていた。※1

二〇〇〇年九月から二〇〇四年九月の間に一千人以上のイスラエル人が殺され、二千人以上が負傷した。二千七百人以上のパレスチナ人が殺された。死傷者の数以上に被害を被ったのは、イスラエルの平和推進派《ピース・キャンプ》だった。イスラエルの左派は何十年もの間、「平和のために土地を《ランド・フォー・ピース》」を原則にしてきた。つまり、イスラエルが一九六七年に攻略した領土の大半を譲渡しさえすれば、パレスチナ人は和解してくれる、というのが左派の主張だった。ところが、バラクがアラファトにオファーしたにもかかわらずインティファーダが勃発したことにより、これは危険をもたらす無垢《ナイーブ》な主張だったことが証明された。たとえバラクの申し入れが不充分であったとしても、アラファトはそれを足がかりに交渉できたはずだ。多くのイスラエル人はそう思った。だがアラファトは交渉のテーブルにつかなかった。それどころか、テロ攻撃を頻発させ、彼が政治家になるつもりなど全くないテロリストであることを、イスラエル国民に示した。その過程において、イスラエルの政治的左派を骨抜きにしてしまった。

イスラエルの立場を最もよく捉えているのは歴史家のベニー・モリスだろう。彼はそれまで政治的左派の代表格だった。モリスはアラファトのことを「根っからの嘘つき」と呼び、イスラエルとパレスチナの平和的共存は無理だろう、と悲しみを込めて結論している。モリスは自身の方向転換に困惑する国民を回顧しつつ、こう述べている。

私が脳移植でも受けたのではないかという噂は（私の憶えている限り）根拠がなく、そんな手術は今のところ必要ない。だがこの二年間で、中東危機の現状と主要人物に対する私の捉え方は、根本的に変わった。一九五六年に、ブダペストの街を荒らし回るソ連軍の戦車に突然目覚めさせられた西側の旅行者のように、私は感じている。[19]

モリスのように深く失望した人は多い。アメリカのジョージ・W・ブッシュ大統領もその一人で、後に「アラファトは私に嘘をついた。ブッシュ大統領は彼を二度と信用しない。実際、その後一度も言葉を交わしていない。二〇〇二年の春には、アラファトが権力の座にいる限り、和平は無理だという結論に達していた」と述べている。[20][※2]

一九二三年の論文『鉄の壁』で、ゼエヴ・ジャボティンスキーは訴えていた。アラブ人が紛争をやめるのは唯一つ、イスラエル人は譲歩するつもりがないと悟ったときだ。悲しいことに、ジャボティンスキーの言う通りだった。ヨッシー・クライン・ハレヴィが後にコメントしているが、二〇〇〇年から二〇〇四年の間にイスラエルの世論は中道へ方向転換している。左派が言うように、確かにパレスチナ国家ができれ

※1訳注・ヘブライ語では、「分離壁」以外に「分離柵」や「安全柵」と呼ばれる。メディアではコンクリートの高い壁がよく放映されるが、それは全体の一部で、大部分は金網のフェンス。高い壁がある場所は、これまでテロリストがイスラエル市民を狙撃していた場所で、壁はそれを防ぐためである。なお、よく間違えられるが、西岸地区やガザ地区に住むアラブ人をチェックする検問があるのは、人種差別が原因ではなく、彼らによるテロが多発しているからである。

※2訳注・アラファトがブッシュ政権の信頼を失う決定的要因となったのが、二〇〇二年一月の「カリンA号」事件。アラファトが停戦を呼びかける裏でイランやヒズボラと手を組み、カチューシャ・ロケットや対空ミサイル、地雷、対戦車砲、ライフル銃など、重量八十トンにも及ぶ大量の武器を密輸船カリンA号で調達しようとしていたことが発覚。アラファトは当初、関与を全面否定していたが、証拠が次々と明るみになり、やがて事実を認めた。ブッシュ政権は一カ月前に、「パレスチナ領土を本拠として活動するテロリストに対する、意味のある長期的で持続的な措置」を取るようアラファト議長に求めたばかりだった。

ばイスラエルは数百万のパレスチナ人を統治しなくて済むようになる。だから、パレスチナ国家建設はイスラエルのためにも重要、というのはもっともである。だが右派が言うように、パレスチナ国家が建設されればイスラエルが深刻な危機に陥《おちい》るのは必至だ。[21] 国民は袋小路に入り込んでしまった。※1

アラファトの後を継いだアッバス

ヤセル・アラファトは体調を崩し、二〇〇四年十一月十一日、七十五歳で亡くなった。後を継いだのはマフムード・アッバス（別名アブ・マゼン）だった。アラファトは二〇〇三年三月に、新しく作られた首相職にアッバスを任命したことがある。だが、アッバスはアラファトが邪魔をし、実質的に統治できないことを不満に思い、辞職している。そして今や、アラファトの地位を継ぐことになった。

一九三五年にツファットで生まれたアッバスは、一九四八年の戦争中に国外へ逃げた。その後カイロ、モスクワで学び、モスクワでは博士論文を書いている。タイトルは「別の側面――ナチズムとシオニズムの知られざる関係」という。論文の趣旨は、シオニズムがナチスによるユダヤ人の死者数を劇的に誇張したというものだ。六百万人のユダヤ人が殺害されたというのは、「空想的な嘘」だと主張する。[22] アッバスは、一九五九年のファタハの創設メンバーの一人で、一九九三年のオスロ合意に至るパレスチナ交渉団の一人だった。[23]

イスラエルの右派はアッバスの博士論文を何度も引き合いに出したが、他のイスラエル人はむしろ彼の就任を希望の好機と捉えていた。暴力よりも交渉を提唱してきたパレスチナ人指導者が、この地域の歴史に新たな一頁を開いてくれるかも知れない、と。

シャロン首相によるガザ撤退の決断

イスラエル側の状況も変わってきた。二〇〇三年十二月のヘルツエリヤ会議で、アリエル・シャロン首相はガザからイスラエル軍の一方的な撤退を発表し、同地域のユダヤ人集落をすべて撤去する意向を伝えた。二〇〇四年四月十四日、シャロンはアメリカのジョージ・ブッシュ大統領に宛てた手紙の中で、次のように書いている。「私の達した結論はこうです。パレスチナ側には当面、平和的解決を推進するパートナーがいない。現在の行き詰まりは、私たちの共有する目標の達成には有益ではない。それで、暫定《ざんてい》的撤退に踏み切ることにしました。これでイスラエル人とパレスチナ人の間の摩擦を緩和できることを願っています[24]」

ユダヤ人集落がガザに建設されて三十四年になる。二〇〇四年には、八千八百人のユダヤ人がそこに住んでおり、百万人を超えるパレスチナ人に囲まれて暮らしていた。ユダヤ人が住んでいる領域は、ガザ地区の五分の一を占めている。だがその数千のユダヤ人を守るのにイスラエルが払う代価は高くなる一方で、これまで数万の兵士を必要としてきた。イスラエルが配備する軍事力にもかかわらず、この五年間で百二十四人のイスラエル人がガザで殺された。ガザからの撤退は交渉では無理なので、シャロンはイスラエルの一方的な撤退を決断した。

筋金入りのタカ派と評されるアリエル・シャロンがイスラエルのガザ撤退を決意したのは、多くの人にとって驚きだった。彼の党である右派のリクードでも、この決断は困惑を招いた。特に当時財務相だったビンヤミン・ネタニヤフは公然とシャロンと言い争い、ガザ撤退はイスラエルに致命的な危険をもたらすと訴えた。ネタニヤフのこの主張は、ハマス自身が裏付けることになった。ガザからイスラエルにロケット弾を撃ち込んできたのである。ハマスは二〇〇四年だけで、砲撃砲八百八十二発とカッサムロケット二百七十六発を、ガザからイスラエルに撃ってきた。

ラビンがオスロ合意の後に暴力が激化しても怯《ひる》まなかったように、シャロンもロケット攻撃を押し切るつもりだった。ネタニヤフは、この戦略に大反対していることを示すため、八月七日に財務相を辞任した。ガザに住むイスラエル国民は、シャロンの決断を完全な裏切りと見なした。

シャロンは首相職に立候補するに当たり、ガザからの一方的な撤退はしないと公言していたのに、今まさにそれを実行しようとしている。「ユダヤ人がユダヤ人を追い出すものではない」が反対派のスローガンとなった。嘆願書を作り、デモを行ない、抗議集会を開き、ハンガーストライキを始めた。政府は、反対派をなだめるため、各家族に経済的補償を与えると約束した。そして立ち退きを拒否する者は禁固処分にすると警告し、圧力をかけた。

※1訳注・第一次と第二次インティファーダでは、武力闘争の起きた地域が違う。第一次は主に西岸地区とガザ地区に限定され（主にイスラエルが六日戦争で獲得した地域）、第二次はイスラエル全土に展開した（イスラエルが国連の分割案と独立戦争で得た地域）。第一次インティファーダで、多くのイスラエル人が西岸地区とガザ地区の大部分からの撤退は必然と悟り、第二次では仮に西岸地区とガザ地区から撤退しても和平実現は無理だと気づいた。次第にパレスチナ側の狙いが、ユダヤ国家の存在そのものを否定することにあることが鮮明になったからだ。

ガザからユダヤ住民を転居させ、住居やコミュニティをブルドーザーで押しつぶすため、任務に当たる一万四千人の警官や国防軍兵士たちは、あらゆる挑発行為に対応するための特別な訓練を受けた。二〇〇五年八月の実際の立ち退き作業は、おおむねスムーズに進んだ。兵士に石やペンキの入った瓶を投げつける住民もいたが、誰も発砲はしなかった。兵士たちに撤去させられないよう自宅にバリケードを築いた者もいた。

十九世紀末の帰還《アリヤー》草創期から、ユダヤ人たちは土地を購入してきた。その土地の上に築かれたユダヤ国家が、この国で誰よりも熱心なシオニストを住居から追い出すなど、信じ難いことだった。ガザのユダヤ人集落の一つネヴェ・デカリムにあるユダヤ教会堂で、二十一歳のイスラエル人女性がリポーターにこう話していた。「この建物は私たちの生活のシンボルなんです。軍が私たちを追い出しに来るなんて、信じていません」。だが彼女は間違っていた。

誰も重傷を負うことなく、死者も出なかった。兵士たちは一軒一軒を訪ね歩き、立ち退きの時が来ました、と伝えた。ガザの暑い夏の日だった。兵士たちは必要に応じて、撤退を強いた住民たちに自ら水を配っていた。立ち退かせた民間人を抱きしめて泣いている兵士もいた。立ち退く住民たちと一緒に座り、祈りに参加する兵士もいた。

ガザの撤退は、イスラエル史のもう一つの事件を想起させる。メナヘム・ベギンは終世、自分の生涯で最も誇りに思うのは、一九四八年六月のアルタレナ号の戦いの日に内乱を回避できたことだ、と話していた。ガザで今一度、イスラエル社会が目覚ましく成熟していることが実証された。国防軍は作戦を入念に準備し、家から立ち退きを強いられたユダヤ人たちも、並外れた尊厳と自制心をもって行動した。

アリエル・シャロンはガザからの撤退はしないと約束して当選したにもかかわらず、ガザ撤退について国民投票で問うことをしなかった。多くの国民は、この行程に非民主的なものを感じた。しかし誰一人として大事に至るような暴力を振るうこともなく、法の支配は固く守られた。多くのイスラエル人にとって胸が張り裂ける一日だった。と同時に、まだ歴史の浅い民主政治にとって誇らしい一日でもあった。

パレスチナ自治政府の選挙でハマスが圧勝

ガザからの退去が完了すると、シャロンの案件リストの次にあったのは、イスラエルを西岸地区のパレスチナ人から解き放つことだった。政治的な道筋を容易にするため、彼はリクード党から離脱し、労働党とリクード党の中道派を取り入れ、自ら「カディーマ・イスラエル（「進め、イスラエル」）」党を二〇〇五年十一月に立ち上げた。ところが、ガザ撤退の四カ月後、シャロンは重度の脳卒中を患い、昏睡状態に陥る。見るからに志操堅固《しそうけんご》で、「ブルドーザー」とまで呼ばれたシャロンが倒れてしまった。[※1]

シャロンの後を継いだのは、元エルサレム市長のエフード・オルメルトだった。彼は、西岸地区にあるパレスチナ人が住んでいる地域の大半をパレスチナ自治政府に明け渡すことを宣言した。オルメルトは前任者たちと違い、交渉上の厄介な多くの問題の解決策を見出だす前でも、パレスチナ国家は樹立できる、と断言していた。「パレスチナ人がテロの道を放棄し、イスラエル市民に対する戦いをやめるなら、民族独立とパレスチナ国家を獲得できる。国境は暫定的なもので、最終解決に関わる複雑な諸事項が未解決でも構わない。そういった課題はすべて、後に二国家間の交渉で解決されるだろう」と言った。(25)

オルメルトがこの声明を発表した日は、ちょうどパレスチナ自治政府選挙の投票日だった。これまでイスラエル撲滅を誓ってきたテロ組織ハマスが、僅差ながら一般投票で勝利。(26)ただ、パレスチナの選挙制度とファタハのひどい内部分裂のために、ハマスが多数の議席を獲得してしまった。一般投票のわずかな票差が、圧倒的な勝利をもたらしたのである。

ハマス当局は当選後、改めて、自分たちはイスラエルを承認することもなく、交渉もしない、と宣言した。イスラエルがパレスチナ国家の可能性を申し出た後、パレスチナ人が選んだのは、ユダヤ国家が崩壊したときのみ紛争をやめるという統治機関だった。和平の希望の残り火はすべて消滅してしまった。汚職疑惑を経てエフード・オルメルトは二〇〇九年三月に首相職を辞任、彼の提案も死に絶えた。[※2]

※1原書注・シャロンは九年近く昏睡状態のまま、意識を回復することはなく、二〇一四年一月十一日に亡くなった。

※2原書注・二〇一六年二月、長い法的手続を経て、オルメルトは禁固刑に処せられた初のイスラエル首相となった。獄中には、二〇〇七年七月に大統領職を辞任したモシェ・カツァヴがいた。カツァブは、女性部下への強姦罪の嫌疑をかけられ、容疑が確定して二〇一一年十二月に収監された。同部屋には、詐欺罪で受刑中のシュロモ・ベニズリ元労働厚生相がいた。これまで数十人の閣僚経験者、国会議員、官僚などが、詐欺やその他の罪で有罪判決を受けている。ベングリオンが、イスラエルの独立時に大声で読み上げた独立宣言に輪郭を示した社会倫理には、大きな打撃だった。司法が国家の最高高官をもきちんと起訴しているという点では、イスラエルにとって多少の慰めではあるが、汚職の増加

常備軍のようなテロ組織との苦戦

　今では一つのパターンになっているが、和平交渉が暗礁に乗り上げる一方では、武力紛争が続いた。またもや国防軍は再編成を強いられた。第一次インティファーダの時がそうだった。当時、国防軍が対峙《たいじ》したのは、アラブの常備軍ではなく、銃の代わりに石を手にして立ち向かう民間人だった。それが第二次インティファーダでまた変化し、国防軍は背後にいるテロ組織とどう戦うのか学ばねばならなかった。そして今、国防軍は再びテロ組織と戦うことになったが、そのテロ集団の行動は、この数十年イスラエルが直面したどんな相手とも違う、常備軍のようだった。

　イスラエルは、北部ではヒズボラと、南西部ではハマスと戦った。ヒズボラもハマスも、イスラエルの撲滅を誓い、イスラエル住民を恐怖に陥《おとしい》れると公言していた。双方とも、国境に近いイスラエルの住宅密集地めがけて断続的なロケット攻撃を繰り返していた。周期的なロケット攻撃とイスラエルの報復がエスカレートし、本格的な軍事交戦に発展した。

　二〇〇六年六月二十五日、ハマスはイスラエルとガザとの境界下に掘ったトンネルを使い、ギルアド・シャリット伍長を拉致した。彼がイスラエル側の境界で戦車に乗って勤務していたときのことだった。[※1] ハマスの大胆さとその軍事力に、イスラエル国民は度肝を抜かれた。二〇〇六年七月十二日、ヒズボラがイスラエル側の境界フェンス沿いをパトロールしていたイスラエルの軍事車両二台に対戦車ミサイルを放ち、兵士三人を殺害した。だが、イスラエルにとってさらにショックだったのは、加えて兵士二人が拉致されたことだった。別の兵士の一団が彼らを救出しようとしたが、その作戦でさらに五人が亡くなった。

　ヒズボラはイスラエルに、拉致された兵士と交換に囚人を釈放するよう要求した（イスラエル側は知らなかったが、実際には、イスラエル兵はすでに亡くなっていた）。イスラエルはこの要求を拒否。代わりに国防軍はヒズボラの弱体化を図り、ヒズボラの軍事施設とベイルートのラフィク・ハリリ国際空港など民間の経済基盤を攻撃した。だがヒズボラは、後に「第二次レバノン戦争」として知られる数週間の激しい反撃を展開し、はるかに強力なはずのイスラエル国防軍を釘付けにしてしまった。比較的新しい「非対称戦争」という現象の一例で、民間人の死亡を懸念する世論が、民主主義国家のより強力な軍事力を事実上制限してしまう戦争である。[※2] 一千人以上のレバノン人と百六十五人のイスラエル人が殺され、イスラエルは多大な損害をレバノンに及ぼした。ほぼ一カ月の間、交戦状態が続いた。イスラエルは地上部隊の配備を改善してようやく優勢になるが、アメリカの圧力を受けて、国連の要求どおり休戦を受け入れた。

イスラエルが勝つことのできない戦争

ハマスが議会選挙で勝利したのにもかかわらず、ファタハは権力を手放そうとはしなかった。二〇〇七年六月、ハマスの戦闘員たちが過激なクーデターを実行した。ガザ南部のハーン・ユニスにあるファタハの本部を爆破し、ファタハ職員を建物から追い出し、ガザはハマスの支配下となった。アッバスにとっては屈辱的な一撃だった。

以後、ハマスは一年ないし二年毎に、イスラエルの市町村に数百から数千発のロケットを撃ち込んでいる。その攻撃は数週間あるいは数カ月間続き、平常の静寂な暮らしを中断させた。いつものことながら、イスラエルの国民は政府が自分たちを守ってくれると期待していたので、ハマスの攻撃はイスラエル軍の応酬を招き、双方の攻撃は数日の間に本格的な戦闘に発展した。イスラエル空軍は上空からハマスを懲らしめ、この紛争中に二度、地上軍を送り込んでいる。激しい戦闘が続いた。ハマスはイスラエル軍の進撃を防ごうと、一人でも多くの死傷者をイスラエル側にもたらそうとしていた。戦闘の度に数百のパレスチナ人テロリスト、イスラエル兵、そして民間人が亡くなった。死傷者の数はパレスチナ人がイスラエル人を上回ったが、実質的な戦果はどちらも得られなかった。双方は繰り返し停戦を受け入れ、次の攻撃に備えた。

イスラエル人の誰もが、これらの短期間の戦闘すべてに共通点があるのに気づいていた。どれも決定的には「イスラエルが勝つことのできない戦争」であることだ。どの戦闘でも、

はイスラエル社会も逆転できない傾向である。

※1原書注・シャリットは五年間、監禁状態で過ごし、二〇一一年十月十八日に釈放された。イスラエルは、彼の解放のために、収監されていたパレスチナ人一千人を引き渡した。その中には、イスラエル国民に凶悪な攻撃をして有罪となったテロリストも多く含まれていた。

※2訳注・ここで言う「非対称戦争」とは、国家対国家の戦争ではなく、国家対テロ組織といった、交戦者間で軍事力あるいは戦略や戦術が大幅に異なる戦争形態のこと。テロ組織は、従来の国家間の戦争の特徴である「戦闘員と非戦闘員」および「戦闘地域と非戦闘地域」の区別を無視して無差別に攻撃するので、非対称戦争ではテロリストが交戦相手の軍隊よりも優位に立つことが多い。非対称戦争では、民間人の犠牲が多く、また、テロリストを強者に立ち向かう弱者のイメージで報道されることが多いので、当事国の国民や国際社会の支持を得にくい。

イスラエルと交戦相手――戦闘によってレバノンではヒズボラ、ガザではハマス――は互いに血を流したが、実質的な戦略的成果を上げていない。ヒズボラもハマスも、イスラエルに降伏、撤退、あるいは抜本的な政策上の変更を強いることはできなかった。他方、イスラエルも、これらのテロ網を撲滅することも、交戦相手が二度と攻撃できないようにすることも、できなかった。実際、一九七三年（ヨム・キプール戦争）以来、イスラエル軍は一度も戦争で勝利していないことに、イスラエル国民は気づき始めていた。確かに二〇〇二年の「防衛の盾作戦」で、国防軍は目覚ましい活躍を見せたが、その戦いは短期間だった。イスラエルは数十年の間、一九六七年（六日戦争）のような決定的な勝利は一度も経験しておらず、多くの人が全く予想もしなかった執拗で凶暴な相手と対戦せねばならなかった。

戦闘での死傷者数が増えるにつれ、イスラエルの国民は、自分たちの社会における別の変化に気がついた。一九六〇年代、かつてはキブツが人口比とは不釣合なほど数多くの将校と戦死者を出していたが、今や宗教的シオニストのコミュニティがその役割を担っていた。二〇一〇年には、宗教的シオニストのコミュニティはイスラエル総人口の一〇％にも満たなかったが、戦闘部隊の兵士の約二五～三〇％を占めていた。同様に、将校訓練コースの卒業生の割合も、宗教的シオニストのコミュニティ出身者が劇的に増加していた。一九九〇年には、その割合は二・五％に過ぎなかったが、二〇〇八年には二六％に達していた。[27] イスラエル軍の指導層も――その愛国心も――今や全く違う社会階層で構成されていた。

世界屈指の「新興企業大国」

パレスチナ人との紛争は泥沼化していたが、イスラエルは他の分野で隆盛を極めていた。一九五〇年代にはイスラエルの財源が尽き、北アフリカや他の地域からたどりついた数十万の帰還移民に住宅や食料を提供する資金もなかった。それが、二十世紀末から二十一世紀初頭には、イスラエルはテクノロジーの出力源《パワーハウス》になっていた。

建国からの六十年間で、イスラエルの経済は五十倍に成長した。[28] 二〇〇八年のイスラエルの国内総生産（ＧＤＰ）の年間平均成長率は三・一％で、この当時、世界で最も高い国の一つである。[29] 世界でもエンジニアの数や研究開発費が最も過密で、新興企業《スタートアップ》も世界一密集している。[30] 同年、イスラエルは、ナスダックに上場する企業数が世界第二位で（一位はアメリカ）、ヨーロッパ大陸の総数を合わせても、イスラエルが上回っていた。[31] 一人当たりのベンチャー企業投資額では、イスラエルが「アメリカの二・五倍、ヨーロッパの三十倍以上、中国の八十倍、そしてインドの三百五十倍」だった[32]。

この途方もない成功の要因はいくつかある。一つは、イスラエルに帰還した何千もの教養あるロシア人である。彼らが、移民としての不利な境遇を乗り越えたいと願う意欲的な人たちの中核になったことが挙げられる。イスラエルの代表的な政策専門家が述べているが、「移民はゼロから始めることに抵抗感がない。移民は、その定義からして、リスクを恐れない人たちだ。どの移民国家も起業家国家だ[33]」。イスラエルは当初から、どの国の出身であろうと、ユダヤ人に安住の地を提供していたが、今やその取り組みの成果を刈り取っていた。ロシア系の移民をイスラエルの教育、軍隊、社会、経済に受け入れることを通して、様々な形で、このまだ新しい国を豊かにしてきた。

イスラエルを「新興企業大国《スタートアップ・ネーション》」にならしめた要因は、まだいくつかある。一九八〇年代半ばに、アメリカとイスラエルが共同でラヴィ戦闘機を造る計画がなされていたが、アメリカ議会の大変な圧力を受けて中断し[34]、一度に一千五百人近くの高度な訓練を受けたイスラエル人エンジニアが失業してしまった。これらのエンジニアの多くが新興企業を立ち上げて、イスラエルを技術先進国に仕立て上げ、莫大な富をイスラエル社会に引き寄せたのである。そのお陰でイスラエルは、これまで想像もできなかったような肯定的な存在感を、世界の投資家や発明家に見せつけた[35]。

国連という「不条理の演劇」

しかし国際社会では、イスラエルは新興企業大国としてではなく、次第に疎外される国家となっていた。テロを利用しても目覚ましい成果を上げられないパレスチナ人は、イスラエルの存在を国際的に非正当化する戦術を取ることにした。この戦術は、ある意味、一九七五年に国連が採択したシオニズムは人種差別主義だという主張の自然な成り行きだった。今度は、別のグループがその主張を取り上げ、シオニズムそのものが罪のうちに産み落とされたのだから、イスラエルに存在権があるはずがない、と主張するようになった。

国連とその加盟国がこの戦いの爆心地《グランド・ゼロ》だった。一九七〇年代以降、国連は明らかに反イスラエルのフォーラムと化していた。それをベングリオンは「不条理の演劇」と呼んでいた[36]。イスラエル国連大使、駐米イスラエル大使を歴任したアバ・エバンは、歯切れの良い巧みな弁舌の持ち主で、国連のことをこう揶揄《やゆ》している。「もしアルジェリアが、地球が平らで、平らにしたのはイスラエルだ、と宣言する決議案を提出したら、百六十四対十三、棄権二十六で採択されるだろう[37][※1]」

二〇〇〇年には、国連も見せかけの口実を使わなくなっていた。一九九一年十二月、確かに国連は、「シオニズムは人種差別主義」とする決議を表向きには撤回したが、その内実は変わっていない。二〇〇一年と二〇〇九年に、国連支援による反人種差別の会議が南アフリカのダーバンで開催され、またもや声明を出した。シオニズムは植民地主義、イスラエルはアパルトヘイト国家、イスラエルは罪のうちに産み落とされ、「民族浄化」によって樹立した、というのだ[38]。これらの会議では『シオン長老の議定書』とアドルフ・ヒトラーの『我が闘争』が配られた[39][※2]。

国連は二〇〇三年から二〇一二年にかけて、イスラエルに関する三百十四の決議を採択しているが、これは同時期に採択された決議総数のほぼ四〇%に相当する。他の諸国に関わる決議の六倍の数で、次に続くのがスーダンだ[40]。イスラエルのゼエヴ・エルキン副外相が二〇一三年末に指摘しているが、国際連合人権理事会（ＵＮＨＲＣ）が採択した個々の国々に関する百三の決議のうち、四十三（四二%）がイスラエル非難決議である[41]。ＵＮＨＲＣの二〇一三年三月のセッションでは、イスラエル非難決議が六つ採択されたのに、世界の他の国々に関する決議は全部合わせても四つしかない[42]。イスラエルは、他のどの国よりもＵＮＨＲＣの緊急会議の議題とされる[43]。その一方でＵＮＨＲＣは、ダルフールの二十万人の死、中国やキューバ、パキスタン、サウジアラビア、スーダン、あるいはジンバブエによる人権侵害を糾弾する非難決議を、一つも可決していない[44][※3]。

国連や人権保護団体のダブルスタンダード

この国連の力学を心得て、その不均衡を正そうとする傍聴者《オブザーバー》もいた。国連が、二〇一四年の対ハマス戦におけるイスラエルの作戦を痛烈に非難し、民間人死亡の責任をイスラエルに負わせる声明を発表すると、アフガニスタンでイギリス軍の司令官を務めたリチャード・ケンプ退役陸軍大佐が反論した。ニューヨーク・タイムズの署名入り論評で、一体誰のせいでこの紛争が長引いているのか、読者に思い返すよう促している。国連は、「長引く西岸地区とガザ地区のイスラエルによる占領」、さらに「ガザの封鎖」を非難しているが、この批判が的外れなのを国連は理解している[45]。イスラエルは十年前にガザ地区を撤退したにもかかわらず、ハマスはこれを利用して紛争をエスカレートさせたではないか、とケンプは読者に指摘する。「去る夏の紛争は、イスラエル民間人をターゲットにしたロケット攻撃の激増に端を発したのであり、ハマスによる侵略戦争の延長である」と書いている。

イスラエルが国際人道法を侵害したという告発に関して、ケンプはイスラエル国防軍を他の軍隊と比較してこう述べている。

［国連］委員会は、米国統合参謀本部議長のマーティン・E・デンプシー大将を聴聞することができたはずだ。彼は昨年十一月にこう述べている。イスラエル国防軍は民間人の死傷者数を最小限に留めるため、通常以上の対策を講じている、と。あるいは、アメリカ、ドイツ、スペイン、オーストラリアを含む七カ国の軍高官十一人からなるグループも、少し前にガザの紛争を調査したが、このグループにも聴聞できたはずだ。私もメンバーの一人であり、デーヴィス判事に提出した私たちの報告書には、「昨夏、民間

※1訳注・国連に加盟している国は百九十三カ国あり（二〇一七年現在）、その中で民主体制を敷いている国は八十カ国にも満たず、過半数は軍事独裁国家や非民主的な宗教国家である。また、職員のほとんどがパレスチナ人である国連のパレスチナ難民救済機関（ＵＮＲＷＡ）が様々な反イスラエル活動の拠点になっている問題もある。同機関の運営する学校のパレスチナ人児童が、イスラエルに対するテロ行為を奨励するような教育を受けていることも度々発覚している。こういった現状を踏まえ、イスラエル国民の国連に対する評価は厳しい。国連のすべての活動を否定するわけではないが、世界の平和と安全を目指す国際機構という国連のイメージなどは、幻想と一蹴される。
※2訳注・『議定書』と『我が闘争』の普及率が特に高いのがアラビア語圏。出版以来、何度もアラビア語に訳され、ベストセラーになっている国もある。エジプトやシリア、パレスチナ自治区では学校や教育機関の教材として用いられ、ハマスやヒズボラも両書を積極的に普及させている。特にアラビア語圏では、こういった反ユダヤ本の陰謀論を真に受けて、シオニズムをユダヤ人による世界征服の一環として信じている人が少なくない。こうした普及活動が、イスラエルとの信頼関係を築く障害となっている。
※3訳注・国際連合人権理事会（ＵＮＨＲＣ）には、人権侵害国が人権問題を担当するといった歪んだ現実がある。中国、ジンバブエ、ロシア、サウジアラビア、パキスタンなどは、人権理事会の構成国になる資格がないという批判がある。また、ユネスコ（国際連合教育科学文化機関）の政治化も問題になっている。世界の科学や文化の発展に寄与するはずの同機関で、アラブ諸国が反イスラエル活動を展開しているのも有名。例えば、二〇一六年には、ユダヤ教とイスラム教の両方にとっての聖地であるエルサレムやヘブロンをアラブ名だけで呼び、ユダヤ人とその地の歴史的繋がりを否定するような決議を採択した。この決議が中立でないことを批判したボコヴァ事務局長は、殺害の脅迫を受けている。こうした一連の動きを受けて、イスラエルとアメリカは二〇一七年にユネスコ脱退を表明した。

住民の生命を守るために入念な対策を実施したイスラエル国防軍のような軍隊を、私たちの誰一人として、他に知らない」と述べられている。(46)

当時のサマンサ・パワー米国連大使でさえ、国連を非難している。殊《こと》の外イスラエルの温かいシンパと見なされているわけではないパワーでさえ、何か不吉な動きを感じる、と指摘している。

国連の加盟国が、安全保障理事会や総会、あるいは国連の全く得体の知れない委員会を利用して、イスラエルの政策を、常道を逸《いっ》するような形で非難し、イスラエル国の存在そのものを非正当化しようとしています。国連人権委員会で絶えず議題にされるのは、推定十万人を政治犯収容所に隔離している全体主義国家の北朝鮮ではなく、自国民の多くに毒ガスを使ったシリアでもなく、世界中でイスラエルただ一国のみです。偏向はイスラエルという国家を越えて、イスラエルという理念そのものに及んでいます。(47)

シオニズムは常に国家であると同時に、理念であった。パワーは、その理念上の立場に何が起こったのかを正確に表現していた。イギリスは一九一七年のバルフォア宣言で、ユダヤ国家という理念を承認した。国際社会も、一九四七年十一月の国連における分割案の票決で、同じように承認した。だがそれから七十年も経たないうちに、国際社会の大半が心変わりしていたのだ。問題となっているのは、もはやユダヤ国家の動静ではなく、ユダヤ人が独自の国家を持つべきだという考えそのものだった。

見せかけの口実を使わなくなったからといって、偏向がなくなったわけではない。仮にまた国連がユダヤ国家設立の賛否を票決するような動議があれば、一九四七年十一月の結果とは違って、動議が採択される可能性は皆無だろう。

国連だけが争いの場ではなかった。表向きは公明正大な人権保護団体の多くも、過剰なまでの関心をイスラエルに寄せ、見え透いた二重基準《ダブルスタンダード》を適用している。ヒューマン・ライツ・ウォッチがその典型だ。ロバート・バーンスタインは、人権侵害の被害者を代弁するためにこの組織を一九七八年に設立したが、二〇〇九年のニューヨーク・タイムズの評論で自身が作った組織をこう批判している。

ヒューマン・ライツ・ウォッチは、イスラエルを執拗に攻撃するハマスとヒズボラの紛争について、もはや客観的な視野を失っている。ハマスとヒズボラはイスラエル市民を標的にし、同胞を人間の盾にしている……ヒューマン・ライツ・ウォッチの指導者たちは、ハマスとヒズボラが人口密集地から戦争を仕掛け、意図的に住宅地を戦場にしていることを知っている。より上等な兵器が大量にガザやレバノンへ流入し、次の攻撃に備えていることも知っている。この交戦状態が、パレスチナ人から享受《きょうじゅ》すべき平和で生産的な生活の機会を奪い続けていることも知っている。それなのに、ヒューマン・ライツ・ウォッチの批判の矢面に立たされているのは、繰り返し攻撃の犠牲者になっているイスラエルのほうではないか(48)。

この類いの二重基準は稀《まれ》なことではない。ユダヤ国家への容赦ない批判は、「悪質な二重基準を示し、イスラエルだけを糾弾し、ユダヤ民族自決の具象化である存在権を否定し、ユダヤ国家を悪者扱いする(49)」。様々な団体の仮面を被り、報道機関やヨーロッパの諸政府と結託して、イスラエルの存在を非正当化するこの動きは盛んになる一方だ※1。

ユダヤ国家の消滅を狙うBDSボイコット運動

大抵の場合、占領の終結に励んでいると自称する団体は、イスラエル国家という理念そのものに反対していることを隠そうとしない。「ボイコットと投資の撤収《ダイベストメント》、制裁《サンクションズ》運動」(略してBDS)は二〇〇五年、ちょうどイスラエルがガザ地区から撤退した頃に設立された※2。この運動はユダヤ国家の村八分を呼びかけているが、一九六七年以来のパレスチナ領土の占領を終結させるだけではなく、パレスチナ市民に平等の権利を与え、一九四八年の戦闘で逃げ出したパレスチナ人と数百万を数えるその子孫に帰還権が与えられるまで排斥を続ける、と主張する。イスラエルが、それらすべてのパレスチナ人を受け入れて(人口統計上ユダヤ人は多数ではなくなる)、ユダヤ国家および民主国家として生存できるわけがない。そ

※1訳注・こうした反イスラエルの動きは、海外の反イスラエル陣営の働きかけだけでなく、イスラエルの反体制左翼の影響もある。一九九〇年代後半、オスロ合意の失敗で完全に逼塞《ひっそく》してしまった反体制左翼は、パレスチナ人によるテロ活動などが激化するイスラエル国内では支持が限られていたので、紛争問題や歴史問題を海外に持ち出して干渉を招こうとした経緯がある。

※2訳注・イスラエルに小売店を出した無印良品も不買の対象になった。

れこそが、まさに彼らの狙いである。ＢＤＳの眼目はイスラエルを滅ぼすことなのだ。

　非常に狡猾な戦術である。人権用語を用いれば、アメリカのユダヤ人の情緒に力強く訴えることができる。ＢＤＳのキャンペーンや他の団体は、アメリカの多くのユダヤ系の若者を巧みに説得している。ユダヤ教を長い間、世界の良質な推進力とさせてきた価値観に、ユダヤ国家が何か重大な形で背いているのではないか、と疑問を挟ませるように仕向けた。

　より教養のある傍聴者《オブザーバー》たちは、何が働いているかを把握していた。二〇〇四年六月（ＢＤＳ設立の前）、ニューヨークで開催された国連初の反ユダヤ主義会議で、ある著名な人権活動家の学者が現状をこう描写している。「反ユダヤ主義の害悪は今日、国連主催の諸団体を媒体として、日和見《ひよりみ》感染のように波及している」と彼女は言う。「まず、イスラエルを悪者扱いすることにより差別する。そしてユダヤ国家の敵を神聖化し、ユダヤ人が犠牲者であることを否定する。次に、反撃するイスラエル人を非難する。そして最後に、その加害者を特定することを拒否する」[50]。ヨーロッパでは、あからさまな反ユダヤ主義が増え、ユダヤ人に対する暴力も広がっていた。ヨーロッパのユダヤ人にとっては、すでに馴染みのことで、二〇一五年、ヨーロッパ系のイスラエル帰還者数は過去最高となった[51]。またもや、多くのユダヤ人が避難せねばならないと感じていた。

イランの核兵器開発にどう対応するのか

　イスラエル政府が何よりも憂慮したのは核技術の拡散、特にイスラエルの破壊を国是とする政府が核の野望を抱いていることだった。二〇〇七年、ベギン・ドクトリン[※1]が試された。シリアがユーフラテス川の近くに原子炉を建設している、という明白な証拠をイスラエルは入手した。イスラエルのエフード・オルメルト首相は、アメリカのジョージ・W・ブッシュ大統領に詳しく事情を伝えた後、秘密裡に施設を軍事攻撃するよう命じた。シリアが一発も反撃することなく、原子炉はイスラエルの航空機によって完全に破壊された[52]。

　イスラエルのベギン・ドクトリンに、イランがより恐ろしい挑戦状を突きつけた。二〇〇六年四月、イランは、核兵器開発の重要なステップであるウラン濃縮に成功したと発表。イランの意図は明らかだった。同年、イランのマフムード・アフマディネジャード大統領は、「シオニスト政権が地図から消滅する」[53]のを見たいと、何のはばかりもなく宣言。この政策はイランに根強く残った。二〇一二年、イランのハッサン・フィロザバディ参謀総長は、「イラン国家は、イスラエルの完全抹殺「に専念している」と発表[54]。イランはイラクよりもイスラエルから遠いのに、である。イランはイスラエルの攻撃を防ぐため、核プログラムを地下に埋めて、イスラエルからの空爆や兵器に備えた。

ビンヤミン・ネタニヤフ首相もまたベギン・ドクトリンに訴え、もし国際社会がイランの核保有を差し止めないのなら、イスラエルは単独でも食い止めるつもりだ、と主張した。[※2] ところが、アメリカのバラク・オバマ大統領とその政権は武力行使を躊躇《ためら》い、イスラエルがイランの核武装計画を阻止することにも、イスラエルに住む六百万のユダヤ人絶滅を狙うイランの脅威に終止符を打つことにも、（武器支援にも）青信号を出さなかった。[※3] 二〇一五年三月、世界の大国（アメリカ、イギリス、フランス、ロシア、中国、ドイツ、ヨーロッパ連合）がスイスのローザンヌでイランの代表団と会談を開き、イランが核開発を停止することを条件に、イラン政府にこの数十年間課していた厳しい経済制裁措置を緩和するという合意の枠組みについて交渉した。「包括的共同行動計画」と称される交渉で、二〇一五年七月十四日に調印された。

この合意では、イランは巨大な核施設の取り壊しを要求されておらず、交渉で課せられた規制は十年後には無効になる。協定反対派の議員たちは、合意の基盤はイランへの信頼であり、それは無謀だと指摘している。共和党員のヘンリー・キッシンジャーがイスラエルの言いなりにならないのはすでに自明のことだったが、そのキッシンジャーがジョージ・シュルツ前国務長官と一緒に意見書を提出している。西側は致命的な戦略的過ちを犯し、自らの道義的な責任を放棄してしまった、というのだ。

戦争の脅威は今や、イランよりも西側を抑圧している。イランは交渉に前向きであるというだけで譲歩したと見なされるが、西側は一つ一つの行き詰まりを新たな提案で打開せねばならない。その過程で、イランが二～三カ月以

※1訳注・仮想敵国が大量破壊兵器を開発ないし保有することをイスラエルは決して容認しない、という基本原則。三二一～三二三頁参照。

※2訳注・イランの核兵器開発にイスラエルが反対する理由の一つは、イランが支援するヒズボラやハマスなどのテロ集団の手に核兵器が渡ることを阻止するためである。

※3原書注・六百万という数字は、イスラエルのユダヤ人に身の毛のよだつ連想を抱かせる。先の大虐殺で亡くなったユダヤ人、そして今、ユダヤ人撲滅を誓う国のターゲットになっている国民の数である。

内に核兵器を製造できると公表できる状態に達してしまった……歴史は私たちに代わって事を為してはくれない、自らを助ける者のみ歴史は助けるものだ[55]。

イスラエルの各方面の人々は、この展開を不吉に思っていた。アメリカは、イスラエルの最重要同盟国であるはずなのに、重大な政策においてイスラエルと見解を異にするだけではなかった。イスラエルにとって不可解なのは、ユダヤ国家撲滅を目論《もくろ》む国の核兵器入手を阻止している規制を、アメリカが解こうとしていることだった。アメリカとイスラエルの関係が劇的に転向している、と判断する者もいた。イスラエルの国民は、孤立感と、ここ何十年も味わったことのなかった身の危険を感じていた。

オバマ政権がイランと交渉しながらイスラエルを蚊帳《かや》の外に置いていた頃、ワシントンで駐米イスラエル大使を務めていたマイケル・オレンは、こう綴っている。「個人的に一番憂慮したのは、最も親しいはずの同盟国が、最も危険な敵と［イスラエルの］存亡にかかわる事柄を交渉しているのに、それを知らせてもくれなかったことに気づいたことだ[56]」

多くの意味において、イランはイスラエルを攻撃しないだろうと信じているイスラエル国民にも、イランがイスラエルを攻撃できること、それ自体が形勢を一変してしまうことは分かっていた。イスラエル国民のこの心境を誰よりもよく捉えているのは、評論家のヨッシー・クライン・ハレヴィだ。果たしてイスラエルを建国した意義があったのかどうか——そのことは、究極的には、イスラエルが最終的にどんな行動に出るかによってはっきりするだろう、と彼は言う。

クライン・ハレヴィはこう言っている。「自ら核兵器に脅《おど》されることを許すようなユダヤ国家は、ユダヤ史の名において語る権利を失うだろう[57]」

第18章　ユダヤ国家におけるユダヤ文芸復興《ルネッサンス》

ぼくの心にまだ残っているこの香りが……
何世代も受け継がれてきた古い歌《しらべ》への扉をひらく。
——ラミ・クラインシュタイン『小さな贈り物[1]』

「新しいユダヤ人」にポッカリ空いた穴

二〇一三年の初め、イスラエルで第十九回国会選挙が行なわれ、新しく国会に選出された議員たちは、昔からのしきたりに従い、議会で就任演説をするため登壇した。[※1] この選挙で、新しい政党が目覚ましい成果を上げた。政党名は「イエシュ・アティド（未来がある）」、党首はハンサムで聡明、幅広い称賛を受けているテレビ・ジャーナリストで執筆家のヤイール・ラピッド。彼の父トミー・ラピッドはホロコースト生存者で、国会議員を務め、ユダヤ国家の宗教勢力には猛烈に反対した。その息子ヤイールは、多種多様な人材を候補者として擁立《ようりつ》したが、その多くは公職経験のない者だった。男性も、女性も、ユダヤ教超正統派もいれば、民族系のユダヤ教徒や世俗派のユダヤ人もいる。ゲイも、非同性愛者《ストレート》も、アシュケナジーも、ミズラヒーも、エチオピア系も、帰還者も、イスラエル生まれの者もいた。[2] ラピッドはこの多彩な候補者名簿をもって、

※1訳注・イスラエルでは、イスラエルの市民権を持つ者であれば、次の三点のいずれかを主張しない限り、誰でも選挙に出馬できる。①ユダヤ的民主国家であるイスラエルの存在否定、②人種主義の扇動、③イスラエル国家に対する敵国やテロ組織の武力闘争の支持。なお、大統領や裁判官など要職に就いている者は選挙に出られない（基本法七、七A）。

イスラエル社会を分断する分派心に終止符を打つべきことを訴えた。当選議員の中にはルツ・カルデロンもいた。[※1]

カルデロンの演説する番になると、彼女はユダヤ教の教典タルムードの一巻を抱えて登壇した。「国会議長、議会の皆様」と切り出した。「私が手にしているこの本が私の人生を変えました。イスラエル国会の新メンバーとして語れる機会を得たのも、主としてこの本のお陰と言えます[3]」

次にカルデロンは、程度の違いこそあれ、議会の誰もが共有している歴史を語り始めた。

私は、祖父からタルムード全集を譲り受けたわけではありません。私はテルアビブの古風な住宅地に生まれ育ちました。父モシェ・カルデロンはブルガリアで生まれ、若い頃この地に帰還しました。大変な大戦期を過ごした後、エルサレムのヘブライ大学で農業を学び、直ちに独立戦争でエツィヨン地区を守るために召集されました。……ドイツ生まれの母は、ユダヤ人、左利き、赤毛と（当時としては）不運が重なっていました。十代の頃に帰還し、イギリス軍がエルサレムを包囲していたお陰で、父と巡り会うことができました。

彼女の生い立ちは、初めは典型的なシオニストの物語のように聞こえたが、実はそうではなかった。事実、彼女が詳しく語ったのは、自分たちの世代がその物語の終わりの始まりを告げていることだった。

私が育った家庭は、とてもユダヤ的で、熱烈なシオニストで、世俗的でいて、伝統的で宗教的でした。アシュケナジーとセファラディ、「修正派の」ベイタルと「社会主義の」ハショメル・ハツァイルを織り交ぜた、六〇年代から七〇年代のイスラエルの主流の中で過ごしたのです。私も同世代の人たちと同じように、「聖書《タナッハ》からパルマッハへ」という精神に基づいた公立学校の教育を受けました。[※2] 私は、ミシュナーやタルムード（ユダヤ教の教典）、ユダヤ神秘主義、ユダヤ教敬虔主義に親しむことはありませんでした。十代の頃にはすでに、何かが足りないと感じていました。ナオミ・シェメルの詩にある、新しい、解放されたイスラエルのアイデンティティについて、それは素敵で美しいけれど、何かが足りない。私は深みを求めていました。語彙がなかったのです。過去を、叙事詩を、英雄を、場所を、ドラマを、物語を表現する言葉が足りなかったのです。

建国の世代の教育者たちが生み出した「新しいヘブラ

イ人」［つまり、新しいユダヤ人」の夢は実現し、勇敢で、現実的で、日焼けした兵士になりました。でも私にとって、そこに——私自身に——穴がポッカリ空いていました。その穴をどうやって埋めたらいいのか分かりませんでした。でも、私が初めてタルムードに出会ったとき、その言葉、ユーモア、深遠な思考、議論の進め方、そして行間から現れる実用性、人間らしさ、成熟さに触れて、私は生涯の恋人を見出だした、そう思ったのです。

カルデロンの冒頭の言葉は、単に興味深い身の上話に留まらない。シオニスト革命は成功した、いや、むしろ成功し過ぎたと彼女は言うのだ。シオニズムは新しいユダヤ人を創造したけれども、その新しいユダヤ人は方向の定まらない〝歴史の孤児〟だった。[4] シオニズムはユダヤ人を〝癒やした〟、いや、むしろ癒やし過ぎた。新しいユダヤ人——コサック隊がキシネフを襲っても大樽《おおだる》の後ろに隠れることのないユダヤ人を育てるのに必死なあまり、シオニズムはユダヤ教の伝統との絆を断絶してしまった。だから、一世代ないし二世代後の若いイスラエル人が、自らの伝統とあまりにも疎遠になってしまった。イスラエルの著名な作家で翻訳家のヒレル・ハルキンは、彼らのことを「ヘブライ語を話す異邦人《ゴイーム》」と称するほどだった。今や、彼らは生きる意味を渇望し、ルーツを求め、シオニズムが自分たちから奪ってきたものとの絆を回復しようと探し求めていた。

※1原書注・ラピッドの候補者一覧には、三十年ぶりに当選したアメリカ系の候補者も載っている。イスラエルの政界の興味深い不思議な一面として、ロシア系（例えばナタン・シャランスキーやアヴィグドール・リーベルマン）や北アフリカ（アリエ・デリやその仲間）からイスラエルに帰還した人たちは政治的にとても熱心なのに対して、アメリカ系のユダヤ移民は——ゴルダ・メイールの強烈な印象は別にして——得てして政治面には控えめなことが多い。(http:// www.jpost.com/ Israel-News/ Politics-And-Diplomacy/ Dov-Lip man-to-head-WZO-department-437000.)

※2原書注・タナッハは、ヘブライ語の頭文字で「聖書」を意味する。「聖書《タナッハ》からパルマッハへ」とは、聖書時代からパレスチナのユダヤ集落の勃興（と地下組織ハガナーのエリート突撃部隊パルマッハ）に代表されるユダヤ人の主権回復に至るまでの間、発展したユダヤの伝統すべてを度外視してでも新しいユダヤ人を生み出そうとした、草創期のシオニストの意気込みを表すのによく使われるイスラエルでの言い回しである。

これは私に限ったことではありません、とカルデロンは言う。大勢の若いイスラエル人が、彼女が求めたのとまさに同じ絆を回復しようと願い、そのニーズに応えて多種多様な団体が設立されていた。カルデロンも数名の者と「ヘブライ文化の家」をテルアビブに設立し、またエルサレムには、イスラエルでは初めての、男性も女性も、宗教的なユダヤ人も世俗派のユダヤ人も一緒に、ユダヤ教の古典を学ぶことができる機関を創設した。

世俗派のイスラエル人が、そのような偉大な書物を学び、ベングリオンやアルテルマン、ビアリク（彼らは皆ユダヤ教の古典に精通し、皮肉なことに、しばしば引用していた）が、イスラエル人は距離を置くべきだと感じていた伝統そのものとの関係を改善しようとしている。宗教的な人々は、世俗派の人々と学ぶようになり、ハッとさせられることがあった。世俗派のユダヤ人はただの「背教者」ではなく、むしろ彼らのテキストの解釈に宗教的な若い世代も大いに学ぶことができた。典型的な宗教家の環境では聞くことのできない学びがあった。

もちろん、この新しい傾向がイスラエル社会のすべてに及んでいるわけではない。だが、ナタン・アルテルマンが彼の詩「銀のお盆」で示したようなユダヤ国家になれるのか、より多くのイスラエル人が確信を持てなくなっていた。つまり、数千年のユダヤの伝統を代表するシナイ山に取って代わる存在に、ユダヤ国家がなり得るのかどうか、もはや分からなくなっていた。シナイ山を核心に据えることもなく、さらにユダヤ教の書物に基づいた唯一無二の特別なユダヤのメッセージを抜きにして、ユダヤの国家も主権も全く意味をなさない、と彼らは感じていた。

初期シオニズムからの大きな転換

初期のシオニスト革命に陰《かげ》りが見えていた。草創期の多くのシオニスト思想家は、シオニズムを、言わば療法プロジェクトとして捉えていた。シオニズムがユダヤ人を癒やすだろう。シオニズムがユダヤ人を宗教から救い、ユダヤ教学院の本棚に並ぶ埃まみれの書物から救ってくれるだろう。全く宗教心を持たないことが、シオニストの誇りの徴だった時代があった。ヤイール・ラピッドの父トミー・ラピッドは、超正統派のユダヤ教徒とテレビ番組に同席したときのことを回想している。彼は、自分は神を信じていないと述べ、番組でのやりとりを伝えている。「ある時、テレビ番組『ポポリティカ』で、癇癪《かんしゃく》持ちのユダヤ教超正統派の政治屋が私に向かって怒鳴ったんです、『もし神を信じていないのなら、誰があんたをユダヤ人と定めるんだ』って。私は、怒鳴り返してやりましたよ、『ヒトラーだ』って。しばらくスタジオがシーンとしましたね」(5)

ラピッドが誰よりも明確に表現しているように、伝統的なユダヤ教を退けることが、初期シオニズムの大きなカギだった。それこそが、タルムードの一巻を抱えて国会に登壇し、その一節を議会に向かって講じたカルデロンのパワーだった。シオニズムが創造しようとした新しいユダヤ人の産物である彼女は、過去のユダヤ人の何かを取り戻したかったのだ。

イスラエル音楽界の宗教的な傾向

典型的なシオニズムの思想に、亀裂が生じ始めた。この亀裂は、イスラエルの若い知的エリートたちの小さな世界をはるかに越えて生じていた。ロック・ミュージックにもこの現象が垣間みられた。圧倒的な人気を博した「イスラエル・ロックの父」、アリック・アインシュタイン（一九三九～二〇一三）は、テルアビブの超世俗主義にどっぷり浸かって育った（そしてロック・ミュージシャン独特のライフスタイルで過ごす）。アインシュタインの親友ウリ・ゾハルは、コメディアンで映画監督だったが、一九七〇年代に宗教へ回帰し始める。一九七七年、長い間イスラエルの世俗的なエンターテイメントを象徴する存在だったゾハルは、その世界を離れてラビとなり、超正統派のコミュニティに加わった。

この間、アインシュタインは妻アロナと離婚する。アロナの生家は、生粋《きっすい》のシオニストで由緒ある家柄だった。父親は設立当初のイスラエル空軍パイロットで、それだけでも世俗派の間では由緒ある家系だったが、さらにアロナはマーニャとイスラエル・ショヘットの孫だった。マーニャは帝政ロシアの革命家で、第二次アリヤーの時代に夫と共に帰還した。おなじみの典型的なシオニストの物語である。

アインシュタインと離婚した後、アロナも宗教に自らの道を見出だし、超正統派になった。やがて、アリックとアロナの超正統派の娘二人は、ウリ・ゾハルのこれまた超正統派の長男、次男と結婚した。ある意味、好奇心をかき立てるだけの物語かも知れない。だが、イスラエルの超世俗的なロック界の立役者であるアリック・アインシュタインが、もともとは世俗派の由緒ある家系の出であるのに、超正統派となった家族に取り巻かれるというイメージは、イスラエル人の人生の一部に起こりつつある変革を鮮やかに象徴していた。

アリック・アインシュタインの家族だけではない。宗教との繋《つな》がりを回復することは、多くのイスラエル人音楽家の顕著な特徴となっていた。エティ（エステル）・アンクリは、一枚目のアルバム「あなたの瞳にそれが見えるの」で一躍スターになり、イスラエルで二百万枚を売り上げた。音楽界での成功の象徴となった彼女は、年間最優秀女性歌手に選ばれた。二〇〇一年、彼女は徐々にユダヤ教のしきたりを守るようになる。二〇〇九年に発売したアルバムは、中世のユダヤ詩人で思想家のラビ・イェフダ・ハレヴィの詩を曲としてアレンジしたものだった。

最初の〝イスラエル人音楽一家〟であるバナイ家は、この傾向を最も如実に示している。バナイ家の第一世代はヨッシーとガヴリ・バナイで、根っからの世俗派だった。二代目は、従兄弟《いとこ》のエフードとユヴァル・バナイがバンドを結成し、東西のフュージョン音楽をイスラエル文化に取り入れた。精神的なものを求めて、しばしば海外を訪ねるイスラエル人の心境を反映している。さらに、一九九〇年代には、エフードとエヴィヤタル（これも従兄弟）が宗教的になり、極めて宗教的なテーマを音楽に取り入れている。一つの家族が精神的なものを求めてたどる段階は、広くイスラエル国民全体の生活を象徴している。

出版界や映画界でも見られる変化

この移行はインターネットや書店でも見られた。イスラエルで最も人気のあるインターネットのニュースサイトYNet（世俗系の新聞イェディオット・アハロノットが運営）は更新頻度が高く、極めて宗教的な内容を掲載している。二〇〇五年、イスラエル人のマルカ・シャケッド教授は『あなたのために永遠に奏でよう――現代ヘブライ詩における聖書』を出版した。聖書と明確に対話する現代イスラエル詩を編集した彼女の選集は、数十年かけて綴られてきたもので、一千ページを優に超える。(6) イスラエル人が聖書と対話を続ける過程をたどった出版物は、今や市場でも人気を博している。このような傾向は、イスラエル人の文化生活の至る所で見受けられる。

イスラエルの現状を語る講師で人気の若手知識人の一人、ミハ・グッドマンが執筆した本の最初の三冊は、マイモニデスの『惑える者への手引き』、ラビ・ユダ・ハレヴィの中世の古典『クザリ』、そして聖書の申命記を論じたものだった。見るからに一般大衆の関心を引くようなテーマとは程遠いにもかかわらず、三冊ともイスラエルのベストセラーリストで高順位を誇っている。イスラエル人は、自分たちの祖父母たちがイスラエルの言語空間から締め出した主題に関する書物を買い求め、読み、考えるようになっていた。

イスラエルの大手映画会社も、ユダヤ的伝統の世界を、批判的であっても同情的な視点で見直し始めている。それは、これまで世俗派が相手にせず、蔑《さげす》んでいた世界だった。一九九九年の『カドッシュ』（ヘブライ語で「聖」を意味する）では、超正統派の生活についての世俗派の偏狭な見方を描いており、批判的でありながら、必ずしも冷淡でない眼差しを向けている。二〇一二年公開の『フィル・ザ・ヴォイド』（空白を埋める）は、聖書伝統の逆縁婚《レビレト》を現代の超正統派がどのようにして守り続けているかに焦点を当てる。[※1]若い娘が、出産中に命を落とした姉の夫と結婚するよう要望される物語である。二〇一四年の映画『ゲット』（ヘブライ語で「離縁状」のこと）では、政府公認のユダヤ教裁判所で、ユダヤ教徒の男性たちが自分の妻に行使できる権力について描かれている。急激に拡大するこのジャンルで、最も有名なのは恐らく『フットノート』（脚注）だろう。二〇一一年の映画で、親子で共にタルムード学の教授をしているイスラエル人の父親と息子の確執《かくしつ》に焦点を当てる。タルムードのテキストの非常に専門的で学術的な面に関心を抱く父親は、テキストに現代的な意味を求める斬新な息子のアプローチ（それも父親から見れば学術的な厳密さに欠ける）に惹《ひ》かれる大勢の学生に閉口する。世代間の格闘を描写し、イスラエルの教育界で何が起きているかを描くその現実的な評価こそ、ルツ・カルデロンの世代の憧れを明白にしている。タルムードを学術的な専門分野としてではなく、ユダヤ教の古典を友とし、人生の意味を探究する旅の一環として、触れようとしているのだ。

イスラエルに起きつつある精神的な地殻変動

この傾向は、イスラエルの最も権威ある識者の間でも明らかになっている。二〇〇三年、ルツ・ガヴィソン教授とラビ・ヤアコブ・メダン師が『ガヴィソン・メダン契約』を出版した。ガヴィソン女史は著名なイスラエル人法学者で、後にイスラエル最高裁判事に任命された。メダン師は超名門校のユダヤ教学院ハル・エツィヨンの指導者だ。本書は、世俗派と宗教的なイスラエル人との「合意」で、どのようにしたら個人の権利を尊重しつつ、イスラエルの公的空間をユダヤらし

※1 原書注・聖書本来のレビレト婚の規定では、人が跡継ぎのいないまま世を去った場合、その家系が続くために、兄弟が死者の妻を娶り、未亡人は亡くなった夫の兄弟と結婚しなければならない。この新しい夫婦から生まれる長男は、亡くなった兄弟の子息と見なされる。申命記二五章五～六節。

くできるか、を提案している。その契約は、イスラエルの日常生活の様々な分野をカバーし、テーマはユダヤ人アイデンティティ、婚姻、安息日《シャバット》、ユダヤ教食事規定《カシュルート》、西の壁、国防軍などに及ぶ。中でも画期的な進歩として描かれているのが、結婚希望者は婚姻届を行政機関に提出することを一律に義務づけられているが、宗教儀式はあくまでも随意とする、という合意だ。安息日は、イスラエル国家の休息日と見なされるが、レストランや娯楽施設、特定の食料品店、ガソリンスタンド、薬局などは開店を禁じられることはなく、安息日の公共の交通機関も便宜を図る、と定めている。

注目すべきは、ガヴィソンが戒律を守る女性ではなく、長くイスラエルの左派に属してきたが（様々な学術活動のかたわらイスラエル公民権協会の指導的立場に就いていた）、ユダヤ的な内容を実質的な核としなければこの国は存続できない、と主張していることだ。彼女の取り組みは二つの動向を示している。世俗派と宗教的なイスラエル人が隔たりを越えて共通点を見つけようとしていること、そしてイスラエル人が自分たちの国家をユダヤ的意義の対話に根づかせようとしていることだ。もしイスラエルが民主国家でないのなら、その存在の正当性はない、と彼女は信じている。もしイスラエルが明白なユダヤ国家でないのなら、その存在理由はない。イスラエル政府の政策上の課題は、「国家の存在を確実にするだけではなく、ユダヤ的アイデンティティ[※1]を有用な遺産として国家に取り込むのを確実にすることであり……それはユダヤの歴史とユダヤの古典に関心を抱くことを前提条件としている。そのような遺産こそが、この国で暮らす大半の人々に、ユダヤ国家であり民主国家である国を支援しようとの願いを抱かせ続けるのである」とガヴィソンは言う[7]。

それだけではない。宗教的なユダヤ人の若者が同世代の世俗派の若者たちとの出会いを求める兆候は、イスラエル中で散見される。さらに世俗派のイスラエル人も、宗教的な若い世代との出会いに加えて、長い間「聖書からパルマッハの検閲」が封殺してきた書物を本格的に学びたいと渇仰している。高校を卒業し、兵役に就く前の学生を対象にした一年間のプログラムが国中で急増しているが、その多くは世俗派と宗教的な人々を意図的に混合させている。数千人の学生が参加し、希望者は定員数を大幅に上回っている。

もちろん、イスラエルは今なお複雑で多様な社会だ。ソ連からイスラエルに帰還した約百万人は、宗教に対して不信感を持ち続けている。ただし、その子供たちの多くは、ユダヤ教の律法の上ではユダヤ人ではなかったが（母親がユダヤ人ではないため）、軍が提供してくれる改宗の機会を活用して

きた。[※2]

ロシア系のイスラエル人は、ミズラヒー系のように右傾の政治思想を支持していることが多い。しかし、ミズラヒー系のような宗教的伝統への本能的な忠誠心は持っていない。テルアビブは依然として極めて世俗的な街で、イスラエルの大部分とは大きく異なるので、時には「テルアビブ国家」と呼ばれることもある。イスラエルは一つではなく、様々なイスラエルがあり、それぞれにおいて宗教が異なる役割を果たしている。ただ全国的に感じられるのは、シオニスト創始者たちがないがしろにした伝統を受け入れる姿勢であり、前世代が見向きもしなかった新たな精神的探求である。

イスラエルの歴史はわずか半世紀あまりで、建国の父たちが国家から締め出そうとした宗教的伝統が、イスラエル人の生活の中心に戻ってきた。イスラエル国家、特にその根本的な考え方に、地殻変動が起きつつある。一体何が起きたのだろうか。

素朴な人間らしい生活を模索するイスラエル人

イスラエル人の生活の中で、ミズラヒーの人たちが社会的、文化的な知名度を上げるようになったことは、大きな進展である。ミズラヒーの宗教心は、アシュケナジーの思想的に厳格なそれとは常に異なってきたが、今や世俗派のイスラエル人がこのミズラヒーの世界観に影響されている。ミズラヒーのユダヤ人は、アシュケナジーのユダヤ人よりもラビを尊敬するが、アシュケナジーほどは従わない。イスラエルを代表する哲学者の言葉を借りれば、ミズラヒーの人々にとって、ユダヤ教の伝統との関わりあいの基調は、従順よりも忠誠心にある（従順を基調にするのは典型的なアシュケナジーの宗教心だ）[(8)]。ミズラヒーの人々の主張は、ユダヤ教の律法を厳格に守ろうとしなくても、信仰心の篤い忠実なユダヤ人

※1訳注・原文では「アイデンティティ」という語を複数形で記している。ユダヤ文化は単一ではなく、多様な伝統や宗派がある。『契約』が複数形を用いているのは、それぞれのアイデンティティを育むことの大切さを踏まえているからである。

※2訳注・イスラエル国防軍には、教育機関としての役割もある。世界各地から帰還した人たちは、文化的背景や意識も様々で、軍隊が〝メルティング・ポット（るつぼ）〟のような役割を果たす。初年兵教育で、ユダヤの歴史とイスラエル国の存在意義を改めて学ぶ。また、恵まれない帰還者の若者を教育するプログラムがあり、除隊後に職が見つかるよう技術教育も盛んである。

となれる、というものだ。ミズラヒーのお陰で、(世俗派の)アシュケナジーは、尊敬と忠誠心を感じつつ、ユダヤ教の伝統により近づくことができるようになった。世俗派の世界で育った多くのイスラエル人が今なお嫌悪感を抱く〝ユダヤ教徒〟というレッテルを貼られる心配もない。

　ある意味、イスラエル人は、自分たちの生活を壮大な歴史劇の一部として捉えなければならない歴史の重荷に、疲れてしまった。ハイム・ハザズが一九四三年に短編小説『説教』を書いて数十年経つが、彼はその作品の中で、ユダヤの歴史に抵抗してきたことを明らかにした。しかし、イスラエルは歴史や記憶を放棄したことは一度もなかった。国を挙げて考古学に熱中し、イガエル・ヤディンのような考古学者たちは国民的英雄のように扱われた。イスラエルでは、事実上、「記憶」を神聖視してきた。それは、通りの名前にも見られるとおりである。イスラエルには、「ブロードウエイ」とか「九十六番通り」と称するような道路はない。どの通りも、聖書やタルムードに登場する人物や、歴史上の重要な人物の名に因《ちな》んで命名されている。あるいは聖書の名所、花(ただしイスラエルの地で咲いているものに限る)、シオニストの組織、ユダヤやイスラエルの歴史の重要な月日などに因んでいる。

　しかし、二、三世代目のイスラエル人になると、草創期の世代を突き動かし駆り立ててきた、壮大なスケールの歴史ドラマにおいて要《かなめ》となる役を担いたい、という意欲は廃《すた》れ始めていた。イエフダ・アミハイは、色々な意味でナタン・アルテルマンの後を継ぐ国民的な詩人だったが(一九七〇年に世を去ったアルテルマンは、一九三四年に亡くなったハイム・ナフマン・ビアリクの後継者だった)、彼は歴史や物語の重荷から解放されたいという気持ちをしばしば綴っている。彼の代表作に「観光客」という詩がある。語り手の男が重いかごを手に歩いていると、ツアーガイドが観光客の一団を連れてやって来るのに出くわす。ガイドは、かごを持っている男を指してこう言った。「あの人の頭の少し右にローマ時代のアーチがあります。あの人の頭のちょうど右のほうです」[9]

　その男、その人、そこに生きる人間よりも、古代の石のほうが大切なのか。そして、語り手は(そしてアミハイも)言う、「贖《あがな》いが到来するのは、あのガイドが彼らに、『あのローマ時代のアーチが見えますね。それはどうでもいいんですが、その隣、ちょっと左でちょっと下に、家族のために果物や野菜を買ってきたばかりの男がいます』と語る時だ」

　イスラエル人は新しいタイプの贖い(救済)を求めていた。それは戦場における勇気や深い思想的情熱などではなく、素朴な人間らしい生活に由来するものだ。多くの人が、数千年の間、ユダヤ民族を形成してきた古典や伝統にそれを求めていた。

　改めてその意義を探し求めるようになったのは、イスラエル人が、和平はすぐには成立しないと気づいたことにも由来する。惨憺《さんたん》たるヨム・キプール戦争と「コンセプツィア」（通念）崩壊の後、イスラエルで最も人気のある歌手のヨラム・ガオンが、こんなフレーズの歌を発表している。「約束するからね、私のかわいい娘よ、これが最後の戦争になるからね」。二〇〇〇年の終わりには、すでにインティファーダが再発していたが、「最後の戦争」になるとは、ほとんど誰も信じていなかった。紛争は、ずっとではなくても、しばらくは続くのだろう。テオドール・ヘルツェルの『古くて新しい地《アルトノイラント》』が描く牧歌的なイメージ、ユダヤ人とアラブ人が繁栄するユダヤ国家で共に平和に暮らし、皆から歓迎されるという未来像は、ひどく無垢《ナイーブ》なものに思われた。恒久的な平和を追求することが、もはやイスラエル人のインスピレーションや意義の源《みなもと》とならないのなら、彼らはその源を他に求めるしかない。

超正統派の優遇政策を見誤ったベングリオン

　イスラエル人の中には、自分たちの宗教的ルーツに関心を寄せる者が増えていたが、同時にイスラエル社会の大部分はユダヤ国家における宗教界の動向を気に病んでいた。オスマントルコやイギリス統治時代に設立された首長ラビの制度が、さらに強烈な批判の的になっていた。超正統派《ハレディーム》がイスラエルの政治の中枢に入り込むにつれ、首長ラビを選出する際には、確実に超正統派やそれに近い人物が選ばれるようになっていた。二十一世紀になると、資金乱用で起訴されるような者や、シオニストでない者まで首長ラビに選出された。現代文明を恐れ、変革に反対する彼らは、正統派以外のユダヤ教のあらゆる宗派を退け、嘲《あざけ》り、海外のユダヤ人の多くを疎遠にさせた。海外で暮らすユダヤ人の圧倒的多数は、正統派ではなかったからだ。二〇一六年、あるユダヤ正統派のラビが、最近のユダヤ教ラビ庁に関する世論調査を引用し、イスラエルの国民の七一％がラビ庁に不満足で、六五％はこの制度の廃止に賛成している実情を記事にして憂いている[10]。

　超正統派の世界も多様ではあるが、ユダヤ人の存続についての超正統派全体の考え方は、シオニズムのほとんどすべての分派と根本的に異なっていた。シオニズムが、離散の地にあるユダヤ人の受け身の姿勢を抹消し、歴史の手綱をユダヤ人の手に取り戻すことを前提とするのに対し、超正統派の世界は、ユダヤ人の生活の最も純粋な形は離散の地で達せられると信じられていた。シオニストの願いが新しいユダヤ人の創造にあるとすれば、超正統派の思いは古い（そして「真正」の）ユダヤ人の栄光を保つことであり、ユダヤ人の宗教的な生活を再び第一義にすることである。そのためには、信仰心のないイスラエル人に強制することも辞さない。シオニズムが、強靱なユダヤ人は異邦の世界と同等に張り合える、と信じているのに対して、超正統派の世界は、異邦人に疑いと恐れの眼差しを向ける。彼らは、そっとしておいてほしいのである。ユダヤ国家――そしてそれに付随する世界――との関わりが少ないほど、彼らには好都合なのだ。

一九六三年、超正統派の学生たちに兵役を免除してきた過ちを悟ったベングリオンは、当時首相だったエシュコルにこう書いている。「私は、ユダヤ教学院の学生たちに兵役を免じた。それは数が少なかった時のことで、今は増えている。彼らが手に負えなくなってしまったとき、国家の尊厳は脅《おびや》かされるだろう」(11)

だが、危機に晒《さら》されているのは国家の尊厳どころではなかった。ベングリオンは、自らの判断ミスの深刻さを充分には悟っていなかった。二〇一四年には、超正統派がイスラエルのユダヤ人口の約一五％を占めるまでに至り、今も増加傾向にある。超正統派の女性の平均出生率六・二人に対し、超正統派以外のユダヤ女性の出生率が二・四人だからだ。(12)超正統派の男児の圧倒的多数は、十四歳で世俗の一般教育をやめてしまうので、ろくに就職もできず、政府の補助金を頼りにする人が増える一方である。二〇一〇年、世界的な人気と尊敬を集めるイスラエル中央銀行総裁スタンレー・フィッシャーが警告している。政策上の抜本的な改革をしない限り、イスラエルの繁栄は、超正統派の数を踏まえると、はっきり言って「維持するのは無理」である、と。(13)

イスラエルの国民は、民主政治、世俗社会の公民権、また経済に及ぼす超正統派の影響を深く憂慮している（超正統派の多くは、神権政治か非ユダヤ政権下の生活のほうが好ましいと思っている）。だが興味深いのは、それと同時に、超正統派の生活様式の中で育まれる信仰心に、イスラエルの国民が惹かれていることだ。イスラエルの大衆文化に、それを見ることができる。そのエピソードが放映される度に、ソーシャル・メディアで熱狂的に論じられる「シュティセル」という有名な連続テレビドラマがある。ドラマでは、超正統派のシュティセル一家の模様が描かれている。数十年来、世俗派のユダヤ人は、超正統派には無関心であるか、彼らを見下《みくだ》すかしてきた。だが「シュティセル」は、イスラエル国民が今なお警戒しながらも惹かれる生き方を、愛情と理解を込めて描写している。脚本家の一人が言っているように、「超正統派が自らの生き方を愛し、そして彼らの子供や孫を愛す姿を描く、初のテレビ番組」だった。[14]テルアビブの人々は、番組で覚えたにわか仕込みのイディッシュ語の表現を使って話し始めているという。

　超正統派の世界との緊張関係は終わっていない。だがその障壁には裂け目が生じ始めている。イスラエルの国民は、ついこの間までは考えも及ばなかったところに意味を求め、そして見出だしている。

過激派ユダヤ教集団「丘の上の若者」

　イスラエルの民主主義に、もしくは経済的な持続可能性に、超正統派の世界が今後どんな挑戦を突きつけてくるのかは別として、ユダヤ国家の宗教界には、より過激な分派がある。オスロ合意以後、民族系過激派の小さなグループが、前哨基地を西岸地区（多くのイスラエル人が聖書の名称に因んで「ユダ・サマリヤ」と呼んでいる地区）に設立し始めた。「丘の上の若者《ノアル・ハゲヴァオット》」と呼ばれる、グッシュ・エムニームの世界観から派生した一団である。彼らにしてみれば、グッシュ・エムニームの強硬派でさえ消極的過ぎて、あまりにも国家と政府に媚《こ》びている。彼らが目指すのは「イスラエル全土」にユダヤの主権を確実にするのみならず、王政を確立してユダヤ教の律法を国法にすることだ。彼らにとってシオニズムは、斬新過ぎて、自分たちが壮大なユダヤの物語に直結しているような感覚にはなれない。「私は、シオニズムの延長線上にいるとは思っていません」とメンバーの一人がインタビューで語っている。「もっと深くてルーツのあるもの」を求めている、と言う。[15]時に戦闘的な表現を用いるゼエヴ・ジャボティンスキーのような人たちでさえも、この若者たちには充分ではない。何か違うもの、もっと激しいインスピレーションを彼らは求めている。かつてイシャヤフ・レイボヴィッチは、イスラエルが西岸地区から撤退しなかったらどうなるのかを警告したが、まさにその現れの過激な一例だった。

　彼らのインスピレーションは、『バルーフ・ハゲヴェル』（祝福された人）の著者ラビ・イツハク・ギンズブルグに結実してきた。この本は、一九九四年にヘブロンでパレスチナ人二十九人を殺害し、百二十五人を負傷させたバルーフ・ゴールドシュタインの行為を正当化している。『バルーフ・ハゲヴエル』とは語呂合わせで、「祝福された人」とも「バルーフこそ勇者だ」とも解せる表現で、破壊的なポスト・シオニスト「丘の上の若者」のマニフェストになった。

　ギンズブルグの崇拝者二人が、二〇〇九年に『王の律法《トーラット・ハメレフ》』という本を出版している。この本の結論で特に悪名高い（そして不快極まりない）のは、パレスチナ人の子供たちを殺すことを正当化している点だ。その理由として、彼らは「成長すれば私たちに危害を加えるのは明らか」であるためだ、と言う。[16] そして、聖書の「殺してはならない」という戒《いまし》めは、ユダヤ人の殺害にしか該当しないと主張する。この本の論調と内容に仰天した複数のユダヤ系の団体が、イスラエルの高等裁判所に、この本の発売禁止処分を求め、著者を扇動罪で拘留するよう嘆願書を提出している。[17] だがイスラエルには、言論の自由と信教の自由を守ってきた長い伝統がある。高裁の主張は、この本は確かに扇情的ではあるが、実行するよう呼びかけてはいないので発禁にはできない、というものだった。歴代の政府は、超正統派コミュニティの勢力を抑えられなかっただけでなく、この小規模でも醜《みにく》い現象を封じ込めることにも成功しなかった。物理的な力を回復したユダヤ人は、卓越したシオニスト思想家すら予想もできなかったような、人種差別的な醜い危険分派を生み出してしまった。そして、その規模がどんなに小さくても、イスラエルはこの現象に立ち向かっていかねばならない。

ヘルツェルの夢とアハッド・ハアムの夢

このような厄介《やっかい》な展開はあるものの、ユダヤ国家におけるユダヤ精神は、おおむね深い良識と活力と復興の物語だった。第一回シオニスト会議から百二十年、イスラエル国家樹立からほぼ七十年を迎え、アハッド・ハアムの夢はあらゆる分野で実現してきた。イスラエルは再び、ユダヤ的な活力、ユダヤ的な創造力、ユダヤ的な探求心に溢れている。アハッド・ハアムは、やがて人口八百万を擁《よう》する国家、それもユダヤ人が四分の三を占める国家ができるなど、一八九七年の時点では夢にも思わなかっただろう。ラヴ・クックが夢見たような、ユダヤ教学院が数千もある世俗的な主権国家ができるなど、シオニズムの草創期に誰が想像できただろう。エリエゼル・ベン・イエフダによって蘇らされた、見捨てられたも同然だった言語で書かれた書籍が、書店の本棚に何百メートルも並ぶなんて、誰が思っただろうか。

ヘルツェルに続いたユダヤ人たちは、国家を求めた。アハッド・ハアムは、イスラエルが偉大な精神的センターとなる理想を掲げた。二人とも全く予想していなかった方法で、この二つの夢は織り込まれた。イスラエルが国民国家でなかったら、今日に見るようなユダヤの精神的センターにはなれなかったであろう。そして、アハッド・ハアムの夢を実現できたのは、ヘルツェルの夢が叶ったからだ。

ヘルツェルの主権国家の理想は、これらの新しいユダヤ人が、自分自身と自らの人間らしさを先祖伝来の伝統に根づかせた時に、初めて意味を持つようになる。そう考えるイスラエル人が増えた。アハッド・ハアム抜きのヘルツェルは政治的主権に過ぎず、それだけでは充分ではないと、イスラエル国民は思い始めた。

テオドール・ヘルツェルと、アハッド・ハアム。二人の全く違う人物像。二つの相対立するユダヤの未来像。しかしバルフォア宣言から一世紀が経ち、イスラエルの国民は気づき始めていた。イスラエルがこれほど非凡なのは、二つのうち一方だけを選ぶ必要はない、と国民が信じているからである。どちらの理想像も実現した。その過程において、二つが渾然《こんぜん》一体となって、それぞれが単独で成し遂げるものより、はるかに豊かで含みのある新しいユダヤ人を創造したのである。

結び　バルフォア宣言から一世紀
――「ユダヤ民族のための民族郷土」

私たちはまだここにいる……この岸にしがみついて、暮らしている。
何が起ころうと。

――アリ・シャヴィト、『わが約束の地』(1)

多くの難局を乗り越えてきたイスラエル

一九一七年のバルフォア宣言が「大英帝国政府は、パレスチナにユダヤ民族の民族郷土を建設することに賛成」すると表明してから一世紀になる。ユダヤ人の民族郷土は、確かにイスラエルの地に建てられ、今や世界の他のどの場所よりも多くのユダヤ人が住む郷土となっている。※1

建国に至る道のりは複雑で、建国自体も決して容易ではなかった。アラブ人の暴徒が、数百年の歴史を持つヘブロンのユダヤ人コミュニティを数日間で滅ぼしてしまった一九二九年以来、この地域は過酷な紛争の虜《とりこ》となり、現在も終わる兆しは見えない。双方で多くの人が亡くなった。この数十年間で、ユダヤ民族の三分の一がナチスとその共謀者たちによって抹殺された。当時、世界最大規模のユダヤ人コミュニティのあったポーランドでは、九割のユダヤ人が殺害された。ホロコーストの間に、数百万のユダヤ人が、ヨーロッパや北アフリカのアラブ諸国、イラク、イラン、イエメン、その他の所で家を失った。数十万のパレスチナ人も、一九四八年と一

※1訳注・訳注・二〇一六年のユダヤ総人口は一千四百四十一万人。うちイスラエルは六百三十三万人で、全体の四四%。次いで多いのがアメリカの五百七十万人で、三九・五%。第三位はフランスの四十六万人で三・二%。

九六七年の紛争で、先祖代々の家を失った。

先行きの全く見えない深刻な瞬間が、数えきれないほどあった。ダヴィッド・ベングリオンとメナヘム・ベギンが一九四七年十一月二十九日、国連の分割案承認の後、屋外のお祭り騒ぎに加わろうとしなかったのは、戦争の火蓋がすでに切られ、どんな展開になるか全く予想できないのを自覚していたからだ。新国家のユダヤ国民の一%がこの紛争で亡くなった（この割合はどんな社会でも大打撃である）。[※1] イスラエルは一九五〇年代初めに数十万の帰還移民を受け入れたが、深刻な食料不足と住宅不足に直面した。国家の存亡が危ぶまれた一九六七年には、ナセルがアラブ世界に向けてユダヤ人虐殺を約束し、イスラエル国民がそれに備えて数千の墓穴を掘っていたとき、果たしてユダヤ国家は生き延びることができるかどうか、全く分からなかった。一九七三年、イスラエル軍諜報部は重大な失態を犯し、エジプト軍の大部隊がスエズ運河を渡り、シリアの戦車はガリラヤ地方に攻め込もうとしていた。サダム・フセインが核施設を建設し始めたとき、イスラエルはそれを破壊できるか皆目見当が付かなかった。戦争やインティファーダがあり、経済ボイコットやテロリズムが起こり、受け入れるべき大量の帰還移民の問題があり、取り組むべき大きな社会的格差があった。新生ユダヤ国家が生き延びられるかどうか、確信の持てない時が何度もあった。

しかしイスラエルは生き延びた。それだけではない――繁栄したのだ。脆弱な集落の小規模な集合体として始まり、海外の篤志家の資金援助が必須だった状況から近代国家へと様変わりし、今や八百万人の郷土となった。そのうち六百万人がユダヤ人である。六十八年目の独立記念日には、イスラエルの人口は一九四八年の十倍になっていた。(2) この事実だけでも、〝イスラエル〟という、とてつもない離れ業の達成を物語っている。壮大かつ悠遠な何かが復活したのである。

ユダヤ人の気概と決意を駆り立てたエネルギー

ピューリッツァー賞を受賞したアメリカの作家で歴史家のバーバラ・タックマンが、世界のあらゆる民族の中でこの三千年間、ユダヤ人だけが、同じ場所に住み、同じ言語を話し、同じ宗教を奉じている、と述べたことがある。(3) つまり、ユダヤ民族が父祖の故郷に帰る物語は、人類史における偉大なドラマなのである。

その気概と決意を駆り立てたエネルギーは何か。なぜ、数多くの人々が成し得なかったことを、ユダヤ人は成し遂げることができたのか。多くの要因が挙げられるが、中でも重要なカギとなる事実は、ゴルダ・メイールが述べている。「ユダヤ人には秘密兵器があるのです――それは、私たちには他に行き場がないということです[4]」

ある部分は古く、ある部分は新しく、歴史に根を下ろしつつ、しかも新しい道を切り拓こうとするイスラエル国家の物語は、様々な意味でユダヤ民族の復活物語である。著名なコラムニスト、チャールズ・クラウトハマーがその成果を実によく言い表している。「贖罪日《ヨム・キプール》にすべてが停止する国に、ユダヤ民族を植えてみよ。すると聖書の言葉を話し、ヘブライ暦（陰暦）の周期で生活し、祖先たちの時代の石材で都市を建て、ヘブライ語の詩や文学、世界に比類ないユダヤの研究や学問を生み出してくる――そしてそこに継続性を見出だす[5]」

『ユダヤ人国家』刊行から百二十年の間に実現した夢

シオニスト運動はユダヤ民族にあらゆる約束をした。実現したものもあれば、しなかったものもある。

テオドール・ヘルツェルは『ユダヤ人国家』で、ユダヤ人が独自の国家を持てば、ヨーロッパでのユダヤ人排斥は消えてなくなると断言した。残念ながら無垢《ナイーブ》な予測だった。ヨーロッパにおけるユダヤ人排斥の動きは、驚くべき比率で増加し、フランスのユダヤ人はヨーロッパから逃げ出している。反ユダヤ系の政党は、極左にもファシストの右派にも、ヨーロッパ大陸のどこにおいても起こり得るとして、ユダヤ人は警戒を強めている。

ユダヤ国家は、ヘルツェルが全く予想しなかった形で、海外のユダヤ人に深刻な影響を及ぼしている。イスラエルだけがユダヤ精神のすべてではないが、海外のユダヤ人を何よりも刺激するのはイスラエルである。世界中のユダヤ人を大規模な集会やデモに参加させる動機は唯一つ、イスラエルに関してのみである。それ以外のユダヤ人の生活面については、ほとんど個人の領域に追いやられ、宗派間ではあまりにもしきたりが違うため、多種多様なユダヤ人コミュニティには共通点がほとんどない。海外暮らしのユダヤ人が共に集まり、ユダヤ人であることが個人の領域を離れて公の場に入ってくるのは、彼らがユダヤ国家の情勢を考え、論議するときだ。ジェイコブ・ブラウスティン同様、アメリカのユダヤ人も、異郷に暮らしていると思っていないのは同意見だが、それでもイスラエルが、他のどんなユダヤ的な問題よりも、彼らの注意と関心を引きつけている。つまり、ヘルツェルはあ

※1原書注・現在のアメリカでは、同比率で換算すると、三百二十万のアメリカ国民の死に相当する。〔訳注・日本だと百二十七万人に相当〕

ながち間違ってはいなかった。ユダヤ国家が、確かに海外のユダヤ人生活に変化をもたらしたのだ。

　ヘルツェルは『古くて新しい地《アルトノイラント》』の中で、復活したユダヤ民族が父祖たちの故郷で、周囲の人々と全く平和に暮らす理想郷的なビジョンを示した。このビジョンも部分的には確かに実現した。残っている仕事はまだたくさんあるが、アラブ系イスラエル人はイスラエルにおいて専門的、学術的、社会的、経済的な発展を遂げている。外科医もいれば、エンジニアもおり、弁護士や最高裁の判事もいる。遊牧民ベドウィンの女性も、イスラエルの大学で医学を学んでいる。

　アラブ系イスラエル人の立場は確かに複雑だ。だが、ユダヤ国家と国外のアラブ人との関係のほうが、無限の危険に満ちている。近隣の国々との紛争には、果てしなく消耗するばかりで、終わりも解決も見えない。すでに国際社会はこの紛争に辟易《へきえき》しており、ユダヤ国家の中でも、イスラエル人の多くが行き詰まりを感じている。イシャヤフ・レイボヴィッチは正しかった。そのことを占領が証明している。他の民族を占領することにより、イスラエルは自ら嫌われる存在になろうとしている。かといって、今のところ他に方法があるとは思えない。世論調査によると、大半のイスラエル人が占領を終わらせたいと願っている。しかし世論調査はまた、大半のイスラエル人は現状を踏まえて、占領地を譲渡することによって引き起こされかねない安全面でのリスクを負うつもりがないことも示している。占領は、現代イスラエル人の生活において最も悩ましい一面である。

　それでもシオニストの夢は、他の多くの面で、ユダヤ民族が抱いてきたどんな大胆な希望よりも傑出していた。エリエゼル・ベン・イエフダは、ユダヤ民族が再びヘブライ語を話すことを心に描いていた。とは言え、果たして数百万の人々がヘブライ語を話し、ヘブライ語作家が世界一流の小説家や詩人と目されるようになるなどと、彼は夢見ていただろうか。一世紀半前にはほとんど話されることのなかった言語で書かれた本が、やがてイスラエルの書店に何千冊も並ぶのを、彼は想像することができただろうか。

　イスラエルの独立宣言がヘブライ語の復活について述べているのは偶然ではない。この古代語の復活は、豊かなユダヤ人の生活が回復されたことを表し、そして世界の他のどの場所でも真似できない形で、ユダヤ国家においてユダヤ民族が復興していることを象徴している。

　A・D・ゴルドンは、帰還して土地を耕し、父祖たちの故郷の土にまみれ、民族を復活させることをユダヤ人に説いた。彼らはそのとおり実践した。ハイテク国家になった今も、イスラエル人は大地を耕している。イスラエルは水技術で世界をリードしている。北から南まで国中をハイキングすることは、若者だけでなく、その親や祖父母の世代が、今も熱中していることの一つである。国立公園は、祝祭日には人で溢れている。イスラエル人は過去百年間で、二億五千万本の木をこの地に植えてきた。二十世紀末の時点で、百年前の二十世紀初頭に比べてより多くの木が育っている国は世界で二つしかないが、その一つがイスラエルである。(6) ゴルドンが願ったようにイスラエル人の誰もが農業に携わっているわけではないが、そう遠くない昔にはほとんどのユダヤ人が近づくことを許されなかった地を、彼らは愛するようになっている。

　ビアリクもノルダウもジャボティンスキーも皆、ユダヤ民族が二度と犠牲者にならないよう訴えた。イスラエルはこのビジョンも実現した。イスラエルは今なおテロと戦っている。イランの核兵器の脅威を案じてはいるが、この七十年間、ユダヤ人は自らを守り、予想だにしない形で世界一流の軍事力を持つに至った。現在のイスラエル人は、ビアリクが「殺戮《さつりく》の街にて」で非難したヨーロッパのユダヤ人とは、全く違う。

　武力行使は倫理的に決して単純ではない。特に民間人の密集する地に意図的に設けられたテロリストの拠点と戦わねばならないときは、殊《こと》の外、複雑である。だが、イスラエルはそのような問題を回避しない。時には失策をすることもある——それも、とてもひどく——が、イギリスのケンプ大佐が重要な真実を指摘しているように、※1 イスラエル国防軍ほど一般市民の犠牲を回避しようと入念な対策を講じる軍隊は世界のどこにもない。(7) この点についても、イスラエル人の大多数は、紛争を深く案じつつも、誇りに思っている。

　アハッド・ハアムが夢見たイスラエルの地での精神的復興も実現した。イスラエル国民は、ユダヤの伝統や民族の古典に興じている。ベングリオンが見たら、仰天することだろう。イスラエルでは、作家や詩人が多くの人に親しまれている。代表的な社会運動家の多くが小説家であり、詩人や作家が国の紙幣に描かれている。イスラエル人が権力者に真実を訴えたいときには、しばしば作家を頼りにする。

　ヘルツエルが『古くて新しい地』の読者に約束しているのは、ユダヤ人の避難所としてのみならず、ユダヤ国家が進歩と絶え間ない繁栄の源泉となることだった。この夢も実現した。イスラエルは、面積はニュージャージー州ほどの小さな

※1訳注・本書三七四～三七六頁参照。

国で、人口はロサンゼルスくらいなのに、医療技術は世界のトップレベルである。二〇一五年の世界大学ランキングでは、ヘブライ大学が六七位、テクニオン工科大学（いわばマサチユーセッツ工科大学のイスラエル版）が七七位、ヴァイツマン研究所が一〇一位から一五〇位の間、テルアビブ大学が一五一位から二〇〇位の間にランクされた。[8][※1] 教育を重視するユダヤの伝統は、第一回シオニスト会議での提案にも反映され、建国に先立ってイシューヴに大学を設立したことが桁外《けたはず》れの成果をもたらし、科学や経済、文学の分野で数多くのノーベル賞受賞者を輩出した。[※2]

ヘルツエルは彼のビジョンの中で、豊かに進歩した技術を世界の人々と共有することを述べているが、イスラエルはこれも達成した。メナヘム・ベギンが一九七七年に首相に就任してまず行なったのは、イスラエルの船に命じて、ベトナムのボート・ピープルを救うことだった。彼らは公海で飲み水もなく、絶望状況で漂流し、どの国の船からも無視されていた。イスラエルは彼らを救出し、全員に市民権を与えた。イスラエルの友と言うには程遠かったアメリカの大統領ジミー・カーターは、後にベギンの決断を称えている。「それは、憐れみの行為であり、思いやりの行為だ。困窮した人々、自己実現を求めて自由でありたいと願う人々にとって、郷土《ホーム》がいかに大切かを政府に認識させた。その行為は、イスラエル民族の歴史的な苦闘を象徴している」とカーターは述べている。[9]

ベギンの決断は、ヘルツエルが予想したとおり、ユダヤの歴史に根づいていた。ベギンはカーターにこう答えている。「私たちは、自らの民族の運命を忘れたことはない。迫害され、卑しめられ、遂には肉体的に抹殺されたことを。だから、私が首相として最初にした行為が、これらの人々をイスラエルの地に避難させることだったのは、当然である」[10]。長年にわたってイスラエルは、数多くの自然災害に応じて人道的支援を行ない、しばしばどの国にも先んじて最大規模の緊急病院を設立してきた。[※3]

ヘルツエルのシオニスト会議は民主的であり、イスラエルはその伝統を踏襲してきた。第二次大戦後に百近くの国が独立しているが（そのほとんどが帝国崩壊の結果として独立）、イスラエルはその中でも数少ない、民主主義として始まり一度も途絶えることなく民主国家として機能している国である。

イスラエルにおける男女同権に関しては課題が多いが、注目に値するのは、建国以来イスラエルは、民主主義の世界では唯一、女性も軍隊に徴兵される国という点である。初めて女性を首相に選んだ民主国家の一つであり、初めて女性が最高裁長官を務めた国でもある。

イスラエルに移住したレバノン出身のイスラム教徒

イスラエル人には心配事が多く、自分の国が様々な面で改善を必要としていることも承知している。しかし一方で、類《たぐ》い稀《まれ》な偉業を達成した物語を有していると自負する者も多い。そう捉えるのはイスラエル人だけではない。ファウード・アジャミはレバノン出身のシーア派イスラム教徒で、一九四五年にイスラエルの国境からほど近い南レバノンで生まれ育った。一九九一年に彼はこう回想している。

夜になると、ユダヤ人の村メトゥーラのサーチライトが、高い山脈の上にある私の村から見えた。私は子供の頃、あのサーチライトに魅せられていた。祖父が、あのサーチライトはユダヤ人の土地からだと教えてくれた。……国境越しの、開けた不毛の地にあるユダヤ人のあの土地が見え、鉄条網の向こう側にいる人たちの世間話も聞こえてきた。(11)

アジャミは世間話に耳をそばだてるだけでなく、後年ユダヤ国家で過ごすことにした。その経験を要約して、こう記している。

シオニストたちは、不毛の小さな土地にしっかりとした国家を築いた。軍事国家ではあるが、軍国主義国家ではない。大量の移民を受け入れ、彼らを国民に仕立てあげた。信教の自由が認められ、社会構造は世俗的である。長い期間、包囲状況に置かれながらも、不変の民主的な精神をしっかりと維持してきた。アラブ人もこの実験から学べるはずだが、恐れをなして後ずさりしてしまった。(12)

※1原書注・これに対し、石油資源に恵まれたアラブ諸国はそのような機関を築く資力が際限なくあるにもかかわらず、イスラム教国にはトップ二五〇位以内に入る大学が一校もないことは注目しておくべきだろう。本文で言及しているランキングでは、サウジアラビアのキング・ファハド石油鉱物大学が最も優秀で二六六位、それに続くのがパキスタンの国立科学技術大学で三五〇位である。

※2訳注・ノーベル賞は、二〇一七年までに八百九十二人に贈られているが、うち二百人がユダヤ人で、二二・四%に相当する。なお、ユダヤ人は世界人口の〇・二%以下に過ぎず、人口比で最もノーベル賞を受賞している民族である。

※3訳注・二〇一一年の東日本大震災直後、海外から被災地に医療団を派遣した最初の国がイスラエルだった。三月二十七日に来日したイスラエルの医療支援チームは、壊滅的な被害を受けた宮城県南三陸町に、充実した検査機器を持ち込んでクリニックを開設。農業復旧のための援助や心のケアの専門家の派遣など、官民を超えた支援を行なった。

ユダヤ国家の偉業をこれ以上簡潔に要約するのは難しいだろう。

イスラエルは未完のドラマ

この先、何が待っているのか。それは誰にも分からない。イスラエル人はそれを心得ている。シオニストたちは、当初からあえて問うべき事柄ではないのを分かっていた。

ナタン・アルテルマンは、一九四七年に書いた「夏の口論」という詩の中で、様々なイスラエル人を色々な女性に見立てて描いている。イスラエル人はどんな国民になるのか。どんな風になるのか。どんな未来が待っているのか。

シドンとペリシテの合間にある都市は
どんな風になるのだろう。
雨は降るのか、雷は鳴るのか。
黙れ、議論をやめろ。
未来のシュラミート（イスラエル）が
部屋で着替えている。
でも鍵穴から覗いたらだめなんだ。⑬

イスラエルに住むというのは、未来を覗く鍵穴がないことを知ることだ。未来がどうなるかは分からないが、これまでの経験を元に考えることはできる。バルフォア宣言から一世紀、シオニズムは驚異的な成果の物語だった。不可能に見えるようなときも、当初のイシューヴや後に建国された国家は、いつも予想に反して困難を乗り越えてきた。

ほとんどのイスラエル人は、自分自身が、そして自らのまだ若い国が、直面するあらゆる難問を乗り越えていけると確信してきた。そう信じる以外に選択の余地はなかった。

イスラエルの繁栄を確実にすることは、イスラエル人の最も根本的で最も重要な責任である。一九四八年と同様、失敗は今も許されない。

イスラエルは国家以上の存在であり、あまりにも重大な事がイスラエルに懸かっていた。シオニズムはユダヤ人の民族解放運動として始まり、そのシオニズムが作ったイスラエルは、現実となった壮大な理念の、今もなお続く豊富な対話を体現している。一体イスラエルに懸かっていた事とは何か。それは、彼らが、彼らの親が、彼らの祖父母が開拓して造り上げた奇跡的な国家以上の事だった。イスラエルに懸かっていた事は、彼らも分かっていたとおり、ユダヤ国家が建国されて救おうとした民族の未来そのものだったのである。

謝辞

本書の執筆にあたっては、数多くの方々の支援と協力、励ましを頂いた。それらの諸氏にお礼を申し上げる機会を得て、嬉しく思っている。

シャレム・カレッジはイスラエル初のリベラル・アーツ・カレッジで、魅力と刺激の溢れる職場である。シャレム・カレッジの多くの教授やスタッフのお陰で本書を出版することができた。ダニエル（ダン）・ポリサル、セス・ゴールドシュタイン、イド・ヘヴロニは、共に本校の立ち上げに取り組んでいるときから、本書の執筆のために時間的な配慮をしてくれた。その厚意に感謝したい。

ダンは始終一貫して私の仕事を支援してくれたが、彼ほど人の仕事に助力を惜しまない同僚を私は知らない。この原稿が形になっていく段階で、全体を丹念に読み通し、論調や視野において貴重な助言をもらい、数多くの誤りを指摘してくれた。このプロジェクトに費やしてくれた時間と当初からの励ましは、私の予想をはるかに超えるものだった。ダンは博学と並外れた才能と全くの無私をユニークに兼ね合わせている。私たちシャレムのメンバーの多くが彼を尊敬してやまない理由の一つだ。

私が本書を執筆している間、理事長を務めていたユディ・レヴィやダヴィッド・メセルとヤイール・シャミール、そしてシャレム・カレッジの理事会のメンバーから絶え間ない支援と理解と励ましを受けた。お礼を申し上げたい。

寛大な友人たちの資金援助なくして、本書が世に出ることはなかった。ポール・E・シンガー財団のテリー・カッセルとポール・シンガーは、誰よりも早くこの企画を支援してくれた。彼らの力添えのお陰で、この企画を開始することができた。ジェイコブソン・ファミリー財団のジョナサンとジョアナ・ジェイコブソンも、本当に惜しみなく資金を提供してくれた。ラビ・ロバート・ヒルトとヴァージニア・ベイヤーは、私の数々の著作を支援してくれ、この本にも気前よく費用を投じてくれた。諸兄姉の友情と甚大なる援助に感謝を表したい。私はこの数年、シャレム・カレッジのコレット・フエローに任命される栄誉を得た。コレット財団の支援、並びにアニータ・フリードマンとジェフリー・ファーバーの友情に深く感謝している。

多くの友人や同僚、研究者、家族が、専門的な知識を共有し、文献を調べ、私が自分では決して入手できなかった資料を提供してくれた。リナ・バルディン、メナヘム・ベンサソン、マーク・ブレットラー、セルジオ・デラペルゴラ、イラナ・ゴーディス、バリー・レヴェンフェルド、サマンサ・マルゴリース、ダヴィッド・マトロウ、マシュー・ミラー、ベニー・モリス、ファニア・オズ＝サルツバーガー、レア・サルナ、アニタ・シャピラ、アリエル・シエトリート、ヨッシー・シーゲル、ケン・シュタイン、ナヴァ・ウィンクラー、ジェイコブ・ライトに厚くお礼申し上げる。私たちのチームに数カ月加わり、調査に貢献してくれたダヴィッド・ブルーマーに感謝する。ハーバードの文学科で博士論文の執筆をするかたわら、一夏かけて原稿を読んでくれたアリ・ホフマンの知見と助言にお礼を申し上げたい。イスラエル国家記録保管所の主任記録官ヤアコヴ・ロゾウィック、ならびにシオニスト中央記録保管所のガイ・ジャモのあらゆる支援に感謝している。

本書のために、イスラエルの数名の識者がインタビューに応じてくれた。彼らの見識のお陰で、最終的により充実したものとなった。ルツ・カルデロン、ミハ・グッドマン、ドニエル・ハルトマン、アヴィ・カツマン、ヨッシー・クライン・ハレヴィ、シャウル・シンガーの時間と学識にお礼を申し上げたい。

最終校正に入る前に、原稿を読んで貴重な助言をし、本書を見事に洗練してくれた友人や同僚がいる。マルティン・クレーマーとセス・ゴールドシュタインは度々原稿を読み、丹念に書き込み、貴重なコメントをくれた。他にも同様の労を執ってくれた友人や仲間がいる。ダニエル・ボナー、ヨナタン・ゴーディス、ヨッシー・クライン・ハレヴィ、ジョン・ジェイコブソン、テリー・カッセル、セツ・クラーマン、ジェイ・レフコヴィッツ、ジェフリー・スウォーツ、ジュディ・スウォーツ、イラン・トローエン、リサ・ワラクにお礼を申し上げる。ユダヤ関係の出版界では伝説的なキャロリン・ハッセルは、私の長年の指導者、友人、詩神《ミューズ》であり、執筆当初の原稿を何度か読んでくれた。彼女の多くの助言と絶え間ない励ましに深く感謝する。

これらの読者の間でも本書の論調に関する意見が大きく別れる場合があった。方向性としては概して良いと思う者もいれば、イスラエルに対してあまりにも批判的だと考える者もいた。さらには、同じ原稿を読みながら、本来もっと手厳しく論評するべき箇所で私がイスラエルに「及第点」を与えていると感じる者もいた。それが、この類いの本の性質であろう。イスラエルに関わる議論は、あまりにも様々な意味合いが含まれていて、一つのアプローチや論調で皆を満足させることはできない。最終的には、本書は私自身のイスラエルに対する思いと、興味の尽きない複雑なこの国についての私の解釈を反映させている。

私の友人である前述の読者すべてから、助言を頂いた。そのお陰で、本書の論調を洗練し、より深みを帯びたものにすることができた。彼らの時間と見識と誠実さに感謝している。もちろん、本書の論調や内容ならびに誤りの責任は、私のみが負う。

リチャード・パインは私の二十年来の著作権代理人である。彼のプロ意識や友情だけでなく、この二十年間、私と共有してくれた高い見識にも深く感謝したい。エコ／ハーパーコリンズのチーム全員の優れた働きにもお礼を申し上げる。原稿や写真、地図を洗練してくれた編集者のエマ・ジャナスキーと共同出版者のミリアム・パーカーに感謝する。本書の使いやすく素晴らしい地図を作成してくれたジョー・レモニエルの才能にお礼を申し上げたい。本書のデザイン、また地図や写真のレイアウトを担当してくれたシニア・デザイン・マネージャーのスート・チョングに感謝している。原稿を丁寧に校正してくれたローリー・マックギーにもお世話になった。

もう何十年も前のことになるが、妻のエリシェヴァと私は、コロラドのある山頂でデーヴィッドとエレン・ハイコフと知り合う機会に恵まれた。彼らはそれ以来の大事な友人で、今では家族のような間柄だ。夏には、私たちがイスラエルの生活のプレッシャーから抜け出して息抜きできる場所を、一度ならず提供してくれた。湖畔にある心休まる楽園でこの本の一部分を書き始めた。デーヴィッドの母ベイラ・ハイコフはトロントで尊敬される教育者で、彼女のイスラエルへの愛とイスラエルのはるか昔の懐かしい思い出に、何度も夏の会話が盛り上がった。ハイコフ一族の変わらぬ友情に対し、ささやかな感謝の印として、本書の献辞にベイラの名前を加えることにした。

私たちが約二十年前にエルサレムに着いたばかりのとき、ピンハスとサンディ・ロゾヴィックが何から何まで助けてくれたことを、私たちは片時も忘れたことはない。どんなに時間が経っても私たちの感謝の思いは変わらない。

私は、このプロジェクトの当初から、二人の並外れたリサーチ・アシスタント、レイチェル・グリーンスパンとアリ・メイアー・フェウエルシュタインと仕事をすることができた。レイチェルは本書の作業二年目にリサーチ主任を務めてくれた。彼女がエルサレム市役所に転職すると、アリが引き継いで膨大な量の仕事を担い、この本を仕上げるために何カ月も集中して働いてくれた。二人とも極めて明晰で仕事熱心、献身的な仲間で、文才に秀でている。

レイチェルとアリは、本書の構成を練っていく上で助けてくれた。調査を務め、アウトラインを考え、繰り返し編集し、文献目録や注釈、写真の転載許可などの作業も担当し、さらに数多くの仕事に取り組んでくれた。私たち三人には共通点が多い。例えばアメリカの東海岸で育ち、教育を受け、イスラエルに帰還《アリヤー》した。しかしまた私たちは、世代も違い、政治的にも宗教的にも立場は異なり、本書で扱っている出来事や時代の捉え方も異なる見解を抱いている。私たちは二年近く、互いに異議を唱え、説得を試み、自らの主張を述べ、互いの見解を研ぎ澄ましてきた。本書のどのページにもレイチェルとアリの知的で倫理的な仕事ぶりが窺《うかが》える。彼女たちの多岐にわたる貢献だけでなく、彼女たちの仲間意識と、二人と一緒に仕事することそれ自体が楽しかったことに、感謝したい。

私の家族は、この本の執筆期間中、深い悲しみと掛け値ない喜びの交錯する時を過ごした。執筆に取りかかってすぐ、父が大病を患い、数カ月後に他界した。エリシェヴァと子供たちは、苦しみに満ちたこの一年間、精一杯の応援をしてくれた。父と私に示してくれたその愛と思いやりに心から感謝したい。私たちがイスラエルで生活すべきだと決断することを通して、エリシェヴァは長年にわたり、子供たちのタリヤ、アヴィシャイ、アヴィ、ミカに、主義と信念に基づいて生きるとはどういうことかを示してくれた。子供たちも充分成長し、自分たちの素晴らしい母親であるこの女性がどんなに並外れているかを充分に分かるようになったと思う。最近では、私の母の面倒を率先して見てくれているエリシェヴァは、私心を持たないとはどういうことかを、生きて、私たち家族に示してくれている。

エリシェヴァは、イスラエルとイスラエルの歴史に関する莫大な知識を通して、この本をより充実したものにしてくれた。その恩恵を数えあげたらきりがない。また、編集の才能にも極めて優れ、細部やスタイルまでよくチェックして、手遅れになる前に多くのミスを見つけてくれた。多くの人が原稿を校正してくれた後も、彼女は数多くの賢明な助言をし、数え切れないほどの箇所を洗練してくれた。これらすべてと、さらに限りなく多くのことで、彼女には助けてもらった。彼女にはどんなに言葉を尽くしても充分に感謝することもできないし、彼女の人となりと行ないのすべてを私たちがどれほど愛しているか、その思いを充分に言葉で表すこともできない。

父は、亡くなる一週間前、初曾孫のエラに会うことができた。私はこの本をエラに捧げることにした。エラが生まれ、周りの環境に気づき始めている間、私はこの本に取り組みながら、よく思わされたことがある。彼女が、私たちの家系では数世紀ぶりにイスラエルの地で生まれた初めての子だということだ。身に余る光栄と深い喜びを覚えるばかりだ。まだほんの小さい子供が、私たちの想像をはるかに越えて、私たちの人生に限りない喜びをもたらしてくれた。

私たちの最初の「シオンの娘」である彼女に願うのは、本書の冒頭の献辞に引用している聖句に示されているとおり、彼女が大いなる喜びと壮大な夢に生きる人生を送り、自らの民族に深い生き甲斐と献身の生涯を歩むことである。

エルサレムにて
二〇一六年五月
ユダヤ暦五七七六年イヤル月五日
第六十八回目のイスラエル独立記念日に

巻末付録

- ●人物解説
- ●用語解説
- ●イスラエル国独立宣言
- ●イスラエルの歴代大統領と首相
- ●イスラエルの政党と権力バランスの変動
- ●ユダヤ民族・イスラエル年表

●人物解説　〈 〉は旧名

アーロンソン家　兄アーロン・アーロンソン（一八七六〜一九一九）は、一八八二年にルーマニアからパレスチナに帰還。妹サラ（一八九〇〜一九一七）と共に第一次大戦中に「ニリ」と呼ばれるスパイ組織を築き、イギリス当局に情報を提供していた。オスマン帝国はこの組織を発見して二人を投獄、拷問を課し、グループのメンバーの多くを殺した。二人はシオニストの英雄的象徴となる。

アイヒマン、アドルフ（一九〇六〜六二）ナチス指導者の一人。ヴァンゼー会議で重要な役を担い、ユダヤ人問題の「最終解決」案を実行し、ユダヤ人虐殺を行なう。一九六〇年にアルゼンチンでイスラエルの諜報特務庁モサドに捕まり、イスラエルへ送還され、有罪判決を受ける。現在に至るまでイスラエルで唯一死刑に処せられた人物。

アッバス、マフムッド（一九三五〜）パレスチナの政治家。ヤセル・アラファトによってパレスチナ自治政府の初代首相に任命される。オスロ合意の交渉メンバー。アラファトの死去に伴い、パレスチナ自治政府の大統領になる。

アハッド・ハアム〈アシェル・ツヴィ・ギンズベルグ〉（一八五六〜一九二七）ヘブライ作家。一九二二年にイギリスからパレスチナに帰還。代表的なシオニスト思想家で、パレスチナにユダヤ的な精神的センターを築くことを願い、ヘルツェルの国家建設の理念に反対した。

アラファト、ヤセル（一九二九〜二〇〇四）パレスチナ人の政治的な指導者。一九五〇年代後半にファタハを創設し、後にPLOの議長になる。イスラエルだけでなく世界中でテロを策謀。イスラエルと和平を結ぶオスロ合意に調印し、ノーベル平和賞を受賞。だが、最後まで合意を実践することはなかった。

アリエル、メイール（一九四二〜九九）一九六七年にエルサレム攻略の一翼を担った空挺部隊の兵士。ナオミ・シェメルの「黄金のエルサレム」の代わりに「鉄《くろがね》のエルサレム」を編曲、イスラエルによる西岸地区占領に疑問を抱く世代の声となる。

アル・アサド、ハフィーズ（一九三〇〜二〇〇〇）シリアの大統領（一九七一〜二〇〇〇）。一九七三年にエジプトのアヌアル・サダト大統領と連携してヨム・キプール戦争を仕掛け、イスラエルと和平を結ぶことを拒んだ。

アルテルマン、ナタン（一九一〇〜七〇）詩人、劇作家。一九二五年にポーランドからパレスチナに帰還。「銀のお盆」

「これ故に」などの詩を通して、新しいユダヤ人像を喚起した。

アル・フセイン、アブドゥッラー一世（一八八二～一九五一）トランスヨルダン国王（一九四六～五一）。一九四九年に国名がヨルダンに変わる。イスラエルのイシューヴや指導者たちと親しい関係を維持したため、イスラエルと和平交渉を企てているとの噂が広まり、一九五一年に同国人により暗殺された。

アル・フセイニ、ハジ・アミン（一八九五～一九七四）エルサレムのイスラム法典権威《ムフティ》（一九二一～三七）。アラブ高等委員会の指導者で、ユダヤ人のパレスチナ移民を妨害し、イシューヴへのテロを扇動。第二次大戦中、ヒトラーと組んで、イスラム世界にナチのプロパガンダを普及させた。

アルロゾロフ、ハイム（一八九九～一九三三）政治家、経済学者。一九二四年にドイツからパレスチナに帰還。シオニスト指導者の一人で、ユダヤ機関の政治部門の主任を務め、「移送協定《ハアヴァラー》」を推し進めた。ナチスと交渉したとイシューヴの多くが憤り、一九三三年に暗殺された。

アロン、イガル（一九一八～八〇）イスラエルの政治家、パルマッハの創設者、イスラエル国防軍の将軍。一九六七年の戦争で攻略した領土の一部を併合し、それ以外をヨルダン人に譲るアロン計画を考案したが、実施されなかった。アロンが提案した国境線はグリーンラインとして現在も一つの基準となっている。

イツハル、S.〈イツハル・スミランスキー〉（一九一六～二〇〇六）イスラエルの作家、近代ヘブライ文学の詩人。小説『ヒルベット・ヒゼ』を執筆し、一九四八年の戦争でイスラエル軍がパレスチナ人に及ぼした人的犠牲を捉えようとした。この本はイスラエルの教育カリキュラムに含まれている。国会議員に七回当選。

ヴァイツマン、ハイム（一八七四～一九五二）化学者。一九一八年にイギリスからパレスチナに帰還。世界シオニスト組織総裁で、初代イスラエル大統領（一九四九～五二）。バルフォア宣言の発布やヘブライ大学の創立に貢献。ヴァイツマン科学研究所も設立した。

エシュコル、レヴィ（一八九五～一九六九）イスラエルの第四代首相（一九六三～六九）。一九一四年にウクライナからパレスチナに帰還。六日戦争直前に、国難克服のため与野党一体となって統一政府を確立した初めての首相。

エバン、アバ（一九一五～二〇〇二）イスラエルの外交官、政治家。一九四六年にイギリスからパレスチナに帰還。雄弁で知られる。国連大使や駐米大使などを歴任、一九六七年の六日戦争前には外相として、イスラエルへの国際的な支援を獲得しようと不断の努力をした。

エルアザル、ダヴィッド〝ダド〟（一九二五〜七六）イスラエルの軍人。一九四〇年にユーゴスラビアからパレスチナに帰還。六日戦争ではゴラン高原の攻略に貢献。ヨム・キプール戦争では参謀総長を務めるが、アグラナット委員会により戦争失態の責任を問われ、職を解かれた。

エレミヤ（紀元前七〜六世紀）イスラエルの預言者。エルサレムの崩壊と再建を預言。バビロニア捕囚が七十年続き、その後ユダヤ人は故郷に帰れるようになるので、異郷に定着して待つよう促した。（ハナニヤの項も参照）

オズ、アモス（一九三九〜）イスラエルを代表する作家、平和運動団体ピース・ナウの指導者。イスラエル左派の強力な発言者となる。

オルメルト、エフード（一九四五〜）イスラエルの政治家。第十六代首相（二〇〇六〜〇九年）で、ガザの撤退政策を遂行。エルサレム市長時代の収賄容疑で有罪となり、禁固刑に処せられた初のイスラエル首相。

カストネル、ルドルフ（一九〇六〜五七）ホロコースト時代、ハンガリーのシオニスト救済委員長。一九四四年、ユダヤ人救済のためにドイツ人と貨車を引き渡す協定を結ぶ。一九四七年にパレスチナに帰還。マルキエル・グリンヴァルドに「殺人を代行した」と非難され、名誉毀損で彼を訴えるがグリンヴァルドは無罪となり、カストネルは公然と辱めを受ける。やがて暗殺された。

カディシャイ、イェヒエル（一九二三〜二〇一三）イルグンの戦闘員。生後間もなくポーランドからパレスチナに帰還。メナヘム・ベギンの親友で政治的腹心。アルタレナ号に乗船していたが、無傷で難を逃れた。

キッシンジャー、ヘンリー（一九二三〜）アメリカの国際政治学者。国家安全保障問題担当の大統領補佐官（一九六九〜七五）、国務長官（一九七三〜七七）を歴任。ベトナム戦争の和平交渉や中東和平の促進に努め、一九七三年にノーベル平和賞を受賞。

キュロス（紀元前六世紀）ペルシア帝国の王。紀元前五三九年にバビロニアを征服、捕囚されていたユダヤ人にエルサレム帰還を促し、神殿の再建を許した。

グーリ、ハイム（一九二三〜二〇一八）イスラエルの詩人、作家。独立戦争時代のラメッド・ヘイや六日戦争など、イスラエルの歴史的な瞬間について、多くの詩を残している。

クック、ラビ・アブラハム・イツハク（一八六五〜一九三五）ユダヤ教学者、神秘家、イシューヴの首席ラビ。一九〇四年にラトビアからパレスチナに帰還。パレスチナの世俗的な開拓者を受け入れた数少ない宗教シオニストの指導者として、現在に至るまで人望が厚い。

クック、ラビ・ツヴィ・イェフダ（一八九一～一九八二）ラビ・アブラハム・イツハク・クックの息子。一九〇四年に家族と共にパレスチナに帰還。宗教シオニストたちの指導者として尊敬され、イスラエルの地を愛する思想はグッシュ・エムニームの入植運動の礎《いしずえ》となった。

グリンベルグ、ウリ・ツヴィ（一八九六～一九八一）イシューヴの代表的な詩人。一九二三年にポーランドからパレスチナに帰還。ジャボティンスキーの修正派運動の流れを汲む。

ゴールドシュタイン、バルーフ（一九五六～九四）一九八三年にアメリカからイスラエルに帰還した過激なユダヤ教徒。一九九四年にヘブロンにある族長の洞窟で礼拝中のイスラム教徒二十九人を殺害した。大多数のイスラエル国民と世界のユダヤ人は非難したが、ごく少数の過激派は彼を英雄視した。

ゴーレン、ラビ・シュロモ（一九一七～九四）六日戦争時のイスラエル国防軍の首席ラビ。一九二五年にポーランドからパレスチナに帰還。解放された神殿の丘に角笛とトーラーの巻物を抱いて立ち、西の壁で祈る姿で一躍有名となる。

ゴルドン、アーロン・ダヴィッド（一八五六～一九二二）労働シオニストの指導者。一九〇四年にロシアからパレスチナに帰還。ユダヤ人の救済は大地を耕すことによって実現すると説いた彼の思想は、新しいユダヤ人像の形成やキブツ運動に重要な役割を果たした。

サダト、アヌアル（一九一八～八一）エジプトの軍人、政治家、第三代エジプト大統領（一九七〇～八一）。一九七三年に第四次中東戦争（ヨム・キプール戦争）を仕掛けるが、一九七七年にエルサレムを訪問して和解を説いた。翌年キャンプ・デーヴィッドでベギン首相と和平合意に達し、ノーベル平和賞を受賞。一九七九年にイスラエルと平和協定を結んだが、一九八一年に同国人により暗殺される。

ザングウィル、イズレイル（一八六四～一九二六）イギリスのユダヤ人作家。シオニスト思想家で、パレスチナの地を「民なき土地が、土地なき民を待っている」と表した。ユダヤ人のパレスチナ帰還は、ユダヤ人とパレスチナ人の双方に益だと信じていた。

ジェマイエル、バシール（一九四七～八二）レバノンのキリスト教ファランジスト党指導者。ベギン首相は、ジェマイエルがイスラエルと協力してレバノンを支配し、レバノン南部のＰＬＯ勢力を撲滅するよう願った。彼が同国人に殺害されると、レバノンは内戦状況となった。

シェメル、ナオミ（一九三〇～二〇〇四）イスラエルの国民的な音楽家。数々の名曲を作詞・作曲した。特に六日戦争前に書いた「黄金のエルサレム」は、イスラエルの第二の国歌と呼ばれている。

シャピラ、ツヴィ・ヘルマン（一八四〇～九八）リトアニア出身のユダヤ人作家、数学者。「シオンを愛する者《ホヴェヴェ・ツィヨン》」のメンバー。第一回シオニスト会議以前に、ユダヤ国民基金の設立を提案。ヘブライ大学創設の提唱者。

ジャボティンスキー、ゼエヴ（一八八〇～一九四〇）ロシア帝国領オデッサ出身のユダヤ人作家、修正派シオニズムの創始者。パレスチナにユダヤ国家を建設し維持していくためには、武力行使の覚悟も必要と訴えた。イスラエル政治右派の先駆者となった。

シャミール、イツハク（一九一五～二〇一二）地下組織レヒの指導者。一九三五年にポーランドからパレスチナに帰還。イスラエルの政治家になり、リクード党党首、第八代、第十代イスラエル首相（一九八三～八四、一九八六～九一）となった。

シャランスキー、ナタン（一九四八～）ロシア出身の人権運動家。旧ソ連でユダヤ人権活動を展開し、スパイ容疑で九年間投獄される。一九八六年にイスラエルに帰還して政治家になり、ロシア系移民の指導者となった。

シャレット、モシェ（一八九四～一九六五）イスラエルの政治家。一九〇六年にウクライナからパレスチナに帰還。第二代イスラエル首相（一九五四～五五）。

シャロン、アリエル（一九二八～二〇一四）イスラエルの軍人、政治家。イスラエルのほぼ全戦争で重要な役割を担った。第十五代イスラエル首相（二〇〇一～〇六）。カディーマ党を結成し、ガザからの撤退を敢行した。

シュテルン、アヴラハム（一九〇七～四二）地下組織イルグンのメンバーで、レヒの創設者。一九二六年にポーランドからパレスチナに帰還。イギリス当局によって一九四二年に殺された。

スタヴスキー、アヴラハム（一九〇六～四八）修正派青年運動ベイタルのメンバー。一九三三年にポーランドからパレスチナに帰還。「移送協定《ハアヴァラー》」を考案したハイム・アルロゾロフの殺害事件では有罪判決を受けるが、やがて無罪となった。アルタレナ号の戦いで死亡。

セネシュ、ハンナ（一九二一～四四）女性空挺隊員。一九三八年にハンガリーからパレスチナに帰還。第二次大戦中にイギリス軍の空挺部隊に志願し、ユーゴスラビアに潜入してユダヤ人同胞の救出を試みるが、ハンガリー国境で捕まって投獄され、拷問を受けて処刑された。後にイスラエルの国民的な英雄となった。

ダヤン、モシェ（一九一五～八一）イスラエルの軍人、政治家。イスラエル国防軍参謀総長、六日戦争とヨム・キプール戦争時の国防相だった。

ダルウィーシュ、マフムード（一九四一～二〇〇八）パレスチナの詩人。パレスチナ人の身寄りのなさと、パレスチナの故郷に寄せる郷愁を表現した。

デリ、アリエ（一九五九～）イスラエルのミズラヒー系政治家。シャス党の指導者として権力を握るが、収賄罪で投獄。刑期を終えて二〇一一年に再び政界に返り咲いた。

トゥルンペルドール、ヨセフ（一八八〇～一九二〇）軍人、イスラエル開拓の父。日露戦争で日本軍の捕虜となり、捕虜収容所でシオニズムに覚醒した。一九一九年にロシアからパレスチナに帰還。イシューヴ初の戦闘部隊「シオンのラバ隊」の創設に貢献。一九二〇年にテルハイ集落の防衛で戦死し、その後ベイタル運動の象徴的存在となった。

ドレフュス、アルフレッド（一八五九～一九三五）フランスのユダヤ系軍人。一八九四年に反逆罪で逮捕され、軍籍を剥奪される。フランスの文豪エミール・ゾラが政府の反ユダヤ主義を弾劾し、後に冤罪だったことが判明した（ドレフュス事件）。新聞記者だったヘルツェルがこの事件の取材を担当していた。

ナセル、ガマル・アブデル（一九一八～七〇）エジプトの軍人、政治家、第二代エジプト大統領（一九五六～七〇）。自由将校団を結成しクーデターを起こして王政を打破、共和国を設立した。汎アラブ主義を掲げ、スエズ運河を国有化し、西洋列国の支配を排除。第三次中東戦争（六日戦争）を仕掛けてイスラエルの殲滅《せんめつ》を図るが失敗した。

ネタニヤフ、ビンヤミン（一九四九～）イスラエルの政治家、リクード党党首。ジャボティンスキーやベギンの政治的な継承者と見なされている。第十三代、第十七代イスラエル首相（一九九六～九九、二〇〇九～）。

ネブカドネザル（紀元前七～六世紀）バビロニア帝国の王。紀元前五八六年にエルサレムの第一神殿を破壊し、イスラエル人をバビロニアに捕囚した。

ノルダウ、マックス（一八四九～一九二三）ハンガリー出身の初期シオニスト指導者、ユダヤ人思想家。政治シオニズムの指導者で、テオドール・ヘルツェルの盟友。質実剛健を重視する新しいユダヤ人像を提唱した。

ハナニヤ（紀元前七世紀）イスラエルの預言者。エレミヤと同時代、エルサレムの絶対性を信じ、バビロニアによる占領はないと預言。神の救済の時が来るので、ユダヤ人は離散の民にならないと主張し、エレミヤの預言と対立した。（エレミヤの項も参照）

バラク、エフード（一九四二〜）イスラエルの軍人、政治家。第十四代イスラエル首相（一九九九〜二〇〇一）。二〇〇〇年にレバノンからイスラエル軍を撤退させた。同年キャンプ・デーヴィッドで、クリントン米大統領仲介のもと、アラファト議長との和平交渉で大幅な譲歩をするが、パレスチナ側が拒否し、第二次インティファーダが勃発した。

バル・コフバ、シメオン（?〜一三五年）第二次ユダヤの反乱の指導者。第二神殿崩壊後の紀元一三二年、ローマ帝国に反乱を企てたが、最終的には鎮圧され殺された。これが最後の反乱となり、ユダヤ人解放の象徴となった。

バルフォア、アーサー（一八四八〜一九三〇）イギリスの政治家。一九一七年、イギリスの外相だった時代、パレスチナにユダヤ民族の郷土《ホーム》建設を承認する書簡を書いた。後に「バルフォア宣言」と呼ばれるもので、ユダヤ人の国家建設への大きな一歩となった。

ビアリク、ハイム・ナフマン（一八七三〜一九三四）ヘブライ詩人、作家。一九二四年にドイツからパレスチナに帰還。新しいユダヤ人像を描き、世代を代表する声となった。テルアビブでの葬儀には数千人が参列した。

ピンスケル、レオ（一八二一〜九一）ポーランド出身の初期シオニスト思想家。一八八二年に『自力解放』を著し、ユダヤ人の独立と民族復興を促した。パレスチナへのユダヤ人移民を支援する組織「シオンを愛する者たち《ホヴェヴェ・ツィヨン》」の創設者。

フセイン、イブン・タラル（一九三五〜九九）ヨルダン国王（一九五二〜九九）。一九九四年にヨルダンとイスラエルの和平協定に調印。イツハク・ラビン首相の葬儀では感動的な弔辞を述べた。

ブラウスティン、ジェイコブ（一八九二〜一九七〇）アメリカ・ユダヤ委員会総裁。アメリカのユダヤ人は異郷暮らしをしていない、イスラエルがユダヤ民族の中心と思うべきでないと主張し、ベングリオンと激しく対立した。

ブルーシュタイン、ラヘル・セラ（一八九〇〜一九三一）「詩人ラヘル」の名で有名。一九〇九年にウクライナからパレスチナに帰還。キブツ・デガニヤに住んだが、結核のため独りテルアビブに去り、死亡。ガリラヤを慕う優れた詩作を残し、一世紀経った今も広く知られている。

ブレーネル、ヨセフ・ハイム（一八八一〜一九二一）ヘブライ作家。一九〇九年にポーランドからパレスチナに帰還。イシューヴの開拓生活の苦闘を綴った。ヤッフォのアラブ人暴動で殺害された。

ベギン、メナヘム（一九一三～九二）政治家。一九四一年にポーランドからパレスチナに帰還。ジャボティンスキーの熱烈な支持者で、地下組織イルグンの指導者。第七代イスラエル首相（一九七七～八三）。エジプトと和平を結んだ。それによりノーベル平和賞を受賞。イラクのオシラク原子炉の爆破、レバノン侵攻を指揮した。

ヘス、モーゼス（一八一二～七五）ドイツ出身のユダヤ人作家、初期シオニスト思想家。一八六二年に著した『ローマとエルサレム』でヘルツェルの『ユダヤ人国家』に非常によく似たユダヤ人国家の理念を打ち出していたが、当時はほとんど顧みられなかった。

ヘルツェル、テオドール（一八六〇～一九〇四）政治シオニズムの創始者。一八九六年に『ユダヤ人国家』を出版し、パレスチナでのユダヤ人国家建設を訴えた。翌年、スイスのバーゼルで第一回シオニスト会議を開催、シオニスト運動の牽引に全精力を注いだ。

ベルディチェフスキー、ミカ・ヨセフ（一八六五～一九二一）ロシア出身のユダヤ人作家、思想家。シオニズムをユダヤ教に対する反抗と捉えた。「最後のユダヤ人となるか、最初のヘブライ人となるか」と言ったのは有名。

ベルナドッテ伯、フォルケ（一八九五～一九四八）スウェーデン王家の一員、外交官。国連に任命されてイスラエル独立戦争の休戦協定の交渉役を務め、ユダヤ人の地下組織に暗殺された。

ペレス、シモン（一九二三～二〇一六）イスラエルの政治家。一九三四年にベラルーシからパレスチナに帰還。第九代、第十二代イスラエル首相（一九八四～八六、一九九五～九六）、第九代イスラエル大統領（二〇〇七～一四）。イスラエルの核開発で重要な役割を担った。パレスチナとオスロ合意を調印。それによりノーベル平和賞を受賞した。

ベン・イェフダ、エリエゼル〈エリエゼル・パールマン〉（一八五八～一九二二）現代ヘブライ語の父。一八八一年にフランスからパレスチナに帰還。イスラエルの地におけるユダヤ民族復興には、ヘブライ語を「話し言葉」として復活させることが必須であると信じ、ヘブライ語の辞書編纂、ヘブライ語の新聞発行、ヘブライ語で新しい言葉を作ることに努めた。

ベングリオン、ダヴィッド〈ダヴィッド・グリュン〉（一八八六～一九七三）労働シオニストの指導者、イスラエル建国の立役者。一九〇六年にポーランドからパレスチナへ移住、ユダヤ機関の長となった。一九四八年にイスラエル国の独立を宣言した。初代、第三代イスラエル首相（一九四八～五四、一九五五～六三）。

ポラット、ハナン（一九四三～二〇一一）イスラエルの政治家、宗教家。六日戦争でエルサレム解放に貢献した兵士の一人。ラビ・ツヴィ・クックの弟子で、クファル・エツィヨンの再建を果たし、入植活動の先導者として国会議員となる。

マプ、アヴラハム（一八〇七～六七）リトアニア出身のヘブライ語作家、啓蒙主義者、初期のシオニスト思想家。一八五三年に最初のヘブライ語小説『シオンへの愛』を執筆。ベングリオンをはじめ多くの人に感動をもたらした。

メイール、ゴルダ〈ゴルダ・マイヤーソン〉（一八九八～一九七八）政治家。一九二一年にアメリカからパレスチナに帰還。イスラエル労働総同盟とユダヤ機関の政治部門の主任。第五代イスラエル首相（一九六九～七四）、イスラエル初の女性首相。

ヤヴェツ、ゼエヴ（一八四七～一九二四）作家、歴史家。一八八七年にポーランドからパレスチナに帰還。イシューヴで初めての現代ヘブライ小説を出版した。

ヤディン、イガエル（一九一七～八四）イスラエルの軍人、政治家、考古学者。独立戦争ではハガナーの作戦主任、イスラエル国防軍の第二代参謀総長。

ヨセフ、ラビ・オヴァディア（一九二〇～二〇一三）セファラディー系首席ラビ。一九二四年にイラクからパレスチナに帰還。天才的な法学者としてミズラヒー系の人々に慕われ、シャス党を結成した。

ラピッド、トミー（一九三一～二〇〇八）イスラエルのジャーナリスト、政治家、ホロコースト生存者。一九四八年にハンガリーからイスラエルに帰還。著名な作家でテレビのコメンテーターとなった。また国会議員として、超正統派の政党と激しく対立した。

ラピッド、ヤイール（一九六三～）イスラエルのジャーナリスト、政治家。トミー・ラピッドの息子。中道派の政党イエシュ・アティドの設立者。

ラビン、イツハク（一九二二～九五）イスラエルの軍人、政治家。六日戦争時の参謀総長。第六代、第十一代イスラエル首相（一九七四～七七、一九九二～九五）、イスラエル生まれの初の首相。パレスチナとのオスロ合意に調印。それによりノーベル平和賞を受賞した。ヨルダン国との和平を達成するが、一九九五年にユダヤ人過激派に暗殺された。

レイボヴィッチ、イシャヤフ（一九〇三～九四）イスラエルのユダヤ教正統派の知識人。一九三五年にスイスからパレスチナに帰還。六日戦争で攻略した地域を放棄することを強く訴え、他民族を支配することはイスラエルの崩壊を招くと予測した。

ロイド・ジョージ、デヴィッド（一八六三〜一九四五）イギリスの政治家。シオニストの大義を理解し、イギリスの首相だった一九一七年にバルフォア宣言を支持した。

ロスチャイルド男爵、エドモン（一八四五〜一九三四）フランスのユダヤ人資産家。パレスチナの開拓を経済的に支援した。「かの有名な篤志家」として知られる。

ロットベルグ、ロイ（一九三五〜五六）イスラエル生まれの兵士。アラブ人テロリスト「フェダイーン」に殺害された。モシェ・ダヤンは、彼の葬儀で捧げた弔辞で、イスラエルと近隣諸国の紛争は長期化し、多くの犠牲が伴うのは不可避であると述べた。

●用語解説

アシュケナジー　ヨーロッパ出身のユダヤ人の大半を指す。ヨーロッパの中部や東部でコミュニティを築き、独自の宗教的・文化的な伝統を発展させ、イディッシュ語という独自の言語も生み出した。

アリヤー　ヘブライ語の「上る」の派生語で、イスラエルへ帰還することを指す。「第一次アリヤー」や「ロシア系のアリヤー」など、イスラエルの地への大量移民を指す用語としても用いられる。

イェシヴァー　ユダヤ教の学院。カリキュラムでは、聖書の他に、ミシュナーやタルムードなど、ユダヤ教教典を中心に学ぶ。

イシューヴ　ヘブライ語で「居住地」の意。概して、イスラエル建国前のパレスチナのユダヤ人社会を示す表現。イシューヴの構築した自治機関と自衛組織が、やがてイスラエル国家と国防軍の骨格となった。

イディッシュ　アシュケナジーのユダヤ人が生み出した言語で、ドイツ語とヘブライ語とアラム語の混成語。ヘブライ文字で綴られる。パレスチナに移住したアシュケナジー系ユダヤ人の多くが幼いときから使っていた言語。

イルグン　地下抵抗組織「民族軍事組織《イルグン・ツヴァイ・レウミー》」のこと。通称「イルグン」と呼ばれ、ヘブライ語の頭文字で「エツエル」としても知られる。ジャボティンスキーの思想的影響を受けたハガナーの戦闘員たちが、ハガナーの専守防衛策に不満を抱き、一九三一年に結成した組織。独立戦争でイスラエル国防軍ができるまで、独立した戦闘勢力として活動した。

インティファーダ　アラビア語で「振り落とす」の意。主にイスラエルが一九六七年に攻略した地域に暮らすパレスチナ人の対イスラエル暴動を指す。第一次インティファーダは一九八七〜九一年、第二次インティファーダは二〇〇〇〜〇四年に展開した。

エレツ・イスラエル　ヘブライ語で「イスラエルの地」の意。

キッパー　ヘブライ語で「丸帽子」の意。宗教的なユダヤ人男性が、自分の頭上に神がいることを記憶し、畏敬の思いを込めて被る。

キブツ　社会主義の理想に基づき、イスラエルの大地を開拓して農業を営み、財産を共有し、衣食住をはじめ育児・教育・文化・運営など生活全般を共同体で行なう農村のこと。一九〇七年に最初のキブツが建設されてから、イスラエルの建国に大きく貢献してきた代表的な共同体だが、全人口の七%を超えることはなかった。

グッシュ・エムニーム　ヘブライ語で「信者の群れ」の意で、一九七四年に宗教的シオニストによって発足した開拓推進運動。

クネセット　ヘブライ語の「集まる」の派生語で、イスラエルの国会を指す。議席数は百二十で比例代表制を採用している。第一回国会選挙は一九四九年に行なわれた。

クリスタル・ナハト　ドイツ語で「水晶の夜」の意。一九三八年十一月九日から十日にドイツとオーストリアで一斉に起きたユダヤ人迫害事件。ユダヤ人所有の商店やユダヤ教会堂が放火、破壊され、多くのユダヤ人が暴行を受け殺害された。

コーテル　ヘブライ語で「壁」の意。エルサレムの旧市街にある第二神殿の唯一の跡で、ユダヤ教の聖所。「西の壁」または「嘆きの壁」と呼ばれる。

コンセプツィア　ヘブライ語で「通念」の意。イスラエルが一九六七年の六日戦争での劇的勝利によって抱いた驕《おご》りと無敵意識を指す。この油断が一九七三年のヨム・キプール戦争初戦の失態を招く原因となる。

シェヘヘヤーヌ　ヘブライ語で「われらを生かしたもう（御方）」の意。その時まで自分たちを生かしめ、存在せしめ、至らしめた神に感謝する祝福の祈り。人生の転機などで唱える。

シナイ山　モーセ率いるイスラエルの民に、神がトーラーを啓示した山の名。シナイ半島にある。

シャス　ヘブライ語で「セファラディ系の守り人」の頭文字。中近東や北アフリカ出身のユダヤ人を代表するために、セファラディ系の元首席ラビ、オヴァディア・ヨセフが一九八四年に結成したイスラエルの宗教政党。

シュテトル　イディッシュ語で、東欧のユダヤ人の村落共同体のこと。

ショアー　聖書のゼファニヤ書に出てくるヘブライ語で「荒廃」の意。ナチス・ドイツによるユダヤ人大量虐殺《ホロコースト》を指す。

ショファール　ヘブライ語で「雄羊の角笛《つのぶえ》」を指す。ユダヤ新年や贖罪日などに聖所で吹き鳴らす伝統がある。

セゾン　フランス語で「季節」の意。ハガナーの先鋭部隊が一九四四年十一月から一九四五年三月にかけて、イルグンやレヒのメンバーを探し出し、イギリス当局に引き渡した「狩猟期」のこと。

セファラディ　ヘブライ語で「スペイン人」の意。ローマ軍に追放された後、イベリア半島やスペイン、トルコ、後に中東で異郷暮らしをしたユダヤ人のこと。独自のコミュニティを築き、特有の言語ラディーノや独自の宗教的・文化的伝統を育んだ。

タルムード　ラビ・ユダヤ教の教典の一つ。三世紀から六世紀の間にバビロニアとパレスチナのユダヤ人コミュニティで編纂された。現在でも世界中の伝統的なユダヤ教徒が学ぶ主な教典。（ミシュナーの項も参照）

ディアスポラ　ギリシア語で「四散」の意。イスラエルの地の外で暮らすユダヤ人や彼らのコミュニティを指す。

トーラー　聖書の創世記から申命記までのモーセ五書を指す。天地創造、イスラエル民族の誕生、エジプトの奴隷状況からの解放、約束の地に至るまでの物語で、神の歴史と教えが綴られている。日本語では「律法」と訳されることが多いが、ヘブライ語の原意は「（神の）教え、指図」を意味する。

ナクバ　アラビア語で「破局」の意。パレスチナのアラブ人が一九四八年のイスラエル独立戦争に付けた呼称。

ハアヴァラー　ヘブライ語で「移送」の意。ハイム・アルロゾロフがナチスと交渉し、ドイツを出国するユダヤ人が資産を確保できるようドイツ政府と交わした移送協定のこと。

ハガナー　ヘブライ語で「防衛」の意。イシューヴがユダヤ人集落をアラブ人の襲撃から守るために一九二一年に設立した自衛組織のこと。後にイスラエル国防軍に発展した。

ハシード　ヘブライ語の「ヘセッド（憐れみ、慈愛）」の派生語。ハシディズムの信奉者のこと。

ハシディズム　十八世紀ウクライナで始まったユダヤ教敬虔主義のこと。創始者はラビ・イスラエル・ベン・エリエゼル（バアル・シェム・トヴ）。ユダヤ教の硬化した形式主義に反対し、神にある喜びや直接的な宗教体験の重要性を訴えた。現在は超正統派の一派をなしている。

ハショメール　ヘブライ語で「見張り人」の意。イシューヴ初期の組織的な自衛組織で、ユダヤ人の村落を守るために設立された。

ハスカラー　ヘブライ語で「教養」の意。十八世紀後半から十九世紀後半にかけて西ヨーロッパで盛んになったユダヤ啓蒙主義運動のこと。ユダヤ人をユダヤ教の伝統から解放し、世俗社会の一員となることを促した。シオニズム草創期の多くの思想家に影響を与えた。

ハティクバ　ヘブライ語で「希望」の意で、イスラエル国歌の名前。歌詞は一八七八年、詩人ナフタリ・インバルによって書かれた。

ハヌカ　紀元前一六四年、ギリシア支配に対してマカベア一族が企てた反乱により、神殿が浄められたことを記念するユダヤ教の祭日。神殿の燭台の火が八日間灯《とも》り続けた奇跡に因《ちな》んで、八日間祝われる。家庭の燭台に光を灯して神の御業を記念する。

ハムタナー　ヘブライ語で「待機期間」の意。一九六七年の六日戦争が勃発するまでの緊迫した三週間を指す。差し迫るアラブ諸国との戦争に備えて、ホテルを病院代わりにし、駐車場を共同墓地にできるよう準備した。

ハラハー　ヘブライ語で「行く道」の意。ユダヤ法、ユダヤ教の慣例法規を指す。

ハルカー　ヘブライ語で「分配」の意。イスラエルの地（イシューヴ）で暮らすユダヤ教ラビ、未亡人、孤児、貧民層のユダヤ人を支援する資金分配制度のこと。海外のユダヤ人からの財政援助は、すでに紀元三世紀に存在していた古い慣習である。

パルマッハ　ヘブライ語で「突撃部隊」の頭文字。ハガナーの先鋭部隊として一九四一年に設立され、イシューヴの最も優秀な戦士が数多く参加した。

ハレディーム　ヘブライ語で「戦《おのの》く者たち」の意。超正統派のユダヤ教徒を指す呼称。ユダヤ国家に対して反対の立場をとってきたが、急激な人口増加により、イスラエルの政治・経済において一大勢力となっている。

ヒスタドルート　ヘブライ語で「組合、同盟」の意で、イスラエル労働総同盟を指す。イシューヴの主要な労働組合で、やがてイスラエルの強力な政治勢力となる。

ビルイーム　ヘブライ語の一文「ヤコブの家よ、さあ、主の光の中を歩もう」（イザヤ書二章五節）の頭文字（ビルーの複数形）。第一次アリヤーのときにパレスチナに移住したロシア系学生のグループを指す。

フェダイーン　アラビア語で「献身者」の意。特に一九五〇年代にイスラエル人を攻撃したゲリラ兵を指す。自らを自由の闘士と称し、ヨルダンやエジプトの国境から越境潜入し、イスラエルの村や町を襲った。

フェラヒン　アラビア語で「農民」あるいは「労働者」の意。

ベイタル　ヘブライ語で「ヨセフ・トゥルンペルドールの契約」の頭文字。紀元一三五年のバル・コフバの乱で、ユダヤ人が最後に立てこもった要塞の名前とも同一。ジャボティンスキーが一九二三年に設立した青年運動。武徳と尊貴を体現する、新しいタイプのユダヤ人を輩出することを目的とした。

ベリット・シャローム　ヘブライ語で「平和の契約」の意。一九二五年にパレスチナに住む知識人たちが結成したグループの名称。ユダヤ人とアラブ人の和平促進を目指した。平和を実現するためには、ユダヤ人国家の主権を諦めるべきだと考えていた。

ヘルート　ヘブライ語で「自由」の意。メナヘム・ベギンが率いた政党。一九四八年に結成され、やがて他党と合併してリクード党になった。

ポアレイ・ツィヨン　ヘブライ語で「シオンの労働者」の意。二十世紀初頭に東ヨーロッパで結成された共産主義系シオニストの労働者運動。

ホヴェヴェ・ツィヨン　ヘブライ語で「シオンを愛する者」の意。パレスチナへのユダヤ移民を支援するため、ヨーロッパで初めて組織された団体の一つ。第一次アリヤーの頃に、東ヨーロッパの理想主義的なユダヤ人をパレスチナに送った。

マアバロット　ヘブライ語で「仮小屋、一時収容所」の意。イスラエル独立後に大量の帰還者を一時的に受け入れた仮設住宅。

マアピリーム　ヘブライ語で「（障害を乗り越えて）突入する者たち」の意。ユダヤ移民を制限していたイギリス委任統治時代に、イシューヴに移住を試みた人々を指す。侵入に成功する者もいれば、不法移民として捕まって捕虜収容所に送られた者もいた。

マパイ　ヘブライ語で「イスラエルの地の労働者党」の頭文字で、ベングリオンを代表とするイスラエルの世俗的な中道左派政党。一九六八年に別の左派政党と合併して「イスラエル労働党」となる。一九四八年から一九七七年まで政府与党だった。

マムラフティユート　ヘブライ語で「国家主義、国家意識」の意。ベングリオンが、国家をイスラエルの文化や政策の中心に据えようとした思想。

ミシュナー　ヘブライ語の「反復するもの」が原義で、紀元三世紀初頭までのユダヤ教の口伝の教えを集成した六巻からなる教典。ユダヤ教の指導者、ラビ・ユダ・ハナスィが編纂した。ユダヤ教の教典タルムードは、このミシュナーをベースに編纂されている。

ミズラヒー（ユダヤ社会の一派）　ヘブライ語で「東の」の意。中近東や北アフリカ地域に暮らしていたユダヤ人を指す。独自の宗教的・文化的伝統を育んできた。

ミズラヒー（組織名）　ヘブライ語で「メルカズ・ルハニー（霊的なセンター）」の略語で、一九〇二年に発足した宗教的シオニズムの組織名。メンバーはヨーロッパ出身のユダヤ人で、中近東や北アフリカ出身のユダヤ人を指す「ミズラヒー」（右記）とは無関係。

モサド　ヘブライ語の字義どおりの意味は「組織」で、イスラエル諜報特務庁の呼称。

モシャヴ　ヘブライ語で「村、集落」の意。私有財産をある程度認める共同農村のこと。

ヨム・キプール　贖罪日。ユダヤ暦で最も神聖な日で、一日中断食し、神の前に悔い改めと内省の時を過ごす。

リクード　ヘブライ語で「結合」の意。メナヘム・ベギンが一九七三年に結成した右派政党。一九七七年に初めてイスラエルの与党となった。

レヒ　ヘブライ語で「イスラエル解放戦士」の頭文字。アヴラハム・シュテルンが一九四〇年に設立した地下民兵組織。

●イスラエル国独立宣言

一九四八年五月十四日発布（ユダヤ暦五七〇八年イヤルの月の五日）

ユダヤ民族はイスラエルの地に発祥した。彼らの精神的、宗教的、政治的特性はこの地で形成された。ここでユダヤ民族は国家としての営みをなし、民族としても人類にとっても重要な文化遺産を創造し、永遠の書（聖書）を世界に与えた。

力によって追放された後も、この民は、散在するあらゆる国々にあって、この地への忠誠を守り、いずれは帰還して政治的自由を再興しようとする祈りと希望を失わなかった。

このような歴史と伝統の絆に駆りたてられて、各世代のユダヤ人は、古《いにしえ》の郷土に帰還して定住しようと努力してきた。この数世代にわたって、大挙してこの地に復帰した開拓者たち、封鎖をものともせずやって来た人々、防御者たちは、荒野を沃野とし、固有の言語であるヘブライ語を蘇らせ、村や町を建設し、繁栄する社会を築いた。固有の経済と文化を治め、平和を希求し、自らを防衛し、その地に暮らすすべてのものに進歩の恩恵をもたらし、国家独立のために身を捧げた。

ユダヤ暦五六五七（西暦一八九七）年、ユダヤ国家の先見者テオドール・ヘルツェルの呼びかけにより、第一回シオニスト会議が開かれ、自らの地に民族の復活をはかるというユダヤ民族の権利を宣言した。

この権利は一九一七年十一月二日、バルフォア宣言で承認され、国際連盟の委任統治はこの権利を確認し、ユダヤ民族とイスラエルの地との歴史的結びつき、およびユダヤ民族の郷土再建の権利に、特別な国際的効力を与えた。

近年、イスラエル民族を襲った大虐殺《ショアー》の嵐は、ヨーロッパにいる数百万のユダヤ人を殺戮へと屈服させ、祖国も独立もないユダヤ民族の問題を解決するには、イスラエルの地にユダヤ国家を再建するしかないことを、再び明らかに証明した。それによって郷土の門戸はすべてのユダヤ人に広く開かれ、諸国民の中で同等の権利を保持する国民としての地位をユダヤ民族に付与できるのである。

ヨーロッパにおける残虐なナチの殺戮から助け出されて生き残った人々は、他の国々から来たユダヤ人たちと共に、あらゆる困難と妨害と危険にもかかわらず、イスラエルの地への帰還を絶やさず、また彼らの民族郷土における尊厳と自由と勤労の生活に対する権利を主張し続けた。

第二次世界大戦において、イスラエルのヘブライ人社会《イシューヴ》は、邪悪なナチ軍に対して、自由と平和を待望する諸国家の戦いに全面的に貢献し、その兵士たちの血と戦争努力によって、国際連合を創設した諸国民の一員に数えられる権利を獲得した。

一九四七年十一月二十九日、国際連合総会は、イスラエルの地にユダヤ国家設立を求める決議を採択した。そして総会は、イスラエルの地の住民に、この決議の実施に必要なあらゆる措置を取るよう要請した。国際連合はユダヤ民族が自らの国家を樹立する権利を認めたが、この承認が変更されることはない。

自らの主権国家において、自らの運命の主人公となるのは、他のあらゆる民族と同様、ユダヤ民族の自然の権利である。

これ故に、ヘブライ人のイシューヴとイスラエルの地とシオニスト運動を代表する国民評議会のメンバーは、イスラエルの地における英国委任統治が終了するこの日に参集し、われわれの自然で歴史的な権利、国際連合総会の決議に基づいて、イスラエルの地にユダヤ国家、すなわちイスラエル国の樹立を宣言する。

われわれは次のことを定める。今夜、委任統治終了時、すなわちイスラエル暦五七〇八年イヤルの月の六日、安息日《シャバット》の夕べ、一九四八年五月十五日から、憲法に従って正式に選ばれた政府（の諸機関）が設立されるまで、国民評議会が臨時国家評議会として機能し、また実行機関である国民理事会がユダヤ人国家の臨時政府となる。国家の名称はイスラエルとする。なお憲法は、一九四八年十月一日までに、選ばれた準備委員会によって制定される。

イスラエル国は、ユダヤ人の移民と離散の民の集合に門戸を開放する。そのすべての住民の利益のために、国土の開発に努める。イスラエルの預言者の幻《ビジョン》の光に従って、自由と正義と平和の基盤の上に、その礎《いしずえ》を置く。宗教、人種、性別にかかわりなく、そのすべての国民に対し、完全な社会的・政治的権利の平等を実現する。宗教、良心、言語、教育、文化の自由を保証する。あらゆる宗教の聖跡を保護する。国際連合憲章の原則を遵守する。

イスラエル国は、一九四七年十一月二十九日の国連総会決議の実施にあたって、国際連合の諸機関および諸代表と協力する用意がある。またイスラエルの地全土の経済的統一の確立に尽くす。

われわれは国際連合に呼びかけて、ユダヤ民族の国家建設に手を差し伸べ、イスラエル国を諸民族の一員として受け入れるよう要請する。

われわれは、この数カ月に及ぶ血なまぐさい攻撃の中にありながらも、イスラエル国の住民であるアラブ民族の子らに呼びかけて、平和を維持するように、また完全で平等な市民権に基づき、すべての暫定的ないし恒久的な機関に正当な代表を送ることによって、国家建設に参加するよう要請する。

われわれはすべての隣国とその国民に対して、平和と善隣の手を差し伸べ、この地において独立するヘブライ民族と共に、共同作業と相互協力することを呼びかける。イスラエル国は、中東全体の発展のために協同の努力をもって寄与する用意がある。

われわれは、各地に離散するユダヤ民族に呼びかけて、イシューヴと団結して帰還と建設に携わり、幾世代が憧れたイスラエルの贖《あがな》いを実現するために大いなる戦いに味方することを要請する。

われわれは「イスラエルの岩」に信を託しつつ、ここ祖国の地、テルアビブ市の、国家暫定評議会の席上において、本日、安息日《シャバット》の夕べ、ユダヤ暦五七〇八年イヤルの月の五日、一九四八年五月十四日、本宣言の証人として自らの手の署名をもって連署する。

ダヴィッド・ベングリオン
ダニエル・オステル
モルデハイ・ベントヴ
イツハク・ベン・ツヴィ
エリヤフ・ベルリン
フリッツ・ベルンシュタイン
ラビ・ウルフ・ゴールド
メイール・グラボヴスキー
イツハク・グリンバウム
アヴラハム・グラノヴスキー博士
エリヤフ・ドブキン
メイール・ヴィルネル・コヴネル
ゼラフ・ヴァルハフティグ
ヘルツェル・ヴァルディ
ラヘル・コーヘン
ラビ・カルマン・カハナ
サアディア・コバシー
ラビ・イツハク・メイール・レヴィン
メイール・ダヴィッド・レヴィンシュタイン
ツヴィ・ルリア
ゴルダ・メイヤーソン
ナフム・ニール
ツヴィ・セガル
ラビ・イエフダ・レイブ・ハコーヘン・フィシュマン
ダヴィッド・ツヴィ・ピンカス
アハロン・ツィズリンク
モシェ・コロドゥニー
エリエゼル・カプラン
アヴラハム・カツネルソン
フェリックス・ローゼンブリット
ダヴィッド・レメズ
ベルル・レペトゥール
モルデハイ・シャットネル
ベン・ツィヨン・シュテルンベルグ
ベホール・シトリート
モシェ・シャピラ
モシェ・シェルトク

イスラエルの大統領

第1代　ハイム・ヴァイツマン（1949~1952年）
第2代　イツハク・ベン・ツヴィ（1952~1963年）
第3代　ザルマン・シャザール（1963~1973年）
第4代　エフライム・カツィール（1973~1978年）
第5代　イツハク・ナヴォン（1978~1983年）
第6代　ハイム・ヘルツォーグ（1983~1993年）
第7代　エゼル・ヴァイツマン（1993~2000年）
第8代　モシェ・カツァヴ（2000~2007年）
第9代　シモン・ペレス（2007~2014年）
第10代　ルービン・リヴリン（2014年~）

イスラエルの首相

第1代　ダヴィッド・ベングリオン（1948~1954年）
第2代　モシェ・シャレット（1954~1955年）
第3代　ダヴィッド・ベングリオン（1955~1963年）
第4代　レヴィ・エシュコル（1963~1969年）
第5代　ゴルダ・メイール（1969~1974年）
第6代　イツハク・ラビン（1974~1977年）
第7代　メナヘム・ベギン（1977~1983年）
第8代　イツハク・シャミール（1983~1984年）
第9代　シモン・ペレス（1984~1986年）
第10代　イツハク・シャミール（1986~1992年）
第11代　イツハク・ラビン（1992~1995年）
第12代　シモン・ペレス（1995~1996年）
第13代　ビンヤミン・ネタニヤフ（1996~1999年）
第14代　エフード・バラク（1999~2001年）
第15代　アリエル・シャロン（2001~2006年）
第16代　エフード・オルメルト（2006~2009年）
第17代　ビンヤミン・ネタニヤフ（2009年~）

●イスラエルの政党と権力バランスの変動

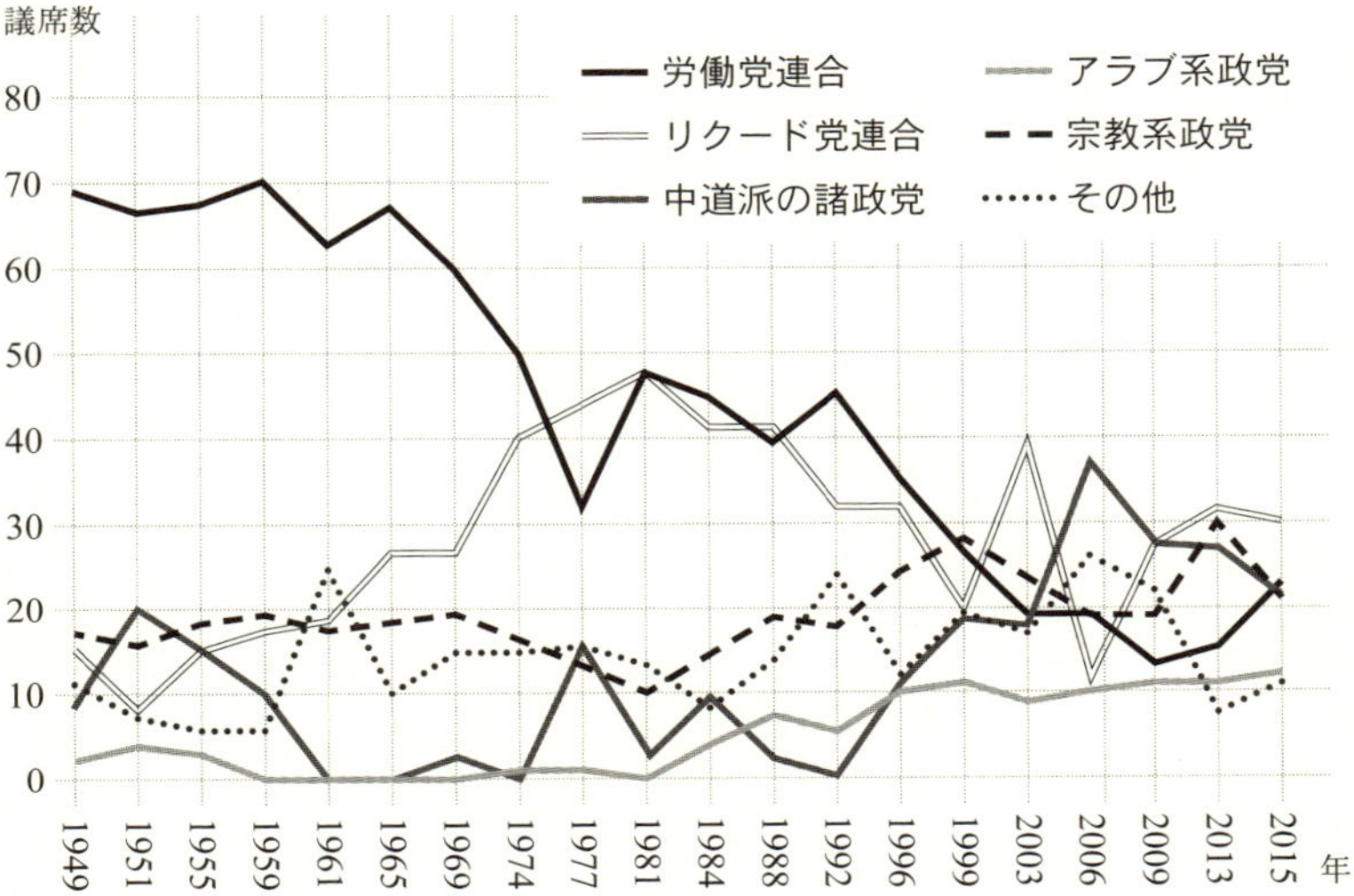

イスラエルの政党は頻繁に結成したり、解散したり、合併したりするので、主な左派連合と右派連合の変遷を対比し測定するのは容易ではない。現在の主な二大勢力は、労働党とリクード党と呼ばれ、それぞれ以下の諸政党の合併である。多くは本書全体にわたって触れている。

右派

ヘルート党　一九四八～一九六五年（メナヘム・ベギンの政党）

ガハール党　一九六五～一九七三年（ヘルート党とリベラル党の合併）

リクード党　一九七三年～（ガハール党、自由中心党、国民リスト、大イスラエル運動の合併）

左派

マパイ党　一九四八～一九六八年（ダヴィッド・ベングリオンの政党）

労働党連合　一九六五～一九六八年（マパイ党と労働統一党の合併）

ベングリオンはマパイ党から離脱して、ラフィ党を結成

イスラエル労働党　一九六八～二〇一四年（労働党連合とラフィ党の合併）

一つのイスラエル　一九九一～二〇〇一年（イスラエル労働党とゲシェル党とメイマド党の合併。メイマド党はリベラルで社会問題に意識を向ける少数宗教政党）

シオニスト連合　二〇一四年～（イスラエル労働党とハトゥヌアー党の合併。ハトゥヌアー党はツッピー・リヴニが設立した新しい政党）

●ユダヤ民族・イスラエル年表

〈特に紀元九世紀以前の年代については諸説ある〉

カナン時代――〈紀元前二〇〇〇～一〇二〇〉

前二〇〇〇～一七〇〇　族長アブラハム、イサク、ヤコブがイスラエルの地に定住
　　飢饉のためヤコブ一家がエジプトに移住
前一三〇〇頃　モーセに率いられて出エジプト、シナイ山でトーラーを授かる
前一二五〇頃　神の約束の地カナンへ定住

イスラエル王国時代――〈紀元前一〇二〇～五八六〉

前一〇二〇　王政が始まる、サウルがイスラエル初代の王となる
前九九七　ダビデ王がエルサレムを征服、イスラエル王国の首都となる
前九六〇　ソロモン王がエルサレムに神殿を建設
前九二二　王国が北のイスラエルと南のユダに分裂
前七二二　北のイスラエル王国がアッシリア帝国に滅ぼされ、十部族が追放される
前五八六　南のユダ王国がバビロニア帝国に滅ぼされる。第一神殿崩壊、バビロン捕囚

ペルシア・ギリシア時代――〈紀元前五三八～一四二〉

前五三八　ペルシア王キュロスがユダヤ捕囚民を解放
前五二〇～五一五　エルサレムに第二神殿を建設
前三三二　アレキサンダー大王のエルサレム攻略、ヘレニズム文化の影響

前一六七　マカベアの反乱
前一四二～一二九　ハスモン家のユダヤ人による自治

ローマ時代──〈紀元前六三～紀元三一三〉

前六三　ローマの将軍ポンペイウスがエルサレムを征服、ハスモン朝ユダヤを属国とする
前三七～紀元四　ヘロデ大王の支配、エルサレム神殿の改築
前七頃　ナザレのイエス誕生
紀元六六　反ローマ蜂起（第一次ユダヤ戦争）
紀元七〇　エルサレム陥落、第二神殿崩壊
紀元七三　マサダの要害陥落
紀元一三〇　ローマのハドリアヌス皇帝がエルサレムの再建を命じ、都を「アエリア・カピトリーナ」と改名
ハドリアヌスは、ユダヤ属州名を廃し、属州「シリア・パレスチナ」と改名
紀元一三二～一三五　バル・コフバの乱（第二次ユダヤ戦争）、ハドリアヌスがユダヤ人をエルサレムから追放
紀元二二〇頃　ユダヤ教教典ミシュナーの編纂

ビザンチン時代──〈紀元三一三～六三六〉

三一三　コンスタンティヌス帝、キリスト教を公認
三八〇頃　ユダヤ教教典エルサレム・タルムード完成
五〇〇頃　ユダヤ教教典バビロニア・タルムード完成
六一四　ペルシア王コスエロスがエルサレム征服

イスラム時代――〈六三六〜一〇九九〉

六三六　アラブ人によるエルサレム支配
六九一　シリアのウマイア朝アブドゥル・マリクが岩のドーム建設
九〇九　エジプトのファティマ朝による支配

十字軍時代――〈一〇九九〜一二九一〉

一〇九九　十字軍によるパレスチナ支配、キリスト教ラテン王国建設
一一八七　サラハディンのイスラム軍がエルサレムを奪回

マムルーク王朝時代――〈一二九一〜一五一七〉

一二九一　マムルーク朝がエルサレムを支配
一四九二　スペインのユダヤ人追放

オスマン帝国時代――〈一五一七〜一九一七〉

一五一七　オスマン・トルコのサリム一世がエルサレム征服
一五三六　スレイマンがエルサレムの城壁を修復
一五六四　ユダヤ教法典『シュルハン・アルーフ』発刊
一七〇〇〜一七六〇　東欧にハシディズム運動が起こる
一八六〇　エルサレム旧市街の城壁外にユダヤ人居住地ができる
一八七八　最初のイシューヴの町ペタフ・ティクバ設立
一八八二〜　第一次アリヤー（帰還運動）始まる

一八九四　ドレフュス事件
一八九六　テオドール・ヘルツェルの『ユダヤ人国家』発刊
一八九七　第一回シオニスト会議がスイスのバーゼルで開かれる
一九〇四～一九一四　第二次アリヤー
一九〇九　最初のキブツ、デガニヤを設立、テルアビブの町を建設
一九一四～一九一八　第一次世界大戦
一九一七　バルフォア宣言、イギリスのアレンビー将軍エルサレム攻略

イギリス委任統治時代――〈一九一八～一九四八〉

一九一九～一九二三　第三次アリヤー
一九二〇　イギリスの委任統治が始まり、行政上の地域名として「パレスチナ」という名称を採用
一九二〇　ユダヤ労働総同盟、ユダヤ防衛組織ハガナー、民族評議会を設立
一九二一　最初のモシャヴ、ナハラルを設立
一九二二　バルフォア宣言を履行条件とするパレスチナ委任統治の公式文書決が国際連盟理事会で正式に承認され、ユダヤ国家建設が拘束力のある国際公約となる
　　　ユダヤ機関設立
一九二四　テクニオン・イスラエル工科大学がハイファに創設
　　　パレスチナに関する英米会議で、アメリカがユダヤ国家建設を承認
一九二四～一九三二　第四次アリヤー
一九二五　ヘブライ大学がエルサレムに創設
一九二九　アラブ・ユダヤ紛争の発端と言われるアラブ人暴動がヘブロンを中心に起きる

一九三一　ユダヤ地下組織エツェル創設
一九三三〜一九三九　第五次アリヤー
一九三六〜一九三九　アラブのテロリストによる反ユダヤ暴動
一九三七　パレスチナをアラブ国家とユダヤ国家に二分するピール分割案が提案されるが、アラブ側が拒否
一九三九　イギリスがユダヤ人の帰還移民を制限する白書を発行
一九三九〜一九四五　第二次世界大戦、欧州でナチスによるホロコースト
一九四〇〜一九四一　地下組織レヒ創設、ハガナーの突撃部隊パルマッハ創設
一九四四　イギリス軍内にユダヤ旅団が編成される
一九四七　国連のパレスチナ分割案が議決、ユダヤ国家建設が承認される

イスラエル建国──〈一九四八〜〉

一九四八（五月十四日）英国委任統治の終了、イスラエル国独立宣言
　アラブ五カ国によるイスラエル侵攻、第一次中東戦争（イスラエル独立戦争）勃発
一九四八〜一九五二　欧州およびアラブ諸国から大量帰還移民
一九四九〜五〇　魔法の絨毯作戦で、イエメンのユダヤ人を救出
一九四九　エジプト、ヨルダン、シリア、レバノンと休戦協定締結
　エジプトがガザ地区を、ヨルダンが西岸地区を、それぞれ自国領にする
　第一回クネセット（国会）選挙、イスラエル国連加盟
一九五六　第二次中東戦争（シナイ作戦）
一九六一〜一九六二　アドルフ・アイヒマンがホロコーストの罪で裁判を受け死刑
一九六四　全国水道網完成、ガリラヤ湖からネゲブ砂漠まで配水

一九六七　第三次中東戦争（六日戦争）、エルサレム再統一、アラブ側が分割案を拒否
一九六八～一九七〇　エジプトによる対イスラエル消耗戦争
一九七二　ミュンヘン・オリンピックで、アラブテロリストがイスラエル選手団を殺害
一九七三　第四次中東戦争（ヨム・キプール戦争）
一九七五　国連総会はシオニズムを人種主義と非難する決議を採択（一九九一年に撤回）
一九七六　エンテベ作戦でハイジャックされた飛行機からユダヤ人を救出
一九七七　リクード政権誕生、三十年に及ぶ労働党支配終了
　エジプトのサダト大統領がエルサレム訪問
一九七八　キャンプ・デーヴィッド合意
一九七九　イスラエルとエジプトが平和条約調印
一九八一　イスラエル空軍がイラクの原子炉を爆破
一九八二　第一次レバノン戦争、パレスチナ解放機構（ＰＬＯ）を追放
一九八四　モーセ作戦でエチオピアのユダヤ人を救出
一九八七　パレスチナ人による第一次インティファーダ開始
一九八九　旧ソ連からユダヤ人の大量移民が始まる
一九九一　湾岸戦争でイラクのスカッドミサイル攻撃を受ける
　ソロモン作戦でエチオピアのユダヤ人を救出
　マドリード中東和平会議
一九九三　オスロ合意、イスラエルとパレスチナが相互承認条約調印
一九九四　イスラエルとヨルダンが平和条約調印
一九九五　ラビン首相が平和集会の閉会直後に暗殺される

一九九六　アラブ原理主義者による対イスラエルテロが激化
二〇〇〇　パレスチナ人による第二次インティファーダ
イスラエル軍レバノンからの撤退
キャンプ・デーヴィッド和平会議決裂
二〇〇二　防御の盾作戦
二〇〇五　イスラエルがガザ地区から全面撤退
二〇〇六　第二次レバノン戦争
二〇〇七　イスラエル空軍がシリアの原子炉を爆破
二〇〇八　ガザ地区から一万発のロケット弾が撃ち込まれ、ガザ作戦を実行
オルメルト首相がかつてない大幅な譲歩をした二国共存案を提案するが、アッバス議長が拒否
二〇一四　ガザ地区から再びロケット弾が撃ち込まれ、ガザ作戦を実行
二〇一五　西岸地区でユダヤ人夫婦が殺害され、アラブ人によるテロの波が始まる
二〇一七　アメリカのトランプ大統領がエルサレムをイスラエルの首都として承認
二〇一八　イスラエル独立七十周年

巻末注

序

1. このコメントは、ベングリオンが 1956 年 2 月 3 日、エドワード・R・ムローとの CBS テレビインタヴューで述べた。https://www.youtube.com/watch?v=4Oo75OQmHAw（最終閲覧日 2016 年 3 月 15 日）
2. Mark Twain, "Concerning the Jews," *Harper's Magazine*, March 1898.〔訳注：マーク・トウェイン（稲田武彦訳）「ユダヤ人について」、『現代世界文学の発見／第四巻・亡命とユダヤ人』、学藝書林、1970 年、271~272、279 頁〕

第 1 章

1. Lawrence Epstein, *The Dream of Zion: The Story of the First Zionist Congress* (Lanham, MD: Rowman and Littlefield, 2016), p. 16.
2. Robert M. Seltzer, *Jewish People, Jewish Thought: The Jewish Experience in History* (New York: Macmillan Publishing, 1980), p. 632.
3. Yaacov Shavit and Jehuda Reinharz, *Glorious, Accursed Europe* (Waltham, MA: Brandeis University Press, 2010), p. 88.
4. Walter Laqueur, *A History of Zionism* (New York: Schocken Books, 1976), p. 60.
5. David Patterson, "Introduction," in Abraham Mapu, trans. Joseph Marymount, *The Love of Zion & Other Writings* (Israel: Toby Press, 2006), p. xvi.
6. Alex Bein, trans. Maurice Samuel, *Theodor Herzl: A Biography* (Philadelphia: Jewish Publication Society of America, 1940), p. 232.
7. Shlomo Avineri, trans. Haim Watzman, *Herzl: Theodor Herzl and the Foundation of the Jewish State* (London: Weidenfeld & Nicolson, 2008), p. 33.
8. Amos Elon, *The Pity of It All: A Portrait of the German-Jewish Epoch 1743–1933* (New York: Picador, 2002), p. 213.〔訳注：アモス・エロン（滝川義人訳）『ドイツに生きたユダヤ人の歴史——フリードリヒ大王の時代からナチズム勃興まで』、明石書店、2013 年〕
9. Bein, trans. Samuel, *Theodor Herzl*, p. 37.
10. Avineri, trans. Watzman, *Herzl*, p. 85（ヘルツェルの日記からの引用）
11. Bein, trans. Samuel, *Theodor Herzl*, p. 19.
12. Yoram Hazony, *The Jewish State: The Struggle for Israel's Soul* (New York: Basic Books, 2000), pp. 84-85.
13. 筆者とカナダのトロント在住デーヴィッド・マトローとの会話。Raphael Patai, *The Jews of Hungary: History, Culture, Psychology* (Detroit: Wayne State University Press, 1996), p. 347 も参照。
14. Avineri, trans. Watzman, *Herzl*, pp. 61-62.
15. Ibid., p. 78.
16. Ibid., p. 69.
17. Theodor Herzl, *The Jewish State* (New York: Dover Publications, 1989), p. 47.
18. Ibid., pp. 92-93.
19. Ibid., p. 76.
20. Ibid.
21. Hazony, *The Jewish State*, pp. 99-100.
22. Avineri, trans. Watzman, *Herzl*, p. 116.
23. Patterson, "Introduction," in Mapu, trans. Marymount, *The Love of Zion*, p. xiv.
24. 通説では、ヘスの妻スィビリー・ペシュは元売春婦で、ヘスが彼女と結婚したのは、これまで男性が貧しい女性を言いなりに扱ってきた償いのためだったと言われている。しかしペシュの背景については研究者の間で意見が分かれる。
25. Moses Hess, *The Revival of Israel: Rome and Jerusalem, the Last Nationalist Question* (Lincoln: University of Nebraska Press, 1995), p. x.
26. よく間違えられるが、ヘスがこの本のタイトルで意図しているのは古代の共和政ローマではない。実際、彼は近代イタリアの民族主義は、パレスチナのユダヤ民族運動によって理解されるべきだと主張している。Epstein, *The Dream of Zion*, p. 6 を参照。
27. Eric Cohen, "The Spirit of Jewish Conser-

vatism," *Mosaic* (April 6, 2015), http://mosaicmagazine.com/essay/2015/04/the-spirit-of-jewish-conservatism/（最終閲覧日 2015 年 4 月 6 日）
28. Laqueur, *A History of Zionism*, p. 54.
29. Ibid., p. 53.
30. Arthur Hertzberg, ed., *The Zionist Idea* (Philadelphia: Jewish Publication Society, 1997), p. 32.
31. Ibid., p. 188.
32. Ibid., p. 195.
33. Bein, trans. Samuel, *Theodor Herzl*, p. 226.
34. Ibid., p. 230.
35. Ze'ev Tzahor, "Chaim Arlosoroff and His Attitude toward the Rise of Nazism," *Jewish Social Studies*, Vol. 46, No. 3/4 (Summer-Autumn 1984), p. 322.
36. Epstein, *The Dream of Zion*, p. 86.
37. Avineri, trans. Watzman, *Herzl*, p. 141.
38. Ibid., p. 1.
39. Epstein, The Dream of Zion, p. 83.
40. Theodor Herzl, *Old New Land* (Princeton, NJ: Markus Wiener Publishers, 1997), p. 248.
41. Ibid., p. 174.
42. Avineri, trans. Watzman, Herzl, p. 167.

第 2 章

1. George Eliot, *Daniel Deronda*, introduction by Edmund White, notes by Dr. Hugh Osborne (New York: Modern Library, 2002), page 15.『ダニエル・デロンダ』は当初、William Blackwood and Sons によって 1876 年 2 月から 9 月にかけて八部作で出版された。その後、ユダヤ人の生活に関わる箇所などを書き改めて、1878 年 12 月に再版された。〔訳注：ジョージ・エリオット（淀川 郁子訳）『ダニエル・デロンダ』、全三巻／松籟社、1993 年、第一巻、30 頁〕
2. 創世記 12 章 1 節。
3. 創世記 12 章 7 節。
4. 出エジプト記 1 章 9~10 節。この箇所は異なる解釈ができる。JPS 訳は「この地から上っていく」と訳しているが、明らかにエルリッヒの *Mikrah Kifshuto* を踏まえている〔訳注: 口語訳の「この国から逃げ去る」の訳に近い〕。バビロニア・タルムード（ソター 11a）は、パロが「この国で優勢になる」〔訳注：新共同訳の「この国を取るかも知れない」の訳に近い〕の意味で述べていると解釈しているが、その訳ではこの節の文脈上の意味を曖昧にしてしまう。該当箇所は、創世記の初めの数章で中心となっている人口分散と相通じるものがある。最も率直な訳が最適である。
5. 申命記 7 章 1 節。
6. Alex Bein, trans. Maurice Samuel, *Theodor Herzl: A Biography* (Philadelphia: Jewish Publication Society of America, 1940), p. 232.
7. エレミヤ書 29 章 5~6 節。
8. 詩編 137 編 1 節。
9. 詩編 126 編 1~6 節。
10. 歴代誌下 36 章 23 節。
11. J. Maxwell Miller and John H. Hayes, *A History of Ancient Israel and Judah* (Louisville, KY: Westminster John Knox Press, 2006), p. 509.
12. Jerome Murphy-O'Connor and Barry Cunliffe, *The Holy Land: An Oxford Archaeological Guide*, 5th ed. (New York: Oxford University Press, 2008), pp. 378- 381.
13. Hayim Ben-Sasson, ed., *A History of the Jewish People* (Cambridge, MA: Harvard University Press, 1976), p. 332.
14. Bein, trans. Samuel, *Theodor Herzl*, p. 232.

第 3 章

1. Monty Noam Penkower, "The Kishinev Pogrom of 1903," *Modern Judaism*, Vol. 24, No. 3 (2004), p. 199. 特に断りのない限り、本章の歴史記述はペンコーワーのキシネフに関するこの研究を主な資料とする。
2. Winston Churchill, "MIT Mid-Century Convocation, March 31, 1949," *MIT Institute Archives*, https:// libraries.mit.edu/ archives/

exhibits/ midcentury/ mid-cent-churchill.html（最終閲覧日 2015 年 12 月 7 日）

3. Penkower, "The Kishinev Pogrom of 1903," p. 187.

4. Ibid.

5. Ibid., p. 188.

6. Ibid.

7. Ibid., p. 211.

8. David G. Roskies, ed., *The Literature of Destruction: Jewish Responses to Catastrophe* (Philadelphia: Jewish Publication Society, 1988), p. 162.

9. Penkower, "The Kishinev Pogrom of 1903," p. 199.

10. Ibid.

11. Lawrence Epstein, *The Dream of Zion: The Story of the First Zionist Congress* (Lanham, MD: Rowman and Littlefield, 2016), p. 97.

12. Shlomo Avineri, trans. Haim Watzman, *Herzl: Theodor Herzl and the Foundation of the Jewish State* (London: Weidenfeld & Nicolson, 2008), p. 241.

13. Penkower, "The Kishinev Pogrom of 1903," p. 199.

14. Avineri, trans. Watzman, *Herzl*, p. 245.

15. Ibid., p. 259.

16. Ella Florsheim, "Giving Herzl His Due," *Azure*, No. 21 (Summer 5765/2005), p. 21, http://azure.org.il/include/print.php?id=182（最終閲覧日 2016 年 5 月 1 日）

17. Penkower, "The Kishinev Pogrom of 1903," p. 194.

18. Steven J. Zipperstein, *Elusive Prophet: Ahad Ha'am and the Origins of Zionism* (Berkeley: University of California Press, 1993), p. 11.

19. Ibid., p. 14.

20. Ibid., pp. 18-19.

21. Ahad Ha'am, "The Jewish State and the Jewish Problem," in Arthur Hertzberg, *The Zionist Idea* (Philadelphia: Jewish Publication Society, 1997), p. 268.

22. Yoram Hazony, *The Jewish State: The Struggle for Israel's Soul* (New York: Basic Books, 2000), p. 127.

23. Zipperstein, *Elusive Prophet*, p. 129.

24. Hertzberg, *The Zionist Idea*, pp. 54-55.

25. イザヤ書 2 章 3 節。

26. Alan Dowty, "Much Ado About Little: Ahad Ha'Am's 'Truth from Eretz Yisrael,' Zionism, and the Arabs," *Israel Studies*, Vol. 5, No. 2 (Fall 2000), p. 161（アハッド・ハアムを引用）。強調を追加。

27. Max Nordau, "Jewry of Muscle," in Paul Mendes-Flohr and Yehuda Reinharz, *The Jew in the Modern World: A Documentary History*, 2nd ed. (Oxford: Oxford University Press, 1995), pp. 547-548.

28. Penkower, "The Kishinev Pogrom of 1903," p. 209.

29. Ze'ev (Vladimir) Jabotinsky, "The Basis of the Betarian Viewpoint Consists of One Idea: The Jewish State: The Ideology of Betar," *World Zionist Organization*, http://www.wzo.org.il/index.php?dir=site&page=articles&op=item&cs=3360&langpage=eng&category=3122&mode=print（最終閲覧日 2015 年 12 月 7 日）

30. Raymond P. Scheindlin, *A Short History of the Jewish People: From Legendary Times to Modern Statehood* (Oxford and New York: Oxford University Press, 2000), p. 224.

31. A. D. Gordon, "Logic for the Future (1910)," in Hertzberg, *The Zionist Idea*, p. 373.

32. Yehudah Mirsky, *Rav Kook: Mystic in a Time of Revolution* (New Haven: Yale University Press, 2014), p. 65.

33. Hertzberg, *The Zionist Idea*, pp. 291-292.

34. Micah Joseph Berdyczewski, "Wrecking and Building," in Hertzberg, *The Zionist Idea*, p. 293.

35. バビロニア・タルムード、ケトゥボット、111 a。

36. Alan Nadler, "Piety and Politics: The Case of the Satmar Rebbe," *Judaism*, Vol. 31 (Spring 1982), p. 40.

37. Alan Lelchuk and Gershon Shaked, *8 Great Hebrew Short Novels* (New Milford, CT: Toby Press, 2012), Kindle Edition, Location 1029.

第4章

1. よく引用される一文。以下のサイトにあるアリエル・シャロン首相の演説がその一例である。http://www.pmo.gov.il/English/MediaCenter/Speeches/Pages/speech040105.aspx.
2. Hani A. Faris, "Israel Zangwill's Challenge to Zionism," *Journal of Palestine Studies*, Vol. 4, No. 3 (Spring 1975), p. 81.
3. Ibid.
4. Howard M. Sachar, *A History of Israel: From the Rise of Zionism to Our Time* (New York: Alfred A. Knopf, 1979), p. 23.
5. Anita Shapira, trans. Anthony Berris, *Israel: A History* (Waltham, MA: Brandeis University Press, 2012), p. 28.
6. Benny Morris, *1948: The First Arab-Israeli War* (New Haven and London: Yale University Press, 2008), p. 6.
7. David Fromkin, *A Peace to End All Peace: The Fall of the Ottoman Empire and the Creation of the Modern Middle East* (New York: Henry Holt, 2009), p. 36.
8. Yehudah Mirsky, *Rav Kook: Mystic in a Time of Revolution* (New Haven: Yale University Press, 2014), p. 59.
9. Ibid., pp. 59-60.
10. Ibid., p. 50.
11. Sachar, *A History of Israel*, p. 82.
12. Yaffah Berlovitz, *Inventing a Land, Inventing a People* (Tel Aviv: Hotza'at HaKibbutz HaMeuchad, 1996), p. 55 [In Hebrew].
13. Theodor Herzl, trans. I. M. Lask, *The Jewish State* (Tel Aviv: M. Newman Publishing House, 1954), p. 134.
14. Mirsky, *Rav Kook*, p. 54.
15. Ibid., pp. 53-54.
16. Berlovitz, *Inventing a Land*, pp. 18-19.
17. Ibid., p. 20.
18. Mirsky, *Rav Kook*, p. 66.
19. Ruth Kark, "Changing Patterns of Landownership in Nineteenth-Century Palestine: The European influence," *Journal of Historical Geography*, Vol. 10, No. 4 (1984), pp. 357-384.
20. Nurit Govrin, *Roots and Tops: The Imprint of the First Aliyah in Hebrew Literature* (Tel Aviv: Papyrus and Tel Aviv University, 1981), p. 43 [In Hebrew].
21. Mirsky, *Rav Kook*, p. 68.
22. Ibid., pp. 68-69.
23. Shapira, trans. Berris, *Israel: A History*, p. 46.
24. Tali Asher, "The Growing Silence of the Poetess Rachel," in Ruth Kark, Margarit Shilo, and Galit Hasan-Rokem, eds., *Jewish Women in Pre-State Israel: Life History, Politics, and Culture* (Waltham, MA: Brandeis University Press, 2008), p. 245.
25. Rachel Bluwstein, "Perhaps," *Palestine-Israel Journal*, Vol. 3, Nos. 3 and 4 (1996), http://www.pij.org/details.php?id=536（最終閲覧日2015年12月7日）
26. S. Ilan Troen, *Imagining Zion: Dreams, Designs, and Realities in a Century of Jewish Settlement* (New Haven and London: Yale University Press, 2003), Kindle Edition, Locations 1358-1361.
27. Ibid., Locations 1368-1369.
28. Tom Segev, *1967: Israel, the War, and the Year That Transformed the Middle East* (New York: Henry Holt, 2007), p. 442.
29. Troen, *Imagining Zion*, Location 1541.
30. Ibid., Location 1566.
31. Ibid., Location 1609.
32. Sachar, *A History of Israel*, p. 83.
33. Troen, *Imagining Zion*, Location 1609.
34. Martin Gilbert, *Israel: A History* (New York: Harper Perennial, 1998), p. 24.

第5章

1. Shmuel Katz, *Lone Wolf: A Biography of*

Vladimir (Ze'ev) Jabotinsky (Fort Lee, NJ: Barricade Books, 1995), p. 136.

2. Edward Grey, Viscount of Fallodon, *Twenty-Five Years 1892-1916* (New York: Frederick A. Stokes Company, 1925), p. 20.
3. ヘルツェルは生前に支配層のトルコ人たちに接触し、パレスチナにユダヤ人集落を築く案を提示したが、一蹴されてしまう。「中東にイスラム教徒以外の要素をさらに導入することによって、ヨーロッパ人による干渉のさらなる足がかりとなってしまう」ことを恐れていたからだ。Anita Shapira, trans. Anthony Berris, *Israel: A History* (Waltham, MA: Brandeis University Press, 2012), p. 22.
4. Katz, *Lone Wolf*, p. 177.
5. 現在博物館となっているレホボットのハイム・ヴァイツマン宅邸の展示物に引用されている。
6. Shapira, trans. Berris, *Israel: A History*, p. 71.
7. Jonathan Schneer, *The Balfour Declaration: The Origins of the Arab-Israeli Conflict* (New York: Random House Trade Paperbacks, 2012), p. 197.
8. John Bew, "The Tragic Cycle: Western Powers and the Middle East," *New Statesman* (August 21, 2014), http://www.newstatesman.com/world-affairs/2014/08/tragic-cycle-western-powers-and-middle-east（最終閲覧日 2015 年 12 月 7 日）
9. Shapira, trans. Berris, *Israel: A History*, p. 73.
10. Cecil Bloom, "Sir Mark Sykes: British Diplomat and a Convert to Zionism," *Jewish Historical Studies*, Vol. 43 (2011), p. 142.
11. Walter Laqueur, *A History of Zionism* (New York: Schocken Books, 1976), p. 186. これは広く受け入れられている見解だが、アセトンとバルフォア宣言は全く関係ないという見解もあり、2 つの関係は都市伝説に過ぎないという意見もある。
12. Arthur James Balfour, "Balfour Declaration" (1917), *The Avalon Project*, http://avalon.law.yale.edu/20th_century/balfour.asp balfour.asp（最終閲覧日 2015 年 12 月 7 日）
13. Shapira, trans. Berris, *Israel: A History*, p. 73.
14. Eitan Bar Yosef, "The Last Crusade? British Propaganda and the Palestine Campaign, 1917-18," *Journal of Contemporary History*, Vol. 36, No. 1 (January 2001), p. 100.
15. 展望山の土地は 1914 年に購入されたが、第一次大戦が勃発し、建設は 1918 年まで先送りになった。
16. Seth M. Siegel, *Let There Be Water: Israel's Solution for a Water-Starved World* (New York: Thomas Dunne Books, 2015), p. 22.
17. Martin Gilbert, *Israel: A History* (New York: Harper Perennial, 1998), p. 9.
18. Ibid., pp. 45-46.
19. Siegel, *Let There Be Water*, p. 28.
20. Shlomo Avineri. エルサレムのシャザール・センターにおける講演、2014 年 12 月 30 日。
21. Anita Shapira, trans. Anthony Berris, *Ben-Gurion: Father of Modern Israel* (New Haven and London: Yale University Press, 2014), p. 28.
22. Michael Makovsky, *Churchill's Promised Land: Zionism and Statecraft* (New Haven: Yale University Press, 2007), Kindle Edition, Location 1463.
23. Martin Gilbert, *Churchill and the Jews: A Lifelong Friendship* (New York: Henry Holt, 2007), p. 50.
24. Tom Segev, trans. Haim Watzman, *One Palestine, Complete: Jews and Arabs Under the British Mandate* (New York: Little, Brown, 2000), p. 104.
25. Howard M. Sachar, *A History of Israel: From the Rise of Zionism to Our Time* (New York: Alfred A. Knopf, 1979), p. 186.
26. Ze'ev Jabotinsky, "The Iron Wall," Jewish Virtual Library, http://www.jewishvirtuallibrary.org/jsource/Zionism/ironwall.html（最終閲覧日 2015 年 12 月 7 日）
27. Ibid.

28. Hillel Cohen, *Year Zero of the Arab-Israeli Conflict, 1929* (Waltham, MA: Brandeis University Press, 2015), p. xvii.
29. Jeffrey Goldberg, "The Paranoid, Supremacist, Roots of the Stabbing Intifada," *Atlantic* (October 16, 2015), http://www.theatlantic.com/international/archive/2015/10/the-roots-of-the-palestinian-uprising-against-israel/410944/（最終閲覧日 2015年12月7日）
30. Schneer, *The Balfour Declaration*, p. 375.
31. Benny Morris, *Righteous Victims: A History of the Zionist-Arab Conflict, 1881-2001* (New York: Vintage Books, 2001), Kindle Edition, Location 2481.
32. Yoram Hazony, *The Jewish State: The Struggle for Israel's Soul* (New York: Basic Books, 2000), p. 210.
33. Daniel Gordis, *Menachem Begin: The Battle for Israel's Soul* (New York: Knopf Doubleday, 2014), p. 36.

第6章

1. Adolf Hitler, *Mein Kampf* (Boring, OR: CPA Book Publisher, 2000), p. 184.
2. Tuvia Friling, trans. Ora Cummings, *Arrows in the Dark: David Ben-Gurion, the Yishuv Leadership, and Rescue Attempts during the Holocaust*, Volume I (Madison: University of Wisconsin Press, 2005), p. 16.
3. Hava Eshkoli-Wagman, "Yishuv Zionism: Its Attitude to Nazism and the Third Reich Reconsidered," *Modern Judaism*, Vol. 19, No. 1 (February 1999), p. 26.
4. Colin Shindler, "Zionist History's Murder Mystery," *Jewish Chronicle Online* (June 16, 2013), http://www.thejc.com/comment-and-debate/comment/108596/zionist-historys-murder-mystery（最終閲覧日 2015年12月7日）
5. Tom Segev, trans. Haim Watzman, *The Seventh Million: The Israelis and the Holocaust* (New York: Henry Holt, 1991), p. 21.
6. Ibid., p. 25.
7. Nina S. Spiegel, *Embodying Hebrew Culture* (Detroit: Wayne State University Press, 2013), p. 22.
8. Ibid., p. 135.
9. Ibid., p. 7.
10. Abba Hillel Silver, Moshe Shertok, and Chaim Weizmann, "Before the United Nations: October 1947," p. 7. Copy on file with the author.
11. Benny Morris, *One State, Two States: Resolving the Israel/Palestine Conflict* (New York: Vintage Books, 2001), Kindle Edition, Location 523.
12. ウリ・ツヴィ・グリンベルグの『真実は一つ——二つではない』の英訳は Neta Stahl, "Jesus and the Pharisees Through the Eyes of Two Hebrew Writers: A Contrarian Perspective," *Hebrew Studies*, Vol. 56, No. 1 (December 11, 2015) からの引用。
13. Yoram Hazony, *The Jewish State: The Struggle for Israel's Soul* (New York: Basic Books, 2000), p. 231.
14. Ibid., p. 232.
15. Friling, trans. Cummings, *Arrows in the Dark*, p. 19.
16. Ibid.
17. Howard M. Sachar, *A History of Israel: From the Rise of Zionism to Our Time* (New York: Alfred A. Knopf, 1979), p. 219.
18. Dina Porat, *The Blue and the Yellow Stars of David: The Zionist Leadership in Palestine and the Holocaust, 1939-1945* (Cambridge, MA, and London: Harvard University Press, 1990), p. 2.
19. ゼファニヤ書1章15節。
20. Sachar, *A History of Israel*, p. 226.
21. Jack L. Schwartzwald, *Nine Lives of Israel: A Nation's History Through the Lives of Its Foremost Leaders* (Jefferson, NC: McFarland, 2012), p. 33.
22. Martin Gilbert, *Israel: A History* (New York:

Harper Perennial, 1998), p. 101.
23. Mike Lanchin, "SS *St Louis*: The Ship of Jewish Refugees Nobody Wanted," *BBC World Service* (May 13, 2014), http://www.bbc.com/news/magazine-27373131（最終閲覧日 2015 年 12 月 7 日）
24. Alan Guggenheim and Adam Guggenheim, "Doomed from the Start," *Naval History*, Vol. 18, No. 1 (February 2004), pp. 46-51.
25. Douglas Frantz and Catherine Collins, *Death on the Black Sea: The Untold Story of the Struma and World War II's Holocaust at Sea* (London: HarperCollins, 2003), p. 254.
26. Benny Morris, *Righteous Victims: A History of the Zionist-Arab Conflict, 1881-2001* (New York: Vintage Books, 2001), Kindle Edition, Locations 4035-4037.
27. Geneviève Pitot, trans. Donna Edouard, *The Story of the Jewish Detainees in Mauritius 1940-1945* (Lanham, MD: Rowman and Littlefield, 1998), p. 129.
28. Gilbert, *Israel: A History*, p. 151. Morris, Righteous Victims, p. 22 では数がわずかに少ない。
29. Segev, trans. Watzman, *The Seventh Million*, p. 22.
30. Friling, trans. Cummings, *Arrows in the Dark*, p. 47.
31. Morris, *Righteous Victims*, pp. 162-163.
32. Gilbert, *Israel: A History*, p. 112.

第 7 章

1. Menachem Begin, trans. Samuel Katz, *The Revolt* (1951; reprint Bnei Brak, Israel: Steimatzky, 2007), pp. 59-60.
2. 筆者とのインタビュー、2013 年 4 月 18 日。
3. Bruce Hoffman, *Anonymous Soldiers: The Struggle for Israel: 1917-1947* (New York: Alfred A. Knopf, 2015), p. 333.
4. Martin Gilbert (*Israel: A History* [New York: Harper Perennial, 1998], pp. 118-119) では記述が異なり、モイン卿は 6 日に、そしてセネシュは 4 日に殺された、と述べている。他方、セネッシュはモイン卿が暗殺された前の日に亡くなったという説もある。いずれにしろ、両者の因果関係はない。
5. Anita Shapira, trans. Anthony Berris, *Ben-Gurion: Father of Modern Israel* (New Haven and London: Yale University Press, 2014), p. 138.
6. Lawrence Epstein, *The Dream of Zion: The Story of the First Zionist Congress* (Lanham, MD: Rowman and Littlefield, 2016), p. 120.
7. Eric Lichtblau, "Surviving the Nazis, Only to Be Jailed by America," *New York Times* (February 7, 2015), http://www.nytimes.com/2015/02/08/sunday-review/surviving-the-nazis-only-to-be-jailed-by-america.html（最終閲覧日 2015 年 12 月 7 日）
8. Ibid.
9. Gilbert, *Israel: A History*, p. 121.
10. 筆者のイェフダ・アヴネルとのインタビュー、2012 年 10 月 24 日。
11. Gilbert, *Israel: A History*, pp. 138-139.
12. Hoffman, *Anonymous Soldiers*, p. 379.
13. Gilbert, *Israel: A History*, p. 145.
14. Ibid.
15. これらの数字は研究者の間で多少異なる。Colin Shindler, *A History of Modern Israel*, 2nd ed. (New York: Cambridge University Press, 2013) では、ユダヤ人が 538,000 人、アラブ人が 397,000 人としている (p. 45)。
16. Gilbert, *Israel: A History*, p. 149.
17. "CIA Report on the Consequences of the Partition of Palestine," p. 18. 筆者の保管ファイル。
18. David McCullough, *Truman* (New York: Simon & Schuster, 1993), Kindle Edition, Locations 11804-11836.
19. Gilbert, *Israel: A History*, p. 150.
20. iCenter, "The Story of a Vote, Nov. 29, 1947," *iCenter* (November 4, 2012), http://www.theicenter.org/voice/story-vote-nov-29-1947.
21. 時系列に関して諸説ある。アバ・エバン

は自伝の中で、票決が抗議や議事妨害のせいで、まず11月26日水曜日に、そして11月27日木曜日に繰り下がった。この木曜日は感謝祭だったため3度目の延期となり、11月29日土曜日に採決された。アサフ・スィニヴァーはエバンの伝記の中で、票決は水曜日に先送りになり、最終的に土曜日になされたと述べている。アニタ・シャピラは票決が金曜日にされたと述べている一方、ベニー・モリスは土曜日のことだと言っている。

22. Asaf Siniver, *Abba Eban: A Biography* (New York and London: Overlook Duckworth, 2015), p. 91.
23. Shlomo Avineri, trans. Haim Watzman, *Herzl: Theodor Herzl and the Foundation of the Jewish State* (London: Weidenfeld and Nicolson, 2008), p. 141（ヘルツェルの日記からの引用）
24. A.A.P., "U.N.O. Passes Palestine Partition Plan," *Morning Herald* (December 1, 1947), http://trove.nla.gov.au/ndp/del/article/134238148（最終閲覧日2015年12月7日）
25. Amos Oz, trans. Nicholas de Lange, *A Tale of Love and Darkness* (Orlando: Harcourt, 2004), p. 359.
26. Ibid.
27. Michael Bar-Zohar, trans. Peretz Kidron, *Ben-Gurion: A Biography, The New Millennium Edition* (Israel: Weidenfeld and Nicolson, 2013), Kindle Edition, Location 3028.
28. Daniel Gordis, *Saving Israel: How the Jewish People Can Win a War That May Never End* (Hoboken, NJ: Wiley, 2009), p. 170. ハアレツ紙は、ヴァイツマンがこの言葉を国連のパレスチナ分割案決議から2週間後の1947年12月15日に述べたとしている。
29. 出エジプト記19章15節。
30. 出エジプト記19章10節。
31. Nadav Shragai, "The Legend of Ambushed Palmach Squad '35,'" *Ha'aretz* (April 27, 2009), http://www.haaretz.com/the-legend-of-ambushed-palmach-squad-35-1.274876（最終閲覧日2015年12月7日）。最初の描写は、ベングリオンが攻撃の数日後にマパイ党で述べた弔辞に基づいている。ベングリオンは、現場にはいたが虐殺に参加しなかったアラブ人からこの情報を得たらしい。後者の説は、クファル・エツィヨンで生まれ、戦争で孤児となったヨハナン・ベンヤアコヴが61年後に語ったものである。
32. Tamar S. Drukker, "'I Am a Civil War': The Poetry of Haim Gouri," in Hugh Kennedy, ed., *Warfare and Poetry in the Middle East* (London: I. B. Tauris, 2013), pp. 242-243.
33. Mati Alon, *Holocaust and Redemption* (Victoria, BC: Trafford Publishing, 2013), p. 168.
34. Yossi Melman, "Jews, Just Like Arabs, Hid Weapons in Immoral Places," *Ha'aretz* (January 27, 2011).
35. Shapira, trans. Berris, *Israel: A History*, p. 161.
36. Ibid., pp. 157-158.
37. Benny Morris, *Righteous Victims: A History of the Zionist-Arab Conflict, 1881-2001* (New York: Vintage Books, 2001), Kindle Edition, Location 6208.
38. ベニー・モリスは、国際的に評価が高く信頼されているイスラエルの「新歴史学者」であり、イスラエルの軍事作戦に関して数多くの研究を執筆しているが、強姦に関する非難は全くの誤りだと考えている。大多数の同世代の歴史家は100~120人が殺されたと見積もっている。アラブ人の歴史家でさえ記述を改めている。西岸地区のラマッラ近郊のビルザイト大学に所属するパレスチナ人の学者2名が1987年に、複数の目撃者にインタビューしたリポートを発表している。死者数を107名とし、強姦に関する言及はリポートには一切ない。彼らの結論は、ベギンの結論と大差ない。Benny Morris, "The Historiography of Deir Yassin," *Journal of Israeli History: Politics, Society, Culture*, Vol. 24, No. 1 (August 2006), p. 87を参照のこと。この戦いや様々な関係者が

この戦いをどのように用いたかについては、筆者の *Menachem Begin: The Battle for Israel's Soul* (New York: Knopf Doubleday, 2014), Chapter 6, "Deadly Road to Jerusalem" にある、より詳しい概括を参照。

39. Gilbert, *Israel: A History*, pp. 179- 180.

第8章

1. Bruce Hoffman, *Anonymous Soldiers: The Struggle for Israel: 1917-1947* (New York: Alfred A. Knopf, 2015) Kindle Edition, Location 8282.
2. Ariel Feldestein, "One Meeting Many Descriptions: The Resolution on the Establishment of the State of Israel," *Israel Studies Forum*, Vol. 23, No. 2 (Winter 2008), p. 104.
3. Ibid.
4. Benny Morris, *1948: The First Arab-Israeli War* (New Haven and London: Yale University Press, 2008), p. 177.
5. Ibid., p. 178.
6. "Israel's Declaration of Independence 1948," *Avalon Project*, http://avalon.law.yale.edu/20th_century/israel.asp（最終閲覧日 2015 年 12 月 7 日）
7. Anita Shapira, trans. Anthony Berris, *Israel: A History* (Waltham, MA: Brandeis University Press, 2012), p. 180.
8. サムエル記下 23 章 3 節。
9. Yehudah Mirsky, "What Is a Nation-State For?" *Marginalia* (March 11, 2015), http://marginalia.lareviewofbooks.org/nation-state-yehudah-mirsky/（最終閲覧日 2015 年 12 月 7 日）
10. 創世記 32 章 28 節。
11. Shapira, trans. Berris, *Israel: A History*, p. 164.
12. Amira Lam, "Peres Recalls Declaration of Independence: We Didn't Have Time to Celebrate," Ynetnews.com (December 21, 2014), http://www.ynetnews.com/articles/0,7340,L-4606090,00.html.
13. *Tekumah (Rebirth: The First Fifty Years)*, イスラエルのテレビ番組シリーズ、1998 年に第 1 チャンネルで初めて放送された。第 3 話の 29 分 25 秒。
14. Martin Gilbert, *Israel: A History* (New York: Harper Perennial, 1998), p. 192.
15. Morris, *1948*, p. 237.
16. Shapira, trans. Berris, *Israel: A History*, p. 165.
17. Colin Shindler, *A History of Modern Israel*, 2nd ed. (New York: Cambridge University Press, 2013), p. 55.
18. Gilbert, *Israel: A History*, pp. 207-208.
19. Morris, *1948*, p. 142.
20. Ibid., p. 159.
21. Ibid.
22. Ibid., p. 365.
23. Ibid., p. 266.
24. Ibid., p. 268.
25. チェコ製の武器にかぎ十字（スワスティカ）のマークが入っていたとの奇妙な逸話は、アヤロンの博物館の展示物にも記されており、ベニー・モリスから筆者宛ての電子メールでも確認が取れている。「チェコから到着した武器は、ドイツ製のモーゼル社スタンダードモデルのライフルや MG 機関銃で、1945 年 5 月以前にドイツ人のために製造されたもので、その多くはスワスティカが付いていただろう（チェコ製のメッサーシュミット航空機も当初は同様だった）」（2016 年 5 月 1 日付けの電子メール、筆者の所蔵ファイル）。
26. 例えば Eliezer Cohen, trans. Yonatan Gordis, *Israel's Best Defense: The First Full Story of the Israeli Air Force* (New York: Orion Books, 1993), pp. 7-60 を参照。*Above and Beyond* (Playmount Productions and Katahdin Productions, produced by Nancy Spielberg, 2015), 15 分 20 秒も参照。
27. *Above and Beyond*, 38 分 20 秒。
28. *Above and Beyond*, 43 分 00 秒。
29. *Above and Beyond*, 50 分 40 秒。

30. *Above and Beyond*, 51 分 30 秒。
31. 筆者の英訳。メモの写真は筆者の所蔵ファイル。
32. Jerold S. Auerbach, *Brothers at War: Israel and the Tragedy of the Altalena* (New Orleans: Quid Pro Books, 2011), p. 50.
33. Yehuda Lapidot, trans. Chaya Galai, "The *Altalena* Affair," *Etzel*, http://www.etzel.org.il/english/ac20.htm（最終閲覧日 2015 年 12 月 7 日）
34. Zvi Harry Hurwitz, *Begin: His Life, Words, and Deeds* (Jerusalem: Gefen Publishing, 2004), p. 27.
35. Avi Shilon, trans. Danielle Zilberberg and Yoram Sharett, *Menachem Begin: A Life* (New Haven and London: Yale University Press, 2007), p. 130.
36. Auerbach, *Brothers at War*, p. 109.
37. Michael Oren, "Did Israel Want the Six Day War?" *Azure* (Spring 5759/1999), p. 47.
38. Ibid.
39. Ilan Pappe, "A Post-Zionist Critique of Israel and the Palestinians, Part II: The Media," in *Journal of Palestine Studies* (Spring 1997), pp. 37-43。Oren, "Did Israel Want the Six Day War?," p. 48 に引用されている。
40. Ari Shavit, *My Promised Land: The Triumph and Tragedy of Israel* (New York: Spiegel & Grau, 2013), p. 108.
41. Ibid., p. 132.
42. Martin Kramer, "What Happened at Lydda," *Mosaic* (July 1, 2014), http://mosaicmagazine.com/essay/2014/07/what-happened-at-lydda/ を参照。
43. Benny Morris, "Zionism's 'Black Boxes,'" *Mosaic* (July 13, 2014), http:// mosaicmagazine.com/ response/ 2014/ 07/ zionisms-black-boxes/（最終閲覧日 2015 年 12 月 7 日）
44. Gilbert, *Israel: A History*, p. 218.
45. Nadav Man, "1st IDF Parade from Behind the Lens," Ynet news.com (December 13, 2008), http://www.ynetnews.com/articles/0,7340,L-3637748,00.html（最終閲覧日 2015 年 12 月 7 日）
46. Ari Shavit, "Survival of the Fittest? An Interview with Benny Morris," *Ha'aretz* (January 8, 2004), http://www.haaretz.com/survival-of-the-fittest-1.61345（最終閲覧日 2015 年 12 月 7 日）
47. Shilon, trans. Zilberberg and Sharett, *Menachem Begin: A Life*, p. 137.
48. Shapira, trans. Berris, *Israel: A History*, p. 172.
49. Morris, 1948, p. 406.

第 9 章

1. Pinhas Alpert and Dotan Goren, eds., *Diary of a Muchtar in Jerusalem: The History of the Beit Yisrael Neighborhood and its Surroundings in the Writings of Rabbi Moshe Yekutiel Alpert (1938-1952)* (Ramat Gan, Israel: Bar Ilan University Press, 2013), pp. 173-174 [In Hebrew]. 英訳は Vered Kellner, "Longings and Disappointments: A Voter in Exile in New York," *Ha'aretz* (January 18, 2013), http://www.haaretz.com/opinion/longings-and-disappointments-a-voter-in-exile-in-new-york.premium-1.494743（最終閲覧日 2016 年 8 月 5 日）
2. Vered Kellner, "Longings and Disappointments: A Voter in Exile in New York," *Ha'aretz* (January 18, 2013), online at http:// www.haaretz.com/ opinion/ longings-and-disappointments-a-voter-in-exile-in-new-york.premium-1.494743（最終閲覧日 2016 年 8 月 5 日）
3. Jewish Telegraphic Agency, "Israel to Vote Today in First National Elections; Campaign Reaches High Peak" (January 25, 1949), http://www.jta.org/1949/01/25/archive/israel-to-vote-today-in-first-national-elections-campaign-reaches-high-peak（最終閲覧日 2015 年 12 月 7 日）
4. *Tekumah*, イスラエルのテレビ番組シリーズ、1998 年に第 1 チャンネルで初めて放送さ

れた。第 21 話の 0 分 35 秒。

5. "Moving Ceremony Marks Reburial of Herzl's Remains; Israeli Cabinet in Full Attendance," *Jewish Telegraphic Agency*, http://www.jta.org/1949/08/18/archive/moving-ceremony-marks-reburial-of-herzls-remains-israeli-cabinet-in-full-attendance.
6. Theodor Herzl, trans. I. M. Lask, *The Jewish State* (Tel Aviv: M. Newman Publishing House, 1954), p. 137.
7. Ibid., p. 151.
8. JTA, "Of Weizmann's Address Opening Session of Israeli Constituent Assembly" (Feburary 15, 1949), http://www.jta.org/1949/02/15/archive/of-chaim-weizmanns-address-opening-session-of-israeli-constituent-assembly（最終閲覧日 2015 年 12 月 7 日）
9. Ibid.
10. Ibid.
11. Robert Frost, "The Death of the Hired Man" (North of Boston, 1915), *Bartleby.com*, http://www.bartleby.com/118/3.html（最終閲覧日 2015 年 12 月 7 日）
12. Anita Shapira, trans. Anthony Berris, *Israel: A History* (Waltham, MA: Brandeis University Press, 2012), p. 208.
13. "Displacement of Jews from Arab Countries 1948-2012," *Justice for Jews from Arab Countries*, http://www.justiceforjews.com/main_facts.html（最終閲覧日 2015 年 12 月 7 日）
14. Colin Shindler, *A History of Modern Israel*, 2nd ed. (New York: Cambridge University Press, 2013), p. 64.
15. Shapira, trans. Berris, *Israel: A History*, Kindle Edition, Locations 5437-5443.
16. Shindler, *A History of Modern Israel*, p. 93.
17. Golda Meir, *My Life* (New York: Dell Publishing, 1975), pp. 250–251.〔訳注：ゴルダ・メイア（林弘子訳）『ゴルダ・メイア回想録』、評論社、1980 年、243 頁〕
18. Esther Meir-Glitzenstein, "Operation Magic Carpet: Constructing the Myth of the Magical Immigration of Yemenite Jews to Israel," *Israel Studies*, Vol. 16, No. 3 (Fall 2011), p. 150.
19. Shapira, trans. Berris, *Israel: A History*, Kindle Edition, Location 5453.
20. Israel Ministry of Foreign Affairs, "Fifty Years of Education in the State of Israel," http://mfa.gov.il/MFA/AboutIsrael/IsraelAt50/Pages/Fifty%20Years%20of%20Education%20in%20the%20State%20of%20Israel.aspx
21. Herzl, trans. Lask, *The Jewish State*, p. 16.
22. Shindler, *A History of Modern Israel*, p. 94.
23. Shapira, trans. Berris, *Israel: A History*, p. 231.
24. Seth J. Frantzman, "David Ben-Gurion, Israel's Segregationist Founder," *Forward* (May 18, 2015), http://forward.com/opinion/israel/308306/ben-gurion-israels-segregationist-founder/（最終閲覧日 2015 年 12 月 8 日）
25. Ibid.
26. Nir Kedar, "Ben-Gurion's Mamlakhtiyut: Etymological and Theoretical Roots," *Israel Studies*, Vol. 7, No. 3 (Fall 2002), p. 129.
27. *Tekumah*, 第 17 話の 12 分 00 秒。
28. Shapira, trans. Berris, *Israel: A History*, p. 199.
29. Tamara Traubman, "A Mystery That Defies Solution," *Ha'aretz* (November 5, 2001), http://www.haaretz.com/print-edition/news/a-mystery-that-defies-solution-1.73913（最終閲覧日 2015 年 12 月 8 日）
30. Moshe Reinfeld, "State Commission: Missing Yemenite Babies Not Kidnapped," *Ha'aretz* (November 4, 2001), http://www.haaretz.com/news/state-commission-missing-yemenite-babies-not-kidnapped-1.73778（最終閲覧日 2015 年 12 月 8 日）
31. "15,000% Growth in Army Exemptions for Yeshiva Students since 1948," Hiddush website, http://hiddush.org/article-2338-0-15000_Growth_in_army_exemptions_for_yeshiva_students_since_1948.aspx（最終閲覧日 2015 年 12 月 9 日）

32. *Tekumah*, 第 11 話、31 分 45 秒。
33. *Tekumah*, 第 11 話、20 分 15 秒。
34. Shapira, trans. Berris, *Israel: A History*, p. 197.
35. David Ben-Gurion, *Like Stars and Dust: Essays from Israel's Government Year Book* (Ramat Gan, Israel: Masada Press, 1976), p. 147. ヘブライ語からの英訳は筆者による。この箇所は筆者の *Saving Israel: How the Jewish People Can Win a War That May Never End* (Hoboken, NJ: Wiley, 2009), p. 154 でも引用している。
36. Jacob Blaustein, "The Voice of Reason: Address by Jacob Blaustein, President, The American Jewish Committee, at the Meeting of Its Executive Committee, April 29, 1950," *American Jewish Committee Archives*, http://www.ajcarchives.org/AJC_DATA/Files/507.PDF 11.（最終閲覧日 2015 年 12 月 8 日）。強調はオリジナルのもの、9 頁。
37. Walter Isaacson, *Einstein: His Life and Universe* (New York: Simon (New York: Simon & Schuster Paperbacks, 2007), p. 520.
38. Ibid.
39. Blaustein, "The Voice of Reason," p. 11. 強調はオリジナルのもの。
40. Ibid., p. 10. 強調はオリジナルのもの。
41. Shapira, trans. Berris, *Israel: A History*, p. 179.

▌第 10 章

1. Anita Shapira, trans. Anthony Berris, *Israel: A History* (Waltham, MA: Brandeis University Press, 2012), p. 274.
2. イスラエル人の死者数については激しく議論が交わされている。マルティン・ギルバートは 967 人のユダヤ人がこれらの攻撃で殺されたと述べている (Martin Gilbert, *The Routledge Atlas of the Arab-Israeli Conflict* [New York: Routledge, 2005], p. 58)。しかしベニー・モリスはこの数字を「全くのナンセンス」と称している (Benny Morris, *Israel's Border Wars, 1949-1956: Arab Infiltration, Israeli Retaliation, and the Countdown to the Suez War* [Oxford: Oxford University Press: 1993], p. 101 を参照)。保守系は数百名と見積もっている。
3. Morris, *Israel's Border Wars, 1949-1956*, Kindle Edition, Locations 3037-3049.
4. Ibid., Locations 3123-3128.
5. Martin Gilbert, *Israel: A History* (New York: Harper Perennial, 1998), pp. 289-290.
6. S. Yizhar, trans. Nicolas de Lange and Yaacob Dweck, *Khirbet Khizeh: A Novel* (New York: Farrar, Straus and Giroux, 2014), p. 100.
7. Ibid., pp. 103-104.
8. Noah Efron, "The Price of Return," *Ha'aretz* (November 23, 2008), http://www.haaretz.com/news/the-price-of-return-1.258035（最終閲覧日 2015 年 12 月 8 日）
9. Robert Slater, *Warrior Statesman: The Life of Moshe Dayan* (New York: St. Martin's Press, 1991), p. 149.
10. Morris, *Israel's Border Wars, 1949-1956*, Locations 3037-3049.
11. David Landau, *Arik: The Life of Ariel Sharon* (New York: Alfred A. Knopf, 2013), p. 7.
12. Gilbert, *Israel: A History*, p. 292.
13. Zvi Ganin, *An Uneasy Relationship: American Jewish Leadership and Israel, 1948-1957* (Syracuse, NY: Syracuse University Press, 2005), pp. 190-191.
14. Landau, *Arik*, pp. 26-27.
15. Morris, *Israel's Border Wars, 1949-1956*, Locations 3293-3299.
16. Translation from Mitch Ginsburg, "When Moshe Dayan Delivered the Defining Speech of Zionism," *Times of Israel* (April 26, 2016) http://www.timesofisrael.com/when-moshe-dayan-delivered-the-defining-speech-of-zionism/（最終閲覧日 2016 年 5 月 8 日）。Aluf Benn, "Doomed to Fight" (May 9, 2011), *Ha'aretz*, http://www.haaretz.com/weekend/week-s-end/doomed-to-fight-1.360698 も参照

のこと。（最終閲覧日 2015 年 12 月 8 日）

17. Ginsburg, "When Moshe Dayan Delivered the Defining Speech of Zionism." Chemi Shalev, "Moshe Dayan's Enduring Gaza Eulogy: This Is the Fate of Our Generation," *Ha'aretz* (July 20, 2014), http://www.haaretz.com/blogs/west-of-eden/.premium-1.606258 も参照のこと。（最終閲覧日 2015 年 12 月 8 日）
18. Morris, *Israel's Border Wars, 1949-1956*, Locations 208-213.
19. Ibid.
20. Howard M. Sachar, *A History of Israel: From the Rise of Zionism to Our Time* (New York: Alfred A. Knopf, 1979), p. 486.
21. Ibid., p. 487.
22. Gilbert, *Israel: A History*, p. 315.
23. Ibid., p. 317.
24. Morris, *Israel's Border Wars, 1949-1956*, Location 7962.
25. Michael B. Oren, "The Second War of Independence," *Azure*, No. 27 (Winter 5767/2007).
26. Sachar, *A History of Israel*, p. 483.
27. Gilbert, *Israel: A History*, pp. 326-327.
28. Golda Meir, *My Life* (New York: Dell Publishing, 1975), p. 59.〔訳注：ゴルダ・メイア（林弘子訳）『ゴルダ・メイア回想録』、評論社、1980 年、56~57 頁〕
29. Yehuda Avner, *The Prime Ministers: An Intimate Narrative of Israeli Leadership* (Jerusalem: Toby Press, 2010), Kindle Edition, Locations 1822-1829.
30. Ibid.

第 11 章

1. David Mikics, "Holocaust Pulp Fiction," *Tablet Magazine* (April 19, 2012), http://www.tabletmag.com/jewish-arts-and-culture/books/97160/ka-tzetnik
2. Deborah E. Lipstadt, *The Eichmann Trial* (New York: Knopf Doubleday, 2011), p. 3.
3. Ibid., pp. 21-22.
4. Ibid., pp. 24-25.
5. Ibid., p. 29.
6. Martin Gilbert, *Israel: A History* (New York: Harper Perennial, 1998), p. 337.
7. George Lavy, *Germany and Israel: Moral Debt and National Interest* (London: Frank Cass, 1996), p. 7.
8. Menachem Begin, *White Nights: The Story of a Prisoner in Russia* (New York: HarperCollins, 1979), p. 265.
9. Daniel Gordis, *Menachem Begin: The Battle for Israel's Soul* (New York: Knopf Doubleday, 2014), p. 104.
10. Gilbert, *Israel: A History*, p. 280.
11. Seth M. Siegel, *Let There Be Water: Israel's Solution for a Water-Starved World* (New York: Thomas Dunne Books, 2015), p. 40.
12. Seth M. Siegel, "50 Years Later, National Water Carrier Still an Inspiration," Ynetnews.com (September 6, 2014), https://www.ynetnews.com/articles/0,7340,L-4528200,00.html（最終閲覧日 2016 年 5 月 10 日）
13. *Tekumah*, 第 17 話の 20 分 15 秒。
14. Assaf Inbari, *HaBaita* (Tel Aviv: Yediyot Sefarim, 2009), pp. 169-170, 178（英訳は筆者による）
15. Elad Zeret, "Kastner's Killer: I Would Never Have Shot Him Today," Ynetnews.com (October 29, 2014), https://www.ynetnews.com/articles/0,7340,L-4585767,00.html
16. Yossi Klein Halevi, *Like Dreamers: The Story of the Israeli Paratroopers Who Reunited Jerusalem and Divided a Nation* (New York: HarperCollins, 2013), p. 42.
17. Ari Shavit, *My Promised Land: The Triumph and Tragedy of Israel* (New York: Spiegel & Grau, 2013), pp. 179-180.
18. Lipstadt, *The Eichmann Trial*, p. 34.
19. David Ben-Gurion, "The Eichmann Case as Seen by Ben-Gurion," *New York Times* (December 18, 1960), http://timesmachine.nytimes.com/timesmachine/1960/12/18/99904385.html?pageNumber= 182（最終閲覧日 2015 年

12 月 8 日）
20. Lipstadt, *The Eichmann Trial*, p. 36.
21. Ibid., p. 53.
22. Ibid., p. 78.
23. Ibid.
24. Ibid., pp. 97-98.
25. Ibid.
26. “Planet Auschwitz”（アイヒマン裁判でのイェヒエル・デヌールの証言の映像） https://www.youtube.com/watch?v= o0T9tZiKYl4
27. Oz Almog, *The Sabra* (Berkeley: University of California Press, 2000), p. 84.
28. Yair Lapid, trans. Evan Fallenberg, *Memories After My Death: The Joseph (Tommy) Lapid Story* (London: Elliott & Thompson Limited, 2011), pp. 131-132.
29. Ibid.
30. Lipstadt, *The Eichmann Trial*, pp. 80-81.
31. Haim Hazaz, *The Sermon and Other Stories* (Jerusalem: Toby Press, 2005), p. 237.

第 12 章

1. Jewish Agency, “The Massive Immigration,” http://www.jewishagency.org/he/historical-aliyah/content/22097（最終閲覧日 2015 年 12 月 10 日） [In Hebrew].
2. この歌の様々な英訳が発表されている。本書の英訳は筆者のもの。
3. シェメルは 2004 年の臨終の間際に、この歌を作曲した際にバスク地方の子守唄のメロディーをベースにしたことを認めている。Tom Segev, “In Letter, Naomi Shemer Admitted Lifting ‘Jerusalem of Gold’ Tune,” *Ha'aretz* (May 5, 2005), http://www.haaretz.com/news/in-letter-naomi-shemer-admitted-lifting-jerusalem-of-gold-tune-1.157851（最終閲覧日 2015 年 12 月 8 日）
4. Yossi Klein Halevi, *Like Dreamers: The Story of the Israeli Paratroopers Who Reunited Jerusalem and Divided a Nation* (New York: HarperCollins, 2013), p. 58.
5. Ibid., p. 31.
6. Ibid., p. 34.
7. Michael B. Oren, *Six Days of War: June 1967 and the Making of the Modern Middle East* (Oxford: Oxford University Press, 2002), p. 63.〔訳注：マイケル・B・オレン（滝川義人訳）『第三次中東戦争全史』、原書房、2012 年〕
8. Ibid.
9. Ibid., p. 368.
10. Abba Eban, *Abba Eban: An Autobiography* (Lexington, MA: Plunkett Lake Press, 2015), Kindle Edition, Location 7223.
11. Ibid., Location 7352.
12. Oren, *Six Days of War*, p. 133.〔訳注：オレン、前掲書、238 頁〕
13. Yehuda Avner, *The Prime Ministers: An Intimate Narrative of Israeli Leadership* (Jerusalem: Toby Press, 2010), p. 148.
14. Ibid.
15. Oren, *Six Days of War*, p. 132.〔訳注：オレン、前掲書、123 頁〕
16. Avner, *The Prime Ministers*, p. 148.
17. Oren, *Six Days of War*, p. 134.〔訳注：オレン、『第三次中東戦争全史』〕
18. Martin Gilbert, *Israel: A History* (New York: Harper Perennial, 1998), p. 377.
19. Avraham Avi-hai, “The POSTman Knocks Twice: Yitzhak Rabin, Man of Contradictions,” *Jerusalem Post* (September 11, 2014), http://www.jpost.com/ Opinion/ The-POSTman-Knocks-Twice-Yitzhak-Rabin-man-of-contradictions-375134（最終閲覧日 2016 年 3 月 23 日）
20. Halevi, *Like Dreamers*, p. 57.
21. Samuel G. Freedman, *Jew vs. Jew: The Struggle for the Soul of American Jewry* (New York: Simon & Schuster, 2001), p. 164. Michael Oren, *Power, Faith, and Fantasy: America in the Middle East, 1776 to the Present* (New York: W. W. Norton, 2007), p. 536.
22. Ibid., p. 319.
23. Gilbert, *Israel: A History*, p. 373.

24. Anita Shapira, trans. Anthony Berris, *Israel: A History* (Waltham, MA: Brandeis University Press, 2012), p. 298.
25. Avner, *The Prime Ministers*, p. 135.
26. Tom Segev, trans. Jessica Cohen, *1967: Israel, the War, and the Year That Transformed the Middle East* (New York: Henry Holt, 2005), p. 15. セゲブのヘブライ語からの訳を多少変えた。
27. Gilbert, *Israel: A History*, p. 378.
28. 何がいつ起きたのかについては諸説がある。その違いに関しては、シャピラ、オレン、ギルバートを比較。以下はマイケル・オレンの時系列に従う。
29. Daniel Gordis, *Menachem Begin: The Battle for Israel's Soul* (New York: Knopf Doubleday, 2014), p. 126.
30. Oren, *Six Days of War*, p. 176.〔訳注：オレン、『第三次中東戦争全史』〕
31. Avner, *The Prime Ministers*, pp. 156-158.
32. Halevi, *Like Dreamers*, p. 69.
33. Oren, *Six Days of War*, p. 222.〔訳注：オレン、『第三次中東戦争全史』、388 頁〕
34. Halevi, *Like Dreamers*, p. 86.
35. Gilbert, *Israel: A History*, p. 391.
36. Ibid., p. 392.
37. Ibid.
38. Oren, *Six Days of War*, p. 307.〔訳注：オレン、『第三次中東戦争全史』〕
39. Gershom Gorenberg, *The Accidental Empire: Israel and the Birth of the Settlements, 1967-1977* (New York: Henry Holt, 2006), p. 2.
40. Michael Oren, "Did Israel Want the Six Day War?" *Azure* (Spring 5759/ 1999), p. 49.
41. Ibid., p. 50.
42. Ibid., p. 51.
43. *Tekumah*, 第 19 話、20 分 35 秒。
44. *Tekumah*, 第 20 話、25 分 45 秒。
45. Halevi, *Like Dreamers*, p. 98.

第 13 章

1. Yossi Klein Halevi, *Like Dreamers: The Story of the Israeli Paratroopers Who Reunited Jerusalem and Divided a Nation* (New York: HarperCollins, 2013), p. 111.
2. Gershom Gorenberg, *The Accidental Empire: Israel and the Birth of the Settlements, 1967-1977* (New York: Henry Holt, 2006), p. 86.
3. Ibid., p. 43.
4. Ibid., p. 85.
5. Tsur Ehrlich, "Nathan the Wise," *Azure*, No. 28 (Spring 5767/ 2007), http://azure.org.il/article.php?id=445（最終閲覧日 2015 年 12 月 8 日）
6. Halevi, *Like Dreamers*, p. 119.
7. レイボヴィッチの手紙の訳はネット上の数多くのサイトで掲載されている。本書の訳は筆者のもの。
8. Halevi, *Like Dreamers*, p. 94.
9. Ibid., p. 152.
10. Ibid., pp. 140-142.
11. Gorenberg, *The Accidental Empire*, p. 113.
12. Halevi, *Like Dreamers*, pp. 145-146.
13. Ibid.
14. Benny Morris, *Righteous Victims: A History of the Zionist-Arab Conflict, 1881-2001* (New York: Vintage Books, 2001), p. 335.
15. *Tekumah*, 第 14 話、4 分 50 秒。
16. Halevi, *Like Dreamers*, pp. 96-97.
17. Ibid., p. 101.
18. Translation by the author.
19. Martin Gilbert, *Israel: A History* (New York: Harper Perennial, 1998), p. 393.
20. Gorenberg, *The Accidental Empire*, pp. 61-62.
21. Ghassan Kanafani, *Palestine's Children: Returning to Haifa and Other Stories* (Boulder, CO: Lynne Rienner, 2000), p. 151.
22. ハマスの憲章はネット上の様々なサイトで見つけることができる。訳によって多少異なる。本書の英訳は the Jewish Virtual Library のものを使っている。
23. Mahmoud Darwish, "Identity Card," http://www.barghouti.com/poets/darwish/bitaqa.asp〔訳注：土井大助訳『パレスチナ抵抗詩集・全三冊』（アラブ連盟駐日代表部、1981~83

年）、第二巻〕

24. "The Khartoum Resolutions," Ministry of Foreign Affairs of Israel (September 1, 1967), http://www.mfa.gov.il/mfa/foreignpolicy/peace/guide/pages/the%20khartoum%20resolutions.aspx（最終閲覧日 2015 年 12 月 8 日）

第 14 章

1. Martin Gilbert, *Israel: A History* (New York: HarperPerennial, 1998), p. 423.
2. Howard M. Sachar, *A History of Israel: From the Rise of Zionism to Our Time* (New York: Alfred A. Knopf, 1979), p. 744.
3. David Landau, *Arik: The Life of Ariel Sharon* (New York: Alfred A. Knopf, 2013), p. 75.
4. Zeev Schiff, *A History of the Israeli Army: 1874 to the Present* (London: Macmillan, 1985), p. 246.
5. *Tekumah*, 第 9 話、36 分 20 秒。
6. Anita Shapira, trans. Anthony Berris, *Israel: A History* (Waltham, MA: Brandeis University Press, 2012), Kindle Edition, Locations 7794-7795.
7. Sachar, *A History of Israel*, p. 748.
8. *Tekumah*, 第 9 話、43 分 18 秒。
9. William B. Quandt, *Peace Process: American Diplomacy and the Arab-Israeli Conflict Since 1967* (Washington, DC: Brookings Institution, 2005), p. 101.
10. "Kissinger and Ismail Conduct Secret Meetings," Center for Israel Education, http://israeled.org/kissinger-ismail-conduct-secret-meetings/（最終閲覧日 2015 年 12 月 8 日）
11. Quandt, *Peace Process*, p. 455.
12. Mordechai Bar-On, *Moshe Dayan: Israel's Controversial Hero* (New Haven and London: Yale University Press, 2012), p. 156.
13. *Tekumah*, 第 10 話、8 分 07 秒。
14. Mitch Ginsburg, "Mossad's Tip-Off Ahead of Yom Kippur War Did Not Reach Prime Minister, Newly Released Papers Show," *Times of Israel* (September 20, 2012), http:// www.timesofisrael.com/newly-released-papers-detail-depth-of-mishandling-of-yom-kippur-war-warnings/（最終閲覧日 2015 年 12 月 8 日）
15. Gilbert, *Israel: A History*, p. 432.
16. Landau, *Arik*, p. 98.
17. Benny Morris, *Righteous Victims: A History of the Zionist-Arab Conflict, 1881-2001* (New York: Vintage Books, 2001), p. 416.
18. Shapira, trans. Berris, *Israel: A History*, p. 330.
19. Gilbert, *Israel: A History*, p. 440.
20. Herbert Druks, *The Uncertain Alliance: The U.S. and Israel from Kennedy to the Peace Process* (Westport, CT: Greenwood Press, 2001), p. 113.
21. Amir Oren, "CIA Report on Yom Kippur War: Israel Had Nuclear Arsenal," *Ha'aretz* (February 13, 2013), http://www.haaretz.com/news/diplomacy-defense/cia-report-on-yom-kippur-war-israel-had-nuclear-arsenal.premium-1.501101（最終閲覧日 2015 年 12 月 8 日）
22. *Tekumah*, 第 10 話、32 分 00 秒。
23. Gilbert, *Israel: A History*, p. 442.
24. Abraham Rabinovich, *The Yom Kippur War: The Epic Encounter That Transformed the Middle East* (New York: Schocken Books, 2004), p. 497.
25. Gilbert, *Israel: A History*, p. 460.
26. Motti Regev and Edwin Seroussi, *Popular Music and National Culture in Israel* (Berkeley: University of California Press, 2004), p. 67.
27. ヘブライ語からの訳は筆者のもの。
28. Rabinovich, *The Yom Kippur War*, p. 499.
29. Robert Slater, *Rabin: 20 Years After* (Israel: KIP-Kotarim International Publishing, 2015).
30. *Tekumah*, 第 20 話、37 分 55 秒。
31. *Tekumah*, 第 7 話、45 分 30 秒。
32. Assaf Inbari, *HaBaita* (Tel Aviv: Yediyot Sefarim, 2009), p. 242.（訳は筆者のもの）
33. 1982 年にイスラエル軍が短期間シリア軍と直面したことがあるが、シリアとの本格

的な戦争には展開しなかった。

34. *Tekumah*, 第 13 話、11 分 40 秒。

35. Gil Troy, *Moynihan's Moment: America's Fight Against Zionism as Racism* (Oxford: Oxford University Press, 2013), p. 18.

第 15 章

1. Yehuda Avner, *The Prime Ministers: An Intimate Narrative of Israeli Leadership* (Jerusalem: Toby Press, 2010), p. 606.

2. Ben Shalev, "Zohar Argov's Flower That Launched a Million Cassettes," *Ha'aretz* (May 4, 2012), http://www.haaretz.com/weekend/week-s-end/zohar-argov-s-flower-that-launched-a-million-cassettes-1.428235（最終閲覧日 2015 年 12 月 8 日）

3. Nir Hasson, "Jerusalem Neighborhood to Name Streets in Honor of Mizrahi Black Panthers," *Ha'aretz* (June 14, 2011), http://www.haaretz.com/jerusalem-neighborhood-to-name-streets-in-honor-of-mizrahi-black-panthers-1.369313（最終閲覧日 2016 年 3 月 23 日）

4. Albert Einstein, "New Palestine Poetry: Visit of Menachem Begin and Aims of Political Movement Discussed," *New York Times* (December 4, 1948), https://archive.org/details/AlbertEinsteinLetterToTheNewYorkTimes.December41948.

5. ベギンは第五次国会でアラブ人が多数を占める地域の軍政を徐々に解除することを主張している。個人の自由とイスラエルの国柄に反すると考えていたからだ。「自由な国の基本的な原則の 1 つは、軍の司令官が兵隊を監督し、文民が文民を監督するべきだ」と述べている。Avi Shilon, trans. Danielle Zilberberg and Yoram Sharett, *Menachem Begin: A Life* (New Haven and London: Yale University Press, 2007), p. 191.

6. Daniel Gordis, *Menachem Begin: The Battle for Israel's Soul* (New York: Knopf Doubleday, 2014), p. 88.

7. Menachem Begin, trans. Shmuel Katz, ed. Ivan M. Greenberg, *The Revolt: Story of the Irgun* (Bnei-Brak, Israel: Steimatzky Group, 1952), p. 78.

8. Ned Temko, *To Win or to Die: A Personal Portrait of Menachem Begin* (New York: William Morrow, 1987), p. 146.

9. Anita Shapira, trans. Anthony Berris, *Israel: A History* (Waltham, MA: Brandeis University Press, 2012), p. 357.

10. Assaf Inbari, *HaBaita* (Tel Aviv: Yediyot Sefarim, 2009), p. 248（訳は筆者のもの）

11. Israeli Broadcasting Authority (IBA), May 30, 1977. このヘブライ語は「善良なユダヤ人のスタイル」とも「品の良いユダヤ的なスタイル」とも訳せて、どちらも正しい。

12. Benjamin Beit Halachmi, *Despair and Deliverance: Private Salvation in Contemporary Israel* (Albany: State University of New York Press, 1992), p. 55.

13. Gordis, *Menachem Begin*, p. 159.

14. Martin Gilbert, *Israel: A History* (New York: Harper Perennial, 1998), p. 489.

15. Shapira, trans. Berris, *Israel: A History*, p. 367.

16. Gordis, *Menachem Begin*, p. 171.

17. Ofer Grosbard, *Menachem Begin: The Absent Leader* (Haifa: Strategic Research and Policy Center, National Defense College, IDF, 2007), p. 271.

18. Mohamed Fadel Fahmy, "30 Years Later, Questions Remain Over Sadat Killing, Peace with Israel," CNN (October 7, 2011), http://edition.cnn.com/2011/10/06/world/meast/egypt-sadat-assassination/（最終閲覧日 2015 年 12 月 8 日）

19. 皮肉なことに、大多数の抵抗者はこの町の住民ではなかった。

20. Gershom Gorenberg, *The Accidental Empire: Israel and the Birth of the Settlements, 1967-1977* (New York: Henry Holt, 2006), p. 361.

21. Temko, *To Win or to Die*, p. 198.

22. Hal Brands and David Palkki, "Saddam,

Israel, and the Bomb: Nuclear Alarmism Justified?" *International Security*, Vol. 36, No. 1 (Summer 2011), p. 133.

23. Ibid., p. 146.
24. "Israel's Illusion," *New York Times* (June 9, 1981), http://www.nytimes.com/1981/06/09/opinion/israel-s-illusion.html（最終閲覧日 2015年12月8日）
25. Gordis, *Menachem Begin*, p. 192.
26. Joseph Kraft, "For Begin, the End? He Should Be Voted Out for Raid That Further Isolates Israel," *Los Angeles Times* (June 11, 1981).
27. "United Nations Security Council Resolution 487 (1981)," United Nations, http://www.un.org/documents/ga/res/36/a36r027.htm（最終閲覧日 2015年12月8日）
28. Moshe Fuksman-Sha'al, ed., trans. Ruchie Avital, "Dick Cheney Letter to Menachem Begin," *Israel's Strike Against the Iraqi Nuclear Reactor 7 June 1981* (Jerusalem: Menachem Begin Heritage Center, 2003), p. 77.
29. Dan Raviv and Yossi Melman, *Spies Against Armageddon: The Mossad and the Intelligence Community* (Israel: Yediot Ahronoth Books, 2012), p. 334.
30. Gadi Bloom and Nir Hefez, *Ariel Sharon: A Life* (New York: Random House, 2006), p. 213.
31. "Middle East: A Sabbath of Terror," *Time* (March 20, 1978), http://www.time.com/time/magazine/article/0,9171,919454,00.html.
32. Avner, *The Prime Ministers*, p. 606.
33. Temko, *To Win or to Die*, pp. 283-284.
34. Thomas L. Friedman, *From Beirut to Jerusalem* (New York: Farrar, Straus and Giroux, 1989), p. 162.
35. *Tekumah*, 第20話、45分50秒。話し手は雑誌 *Ms.* の編集者レティ・コティン・ポグレビン。
36. Gadi Bloom and Nir Hefez, *Ariel Sharon: A Life* (New York: Random House, 2006), pp. 246-247.
37. Matti Friedman, *Pumpkin Flowers: A Soldier's Story* (Chapel Hill, NC: Algonquin, 2016), p. 188.
38. イスラエルが照明弾を撃ったという主張は、トーマス・フリードマンなどが述べている。Thomas Friedman, *From Beirut to Jerusalem*, p. 161.
39. Nirit Anderman, "Israeli Film on Lebanon War 'Waltz with Bashir' Shown in Beirut," *Ha'aretz* (January 21, 2009), http://www.haaretz.com/news/israeli-film-on-lebanon-war-waltz-with-bashir-shown-in-beirut-1.268524（最終閲覧日 2015年12月8日）
40. Dan Meridor, interview with the author, January 2, 2013.
41. Michael B. Oren, *Ally: My Journey Across the American-Israeli Divide* (New York: Random House, 2015), p. 27.
42. Shilon, trans. Zilberberg and Sharett, *Menachem Begin: A Life*, pp. 374-375.

第16章

1. Ari Shavit, *My Promised Land: The Triumph and Tragedy of Israel* (New York: Spiegel & Grau, 2013), p. 276.
2. Ibid., p. 278.
3. Nathan Brown, Amr Hamzawy, and Marina Ottaway, "Islamist Movements and the Democratic Process in the Arab World: Exploring the Gray Zones," *Carnegie Papers*, No. 67 (March 2006), http://carnegieendowment.org/files/CP67.Brown.FINAL.pdf（最終閲覧日 2015年12月9日）
4. ハマスの憲章はネット上の様々なサイトで見つけることができる。例えば、http://www.acpr.org.il/ resources/ hamascharter.html を参照。
5. Benny Morris, *Righteous Victims: A History of the Zionist-Arab Conflict, 1881-2001* (New York: Vintage Books, 2001), Kindle Edition, Locations 13929- 13937.
6. *Tekumah*, 第18話、3分50秒。
7. *Tekumah*, 第18話、16分25秒。

8. Martin Gilbert, *Israel: A History* (New York: Harper Perennial, 1998), pp. 533- 534.
9. Morris, *Righteous Victims*, Location 6313.
10. Ibid., Locations 14578-14596. さらに http://www.nytimes.com/1988/08/01/world/hussein-surrenders-claims-west-bank-plo-us-peace-plan-jeopardy-internal-tensions.html も参照。
11. Morris, *Righteous Victims*, Locations 14501-14503.
12. Gilbert, *Israel: A History*, pp. 538-539.
13. Joel Greenberg, "Yeshayahu Leibowitz, 91, Iconoclastic Israeli Thinker," *New York Times* (August 19, 1994), http://www.nytimes.com/1994/08/19/obituaries/yeshayahu-leibowitz-91-iconoclastic-israeli-thinker.html（最終閲覧日 2015 年 12 月 9 日）
14. David Ellenson and Daniel Gordis, ed. Aron Rodrigue and Steven J. Zipperstein, *Pledges of Jewish Allegiance: Conversion, Law, and Policymaking in Nineteenth- and Twentieth-Century Orthodox Responsa* (Stanford, CA: Stanford University Press, 2012), pp. 151-158.
15. Howard M. Lenhoff and Jerry L. Weaver, *Black Jews, Jews, and Other Heroes: How Grassroots Activism Led to the Rescue of the Ethiopian Jews* (Jerusalem: Gefen Publishing House, 2007), pp. 42-43.
16. Daniel Gordis, *Menachem Begin: The Battle for Israel's Soul* (New York: Knopf Doubleday, 2014), pp. 144-145.
17. Gilbert, *Israel: A History*, p. 552.
18. Jeff Jacoby, "Would Rabin Have Pulled the Plug on a 'Peace Process' That Failed?" *Boston Globe* (October 22, 2015), http://www.bostonglobe.com/opinion/2015/10/22/would-rabin-have-pulled-plug-peace-process-that-failed/fgHF1Y8bkh7leSbtgHfleL/story.html（最終閲覧日 2015 年 12 月 9 日）
19. Moshe Ya'alon, *The Longer Shorter Way* (Tel Aviv: Yedioth Ahronoth Books and Chemed Books, 2007). p. 82 [In Hebrew]. 英語では以下の記事でも論じられている。David M. Weinberg, "Yitzhak Rabin Was 'Close to Stopping the Oslo Process,'" *Jerusalem Post* (October 17, 2013), http://www.jpost.com/Opinion/Columnists/Yitzhak-Rabin-was-close-to-stopping-the-Oslo-process-329064.
20. Weinberg, "Yitzhak Rabin Was 'Close to Stopping the Oslo Process.'"
21. Gilbert, *Israel: A History*, pp. 569-570.
22. Ibid., p. 572.
23. Ibid., p. 584.
24. *Tekumah*, 第 22 話、00 分 20 秒。
25. Ibid., p. 587.
26. Ibid.

第 17 章

1. 1995 年 11 月 6 日のラビンの葬儀における、フセイン国王の弔辞。演説は次のサイトで閲覧可能。http://www.mfa.gov.il/mfa/mfa-archive/ 1995/pages/rabin%20funeral-%20eulogy%20by%20king%20hussein.aspx.
2. "Clinton to Lead U.S. Delegation," CNN (November 5, 1995), http://edition.cnn.com/WORLD/9511/rabin/clinton/index.html（最終閲覧日 2015 年 12 月 9 日）
3. Jeff Jacoby, "Would Rabin Have Pulled the Plug on a 'Peace Process' That Failed?" *Boston Globe* (October 22, 2015), http://www.bostonglobe.com/opinion/2015/10/22/would-rabin-have-pulled-plug-peace-process-that-failed/fgHF1Y8bkh7leSbtgHfleL/story.html（最終閲覧日 2015 年 12 月 9 日）
4. Martin Gilbert, *Israel: A History* (New York: Harper Perennial, 1998), p. 593.
5. Matti Friedman, *Pumpkin Flowers* (Chapel Hill: Algonquin Books, 2016), p. 155.
6. Ibid.
7. Ibid., p. 181.
8. "Dennis Ross and Gidi Grinstein, Reply by Hussein Agha and Robert Malley," *New York Review of Books* (September 20, 2001), http://www.nybooks.com/articles/archives/2001/sep/20/camp-david-an-exchange/（最終閲覧

日 2015 年 12 月 9 日）
9. 交渉が決裂した理由に関して皆が同意見でないのは、驚くことではない。イスラエル人の間でも、ロスやバラクの叙述を退け、バラクの責任とする学者もいる。
10. Colin Shindler, *A History of Modern Israel*, 2nd ed. (New York: Cambridge University Press, 2013), p. 283.
11. Benny Morris, *Righteous Victims: A History of the Zionist-Arab Conflict, 1881-2001* (New York: Vintage Books, 2001), Kindle Edition, Locations 15878-15883.
12. Dan Rabinowitz, "October 2000, Revisited," *Ha'aretz* (October 19, 2004), http://www.haaretz.com/print-edition/opinion/october-2000-revisited-1.137855（最終閲覧日 2015 年 12 月 9 日）
13. Jack Khoury, "Israeli Arabs Mark Fifteenth Anniversary of October 2000 Riots," *Ha'aretz* (January 10, 2015), http://www.haaretz.com/israel-news/.premium-1.678344（最終閲覧日 2015 年 12 月 9 日）
14. Jewish National Fund, Tree Planting Center, http://www.jnf.org/support/tree-planting-center/.
15. Bill Clinton, *My Life* (New York: Vintage Press, 2005), p. 946.〔訳注：ビル・クリントン（楡井浩一訳）『マイライフ　クリントンの回想』下、朝日新聞社、2004 年、748 頁〕
16. Ibid., p. 944.〔訳注：クリントン、前掲書、下、744 頁〕
17. Dennis Ross, *Doomed to Succeed: The U.S.-Israel Relationships from Truman to Obama* (New York: Farrar, Straus and Giroux, 2015), p. 297.
18. サムエル記下 2 章 26 節。
19. Benny Morris, "Peace? No Chance," *Guardian* (February 21, 2002), http://www.theguardian.com/world/2002/feb/21/israel2（最終閲覧日 2016 年 1 月 10 日）
20. Ross, *Doomed to Succeed*, p. 312.
21. 2015 年 12 月 15 日のラヘル・グリーンスパンとヨッスィ・クライン・ハレヴィのインタビューにて。
22. Benny Morris, "Exposing Abbas," *National Interest* (May 19, 2011), http://nationalinterest.org/commentary/exposing-abbas-5335（最終閲覧日 2015 年 12 月 9 日）
23. Gilbert, *Israel: A History*, p. 627.
24. "Exchange of Letters Between PM Sharon and President Bush," Ministry of Foreign Affairs of Israel website (April 14, 2004), http://www.mfa.gov.il/mfa/foreignpolicy/peace/mfadocuments/pages/exchange%20of%20letters%20sharon-bush%2014-apr-2004.aspx（最終閲覧日 2015 年 12 月 9 日）
25. Gilbert, *Israel: A History*, p. 637.
26. Ibid., p. 638.
27. Yagil Levy, *The Hierarchy of Military Death, Open University of Israel* (Lisbon, April 14-19, 2009), https://ecpr.eu/Filestore/PaperProposal/2cfd87af-cab2-4374-b84d-eb03fbbc3cd1.pdf.11.
28. Dan Senor and Saul Singer, *Start-Up Nation: The Story of Israel's Economic Miracle* (New York: Twelve, 2012), p. 15.〔訳注：ダン・セノール／シャウル・シンゲル（宮本喜一訳）『アップル、グーグル、マイクロソフトはなぜ、イスラエル企業を欲しがるのか？』、ダイヤモンド社、2012 年〕
29. The World Bank, "GDP Growth (annual %)," http://data.world bank.org/indicator/NY.GDP.MKTP.KD.ZG?page=1.
30. Senor and Singer, Start-Up Nation, p. 11.〔訳注：セノール／シンゲル、前掲書〕
31. Ibid., pp. 11, 13.〔訳注：セノール／シンゲル、前掲書〕
32. Ibid., pp. 11–12.〔訳注：セノール／シンゲル、前掲書、17 頁〕
33. Ibid., p. 129.〔訳注：セノール／シンゲル、前掲書〕
34. Ibid., p. 181.〔訳注：セノール／シンゲル、前掲書〕
35. Ibid., p. 182.〔訳注：セノール／シンゲル、

前掲書〕

36. Manfred Gerstenfeld, *The War of a Million Cuts: The Struggle Against the Delegitimization of Israel and the Jews, and the Growth of New Anti-Semitism* (Jerusalem: JCPA, 2015), p. 250.

37. Daniel Freedman, "The World's Deadly Obsession with Israel," *Forbes* (June 24, 2010), http://www.forbes.com/2010/06/23/israel-hamas-middle-east-opinions-columnists-daniel-freedman.html.

38. Gerstenfeld, *The War of a Million Cuts*, pp. 13-14.

39. Joshua Muravchik, "Muslims and Terror: The Real Story," *Commentary* (February 1, 2015), https://www.commentarymagazine.com/articles/muslims-and-terror-the-real-story-1/（最終閲覧日 2015 年 12 月 9 日）

40. "Human Rights Actions," *Human Rights Voices*, http://www.humanrightsvoices.org/EYEontheUN/priorities/actions/body/?ua=1&ya=1&sa=1&tp=1（最終閲覧日 2016 年 1 月 10 日）

41. Michal Navoth, "Israel's Relationship with the UN Human Rights Council: Is There Hope for Change?" *Institute for Contemporary Affairs*, No. 601 (May-June 2014), http://jcpa.org/article/israels-relationship-un-human-rights-council/（最終閲覧日 2016 年 1 月 10 日）

42. Irwin Cotler, "Israel and the United Nations," *Jerusalem Post* (August 15, 2013), http://www.jpost.com/Opinion/Op-Ed-Contributors/Israel-and-the-United-Nations-323252（最終閲覧日 2016 年 1 月 10 日）

43. Gerstenfeld, *The War of a Million Cuts*, p. 254.

44. Ibid.

45. Richard Kemp, "The U.N.'s Gaza Report Is Flawed and Dangerous," http://www.nytimes.com/2015/06/26/opinion/the-uns-gaza-report-is-flawed-and-dangerous.html.

46. Ibid.

47. Samantha Power, *Remarks at the Israel Middle East Model United Nations Conference on "Building a More Model UN,"* transcript (February 15, 2016), http://usun.state.gov/remarks/7138（最終閲覧日 2016 年 3 月 23 日）

48. Robert L. Bernstein, "Rights Watchdog, Lost in the Mideast," *New York Times* (October 19, 2009), http://www.nytimes.com/2009/10/20/opinion/20bernstein.html（最終閲覧日 2015 年 12 月 9 日）

49. The Forward and Nathan Guttman, "Want to Delegitimize Israel? Be Careful Who You Mess With," *Ha'aretz* (April 13, 2010), http://www.haaretz.com/news/want-to-delegitimize-israel-be-careful-who-you-mess-with-1.284184（最終閲覧日 2015 年 12 月 9 日）

50. Gerstenfeld, *The War of a Million Cuts*, p. 252.

51. Aron Heller, "Western Europe Jewish Migration to Israel Hits All-Time High," Associated Press (January 14, 2016), http://bigstory.ap.org/article/164bbc1445aa42fc883ee85e4439523a/western-europe-jewish-migration-israel-hits-all-time-high（最終閲覧日 2016 年 3 月 23 日）

52. David Makovsky, "The Silent Strike: How Israel Bombed a Syrian Nuclear Installation and Kept It Secret," *New Yorker* (September 17, 2012),http://www.newyorker.com/magazine/2012/09/17/the-silent-strike（最終閲覧日 2016 年 1 月 10 日）

53. Gilbert, *Israel: A History*, p. 635.

54. "PM Says Iran's Chief of Staff Vowed Sunday to Eliminate Israel," *Times of Israel* (May 21, 2012), http://www.timesofisrael.com/pm-says-irans-chief-of-staff-vowed-sunday-to-eliminate-israel/（最終閲覧日 2015 年 12 月 9 日）

55. Henry Kissinger and George P. Shultz, "The Iran Deal and Its Consequences," *Wall Street Journal* (April 7, 2015), http://www.wsj.com/articles/the-iran-deal-and-its-consequences-1428447582（最終閲覧日 2015 年 12

月 9 日）

56. Michael B. Oren, *Ally: My Journey Across the American-Israeli Divide* (New York: Random House, 2015), p. 360.

57. Ibid., p. 183.

第 18 章

1. ラミ・クラインシュタイン『小さな贈り物』、同名のアルバム名。翻訳は筆者のもの。

2. “Israel Election Updates Yesh Atid to Announce Openly Gay Candidate,” *Ha'aretz* (January 26, 2015), http://www.haaretz.com/israel-news/elections/1.639040（最終閲覧日 2015 年 12 月 9 日）

3. カルデロンの演説の訳は以下の資料から。Ruth Calderon, “The Heritage of All Israel,” *Jewish Week* (February 14, 2013), http://www.thejewishweek.com/editorial-opinion/opinion/heritage-all-israel#tz8I4YxxRBluZ53i.99（最終閲覧日 2015 年 12 月 9 日）

4. この表現はポール・コーワンのもの。Paul Cowan, *An Orphan in History: One Man's Triumphant Search for His Jewish Roots* (Woodstock, VT: Jewish Lights Publishing, 2002).

5. Yair Lapid, trans. Evan Fallenberg, *Memories After My Death: The Joseph (Tommy) Lapid Story* (London: Elliott & Thompson Limited, 2011), page 23.

6. Malka Shaked, *I'll Play You Forever: The Bible in Modern Hebrew Poetry* (Tel Aviv: Yediot Achronot, 2005).

7. Ruth Gavison, “No ‘Israeliness’ Instead of ‘Jewishness,’” *Liberal Magazine*, Vol. 15 (January 2015), http://theliberal.co.il/ruth-gavison-israeliness-instead-jewishness/（最終閲覧日 2015 年 12 月 9 日）

8. Meir Buzaglo, *Safa La-Ne'emanim* [Hebrew]. *A Language for the Faithful: Reflection on Tradition* (Tel Aviv and Jerusalem: Keter Publishing and Mandel Foundation, 2009).

9. Robert Alter, ed., *The Poetry of Yehuda Amichai* (New York: Farrar, Straus and Giroux, 2015), p. 299.〔訳注：イェフダ・アミハイ（村田靖子訳）『エルサレムの詩——イェフダ・アミハイ詩集』、思潮社、2004 年、14~15 頁〕

10. Elli Fischer, “Why I Defy the Israeli Chief Rabbinate,” *Jewish Review of Books* (Winter 2016), https://jewishreviewofbooks.com/articles/1917/why-i-defy-the-israeli-chief-rabbinate/.

11. Akiva Eldar, “Border Control Getting in a State Over the UN Vote,” *Ha'aretz* (September 13, 2011), http://www.haaretz.com/print-edition/features/border-control-getting-in-a-state-over-the-un-vote-1.384135（最終閲覧日 2016 年 3 月 23 日）

12. “Israel's Haredi Population: Progress and Challenges,” Myers-JDC -Brookdale (October 2015), http://brookdale.jdc.org.il/_Uploads/dbsAttachedFiles/Israels-Haredi-Population-2015-10-FINAL.pdf（最終閲覧日 2015 年 12 月 9 日）

13. Gwen Ackerman and Alisa Odenheimer, “Israel Prosperity Seen Unsustainable as Haredim Refuse to Work,” *Bloomberg Business* (August 2, 2010), http://www.bloomberg.com/news/articles/2010-08-01/israel-prosperity-seen-unsustainable-as-haredim-refusal-to-work-takes-toll（最終閲覧日 2015 年 12 月 9 日）

14. Jessica Steinberg, “TV show ‘Shtisel’ Subtly Changes Ultra-Orthodox Perceptions,” *Times of Israel* (January 13, 2016), http://www.timesofisrael.com/tv-show-shtisel-subtly-changes-ultra-orthodox-perceptions/（最終閲覧日 2016 年 3 月 23 日）

15. Noah Feldman, “Violence in the Name of the Messiah,” *Bloomberg View* (November 1, 2015), http://www.bloombergview.com/articles/2015-11-01/violence-in-the-name-of-the-messiah（最終閲覧日 2015 年 12 月 9 日）

16. The Forward and Daniel Estrin, “The King's Torah: A Rabbinic Text or a Call to Terror?” *Ha'aretz* (January 22, 2010,), http://www.

haaretz.com/jewish/2.209/the-king-s-torah-a-rabbinic-text-or-a-call-to-terror-1.261930（最終閲覧日 2015 年 12 月 9 日）

17. Jeremy Sharon, "'Torat Hamelech' Authors Will Not Be Indicted," *Jerusalem Post* (May 28, 2012), http://www.jpost.com/National-News/A-G-Torat-Hamelech-authors-will-not-be-indicted（最終閲覧日 2015 年 12 月 9 日）

結び

1. Ari Shavit, *My Promised Land: The Triumph and Tragedy of Israel* (New York: Spiegel & Grau, 2013), p. 419.
2. "Israel Turns 68 with 8.5 Million People, 10 Times More Than in 1948," *Times of Israel* (May 9, 2016), http://www.timesofisrael.com/israel-turns-68-with-8-5-million-people-10-times-more-than-in-1948/.
3. Barbara Tuchman, "Israel: Land of Unlimited Impossibilities," in *Practicing History* (New York: Ballantine Books, 1981), p. 134.
4. Vice President Joe Biden, "Remarks by Vice President Biden: The Enduring Partnership Between the United States and Israel" (March 11, 2010), White House, Office of the Vice President, https://www.whitehouse.gov/the-press-office/remarks-vice-president-biden-enduring-partnership-between-united-states-and-israel（最終閲覧日 2015 年 12 月 7 日）
5. Charles Krauthammer, "At Last, Zion," *Jewish Ideas Daily* (September 21, 2012), http://www.jewishideasdaily.com/5057/features/at-last-zion/（最終閲覧日 2016 年 3 月 23 日）
6. Jewish National Fund, "Forestry & Green Innovations," http://www.jnf.org/work-we-do/our-projects/forestry-ecology/（最終閲覧日 2016 年 3 月 23 日）
7. Richard Kemp, "The U.N.'s Gaza Report Is Flawed and Dangerous," *New York Times* (June 25 2010), http://www.nytimes.com/2015/06/26/opinion/the-uns-gaza-report-is-flawed-and-dangerous.html; Samantha Power, *Remarks at the Israel Middle East Model United Nations Conference on "Building a More Model UN,"* transcript (February 15, 2016), http://usun.state.gov/remarks/7138（最終閲覧日 2016 年 3 月 23 日）
8. Academic Ranking of World Universities 2015, http://www.shanghairanking.com/ARWU2015.html（最終閲覧日 2015 年 8 月 10 日）
9. "Speech by Jimmy Carter on White House Lawn, Washington, D.C., July 19, 1977." Daniel Gordis, *Menachem Begin: The Battle for Israel's Soul* (New York: Knopf Doubleday, 2014), p. 143 で引用されている。
10. "Speech by Menachem Begin on White House Lawn, Washington, D.C., July 19, 1977." Daniel Gordis, *Menachem Begin: The Battle for Israel's Soul* (New York: Knopf Doubleday, 2014), p. 143 で引用されている。
11. Martin Kramer, "Fouad Ajami Goes to Israel," *Mosaic* (January 8, 2015), http://mosaicmagazine.com/ observation/2015/01/fouad-ajami-goes-to-israel/（最終閲覧日 2016年3月23日）
12. Fouad Ajami, "A Reality Check as Israel Turns 60," *U.S. News & World Report* (May 7, 2008) https://www.usnews.com/opinion/fajami/articles/2008/05/07/a-reality-check-as-israel-turns-60（最終閲覧日 2016年3月23日）
13. Tsur Ehrlich, "Nathan the Wise," *Azure*, No. 28 (Spring 5767/ 2007), p. 77, http://azure.org.il/include/print.php?id =445（最終閲覧日 2016 年 5 月 1 日）

索 引

＊『　』は書籍や映画等、「　」は詩や論文等、〔　〕は作者　＊（　）の同義語も含む　＊[注]は頁左脇の注

▍ア行

アーロンソン、アーロン　100
アーロンソン、サラ　100, 138
アイゼンハワー、ドワイト・D　141, 227
アイヒマン、アドルフ　231-233, 241-242, 245, 245[注],247, 259
アインシュタイン、アリック　311, 385
アインシュタイン、アルバート　65, 209, 287[注], 314
アウシュヴィッツ　138, 231, 237, 243, 244-245, 259, 311, 326
アヴネル、イェフダ　256, 301[注]
アグノン、シャイ　82, 84
アグラナット調査委員会　305-306, 313, 315
アサド、ハフェズ・アル　295, 301
アジャミ、ファウード　403
アシュケナジー（東欧系ユダヤ人）73[注], 82, 83[注], 112, 120-121, 200, 203, 273[注], 311, 315, 335[注], 343, 345, 381-382, 389-390
アシュケナジー、モティ　306
アスワン・ハイダム（アスワンダム）221
『新しいゲットー』〔ヘルツェル〕30
アッコ　99
アッシリア　45-46, 170
アッバス、マフムッド　366, 371
アトランティック号　130
アトリート　100, 130, 132
『あなたのために永遠に奏でよう——現代ヘブライ詩における聖書』〔シャケッド〕386
アハッド・ハアム　62-66, 63[注], 68, 70, 72, 80, 82, 94, 110, 120, 122, 280, 394-395, 401
アミール、イガル　353
アミハイ、イェフダ　390
アメリカ　13, 13[注], 15, 17, 19, 19[注], 21[注], 24, 25[注], 26, 37[注], 48, 57[注], 64-66, 78, 86, 107[注], 116, 119, 130, 141-142, 144-145, 148-149, 156-157, 159, 164, 166, 174-177, 186-187, 193, 208-211, 218, 221, 225-228, 232, 236, 239-242, 241[注], 243[注], 252, 254-256, 258-260, 266, 269-270, 276, 284, 294-295, 297, 300-302, 301[注], 304, 306, 309, 313-314, 317, 322-323, 326, 329, 341-342, 345-346, 347[注], 348, 350, 355, 357-358, 361, 365-366, 371-373, 375, 375[注], 378-380, 383[注], 398-399, 402, 397[注], 399[注]
アメリカ・イスラエル公共問題委員会（AIPAC）259
アメリカ中央情報局（CIA）148, 164
アメリカ・ユダヤ委員会（AJC）209, 241-242
アメリカ・ユダヤ教評議会　208
アラファト、ヤセル　285-286, 292-294, 308-309, 322-323, 325, 327-328, 348-352, 349[注], 355-356, 358-360, 362-366, 365[注]
アラブ高等委員会　126-128, 148
アリエル、メイール　281-283
アリヤー（ユダヤ人帰還）78, 79[注], 103[注], 106, 119, 341
アリヤー、第一次　78, 86-87, 89, 94, 121
アリヤー、第二次　87, 89, 92, 94, 121, 128, 385
アリヤー、第三次　105
アリヤー、第四次　119-120
アリヤー、第五次　119-120
アルゴヴ、シュロモ　326, 327[注]
アルジェリア　77[注], 195, 222, 240, 373
アルゼンチン　31, 39[注], 59, 232, 314
アルタレナ　175-179, 234-235, 314, 368
アルテルマン、ナタン　151-152, 183, 223-224, 274, 312, 384, 390, 404
アルバニア　133[注], 195
アルファン、エルヴェ　254,
アル・フセイニ、ハジ・アミン　112, 126, 132, 133[注], 153, 273[注]
アル・フセイン、アブドゥッラー一世　109[注], 126, 133[注], 152, 161-162, 319, 351
アルペルト、モシェ・イェクティエル　189-190

アルメニア　100, 144
アルロゾロフ、ハイム　118-120, 122, 178, 238, 352
アレンビー、エドマンド　104, 163
アロン、イガル　279-281
アンクリ、エティ　385
安息日　38, 112, 143, 189, 195, 195[注], 205, 388
イエメン　52, 77[注], 99, 169, 195-197, 199, 201, 203, 261[注], 267[注], 312, 314, 343, 397
イギリス（大英帝国）15-17, 19[注], 21[注], 26, 29[注], 51[注], 55, 59, 67, 95-106, 101[注], 102-103, 103[注], 105[注], 108-110, 114-116, 119, 123-136, 129[注], 137-150, 141[注], 147[注]152-153, 155, 161, 163-164, 165[注], 168, 169[注], 171, 176, 186, 187[注], 189, 193, 197-198, 204, 206-207, 213, 219, 221-223, 225-227, 232, 239, 244, 254, 258-259, 265, 269, 280, 303, 307, 314, 318, 331, 374, 376, 379, 382, 391, 397, 401
イシューヴ（ユダヤ人集落）69, 69[注], 78-79, 81-85, 87-89, 91, 93-94, 95, 100-101, 103[注], 104-110, 112-114, 116-123, 127-129, 131-135, 137-140, 142-155, 157-158, 163-164, 168, 169[注], 173-174, 198-199, 202, 204-205, 207, 218, 236, 237[注], 244-247, 307, 402, 404
イシュトーチ、ギョーズ　30
イスマイル、ハフェズ　295-296
イスラエル国（イスラエル国家）15, 18, 38, 51[注], 84, 104-105, 109[注], 134, 145, 154, 163, 165-167, 165[注], 169[注], 172, 175, 188, 191-193, 197, 207, 211-212, 220, 229, 231, 233-234, 236, 247, 253, 259, 266, 274, 276, 287[注], 301[注], 307, 344, 348, 349[注], 352, 376-377, 381[注], 388-389, 389[注], 394, 399
イスラエルの地　15, 17[注], 25[注], 41-42, 44, 47-50, 52, 59-60, 64, 67, 70, 79[注], 80, 87-89, 96, 120, 121[注], 135, 139, 163, 165-166, 246, 249, 168, 274-275, 317, 351, 361, 390, 397, 401-402
イスラム教徒　29, 44, 112, 113[注], 133[注], 218, 285, 294, 323, 327-328, 336, 337[注], 339[注], 349-350, 351[注], 403
イスラム主義　335-336
移送協定　117-118, 122, 238
イタリア　108, 133, 139, 176
イツハル、S.　216-217
イディッシュ語　33, 81, 81[注], 93, 277, 393
イラク　15, 45, 52, 77[注], 99, 101[注], 105[注], 109[注], 152, 169-170, 175, 195-196, 199, 257, 263, 299, 314, 321-323, 345, 379, 397
イラニート　311
イラン　15, 77[注], 217[注], 313[注], 335, 335[注], 346, 365[注], 378-380, 379[注], 397, 401
イルグン　113-114, 113[注], 134, 139-140, 141[注], 142, 144, 153, 155, 160-161, 168, 175-178, 186, 238, 265, 314-315, 331
岩のドーム　44, 112
インティファーダ　113[注], 338-340, 349, 360, 364, 367[注], 370, 391, 398
ヴァイツマン、ハイム　63[注], 97-102, 103[注], 105[注], 125-126, 129, 144-145, 151, 156-157, 168, 169[注], 192, 254
ヴァイツマン研究所　402
ヴァンゼー会議　134, 232
ウィーン　28-30, 61, 92, 104, 120
ウガンダ　59-60, 61[注], 82, 86-87, 98, 102, 116, 324
ウシシュキン、メナヘム　93, 106
エイラット　253
エクソダス　146, 147[注]
エジプト　42-43, 45-46, 73[注], 96-97, 99, 104, 106, 111[注], 133[注], 134, 137, 145, 147[注], 152, 169-170, 173, 175, 186-188, 189, 194, 197[注], 199, 213, 219-226, 242, 243[注], 251-255, 253[注], 257, 259, 261-263, 261[注], 263[注], 265-267, 267[注], 269[注], 280, 282-283, 285, 287[注], 289-292, 294-300, 302-303, 303[注], 308, 316-319, 321, 323, 331, 335, 335[注], 339, 346-347, 349[注], 355, 363, 375[注], 398
エシュコル、レヴィ　16, 191[注], 196, 207, 209[注], 251-252, 253[注], 255-257, 260, 263, 265-266, 277-278, 290, 292
エステル王妃美人コンテスト　121
エズラ・ネヘミヤ作戦　195
エズレル　75[注], 106, 124

エチオピア　343-345, 345注, 381
エツィヨン地区（クファル・エツィヨン）　153-154, 182, 276-279, 299, 382
エバン、アバ　147, 149, 254-255, 258, 373
エリオット、ジョージ　41, 52
エリコ　251, 270, 270注, 350
エル・アクサ寺院　44
エルアザル、ダヴィッド“ダド” 266, 296-297, 306
エルアル航空　175, 301, 343
エルサレム　14, 15注, 34, 37-39, 44, 45注, 47, 49-53, 76, 82, 98-99, 103-106, 108, 112, 116, 123-124, 126, 128, 132, 133注, 134, 138, 143, 147, 150, 152-153, 157, 159-161, 163, 165注, 166, 167注, 170-173, 176-177, 179-180, 182, 184-185, 188注, 190-192, 233-234, 241-242, 245注, 249-250, 252, 257, 263-265, 268, 270, 270注, 271-272, 276-279, 281-285, 296, 298, 304, 306, 317, 319, 349, 352, 356, 358-359, 361, 363, 369, 375注, 382, 384
エレミヤ、預言者　47, 53, 71, 145
「黄金のエルサレム」〔シェメル〕250, 264, 270, 282, 304
『王の律法』393
オーストラリア　149, 375
オーストリア　13, 24, 30, 37注, 68, 125, 127, 143, 191
オズ、アモス　150, 271-272, 283注
オスロ合意　346, 348-350, 352, 356-358, 364, 366-367, 377注, 393
オデッサ　24-26, 34, 57, 62-63, 67, 85, 92
オバマ、バラク　379-380
オランダ　34, 130
オルメルト、エフード　369, 369注, 378
「おれたちの屍体はここに眠る」〔グーリ〕154
オレン、マイケル　179, 226, 243注, 253注, 264, 269, 380

カ行

カーター、ジミー　317-318, 358, 402
会堂、ユダヤ教の　37注, 127-128, 141-142, 150, 172, 216, 269注, 298, 368
ガヴィソン、ルツ　387-388
ガザ　76, 99, 125, 185-186, 218-220, 224-225, 253, 263, 268, 279, 283, 285, 287注, 281注, 319-320, 336, 338, 339注, 340, 347-351, 360-361, 365注, 366-372, 367注, 374-375, 377
ガジート、シュロモ　308, 346
カストネル、ルドルフ　237-238, 239注, 241
カツァヴ、モシェ　369注
カディシャイ、イェヒエル　137-138, 176
『カドッシュ』387
カナダ　17, 130, 141注
カナファーニー、ガッサーン　284
カニアス、スーザン　214
カハン委員会　328-329, 331
カフル・カセム　224-225, 247, 324, 361, 361注
仮小屋（マアバロット、移民キャンプ）198, 200, 203, 211, 312-313, 315
ガリラヤ　46, 69, 75注, 96, 100, 116, 124, 155, 206, 286, 299, 326, 327注, 360, 398
ガリラヤ湖　87, 91, 99, 324
ガリラヤ平和作戦（レバノン戦争）218, 326-327, 327注, 329-330, 357, 370
カルデロン、ルツ　382-385, 387
「観光客」〔アミハイ〕390
帰還法　193, 193注, 344-345
キシネフ　55-57, 57注, 59-60, 62, 65-68, 72, 87, 112, 114, 120, 142-143, 217, 325注, 346, 383
キッシンジャー、ヘンリー　295, 297, 301注, 302-303, 316, 379
キッパー（祈祷帽）　271, 316
キビヤ　214-215, 217-218
キブツ　69-70, 69注, 84, 87, 89-92, 94, 106, 155, 201, 219, 227, 236-237, 239, 242, 246, 271, 274, 276-279, 283, 292, 304, 312, 372
キプロス　132, 146, 152, 171
キャンプ・デーヴィッド　317-319, 358-359, 362
キューバ　130, 174
キュロス　49, 165注, 195, 208
ギリシア　49-50, 59注, 79注, 139, 144, 163, 205

キリスト教　13, 24, 34, 49[注]
キリスト教徒（クリスチャン）39, 44, 56, 85, 218, 294, 323, 326, 328, 330, 339[注]
キング・デーヴィッド・ホテル　143-146, 314
ギンズブルグ、イツハク　393
「銀のお盆」〔アルテルマン〕151, 223, 228, 384
クウェート　285, 345
空挺部隊（空挺旅団）、ユダヤ人の　138, 225, 261-265, 270, 276, 281
グーリ、ハイム　154-155, 249, 268, 278
クック、ラビ・アブラハム・イツハク　78-80, 84, 87[注], 88, 250, 273[注], 394
クック、ラビ・ツヴィ・イェフダ　80, 250, 265, 273, 275, 278-279
グッシュ・エムニーム　278-279, 281, 287, 320, 393
グットマン、シェマリヤ　182
グッドマン、ミハ　386
クラウトハマー、チャールズ　399
クラフト、ジョセフ　322
グリーン・ライン　349-350
グリンヴァルド、マルキエル　237-238
クリントン、ビル　348, 355, 358-359, 361-362
グリンベルグ、ウリ・ツヴィ　125
グル、モッタ　264-265
クルディスタン　199
黒い安息日（アガサ作戦）143
「鉄のエルサレム」〔アリエル〕281, 283
グロムイコ、アンドレイ　148
軍政、イスラエルによる　206-208, 211, 224, 314
敬虔派　62-63, 125, 237, 271
ゲダリヤ、ダヴィッド　297
『ゲット』387
ゲットー　27, 29-30, 66, 92, 244
ケンプ、リチャード　374-375, 401
憲法　190, 191[注], 202, 203[注]
コーヘン、エリ　267[注]
ゴールドシュタイン、バルーフ　350, 393
ゴーレン、ラビ・シュロモ　265, 345
国防軍、イスラエルの　97, 133, 159[注], 169-170, 172, 175-178, 180-182, 185-186, 202, 207, 214-215, 217-219, 224, 226, 249, 252, 257-258, 260, 262-267, 282, 289-290, 296-297, 299-302, 304, 308, 319, 327-329, 338, 340, 343, 346, 350-351, 357, 368, 370, 372, 375-376, 388, 389[注], 401
国連（国際連合）146-149, 149[注], 151-152, 156, 158, 164-165, 167, 169-170, 173, 176-177, 184-185, 187[注], 188, 208, 226-227, 229, 232, 244, 249-250, 253-254, 259, 302, 308-309, 322, 326, 337, 341, 349, 367[注], 371, 373-376, 375[注], 378, 398
国連パレスチナ特別委員会（UNSCOP）146-148, 254
国会（クネセット）、イスラエルの　91, 107, 113[注], 155, 190-193, 191[注], 198, 217, 231, 233-235, 237, 254, 263, 305, 314-315, 317-319, 334, 342, 356, 362, 369[注], 381-382, 385
ゴラン（ゴラン高原）265-266, 267[注], 268, 280, 282, 294, 299
ゴルドン、アーロン・ダヴィッド　63[注], 68-70, 72, 89-90, 116, 216, 227, 290, 400-401
コレック、テディ　249-250
「これ故に」〔アルテルマン〕183
コンセプツィア（通念）289, 295-296, 299, 304, 307, 363, 391

▌サ行

サイクス＝ピコ協定　99, 104
サウジアラビア　169, 259, 304, 374, 375[注], 403[注]
サダト、アヌアル　294-295, 316-319, 335, 358
「殺戮について」〔ビアリク〕346
「殺戮の街にて」〔ビアリク〕57, 120, 151, 235, 326, 346, 401
サブラとシャティラ　327-330
『サラフ・シャバティ』〔キション〕200-201, 201[注]
ザングウィル、イズレイル　18, 75, 77

サンレモ会議　108-109, 109注
ジェイコブソン、エディ　156, 165注
「シェヘヘヤーヌ」27, 166, 190, 316
ジェマイエル、バシール　326-328
ジェマル・パシャ　96-97
シェメル、ナオミ　250, 264, 270, 271-272, 281-282, 304, 311, 382
シオニスト運動　37, 60, 86, 88, 106, 124, 192, 210, 275, 278-279, 399
シオニスト会議　107, 135, 191注, 198, 232, 291, 402
シオニスト会議、第1回　14, 26-27, 35-38, 41, 44, 52, 54, 55, 65注, 93, 98, 106, 126, 129, 145, 149, 164, 166, 168, 210, 394, 402
シオニスト会議、第2回　66, 81, 168
シオニスト会議、第5回　72
シオニスト会議、第6回　55, 59-60, 116
シオニスト会議、第7回　61
シオニスト会議、第11回　104
シオニスト会議、第12回　126
シオニスト会議、第21回　129
シオニスト会議、第22回　145, 169注
シオニズム運動　41, 72, 80, 82-83, 88, 93, 96, 98, 101-103, 106, 116, 135-136, 145, 151, 168, 190
シオニズム、修正派　67-68, 113, 118-119, 125, 209注, 280, 382
シオニズム、主流派　67, 71, 71注, 114, 205, 280
『シオン長老の議定書』(『議定書』) 55-56, 57注, 337, 374, 375注
「シオンの集会」〔ビアリク〕26
シオンのラバ部隊　96-97
シオンの労働者　116
『シオンへの愛』〔マプ〕33, 116
「シオンよ、わが助けはどこから来るか」〔ザングウィル〕77
シオンを愛する者　27, 27注, 35, 78, 116
資金分配制度　76
『シドンの二本の指』330
シナイ作戦　99, 224-228, 240, 253-245, 285
シナイ山　72, 73注, 151, 384
シナイ半島　225-226, 252-253, 253注, 260-261, 265, 268, 270, 272, 279-280, 290-291, 300-301, 318-319
シフ、ジェイコブ・H　57注
シマントヴ、ビンヤミン　297
社会主義　33-34, 69注, 78, 84, 86, 89, 92, 121, 148, 198, 203注, 237, 274, 382
シャケッド、マルカ　386
シャス　333-335
シャピラ、アニタ　140, 186
シャピラ、ツヴィ・ヘルマン　36, 93
ジャボティンスキー、ゼエヴ　57, 67-68, 72, 95-97, 110-111, 111注, 113-114, 117-119, 125, 128, 134, 138, 168, 176, 209注, 214, 280, 313, 326, 365, 393, 401
シャミール、イツハク　168, 331, 346-347
シャランスキー、ナタン　342, 383注
シャリット、ギルアド　370, 361注, 371注
シャルム・エル・シェイク　253, 263
シャレット、モシェ　16, 203注, 222, 290
シャロン、アリエル　113注, 171, 214, 217-218, 225, 239, 257, 261, 279, 290, 299-300, 302, 321, 327-329, 331, 359-362, 361注, 364, 366-369, 369注
「シュティセル」392
シュテルン、アヴラハム　139
狩猟期　140, 179
ショアー　128
消耗戦争　291
ショーレム、ゲルショム　65
贖罪日　112, 133-134, 141, 146, 147注, 297-298, 305, 399
ジョルジュ＝ピコ、フランソワ　99
ジョンソン、リンドン　254-255, 258, 260
シリア　51, 76, 77注, 99-100, 101注, 105注, 109注, 152, 157, 169-170, 185-188, 195, 201注, 206, 219, 251-252, 257, 261, 263, 265-267, 267注, 289, 294-302, 307, 314, 323, 328, 337, 339, 347, 357, 375注, 376, 378, 398
『自力解放』〔ピンスケル〕35, 67
『神経』〔ブレーネル〕89
新興企業　94, 372-373

「真実は一つ――二つではない」〔グリンベルグ〕125
神殿の丘　44, 112, 113注, 264-265, 270, 271, 276, 359, 361, 361注
『人民戦線』119
新歴史学者（歴史修正主義者）158, 180-181, 181注, 268
水晶の夜　127-128, 130, 135
スイス　26, 77注, 98, 129, 293, 379
ズィフロン・ヤアコヴ　84, 101
スーダン　169, 286, 343, 374
スエズ運河（海峡）99, 129注, 197注, 221-223, 225, 253, 295-296, 298-299, 302, 319, 398
過越祭　14, 52, 209, 363
スタヴスキー、アヴラハム　119, 178
ストルマ号　130-131
スネー、モシェ　144
スペイン　13, 16, 52, 112, 347, 375
スモレンスキン、ペレツ　24
西岸地区　122, 125, 186, 187注, 211, 214, 268, 273注, 274, 278-280, 282-285, 287注, 281注, 318, 320-321, 321注, 336, 338-341, 339注, 347-349, 351, 356-359, 361, 363-364, 365注, 367注, 368-369, 374, 393
聖書　15注, 18, 25注, 33, 42-49, 43注, 49注, 64, 67, 71注, 73注, 80-81, 103注, 107, 116, 121注, 128, 133注, 147注, 151, 165注, 167-169, 195注, 196, 209注, 220, 223注, 235注, 243注, 271, 274-277, 281, 321, 349注, 382, 383注, 386-388, 387注, 390, 393-394, 399
セーヴル協約　223
世界シオニスト会議　291
世界シオニスト機構　107, 144, 254
セガル、モシェ　133-134
石油　141, 182, 303-304, 308, 403注
世俗派、ユダヤ人の　60, 71, 90, 120-121, 166, 190, 212, 274, 319, 334, 381, 384-390, 392
『説教』〔ハザズ〕246, 390
セネシュ、ハンナ　138, 140
ゼネスト　123, 338
セファラディ　83注, 121, 190, 281注, 334, 335注, 345, 382
専守防衛　113, 153, 155, 255-256
セント・ルイス号　130-131
ゾハル、ウリ　316, 385
ゾラ、エミール　31
ソ連（ソビエト）16, 37注, 119, 131, 131注, 134, 138, 148-149, 221-222, 225, 227, 239, 251-254, 265, 269-270, 294-295, 297, 300-302, 301注, 341-343, 365, 388
ソロモン、イスラエルの王　44-45, 45注, 47
ソロモン作戦　343

▌タ行

第一次大戦　24, 95, 101注, 105, 108, 114, 337
第一神殿　44, 45注, 46-47, 52
第一〇一部隊　214-215, 217-218, 238
待機期間　252
第二移民機関　131
第二次大戦　108, 117注, 129, 132-133, 137, 140, 141注, 145, 152, 158, 172-174, 177, 209, 211, 254, 337, 402
第二神殿　26, 44, 45注, 49-52, 133注, 191注, 307
代表者会議　106-108
ダヴィドカ　173
タックマン、バーバラ　398
ダニー作戦　180
ダビデ、イスラエルの王　44, 50, 54, 264, 287
ダマスカス　101
ダヤン、モシェ　87注, 213, 217-220, 229, 257, 260-261, 265-266, 296-297, 299-301, 306-307, 317
ダリヤ祭　122
ダルウィーシュ、マフムード　286
タルムード　70-71, 71注, 107, 343, 382-383, 385, 387, 390
ダレット計画（D プラン）157-158, 159注
『団結』96, 116
チェコスロヴァキア（チェコ）68, 127, 143, 159, 174, 221-222, 226
チェンバレン、ジョゼフ　59
チェンバレン、ネヴィル　127, 129注
チャーチル、ウィンストン　55, 109-110, 125, 132

中国　221, 232, 373-374, 375[注], 379
チュニジア　195, 269[注], 314, 328
超正統派　18, 70-71, 168, 189, 198, 204-206, 361, 381, 384-385, 387, 391-394
徴兵　206-207, 340, 402
チラン海峡　226, 253, 255, 263
ツヴァイク、シュテファン　61
角笛　133-134, 264-265, 270
ツファット　159, 173, 182, 366
ディアスポラ（離散）68, 71, 78, 79[注], 83-84, 86, 167, 199, 208, 209[注], 216-217, 235, 267[注], 289, 301[注], 343, 391
ティベリヤ　159
ディモナ　240, 262, 322
デイル・ヤシン　159-161
デガニヤ　69, 69[注], 87, 87[注], 90
テクニオン、イスラエル工科大学　98, 402
『鉄の壁』〔ジャボティンスキー〕110, 111[注], 113, 214, 365
デヌール、イェヒエル　231, 244, 245[注]
デューリング、オイゲン・カール　29
デリ、アリエ　333-334, 383[注]
テルアビブ　87, 92-94, 93[注], 96, 118-121, 123, 128, 143, 150, 154, 164, 167[注], 168, 170, 175-178, 180, 190-191, 201[注], 217, 238, 260-261, 279, 297, 312, 317, 328, 346, 349, 352-353, 356, 363, 382, 384-385, 389, 393
テルアビブ大学　279, 402
展望山　105, 161, 263
ドイツ　15, 20, 24, 26-29, 31, 33-34, 38, 66, 68, 75, 81[注], 96, 98, 101[注], 115, 117, 117[注], 118, 120-122, 121[注], 127, 129-132, 131[注], 134-135, 138, 140-141, 146, 174, 191, 194, 232-238, 241, 245, 245[注], 280, 314, 324, 375, 379, 382
トウェイン、マーク　13-14, 13[注], 75[注]
ドゥルーズ　323
トゥルカレム　122
トゥルンペルドール、ヨセフ　96-97, 97[注]
トーラー（ユダヤ教の教え）42, 43[注], 64, 72, 73[注], 79, 133, 190, 191[注], 265, 334
独立宣言　152, 163-168, 165[注], 167[注], 169[注], 185, 202, 203[注], 205-206, 275[注], 316, 363, 369[注], 400
独立戦争　152, 158-159, 169-172, 175, 179-180, 182, 184, 206, 213, 215-216, 219-221, 225-226, 247[注], 249-250, 257, 268, 274, 276, 282, 286, 292-293, 307, 330, 333, 347, 356, 367[注], 382
ド・ゴール、シャルル　254-255, 258, 265
『囚われた女たち』〔アグノン〕84
「鳥よ」〔ビアリク〕23, 25, 53, 57, 276
トルーマン、ハリー　145, 148, 156-157, 164, 165[注]
トルコ（オスマントルコ、オスマン帝国、トルコ帝国）14, 27, 37-38, 59, 61, 66-67, 75-77, 81, 85, 89, 95-101, 100-101, 101[注], 104, 105[注], 107-108, 116, 147[注], 130-131, 163, 206, 280, 391
ドレフュス　31, 66

ナ行

ナセル、ガマル・アブデル　220-224, 252-253, 257, 259, 263, 263[注], 265, 276, 283, 291-292, 294, 297, 337, 398
ナチス（ナチ）15, 115, 117-118, 117[注], 121, 126-127, 129-132, 131[注], 133[注], 134-135, 137-140, 171, 173-174, 193-194, 210, 231-234, 237, 240, 242, 245-246, 245[注], 259, 324, 337, 345, 366, 397
「夏の口論」〔アルテルマン〕404
「七三年の冬」289, 304-305
ナフション計画　159-160
難民、アラブの、パレスチナの　77[注], 158, 159[注], 161, 179, 182, 184-185, 187[注], 188, 206, 220, 226, 268, 285, 327-328, 330, 336, 358, 362, 375[注]
難民、ユダヤの　15, 76, 130, 131[注], 132, 140-143, 146, 165[注], 188[注], 193, 233, 249
ニクソン、リチャード　240, 295, 300-302, 301[注]
西の壁　112, 133-134, 133[注], 172, 250, 263, 265, 271-272, 273[注], 276, 281, 362, 388
日本　13[注], 17[注], 37[注], 57[注], 103[注], 108, 109[注], 121[注], 131[注], 172, 201[注], 236, 245[注], 303

注, 399注, 403注
ニュルンベルク法　193, 193注
ニリ　100-101, 101注, 132, 138
ネゲブ　48, 99, 146, 155, 170, 185-186, 206
ネタニヤ　122, 143, 152, 190, 363
ネタニヤフ、ビンヤミン　324, 352, 356-357, 367, 379
ネブカドネザル　47, 172
ノルダウ、マックス　36, 59, 63注, 66-68, 72, 96, 122, 217, 401

ハ行

バーカー、イヴリン　139, 163
バーゼル　26, 35, 37, 41, 52-53, 98, 103, 145, 149, 164, 166, 168, 232, 291
バーンスタイン、ロバート　376
ハイファ　76, 87注, 99-100, 106, 130, 142-143, 158-159, 163, 182, 184-185, 197, 223, 284, 324-325
ハガナー　109, 112-114, 128-129, 131, 133-134, 138, 140, 142, 144, 147, 152-153, 155, 157, 159-161, 169-173, 175, 177-179, 202, 214, 356, 383注
破局（ナクバ）　187, 292
白書　115, 128-129, 131, 141-142, 153, 163, 167, 193, 350
ハザズ、ハイム　246, 390
『バシールとワルツを』〔フォルマン〕330
パターソン、ジョン・ヘンリー　97
パットン、ジョージ・S　141
「ハティクバ」（希望）37, 37注, 114, 165-166, 190
パトリア号　130-131
ハドリアヌス　51
ハナニヤ、預言者　47, 53, 145
ハヌカ、ユダヤの祭り　50, 344
ハネグビ、ハイム　268
バビロニア　45-49, 45注, 71注, 172, 195, 208, 343
ハマス　217注, 337, 337注, 349, 367-372, 374, 375注, 376-377, 379注
バラク、エフード　329, 356-359, 362, 364
『バルーフ・ハゲヴェル』〔ギンズブルグ〕393
バル・ギオラ　108
バルグーティ、マルワン　361注
バル・コフバ、シメオン　51, 54, 67, 97, 217, 265
ハルツィヨン、メイール　217
バルフォア卿、アーサー　98, 102-103, 129, 131, 141, 163-164, 192
バルフォア宣言　15, 95, 101-105, 103注, 105注, 108-109, 109注, 116, 124-125, 129, 192-193, 376, 395, 397, 404
パルマッハ　134, 135注, 140, 155, 177, 202, 214-215, 219, 268, 277, 279, 382, 383注, 388
バルレヴ・ライン　290-291, 295, 300
ハレヴィ、イェフダ　386
ハレヴィ、ビンヤミン　225, 247
ハレヴィ、ヨッシー・クライン　258, 282, 340, 365, 380
パレスチナ解放機構（PLO）259, 285-286, 287注, 293-294, 309, 323, 325-328, 327注, 338-339, 347-348
パレスチナ解放人民戦線（PFLP）284
パレスチナ難民救済機関（UNRWA）187注, 375注
パワー、サマンサ　376
汎アラブ　283, 292, 335-337
ハンガリー　28, 30, 125, 137-138, 199-200, 225, 237-238
反ユダヤ　16, 18, 24, 27-32, 34, 38, 76, 102, 105, 117, 120, 133注, 143, 232, 309, 337, 375注, 378, 399
ビアリク、ハイム・ナフマン　23, 25-28, 30, 33, 39, 53, 57-59, 62, 70, 72, 79-80, 82-83, 90, 92, 120, 151, 217, 235, 259, 276, 312, 326, 346, 384, 390, 401
ピース・ナウ　282, 283注
ピール委員会（王立調査団、ピール分割案）104, 124-126, 140, 146-148, 150, 170
ヒズボラ　217注, 331, 357-358, 365注, 370, 372, 375注, 376-377, 379注
非対称戦争　370, 371注

ヒトラー、アドルフ 115, 117, 117注, 120, 127, 129, 134, 137, 139, 204, 274, 352, 374, 385
ヒムラー、ハインリヒ 132, 173
ヒューマン・ライツ・ウォッチ 376-377
ビルー（ビルイーム）78, 79注, 85
ヒルシュ男爵、モーリス 31
『ヒルベット・ヒゼ』〔イツハル〕216-217
ビルマ・ロード 172-173
ビルンバウム、ナタン 17注
ビン・アリー、フサイン 99
ピンスケル、レオ 33-35, 39, 67, 78
ビンヌン、ヨエル 277
ファタハ（パレスチナ民族解放運動）276, 285-286, 292, 325, 356, 363, 366, 369, 371
ファラシャ 345, 345注
ファラン、ロイ 141注
ファランジスト 326, 328-330
フィシュマン・マイモン、イェフダ・レイブ 166
『フィル・ザ・ヴォイド』387
ブーバー、マルティン 65
フェインベルグ、アヴシャロム 100
フェダイーン 214, 219, 224, 285
フェラヒン 215
フォルマン、アリ 330
フセイン、イブン・タラル、ヨルダン国王 257, 262-263, 263注, 276, 280, 293-294, 296, 323, 339, 351, 355
フセイン、サダム 321-322, 345-346, 398
ブッシュ、ジョージ 346, 362, 365-366, 365注, 378
『フットノート』387
ブラウスティン、ジェイコブ 209-211, 241-242, 306, 399
フランス 15, 17注, 26, 30-31, 33, 37注, 57注, 80, 98-100, 105注, 108, 109注, 129-130, 144, 146, 176, 219, 222-223, 225-227, 232, 240, 243, 254-255, 258, 269, 303, 322, 324, 337, 360, 379, 397注, 399
フリードマン、マティ 329
プリム祭、ユダヤの祭り 121, 344
ブルガリア 33, 195, 199, 382
『古くて新しい地』（アルトノイラント）〔ヘルツェル〕38-39, 39注, 64, 76, 92, 93注, 116, 228, 340, 391, 400-401
ブレーネル、ヨセフ・ハイム 63注, 73, 87-89, 108
兵役 88, 187, 206, 293注, 330, 340, 388, 392
『兵士たちの談話』282-283
ベイタル 51, 67-68, 97, 97注, 114, 119, 138, 382
『ベイタルの思想』〔ジャボティンスキー〕68
「平和の歌」353
平和の契約 65, 68, 71, 71注
ベギン、メナヘム 137-140, 144, 150, 168, 175-179, 190, 203注, 205, 207, 209注, 233-236, 238, 251, 260, 263, 280, 305, 311, 313-323, 325-328, 331, 333, 358, 368, 378-379, 398, 402
ヘス、モーゼス 33-35, 39
ペタフ・ティクバ 69, 106, 116, 122
「別の側面――ナチズムとシオニズムの知られざる関係」〔アッバス〕366
ベツレヘム 75注, 124, 339注
ベドウィン 76, 206, 400
ベトナム 187注, 255, 258, 327, 402
『ベニスの商人』〔シェイクスピア〕29注
ヘブライ語 18, 26, 33, 43注, 49, 49注, 51, 79-82, 79注, 81注, 83注, 88-89, 92-94, 93注, 97注, 113注, 128, 132, 133注, 135注, 144, 154-155, 166, 191注, 218, 235注, 283注, 304, 315, 334, 344, 365注, 383, 383注, 387, 399-400
ヘブライ大学 36, 65, 98, 103注, 105, 122, 153, 339, 382, 402
ヘブロン 76, 112, 113注, 114, 125, 153, 182, 215注, 250-251, 277, 279, 320, 350, 356-357, 375注, 393, 397
ベルギー 130
ペルシア 49, 121注, 165注, 195, 242, 243注, 314
ヘルツェル、テオドール 13, 18, 26-39, 39注, 42, 44, 47-48, 52-53, 54, 55, 59-62, 64-66, 65注, 69, 71注, 72, 75-78, 80-81, 85, 87, 92,

93注, 94, 102-103, 107, 116, 126, 128, 131, 138, 145, 149, 164-166, 169注, 190-192, 198, 209注, 212, 227-228, 232, 259, 280, 291, 307, 340, 391, 394-395, 399-402

ベルディチェフスキー、ミカ・ヨセフ　63注, 70

ベルナドッテ伯、フォルケ　173-174, 185

ペルンホフ、アイザック　169注

ペレス、シモン　13注, 169, 203注, 223-224, 240, 348, 351-352, 355-356

ヘレニズム　49, 205

ベン・イェフダ、エリエゼル　63注, 75, 80-82, 92-93, 120, 235, 235注, 394, 400

ベングリオン、ダヴィッド　13, 13注, 16, 89, 96, 106, 108, 115-118, 120, 121注, 125-127, 129, 135, 140, 142-145, 150, 152-153, 155, 157-160, 159注, 164-171, 165注, 169注, 175-180, 183-186, 188, 190, 191注, 196-212, 203注, 209注, 216, 218, 221-222, 224, 226-228, 231-236, 238-243, 243注, 251, 257, 260, 268, 280, 282, 290, 292, 306-307, 314-316, 319, 350, 356, 369注, 373, 384, 391-392, 398, 401

ベンツヴィ、イツハク　96

防衛の盾作戦　363-364, 372

『ボーフォート』330

ポーランド　15, 24, 26, 52, 68, 107, 116, 120, 121注, 122, 125, 129, 134, 137-138, 143, 146, 150-151, 165, 210, 235, 246, 311, 315, 356, 397

ポグロム（集団殺戮、反ユダヤ暴動）24, 25注, 34-35, 143, 194, 240, 269注, 325注

補償（補償金）、ドイツによる　15, 20, 233-234, 236-238, 241-242, 280, 314

ポラット、ハナン　276-278, 281-282

ホロコースト　15-17, 128, 130, 140, 142, 146, 149, 165注, 171, 174-175, 200, 204, 222, 231-233, 235-240, 242-245, 247, 256, 258-259, 269, 344, 364, 381, 397

『ボロボロの書物』〔アハッド・ハアム〕63

マ行

マアピリーム　131-132, 133注

マール、ヴィルヘルム　24

マカビア競技大会　122

マカベア　50, 58, 59注, 163, 209, 265

マグネス、ユダ　65

マクマホン、ヘンリー　99

マサダ　50-51, 114

マドリード会議　346-347

マパイ党　190, 205, 228, 236, 238, 313, 315-316

マプ、アヴラハム　33, 116

魔法の絨毯作戦　196, 197注, 343

マムラフティユート（国家主義）201-202, 203注, 204, 216, 292

マルクス、カール　78

マルワン、アシュラフ　296-297

ミシュナー　81, 382

ミズラヒー（宗教党）73注,

ミズラヒー（中東系ユダヤ人）73注, 83注, 120-121, 198-200, 211, 311-316, 332, 333-334, 335注, 342, 381, 389-390

南アフリカ　96, 314, 374

「身分証明書」〔ダルウィーシュ〕286

ミュンヘン・オリンピック　323

民主　18-19, 30, 107-108, 158, 192, 202, 204, 207, 211, 275, 308, 316, 320, 352-353, 368, 370, 375注, 377, 381注, 388, 392-393, 402-403

六日戦争　91, 161, 194, 211, 249, 261注, 267-269, 267注, 270注, 271-275, 277, 279, 282-284, 286, 287注, 289-291, 293, 298, 302, 313, 333, 336, 338-341, 350, 364, 367注, 372

ムグラビ街　272-273, 273注

ムスリム同胞団　267注, 285, 336

メイール、ゴルダ　17, 143, 158, 161, 168, 196, 227-229, 239-241, 290-292, 295-297, 299-300, 305-306, 313, 315, 317-319, 321, 383注, 398

メダン、ヤアコブ　387

メトゥーラ　403

メルティング・ポット　314, 389注

モイニハン、ダニエル・パトリック　309

モイン卿、ウォルター　140

モーリシャス島　130-132

モサド、イスラエル諜報特務庁　232, 296-297, 343
「もしかしたら」〔ラヘル〕90
モシャヴ（共同農場）84, 85注, 155, 274
モリス、ベニー　131, 159, 159注, 175, 181-182, 181注, 184, 291, 364-365
モロッコ　77注, 194, 199, 269注, 272, 333

ヤ行

ヤヴェツ、ゼエヴ　82-84
「やがて語られるだろう」〔アルテルマン〕223
ヤッフォ　81, 86-87, 89, 92, 106, 108, 116, 123, 184
ヤディン、イガエル　170-171, 202, 303, 390
『屋根の上のヴァイオリン弾き』25注
ユダヤ機関　65, 118-120, 119注, 131, 136, 137, 143-144, 146, 148-149, 158, 164, 192, 196
ユダヤ教学院　25, 66, 87, 112, 206, 384, 387, 392, 394
ユダヤ教初等学校　25
ユダヤ教ラビ庁　344-345, 391
ユダヤ啓蒙思想　25, 62
ユダヤ国民基金　37, 89, 106, 109注, 361
『ユダヤ人国家』〔ヘルツェル〕31, 33-35, 39注, 53, 169注, 192, 399
ユダヤ人問題　24, 28-32, 39, 58, 64, 117注
ユダヤ法　334, 344-345
ヨセフ、オヴァディア　281注, 334, 335注, 345
ヨム・キプール戦争　171, 289, 305-308, 315-316, 319, 146, 363, 372, 391
ヨルダン（トランスヨルダン）99, 101注, 104, 105注, 109, 109注, 111注, 124-126, 133注, 134, 152, 161, 169-170, 172, 177, 180, 182, 185-188, 187注, 206, 213, 215, 221, 224, 249, 252, 257, 261-265, 263注, 267-268, 273注, 280, 284-285, 287注, 293-294, 299-300, 319, 321注, 323, 327, 339, 347, 351, 351注, 355, 363
ヨルダン川　46, 67, 99, 104, 109, 125, 147, 186, 187注, 251, 268, 279, 337, 339, 349注
ヨルダン渓谷　106, 124, 279, 362
四地方協議会　107

ラ行

ラトビア　68
ラトルン　171-172
ラピッド、トミー　244-245, 381, 384-385
ラピッド、ヤイール　244, 381, 383注, 384
ラビン、イツハク　172, 178, 191注, 252, 253注, 258, 261-262, 266-267, 276, 282, 289-290, 297, 306, 313, 315, 317, 321, 333, 338, 347-348, 350-353, 355-356, 362, 367
ラヘル、ブルーシュタイン、セラ　90-91
ラマットガン　143, 259
リクード　315-316, 320, 331, 334, 347, 356, 362, 367-368
リション・レツィヨン　79, 84, 191
リダ（ロッド）126, 179-183, 185, 196, 214
リッペ、カルペル　27, 166
リトアニア　25, 33, 68, 131注, 311
リビア　194-195, 269注
ルーマニア　24, 27, 33, 130, 137, 316
ルピン、アルトゥール　65
レイボヴィッチ、イシャヤフ　275-276, 281-283, 340, 393, 400
レバノン　99, 105注, 152, 169, 185, 187-188, 206, 218, 269注, 293-294, 299, 323, 325-331, 327注, 347, 357-359, 370, 372, 377, 403
レヒ　139-140, 141注, 142, 144, 153, 155, 160, 168, 185-186, 331, 346
レホボット　155, 261
連合国救済復興機関（UNRRA）141-142
ロイド・ジョージ、デヴィッド　102
ロウダーミルク、ウォルター・クレイ　106, 107注
労働総同盟　117, 183, 202
ローマ　14, 26, 49-51, 94, 97, 133注, 166, 172, 265, 271, 390
『ローマとエルサレム』〔ヘス〕34
ロシア　13, 23-26, 25注, 31, 33-35, 55-56, 57注, 60-62, 67-68, 70, 78, 87-90, 93, 96, 97注, 98, 105-107, 116, 120, 134, 144, 148, 217, 225, 266, 269, 274, 276, 325注, 337, 341-342, 344, 363, 373, 375注, 379, 383注, 385, 389
ロシュ・ピナ　84

ロスチャイルド卿、ウォルター　102, 103注
ロスチャイルド男爵、エドモン　31, 84-86, 106
ロットベルグ、ロイ　213, 219, 229

ワ行

『我が闘争』〔ヒトラー〕115, 374, 375注

訳者解説　「諸国民の希望の光」

本書はダニエル・ゴーディス Daniel Gordis 著『*Israel: A Concise History of a Nation Reborn*』(Ecco/Harper Collins, 2016) の完訳である。翻訳には二〇一七年発行の第二版を使用した。

著者はニューヨークのユダヤ教保守系の由緒ある家庭に生まれ育った。北米の名門コロンビア大学で政治学を学び、社会倫理学と法哲学を専攻して博士課程を修了し、ユダヤ神学校でラビの資格も取得している。一九九八年にイスラエルへ移住し、現在はエルサレムのシャレム・カレッジの副学長を務めるかたわら、ユダヤ教やイスラエルの時事問題に関する執筆や海外での講演活動を積極的に行なっている。エルサレム・ポスト紙は、著者を、世界で最も影響を及ぼす五十人のユダヤ人の一人に挙げている。アメリカの「中東政策の顔」と知られるデニス・ロス元大統領補佐官は、「イスラエルについての良書を挙げるなら、この一冊」と推薦している。

著者は、本書を執筆するにあたって、「一般の若者を対象に、長過ぎず、面白くて、学術的にも裏付けられたイスラエルの通史、それも事実の羅列ではなく、それがなぜ起きたのか、当時生きていた人々の内面、その実感が伝わるような書き方を心掛けた」と語っている。

イスラエル国の変貌ぶりはすさまじく、不毛の荒れ地を沃野と化し、天然資源の乏しい地にあって、エネルギー開発に取り組み、今では技術大国として世界各地の発展途上国に様々な形で支援している。日常語として死語同然だったヘブライ語を復活させ、イスラエル独自の多様な文化を開花させた。その根底には「奇跡を信じない者は現実主義者ではない」という信条と不撓不屈《ふとうふくつ》のヘブライ精神がある。本書はイスラエルというこの現在進行形の奇跡に読者の目を向けてくれる。

本書にはユダヤ教特有の「答え」よりも「問い」に関心を寄せる学習姿勢も窺《うかが》えて、イスラエルが抱える問題も率直に指摘している。言うなれば、各テーマの記述は著者の最終的な「解答」というよりも、読者に投げ掛ける「問題提起」として捉えたほうがいいのかも知れない。

本書の骨格をなす主張を三つ挙げることができる。

第一に、イスラエルやシオニズムは一枚岩ではなく、様々な立場や主張の集合である。メディアでも、よく「イスラエル」や「シオニズム」を主語に、「イスラエルは和平に関心がない」「シオニズムはこう考える」などと言われるが、イスラエルもシオニズムも一つではない。いずれも政治的な一枚岩の抽象概念ではなく、今なお続く対話である。それは、イスラエルへ帰還して〝生まれ変わった〟新しいユダヤ人が、これからどのように成長して世界に貢献していくのか、対話と探究の続く物語とも言える。

第二に、シオニズムやイスラエル国の起源を十九世紀のヨーロッパにおける民族主義の高揚やユダヤ人排斥に求めることがあるが、それだけでは理解が断片的で誤ってしまう。父祖たちの郷土であるイスラエルの地に帰還するという悲願は、ユダヤ民族の誕生と同じくらい古い夢であり、絶えず彼らの精神生活の支柱であり続けた。また、聖書の物語は、現在のイスラエル国家を理解するにあたっての様々な教訓を示している。筆者が第二章であえて聖書時代に遡《さかのぼ》っているのはこの故である。イスラエル国は、「古くて新しい」希望の発露であり、ユダヤ伝統の叡智《えいち》と祈りの結晶である。

第三に、イスラエルというと紛争のイメージで捉えられがちだが、それだけではイスラエルの国柄やイスラエル人の気質を理解することはできない。「アメリカについて本当に知りたいなら、アメリカが経験した戦争だけでなく、アメリカの文学や詩歌、『ザ・フェデラリスト』、リンカーンやキング牧師の演説を学ぶべきだ。本書をビアリクの詩で始めたのは、ユダヤ国家の建設がイスラエル民族の魂の復活であることを強調したかったからだ」と筆者は後述している。イスラエルの物語とは、ユダヤ民族が国造りを通して、自らを再生した物語であり、そこには社会があり、文化があり、イスラエルに住む人たちの人間味溢れる複雑な物語がある。それをよりよく理解したいなら、国民の声を代表したイスラエルの詩人や文学者たちの作品を糸口にしたらいい、と言う。筆者がビアリクやアルテルマンを初めイスラエルの様々な文学作品や詩歌を頻繁に引用するのはこのためである。

シオニズムを大別すると、政治的運動（ヘルツェル）、文化的運動（アハッド・ハアム）、宗教的運動（ラビ・クックや宗教党）の三つの流れに分けることができる。この三つは必ずしも相矛盾するわけではなく、それぞれの関心事が異なる。政治的シオニズムの関心はユダヤ人の政治的権利の回復にあり、文化的シオニズムはユダヤ文化の復興、宗教的シオニズムはユダヤ教の更正あるいはユダヤ民族の実存の回帰にある。これは「ユダヤ人」というアイデンティティに、民族・文化・宗教の三つの側面が本来的にあることとも関係する。

本書は、ヘルツェル派の流れ（政治的シオニズム）とアハッド・ハアム派の流れ（文化的シオニズム）の二つを主軸にしてシオニズムの軌跡をたどり、この二つの流れが一つになるところで終わる（第十八章）。宗教的シオニズムの関心事に関しては、これからの課題である。言わばこれから書かれる第十九章というイスラエルの未来では、この国が抱えている様々な課題――安全保障、和平交渉、歴史問題、格差問題、マイノリティの権利、等々――と共に、宗教とどう向き合っていくのか、ということが一大テーマとなるだろう。

それは、本書第十八章で触れられている超正統派の優遇政策や、過激派ユダヤ教集団をどう取り締まるかといった行政上の問題だけではない。宗教は各個人の内面的な事柄だけではなく、その民族社会の歴史や文化と深く関わっているので、イスラエルが今後とも国民国家として存続する場合、宗教的要素との関係は避けられないテーマだ。それは、独立宣言にある「イスラエルの預言者の幻の光」に従った国造りという表現を、単なる美辞麗句と受けとめるのか、それとも字義どおりのこととして捉えるのか、という選択肢とも結びついている。イスラエル国が目指すのは「普通の民主国家」なのか、それとも「固有の理想を生命源とする国民国家」なのか、という分かれ目でもある。

本書では紙面の都合もあり、近代シオニズム運動の先駆的存在を十九世紀後半からたどっているが、すでに十九世紀前半に、ギリシアのケルキラ島出身のユダヤ教ラビ、イエフダ・ビバス（一七八九～一八五二）がユダヤ民族郷土への積極的な帰還を提唱している。ビバスの弟子でサラエボ出身のラビ、イエフダ・アルカライ（一七九八～一八七八）も同様な考え方を唱えた。アルカライがゼムンでラビを務めていたとき、彼のユダヤ教会堂で角笛を吹いていたのがヘルツェルの祖父シモンで、ヘルツェルの父ヤアコヴはアルカライの生徒だった。ヘルツェルの提唱したシオニズムの起源が、幼少期に受けた祖父や父親の感化にあるのは想像に難くない。成人したヘルツェルは宗教とは無縁の世俗的な教養人との定説になっているが、晩年の日記を読むと信仰心が篤《あつ》かったことが窺えている。また、ポーランド出身のラビ、ツヴィ・カリシェル（一七九五～一八七四）もシオニズムの先駆者の一人で、本章に出てくるモーゼス・ヘスに感化を与えた。近代シオニズム運動の宗教的ルーツは、これからもっと掘り下げられるだろう。

＊

本書が描くイスラエルの歴史の背景となるアラブ・イスラエル問題に関して、日本の報道や解説書の取り上げ方は一面的な場合が多い。本書に登場するイスラエルの国民的歌手、ナオミ・シェメルが一九七九年に来日した際、ある新聞記者が勉強不足と先入観のせいでイスラエルに関する的外れな発言をして、取材を断わられたことがあった。それで、この問題に関して最低限踏まえておくべき要点として、パレスチナ難民問題の背景、領土問題の捉え方、イスラエル国防軍の対応、この三つについて簡潔に触れておこう。

その一・パレスチナ難民問題の背景

「パレスチナには多数のアラブ人が住んでいたのに、ユダヤ人が大量に移住して、地元のアラブ人を追い出した」という説明をよく耳にする。だが事実はもっと複雑だ。

まず、「多数のアラブ人が住んでいた」のではなく、「住んでいた人の多数がアラブ人だった」と言うべきである。パレスチナの面積は日本の四国ほどの大きさで、七割が岩だらけの荒れ地かマラリヤの蔓延する湿地だった。一八六七年に同地を訪れたマーク・トウェインが、「荒涼とした沈黙の地がどこまでも広がっている……旅行の途次、我々は人っ子一人見かけなかった」と記録している。一八七〇年代末（ユダヤ人帰還の前）の人口は三十八万人（うちユダヤ人は二万七千人）で、現在の四国の人口（約三百八十万）の一割である。ユダヤ人は古代からこの地に住み続けてきたが、当時は非常な過疎地であった。

「地元のアラブ人」と言うと、何世代も前から定住していた印象を受けるが、実際は必ずしもそうではない。同地のアラブ人社会は、昔から移動性が著しかった。例えば一八五〇年代には、フランスによるスエズ運河の強制労働を逃れたエジプトのアラブ人が大量に流入している。今でも西岸地区のナブルスに行くと「エル＝マスリ」という名字のパレスチナ人によく出会うが、彼らはエジプト出身のアラブ人である（エル＝マスリとは「エジプト人」の意）。その他にも、「タラブルシー」という名字のアラブ人家族はレバノンのトリポリ出身、「アル＝ホラーニ」はシリア出身、「ザルカウィ」や「カラキ」はヨルダン出身である。パレスチナのアラブ人と言っても出自は様々で、後年ユダヤ国家に割り当てられる地域に深いルーツを持つのは一部である。

十九世紀末からユダヤ人帰還の波が始まり、湿地や未耕作地を不在地主や不動産業者から購入して集落を築き、パレスチナの地は大規模な開拓事業によって著しい発展を遂げた。例えば、一九二二～四三年の約二十年間で、パレスチナの雇用は十倍、資本投資は百倍になった。ここで注目すべきは、十九世紀末からイスラエル独立にかけて、パレスチナのアラブ人口は減少するどころか、約四倍に増えていることだ。大量のアラブ人がパレスチナの発展を伝え聞いて、モロッコ、アルジェリア、チュニジア、リビア、エジプト、イエメン、スーダン、サウジアラビア、シリア、トランスヨルダン、イラク、イランから当地に流入している（不法移民を含む）。

　訳注にも記したが、パレスチナ難民の定義（ＵＮＲＷＡ）は、国連が定める一般的な難民の定義（ＵＮＨＣＲ）とは違い、「一九四六年六月一日から一九四八年五月十五日の間にパレスチナに住んでおり、その家と生計を失った者とその子孫であること」となっている。つまり、その二年間にパレスチナに住んでいたら、各地から流入した多数のアラブ人もその子孫も、パレスチナ難民と見なされるということだ。現在、「自分たちの先祖は何千年も前からパレスチナに住んでいた」と自称する人の何割が、実際にそうなのか正確には分からない。いずれにしろ、この難民の定義では、人数が年々増えるばかりで、問題が永続化してしまう。

　難民発生の因果関係もよく間違われる。大量の難民が発生した直接の原因は、イスラエル国の独立ではなく、国連分割案やイスラエル独立に反対した内外のアラブ勢が攻撃を仕掛けてきたことにある。確かにアラブ難民には、それ以前から戦争を予期して事前に自主疎開した者もいれば、アラブ側指導部の指示に従って避難した者もいるし、エルサレム郊外にある町リフタの住民のように、戦闘が始まってイスラエル軍に追い出された者もいた。しかし難民の大多数は、戦闘が始まってから安全地域に避難した人々だった。

　難民問題は紛争の原因ではなく、アラブ側の政策の結果である。内外のアラブ人指導者が国連分割案やイスラエル独立を容認していたら、難民問題は発生しなかったからである。

その二・アラブ・イスラエルの領土問題の捉え方

　メディアやネットでも「イスラエル国家は最新の植民地国家だ」とか、「ユダヤ人による入植活動は国際法違反」などというコメントをよく目にするが、その解説を読むと論拠薄《ろんきょはく》弱《じゃく》な場合が多い。領土問題を論じるときは、テーマごとに大別して、（一）シオニズムは植民地主義か、（二）東エルサレムを含む西岸地区は法的にどこに帰属するのか、（三）西岸地区にユダヤ人集落を築くことは国際法違反か、の三つに整理して考えればいい。

　（一）植民地主義には三つの特徴がある。①宗主国、つまり郷土が別の場所にあり、②入植した地とは歴史的に関係がなく、③入植地を搾取し、その富を宗主国に持ち帰ることだ。これがシオニズムにあてはまるかというと、①ユダヤ人に宗主国はなく、②イスラエルの地との歴史的関係は現存する他のどの民族よりも古く、そして、③入植地を搾取するどころかユダヤ人の開拓が発展と余剰を生み、アラブ人を含むより多くの移民流入を可能にした。従って、どの特徴にも当てはまらない。実際、シオニスト会議がウガンダ案を否決（つまり歴史的関係のあるイスラエルの地にしか帰還するつもりはないと決議）した時点で、シオニズムが植民地主義ではないことを表明したことになる。

（二）マスコミの報道や解説書などで、東エルサレムを含む西岸地区を「被占領パレスチナ地域」と称することがあるが、これは政治用語であって、国際法に則した表現ではない。と言うのも、西岸地区の法的帰属はまだ決まっていないからだ。

　そもそもイスラエルが西岸地区を統治するようになったのは、一九六七年の六日戦争を通してである。この地域は、国連の分割案でパレスチナのアラブ人に割り当てられるはずだったが、アラブ側が分割案を拒否。そして、一九四八年の戦争でヨルダンがそこを侵略し、自国領としてしまった。国際社会で、この併合を認めたのはイギリスとパキスタンだけで、アラブ連盟でさえ承認しなかったが、ヨルダンは一九六七年まで実効支配する。そして、イスラエルは六日戦争でヨルダンの攻撃を受け、自衛権の行使で西岸地区を占拠するが、ヨルダンの支配権が国際法上認められていなかったので、誰がこの地域の主権を有するのかは明確でないままである。

　実はパレスチナ側も、このことをオスロ合意で認めている。合意の中で、国境の最終的な確定は、暫定《ざんてい》自治の時期中に協議されると明記しているからだ。オスロ合意では、アメリカやロシア、ヨーロッパ連合、エジプト、ヨルダン、そしてノルウェーが証人として立ち会って調印しており、国際社会でも承認を得ていることになる。

　イスラエルは六日戦争で西岸地区（東エルサレムを含む）を攻略したので、事実上、西岸地区は占領地である。本書もこの呼称を用いている。ただし、国際法上は「占領地」ではなく、「係争中の地域」と称するのが正確である。

（三）西岸地区のユダヤ人入植活動は国際法違反と言われることがある。その根拠としてジュネーヴ第四条約の第四十九条が示されるが、実はこの条項は占領地への強制移住に関するもので、国民が自らの意志で集落を築く入植活動には本来該当しない。同条項は、第二次大戦中にドイツ、ソ連、ウクライナ、ポーランド、ハンガリーの住民が経験したような強制移住が繰り返されないために定められたからだ。

アラブ側はこの条項をイスラエルの入植活動に当てはまるよう巧みに解釈して、ロビー活動によって国連や国際刑事裁判所などに普及させた経緯がある。この解釈の問題は、その正当性を厳密に検証することなく用いていること、およびユダヤ人にだけ適用されていることだ。自発的な入植活動は、例えば北キプロスを占領したトルコ、レバノンを侵攻したシリア、西サハラを領有したモロッコの国民がそれぞれの地域で行なっているが、この解釈が用いられたことは一度もない。そもそも、占領地に関する条項を「係争中の地域」である西岸地区に適用すること自体に問題がある。

イスラエル・アラブの領土問題は、双方が同じ領土に抱く夢の衝突である。解決のカギは、双方がお互いを尊重し、この土地への歴史的な絆と正当な権利を認め合って、同地を共有できるかどうかにある。和平が実現しない主要因は、むしろ、妥協を許さない「全か無か《オール・オア・ナッシング》」というメンタリティであろう（これはイスラエルの過激派にも当てはまる）。

その三・イスラエル国防軍の対応

紛争では、イスラエルとパレスチナ双方の一般市民が犠牲になっている。そんな中、イスラエル国防軍が相手側の一般市民に犠牲が及ばないように最大限の努力を払っていることは、マスコミでは伝えられていない。例えば、軍事作戦の前には空から大量のチラシを撒き、携帯電話にテキストメッセージを送り、地域の民間人に指定安全区に避難するよう勧告していることや、民間人の避難が遅れる場合は作戦を延期または中止していること。また、イスラエル空軍の攻撃は武器や戦闘司令部のある場所にピンポイントで行なわれていることなども知られていない。さらに、双方の死傷者数だけが報道されたりもするので、誤ったイメージを与えかねない。

一例を挙げよう。二〇一四年のガザ紛争では、約二千人がガザで亡くなり、イスラエルは民間人居住地区に無差別攻撃を実行したとして国際社会でかなり叩かれた。イスラエルの思想家で戦争倫理も講じているヘブライ大学のモシェ・ハルベルタル教授は、この紛争におけるイスラエル国防軍の戦闘行為を評価する上で、次の五つの点を考慮する必要があると述べている。①ガザにおける戦闘員と非戦闘員の人口比率は一対六十であること（ハマス戦闘員およびジハード戦士が三万人、一般市民が百八十万人）。②ガザの戦闘員は、非戦闘員がいる場所よりも安全な地下壕やトンネルなどにいること。③イスラエル国防軍がテロ組織の基盤などを攻撃する場合は、そこにいる一般市民に立ち退くように勧告するが、多くはガザの戦闘員が阻止していること。④ガザは人口密集地であること。⑤ガザからのミサイル攻撃など、対イスラエル作戦のほとんどが一般市民の密集する地域からなされていること。

そして、ハルベルタル教授はこう説明する。仮にイスラエルがドレスデンのような無差別爆撃をしていたのなら、戦闘員の総死者数はどのくらいになっていたか。一対六十の人口比率、そして戦闘員が安全な場所にいたことを踏まえると、戦闘員と一般市民の死者比率は恐らく一対八十から一対百となり、戦闘員の死者数は全部で二十～二十五人程度となっていたはずである。しかし実際には、戦闘員の死者数は七百～九百人だった。つまり、戦闘員と非戦闘員の死者比率は一対一ないし一対二で、他の同じような条件下での紛争と比べても、この比率は驚異的に低い。一般市民の巻き添え被害は残念と言うしかないが、この驚異的な比率は、イスラエル国防軍が民間人の死傷者数を最小限に留めるために相当な努力をしていたことを示している。

他方、この紛争で、ガザの報道にかなりの統制があった。これはハマスの広報担当イスラ・アルムダラル自身がレバノンのテレビ番組で認めていることで、二〇一四年の紛争中、「意に沿わないジャーナリストたちをガザ地区から追放し、治安当局を通して指定時間内に報道内容を修正するよう彼らに要請した」と述べている。実際、ハマスの戦闘員が私服を着て戦っていたことやテロリストが国連の車を使っていたこと、ミサイル攻撃はモスクや学校からなされていたこと、戦闘用のトンネルがモスクの下に掘られていたことなど、様々な国際法違反については、ほとんど報道されなかった。フォーリン・プレス・アソシエーションも同年八月に、ハマス当局がジャーナリストに悪質な嫌がらせや強引な報道規制を敷いていたことを声明書で非難している。

現代は、〝被害者性の論理《ロジック》〟が蔓延する時代である。自分を被害者の立場に置き、相手側を加害者に仕立てて攻撃し、第三者を味方につけることで訴えを成立させようとする。そして、〝被害者〟には現在の状況に至った責任はなく、どんな過激な対抗手段も容認されてしまう。この点を踏まえないと、紛争問題を誤って理解するだけではなく、下手をすると喧伝戦に利用されかねない。残念ながら、日本内外の人権団体にはその傾向が否めないのが現実だろう。

全人類の希望の存在

イスラエルは未完のドラマであり、その未来は著者が言うように誰にも予測ができない。本書の締めくくりにも読み取れるように、イスラエル社会の当面の関心は、自分たちの生存そのものである。だが、その先には何があるのだろう。

ここで、二人のユダヤ賢者の捉え方を紹介したい。アブラハム・ヘシェル師（一九〇七～七二）とアンドレ・シュラキ師（一九一七～二〇〇七）である。

ヘシェル師はポーランド出身の思想家で、ナチの迫害を逃れ、アメリカに亡命した。ニューヨークのユダヤ神学校で教育や執筆活動を続けるかたわら、公民権運動やベトナム反戦運動で指導的な役割を担った。キング牧師や神学者のラインホルド・ニーバーなどとも親しく、ユダヤ教とキリスト教の和解にも尽力し、一九六四年の第二ヴァチカン公会議、また現在のフランシスコ教皇にも影響を与えている。

ヘシェル師は六日戦争後にイスラエルを訪れ、『イスラエル永遠のこだま』という印象記を書いている。その終章で、「単に自己を保持するために国家を建設するのは、不適当な動機」と喝破して、こう述べている。

ユダヤ国家はユダヤ人問題のすべてに対する答えであるという。しかしながら、本当を言うと、イスラエル国は私たちの多くの答えに対する挑戦である。イスラエルの生命にかかわり合うことは、産みの苦しみをすることだ。

ホロコーストで母と三人の姉妹を失ったヘシェル師にとって、ユダヤ人が民族郷土に帰還することは、安住の地に落ち着くためではない。人間性消滅の危機にさらされている現代社会にあって、いかに希望の光を見出だすのか、という人類共通の課題に取り組むことであった。その取り組みに人類の未来が懸かっている、と言う。

イスラエル国の究極の意味は、預言者の幻《ビジョン》、すなわちすべての人の贖《あがな》いという見地から見なければならない。

ヘシェル師は、イスラエル民族がこの産みの苦しみに向き合う中で、「諸国民の祝福となる」アブラハムの約束（創世記一二章）が具現していく、と捉えていた。

イスラエルが全人類の光となる、という理想は、何も宗教的な人たちに限ったものではない。本書にもあるように、ヘルツェル自身が『ユダヤ人国家』でユダヤ国家の繁栄が「全人類の幸福と福祉を促進する」と夢見ているし、それはヴァイツマンが大統領就任演説で語った理想であり、また、ゴルダ・メイール外相がシナイ作戦のすぐ後、ヘルツェルの『古くて新しい地』の一文を外務省のスタッフに読み聞かせて、ユダヤ国家がアフリカの希望となるために尽力して欲しいと叱咤激励したことにも相通じるビジョンである。

興味深いのは、ヘシエル師がこのビジョンの実現はイスラエル民族だけでは為し得ないと考えていたことだ。イザヤ書の「啓示《トーラー》はシオンから出、主の言葉はエルサレムから出る」（二章）という一文を引いてこう綴っている。

すべての人間が、ユダヤ人もそうでない者も、このイザヤ書の言葉の成就を待ち望み、その渇きを味わわない限り、この預言は成就しない。私たちユダヤ人は大きな責任を負わされているが、ユダヤ人だけではそれを為すことができないし、為してはならない。人間すべてが、この恐るべき現代社会の空虚な中に在って、いかに希望の光に照らし出されるかを学ばねばならない。聖書は未だ未完成のドラマである。我々が聖地イスラエルに居ることは、壮大なドラマの一章である。

他方、アルジェリア出身のアンドレ・シュラキ師は、フランスで教育を受け、一九五八年にエルサレムへ移住。ベングリオン首相の顧問やエルサレム副市長、世界宗教者会議実行委員を歴任し、多忙な中、旧新約聖書とコーラン全巻をフランス語に完訳した。ユダヤ教徒でありながら、キリスト教、イスラム教にも精通し、相互理解に大きく貢献してアラブ諸国でも尊敬を受けた人物である。

シュラキ師は、日本では天台宗の大阿闍梨で世界連邦日本宗教委員会会長を務めた葉上照澄《はがみしょうちょう》尊者とも親交があり、比叡山の僧堂で断食祈祷もしている。

一九八八年、葉上尊者は秘書の中田千朗師と共にエルサレムのシュラキ師宅を訪れている。尊者は、窓から見えるエルサレムの風景に感動して瞑想していたとのことだが、シュラキ師は、その件を『残照——葉上阿闍梨追悼集』で記している。

私は、人類が世界連邦の枠組みの中に新たに再編成されない限り、核戦争を生き残ることはできない、との確信を彼と共にしました。地域紛争、特に中東の紛争は、言語・文化・宗教の違う人々の、同じ一つの地球の上での平和的共存を可能にするような連邦の確立なくしては解決不可能であります。我々は、このような構想の実現は、人間の心の深い会話、人類全体の霊的な力の世界的な結合なしには、夢物語に終わってしまうだろうと考えております。

シュラキ師は、三大一神教、また東洋と西洋の架け橋となって人類の平和的共存のために尽力したが、そのためにも、「葉上尊者と共に、ユダヤ教とキリスト教の代表者だけでなく、イスラム教やアジアの大宗教の代表者が参加する世界宗教サミットを、比叡山サミットに続いてエルサレムで開くことを約束した」と述べている。

刮目すべきは、シュラキ師が、こういった出会いを通して、イスラエルの未来が東洋に置かれていると着目していたことである。同じく『残照』でこう述べている。

> 私は、イスラエルの将来が東洋に置かれていることを確信しております。二十世紀はユダヤ人が聖書の地に戻るのを目撃しました。二十一世紀はイスラエルの東洋の源流への復帰を目撃することになるでしょう。それは東洋的、アジア的なものの果実でもある聖書を、そうした光の下で新たに読み返すことを可能にするでしょう。

シュラキ師はこういった精神的・実存的な視点での日本人の貢献を期待していた。

イスラエルの歴史は国造りの判例集

本書を訳していると、ところどころ日本の歴史や現状と比べて、思わず作業を止めて思い巡らせたくなる箇所がいくつもあった。両国とも、新時代に先駆けて、古代に対する憧憬《あこがれ》が湧き起こり、復古運動と危機意識が波及して近代国家の成立に繋がり、民族としての目覚め、また国民の多様性や民度の高さがその後の原動力となっている。動乱期に生きた指導者たちは、現代人が及びもつかないほどの教養人で、内外の古典や国際情勢にも精通し、胆力《たんりょく》が充分に練られていて、修羅場にも動じない信念の人だった。国民も、国家存亡の危機にあっては一体となり、私利私欲を棄てて一命を捧げている。

もちろん類似点ばかりでなく相違点もある。例えば、これはヘブライ大学のベン・アミー・シロニー教授が指摘していることだが、ユダヤ人と日本人は第二次大戦から全く逆の教訓を得ている。ユダヤ人は、自分たちの身に起きた災いの原因は防衛力不足にあったと考え、国防を重視し、「ノーモア・アウシュヴィッツ」を掲げた。日本人は、災いの原因は軍事力への頼り過ぎにあったと考え、平和主義を標榜し、「ノーモア・ヒロシマ」のスローガンを掲げている。

両国とも先進国として物質的な繁栄を遂げたが、共通の課題も多い。先述のナオミ・シエメルが訪日した際、イスラエルの現状についてこう述べている。「実際に国が出来てみますと、今は現実の波の中に皆が呑み込まれてしまっている感じがします。物質的には豊かになってきましたけれども、初めの大切な理想は非常にぼやけてきています。本来イスラエルが目指すべき大切な理想を見失ってしまいました」。日本の現状にそのまま当てはまる言葉だ。また、両国とも今後も国民国家としてあり続ける場合、どうやって固有の歴史や伝統を継承していくのか、また、国内のマイノリティにどう接するのかという問題も抱えている。

イスラエルの歴史は言わば国造りの判例集であり、その失敗と成功は、今を生きる日本人への教訓に満ちている。それを本書から汲み取ることができる。

前述のヘシェル師は、イスラエル民族の歴史を音楽に喩《たと》えて、「私たちの人生とは、幾世代もの交響曲の一楽章だ」と述べている。ならば、イスラエル民族が古《いにしえ》から奏で続けてきた交響曲があるように、日本人にも有史以来奏で続けてきた民族の調べがあると言えないだろうか。そして、二十一世紀とは、この二つの民族が共にリーダーシップを発揮しつつ、二つの調べがシンフォニーを織りなす希望の世紀となる可能性がある。そうした観点からイスラエルの歴史を眺めたら、日本の未来が自ずと見えてくるのではないだろうか。

＊

二〇一八年はイスラエルが建国されて七十年となる。訳者は二〇一七年一月、著者のゴーディス氏に、その祝賀の象徴も兼ねて本書の邦訳出版を提案したら、快諾して全面的に協力してくださった。深甚の謝意をここに表したい。また、ティクバ財団のエリック・コーヘン氏やユダヤ教アカデミーのサリー・ショーア・ウィッテンバーグ女史もこの企画を支援してくださった。心から感謝したい。

なお、原本の巻末にある文献リストは日本人一般読者には不必要と思われ、巻末注の関連文献で重要なものは挙げてあるので、著者の了解のもと省略することにした。また、原文中、明らかな数字の誤り、客観的事実の誤認など、若干修正した部分があることを断っておく。本書で引用されているヘブライ語の文献や発言は、できるだけオリジナルにあたって訳すようにした。

本書の邦訳本の刊行にあたり、株式会社ミルトスの谷内意咲氏をはじめ、河合一充氏、スタッフの皆さんに厚くお礼を申し上げたい。また、下訳の一部を推敲してくれた義父の山本宏義、そして、本書の下訳と初校を丁寧に校正してくれた父にも心から感謝したい。万一訳の上での誤り、問題点等があるとすればそれはすべて訳者の責任である。

二〇一七年十二月二日　　ニューヨークにて　　訳者

● 表紙写真　横山匡

● 口絵写真　イスラエル政府報道担当局／イスラエル観光省／イスラエル銀行／
ヴァイツマン記録所／シオニスト中央記録保管所／フラッシュ 90 ／
ヤッド・ヴァシェム／ JDC ／福地波宇郎

● 装幀　久保和正デザイン室

● 著者紹介

ダニエル・ゴーディス（Daniel Gordis）

1959年、ニューヨーク生まれ。エルサレム・シャレムカレッジ副学長兼コレット名誉フェロー、作家、評論家、講師。1981年、コロンビア大学政治学科卒業。1984年、米国ユダヤ神学校修士課程修了、ラビの資格も取得。1992年、南カリフォルニア大学宗教学科博士課程修了（社会倫理学／法哲学）。ロサンゼルス・ユダヤ教大学ズィグラー・ラビ学校初代学部長。1998年にイスラエルに移住。2007年までエルサレムのマンデル・リーダーシップ研究所に務める。ユダヤ思想、政治潮流、イスラエルの歴史や社会問題などに関する著書多数。全米ユダヤ図書賞受賞。イスラエルやユダヤ人の時事問題に関してニューヨーク・タイムズ、ニュー・リパブリック、ハアレツ、エルサレム・ポスト、ブルームバーグ・ビュー等に寄稿多数。イスラエルや北米を中心に世界中で講演している。「世界で最も影響力のあるユダヤ人50人」（エルサレム・ポスト）に選ばれる。エルサレム在住。

● 訳者紹介

神藤誉武（じんどう　よぶ）

1972年、東京生まれ。1997年、エルサレム・ヘブライ大学聖書学科・タルムード学科卒業。1999年、ハーバード大学大学院中近東言語・文化学部修士課程修了。2006年、米国ユダヤ神学校大学院聖書・古代セム語学科博士課程修了、Ph.D.取得。ニューヨーク大学ティクバ研究所に勤務するかたわら、ニューヨーク大学、同大学ロースクール、ユダヤ神学校、シンガポール国立大学で教鞭を執る。現在は、ユダヤ教アカデミーで聖書、ユダヤ思想、比較宗教学を講じている。専門は聖書学、ユダヤ学、宗教哲学。専門分野での論文多数。

イスラエル——民族復活の歴史

2018年4月19日　初版発行

著　者　ダニエル・ゴーディス
訳　者　神　藤　誉　武
発行者　谷　内　意　咲
発行所　株式会社　ミ　ル　ト　ス

〒103-0014 東京都中央区日本橋蛎殻町
1-13-4 第1テイケイビル4F
TEL 03-3288-2200　FAX 03-3288-2225
振替口座 00140-0-134058
http://myrtos.co.jp　pub@myrtos.co.jp

印刷・製本　中央精版印刷株式会社　Printed in Japan　ISBN 978-4-89586-162-5
定価はカバーに表示してあります。